Kohlhammer

Karin Sternberg
Manfred Amelang (Hrsg.)

Psychologen im Beruf

Anforderungen, Chancen und Perspektiven

Verlag W. Kohlhammer

1. Auflage 2008

Alle Rechte vorbehalten
© 2008 W. Kohlhammer GmbH Stuttgart
Umschlag: Data Images GmbH
Gesamtherstellung:
W. Kohlhammer Druckerei GmbH + Co. KG, Stuttgart
Printed in Germany

ISBN 978-3-17-018850-1

Inhalt

Inhalt

Einleitung

Das Berufsbild von Psychologen ist heutzutage außerordentlich vielseitig. Das Psychologiestudium ermöglicht den Absolventen, sich auf eine Vielzahl von Berufen und Tätigkeiten zu bewerben oder auf seiner Grundlage aufbauend Fortbildungen zu besuchen, die weitere Erwerbsmöglichkeiten bieten. Das Tätigkeitsspektrum reicht von klinisch tätigen Psychotherapeuten über Verkehrspsychologen bis hin zu forensischen Gutachtern und Sportpsychologen. Wer die Wahl hat, hat aber auch die Qual. Es ist schwierig sowohl für Studenten als auch für Konsumenten, einen Überblick über die sich ihnen darbietenden Möglichkeiten zu gewinnen.

Als die Erstherausgeberin in den Jahren 1998–2003 Psychologie an der Universität Heidelberg studierte, war sie angetan von den vielfältigen Möglichkeiten, die sich ihr mit dem Studium auftaten. Ein weiterer Grund für die Anziehungskraft der Psychologie war die Tatsache, dass es sich hierbei kaum um eine »fertige« Wissenschaft handelt, sondern dass die Psychologie ganz wesentlich im Werden begriffen ist. Oftmals findet man beispielsweise konkurrierende Theorien zur Erklärung von Sachverhalten; mit dieser manches Mal unbequemen Eigenschaft gehen allerdings auch extensive Möglichkeiten für die Forschung einher, so dass sich jeder ganz nach Interesse und Begabung einbringen und verwirklichen kann. Aus dieser Situation und der Vielfältigkeit der Subdisziplinen heraus resultiert auch eine große Vielzahl von Berufen, die ihrerseits selbst oft noch im Entstehen und Wandel begriffen sind. Nicht immer gibt es den *einen* vorgeschriebenen Weg, wenn man als Psychologe oder Psychologin, z. B. bei der Polizei oder im Verkehrswesen, arbeiten will. Oftmals gibt es noch nicht einmal klare Richtlinien für die Ausbildung von Psychologen in der einen oder anderen Sparte. Dadurch freilich wird die Berufswahl schwierig und der Plan erschwert, seine Ausbildung genau seinen Berufswünschen (sofern man denn genaue Vorstellungen hat) anzupassen und darauf hinzuarbeiten.

Genau hieran soll unser Buch ansetzen. Es soll allen Interessierten, seien es Studenten, Psychologen mit dem Wunsch nach Weiterentwicklung oder einfach interessierte Laien, einen praxisnahen und doch fundierten Einblick in die Vielfalt der psychologischen Berufe ermöglichen. Praktiker und Wissenschaftler aus 23 verschiedenen Berufsfeldern erzählen aus ihrem Arbeitsalltag, von Herausforderungen und Hindernissen, aber auch Chancen und Bereicherungen, die sie in ihrem und durch ihren Beruf erfahren. Des Weiteren wird ein Überblick über die Geschichte und Entwicklung des jeweiligen Berufsfeldes sowie die Ausbildung gegeben und werden dem interessierten Leser Informationen an die Hand gegeben, anhand derer er weitere Recherchen betreiben kann.

Jedes der Kapitel umfasst daher grundrissartig die folgenden Themen:

- Geschichte des Berufsbildes,
- Aufgaben und Inhalte des Berufsbildes,
- Ausbildung für das Berufsbild, Trainings etc.,
- Settings/Institutionen, in denen man arbeiten kann,

- Aufstiegschancen,
- finanzielle Vergütung,
- Motivation der Autoren für die Berufswahl,
- Herausforderungen, Chancen, Hindernisse, Probleme,
- typischer Tages-/Wochenablauf,
- professionelle Vereine, Fachzeitschriften, Informationsquellen,
- Ausblick, Entwicklung des Berufsfeldes,
- Zusammenfassung, Schlussfolgerungen,
- Referenzen.

Neben allen objektiven Informationen war es uns ein besonderes Anliegen, den Autoren unter Einhaltung dieses Grundrisses die Freiheit zu lassen, das zu schildern, was ihnen besonders am Herzen liegt. Dadurch ist jedes Kapitel ein sehr persönliches, das eine individuelle Perspektive zeigt und vor allem dadurch für den Leser zu einer Bereicherung werden kann. Insbesondere im Zusammenhang mit der Schilderung von Tages- oder Wochenabläufen möchten wird darauf hinweisen, dass die Berufsbilder oft sehr vielfältig sind und sich eine Arbeitsstelle durchaus von einer anderen im selben Fachbereich hinsichtlich der anfallenden Tätigkeiten unterscheiden kann. Zudem sind die Tagesabläufe selbst innerhalb einer Stelle oft von Tag zu Tag so unterschiedlich, dass es kaum möglich ist, einen prototypischen Tag oder eine prototypische Woche zu beschreiben. Dennoch haben wir Wert auf solche Schilderungen gelegt, selbst wenn sie denn nicht als ganz »typisch« gelten können, um damit einen lebhaften und illustrativen Eindruck des jeweiligen Arbeitsgebietes zu geben.
Um den Überblick über die verschiedenen Beiträge etwas zu erleichtern, haben wir die Kapitel verschiedenen Kategorien zugeordnet. Der Aufbau des Buches ist daher der folgende:

Klinische Psychologie:
- Klinische Psychologie, Psychodiagnostik und Psychotherapie,

- Notfallpsychologie,
- Begleitung Schwerkranker und Sterbender,
- Gerontopsychologie,
- Neuropsychologe in einer Rehabilitationsklinik für Kinder und Jugendliche,
- Gesundheitspsychologie.

Arbeits- und Organisationspsychologie:
- Markt- und Meinungsforschung,
- Personalentwicklung und -auswahl,
- Unternehmensberatung,
- Medienpsychologie und Marketing,
- Selbstständige Psychologen.

Pädagogische Psychologie:
- Erziehungsberatung,
- Schulpsychologie.

Wissenschaft:
- Psychologie an der Hochschule,
- Wissenschaftler an einem Max-Planck-Institut,
- Neuro- und Biopsychologie.

Sonstiges:
- Verkehrspsychologie,
- Forensische Psychologie (Gutachtertätigkeit),
- Psychologie im Strafvollzug,
- Umweltpsychologie,
- Psychologie bei der Polizei,
- Sportpsychologie,
- Militärpsychologie.

In diesem Sinne wünschen wir allen unseren Lesern eine spannende und informative Lektüre beim Explorieren all dessen, was die Psychologie zu bieten hat, und hoffen, dass der eine oder andere Einsichten und neue Perspektiven erfährt, die ihm bis dahin unbekannt waren.

Herbst 2007   Karin Sternberg
                               Manfred Amelang

Klinische Psychologie

1 Klinische Psychologie, Psychodiagnostik und Psychotherapie

Martin Hautzinger

Einleitung und Gegenstandsbestimmung

Klinische Psychologie ist jener Teilbereich der Psychologie, der sich mit der Epidemiologie, der Klassifikation, der Diagnostik, der Ätiologie, dem Verlauf und der Entwicklung, der Vorbeugung und der Behandlung psychischer und physiologischer Störungen (Krankheiten) zu allen Lebensphasen und über die gesamte Lebensspanne hinweg wissenschaftlich und praktisch beschäftigt. Zwar kann der Begriff »klinische Psychologie« schon auf eine hundertjährige Geschichte zurückblicken (Hautzinger, 2007a), doch entwickelte sich dieser Anwendungsbereich der Psychologie erst seit etwa 50 Jahren. Heute gehört er zu dem wissenschaftlich dominierenden Teilgebiet der Psychologie mit Verbindungen zu allen Bereichen der Medizin, doch insbesondere zur Psychiatrie und Psychosomatik (Verhaltensmedizin), und ist der Hauptbeschäftigungsbereich der Hochschulabsolventen. Etwa die Hälfte aller Diplompsychologen arbeitet später im klinischen Bereich.

Klinisch-psychologische Wissenschaftler beschäftigen sich mit Fragen der Verteilung und der Häufigkeit von (psychischen) Krankheiten, den sozialen, biologischen und psychologischen Risiko-, Entstehungs- und Auslösefaktoren von seelischen und körperlichen Krankheiten sowie der Entwicklung und Evaluation von Therapie-, Rehabilitations- und Präventionsprogrammen. Dazu benützen sie Methoden, die von der Einzelfallbetrachtung über Gruppenstudien bis hin zu Experimenten an Tieren und am Menschen reichen. Als Informationsquelle werden Beobachtungen, Befragungen, Einschätzungen, Tests, Apparate, elektrophysiologische und bildgebende Verfahren sowie Verhaltensproben erdacht und eingesetzt. Klinisch-psychologische Wissenschaftler greifen auf endokrinologische, humorale, physiologische, neurobiologische, sozial- und persönlichkeitspsychologische, entwicklungspsychologische,

11

kognitive, lern-, emotions- und motivationspsychologische Theorien zurück, ohne die wissenschaftliche Erkenntnisse nicht möglich sind.

Klinisch-psychologische Praktiker wenden psychologische Erkenntnisse der Diagnostik und der Intervention auf die unterschiedlichsten klinischen Probleme bei Zielgruppen jeden Lebensalters an. Die Tätigkeitsfelder befinden sich in Kliniken und Krankenhäusern, Rehabilitationseinrichtungen, Heimen, Beratungsstellen, Justizvollzugsanstalten, Versicherungen, Gesundheitsämtern, Betrieben, Verwaltungen und Organisationen, Schulen und Hochschulen sowie niedergelassen in eigener Praxis als Psychotherapeuten oder als klinisch-psychologische Gutachter. Diese Vielfalt an Tätigkeitsfeldern bringt höchst unterschiedliche Aufgaben hervor, die im weiteren Verlauf des Berufslebens zur Spezialisierung und – durch z. T. durch gesetzliche Regelungen erzwungene Fort- und Weiterbildungen (Psychotherapie, Neuropsychologie) – zur vertiefenden Professionalisierung und Qualifizierung führen.

1 Eigener Werdegang

Bereits während meines Studiums (1971–1976) begann ich mich für psychische Erkrankungen, damals besonders für die Entstehung und die Behandlung von Agoraphobien, Zwangsstörungen und Depressionen zu interessieren. Das lag vor allem an den Dozenten, die es schafften, einen Bogen von den Grundlagenfächern und den Theorien zur Praxis, zu Krankheiten, zu Verhaltensänderungen und zu Behandlungsmöglichkeiten zu schlagen. Ich wurde von einem Dozenten eingeladen, an einer kleinen, privaten Runde teilzunehmen, um mich mit der aktuellen, damals erst entstehenden verhaltenstheoretischen und kogni-

tionspsychologischen Fachliteratur zu befassen. Eine kleine Gruppe von interessierten fortgeschrittenen Studenten traf sich regelmäßig, um die gelesenen Forschungsberichte zu diskutieren. Dies fand ich faszinierend. Vor allem fand ich es spannend, dass es möglich wurde, mit den experimentellen und empirischen Methoden die Entstehung und die Behandlung psychischer Störungen zu untersuchen. Bei klassischen psychiatrischen Erkrankungen (Depressionen, Ängste, Zwänge, Autismus, geistige Behinderung, Alkoholismus usw.) waren plötzlich psychologische Konzepte verfügbar, die außerdem Interventionen ermöglichten, die sich in kontrollierten Studien den klassischen bzw. medizinischen Maßnahmen als ebenbürtig oder sogar überlegen erwiesen. Ich bekam die Möglichkeit, diese Methoden zu erlernen und an Patienten unter Anleitung zu erproben und an Forschungsprojekten als studentische Hilfskraft, später als Doktorand, mitzuarbeiten. Einige der mich interessierenden ausländischen Wissenschaftler kamen sogar an mein damaliges Institut, und so konnte ich aus erster Hand erleben, wie Neues entstand und wie faszinierend die Verbindung von Forschung und Praxis war.

Da die damalige Ausbildung in klinisch-psychologischer Diagnostik und in psychotherapeutischen Methoden noch fest in den traditionellen psychiatrischen bzw. psychoanalytischen Händen war, blieb mir nur das »Ausweichen« zu den Erneuerern, also in die USA. Dort lernte ich aus erster Hand, wie moderne klinische Forschung und Therapie funktioniert, und konnte sehen, wie mir das gefiel. Meine klinisch-diagnostische und psychotherapeutische Ausbildung erhielt ich dadurch, dass wir uns die Methoden wechselseitig beibrachten, Workshops bei den Erfindern bzw. Autoren dieser Methoden (wo immer diese Workshops auch stattfanden) besuchten, und bei den jeweiligen Kliniken und Wissenschaftlern einige Zeit verbrachten, um Anleitung zu erfahren. Ich hatte das Glück, dass ich fast unmittelbar das Gelernte in der Praxis erproben konnte. Dabei bestand die Praxis nicht nur aus der Durchführung von Behandlungen, sondern aus diagnostischen Untersuchungen (Interviews, Tests, Verhaltensbeobachtungen) und vor allem auch aus der Beteiligung an Forschungsprojekten, der Entwicklung von Fragestellungen sowie von Versuchsplänen. Bis zu meiner Promotion arbeitete ich in der Erwachsenenpsychiatrie, in der Kinder- und Jugendpsychiatrie, in der Hochschulambulanz, bei einer niedergelassenen Psychiaterin und im Psychologischen Institut als wissenschaftlicher Mitarbeiter und Dozent für die praxisnahen Fallseminare der Hauptfachstudierenden.

Ein Stipendium (1981–1983) erlaubte mir dann, für fast zwei Jahre in den USA zu forschen, Patienten zu sehen und zu versorgen, Studenten zu unterrichten, mich in neue Bereiche (z. B. die klinische Gerontopsychologie) einzuarbeiten und dazu praktische Erfahrungen zu sammeln. Seit dieser Zeit hat mich die Verbindung von Wissenschaft und Praxis, von Lehre und Forschung nicht mehr losgelassen.

Heute bin ich seit über 20 Jahren an verschiedenen Universitäten als Hochschullehrer in der Entwicklung und Evaluation diagnostischer Instrumente und Beurteilungssysteme und unterschiedlichster Präventions- und Therapieverfahren sowie in der Unterrichtung von Studierenden und Doktoranden tätig. Ich sehe Patienten, leite Studierende an, supervidiere Therapeuten, beantrage und verwirkliche klinische Forschungsprojekte, schreibe Anträge auf Forschungsmittel, verfasse Berichte und wissenschaftliche Veröffentlichungen, publiziere Lehrbücher und praktische Anleitungen (sog. Therapiemanuale). Ein großer Teil meiner Zeit ist auch durch Verwaltung, Sitzungen, Besprechungen, Begutachtungen und Prüfungen gefüllt.

Ich finde es unverändert bereichernd, Dinge zu ergründen, das Zusammenwirken von körperlichen und seelischen Vorgängen zu begreifen, alte Konzepte aufzugeben und Neues zu entwickeln, das Erleben und Verhalten von Menschen und insbesondere Krankheitsprozesse zu verstehen, dafür Behandlungsprogramme zu entwickeln, diese zu evaluieren und, wenn nötig, wieder aufzugeben bzw. zu verändern. Ich gebe mein Wissen und die Forschungsergebnisse gerne weiter, sehe Patienten und wende dort unterschiedliche diagnostische und psychotherapeutische Methoden an. Ich freue mich darüber, wenn dies zu Verbesserungen und Problemüberwindung führt. Ich schreibe gerne (außer Gutachten!), halte Vorlesungen und Vorträge, führe Workshops und Seminare durch und stelle mich den Fragen der Studenten und der Praktiker. Der Austausch mit und die vielfältigen Kontakte zu Kolleginnen und Kollegen in der ganzen Welt verstärken und erzeugen ein Gefühl der Befriedigung. Dies alles füllt mich nun seit 30 Jahren aus und hat zu keiner Zeit an Faszination verloren, auch wenn mein Arbeitstag oft zwölf und mehr Stunden hat und ich selten ein Wochenende oder einen Urlaub ohne »Arbeit« verbringe.

2 Aufgaben und Tätigkeiten

Als verantwortlicher Klinischer Psychologe, Psychodiagnostiker und Psychotherapeut an einem Universitätsinstitut ergeben sich folgende Aufgaben:

- Durchführung von Lehrveranstaltungen für Haupt- und Nebenfachstudierende in den Fächern klinische Psychologie (Vorlesung, Seminare, Praktika, Kolloquien), klinisch-psychologische Diagnostik (Seminare, Praktika), psychologische Interventionen (Vorlesung, Seminare) und Psychosomatik (Vorlesung,

Seminar) im Umfang von neun Stunden pro Woche in jedem Semester;

- Abnahme von mündlichen und schriftlichen Prüfungen in diesen Fächern (ein Prüfungstag mit acht Stunden pro Monat);
- Beratung von Studierenden in den genannten Fächern (wöchentlich ca. drei Stunden);
- Betreuung von Diplomarbeiten und Dissertationen (wöchentlich ca. acht Stunden);
- Begutachtung von Manuskripten für Fachzeitschriften, Herausgeberschaft von Fachzeitschriften und Büchern, Begutachtung von Forschungsanträgen und Schreiben von Gutachten für Studierende, für nationale und internationale Stiftungen und Forschungsorganisationen u. Ä. (wöchentlich ca. sechs Stunden);
- Supervision und Betreuung der Mitarbeiterinnen und Mitarbeiter, Therapeutinnen und Therapeuten, Ärzte und Ärztinnen der psychotherapeutischen Hochschulambulanz und anderer klinischer Einrichtungen. In der zur Abteilung gehörenden psychotherapeutischen Hochschulambulanz werden pro Jahr ca. 300 Patienten (Kinder, Erwachsene, Familien, Gruppen) psychodiagnostisch und psychotherapeutisch betreut (ca. zehn Stunden wöchentlich);
- Untersuchung und Behandlung von (eigenen) Patienten (wöchentlich ca. vier Stunden);
- Planung und Durchführung von wissenschaftlichen Forschungsprojekten, Betreuung der darin tätigen Mitarbeiter, Besprechung mit Fachkollegen und anderen Wissenschaftlern (wöchentlich ca. sechs bis acht Stunden);
- Vorträge und Einladungen an andere Institutionen (wöchentlich ca. vier Stunden);
- Vorbereitung der Lehrveranstaltungen, der Vorträge und Präsentationen, Verfassung von wissenschaftlichen Publikationen und Fachbüchern (wöchentlich ca. zehn Stunden);
- Verwaltungstätigkeiten und Sitzungen im Institut, in der Fakultät und im Rektorat (wöchentlich ca. sechs Stunden).

Es ist unschwer zu erkennen, dass diese Aufgaben nicht innerhalb einer normalen Arbeitswoche zu schaffen sind. Klinische Psychologie und Psychodiagnostik ist ein sehr vielfältiges und lebendiges, ein sehr (!) beliebtes Fach, das den Absolventen interessante Berufsperspektiven bietet. Dementsprechend ist die Zahl der Studierenden und Doktoranden groß, die Nachfrage nach Betreuung (Supervision) auch der Berufstätigen (Postgraduierten) in unterschiedlichen Bereichen hoch, die Nachfrage nach Beratung und Behandlung von Patienten wachsend und kaum zu bewältigen und die Möglichkeiten für Forschung bzw. Antragstellung auf Forschungsmittel vielfältig. Selbst wenn man als klinischer Psychologe vor allem psychotherapeutisch tätig ist, ergeben sich die unterschiedlichsten Aufgaben und Anforderungen, die beispielhaft an einem Ablaufdiagramm erkennbar werden (siehe **Abb. 1**). In dem Schaubild sind bezogen auf einen Patienten in einer Ambulanz, einer Beratungsstelle oder einer klinischen Einrichtung die diagnostischen und therapeutischen Aufgaben dargestellt, ferner die Evaluation und Erfolgskontrolle sowie die Antrags- bzw. Berichterstellung. Wenn man sich nun klar macht, dass in einer Einrichtung oder einer Praxis pro Woche sehr viele Patienten gesehen werden, und man sich außerdem verdeutlicht, dass auch die Praktiker und Therapeuten angehalten sind, Fortbildungskurse zu besuchen, Fachliteratur zu lesen, Berichte und Gutachten zu erstellen und Vorträge und Informationsveranstaltungen zu halten, dann wird schnell deutlich, dass viele der zuvor genannten Aufgaben auch dort, wenngleich mit unterschiedlichem Umfang, anfallen.

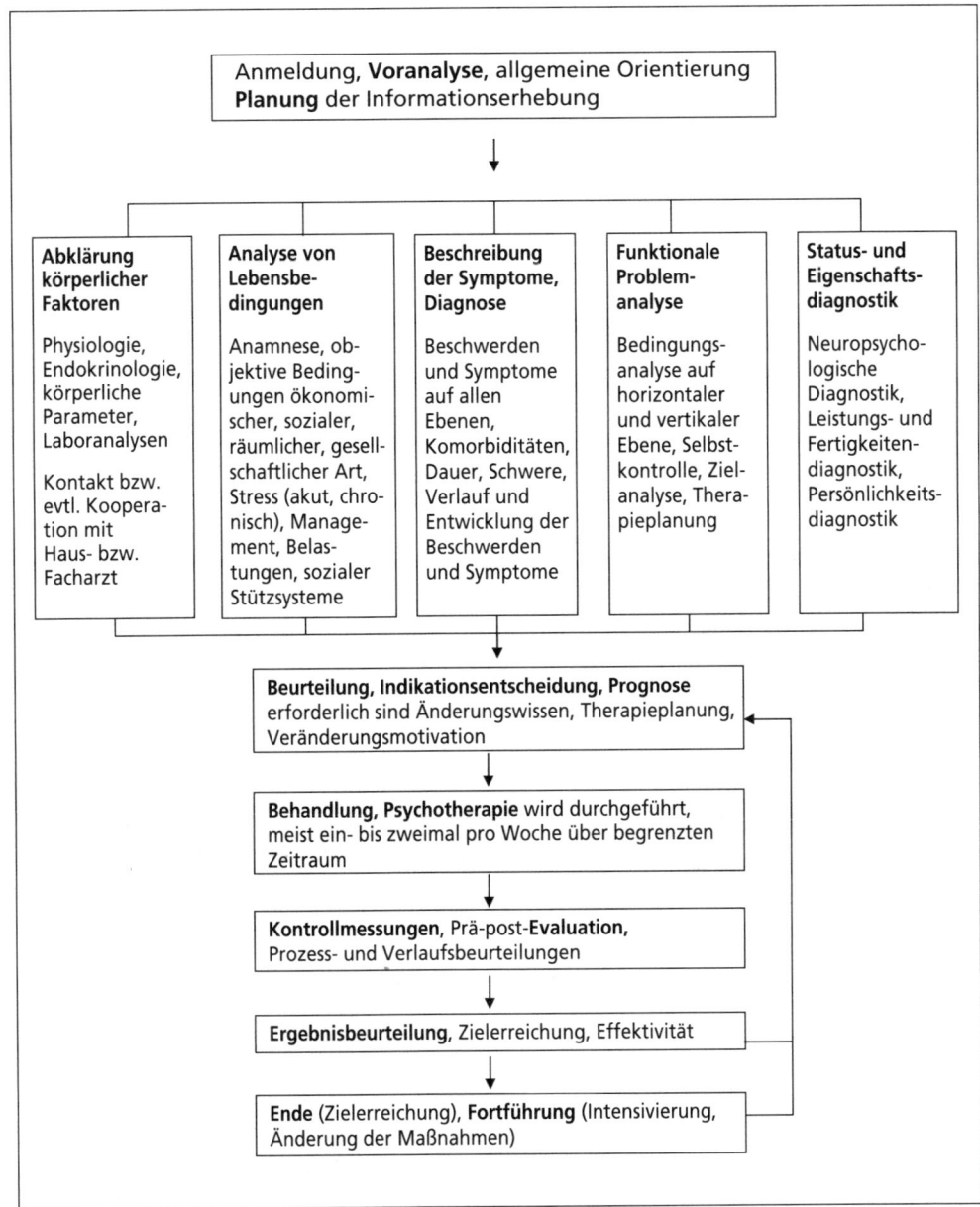

Abb. 1: Diagnostische Aufgaben und Entscheidungen im Rahmen einer Psychotherapie. Die hervorgehobenen Aspekte bezeichnen die Aufgaben eines klinischen Psychologen im Rahmen einer Beratung bzw. Therapie (nach Hautzinger 2004).

Montag	Dienstag	Mittwoch	Donnerstag	Freitag	Samstag
9:00–10:00 Büro Verwaltung	9:00–12:00 Hochschulambulanz, Fallkonferenz, Supervision	9:00–12:00 Büro Verwaltung, Vorstandsitzung	9:00–12:30 Vorlesung	9:30–14:00 Büro Verwaltung, Besprechung, Anrufe, Gutachten	7:00 Abflug nach Hamburg
10:00–13:00 Prüfungen					10:00–17:30 Fortbildungsveranstaltung (Kurs) für Psychologische Psychotherapeuten (im Rahmen der staatlichen Ausbildung Psychotherapie)
13:00–14:00 Pause	12:00–13:00 Pause	12:00–13:00 Doktorandin	13:00–14:00 Pause Büro, Anrufe		
14:00–16:00 Prüfungen	13:00–17:00 Sprechstunde Doktoranden Diplomanden	13:00–14:00 Doktorandin	14:00–18:00 Seminare	14:00–15:00 Patient (Notfall)	
16:00–18:00 (Nebenfach-)Vorlesung		14:00–15:00 Büro Verwaltung		15:00–18:30 Forschungsbesprechung im Klinikum	
18:00–20:00 Diplomandenkolloquium	17:00–18:00 Büro Verwaltung	15:00–18:00 stündlich Patienten	18:00–20:00 Büro Verwaltung		
20:00–22:00 Büro, Verwaltung, Gutachten	18:00–21:00 Institutskolloquium Abendessen mit Gast	18:00–21:00 Büro Verwaltung, Vorbereitung der Lehre für den nächsten Tag	20:00–21:30 Therapeuten Supervision (Psychiater, Psychologen)	19:00–20:00 Büro Verwaltung, Vorbereitung für den nächsten Tag	19:00 Rückflug
					22:00 Rückkehr nach Hause

Abb. 2: Typische Woche eines klinischen Psychologen an der Universität

3 Tagesablauf, Wochenablauf

Die oben geschilderten Aufgaben lassen sich gut an einer typischen Woche illustrieren (siehe **Abb. 2**). Der *Montag* ist von 10 bis 16 Uhr verplant mit (mündlichen) Diplomprüfungen in klinischer und in diagnostischer Psychologie. Bei jeder dieser Prüfungen muss eine Mitarbeiterin oder ein Mitarbeiter als Protokollant anwesend sein. Davor fallen bereits Verwaltungsaufgaben an. Nach den Prüfungen finden Lehrveranstaltungen (Nebenfachvorlesung und Diplomanden- und Doktorandenkolloquium) statt. Erst nach 20 Uhr komme ich dazu, die im Laufe des Tages eingegangene Post zu beantworten, was mich noch bis nach 22 Uhr beschäftigt.

Der *Dienstagvormittag* ist verplant für Besprechungen und die Supervision der Hochschulambulanz. Es werden Patienten vorgestellt, diagnostische und therapeutische Fragen besprochen und Eingangs- und Abschlussuntersuchungen diskutiert. Ab 13 Uhr kommen Diplomanden und Doktoranden, doch auch alle möglichen anderen Leute, während der wöchentlichen Sprechstunde zu mir, um Fragen und Anliegen zu klären, Pläne und Vorhaben zu diskutieren und Auswertungen vorzustellen. Je nach Anliegen habe ich für jeden zwischen 15 und 30 Minuten Zeit. Dazwischen klingelt immer wieder das Telefon. Diese Sprech- und Beratungszeit geht bis 17 Uhr. Schnell erledige ich noch einige Verwaltungsdinge, leiste Unterschriften und telefoniere, bevor um 18 Uhr das Institutskolloquium mit einem ausländischen Gast beginnt, was mich bis 20 Uhr beschäftigt. Der *Mittwoch* ist am Vormittag mit Verwaltungsaufgaben, Briefen und Telefonaten gefüllt. Um 12 Uhr kommt eine auswärtige Doktorandin vorbei. Sie stellt mir ihre Untersuchungsergebnisse vor, und wir besprechen weitere Auswertungsmöglichkeiten. Gegen 13 Uhr folgt eine weitere Doktorandin, die jedoch noch in der Planungs- und Vorbereitungsphase ihres Forschungsvorhabens ist. Sie überrascht mich damit, dass sie möglichst bis Ende der Woche ein Gutachten von mir braucht, damit sie sich bei einer Stiftung um ein Stipendium bewerben kann. Ab 15 Uhr habe ich bis 18 Uhr im Stundentakt Patienten einbestellt. Zwei davon sehe ich schon längere Zeit, während eine Patientin zur Abklärung und Diagnostik von einer lokalen Nervenärztin überwiesen wurde. Erst danach komme ich dazu, mich für die Vorlesung und die Seminare am nächsten Tag vorzubereiten. Es wird wieder fast 23 Uhr, bis ich zu Hause bin. Der gesamte *Donnerstag* (von 9 bis 18 Uhr) ist mit Lehrveranstaltungen gefüllt. Danach bin ich »geschafft«, und ich erledige rasch noch meine Post, bevor ich um 20 Uhr das Büro verlasse. Der *Freitag* fängt später (9:30 Uhr) an. Ich habe in der Verwaltung und im anderen Institutsgebäude zu tun. Gegen Mittag habe ich mich mit einem früheren Doktoranden verabredet, der mit mir zusammen ein Forschungsvorhaben plant, dessen Antrag bis Monatsende fertiggestellt sein muss. Um 14 Uhr habe ich einen Patienten »dazwischen geschoben«, daher komme ich kurz nach 15 Uhr verspätet zu einer Besprechung mit ärztlichen Kollegen, um einen Antrag für die Ausschreibung »Gesundheit im Alter« zu überlegen und schließlich zu verabreden. Für diesen Antrag haben wir immerhin noch vier Wochen Zeit, doch die Weihnachtsferien werden wohl wieder darunter leiden. Am *Samstag* früh besteige ich bereits um kurz nach 7 Uhr das Flugzeug, das mich nach Hamburg bringt, denn dort ist für den ganzen Tag eine Fortbildungsveranstaltung für psycho-logische Psychotherapeuten verabredet. Ohne viel von der Stadt gesehen zu haben, fliege ich danach, abends um 19.30 Uhr, zurück. Für den *Sonntag* habe ich mir nichts vorgenommen, doch liegen noch drei Diplomarbeiten zur Benotung und zwei Forschungsanträge zur Stellungnahme für eine Forschungsförderorganisation auf meinem Schreibtisch.

In der darauf folgenden Woche war ich am Mittwochnachmittag in Frankfurt als Mitglied einer Berufungskommission, am Freitag in München in einer Leitungsgremiumssitzung des Kompetenznetzes Depression (Forschungsverbund) und am Samstag in Zürich (Supervision von Psychotherapeuten). In der Woche zuvor war ich von Donnerstagnachmittag (gleich nach der Vorlesung) bis Samstagabend in Berlin auf einem großen Kongress mit zwei Vorträgen und einem halbtägigen Forschungstreffen zur Organisation eines neu bewilligten multizentrischen Forschungsprojekts beschäftigt. Dementsprechend mussten Patiententermine verlegt und für zwei Seminare Vertretungen organisiert werden.

4 Ausbildung

Klinische Psychologie und Psychodiagnostik sind wichtige Teile des Psychologiestudiums, die nach dem Vordiplom im Diplomstudiengang Psychologie oder im Bachelorstudium und im Masterstudium Psychologie angeboten, besucht und geprüft werden. Psychodiagnostik ist zum einen ein grundlegendes Methodenfach der Psychologie und damit für alle Teil- und Anwendungsbereiche der Psychologie relevant. In jedem Anwendungsbereich gibt es jedoch spezifische psychodiagnostische Fragestellungen und Methoden, die meist Teil der Ausbildung, z. B. in der klinischen Psychologie, sind.

Bachelorstudium Diplomstudium (meist im 5. und 6. Semester bzw. im 3. Studienjahr)	**Vorlesung:** Grundlagen der psychologischen Diagnostik	
	Übung: Psychometrie, Testtheorie, Testkonstruktion	
	Seminare (wahlweise): Leistungsdiagnostik Persönlichkeitsdiagnostik Computergestützte Diagnostik	
Masterstudium Diplomstudium (Anwendungsbereiche meist im 7. bis 9. Semester)		**Vorlesung:** Psychologische Intervention
		Seminare (wahlweise): Klinische/Neuropsychologische Diagnostik, Entwicklungs-/Pädagogische Diagnostik, Arbeitspsychologische Diagnostik
		Praktikum: Begutachtung und Gutachtenerstellung, Diagnostik und Intervention in diversen Anwendungsbereichen

Abb. 3: Mögliche (typische) Ausbildungsinhalte im Fach Psychodiagnostik und Intervention (Diplom und Bachelor/Master). Je nach lokalen Schwerpunkten und der damit verbundenen Studienordnung variieren diese Veranstaltungen in Inhalt und Umfang.

Die Ausbildung in Psychodiagnostik umfasst Vorlesungen, Seminare und Übungen zur Theorie des Diagnostizierens, zu den Problemen und Merkmalen diagnostischer Entscheidungen, zur Psychometrie, zur Testkonstruktion, zur Skalierung, zur Persönlichkeits-, Leistungs- und Intelligenzdiagnostik, zur apparativen und computergestützten Diagnostik und zur Begutachtung und Gutachtenerstellung sowie zu Fragen der Indikation und Intervention. Dabei beziehen sich diese Fragen auf grundlegende Probleme, z. B. welche Folgerungen aus dem diagnostischen Befund zu ziehen sind und welche Maßnahmen zur Behebung von Defiziten, zur Erreichung von Zielen oder zur Stabilisierung des Erreichten sinnvoll und angezeigt sind. Beispielhaft sind in **Abbildung 3** typische Lehrveranstaltungen zur Psychodiagnostik im Rahmen einer universitären Ausbildung aufgeführt.

Psychodiagnostik ist meist kein eigenständiges Berufsfeld, sondern es ist eine zentrale psychologische Tätigkeit in bestimmten psychologischen Tätigkeitsbereichen, etwa in der Schulbehörde, in den Personalabteilungen von Betrieben, in medizinischen Kliniken oder in der Begutachtung für Behörden, Gerichte und Versicherungen. Die jeweiligen psychodiagnostischen Aufgaben erfordern dabei immer das inhaltliche Wissen und die fachliche Kompetenz des Tätigkeitsfeldes (z. B. Glaubwürdigkeit, forensische Psychiatrie, berufliche Aufgaben in dem Betrieb, Ergonomie, Werbepsychologie, Verkehrspsychologie usw.).

Die Ausbildung in klinischer Psychologie umfasst Vorlesungen, Seminare und Fallseminare (Übungen, Praktika). Die Vorle-

Bachelorstudium Diplomstudium (meist im 5. und 6. Semester bzw. im 3. Studienjahr)	**Vorlesung (zwei- bis dreistündig):** Klinische Psychologie I und II	
	Seminar (zweistündig): Vorlesungsbegleitendes bzw. vertiefendes Seminar zu ausgewählten Themen der klinischen Psychologie und Psychotherapie	
Masterstudium Diplomstudium (Anwendungsbereiche meist im 7. bis 9. Semester)		**Vorlesung/Übung (zwei- bis dreistündig):** Klinische Psychologie und Psychotherapie (Vertiefung) Verhaltensmedizin und Psychosomatik (Vertiefung)
		Forschungsseminare (zweistündig): • Angststörungen • affektive Störungen • Störungen im Kindes- und Jugendalter • Substanzabhängigkeiten • psychophysiologische und somatoforme Störungen • schizophrene und psychotische Störungen • hirnorganische und kognitive Störungen Dabei kommt der Forschungsbezug neben dem Anwendungsbezug stärker zur Geltung.
		Praktikum/Fallseminar (vierstündig): Praxis und Anwendung ausgewählter Themen der klinischen Psychologie und Psychotherapie. Dabei können einzelne Störungsbilder oder psychotherapeutische Methoden oder auch Diagnostik und Begutachtung im Mittelpunkt stehen.

Abb. 4: Typische Ausbildungsinhalte im Fach Klinische Psychologie und Psychotherapie (Diplom und Bachelor/Master). Je nach lokalen Schwerpunkten und der damit verbundenen Studienordnung variieren diese Veranstaltungen in Inhalt und Umfang.

sungen befassen sich mit den wissenschaftlichen und theoretischen Grundlagen, der klinischen und klassifikatorischen Diagnostik, den Störungsbildern, den psychischen und psychosomatischen Erkrankungen, den Forschungsbefunden zur Entstehung, zum Verlauf und zu den Risikofaktoren psychischer und psychosomatischer Er-

krankungen, der Differentialdiagnostik, den Behandlungsmöglichkeiten, der Psychotherapie und der Prävention aller Störungen über die gesamte Lebensspanne hinweg. Die Seminare vertiefen diese diagnostischen, theoretischen, wissenschaftlichen und therapeutischen Themen zu einem Störungsbild (z. B. Substanzabhängigkeit)

Ausbildungsteile	vorgeschriebene Stundenzahl
Praktische Tätigkeit (1,5 Jahre)	
in psychiatrisch-klinischer Einrichtung	1 200
in psychosomatisch-psychotherapeutischer Einrichtung bzw.	
in kinder- und jugendlichen Einrichtung	600
Theoretische Ausbildung	600
Praktische Ausbildung in Krankenbehandlung	600
unter Supervision (nach jeder vierten Sitzung)	150
Selbsterfahrung (Einzel- und Gruppenselbsterfahrung)	120
Weitere, nicht festgelegte Ausbildungsinhalte	930
Gesamtumfang der Weiterbildung (drei Jahre)	4 200 Stunden

Abb. 5: Weiterbildung zum psychologischen Psychotherapeuten bzw. Kinder- und Jugendpsychotherapeuten (nach Hautzinger, 2007b)

oder zu einem Bereich (z. B. Kindes- und Jugendalter). Die praktischen Veranstaltungen erlauben dann die konkrete und praktische Erfahrung mit Praxisausschnitten, die wiederum von der klinischen Diagnostik (z. B. standardisierte Interviews) bis hin zur Behandlung (z. B. Gruppentherapie für Patienten mit einer Zwangsstörung) reichen kann. Die **Abbildung 4** illustriert eine typische Abfolge von Ausbildungsinhalten in der klinischen Psychologie.

Der Studienabschluss »Diplom« oder »Master« in Psychologie (mit Schwerpunkt in klinischer Psychologie) erlaubt dann den Einstieg in eine postgraduale Ausbildung zum psychologischen Psychotherapeuten bzw. zum Kinder- und Jugendpsychotherapeuten. Diese Ausbildung ist durch ein Bundesgesetz geregelt und wird daher auch durch staatliche Organe (Landesprüfungsämter) kontrolliert. Die Ausbildung erfolgt an dafür anerkannten (privaten oder universitären) Instituten. Diese theoretische und praktische Ausbildung ist kostenpflichtig und teuer (ca. 25 000 Euro), wenngleich die Ausbildungskosten in der Regel durch therapeutische Tätigkeiten im Rahmen der Ausbildung wieder komplett hereingeholt (erwirtschaftet) werden. Eine Übersicht über diese dreijährige Ausbildung ist der **Abbildung 5** zu entnehmen.

Ein klinischer Psychologe muss diesen zusätzlichen postgradualen Ausbildungsgang zum Psychotherapeuten nicht unbedingt absolvieren. Es gibt zahlreiche Berufs- und Praxisfelder, für die diese Zusatzausbildung nicht erforderlich ist. Mit dem Diplom bzw. dem Master ist eine erfolgreiche Tätigkeit in Kliniken, Heimen, Beratungsstellen, Betrieben, Organisationen und selbstverständlich auch an den Hochschulen und in der Forschung im In- und Ausland möglich.

5 Institutionen, Berufsfelder, Karrieren und Vergütungen

Als klinischer Psychologe ist man qualifiziert, in den unterschiedlichsten Institutionen zu arbeiten. Das Hauptarbeitsfeld sind jedoch Krankenhäuser, Kur- und Rehabilitationskliniken, medizinische Dienste der Krankenkassen, Beratungsstellen, private Praxen (Psychotherapie) sowie Fachhochschulen, Universitäten und Forschungsorganisationen. Es gibt jedoch auch klinische Psychologen in Betrieben, Behörden, beim Fernsehen, beim Militär, in Hilfswerken, in Sportvereinen, in Schulen und in internationalen Organisationen (z. B. WHO). Klinische Psychologen sind mit ihrem Wissen und ihren Kompetenzen erfolgreiche Trainer (coaches) in der Wirtschaft und im Profisport. Während im klassischen klinischen Rahmen (Psychodiagnostik, Psychoedukation, Beratung, Neuropsychologie, Psychotherapie) und an den Hochschulen (Unterricht, Anleitung, Beratung, Forschung) die Aufgaben und Erwartungen klar definiert sind, sind die Aufgaben und Funktionen in den anderen genannten Bereichen unschärfer, oft gar nicht auf »klinische Psychologie« ausgerichtet oder ganz vage. Es liegt dann am Einzelnen, wie er sein Wissen, die Fertigkeiten, Analyse- und Problemlösefähigkeiten, Flexibilität und Anpassungsfähigkeit einbringt, um z. B. beim Fernsehen bei der Produktion von Filmen und Serien aktiv beteiligt zu werden oder beim Militär bzw. bei Hilfsorganisationen in Krisengebieten und Katastrophen hilfreich zu sein. Aus Erhebungen der Agentur für Arbeit wissen wir, dass von den Hochschulabsolventen in Psychologie die Mehrheit (ca. 50 %) in den klassischen Bereichen (s. o.) im Gesundheitswesen Arbeit findet. Für mich war und ist ein wesentliches Merkmal eines guten klinischen Psychologen die Flexibilität und Neugier für neue Aufgaben, die Bereitschaft zur Weiterentwicklung und die Offenheit für bislang unbekannte Aufgaben und Tätigkeiten.

Heute gibt es in vielen klinischen Einrichtungen spezielle psychologische Abteilungen bzw. Dienste, die dann für unterschiedliche Aufgaben und Serviceleistungen verantwortlich sind. Ebenso häufig sind jedoch die klinischen Psychologen in die Abteilungsstruktur einer klinischen Einrichtung eingebunden und übernehmen zusammen mit den Ärzten die Diagnostik und Therapie der Kranken. Je nach Größe der Abteilung bzw. des psychologischen Dienstes entsteht eine Hierarchie dahingehend, dass es eine Leitungsposition (sog. leitender Psychologe) gibt, die gegenüber der Klinikleitung repräsentiert bzw. verantwortlich ist. In einigen klinischen Bereichen (vor allem in der Psychosomatik und in Suchtkliniken) haben klinische Psychologen bereits Klinikleitungsfunktionen übernommen.

Die Eingruppierung (Vergütung) erfolgt in Abhängigkeit von der Berufserfahrung nach den tarifrechtlichen Bestimmungen. In vielen Kliniken unter privater Trägerschaft gibt es besondere Vergütungsvereinbarungen. In der Regel sind klinische Psychologen heute den Ärzten gleichgestellt. Die Anfangsgehälter für klinische Psychologen in Institutionen liegen zwischen 45 000 und 50 000 Euro (Bruttogehalt). Im öffentlichen Dienst, in Universitäten (Professoren) doch auch in privaten Einrichtungen sind Aufstiege bis zur Leitungs- und Direktorenebene mit einem Gehalt von bis zu 90 000 Euro (Bruttogehalt) möglich. Die niedergelassenen Psychotherapeuten bzw. auch die selbstständig tätigen klinischen Psychologen erreichen im Durchschnitt ähnliche Bezüge, wobei hier die Streuung (Unter- und Obergrenze) der erzielten Einkommen sehr groß ist und von konjunkturellen bzw. politischen Bedingungen (z. B. Gesundheitsreform) beeinflusst wird.

6 Was braucht man, um erfolgreich zu sein

Um ein guter klinischer Psychologe und Psychodiagnostiker zu werden, braucht man sicherlich gute Abschlussnoten, doch ein erfolgreicher Studienabschluss macht noch keinen guten Kliniker aus. Hierfür braucht man vor allem Offenheit, Interesse an klinischen Themen (Störungen, Krankheiten, Schicksale), soziales Geschick, Interesse an Menschen und ihren Schicksalen, keine Vorurteile, Kommunikationsfreudigkeit, Kommunikationskompetenzen, Frustrationsbereitschaft, Sicherheit im Auftreten (selbst in stark belastenden Situationen) und Verantwortungsbewusstsein. Diese Eigenschaften sollten gepaart sein mit breitem Wissen in psychologischer Diagnostik, Persönlichkeits- und Sozialpsychologie, Entwicklungspsychologie, biologischer Psychologie und Psychopathologie.

Personen, die klinische Psychologie betreiben, um sich selbst besser zu verstehen, um sich selbst damit zu helfen, oder aus aufopfernder Nächstenliebe und verklärter Menschenfreundlichkeit, werden beruflich scheitern und ihren persönlichen Zielen daher kaum nahekommen. Personen, die unsicher, umständlich, unkonkret und unstrukturiert sind, die ungern vor anderen reden, die sich schwer tun, sich in andere einzufühlen oder deren Sicht- und Empfindungsweisen zu verstehen, bringen Eigenschaften mit, die für die Tätigkeit eines klinischen Psychologen wenig förderlich sind. Personen, die selbst labil, impulsiv, chaotisch, aggressiv oder psychisch krank sind, sollten nicht klinisch psychologisch und psychotherapeutisch tätig sein. Schließlich zeigt sich immer wieder, dass diejenigen, die klinische Psychologie deshalb wählen, weil ihre Abschlussnoten nicht so gut ausgefallen sind, im Beruf des klinischen Psychologen scheitern.

Als klinischer Psychologe muss man in der Lage sein, emotionale Belastungen auszuhalten, Verantwortung für andere (kranke) Menschen (Kinder, Erwachsene) zu übernehmen, bizarres und verstörendes Verhalten und Erleben zu ertragen, nicht immer Erklärbares auszuhalten, und man muss doch bemüht sein, dies wissenschaftlich und mit psychologischen Theorien zu erklären und Schmerzen und Leid anderer mit professioneller Distanz, doch unter angemessen menschlicher Anteilnahme zu begegnen.

> Notwendige Eigenschaften/Fertigkeiten: Psychologisches Wissen in Forschungsmethoden, in Psychodiagnostik, in psychologischen Theorien, in Psychopathologie, in Interventionsmethoden, soziale und interpersonelle Fertigkeiten (zuhören, einfühlen, kommunizieren), Selbstbewusstsein, Sicherheit, Stresstoleranz, emotionale Stabilität, Offenheit, Selbstreflexion, Strukturiertheit, Vorurteilsfreiheit, Neugierde, Lernbereitschaft.

7 Zukunftsperspektive

Psychologie (insbesondere klinische Psychologie) ist ein interessantes, lebendiges und sehr begehrtes Fach. Die Berufsaussichten sind gegenüber anderen Disziplinen gut bis sehr gut. Wer räumlich und inhaltlich flexibel ist, findet zahlreiche Stellenangebote und Tätigkeiten. Nach Berechnungen der Bundespsychotherapeutenkammer fehlen in den nächsten Jahren und Jahrzehnten klinische Psychologen und Psychotherapeuten in beachtlicher Zahl. Die von den Universitäten kommenden Absolventen reichen kaum aus, um die Lücken der aus Altersgründen ausscheidenden niedergelassenen Psychotherapeuten zu schließen.

Auch in vielen Organisationen stehen größere Wechsel und damit Karrierechancen bevor. Ein Blick ins Internet oder in die Zeitung belegt diese Einschätzung.

Dies gilt auch für den wissenschaftlichen Bereich. Über die nächsten Jahre hinweg werden viele Lehrstühle und Professuren, doch auch Mitarbeiter- und Assistentenstellen, wieder zu besetzen sein. Die Möglichkeiten für Forschungsförderung sind prinzipiell gut, doch sehr kompetitiv, d. h. schwer kalkulierbar. Dennoch sollte das nicht entmutigen, denn Psychologie ist ein Fach, das aus interdisziplinären Forschungsverbünden kaum mehr wegzudenken ist. Durch die Nähe zur Medizin bestehen hier gute Karrierechancen und Entwicklungsmöglichkeiten. Nimmt man die Perspektive hinzu, dass in nächster Zeit die Fachhochschulen ausgebaut und dort auch psychologische Bachelorstudiengänge eingerichtet werden sollen, dann resultiert daraus für klinische Psychologen ein interessantes Tätigkeitsfeld.

Schließlich dürfte sich im Rahmen der europäischen Integration für klinische Psychologen auch eine Entwicklung in anderen Ländern des Kontinents eröffnen. Dadurch werden die beruflichen Möglichkeiten für Kliniker (mit Sprachkenntnissen) besser. Eine Entwicklung, wie wir sie heute schon in der Medizin (aktives Abwerben von Ärzten in andere europäische Länder mit günstigeren Arbeitszeiten und deutlich höheren Gehältern) oder im wissenschaftlichen Bereich (Hochschullehrer und Forscher werden mit besseren Arbeitsbedingungen und höheren Gehältern ins Ausland abgeworben) erleben, ist auch für die klinische Psychologie denkbar. Nimmt man die zukünftigen Möglichkeiten in Übersee (Australien, Neuseeland, USA) dazu, dann ergeben sich vielfältige und aufregende Perspektiven für die klinische Psychologie.

8 Informationsquellen, Fachgesellschaften, Fachzeitschriften

In der Deutschen Gesellschaft für Psychologie sind die klinischen Psychologen in der Fachgruppe Klinische Psychologie und Psychotherapie organisiert. Daneben gibt es zahlreiche Berufs- und Fachverbände (z. B. Berufsverband Deutscher Psychologinnen und Psychologen, Schweizer Gesellschaft für Verhaltenstherapie, Deutsche Gesellschaft für Psychoanalytische Therapie, Berufsverband Österreichischer Psychologen, Deutsche Gesellschaft für Verhaltensmedizin usw.), die oft sehr spezifische Gruppen von klinischen Psychologen vertreten. Die approbierten psychologischen Psychotherapeuten sind alle (zwangsweise) in einer Psychotherapeutenkammer (auf Landesebene) organisiert, welche sich zu einer Bundespsychotherapeutenkammer zusammengeschlossen haben. Alle diese Fachgesellschaften bzw. Kammern bieten im Internet oder als Druckmaterialien unterschiedlichste Informationen zur Fortbildung, zur Ausbildung, zu berufspolitischen Fragen, zu Abrechnungsthemen und zu neuer Literatur an.

Hilfreiche Internetadressen:
www.dgps.de
www.klinische-psychologie-psychotherapie.de
www.bptk.de
www.bptk.de/psychotherapie/ausbildung
www.unith.de
www.vpp.org/beruf/institute/Ausbildungsinstitute.pdf

Als Wissenschaftler ist es wichtig, über aktuelle Forschungsarbeiten direkt zu berichten. Dafür stehen Fachzeitschriften zur Verfügung. Im deutschen Sprachraum sind unter zahlreichen Organen folgende *Zeitschriften* relevant:

- Zeitschrift für Klinische Psychologie und Psychotherapie (erscheint vierteljährlich im Hogrefe Verlag, Göttingen)
- Psychotherapeut (erscheint zweimonatlich im Springer Verlag, Heidelberg)
- Nervenarzt (erscheint monatlich im Springer Verlag, Heidelberg)
- Verhaltenstherapie und Verhaltensmedizin (erscheint vierteljährlich im Pabst Verlag, Lengerich)
- Verhaltenstherapie. Forschung und Praxis (erscheint vierteljährlich im Karger Verlag, Basel)
- Psyche. Zeitschrift für Psychoanalyse (erscheint zweimonatlich im Klett-Cotta Verlag, Stuttgart)
- Zeitschrift für Gesundheitspsychologie (erscheint vierteljährlich im Hogrefe Verlag, Göttingen)

Wichtige wissenschaftliche *Buchverlage* für die Klinische Psychologie sind im deutschen Sprachraum:

- Springer Verlag, Heidelberg
- Hogrefe Verlag, Göttingen
- Beltz/Psychologie Verlags Union, Weinheim
- Kohlhammer Verlag, Stuttgart
- Thieme Verlag, Stuttgart
- Schattauer Verlag, Stuttgart
- Huber Verlag, Bern

- Spektrum/Elsevier, Heidelberg

Psychologische Test- und Untersuchungsverfahren, doch auch Testgeräte, werden vor allem publiziert bzw. vertrieben durch:

- Hogrefe Verlag, Göttingen
- Harcourt Test Service, Frankfurt
- Apparatezentrum, Göttingen

Literatur

Baumann, U. & Perez, M. (2005). *Lehrbuch Klinische Psychologie und Psychotherapie (3. Auflage)*. Huber Verlag, Bern.

Davison, G., Neale, J. & Hautzinger, M. (2007). *Klinische Psychologie* (7. Auflage). Beltz/PVU, Weinheim.

Hautzinger, M. (2004). Diagnostik in der Psychotherapie. In R. D. Stieglitz, U. Baumann, U. & S. Freyberger (Hrsg.). *Diagnostik in Klinischer Psychologie, Psychotherapie und Psychiatrie* (2. Auflage) (S. 351–378). Thieme Verlag, Stuttgart.

Hautzinger, M. (2007a). Geschichte und Entwicklung der Psychotherapie. In C. Reimer, J. Eckert, M. Hautzinger & E. Wilke (Hrsg.). *Psychotherapie. Ein Lehrbuch für Ärzte und Psychologie* (3. Auflage) (S. 9–16). Springer, Heidelberg.

Hautzinger, M. (2007b). Aus- und Weiterbildung in Psychotherapie für Psychologen. In C. Reimer, J., Eckert, M. Hautzinger & E. Wilke (Hrsg.). *Psychotherapie. Ein Lehrbuch für Ärzte und Psychologie* (3. Auflage). (S. 771–780) Springer, Heidelberg.

2 Notfallpsychologie

Frank Lasogga

Einleitung

Die Notfallpsychologie ist eines der jüngsten Gebiete der wissenschaftlichen Psychologie. Erst Ende der 1980er-Jahre des vergangenen Jahrhunderts wurden erste Forschungsergebnisse zu einzelnen Aspekten der Notfallpsychologie publiziert. Der psychologische Umgang von professionellen Helfern, wie Rettungsdienstmitarbeitern, Notärzten, Polizeibeamten, Feuerwehrleuten etc., mit Notfallopfern wurde immer kritischer gesehen und eine Verbesserung im psychologischen Umgang auch von diesen Gruppen selbst gefordert. Auch die Belastungen der Helfer, die daraus resultierenden möglichen Folgen und der Umgang der Helfer mit diesen Belastungen wurden zunehmend thematisiert. In den 1980er-Jahren wurde ein inzwischen weitverbreitetes Konzept von Everly und Mitchell entwickelt, das »Critical Incident Stress Management (CISM)«, dessen generelle Effektivität allerdings heute aufgrund der vorliegenden Forschungsergebnisse als nicht gegeben anzusehen ist.

Zwar wurde in den Medien insbesondere bei Großschadensereignissen wie dem Zugunfall von Eschede immer häufiger darüber berichtet, dass die Opfer und auch die Helfer psychologisch betreut würden, doch die Art der Betreuung war mehr oder minder dem Zufall überlassen und erfolgte weitgehend intuitiv. Die Berichterstattung in den Medien über Großschadensereignisse hat die Beachtung der psychologischen Belastungen der Opfer und der Helfer zwar vorangetrieben, allerdings machen Großschadensfälle nur einen äußerst geringen Anteil aller Notfälle aus.

Das erste Buch im deutschsprachigen Raum, das den Titel »Notfallpsychologie« trug und eine erste Bestandsaufnahme der Notfallpsychologie im deutschsprachigen Raum vornahm, erschien erst vor wenigen Jahren (Lasogga & Gasch, 2002). Vorher lagen noch keine Definition und Beschreibung der Notfallpsychologie, ihrer Bereiche und Aufgabengebiete vor. Systematische Konzepte und Methoden, die im Umgang mit Notfallopfern indiziert sind, mussten erst entwickelt werden.

Wenn es dementsprechend auf dem Gebiet der Notfallpsychologie noch viele »weiße Flecken« gibt, liegen heute doch Forschungsergebnisse zu den Belastungen von direkten und indirekten Notfallopfern und Helfern sowie den Folgen vor. Es wurden Konzepte zum Umgang mit den Opfern erstellt, und die Regeln zur »Psychischen Erste Hilfe (PEH)« (Lasogga & Gasch, 1997, 2006) sind Standard in der Ausbildung vieler Organisationen, wie beispielsweise den Rettungsdiensten. Auch wurden Gesamtkonzepte für den Umgang der Helfer mit ihren Belastungen entwickelt (Lasogga & Karutz, 2005).

1 Was ist Notfallpsychologie?

Die Definition von Notfallpsychologie lehnt sich weitgehend an Definitionen anderer Bereiche der Psychologie an.

> »Notfallpsychologie ist die Entwicklung und Anwendung von Theorien und Methoden der Psychologie sowie ihrer Nachbardisziplinen bei Einzelpersonen oder Gruppen, die von Notfällen betroffen sind. Notfallpsychologische Maßnahmen wenden sich sowohl an die Opfer als direkt Betroffene als auch an indirekt Betroffene wie Angehörige, Augenzeugen, Zuschauer, aber auch an Helfer. Notfallpsychologie umfasst Präventions-, Interventions- und Nachsorgemaßnahmen, bezogen auf einen relativ kurzfristigen Zeitraum« (Lasogga & Gasch, 2004).

Wie aus der Definition ersichtlich ist, befasst sich Notfallpsychologie mit zwei Hauptbereichen:

1. der Forschung, also der Entwicklung von Theorien, Modellen und Konzepten sowie deren Evaluation (konzeptuelle Notfallpsychologie),
2. der Anwendung, also der praktischen Arbeit vor, während und nach Notfällen (angewandte Notfallpsychologie).

Forschung

Bevor notfallpsychologische Methoden theoriegeleitet, systematisch und gezielt angewendet werden können, müssen notwendigerweise zunächst einmal Konzepte, Modelle und Methoden zum Umgang mit den relevanten Personengruppen entwickelt werden. So ist darzulegen und zu begründen,

- welche Intervention (z. B. äußere Ressourcen aktivieren),
- bei welchem Notfalltyp (z. B. Verkehrsunfall),
- zu welchem Zeitpunkt (z. B. vor Ort),
- von welcher Gruppe (z. B. psychosoziale Notfallhelfer, wie Notfallseelsorger),
- bei welcher von einem Notfall betroffenen Personengruppe (z. B. Angehörige),
- unter welchen Rahmenbedingungen (z. B. Autobahn)

erfolgen sollte. Diese Konzepte und Methoden müssen evaluiert werden, um sie zu optimieren, und um neue Konzepte und Methoden zu entwickeln.

Auch gehört zur Notfallpsychologie die Entwicklung von Modellen und Konzepten zur Zusammenarbeit zwischen den bei einem Notfall tätigen Gruppen, wie Polizei, Rettungsorganisationen, Notärzten, Notfallseelsorgern etc. Diese Gruppen unterscheiden sich erheblich in ihrer Ausbildung, ihrer Organisationskultur, ihrem Führungsstil etc., was die Zusammenarbeit erschweren kann.

Anwendung

Die angewandte Notfallpsychologie beinhaltet praktische präventive Maßnahmen zum Umgang mit von Notfällen betroffenen Personengruppen sowie interventive und Nachsorgemaßnahmen bei verschiedenen Arten von Notfällen. Zielgruppen derartiger Maßnahmen können sein: 1. direkte Opfer, 2. indirekte Opfer, wie Angehörige, Verursacher und Augenzeugen, 3. Helfer.

Es gibt unterschiedliche Definitionen, welche Personengruppen »notfallpsychologische Maßnahmen« durchführen bzw. »angewandte Notfallpsychologie« betreiben. Einige sprechen von einer »notfallpsychologischen Maßnahme« ausschließlich, wenn diese von Notfallpsychologen, also Diplompsychologen mit einer speziellen Zusatzausbildung in Notfallpsychologie, ausgeübt wird (enge Definition). Andere sprechen auch von einer »notfallpsychologischen Maßnahme«, wenn sie von Laienhelfern oder psychosozialen Notfallhelfern, wie Notfallseelsorgern, durchgeführt wird (weite Definition). Hier wird überwiegend Notfallpsychologie im engeren Sinne dargestellt, also die Tätigkeit, die Diplompsychologen mit einer zusätzlichen Ausbildung in Notfallpsychologie verrichten (Notfallpsychologen).

Personengruppen

Notfallpsychologie wendet sich an unterschiedliche Personengruppen. Die »direkten« Notfallopfer sind diejenigen Personen, die einen Notfall erlitten haben und notfallpsychologische Hilfe (im weiteren Sinne) benötigen.

Die »indirekten« Notfallopfer sind Personen, die nicht selbst den Notfall erlitten haben, die aber mit den Folgen des Notfalls

konfrontiert werden. Dazu gehören beispielsweise die Angehörigen der direkten Notfallopfer. Sie können vor Ort anwesend sein und den Notfall mit angesehen haben, beispielsweise, wie der Ehemann einen Herzinfarkt erlitten hat, oder sie können sich zuhause aufhalten, und müssen beispielsweise über den Tod des Ehemannes informiert werden. Ferner gehören zur Gruppe der indirekten Notfallopfer die Verursacher eines Notfalls (ein Lokomotivführer, der einen Suizidenten überfahren hat) und Augenzeugen, die das Notfallgeschehen direkt miterlebt haben.

Zuschauer sind ebenfalls indirekte Notfallopfer, aber sie haben sich im Gegensatz zu Augenzeugen erst nachträglich zum Ort des Notfallgeschehens begeben. Auch mit Zuschauern muss bei einem Notfall psychologisch angemessen umgegangen werden. Auch Medienvertreter, die zumindest bei einem Großschadensfall sehr schnell vor Ort sind, sind indirekte Notfallopfer. Mit ihnen muss ebenfalls angemessen umgegangen werden. Neben den direkten und indirekten Notfallopfern sind die Helfer die dritte Zielgruppe einer notfallpsychologischen Maßnahme. Für sie sind Maßnahmen der Notfallpsychologie in zweifacher Hinsicht relevant: Helfer müssen darin ausgebildet sein, mit Notfallopfern psychologisch angemessen umzugehen. Außerdem sollten sie gelernt haben, mit den psychischen Belastungen, die sich daraus ergeben, dass sie häufig mit direkten und indirekten Notfallopfern konfrontiert werden, angemessen umzugehen.

Zu unterscheiden ist noch der Einzelfall und das Großschadensereignis mit vielen direkten und indirekten Notfallopfern. Das Großschadensereignis (Katastrophe, Massenunfall von Verletzten) ist durch zusätzliche komplexe Faktoren gekennzeichnet und erfordert zusätzliche Maßnahmen.

Zeit

In zeitlicher Hinsicht umfasst Notfallpsychologie die Entwicklung und Anwendung von

1. präventiven Maßnahmen (beispielsweise die Erstellung von Faltblättern für Notfallopfer mit Informationen über den Umgang mit Belastungen nach einem Notfall),
2. interventiven Maßnahmen, die
   a) von professionellen nicht-psychologischen Helfern (beispielsweise Rettungsdienstmitarbeitern) angewandt werden können (beispielsweise Regeln zur »Psychischen Ersten Hilfe«),
   b) von psychosozialen Notfallhelfern (beispielsweise Notfallseelsorgern) angewandt werden können (beispielsweise Methoden zur Aktivierung von Ressourcen),
3. Nachsorgemaßnahmen (beispielsweise psychoedukative Maßnahmen).

Notfallpsychologische Arbeit beginnt also bereits vor einem Notfall. Präventive Maßnahmen sind zu entwickeln und bereitzuhalten. Maßnahmen einer objektiven Prävention zielen darauf ab, ein potentiell traumatisierendes Ereignis durch organisatorische Maßnahmen zu verhindern oder beim Eintreten zumindest die Schäden zu minimieren. So sind beispielsweise Maßnahmen bei der Planung einer Großveranstaltung möglich, die eine Panik vermeiden können. Maßnahmen zur subjektiven Prävention sollen Individuen oder Gruppen auf eine potentiell belastende Notfallsituation vorbereiten. So kann beispielsweise ein psychologischer Notfallkoffer bereitgestellt werden, in dem u. a. Kuscheltiere für Kinder, Tempotaschentücher und Schreibmaterial enthalten sein sollten.

Bei der Intervention geht es darum, nach dem Eintreten eines Notfalls die angemessenen Methoden anzuwenden. Häufig sind Laienhelfer als erstes vor Ort; sie sollten bei einem Notfallopfer »Psychische Erste Hilfe« leisten. Sie können sich nach den Regeln zur »Psychischen Ersten Hilfe« für Laien verhalten.

Als nächstes treffen in der Regel professionelle nicht-psychologische Helfer, wie Rettungsdienstmitarbeiter, Polizeibeamte, Feuerwehrleute, Notärzte etc., ein. Diese Gruppen haben in der Regel keine intensivere Ausbildung im psychologischen Umgang mit direkten und indirekten Notfallopfern erhalten. Sie sollten aber psychologisch angemessen mit den Notfallopfern umgehen und sich nach den Regeln zur »Psychischen Ersten Hilfe« für professionelle nicht-psychologische Helfer verhalten.

Wenn Personen nach einem Notfall eine psychosoziale Betreuung benötigen, da sie stärker beeinträchtigt sind, sollten psychosoziale Notfallhelfer, wie Notfallseelsorger oder Mitglieder von Kriseninterventionsteams (KIT), zusätzlich alarmiert werden. Sie haben neben der Ausbildung in ihrem Basisberuf eine zusätzliche Ausbildung im psychosozialen Umgang mit Notfallopfern. Ihre Aufgabe besteht beispielsweise darin, innere und äußere Ressourcen der Notfallopfer zu aktivieren.

Im Rahmen der Nachsorge können bei den direkten und indirekten Notfallopfern sowie den Helfern ebenfalls die inneren und äußeren Ressourcen aktiviert werden, aber es kann auch die Begleitung eines Notfallopfers zum Arbeitsplatz notwendig sein. Diese Maßnahmen sind, wie auch die Interventionsmaßnahmen während eines Notfalls, bei den Notfallopfern überwiegend salutogenetisch ausgerichtet und benötigen in der Regel nur einige Stunden, wenn nicht bereits frühere Schädigungen vorliegen. Bei den Helfern stehen im Rahmen der Nachsorge strukturierte Nachgespräche (Debriefings) und Supervision im Vordergrund.

Notfall

Was als Notfall erlebt wird, kann nicht objektiv definiert werden. Es liegt folgende Definition vor, die hier zugrunde gelegt werden soll:

> »Notfälle sind Ereignisse, die aufgrund ihrer subjektiv erlebten Intensität physisch und/oder psychisch als so beeinträchtigend erlebt werden, dass sie zu negativen Folgen in der physischen und/oder psychischen Gesundheit führen können. Von Notfällen können Einzelpersonen oder Gruppen betroffen sein« (Lasogga & Gasch, 2004).

Bei der Einschätzung eines Notfalls spielt also immer die subjektive Bewertung eine Rolle. Ein Notfall ist niemals per se »traumatisch« oder »traumatisierend«; er führt nicht automatisch zu einem Trauma, sondern es gibt nur potentiell traumatisierende Ereignisse.

Ein Notfall kann zu als negativ erlebten kurz-, mittel- und langfristigen Folgeerscheinungen führen. Er muss es aber nicht, sondern er kann sogar positive Auswirkungen haben, beispielsweise auf die weitere Lebensgestaltung. Entscheidend sind hier gleichermaßen Aspekte des Notfallgeschehens und »Moderatorvariablen«, wie Geschlecht, Kulturzugehörigkeit und Copingstrategien (Lasogga & Gasch, 2004).

Zu unterscheiden sind vier Typen von Notfällen:

- technisch verursachte Notfälle stehen irgendwie im Zusammenhang mit der technisierten Welt, wie Verkehrsunfälle oder Explosionen,
- medizinische Notfälle sind Ereignisse, die mehr oder minder plötzlich auftreten, wie Herzinfarkte oder die Eröffnung schlimmer Diagnosen wie Krebs,

- zwischenmenschliche Notfälle werden durch andere Menschen verursacht, wie kriminelle Delikte, aber auch Todesfälle von Bezugspersonen,
- Naturkatastrophen werden primär von der Natur verursacht, wie Überschwemmungen oder Erdbeben.

Bei der Erforschung und Anwendung notfallpsychologischer Maßnahmen sind also drei Dimensionen zu beachten (siehe **Abb. 1**):

a) der Notfalltyp,
b) die unterschiedlichen Personen(-Gruppen),
c) die Zeitachse.

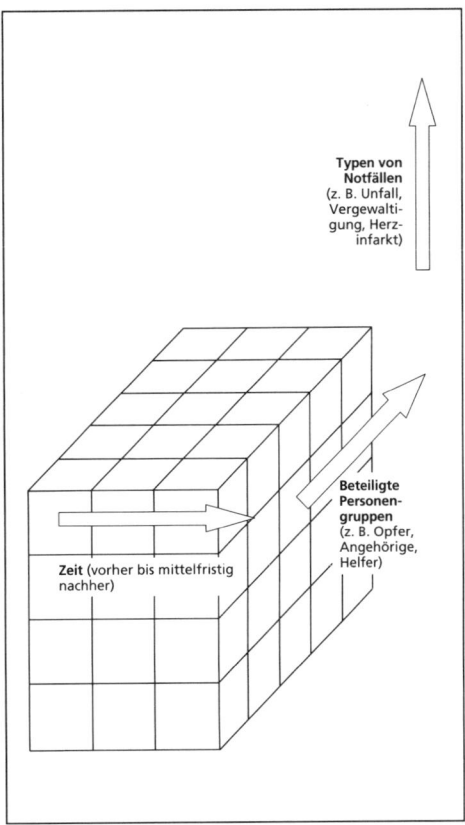

Abb. 1: Bereiche der Notfallpsychologie (modifiziert nach Lasogga & Gasch, 2004)

2 Aufgaben von Notfallpsychologen

Wie notfallpsychologische Maßnahmen (im weiteren Sinne) im Umgang mit direkten und indirekten Notfallopfern aussehen sollen und in welchem Umfang Prävention, Intervention und Nachsorge erforderlich sind, wird aus der nachfolgenden Darstellung (**Abb. 2**) ersichtlich.

Die Verjüngung des Dreiecks soll anzeigen, dass immer weniger direkte und indirekte Notfallopfer der jeweiligen Hilfe bedürfen.

Eine notfallpsychologische Prävention ist für alle Menschen notwendig. Mit allen von einem Notfall betroffenen Personen muss psychologisch angemessen umgegangen werden, und zwar insbesondere von professionellen nicht-psychologischen Helfern; »Psychische Erste Hilfe« ist für alle von einem Notfall betroffenen Personen notwendig.

Bei den meisten Notfallopfern ist eine weitere Intervention nicht erforderlich, da die eigenen Selbstheilungskräfte, sozialen Ressourcen etc. greifen. Sie können sich nach Hause begeben, ohne dass eine weitere Intervention notwendig ist.

Für einige, allerdings wenige Personen ist eine weitere Betreuung erforderlich, eine »psychosoziale Notfallhilfe«. Diese Personen benötigen beispielsweise einige weitere Gespräche, und bei ihnen sind die inneren und äußeren Ressourcen zu aktivieren. Zusammen mit diesen Personen muss überlegt werden, wer ihnen bei der Überwindung des Erlebten helfen kann. Bei äußerst wenigen Personen ist nach einem Notfall eine Therapie notwendig.

Aus dieser Darstellung wird auch ersichtlich, welche Aufgaben angewandte Notfall-

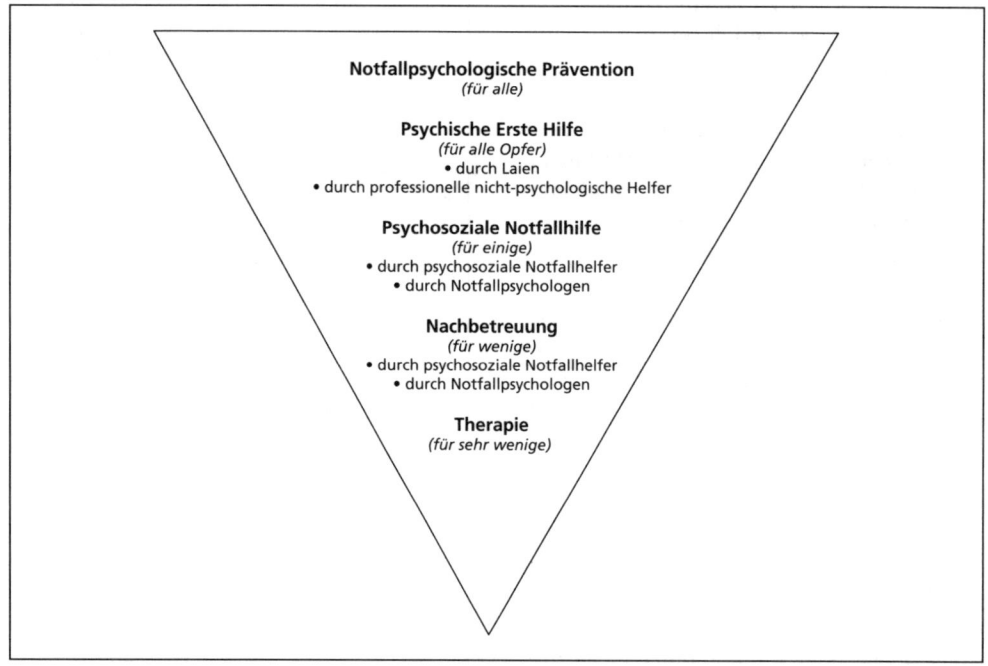

Abb. 2: Psychologische Maßnahmen bei Notfallopfern vor, während und nach Notfällen (modifiziert nach Lasogga & Gasch, 2004)

psychologen übernehmen können. Sie können zunächst einmal »psychosoziale Notfallhilfe« vor Ort leisten. Sehr häufige Einsätze finden statt im Zusammenhang mit Suizidenten und bei Unfällen mit Todesfolge. Bei den Notfallopfern müssen insbesondere die inneren und äußeren Ressourcen aktiviert und es muss Psychoedukation betrieben werden. Die Aufgaben von Notfallpsychologen unterscheiden sich hier nicht von anderen psychosozialen Notfallhelfern, wie Notfallseelsorgern. Eine Therapie, welcher Art auch immer, ist zu diesem Zeitpunkt nicht indiziert.

Ebenso können Notfallpsychologen in der Nachbetreuung tätig werden, wobei grundsätzlich dieselben Methoden anzuwenden sind. Nur bei wenigen Notfallopfern, die stärker beeinträchtigt sind, müssen Maßnahmen durchgeführt werden, die aufgrund der starken Beeinträchtigung ausschließlich von einem Notfallpsychologen durchgeführt werden sollten.

Ferner können Notfallpsychologen eine Psychotherapie durchführen. Oft ist eine Traumatherapie indiziert, in der das Notfallgeschehen und die Folgen sowie die Umgangsmöglichkeiten mit diesen Folgen im Fokus stehen. Eine derartige Therapie dauert in der Regel nur einige Stunden. Zeigt sich in der Therapie, dass das Opfer bereits vorher geschädigt war und der Notfall nur der (Wieder-)Auslöser für diverse Störungen war, kann sich eine umfassendere Psychotherapie als notwendig erweisen.

Bei den Helfern können Notfallpsychologen im Rahmen der Ausbildung und der Nachsorge tätig sein. Im Rahmen der Ausbildung sollen professionellen nicht-psychologischen Helfern und psychosozialen Notfallhelfern adäquate psychologische Umgangsformen mit direkten und indirekten Notfallopfern vermittelt werden. Auch diagnostische Grundfähigkeiten, wann ein psychosozialer Notfallhelfer nachalarmiert werden sollte und wann psychosoziale Notfallhelfer einen Notfallpsychologen

hinzuziehen sollten, können Notfallpsychologen vermitteln.

Bei der Nachsorge von Helfern können Notfallpsychologen generell oder nach besonders belastenden Einsätzen eine Einzel- oder Gruppensupervision durchführen oder auch Nachbesprechungen (Debriefings) leiten. In Einzelfällen ist auch bei den Helfern eine Therapie indiziert.

Abbildung 3 zeigt, in welchen Bereichen Notfallpsychologen bei Helfern tätig werden können. Die Verjüngung gibt wiederum an, dass immer weniger Helfer einer derartigen Maßnahme bedürfen.

3 Ausbildung, Fortbildung

Notfallpsychologen sollten einen Abschluss in Psychologie erworben und als Schwerpunkt klinische Psychologie gewählt haben. Innerhalb der klinischen Psychologie sollten bestimmte Schwerpunkte absolviert worden sein, wie sie beispielsweise bei den Notfallpsychologen des Berufsverbandes Österreichischer Psychologen beschrieben sind (2000). So ist bei den österreichischen Notfallpsychologen der theoretische und praktisch-fachliche Kompetenzerwerb im Rahmen von 360 Stunden Voraussetzung für die Ausbildung von Notfallpsychologen.

Über das Studium der Psychologie hinaus sollte eine zusätzliche Ausbildung in »Notfallpsychologie« erfolgen. Diese Zusatzausbildung sollte etwa 150 Stunden umfassen. Hier hat ebenfalls der Berufsverband Österreichischer Psychologen ein detailliertes und präzises Curriculum erstellt, das sich nicht nur auf grobe plakative Überschriften beschränkt. Im Rahmen der Ausbildung sollte unbedingt Feldkompetenz erworben werden. Ferner sollte der Umgang mit einer gesamten zu betreuenden Gruppe geübt

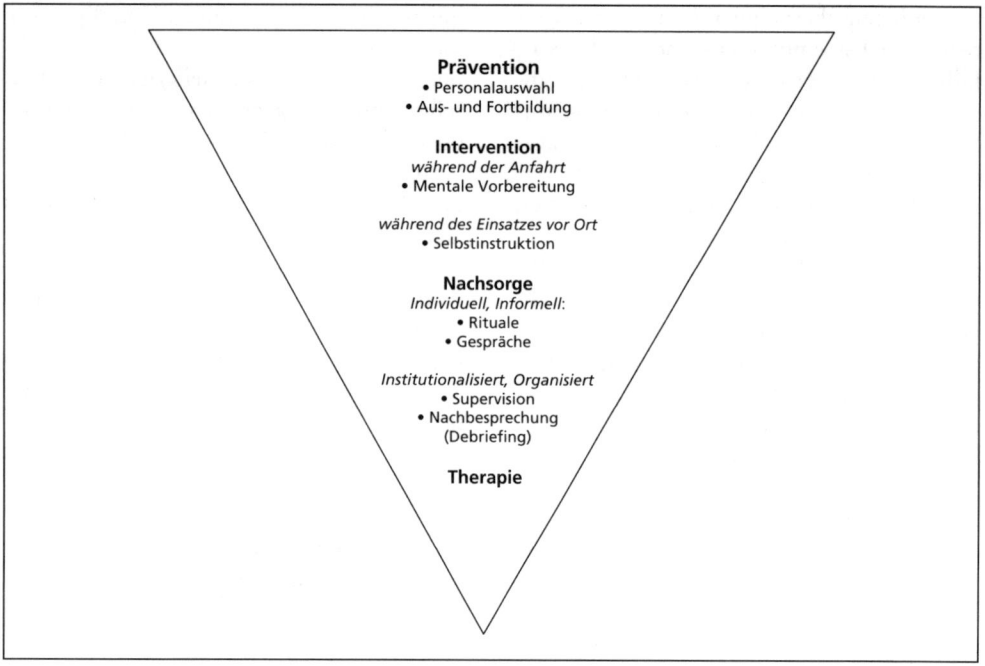

Prävention
• Personalauswahl
• Aus- und Fortbildung

Intervention
während der Anfahrt
• Mentale Vorbereitung

während des Einsatzes vor Ort
• Selbstinstruktion

Nachsorge
Individuell, Informell:
• Rituale
• Gespräche

Institutionalisiert, Organisiert
• Supervision
• Nachbesprechung
(Debriefing)

Therapie

Abb. 3: Möglichkeiten der Prävention, Intervention und Nachsorge bei Helfern (modifiziert nach Lasogga & Karutz, 2005)

werden, da bei Notfällen meistens nicht nur eine Einzelperson betreut werden muss.

Die Vermittlung grundlegender Kenntnisse über andere Organisationen, wie Polizei oder Rettungsdienste, und deren Sprachgebrauch gehört ebenfalls zu einer Ausbildung in Notfallpsychologie. Wenn ein Notfallpsychologe nicht weiß, was ein NEF oder MANV ist, kann er kaum mit Vertretern dieser Organisationen zusammenarbeiten und wird auch nicht von Vertretern dieser Organisationen ernst genommen. Auch sollte man einen Notfall vor Ort zumindest einmal im Rahmen von Rollenspielen miterlebt und dabei interveniert haben. Im Rahmen der Ausbildung für Notfallmediziner wird am Ende der Ausbildung ein Massenunfall simuliert, bei dem jeder Mediziner einmal die Rolle eines ersteintreffenden Notarztes spielen muss. Ob eine derartige Ausbildung auch bei Psychologen notwen-

dig ist, ist zu diskutieren, auf jeden Fall ist aber eine Art Praktikum in der Ausbildung unabdingbar.

Da die Kenntnisse in diesem Gebiet rasant voranschreiten, ist eine kontinuierliche Fortbildung notwendig, die etwa alle ein bis zwei Jahre erfolgen sollte. Auch sollte verbindlich mindestens zweimal pro Jahr eine Supervision entweder einzeln oder in einer Gruppe erfolgen. (Ein gutes Programm zur Aus- und Fortbildung sowie zur Supervision hat das Psycho-Soziale Akutteam Niederösterreich entworfen.)

Die Situation der angewandten Notfallpsychologie in der BRD ist momentan desolat. Bei den Notfallpsychologen handelt es sich um selbsternannte Notfallpsychologen, die sich dieses Gebiet selbst erarbeitet haben, oder es handelt sich um Personen, die von einer Organisation den Titel »Notfallpsychologe« verliehen bekommen haben. (Damit kein Missverständnis entsteht: Diese Notfallpsychologen können durchaus gute Arbeit leisten.) Ob überhaupt die Psychologen in der BRD eine Ausbildung in Notfallpsychologie absolviert haben, ist zu bezweifeln. Allerdings muss auch festgestellt werden, dass ein für viel Geld ausgestelltes oder erworbenes »Zertifikat« ohnehin mehr oder minder wertlos für den Inhaber ist, da dieses nicht die Vergütung von den Krankenkassen, vom Land (wie in Niederösterreich) oder von anderen Institutionen zur Folge hat.

4 Beschäftigungsmöglichkeiten; Institutionen, in denen Notfallpsychologen arbeiten können

Institutionen, in denen Psychologen hauptberuflich als Notfallpsychologen arbeiten, wie die Deutsche Bahn, gibt es bisher wenige. Dies hängt einerseits damit zusammen, dass dieses Berufsbild so jung ist. Andererseits kann man aber sicherlich prognostizieren, dass es auch zukünftig kaum Institutionen in einer größeren Anzahl geben wird, in denen Notfallpsychologen hauptberuflich arbeiten. Die Anzahl an Personen, die einer psychosozialen Notfallhilfe in Form einer Nachbetreuung durch Notfallpsychologen oder einer Therapie bedürfen, ist insgesamt gering und wird auch gering bleiben. Die Ausbildung von professionellen nichtpsychologischen Helfern und psychosozialen Notfallhelfern wird überwiegend jeweils von Personen aus der eigenen Institution vorgenommen. Es werden nur wenige Psychologen herangezogen, und dies wird sich vermutlich auch nicht schnell ändern. Auch bei der Untersuchung des Psycho-Sozialen Akutteams Niederösterreichs (Lasogga & Gasch, 2006), bestehend aus ca.

50 Mitgliedern, überwiegend Psychologen, zeigte sich, dass keiner hauptberuflich als Notfallpsychologe arbeitet. Diese Psychologen gehen hauptberuflich einer anderen Arbeit nach; sie haben beispielsweise eine eigene Praxis, arbeiten in einer Klinik oder einer Behörde.

Denkbar ist, dass wie in Niederösterreich Notfallpsychologen in einzelnen Fällen herangezogen werden und dafür bezahlt werden. Sie müssten dann für ihren Broterwerb noch in einer anderen Organisation arbeiten und würden nur auf Bedarf angefordert. Auch Notfallmediziner sind nicht hauptberuflich als Notfallmediziner tätig, sondern arbeiten als Arzt in einer Klinik.

5 Finanzielle Vergütung

Die finanzielle Vergütung von Notfallpsychologen ist bisher mit Ausnahme einiger Organisationen nicht geregelt, wie beispielsweise bei den psychologischen Psychotherapeuten. Dies ist aber angesichts der Lage der angewandten Notfallpsychologie in der BRD nicht verwunderlich.

Daher kann nur mit einzelnen Personen oder Organisationen ein Vertrag über die Vergütung einer bestimmten notfallpsychologischen Leistung abgeschlossen werden. Zurzeit reicht die Spanne von gar keiner Bezahlung (ehrenamtlich) bis zur einer sehr hohen Bezahlung, beispielsweise für die Durchführung eines Telefontrainings im Umgang mit Notfallopfern. Die Bezahlung richtet sich auch nach dem Verhandlungsgeschick des Einzelnen. Dies gilt auch für einzelne Vorträge oder Supervisionsmaßnahmen.

Anders sieht die Situation beispielsweise in Niederösterreich aus. Dort werden die Kosten für den Einsatz von bis zu sechs Stunden vom Land übernommen. Man ist inzwischen sogar so weit, dass man seitens des Landes den Einsatz von Notfallpsychologen evaluiert hat, um ihn noch weiter zu verbessern (Lasogga & Gasch, 2006).

6 Herausforderungen, Chancen, Hindernisse, Probleme

Die Hindernisse und Chancen, Probleme und Herausforderungen ergeben sich durch die derzeitige Situation vor allem der angewandten Notfallpsychologie. Die Einsatzmöglichkeiten liegen auf der Hand, aber es gibt bisher kaum Einbindungen in Alarmierungssysteme und Organisationen.

Ein großes Problem stellt natürlich auch die Bezahlung dar. Wer eine eigene Praxis hat, wird nicht Patienten absagen können, um zu Notfallopfern zu eilen. Günstiger wäre es, wenn Psychologen beispielsweise in Beratungsstellen oder Kliniken arbeiten und auf Anforderung bei Notfällen tätig würden. Dafür müssten entsprechende Vereinbarungen mit den Dienstherren getroffen werden. Inwieweit die dort arbeitenden Psychologen sich in größerem Rahmen in die notfallpsychologische Versorgung einbinden lassen, bleibt abzuwarten.

Die ungeklärte Situation hat den Vorteil, dass noch viel mitgestaltet werden kann. Hat sich jemand einen guten Ruf gemacht, wird er relativ häufig für Schulungen von Organisationen, für Nachbesprechungen und Supervision herangezogen. Dies hängt aber sehr von dem Auftreten und der Kompetenz der einzelnen Person und damit der Akzeptanz der Person in den Organisationen ab. Ist dies der Fall, hat der Notfallpsychologe gute Gestaltungsmöglichkeiten, sei es bei der Ausbildung in den Organisationen oder in der konkreten Intervention.

7 Eigenschaften, die man braucht und die hindern

Notfallpsychologen müssen Feldkompetenz haben. Sie müssen in eine unklar strukturierte Situation gehen können und diese managen. Managementfähigkeiten sind also hilfreich. Außerdem müssen sie sich in bestehende Hierarchien einordnen können.

Ein direktiver Führungsstil, wie er eher bei Polizei und Feuerwehr herrscht, sollte nicht als unangenehm empfunden werden. In einem Notfall ist auch von Notfallpsychologen ein eher direktives Verhalten gefordert. Günstig ist also auch eine Bereitschaft zu teilweise direktivem Verhalten. Der Notfallpsychologe sollte keine Scheu haben, dem Notfallopfer zu sagen, was für es günstig ist, und was es lieber unterlassen sollte.

Erforderlich ist auch soziale Kompetenz. Diese zeigt sich im Umgang mit Mitarbeitern anderer Organisationen, aber auch im Umgang mit Notfallopfern. Bei diesen ist ein anderes Verhalten erforderlich als in einem psychotherapeutischen Setting. Auch kommen Notfallopfer aus sämtlichen sozialen Schichten, so dass eine große Bandbreite an Verhaltensweisen erforderlich ist.

Hinderlich ist es, wenn man nicht bereit ist, sich in Strukturen einzugliedern und auch Befehle einfach zu befolgen, ohne in dem jeweiligen Moment zu diskutieren. Wer nicht gerne Ratschläge gibt und Schwierigkeiten hat, sich zu entscheiden, wird Schwierigkeiten als Notfallpsychologe bekommen. Vorbelastungen, die nicht aufgearbeitet wurden, sind ebenfalls hinderlich. Eigene Vulnerabilität ist angesichts der Konfrontation mit Notfallsituationen eher abträglich.

Außerdem ist es notwendig, mobil zu sein, also ein eigenes Auto zu besitzen, und zeitweise flexibel zu sein (während der Rufbereitschaft). Angewandte Notfallpsychologie muss so organisiert sein, dass man innerhalb einiger Stunden bei dem Notfallopfer ist, manchmal auch, dass man innerhalb von ein bis zwei Tagen ein Nachsorgegespräch mit den Helfern durchführt. Es kann also keine Warteliste erstellt werden, und man kann auch nicht sagen (außer bei Nachsorgegesprächen mit Helfern), dass man erst am nächsten Tag eintreffen wird.

8 Tagesablauf, Ablauf einer Woche

Ein fester Tagesablauf oder der Ablauf einer Woche kann insgesamt kaum beschrieben werden. In der BRD ist noch kein System der angewandten Notfallpsychologie etabliert, das dargestellt werden könnte. Es ist auch fraglich, ob in absehbarer Zeit ein derartiges System etabliert wird. Deshalb wird hier beschrieben, wie der Ablauf beim Psychosozialen Akutteam Niederösterreich und ähnlich bei den Notfallseelsorgern aussieht. Diese Konzepte könnten auf die angewandte Notfallpsychologie generell übertragen werden.

Der Notfallpsychologe trägt sich in eine Bereitschaftsliste ein und hat für diese Zeit 24 oder 48 Stunden Rufbereitschaft. Während der Rufbereitschaft ist er verpflichtet, innerhalb von maximal vier Stunden bei dem Klienten zu sein; ein schnelleres Eintreffen ist in aller Regel nicht notwendig. Der erste Kontakt dauert durchschnittlich zwei bis drei Stunden, allerdings mit einer sehr großen Varianz. Zu betreuen sind meistens mehrere Personen, durchschnittlich 2,2, aber ebenfalls mit einer sehr großen Varianz. Manchmal muss eine ganze Gruppe betreut werden. Meistens sind weitere Kontakte notwendig, wobei nur wenige Klienten mehr als vier Kontakte benötigen; aber auch hier gibt es eine sehr große

Varianz. Etwa ein Drittel aller Klienten muss weiterverwiesen werden, beispielsweise an Frauenhäuser oder an Beratungsstellen. Während der Rufbereitschaft erfolgen in einigen Fällen mehrere Einsätze, manchmal hat man aber auch wochenlang keinen Einsatz.

9 Ausblick, Entwicklung des Berufsfeldes

Es ist davon auszugehen, dass der Bedarf an Notfallpsychologen gering bleiben wird. Psychosoziale Notfallhilfe wird inzwischen von anderen Gruppen geleistet, insbesondere von Notfallseelsorgern und Kriseninterventionsteams (KIT). Da diese beiden Gruppen kostenlos arbeiten und auch keine Notwendigkeit besteht, dass diese Aufgaben von Notfallpsychologen übernommen werden – sie würden dann im Wesentlichen die gleiche Arbeit verrichten wie diese Gruppen –, wird sich vermutlich keine große Änderung ergeben. Eine wie auch immer geartete therapeutische Intervention vor Ort oder innerhalb weniger Stunden ist nicht indiziert, sondern höchstens nach einigen Tagen bei sehr wenigen Personen nach einer klaren Indikation.

Die Anzahl an Psychologen, die sich auf den Umgang mit Personen spezialisiert haben, die einen Notfall erlitten und aufgrund dessen eine Störung entwickelt haben (beispielsweise eine Posttraumatische Belastungsstörung, PTBS; allerdings handelt es sich bei der PTBS um ein Modethema, sie tritt selten auf), und die mit diesen Klienten eine spezielle Therapie (Traumatherapie) durchführen, ist noch gering. Hier besteht die Möglichkeit, in diesem Feld zu arbeiten. Allerdings benötigen sehr wenige Notfallopfer eine derartige Therapie, so dass auch hier der Bedarf nicht hoch sein wird.

Ein Bedarf ist bei Aus- und Fortbildungs-maßnahmen sowie Nachsorgegesprächen bei speziellen Gruppen, wie Feuerwehrleuten oder Notfallseelsorgern, zu sehen. Hier ist es allerdings unabdingbar, dass die Notfallpsychologen sehr gute Kenntnisse über Hilfsorganisationen und ihre Strukturen haben sowie fachlich und praktisch fundiert arbeiten.

Zusammenfassung, Schlussfolgerungen

Das Gebiet der Notfallpsychologie ist noch ein sehr junges Gebiet, dessen Entwicklung rasant verläuft. Notfallpsychologie befasst sich mit der Prävention, Intervention und Nachsorge bei Personen nach Notfällen. Zu unterscheiden sind die konzeptuelle und die angewandte Notfallpsychologie. Eine große Anzahl von Notfallpsychologen wird in absehbarer Zeit nicht benötigt werden. Da es wenig qualifizierte Notfallpsychologen gibt, erscheint dieser Beruf nicht aussichtslos; er sollte allerdings nicht hauptberuflich ausgeübt werden.

Literatur

Bengel, J. (Hrsg.) (2004). *Psychologie in Notfallmedizin und im Rettungsdienst*. Berlin: Springer.

Hausmann, C. (2005). *Handbuch Notfallpsychologie und Traumabewältigung. Grundlagen, Interventionen, Versorgungsstandards*. Wien: Facultas.

Lasogga F. & Gasch B. (1997, 2006). *Psychische Erste Hilfe bei Unfällen*. Edewecht: Stumpf und Kossendey.

Lasogga, F. & Gasch, B. (2002, 2004). *Notfallpsychologie*. Edewecht: Stumpf & Kossendey.

Lasogga F. & Gasch B. (Hrsg.) (2007). *Notfallpsychologie – Ein Lehrbuch für die Praxis*. Berlin: Springer.

Lasogga, F. & Karutz, H. (2005) *Hilfen für Helfer*. Edewecht: Stumpf & Kossendey.

3 Begleitung Schwerkranker und Sterbender

Elke Freudenberg und Sigrun-Heide Filipp[1]

Einleitung

Es gehört wohl zu den Grundtatsachen unserer – durch den westlichen Kulturkreis geprägten – Existenz, dass wir Sterben und Tod weitgehend aus unserem Bewusstsein ausgeblendet haben und uns nur widerwillig mit Sterben und Tod beschäftigen – oft nur gezwungenermaßen im Angesicht des Todes von Angehörigen und Freunden. Dies gilt auch und in besonderer Weise für die Vorstellung des eigenen Todes – in aller Regel gehört er nicht zu *unserem* Leben, wir schauen ihm freiwillig so gut wie nie ins Auge. Und dienen nicht viele Manöver in unseren Köpfen dazu, den Tod einfach zu »vergessen«? Schließlich gelten die Illusion der eigenen Unverwundbarkeit und die Illusion der eigenen Unsterblichkeit sogar als Ingredienzien der psychischen Gesundheit im Erwachsenenalter (Taylor & Brown, 1988). Und sollten wir bei einem Menschen auf die Bereitschaft stoßen, sich mit der eigenen Endlichkeit auseinander zu setzen, dann wird dies nicht selten als Anzeichen eines »depressiven Realismus« umschrieben. In diesem Sinne »realistisch« zu sein und der Wahrheit ins Gesicht schauen zu können, heißt wohl, dass wir dies um den Preis unseres emotionalen Wohlbefindens tun und uns damit gedrückte Stimmung oder gar depressive Verstimmung erkaufen! Daneben hat es den Anschein, als seien Tod und Sterben auch für die psychologische Forschung eher ein Tabuthema denn eines, das die Aufmerksamkeit vieler Forscher auf sich zieht. Wie man der folgenden Abbildung (**Abb. 1**) entnehmen kann, ist die Zahl der Arbeiten, die in den letzten zwanzig Jahren mit den Stichwörtern »*death*« and »*dying*« sowie »*palliative care*« (siehe unten) im Titel erschienen sind, gemessen an der Zahl aller Veröffentlichungen verschwindend gering (wenngleich ein über die Zeit deutlicher Anstieg erkennbar wird). Allerdings sollte auch erwähnt werden, dass sich zum einen »Thanatopsychologie« als Teildisziplin heraus-

---

1 Die Autorinnen danken Herrn cand. psych. Johannes Kregel für hilfreiche Unterstützung bei der Abfassung dieses Kapitels.

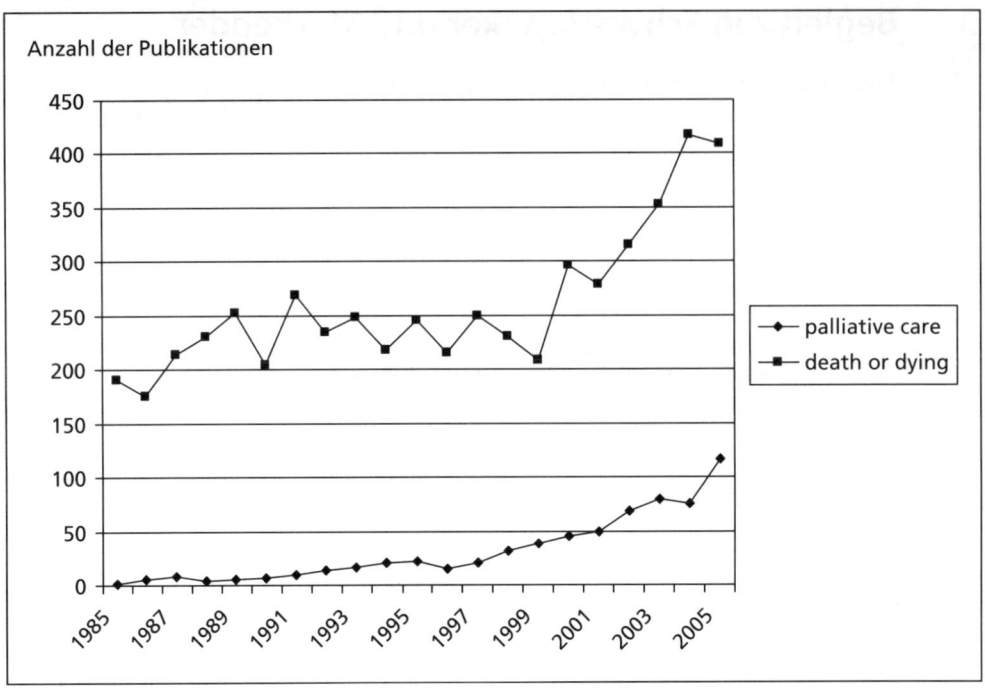

Abb. 1: Anzahl der Publikationen mit den Deskriptoren »*palliative care*« resp. »*death*« oder »*dying*« im Titel im Zeitraum von 1985 bis 2005 (Quelle: Literaturdatenbank PsychINFO)

gebildet hat und durchaus entsprechende Forschungsaktivitäten zu verzeichnen sind (für den deutschen Sprachraum vgl. Wittkowski, 2003), und dass zum anderen mit der »*Terror management theory*« ein Ansatz außerordentliche Popularität gewonnen hat, in dem das Gewahrwerden des eigenen Todes (»*mortality salience*«) etwa im Zuge experimenteller Manipulation in seinen Auswirkungen untersucht wird (Solomon, Greenberg & Pyszczynski, 2004).

Dass der Tod aus dem Alltag der Menschen in so hohem Maße ausgeblendet wird, hat sicher auch damit zu tun, dass ihm ein – mehr oder minder langer und schmerzlicher – Prozess des Sterbens vorausgeht. Und in der Tat ranken sich die Ängste der Menschen oft gar nicht um den Tod als solchen, denn er wird ja nicht selten mit »Erlösung« oder – je nach religiöser Orientierung – mit dem Eintritt in das Reich Gottes

gleichgesetzt. Wohl aber zentrieren sich die Ängste um den Prozess des *Sterbens*. Vor diesem Hintergrund ist es nicht erstaunlich, dass das Thema »Sterbebegleitung« nicht mehr das Schattendasein führt, das ihm dereinst zu Eigen war. Im Folgenden soll dies näher erläutert und soll insbesondere auch die Rolle der Psychologie in diesem Feld beleuchtet werden.

1 Die Idee der palliativmedizinischen Behandlung und Begleitung

Anfang der 1960er-Jahre war eine Initiative gestartet worden, die sich die Begleitung und Versorgung Sterbender zur Aufgabe gemacht hatte. Die Ärztin Cicely Saunders gründete 1967 das erste Hospiz der Neuzeit in Großbritannien. Es folgten nach und nach überall in Europa ähnliche Einrichtungen, in denen sterbenskranke Menschen in ihrem letzten Lebensabschnitt so betreut wurden, dass sie mit möglichst wenig Schmerzen oder anderen Beschwerden die ihnen verbleibende Zeit erleben konnten. Zu der Hospizidee gehört, dass sie sich als eine auf die gesamte Gesellschaft gerichtete Bewegung versteht: Sie will dazu beitragen, 1. dass es einen neuen Umgang mit Leben, Sterben und Tod gibt, 2. dass das mitmenschliche Miteinander durch Stärkung von Familienzugehörigkeit und Nachbarschaftshilfe gefördert wird und 3. dass es für Schwerstkranke und Sterbende möglich ist, die ihnen verbleibende Lebenszeit in Autonomie und Würde zu gestalten (zur Übersicht vgl. Drolshagen, 2003). Dabei wird das Sterben als normaler, dem Leben zugehöriger Prozess verstanden, und das Anliegen ist es zugleich, den Tod weder zu beschleunigen noch unnötig hinauszuzögern, sondern die Menschen im Prozess des Sterbens zu begleiten und diesen Prozess so gut wie möglich zu erleichtern (Husebø & Klaschnik, 2000). Rechtlich ist die Hospizbewegung inzwischen ein Teil der Gesundheitspolitik (siehe § 39a SGB V) und damit eingebunden in die einzelnen Versorgungskonzepte.

In den letzten Jahren hat sich aus dieser Idee eine Bewegung innerhalb der Medizin entwickelt, die sich *Palliativmedizin* nennt; »palliativ« kommt aus dem Lateinischen (*pallium* = der Mantel) und bedeutet »lindern«. Ihrem Verständnis folgend zielt die Palliativmedizin auf Menschen in einem fortgeschrittenen Stadium ihrer Erkrankung, für die keine Heilung mehr möglich ist – ohne dass allerdings eine Aussage über die tatsächliche Lebenserwartung resp. die zeitliche Distanz zu ihrem Tod getroffen werden kann und sollte. Denn auch wenn die Palliativbetreuung häufig als ein Angebot während der letzten sechs Monate des Lebens verstanden wird, ist diese zeitliche Grenzziehung eher willkürlich. Typischerweise handelt es sich bei Palliativpatienten um Menschen mit Krebserkrankungen, AIDS, kongestiver Herzinsuffizienz, chronischer Emphysembronchitis, Organkrankheiten im Endstadium sowie Demenz- oder anderen neurologischen Erkrankungen. Zahlenmäßig überwiegen derzeit in der Palliativbetreuung noch immer Patientinnen und Patienten mit Krebserkrankungen.

Krebserkrankungen sind weltweit ein großes Problem, denn trotz intensiver Forschungen sind heute nur wenige Tumorerkrankungen heilbar. Kann die Medizin zwar für einen großen Teil der Erkrankten eine höhere Lebenserwartung erreichen, gibt es doch für viele Patienten keine Aussicht auf Heilung. Nach Herz- und Kreislauferkrankungen sind Krebserkrankungen in Deutschland noch immer die häufigste Todesursache, und die Betreuung von Krebskranken im weit fortgeschrittenen Tumorstadium (ebenso wie von Aids-Kranken und Patienten mit anderen nicht mehr heilbaren körperlichen Krankheiten) stellt die Medizin vor große Herausforderungen: All die differenzierten Behandlungsprogramme, die auf Heilung ausgerichtet sind und die letztlich auch zum Selbstverständnis des Arztes gehören, greifen nicht mehr; der Krankheitsverlauf ist nicht mehr umkehrbar. In diesen Fällen war es früher nicht unüblich, dass so mancher Betroffene seinen Arzt hat sagen hören »Wir können nichts mehr für Sie tun«. Heute sollte ein solcher Satz nicht mehr ausgesprochen werden, denn die Behandlung, Betreuung und Begleitung Schwerstkranker und Sterbender ist zu einem Feld geworden, das eine Vielzahl von Aktivitäten und Maßnahmen umfasst. In der Tat hat ein Umdenken stattgefunden, dessen Grundstein mit der Hospizbewegung gelegt wurde: Nunmehr kann auch für Schwerstkranke und Sterbende etwas getan werden!

Die medizinische Palliativbehandlung zielt zunächst primär darauf ab, die Symptome, die ein fortschreitender Krankheitsprozess mit sich bringt, für den betroffenen Kranken so weit wie irgend möglich abzuschwächen. Meist stehen Schmerzen im Vordergrund, die der Behandlung bedürfen; aber auch Übelkeit und Schwierigkeiten bei der Nahrungsaufnahme, Luftnot bedingt durch Wasseransammlungen in der Lunge oder Infekte stellen weitere prominente Symptome dar, die in der Regel durch eine Reihe von medizinischen Behandlungsmethoden zumindest gelindert, oft ganz beseitigt werden können. Chemotherapie, Radiation oder (weitere) chirurgische Eingriffe werden in der Palliativmedizin nicht gänzlich ausgeschlossen, jedoch wird stets sorgsam abgewogen, ob die Vorteile dieser Maßnahmen für den Patienten größer sind als deren potentielle Neben- und Folgewirkungen. Beispielsweise kann bei einer Metastasenbildung im Knochengerüst durch eine Strahlentherapie für viele Betroffene eine Schmerzlinderung erzielt werden. Doch sind solche und ähnliche Behandlungsformen in der Palliativmedizin eher selten.

Nun ist unabweisbar, dass die Konfrontation mit dem Tod, mit Leid und Schmerzen allerhöchste Anforderungen an die psychische Verarbeitungskapazität der Patienten stellt. So können körperliche Beschwerden auch als Ausdruck von Angst, Depressivität, Resignation und der Überflutung durch nicht zu bewältigend erscheinende Anforderungen gedeutet werden. Fragen nach dem »Warum« und nach dem, was nun kommen wird, Ängste mit Blick auf den Sterbeprozess beschäftigen den Kranken in oft unerträglicher Weise ebenso wie Sorgen um die Familie, ungelöste Konflikte, nicht erfüllte Träume, durchkreuzte Lebenspläne und nicht selten auch eine tief greifende existentielle Krise. All diese psychischen Belastungen können zur Verstärkung von Schmerzen oder Übelkeit beitragen; sie sind aber auch für sich genommen behandlungsbedürftig, weil sie sich als dunkle Wolken über die letzten Tage und Wochen eines Lebens legen und dem Betroffenen auch die Akzeptanz seines nahenden Todes erschweren. Vor diesem Hintergrund umfasst das Konzept der Palliativmedizin im engeren Sinne auch die Einbeziehung von anderen Berufsgruppen (siehe unten).

Palliativbetreuung ist ein auf das einzelne schwerstkranke Individuum zentrierter Ansatz, der demzufolge neben dem körperlichen Leiden auch die psychischen und sozialen, im engeren Sinne auch die existentiellen und spirituellen Bedürfnisse des Kranken zum Gegenstand hat. Insofern liegt der Schwerpunkt darauf, die objektiven Facetten (z. B. Schmerzkontrolle) und die subjektiven Facetten (z. B. frei von Ängsten) der Lebensqualität des Schwerstkranken positiv zu beeinflussen und »sekundäres Leiden« (Wittkowski & Dingerkus, 2003) zu mindern. In anderen Worten: Das Individuum, das durch seine Diagnose zu einem Patienten/einer Patientin geworden ist, soll dabei unterstützt werden, Krankheit und Sterben als zum eigenen Leben zugehörig zu akzeptieren. Im Vordergrund stehen – wie erwähnt – natürlich alle Versuche, körperliches Leid und Schmerzen zu mindern, aber auch die Hilfe beim Umgang mit den psychischen Begleiterscheinungen der Erkrankung und bei der Auseinandersetzung mit dem nahenden Tod. Zudem zielt Palliativbetreuung in der Regel auch darauf ab, die Angehörigen darin zu beraten, welche Unterstützung sie dem/der Schwerstkranken angedeihen lassen können (und oft genug auch darauf, die Angehörigen selbst in diesem Prozess zu stützen; siehe hierzu Freudenberg, 1990; Mittag, 1994).

Die Beratung, Begleitung und Betreuung Schwerstkranker und Sterbender erfolgt in der Regel auf sog. Palliativstationen von Krankenhäusern, aber auch innerhalb von Einrichtungen der Hospizbewegung wie auch in Form von ambulanter Palliativbetreuung (beispielhaft für einen ambulanten Hospiz- und Palliativ-Dienst vgl. Ebersberger, 2005; Beispiel für eine stationäre Palliativeinrichtung siehe unten). Aus dem Gesagten ergibt sich zudem, dass die Begleitung Schwerstkranker und Sterbender einem ganzheitlichen Ansatz verpflichtet ist, der den komplexen und vielfältigen Erfordernissen und Bedürfnissen der Schwerstkranken und ihrer nahen Angehörigen Rechnung trägt. Ein »Palliativteam« setzt sich daher aus Menschen unterschiedlichster Berufszugehörigkeit zusammen: Ärzte, Pflegekräfte, Psychologen, Seelsorger und Sozialarbeiter arbeiten eng in einem multidisziplinären Team (ggf. ergänzt um ehrenamtliche Helfer) zusammen, innerhalb dessen jede Person mit ihrer spezifischen Kompetenz den Prozess des Sterbens zu begleiten und zu erleichtern sucht (Kern, 2001). Dass dabei auch die Psychologie als Profession in besonderem Maße gefordert ist, ergibt sich aus den Anforderungen, wie sie den Umgang mit Schwerstkranken und Sterbenden kennzeichnen. Nicht zufällig hat sich innerhalb der Psychologie die sog. »Psychoonkologie« als eine Teildisziplin entwickelt, die Prozesse der Krankheitsverarbeitung bei Krebspatienten hinsichtlich ihrer Wirksamkeit und ihrer Bedeutung für die Sicherung des emotionalen Wohlbefindens erforscht und die das Anliegen hat, das gewonnene Wissen in die Betreuung Krebskranker einfließen zu lassen (Tschuschke, 2002; Larbig & Tschuschke, 2002). Gleichwohl darf man nicht übersehen, dass Stellen für Psychologen im Bereich der Palliativmedizin (noch) eher selten sind, und nur wenige Palliativstationen verfügen über einen hauptamtlich tätigen Psychologen; in vielen Fällen sind sie vielmehr nur im Konsiliardienst tätig

mit der Folge, dass sie oft keine kontinuierliche Sterbebegleitung anbieten können. Im Rahmen ambulanter oder stationärer Hospizeinrichtungen werden Psychologen oft (oder vorwiegend) in der Ausbildung der Ehrenamtlichen oder als Dozenten resp. Supervisoren für die in der Hospizarbeit Tätigen eingesetzt.

2 Die Idee der palliativ-psychologischen Betreuung und Begleitung

Psychologische Beratung[2] stellt (potentiell) einen integralen Bestandteil des ganzheitlichen Konzepts in der Behandlung, Betreuung und Begleitung palliativer Patienten dar. Die bisherigen Erfahrungen in den einzelnen Palliativeinrichtungen zeigen, dass Psychologinnen und Psychologen eminent wichtige Beiträge zu der Sterbebegleitung leisten können. Da die Maßnahmen in der Behandlung und Begleitung von Sterbenden nur mit deren Zustimmung (ggf. der ihrer Familienangehörigen) durchgeführt werden dürfen, sind Offenheit, Aufrichtigkeit und Wahrhaftigkeit zentrale Elemente im Umgang mit ihnen, und die Gespräche erfordern meist sehr viel Zeit und Zuwendung. Dies trifft insbesondere dann zu, wenn dem Patienten das (unaufhaltsame) Fortschreiten seiner Erkrankung vermittelt werden muss. Aufgabe ist es zunächst, in behutsamer (d. h. nicht direktiver) und besonders aufmerksamer Weise zu versuchen, die individuell höchst unterschiedlichen Problembelastungen, Wünsche und Bedürfnisse

---

2 Wir wenden uns dagegen, hier den Begriff der »Therapie« zu verwenden, da dieser bei korrektem Gebrauch auf psychologisches Handeln zur Beseitigung einer »Störung« verweist. Palliative Patienten weisen nach unserem Begriffsverständnis keine »Störungen« im klinisch-psychologischen Sinne auf.

sowie Strategien der Bewältigung bei den einzelnen Patienten zu erkennen und nach Möglichkeiten zu suchen, auf diese in individualisierter Weise einzugehen. Das Zuhören und Verstehenkönnen sind hier wichtige Voraussetzungen dafür, dass diese »Diagnose« gelingt. Bedeutsam sind aber auch das aufmerksame Registrieren der Körpersprache und anderer nonverbaler Signale eines Patienten, das Erkennen seiner Ausgangssituation und dessen, was er (schon) über seine Situation weiß, sowie die Kenntnis davon, welche Aspekte seiner Lebenslage resp. welche Themen mit besonders heftigen negativen Emotionen (Wut, Angst, Trauer) verknüpft sind. In der Tat gehört die Gesprächsführung mit schwerstkranken Patienten zu den wichtigsten, aber auch zu den anspruchsvollsten Aufgaben in der Palliativmedizin und -psychologie. Sie schließt u. a. ein, auf die Sprache des Patienten zu achten und sich auf ihn durch angepasste Wortwahl einzustellen, die Menge der Informationen in kleinen Portionen zu übermitteln sowie seine Reaktionen aufmerksam zu registrieren und sie als Leitschnur des eigenen Tuns zu verwenden. Denn gerade in solchen höchst angstbesetzten und die Aufnahmekapazität des Patienten gänzlich übersteigenden Situationen gilt der Satz: »Wahr ist nicht, was man sagt, wahr ist, was der andere hört« (Watzlawick, Beavin & Jackson, 1972). Daneben heißt eine gute Gesprächsführung eine hohe Sensibilität für Sorgen des Patienten (wie sie sich auch oft in sog. »indirekten« Fragen ausdrücken), für seine Erwartungen und Wünsche und die Bereitschaft, sich auf all diese Dinge im Gespräch einzulassen. All dies zielt letztens darauf ab, Vertrauen herzustellen und aufrechtzuerhalten, Ängste und Unsicherheiten abzubauen, unrealistische Erwartungen vorsichtig zu korrigieren, insgesamt Hilfestellungen bei der Trauerverarbeitung zu geben und – was insbesondere im Umfeld von Krebserkrankungen sehr wichtig ist – eine »Konspiration des Schweigens« zu vermeiden. Gutes Kommunizieren schließt zuweilen aber auch ein, nichts zu sagen und das Schweigen im Kontakt mit dem Patienten auszuhalten.

Manches Mal berühren die Fragen und Anliegen des Patienten auch die schwierige Gratwanderung zwischen dem, was medizinisch (noch) möglich wäre, um das Leben zu verlängern, und dem, was menschenwürdig wäre, um den Sterbeprozess so erträglich wie möglich zu machen. (So muss – um ein Beispiel zu nennen – bei drohendem Nierenversagen sorgfältig geprüft werden, ob der Einsatz einer Dialyse dem Patienten mehr Lebensqualität bringen oder nur eine Verlängerung seines Leidens darstellen würde.) Dementsprechend stellen sich ethische Fragen im Rahmen der Palliativmedizin tagtäglich, so dass neben der Fachkompetenz der einzelnen Beteiligten stets auch deren ethische Verantwortung (und Fragen ihrer Grenzziehungen) herausgefordert ist. Zugleich berührt all dies natürlich auch sehr diffizile rechtliche Fragen, wie sie in diesen Tagen in der öffentlichen Diskussion um die (aktive und/oder passive) Sterbehilfe sowie um die Verbindlichkeit und Reichweite von sog. Patientenverfügungen thematisiert werden (vgl. die Arbeitsgruppe »Patientenautonomie am Lebensende«, die der Bundesministerin der Justiz im Jahre 2004 ihre diesbezüglichen Empfehlungen vorgelegt hat).

2.1 Anforderungen im Umfeld der psychologischen Sterbebegleitung

Alleine schon die Diagnose einer Krebserkrankung selbst wird in den meisten Fällen als »Sturz aus der Wirklichkeit« erlebt – sie gehört zweifelsohne zu den prototypischen Beispielen dafür, was ein »kritisches Lebensereignis« ausmacht (Filipp, 1992, 2007; Freudenberg & Filipp, 1998). Wie viel mehr muss dies zutreffen, wenn aus der Mitteilung einer Diagnose eine Todesnachricht wird, d. h. wenn dem Patienten die Auswegelosigkeit der Heilungsversuche und die Unumkehrbarkeit seines Krankheitsverlaufes vermittelt werden muss. Die meisten Menschen (in den jüngeren Lebensaltern umso mehr) sind nicht darauf vorbereitet, solche Nachrichten für sich verarbeiten zu können; sie erleben eine tief greifende existentielle Bedrohung und schwanken zwischen Hoffnung und Hoffnungslosigkeit, zwischen Akzeptanz und Verleugnung, zwischen Festhalten und Loslassen, zwischen Flüchten und Standhalten (»*flight or fight*«). Gerade in dieser Situation werden Bedürfnisse virulent, die im bisherigen Leben oft vielleicht nur eine periphere Rolle gespielt haben – das Bedürfnis nach Lebenssinn und Einordnung des Selbst in ein Sinn-Ganzes, nach Spiritualität und Trost im Glauben, nach Versöhnung, Ausgleich und Harmonie, nach Neu- oder Wiederbelebung guter und tragfähiger Beziehungen zu anderen; zumeist ist es ein dringendes Anliegen, bei den geliebten Menschen in guter Erinnerung bleiben zu wollen. In vielen Fällen geht es auch um die Erledigung begonnener Aufgaben, denen sich der/die Kranke verpflichtet fühlt (»*unfinished business*«), und um die Sorge, dass hoch valente Ziele nicht mehr erreichbar sind. Es geht um die Überwindung negativer Gefühle gegenüber der Vergangenheit und der Gegenwart und um den Wunsch resp. das Ringen der Einsicht, im Leben etwas geschaffen und hinterlassen, somit ein sinnvolles Leben geführt zu haben und eine positive Lebensbilanz ziehen zu können – oft behutsam angeleitet von psychologischem Sachverstand. Gerade dieses Ringen schließt auch ein, lebendige und tragfähige Erinnerungs- und Vorstellungsbilder aus dem autobiographischen Gedächtnis abrufen und sie zu einer guten Gestalt verknüpfen zu

können. Letztlich geht es darum, die Trauer um den Verlust der äußeren Welt und der geliebten Menschen zu transformieren in ein Stadium, in dem innere Ruhe, Gelassenheit, Zuversicht in der Erwartung dessen, was kommen mag, und Gefühle der Dankbarkeit für ein »gut« gelebtes Leben die Oberhand gewinnen (vgl. auch Filipp & Aymanns, 2005).

Betrachtet man sich diesen Katalog an Anforderungen, die sich in der Begleitung Schwerstkranker und Sterbender stellen, so gewinnt man vielleicht den Eindruck, dass diese Anforderungen womöglich an die Grenzen professioneller Handlungsmöglichkeiten stoßen könnten. Doch sprechen die bisherigen Erfahrungen aus der Palliativbetreuung in der Regel eine andere Sprache, und im Folgenden soll nun dargestellt werden, welche (mehr oder minder konkret zu beschreibenden) Maßnahmen und Aktivitäten es gibt, um auf diese Anforderungen so gut wie immer möglich zu reagieren.

2.2 Psychologisches Handeln im Rahmen der Sterbebegleitung – ein Überblick

Im Allgemeinen lässt sich psychologisches Handeln in der Palliativmedizin danach unterscheiden, ob es unmittelbar im Kontakt mit dem Patienten erfolgt oder ob es eher auf sein soziales Umfeld abzielt und ihm mittelbar zu Gute kommen soll. Des Weiteren wird die folgende Übersicht zeigen, dass es höchst unterschiedliche Zugänge sind, die potentiell in der Sterbebegleitung wirksam sein können, die aber im Einzelfall, d. h. je nach individueller Ausgangslage des Patienten und seines Umfeldes, immer wieder flexibel und kreativ angewendet und kombiniert werden müssen. Im Einzelnen handelt es sich dabei um:

- Krisenintervention, die oft besonders indiziert ist nach emotionaler Dekompensation in Folge der Mitteilung einer ungünstigen Prognose oder der Mitteilung, dass die erfolgte medizinische Therapie nicht die erwünschte Wirkung erbracht hat und weitere medizinische Maßnahmen dies ebenfalls nicht mehr leisten können,
- Stützung in dem Bemühen, sich belastende, oft die eigenen Möglichkeiten des Verstehens übersteigende Mitteilungen zu eigen zu machen und die »objektive Wahrheit« in eine »subjektive Wahrheit« zu transformieren,
- Anleitung zu Entspannungs- und Visualisierungsübungen, um die Folgen der medizinischen Therapie (z. B. Übelkeit, Erbrechen, allgemeine Schwäche) besser ertragen zu können,
- Verhaltenstherapeutisch orientierte Maßnahmen, wie sie u. a. aus der psychologischen Schmerztherapie bekannt sind (z. B. Schmerztagebuch, systematische Analyse der den Schmerz aufrechterhaltenden oder -verstärkenden Bedingungen, Einübung von Selbstmanagement bei Schmerzerleben),
- Stützung und ggf. gezielte Anleitung bei zeitweilig krankheits- oder medikamentenbedingt auftretenden Zuständen der Verwirrtheit und Desorientierung oder bei Halluzinationen,
- Sicherung der persönlichen Würde durch unterstützende Gespräche angesichts der oft schwerwiegenden körperlichen Veränderungen,
- Maßnahmen, die allgemein die Symptomintensität verringern, indem bei dem/der Erkrankten die Wahrnehmung eigener Kontrolle gestärkt und (übermäßige) Ohnmacht abgebaut wird,
- Ermutigung des Patienten, seine Bedürfnisse und Anliegen wie auch seine negativen Emotionen zum Ausdruck zu bringen,
- Anleitung zu Entspannungs- und Visualisierungsübungen, um das gestörte emotionale Gleichgewicht und in der Folge Schlaf- und Appetitlosigkeit, gesteigertes Schmerzempfinden, motorische Unruhe, innere Anspannung, Aggressivität im Umgang mit Angehörigen auf ein erträgliches Niveau einzupendeln,
- Hilfe beim Umgang mit und bei der Regulation von extrem belastenden negativen Emotionen, die nicht selten auch zu einer Intensivierung des Schmerzerlebens führen (Depressivität, Ängste und z. T. auch Panikattacken bis hin zu Symptomen einer posttraumatischen Belastungsreaktion),
- Reduktion von Hilflosigkeit und Kontrollverlust, Minderung der Gefühle von Abhängigkeit und Hilfsbedürftigkeit,
- Stabilisierung des Selbstwertgefühls angesichts der Gefahr einer traumatischen Überwältigung bzw. der Lähmung psychischer Funktionen,
- Förderung der Autonomie des Patienten, die ihm (potentiell) auch ein selbst bestimmtes Sterben ermöglich kann,
- Unterstützung dabei, dass der Patient die für ihn erträgliche Balance zwischen Hoffnung und Hoffnungslosigkeit, zwischen Akzeptanz und Verleugnung, zwischen Festhalten und Loslassen finden kann,
- Unterstützung bei der Auseinandersetzung mit den vielfältigen Verlusten, die bereits eingetreten sind oder antizipiert werden müssen, d. h. Stärkung bei der antizipatorischen Trauer und der Ablösung von geliebten Personen und Objekten,
- Vorbereitung auf den eigenen Tod, z. B. durch Anleitung zu produktivem autobiographischen Erinnern und Hilfe bei der Lebensrückschau (was auch oft als »Biographiearbeit« umschrieben wird),
- Unterstützung bei der Klärung offener familialer Konflikte oder ungelöster Probleme aus der Gegenwart, aber auch aus früheren Lebensphasen (bspw. durch autobiographisches Rückblenden),

- Unterstützung bei der existentiellen Neuorientierung und bei der Klärung »letzter Wünsche«,
- Hilfe bei der Vorbereitung der notwendigen Regelungen für den nahenden Tod (Patientenverfügung, Testament etc.),
- Vermeidung sozialer Isolation und Förderung eines unterstützenden Umfeldes für den Patienten,
- Mitwirkung bei der Förderung der kommunikativen und kooperativen Kompetenzen innerhalb des Palliativteams und Schaffung eines dem Patienten dienlichen Sozialklimas,
- Mitwirkung bei der Schaffung eines allgemein günstigen mitmenschlichen Umfeldes,
- Weiterbildung von Ärzten und Pflegepersonal in Bezug auf die psychische Seite körperlicher Erkrankungen,
- Unterstützung der unmittelbaren Angehörigen des Betroffenen,
- Anleitung der Angehörigen, eine angemessene Rolle in dem Prozess des Sterbens finden zu können (systemische Ansätze).

Dass die Psychologie auch Beiträge dazu leisten kann, wie die Hinterbliebenen mit dem Verlust ihres Angehören umgehen können, hat sich vielfach gezeigt. Psychologen können Hilfestellungen und Anleitung zu einer gelingenden Trauerarbeit geben und/oder bei Komplikationen während des Trauerprozesses (z. B. intrusive Gedanken, die die Betroffen selbst nicht mehr kontrollieren können) helfend eingreifen; sie können aber auch problembezogene Hilfestellungen bei der Anpassung an kurz- und an langfristige Herausforderungen durch den Tod des Angehörigen bieten. In einem erweiterten Sinne können (und sollten) Psychologen natürlich auch tätig werden, wenn es um Maßnahmen geht, die den Eintritt von Erkrankungen zu verhindern oder in ihrer Eintrittswahrscheinlichkeit zu mindern trachten. Hier ist an die Mitwirkung

bei präventiven Maßnahmen der unterschiedlichsten Formen und an Gesundheitserziehung insgesamt zu denken, wie sie beispielsweise seitens einiger Krankenkassen konzipiert und durchgeführt werden oder wie sie auch zum Aufgabenbereich von Aids-Beratungsstellen zählen. Auch könnte man sich verstärkte Aktivitäten im Zuge einer *»death education«* und die diesbezügliche Mitwirkung von Psychologen wünschen; solche Maßnahmen sollten darauf abzielen, Tod und Sterben aus dem Bereich des »Verdrängten« im öffentlichen Diskurs zu befreien, den Menschen ihre eigene Sterblichkeit bewusst zu machen und ihnen einen aktiven Umgang mit der Unausweichlichkeit ihres Todes zu ermöglichen.

Wie aus der vorangegangenen Darstellung ersichtlich wurde, ist das palliativpsychologische Tätigkeitsspektrum außerordentlich breit und vielfältig; Sterbebegleitung wird nie zu einer wie auch immer gearteten Routine, schon weil die Individualität jedes einzelnen Patienten und seiner Angehörigen sowie die Tatsache, dass sich in diesem Prozess alle Beteiligten irgendwie verändern, das professionelle Tun bestimmen und täglich aufs Neue als Herausforderung erlebt werden. Im Einzelnen beinhaltet palliativpsychologische Begleitung eine Fülle ganz unterschiedlicher Maßnahmen und Techniken und zielt ab auf ganz unterschiedliche Facetten dessen, was man mit »subjektiver Lebensqualität« umschreiben mag (z. B. Autonomie, Würde, Selbstwert). Wesentliche Voraussetzungen dafür, dass dies gelingen kann, sind – wie oben erwähnt – Fertigkeiten der Gesprächsführung, die Kenntnis und der kreative und flexible Einsatz spezifischer psychologischer Techniken (z. B. Imaginationsübungen), die Fähigkeit und Bereitschaft, den einzelnen Patienten als Individuum anzunehmen und ihm mit Offenheit und Wertschätzung zu begegnen, sowie die Fähigkeit, die delikate Balance zwischen Nähe zu den Patienten und Distanz von ihnen jeweils aufs Neue herzustellen.

2.3 Regulation von Nähe und Distanz im Kontakt mit Schwerstkranken

In dem äußerst sensiblen Bereich der Begleitung von Schwerstkranken besteht – wie in kaum einem anderen Arbeitsbereich – die Gelegenheit (und Notwendigkeit), einem bis dato unbekannten Menschen innerhalb kurzer Zeit sehr nahe zu kommen. Schwerstkranke möchten diejenigen, die sie betreuen, nicht nur als kompetente *professionelle* Helfer um sich haben, oft suchen sie in schwierigen Phasen der Krankheitsbewältigung auch eine besonders enge Beziehung zu diesen und eine intensive Zuwendung von diesen. Zwar ist es so, dass in der Begleitung Schwerstkranker angesichts ihrer extrem belastenden Situation und ihres hohen Leidensdrucks oft sehr rasch »Erfolge« erzielt werden können. Doch die besondere Nähe zu ihnen macht es den professionellen Helfern oft auch schwer, das Fortschreiten der Krankheit selbst auszuhalten oder bei einzelnen Patienten »eigentümliche« Varianten der Auseinandersetzung mit Tod und Sterben zu verstehen. Auch erleben sie oft intrafamiliale Konflikte der Patienten unmittelbar mit, oder sie müssen zusehen, wie im Erleben eines Patienten Verzweiflung, Resignation und Hoffnungslosigkeit dominieren und er die innere Ruhe, die ihm vieles erleichtern könnte, nicht finden kann. In diesem Arbeitsbereich gibt es also viele tief bewegende emotionale Erfahrungen für die behandelnden und begleitenden Personen und sehr viele »Berührungspunkte« zu den Schwerstkranken. Indes – wer berührt wird und sich bewegen lässt, der schwingt immer auch mit, zuweilen im Gleichklang mit dem Patienten, zuweilen auch in eine ganz andere Richtung. In jedem Falle bleiben die Begleitenden nicht starr und bewegungslos, sondern es passiert auch etwas mit ihnen selbst, das sie erkennen und aushalten müssen. Nicht selten resultiert dies aus einer zu großen Nähe zu den Patienten, indem die Begleiter deren Probleme zu ihren eigenen machen und sich mit ihnen in unangemessener Weise identifizieren; zuweilen mögen sich die Verzweiflung, Resignation und Hilflosigkeit der Patienten direkt auf die Begleiter übertragen und sie in ihrer Handlungsfähigkeit einschränken. In der Folge mag die Nähe zu den Patienten aber auch umschlagen in eine übergroße Distanz, mittels derer sich die Begleiter zwar selbst »schützen« wollen, die aber den Patienten nicht mehr dienlich ist. Es geht also darum, Nähe und Distanz immer wieder aufs Neue herzustellen.

Offenbar gehört es zu den Grundvoraussetzungen gelingender Sterbebegleitung, dass die Helfer fortwährend ihre eigenen Reaktionen und Perspektiven überprüfen, eigene Ansprüche (auch gegenüber dem Patienten) klären, ihre professionelle Rolle bewahren und im »Expertenstatus« verbleiben sowie sich in einer angemessenen und notwendigen Abgrenzung von dem Patienten üben. Dazu gehören ein hohes Maß an Selbstreflexivität und die Fähigkeit zur Selbstbeobachtung, um erste Anzeichen von Unbehagen, Widerstand und »Antipathie« gegenüber dem Patienten wahrnehmen und konstruktiv damit umgehen zu können. In diesem Sinne können Supervision oder der Anschluss an eine Balint-Gruppe außerordentlich hilfreich sein wie auch das aktive Bemühen, die eigenen Strategien der Stressbewältigung stetig in ihrer Wirksamkeit zu überwachen und ggf. zu verbessern. Die betreuenden und begleitenden Personen sind also immer wieder aufs Neue gefordert, für sich und ihre Arbeit die Balance zwischen Nähe und (professioneller) Distanz zu suchen. Dass auch sie selbst Trauer verspüren und viele schmerzliche Momente erleben, wird indes immer wieder aufgewogen von den vielen positiven Erfahrungen, die sie machen, wenn ihnen Dankbarkeit entgegenschlägt oder wenn sie verfolgen können, wie sich auf Seiten der Patienten innere

Ruhe und Akzeptanz des Todes einstellen. Gerade diese Erlebnisse sind es, die ihr (berufliches) Leben ungemein bereichern.

3 Bewertung des Tätigkeitsfeldes und persönlicher Erfahrungshintergrund

Die Erstautorin ist seit vielen Jahren im palliativmedizinischen Tätigkeitsfeld tätig, die Zweitautorin hat mit den von ihr geleiteten Forschungsprojekten »Trierer Längsschnittstudie zur Krankheitsbewältigung« und »Subjektive Krankheitstheorien« wichtige Einblicke in die Dynamiken der Auseinandersetzung mit Krankheit, Sterben und Tod gewonnen.

3.1 Die Palliativstation des Marienhaus Klinikums St. Elisabeth in Neuwied

Die Palliativstation wurde im Jahr 1992 im Rahmen der zweiten Stufe des »Programms der Bundesregierung zur besseren Versorgung von Krebspatienten« geschaffen. Als Vorbild dienten die 1983 in Köln eingerichtete erste Palliativstation Deutschlands sowie die Palliativstation in Bonn. Die Acht-Betten-Station in Neuwied arbeitet innerhalb der Medizinischen Klinik I unter der Leitung eines Chefarztes und eines Oberarztes im Marienhaus Klinikum St. Elisabeth Neuwied – einem Krankenhaus mit insgesamt ca. 500 Betten. Die Abteilung hat einen onkologischen Schwerpunkt, und seit kürzerem auch eine onkologische Ambulanz und Tagesklinik. Von den acht Betten werden maximal sieben mit Patienten belegt, wobei je nach Verfügbarkeit oder Wunsch des Patienten ein Einzelzimmer angeboten werden und ggf. die Aufnahme begleitender Angehöriger ermöglicht werden soll.

Neben den Patientenzimmern gibt es ein sog. »Wohnzimmer«, welches mit Sofaecke, Esstisch und Küchenzeile eingerichtet ist und den Patienten und Angehörigen eine angenehme (Gesprächs-)Atmosphäre vermitteln soll; ein kleiner Balkon rundet das räumliche Angebot ab. Das Team besteht aus dem Stationsarzt, acht Pflegekräften (plus einer Nachtschwester), meist noch einer Krankenpflegeschülerin, des Weiteren zwei Psychologinnen (darunter die Erstautorin) sowie fünf ehrenamtlichen Helferinnen, u. a. einer Musik- und einer Maltherapeutin, die sich an jeweils einem Wochentag zusätzlich um die Patienten kümmern. Dem erweiterten Team gehören darüber hinaus noch Seelsorger, Pflegeüberleitungskräfte und der Sozialdienst an. Teamsitzungen werden einmal pro Woche durchgeführt, um den gegenseitigen Austausch über den Behandlungs- und Betreuungsbedarf jedes einzelnen Patienten zu sichern.

Die wesentlichen Kriterien für die Aufnahme in die Palliativstation sind Anforderungen an eine palliativmedizinische Behandlung, insbesondere Schmerztherapie und Symptomkontrolle. In einzelnen Fällen können auch psychosoziale Indikationen zum wesentlichen Aufnahmekriterium werden – etwa wenn die Versorgung durch überlastete Angehörige zu Hause nicht mehr ausreichend gewährleistet ist, intrafamiliale Konflikte die häusliche Pflegesituation erschweren oder wenn eine psychologische Unterstützung bei der Krankheitsverarbeitung dringend erforderlich scheint. Für einen ungünstigen Verlauf der Auseinandersetzung mit der Erkrankung und dem nahenden Tod gibt es bekannte Risiko- oder Vulnerabilitätsfaktoren, die sich anamnestisch und diagnostisch gut erfassen lassen; dazu zählen psychische Leiden in der Vorgeschichte, Abhängigkeitserkrankungen, Vereinsamung, verstrickte Beziehungssituationen, kürzlich erfahrene Verlustereignisse, eine negativ getönte Lebenseinstellung, mangelhafte Symptomkontrolle sowie – nicht selten – auch ein ungenügender Informationsstand des Patienten. Die psychodiagnostische Bewertung stützt sich weiterhin auf Erfahrungen der Patienten mit Lebenskrisen und vor allem mit Erkrankungen in früheren Lebensaltern. So ist es beispielsweise von großer Bedeutung, die sog. »subjektiven Krankheitstheorien« der Patienten zu erfragen, da sich hier meist die Überzeugungen finden lassen, die die Art der Krankheitsverarbeitung und die Höhe der Compliance bei Behandlungsmaßnahmen beeinflussen – und zwar im günstigen, leider aber auch im ungünstigen Falle. Elemente subjektiver Krankheitstheorien gehören damit zu einem wichtigen Gegenstand der Gesprächsführung mit Patienten.

Die Behandlung in Neuwied orientiert sich an den oben bereits skizzierten Grundsätzen der Hospizidee und der Palliativmedizin: Mit Hilfe medizinischer Behandlungsmaßnahmen, bestmöglicher Pflege und psychologischer Beratung und Begleitung soll den Patienten (und ihren Angehörigen) geholfen werden, die letzte Lebenszeit nach eigenen Vorstellungen zu gestalten. Demgemäß stehen neben den körperlichen auch die sozialen, psychischen und spirituellen Bedürfnisse der Patienten im Mittelpunkt der Arbeit. Das Team achtet dabei darauf, dass der Patient eine größtmögliche Selbstständigkeit aufrechterhalten kann, und die Aufrechterhaltung seiner *individuell definierten, d. h. subjektiven* Lebensqualität steht im Vordergrund jeder einzelnen Maßnahme (Dillender, Freudenberg, Pieper & Fuchs, 2005). Denn für den einen Patienten mag Lebensqualität bedeuten, vom Bett in den Rollstuhl mobilisiert zu werden, um zu Hause noch einmal seinen Garten besuchen zu können. Für den anderen mag es bedeuten, einmal noch ein gutes Essen genießen oder Stunden schmerzfrei im Kreise seiner Familie verbringen zu können. Ziel ist es, den Patienten zu stabilisieren und möglichst rasch wieder in sein Zuhause (oder eine andere Versorgungseinrichtung) zu entlassen; doch kann ein Patient selbstverständlich auf der Station bis zu seinem Tode verbleiben, wenn die Umstände dies nahe legen oder der Patient dies ausdrücklich wünscht. Weitere Prinzipien stellen die Betreuungskontinuität dar, d. h. dass der Patient je nach Bedarf jederzeit wieder auf der Palliativstation aufgenommen werden kann. Schließlich soll durch entsprechende Verzahnungen an der Schnittstelle von stationärer und ambulanter Versorgung (Tagesklinik, Ambulanz, enge Zusammenarbeit mit onkologischen Praxen, ambulanter Hospizdienst Neuwied, stationäres Hospiz in Koblenz etc.) die Behandlung jedes Patienten erleichtert werden.

Ein essentieller Baustein im Konzept der Neuwieder Palliativstation ist es, die sozialen und hier insbesondere die familiären Strukturen der schwerkranken Menschen zu festigen. Psychologische Begleitung wird demnach auch den Angehörigen angeboten, und sie sind auch nach dem Tode eines Patienten auf der Station willkommen, wenn sie das Gespräch suchen oder eine spezifische Art der Betreuung benötigen. Einmal im Jahr gibt es den sog. Gedenkgottesdienst, der von den Mitarbeitern der Station gestaltet wird und zu dem alle Angehörigen der im vergangenen Jahr verstorbenen Patienten eingeladen werden. In diesem Rahmen ergeben sich vielfältige Möglichkeiten für die Angehörigen, das Gespräch zu suchen und den Austausch mit anderen Angehörigen oder dem Palliativteam zu pflegen. Alles in allem gesehen, soll die Palliativstation für schwerstkranke Menschen und ihre Familien eine Anlaufstelle sein, in der sie medizinisch, pflegerisch und psychologisch gut behandelt werden und Ansprechpartner für ihre Sorgen und Nöte finden. Der Ehemann einer inzwischen verstorbenen Patientin drückte es nach Wochen ihres stationären Aufenthaltes so aus: »Wir haben hier so viel menschliche Wärme, Zuwendung und Geborgenheit erfahren, dass uns die Station so etwas wie eine zweite Heimat geworden ist.«

3.2 Berufliche Entwicklung der Erstautorin

Nach dem Erwerb der Hochschulreife im Jahre 1978 folgte das Studium der Psychologie an der Universität Trier bis 1984 (Diplomprüfung); danach Tätigkeit als wissenschaftliche Mitarbeiterin in zwei Forschungsprojekten unter Leitung der Zweitautorin. Beide Forschungsprojekte haben sich mit einschlägigen Themen befasst: Zum einen ging es darum, bei einer Stichprobe von Krebspatienten mit unterschiedlicher Tumorlokalisation Prozesse der Krankheitsverarbeitung zu analysieren und in den Fällen, in denen die Teilnehmer des Forschungsprojektes im Untersuchungszeitraum verstorben waren, die psychische Seite des Sterbeprozesses (wenngleich nur grob) nachzuzeichnen (»Trierer Längsschnittstudie zur Krankheitsbewältigung«[3]; siehe Filipp, 1992; Filipp & Ferring, 2000). In dem zweiten Projekt ging darum, die alltagspsychologischen Überzeugungen betreffend Entstehung, Verlauf und Folgen von Krebserkrankungen (d. h. die »subjektiven Krankheitstheorien«[4]) vergleichend in vier Gruppen zu erforschen, nämlich bei Krebspatienten selbst, bei Angehörigen von Krebspatienten, bei Pflegekräften sowie bei einer Stichprobe von Personen ohne persönliche Erfahrung mit Krebserkrankungen (Filipp & Aymanns, 1996). Schon während

dieser Zeit hat die Erstautorin ihr Interesse auch auf praktische Tätigkeitsbereiche gelenkt, indem sie in die Arbeit mit Selbsthilfegruppen Krebskranker eingebunden war, Informationsmaterial für Angehörige von (jungen) Tumorpatienten erstellt hat (Freudenberg, 2003) und im Rahmen der Ausbildung von Studierenden der Psychologie auch anwendungspraktische Seminare zur psychologischen Betreuung stationärer Patienten durchgeführt hat.

Diese Erfahrungen mündeten von 1990 bis 2000 in eine *Tätigkeit als psychologische Mitarbeiterin* in der »Evangelischen Seelsorge am Bundeswehrzentralkrankenhaus Koblenz« und bei der »Soldatentumorhilfe e. V.« Die hier geschaffene Stelle war als *Psychologen*stelle die erste dieser Art in dem Krankenhaus und hatte vor allem die psychologische Beratung stationärer Patienten zur Aufgabe. Ausgehend von der anfänglichen Beratung fast ausschließlich onkologischer Patienten (speziell der Urologie) entwickelte sich daraus über die Jahre ein umfassendes Angebot für alle Abteilungen des Krankenhauses mit den inhaltlichen Schwerpunkten der Beratung schwerstkranker Patienten (neben onkologischen auch unfallchirurgische und intensivmedizinisch versorgte Patienten oder Verbrennungsopfer) und von deren Familien. Zusätzlich führte die Erstautorin auch immer psychologische Fortbildungsangebote in Form von Seminaren für Krankenpflegekräfte und Ärzte durch. Im Jahre 2000 wechselte sie in das Marienhaus Klinikum St. Elisabeth, Neuwied, mit dem Tätigkeitsschwerpunkt auf der Palliativstation (siehe 3.1), aber auch der Beratung und Begleitung von onkologischen Patienten anderer Stationen wie auch von Patienten auf der unfallchirurgischen und psychosomatischen Station. Seit 2004 ist sie einbezogen

---

3 gefördert von der Deutschen Forschungsgemeinschaft im Zeitraum von 1984 bis 1988
4 gefördert vom Bundesministerium für Forschung und Technologie im Zeitraum von 1989 bis 1993

in die Arbeit des neu gegründeten Brustzentrums »Mittelrhein«, dem die Abteilungen Gynäkologie und Radiologie des Marienhaus Klinikum St. Elisabeth angehören; sie ist darüber hinaus seit 1996 Mitglied der »Interdisziplinären Gesellschaft für Palliativmedizin Rheinland-Pfalz e. V.« mit mehrjähriger Vorstandsarbeit. In diesem Zeitraum hat sie neben ihrer hauptamtlichen Tätigkeit auch eine Reihe von Fortbildungsveranstaltungen im Bereich der »Psychoonkologie«, »Palliativpsychologie« und »Schmerztherapie« in Kliniken verschiedener Bundesländer durchgeführt und daneben die Ausbildung zur Moderatorin für ethische Fallbesprechungen absolviert.

Was die *Wahl des speziellen Tätigkeitsfeldes* angeht, so zeigt die Kurzdarstellung des Werdegangs, dass eine stetige Entwicklung des beruflichen Interesses und Arbeitsbereiches hin auf die Beratung Schwerstkranker und Sterbender zu verzeichnen war. Dieses wurde als große Herausforderung erlebt, zum einen in Bezug auf die Erweiterung persönlicher Einsichten und Kompetenzen, wie sie im Zuge der Auseinandersetzung mit existentiellen Fragen, Grenzbereichen des Lebens und ethischen Fragen gewonnen werden können. Zum anderen war die Entwicklung von einem kontinuierlichen Ausbau beruflicher Erfahrungen und Fertigkeiten begleitet. Diese mündete in eine (fast ausschließliche) Fokussierung auf einen eklektizistischen Ansatz, der hohe Flexibilität im Umgang mit jedem einzelnen Patienten und jeder Situation sowie Kenntnisse in verschiedenen Behandlungs- und Beratungsansätzen erfordert, aber auch die kreative Gestaltung bestimmter Maßnahmen verlangt, wie sie z. B. in Form der »Rituale des Abschiednehmens« oder der »Erfüllung letzter Wünsche« zum Ausdruck kommen. Auch war sie erfolgreich auf der Suche nach Ausdrucks- und Gestaltungsmöglichkeiten für Menschen, die angesichts ihrer Erkrankung an die Grenzen ihrer Kommunikations- und Leistungsfähig-

keit sowie ihrer Belastbarkeit gekommen sind.

Wenn es darum geht, welche *Herausforderungen, Chancen, Hindernisse und Probleme* mit dem Berufsfeld verbunden sind, so ist – über das bereits Gesagte hinaus – darauf zu verweisen, dass mit der Notwendigkeit der multidisziplinären Teamarbeit Gewinne und Probleme einhergehen. Sie setzt voraus, dass die Zuständigkeiten und Kompetenzen jedes Einzelnen im Team geklärt sind, dass die Teammitglieder untereinander sich in ihren jeweiligen Kompetenzen respektieren und wertschätzen, dass die Abgrenzung von den jeweils anderen Berufsgruppen (z. B. Seelsorger) auch immer wieder geleistet wird und dass alle bereit und fähig sind, sich gegenseitig ausreichend und korrekt über den Zustand jedes einzelnen Patienten, über Krankheitsbild, Symptome und (mögliche) Maßnahmen zu informieren. Dies wiederum hängt in hohem Maße davon ab, dass im Team eine relativ hohe personelle Kontinuität, emotionale Ausgeglichenheit der einzelnen Teammitglieder und ein insgesamt unterstützendes Klima vorherrschen.

All diesen Anforderungen genügen und zudem eine gute und tragfähige Begleitung der Patienten selbst leisten zu können, setzt eine Reihe *förderlicher Eigenschaften und Fähigkeiten* seitens der Psychologin voraus, die sich mit den Stichworten »Flexibilität, Kreativität, Belastbarkeit und emotionale Stabilität, Selbstreflexivität, Teamfähigkeit, Empathie, hohe kommunikative Fertigkeiten, Kontaktfreude und Neugier im Zugehen auf immer wieder neue Patienten« umschreiben lässt. Hinzukommen muss ein ausgeprägtes Interesse an fortwährender beruflicher Weiterbildung, an ethischen Fragestellungen im Bereich der Medizin, an einer möglichen Erweiterung der Beratungsansätze und Handlungsspielräume sowie an wissenschaftlicher Begleitforschung. Einer erfolgreichen Berufsausübung in diesem Feld stehen als *hinderliche Faktoren*

u. a. gegenüber: mangelnde Berufserfahrung in diesem Feld, die erst durch Hospitationen, Praktika und anfängliches Arbeiten unter strenger Supervision erworben werden kann[5], mangelnde Lebenserfahrung (und damit ein zu junges Alter), Wunsch nach »Karriere« und hohem Einkommen resp. finanzielle Interessen, denn die Vergütung liegt im üblichen Bereich des BAT resp. der kirchlichen Vergütungsordnung, und die Aufstiegsmöglichkeiten sind weitgehend beschränkt. Inwieweit nach Einführung der *Diagnosis Related Groups* (*DRG*), nach der auch Psychologen ihre Tätigkeiten kodieren und Diagnosen zuordnen müssen (was einen erhöhten Arbeitsaufwand für Dokumentation und Statistik einschließt), auf Dauer auch eine angemessene Vergütung aller Leistungen, wie sie auf einer Palliativstation erbracht werden, seitens der Krankenkassen beibehalten werden wird, gehört zu den Problemen und hoffentlich nicht zu den düsteren Perspektiven dieses Arbeitsfeldes.

Schlussbemerkung

Wie die Darstellung zeigen sollte, ist die (multidisziplinäre) Arbeit auf einer Palliativstation zum einen sehr belastend und herausfordernd, zum anderen ist sie jeden Tag neuartig und voller Überraschungen. Sie stellt deshalb insgesamt eine sehr erfüllende und sinnreiche berufliche Tätigkeit dar. Auch kann man dabei immer wieder feststellen, wie sich in der Betreuung und Begleitung Schwerstkranker gleichsam wie unter einem Brennglas alle denkbaren gesellschaftlichen und sozialen, insbesondere auch familialen und persönlichen Probleme

verdichten und widerspiegeln; dass dadurch auch der Horizont der professionellen Helfer geweitet und ihnen wichtige Einblicke vermittelt werden können, liegt auf der Hand. Abschließend soll auch betont werden, dass Palliativbetreuung nicht immer als ein klar strukturiertes, organisiertes und institutionalisiertes System der Betreuung und Begleitung Todkranker verstanden werden muss, sondern man mag sie auch als Ausdruck einer Haltung und durchaus auch als eine »Philosophie« im Umgang mit Sterben und Tod verstehen. Wie auch immer sie im Einzelnen gestaltet sein mag und welche Personen auch immer sich in diesem Feld engagieren mögen – stets zielt sie ab auf die relative Sicherung des Wohlbefindens und der Lebensqualität im Angesicht des Todes. Kann man sich eine anspruchsvollere Aufgabe im Miteinander der Menschen denken?

Literatur

Dillender, A. et al. (2005). Was bedeutet Lebensqualität für Palliativpatienten? *Psychomed. Zeitschrift für Psychologie und Medizin*, 17, 115–120.

Drolshagen, C. (Hrsg.). (2003). *Lexikon Hospiz*. Gütersloh: Gütersloher Verlagshaus.

Ebersberger, R. (2005). Palliative Psychoonkologie – Palliative Care und Hospizarbeit im ambulanten Bereich. In A. Sellschopp et al. (Hrsg.), *MANUALPsychoonkologie*. München: Tumorzentrum und W. Zuckschwerdt Verlag.

Filipp, S.-H. (1992). Could it be worse? The diagnosis of cancer as a prototype of traumatic life events. In L. Montada, S.-H. Filipp & M. J. Lerner (Eds.), *Life crisis and experiences of loss in adulthood* (pp. 23–56). Hillsdale, NJ: Erlbaum.

---

5 Aus dem in Fußnote 2 Gesagten ergibt sich, dass die in vielen Tätigkeitsfeldern geforderte Qualifikation als »Psychotherapeutin« unseres Erachtens nicht erforderlich ist, weil Schwerstkranke und Sterbende nicht als »gestört« und insofern auch nicht als »therapiebedürftig« anzusehen sind.

Filipp, S.-H. (2007). Kritische Lebensereignisse. In J. Brandstädter & U. Lindenberger (Hrsg.), *Entwicklungspsychologie des Erwachsenenalters*. Stuttgart: Kohlhammer.

Filipp, S.-H. & Aymanns, P. (1996). Subjektive Krankheitstheorien. In R. Schwarzer, (Hrsg.) *Gesundheitspsychologie. Ein Lehrbuch* (S. 3–22). Göttingen: Hogrefe.

Filipp, S.-H. & Aymanns, P. (2005). Verlust und Verlustverarbeitung. In S.-H. Filipp & U. M. Staudinger (Hrsg.), *Entwicklungspsychologie des mittleren und höheren Erwachsenenalters* (= Enzyklopädie der Psychologie, Themenbereich C: Theorie und Forschung, Serie V: Entwicklungspsychologie, Band 6) (S. 763–800). Göttingen: Hogrefe.

Filipp, S.-H. & Ferring, D. (2000) Coping as »reality construction«: On the role of attentive, comparative, and interpretive processes in coping with cancer. In J. H. Harvey & E. D. Miller (Eds.), *Loss and trauma: General and close relationship perspectives* (pp. 146–165). Philadelphia, PA: Brunner/Mazel.

Freudenberg, E. (1990). *Der Krebskranke und seine Familie*. Stuttgart: TRIAS.

Freudenberg, E. (2003). *Hodenkrebs – Ein Tabuthema?* Eine Broschüre für Patienten und Angehörige (3. Aufl.). Soldatentumorhilfe Koblenz e.V.

Freudenberg, E. & Filipp, S.-H. (1998). Bewältigungsprozesse bei chronischen Erkrankungen. *Psychomed. Zeitschrift für Psychologie und Medizin, 1,* 14–17.

Husebø, S. & Klaschnik, E. (2000). *Palliativmedizin* (2. Aufl.). Berlin: Springer.

Kern, M. (2001). Multiprofessionalität im Behandlungsteam. *Zeitschrift für Palliativmedizin, 2,* 42–46.

Larbig, W. & Tschuschke, V. (Hrsg.). (2002). *Psychoonkologische Interventionen*. München: Reinhardt.

Mittag, O. (1994). *Sterbende begleiten*. Stuttgart: TRIAS.

National Consensus Project for Quality Palliative Care (NCP). *What is Palliative Care?* Verfügbar unter: http://www.nationalconsensusproject.org/WhatIsPC.asp (13.09.2006).

Solomon, S., Greenberg, J. & Pyszczynski, T. (2004). The cultural animal: Twenty years of terror management theory and research. In J. Greenberg, S. L. Koole & T. Pyszczynski (Eds.), *Handbook of experimental existential psychology* (pp. 13–34). New York: Guilford.

Taylor, S. E. & Brown, J. D. (1988). Illusion and well-being: A social psychological perspective on mental health. *Psychological Bulletin, 103,* 193–210.

Tschuschke, V. (2002). *Psychoonkologie*. Stuttgart: Schattauer.

Watzlawick, P., Beavin, J. H. & Jackson, D. D. (1972). *Die menschliche Kommunikation. Formen, Störungen, Paradoxien*. Bern: Huber Verlag.

Wittkowski, J. (Hrsg.). (2003). *Sterben, Tod und Trauer. Grundlagen – Methoden – Anwendungsfelder*. Stuttgart: Kohlhammer.

Wittkowski, J. & Dingerkus, G. (2003). Psychologie in der Begleitung Sterbender und ihrer Angehörigen. In A. Schorr (Hrsg.), *Psychologie als Profession. Das Handbuch* (S. 546–555). Bern: Huber.

4 Gerontopsychologie

Hans-Werner Wahl[1]

Einleitung

In diesem Beitrag zu dem Werk »Psychologen[2] im Beruf« spiegelt sich eine allgemeine gesellschaftliche Entwicklung wider, die gemeinhin als demographischer Wandel bezeichnet wird: Die mittlere Lebenserwartung der deutschen Bevölkerung bei Geburt ist seit der Wende vom 19. zum 20. Jahrhundert bis zum Beginn des 21. Jahrhunderts von etwa 46 Jahren auf nahezu 80 Jahre gestiegen, und vieles spricht dafür, dass sich dieser Trend auch in der Zukunft fortsetzen wird (z. B. Oeppen & Vaupel, 2002; Rott, 2004). Von den ca. 82 Millionen Menschen, die derzeit in der Bundesrepublik Deutschland leben, sind knapp 19 Millionen, etwa 23 %, 60 Jahre alt und älter. Aller Voraussicht nach wird der Anteil der Über-60-Jährigen bis zum Jahre 2050 in Verbindung mit einer auch zukünftig niedrigen Nettoreproduktionsrate von heute 1,4 auf etwa 36 % ansteigen. Insbesondere nimmt die sog. *ferne* Lebenserwartung weiter zu und führt in den kommenden Jahrzehnten zu einer kontinuierlichen Erhöhung des absoluten und relativen Anteils an hochaltrigen Personen. So wird sich die Gruppe der Über-80-Jährigen, der heute knapp drei Millionen Menschen angehören (ca. 3,5 %), bis zum Jahre 2050 mit 7,9 Millionen in absoluten Zahlen mehr als verdoppelt und in relativem Anteil mit dann etwa 11 % mehr als verdreifacht haben.

Mit dieser Entwicklung ergeben sich einerseits neue Anforderungen an die Psychologie als Forschungsfeld (Wahl et al., in Druck), andererseits auch als Praxisfeld,

---

1 Ich danke Herrn Professor Dr. Andreas Kruse für wertvolle inhaltliche Hinweise.
2 Wenn ich im Folgenden mit Begriffen wie Psychologe oder Gerontopsychologe nur die männliche Form im Text nutze, so sind stets beide Geschlechter angesprochen.

wobei beide Bereiche, wie dies stets in der Psychologie der Fall sein sollte, eng miteinander korrespondieren. Und dies bedeutet auch: In einer immer älter werdenden Gesellschaft werden zunehmend (und dies ist bereits seit einigen Jahren deutlich zu spüren) die Dienste der Psychologie im Hinblick auf Ältere benötigt, und deshalb ist davon auszugehen, dass wir es hier mit einem in den nächsten zwei bis drei Jahrzehnten deutlich wachsenden Feld professionellen psychologischen Handelns zu tun haben.

Dabei lässt sich weiter sagen, und dies hängt mit der etwa seit den 1980er-Jahren auch gesellschaftlich immer stärker wahrgenommenen Alterung unserer Gesellschaft zusammen, dass im Bereich Gerontologie auf der einen Seite längst reizvolle Berufsperspektiven und -inhalte für Psychologen existieren. Es geht vor allem um Aufgaben der Diagnostik von älteren Menschen, beispielsweise im Hinblick auf das Erkennen von Demenzerkrankungen und depressiven Entwicklungen (Gunzelmann & Oswald, 2005; Wahl & Zank, 2006). Es geht ferner um Therapiebeteiligungen, vor allem in Gestalt von Psychotherapie (Heuft, Kruse & Radebold, 2006), aber auch im Rahmen von »Disease-Management«, etwa der Vermittlung von Strategien, um eingetretene Krankheiten, die im höheren Alter oftmals chronisch verlaufen, mit möglichst geringen psychischen Verlusten (etwa im Hinblick auf positive Affekte und das Selbstbild) zu bewältigen und auf diese Weise ein Höchstmaß an Lebensqualität zu erhalten (Wahl & Zank, 2006). Ein wesentlicher Bereich der Gerontopsychologie ist des Weiteren die geriatrische Rehabilitation. Psychologen sind in diesem Bereich eine wichtige Komponente des sog. geriatrischen Teams, d. h. einer explizit multidisziplinären und multiprofessionellen Interventionsarbeit mit älteren Patienten.

Auf der anderen Seite entwickelt sich das Berufsbild für Gerontopsychologen auch dynamisch weiter, und es spricht vieles dafür, dass hier völlig neue Aufgabenbereiche entstehen werden. Beispielsweise werden Psychologen voraussichtlich zunehmend im Bereich von Kommunen, Wohlfahrtsverbänden und Krankenkassen Präventionskonzepte mit entwickeln, umsetzen und im Hinblick auf die erzielten Wirkungen prüfen. Wichtigstes Ziel hierbei ist es, psychologischen Sachverstand dahingehend zu nutzen, den Verlust der Selbstständigkeit bzw. den Eintritt von Pflegebedürftigkeit im Alter möglichst zu verhindern bzw. möglicht weitgehend hinauszuzögern. Es geht aber nicht nur um das Verhindern von unerwünschten Zuständen, sondern vor allem auch um die Nutzung psychologischen Wissens zur Beförderung von gutem bzw. optimalem Altern (Gerok & Brandtstädter, 1992; Wahl et al., in Druck). Zu denken ist etwa an die systematische Anregung zu gesundheitsbewusstem Verhalten selbst im fortgeschrittenen Alter und damit um präventives Verhalten, für dessen Wirksamkeit nach dem vorliegenden Forschungsstand das chronologische Alter keine bedeutsame Größe darstellt (Kruse, 2002). Beispiele wären kognitives Training oder die Vermittlung motivationaler Strategien bei der nachhaltigen Umsetzung eines Bewegungsprogramms. Selbst die Veränderung von Suchtverhalten, wie die Aufgabe langjährigen Rauchens, jenseits von 80 Jahren führt in relativ kurzer Zeit (nach einigen Monaten) zu messbaren gesundheitlichen Verbesserungen.

Es ist hier hervorzuheben, dass in einer alternden Gesellschaft auch die Stärken und Potentiale älterer Menschen an Bedeutung gewinnen. Der unter dem Titel »Potentiale des Alters in Wirtschaft und Gesellschaft« erschienene fünfte Altenbericht der Bundesregierung macht nicht nur deutlich, dass Wirtschaftswachstum und Innovationsfähigkeit angesichts des demographischen Wandels nicht mehr allein durch den Beitrag der jüngeren Generationen gesichert werden kann (Kommission, 2005). Betriebe und Unternehmen werden sich bereits mittelfristig angesichts eines sich abzeichnenden Facharbeitermangels verstärkt um die Erhaltung der Beschäftigungsfähigkeit älterer Arbeitnehmer bemühen müssen, sei es durch gezielte Weiterbildungsangebote, sei es durch die Anpassung von Arbeitsabläufen und Arbeitsanforderungen an spezifische Stärken und Schwächen älterer Arbeitnehmer (Kruse & Packebusch, 2006). Die Konsumgewohnheiten und Ansprüche älterer Menschen bilden ein bis heute nur ansatzweise ausgeschöpftes Wachstumspotential, ohne das der Bestand des Wirtschaftsstandortes Deutschland in Zukunft nicht mehr gesichert werden kann. Eine nachhaltige Finanzierung des sozialen Sicherungssystems scheint ohne eine Ausweitung der Lebensarbeitszeit und ohne eine stärkere Nutzung von Freiwilligenpotentialen nicht möglich. Schon heute könnten viele Vereine und Organisationen ohne das Engagement älterer Menschen nicht bestehen. Die aufgeführten Beispiele mögen genügen, um deutlich zu machen, dass der demographische Wandel in zahlreichen gesellschaftlichen Bereichen Veränderungen nach sich zieht, die in ihrer Tragweite erfasst und auch von der Berufsgruppe der Psychologen gestaltet werden müssen. Angesichts der Tatsache, dass Menschen heute erheblich gesünder alt werden als noch vor wenigen Jahrzehnten, beschränken sich die beruflichen Perspektiven von Gerontopsychologen damit keineswegs auf die Schaffung von personalen oder umweltbezogenen Voraussetzungen der Kompensation altersgebundener Verluste, sondern umfassen zunehmend auch die Entwicklung und Umsetzung von Konzepten, die ältere Menschen zu einer mitverantwortlichen Lebensführung motivieren und »öffentliche Räume« auch für ältere Menschen stärker zugänglich machen.

Es zeigt sich gerade in diesen neuen Entwicklungen des Berufsfelds Psychologie auch, wie bedeutsam Forschungskompetenzen in der Praxis der Gerontopsychologie bereits heute sind bzw. in Zukunft sein werden. Man denke beispielsweise an Evaluationsforschung oder an »randomisierte kontrollierte Versuche« (randomized controlled trials, RCT), um die Evidenz im Hinblick auf die Wirkung psychologischer Interventionsverfahren mit Untersuchungen im eigenen beruflichen Umfeld zu verbessern.

Schließlich lässt sich von alledem ableiten, dass das Berufsfeld des Gerontopsychologie in sich sehr heterogen ist, und diese Vielschichtigkeit und Vielseitigkeit der Aufgaben wird zukünftig aus den beschriebenen Gründen noch weiter zunehmen.

1 Wie ich zur Gerontopsychologie kam

Zu Zeiten meines Diplomabschlusses in der Psychologie Anfang der 1980er-Jahre spielte das Thema »Altern« im Studium noch kaum eine Rolle. Entwicklungspsychologie war primär mit der Entwicklung im Kindes- und Jugendalter befasst. Es war mehr ein Zufall, dass ich nach dem Studium das Angebot einer Stelle als wissenschaftlicher Mitarbeiter in einem gerontopsychiatrisch orientierten Forschungsprojekt annahm. Ich sagte mir: »Fang' einmal damit an und dann mach' etwas Richtiges«. Das »Richtige« blieb dann allerdings – fast zu meiner eigenen Überraschung – doch die Gerontopsychologie. Entscheidend dabei war, dass ich Mitte der 1980er Jahre die Gelegenheit bekam, mit Frau und Herrn Prof. Baltes in Berlin zu arbeiten. Beide hatten – nicht zuletzt durch ihren langjährigen Aufenthalt in den USA – eine starke berufliche Identität als Lebenslauf- und Alternspsychologen entwickelt, und dies prägte mich und mein Interesse an »Altern« sehr deutlich. So war es kein Zufall, dass ich unter der Supervision von Frau Prof. Baltes auch meine Dissertation zu einem gerontopsychologischen Thema (eine psychologische Analyse von Pflegeinteraktionen in Heimen) verfasste. Als ich Mitte der 1990er-Jahre bei Frau Prof. Lehr in Heidelberg habilitierte, galt längst: »Alternspsychologie – mon amour«.

2 Aufgaben der Gerontopsychologie

2.1 Psychologische Diagnostik bei älteren Menschen

Aufgaben der *psychologischen Diagnostik* spielen in der Gerontopsychologie eine herausragende Rolle. Eine individuell-familiär für die Betroffenen wie gesellschaftlich-versorgungsbezogen hoch bedeutsame und gleichzeitig überaus anspruchsvolle Herausforderung ist das möglichst frühzeitige Erkennen von dementiellen Veränderungen, also von schwerwiegenden Einbußen der kognitiven Leistungsfähigkeit und des Gedächtnisses. Wichtig sind hierbei auch differentialdiagnostische Abgrenzungen, etwa gegenüber depressiven Erkrankungen. Die Prävalenz ausgeprägter Demenzen liegt bei den 60- bis 64-Jährigen bei etwa 1 %, bei den 85- bis 89-Jährigen bei fast 25 % und bei den Über-90-Jährigen bei 33 % (Bickel, 1999). In Deutschland leben etwa eine Million Demenzkranke und diese Zahl wird durch die beschriebene Zunahme von Hochaltrigen in den nächsten Jahrzehnten vermutlich drastisch steigen, da eine kurative Behandlung bisher nur in sehr begrenztem Umfang zur Verfügung steht. Für die Diagnose einer Demenz müssen nach der »International Classification of Diseases« (ICD-10; Dilling, Mombour & Schmidt, 2004) eine Reihe von diagnostischen Kriterien erfüllt sein: 1. Störung des Gedächtnisses, 2. Störung des Denkvermögens (Störung des Ideenflusses; Störung des Urteilsvermögens), 3. Störung der Alltagskompetenz, 4. Störung der Informationsverarbeitung, 5. Störung der Aufmerksamkeit, 6. keine Störung des Bewusstseins, 7. Dauer mindestens sechs Monate. Die diagnostische Abgrenzung von normaler alterstypischer Vergesslichkeit, leichter kognitiver Beeinträchtigung und beginnender Demenz ist schwierig und häufig nur durch längerfristige Beobachtung bzw. wiederholte Testung möglich. Dazu stehen dem Gerontopsychologen ausgereifte Verfahren, wie die Mini-Mental-State-Examination (MMSE; Folstein, Folstein & Mc Hugh, 1975; Kessler, Markowitsch & Denzler, 1990), das Strukturierte Interview für die Diagnose der Demenz (SIDAM; Zaudig, Mittelhammer & Hiller, 1990) oder die neuropsychologische Testbatterie CERAD-NP (Consortium to Establish a Registry for Alzheimer's Diseases Assessment Battery; Morris et al., 1989) zur Verfügung. Diese Verfahren sind auch hilfreich, wenn es um die Durchführung einer weiteren prominenten Aufgabe der Gerontopsychologie geht, nämlich der Begutachtung der Notwendigkeit einer Frühverrentung, denn dementielle Entwicklungen (auch als Folge einer Alkoholabhängigkeit) können in Ausnahmefällen bereits im mittleren Erwachsenenalter auftreten.

Weitere Aufgaben der Diagnostik in der Gerontopsychologie ergeben sich vor allem in den folgenden Bereichen (vgl. auch Kruse & Re, 2005; Wahl & Zank, 2006): Diagnostik im Bereich *Persönlichkeit* ist bedeutsam, um Anpassungspotentiale und -grenzen im Umgang mit emotionalen Belastungen und krisenhaften Herausforderungen, z. B. der Erfahrung von chronischen Erkrankungen oder von Verwitwung, abschätzen zu können (etwa im Grad des gegebenen Neurotizismus; Mroczek, Spiro & Griffin, 2006).

Diagnostische Aspekte hinsichtlich des *alternden Selbst* sind deshalb wichtig, weil eintretende Verlusterfahrungen, beispielsweise im Bereich der körperlichen und geistigen Leistungsfähigkeit, die Stabilität des Selbst als »Kern der Person« und damit die seelische Gesundheit in besonderer Weise gefährden können.

Die Erhöhung des *subjektiven Wohlbefindens* und der Lebensqualität ist zentrales Ziel vielfältiger gerontologischer Interventionen, die eine differenzierte Diagnostik voraussetzen (Wahl & Tesch-Römer, 2000). Zur Erfassung von *Lebensqualität* werden überwiegend Verfahren verwendet, die nicht für das höhere Alter entwickelt wurden, jedoch Normen für ältere Menschen enthalten (Gunzelmann & Oswald, 2005). Die Entwicklung eines mehrdimensionalen Instruments zur Erfassung von Lebensqualität wurde von der Weltgesundheitsorganisation mit dem WHOQOL 100 vorgestellt (Winkler et al., 2003). Als besonders wichtige Aspekte der Lebensqualität im Alter werden dabei soziale Beziehungen, soziale Partizipation, soziale Aktivitäten, Gesundheit, finanzielle Ressourcen, Unabhängigkeit, Anerkennung des Geleisteten und Umweltbedingungen fokussiert.

Behandlungsbedürftige *Depressionen* treten bei Über-65-Jährigen mit einer Prävalenz von ca. 8–10 % nicht häufiger als bei jüngeren Menschen auf (Helmchen et al., 1996). Depressive Symptome zeigen sich im Alter vielfach nach Verlusterlebnissen. Hierzu gehören neben dem Verlust des Ehepartners auch der Eintritt chronischer Krankheiten mit irreversiblen Verlusten der Alltagskompetenz, kognitive Defizite, Verlust von Freunden usw.

Angststörungen sind bei alten Menschen in epidemiologischen Studien mit Prävalenzen von bis zu 10 % gefunden worden (Bickel & Weyerer, 2007). Ähnlich wie bei depressiven Störungen werden Angststörungen

bei älteren Menschen häufig nicht erkannt, da sich andere Symptome zeigen (z. B. physiologische Übererregung), sie im Zusammenhang mit schweren Erkrankungen auftauchen (z. B. nach einem Schlaganfall) und die aufgesuchten Hausärzte wenig geschult in der Diagnostik psychischer Störungen sind.

Die diagnostische Einschätzung von *Alltagskompetenz* konzentriert sich auf die Erfassung von Ausführungsschwierigkeiten und Hilfebedarf in den sogenannten Aktivitäten des täglichen Lebens (ADL; Lawton & Brody, 1969), wie beispielsweise Mahlzeiteneinnahme, Essen, Mobilität in der Wohnung, Blasen- und Stuhlentleerung, Mahlzeitenzubereitung, Telefonieren oder die Nutzung des öffentlichen Personennahverkehrs. ADLs indizieren einen bereits vorhandenen bzw. sich abzeichnenden Hilfe- und Pflegebedarf, und sie sind auch für die Demenzdiagnostik von erheblicher Bedeutung (Schneekloth & Wahl, 2006; Wahl & Zank, 2006). Solch vergleichsweise einfache diagnostische Abklärungen werden voraussichtlich in naher Zukunft durch komplexere Einschätzung der alltäglichen Problemlösefähigkeit von Älteren ergänzt werden, wobei in diesem Bereich die diagnostischen Werkzeuge noch weitgehend den Charakter von Forschungsinstrumenten besitzen (Marsiske & Margrett, 2006).

Gerade auch im Hinblick auf ältere Menschen ist die Diagnostik von *Kontrollüberzeugungen und Selbstwirksamkeit* (Bandura, 1977; Lachman, Ziff & Spiro, 1994) von großer Bedeutung, denn Ältere laufen aufgrund des weiterhin recht negativ getönten Altersbildes in besonderer Weise Gefahr, ihre Fähigkeiten und Verhaltensmöglichkeiten zu unterschätzen. Die Forschung zu Kontrollüberzeugungen hat zudem in außerordentlich klarer Weise gezeigt, dass Kontrollüberzeugungen konsistent mit dem Auftreten von Gesundheit und Krankheit bis hin zu Einflüssen auf das Immunsystem korreliert sind (Lachman, Ziff & Spiro, 1994).

Sowohl in der Forschung wie in der Praxis hat sich schließlich in den zurückliegenden zwei Jahrzehnten die *psychodiagnostische Einschätzung von pflegenden Angehörigen* als sehr bedeutsame Aufgabe herauskristallisiert. 92 % aller älteren Menschen mit erhöhtem Pflegebedarf (mindestens Pflegestufe 1) und 85 % der sonstigen Hilfsbedürftigen werden im eigenen Haushalt von Familienmitgliedern betreut (Schneekloth & Leven, 2003). Die hohe physische und psychische Belastung, die pflegende Angehörige erfahren, ist in Meta-Analysen deutlich herausgearbeitet worden (Pinquart & Sörensen, 2003).

Eine diagnostische Aufgabe in einem weiteren Sinn kann in der *systematischen Erfassung von Konsumgewohnheiten, Ansprüchen an die Gestaltung unterschiedlichster Produkte sowie Bedarf an Dienstleistungen* gesehen werden. Der demographische Wandel wird dazu beitragen, dass sich die Markt- und Werbepsychologie zunehmend mit altersbezogenen Themen beschäftigen muss. Hier wird gerontopsychologische Diagnostikexpertise mittel- und langfristig unverzichtbar sein. Da mit dem demographischen Wandel auch ein absoluter Rückgang der Bevölkerung einhergeht, wird auch auf dem Wohnungs- und Immobilienmarkt eine völlig neue Situation entstehen. Potentielle Käufer werden in Zukunft ihre Prioritäten in Bezug auf Wohnen möglicherweise ganz anders setzen als in der Vergangenheit. Zudem bedürfen die Erwartungen von Älteren im Hinblick auf ein breites Angebot an Wohnformen und -möglichkeiten, das der Heterogenität ihrer Wohnbedürfnisse zunehmend besser entspricht, einer differenzierten Einschätzung. Wir gehen deshalb davon aus, dass auch bei der Entwicklung neuer Wohnformen für ältere Menschen gerontopsychologische Diagnostikexpertise unverzichtbar ist.

Schließlich ist zu bedenken, dass mit dem demographischen Wandel auch die Belegschaften von Betrieben und Unternehmen altern. Wirtschaftliche Produktivität und Innovationsfähigkeit werden sich für Betriebe und Unternehmen vielfach nur dann erhalten lassen, wenn es gelingt, veränderten Kompetenzprofilen und Bedürfnissen älterer Arbeitnehmer gerecht zu werden. Bestandteil einer erfolgreichen Personalpolitik wird es mehr und mehr auch sein, jene Arbeitnehmer, die für den Betrieb wertvolle Erfahrungen und Kompetenzen ausgebildet haben, zu halten. Damit wird auch die *Arbeits-, Betriebs- und Organisationspsychologie zunehmend gerontopsychologische Diagnostikexpertise* benötigen.

2.2 Aufgaben der Intervention bei älteren Menschen

Ein zweiter großer Bereich der gerontopsychologischen Praxis ist die klinisch-psychologische Intervention bei älteren Menschen. Intervention wird hierbei in einem sehr umfassenden Sinn gebraucht und umfasst eine Vielzahl von Strategien, um das psychophysische Befinden sowie die Handlungsautonomie von älteren Menschen zu verbessern (Lehr, 1979; Wahl & Tesch-Römer, 2000). In der Praxis hat sich gezeigt, dass eine saubere Trennung zwischen einer aus diversen Disziplinen gespeisten Interventionsgerontologie und geriatrisch bzw. gerontopsychiatrisch fundierter Behandlung und Rehabilitation eigentlich nicht möglich und auch nicht wünschbar ist. Allerdings hat sich eine »Arbeitsteilung« dahingehend herausgebildet, dass Interventionsgerontologie – in Komplementarität zu einem im engeren Sinne medizinischen Versorgungsangebot – in besonderer Weise auf psychosoziale Möglichkeiten der Verbesserung von Lebensqualität im Alter abhebt. Dabei ist der Begriff »psychosozial« breit zu verstehen; er meint eine ganze Palette von Interventionszugängen und -formen, die am Verhalten, an der Kognition und emotionalen Verfassung der Person von alten Menschen selbst, aber auch an ihrer sozialen und räumlich-dinglichen Umwelt ansetzen.

Unterscheiden kann man zwischen eher *übenden* Verfahren wie kognitivem Training oder einem Krankheitsmanagementprogramm und im engeren Sinne *psychotherapeutischen* Interventionen. Kognitive Trainings zielen auf Verbesserungen in den Bereichen Intelligenz und Gedächtnis. Seit den 1980er-Jahren ist ein Set von Studien vorlegt worden, welches die Wirksamkeit kognitiver Trainingsprogramme in konsistenter Weise unterstützt (Philipp & Kliegl, 2000; Wahl & Tesch-Römer, 1998). Insofern besitzt die Gerontopsychologie hier ein sehr potentes Mittel, dauerhaft Verbesserungen in der kognitiven Leistungsfähigkeit von älteren Menschen zu erreichen. Besonders wichtig erscheinen ferner Kombinationen von Trainingsprogrammen. Hier geht die grundlegende Überlegung dahin, dass das gleichzeitige Angebot von Übungsprogrammen, die an unterschiedlichen Funktionssystemen des alternden Menschen ansetzen (vor allem kognitives Training und bewegungswissenschaftliche Intervention), zu »überadditiven« Effekten führen könnte. Und in der Tat existieren heute empirische Befunde, die eine solche Annahme deutlich unterstützen (Oswald, Rupprecht & Gunzelmann, 2003). Gerade im Bereich der Förderung der geistigen Leistungsfähigkeit von Älteren sind damit im Sinne multiprofessionellen Handelns vielversprechende Formen der Zusammenarbeit mit Sportpsychologen bedeutsam.

Krankheitsmanagementverfahren zielen auf die Vermittlung von Kompetenz, um auch bei eingetretenen (chronischen) Krankheiten, die therapeutisch nur sehr bedingt zu beeinflussen sind, ein möglichst hohes Maß an Lebensqualität zu erhalten. Dies geschieht in der Regel mit Hilfe von mehrdimensional angelegten Trainingsprogrammen, in denen Problemlösen im Alltag ebenso geübt wird wie der Umgang mit negativen Emotionen (z. B. Kämmerer et al., 2006).

Psychotherapien werden bei psychischen und psychosomatischen Störungen (z. B. Depressionen, Ängsten, Somatisierungsstörungen) durchgeführt, und die Wirksamkeit dieser Behandlungen ist zwischenzeitlich auch für Ältere in kontrollierten Outcome-Studien bzw. Meta-Analysen gut belegt worden bzw. das chronologische Alter ist kein bedeutsamer Prädiktor für Psychotherapieerfolg (Grawe, 1992; Pinquart, 2000). Insgesamt wird der Anteil an psychischen Erkrankungen im Alter auf etwa 25 % geschätzt (Maercker, 2002). Dabei muss von einer massiven Unterversorgung älterer Menschen im Bereich Psychotherapie ausgegangen werden. Einem geschätzten psychotherapeutischen Behandlungsbedarf von etwa 10 % steht eine reale Inanspruchnahme gegenüber, die sich um etwa 1 % bewegen dürfte (Heuft, Kruse & Radebold, 2006; Heuft & Schneider, 2001). Hier liegt eine überaus bedeutsame Aufgabe der Entwicklung des Berufsfelds Gerontopsychologie wie von Versorgungsstrukturen insgesamt vor uns, nämlich, zukünftigen Generationen von Älteren einen weitaus besseren Zugang zu einer evidenzbasiert erfolgreichen Interventionsform anzubieten. Allerdings werden die zukünftig Älteren aufgrund einer gegenüber früheren Kohorten völlig anderen »Psychosozialisation« wohl auch zunehmend diese Versorgungsform für ihre Gesundheitsbedürfnisse im Alter einfordern.

In der Bundesrepublik werden tiefenpsychologische Verfahren/Psychoanalyse und Verhaltenstherapien von den Krankenkassen gefördert. Aus *tiefenpsychologischer Sicht* können alte Menschen unverändert an ungelösten innerpsychischen Konflikten, pathologischen Beziehungserfahrungen und Traumatisierungen leiden. Insofern unterscheidet sich das höhere Alter nicht von Erwachsenen in anderen Altersphasen (Heuft, Kruse & Radebold, 2006).

Dies bedeutet, dass je nach theoretischer Ausrichtung dieselben Kriterien für Diagnose und Indikation zur Psychotherapie gelten wie bei jüngeren Erwachsenen (Kruse, 2005). Die heute dominierende *kognitive Verhaltenstherapie* zielt auf eine Veränderung kognitiver Strukturen wie Gedanken, Einstellungen, Bewertungen ab, die Verhalten und Erleben entscheidend beeinflussen. Sie geht davon aus, dass beispielsweise depressives Erleben durch dysfunktionale Grundannahmen (z. B. »Ich muss immer alles perfekt machen«; »Im Alter soll man nichts mehr vom Leben erwarten«) und verzerrte Wahrnehmungs- und Bewertungsmuster verursacht werden und aufrechterhalten bleiben.

Im Rahmen der *geriatrischen Rehabilitation* widmen sich Gerontopsychologen neben einer Fülle diagnostischer Aufgaben (siehe oben) auch vielfachen Interventionsbemühungen. Die Förderung ausgefallener kognitiver Kompetenzen erfolgt dabei heute vielfach mit computergestützten Trainingsprogrammen, in denen etwa die Nutzung des Gesichtsfelds nach einem Schlaganfallgeschehen (das Sehstörungen zur Folge haben kann) systematisch trainiert wird. Weitere Aufgaben bestehen in der Förderung der Rehabilitationsmotivation (depressive Verstimmungen sind ein wichtiger Prädiktor für mangelnden Rehabilitationserfolg) und der Vorbereitung des Übergangs in die »Alltagswelt« zu Hause (nach stationärer Rehabilitation).

2.3 Weitere Aufgaben

Zu den beiden großen Bereichen Diagnostik und Intervention kommen im Bereich der Gerontopsychologie weitere Aufgaben, wie folgt: Im Rahmen der Diagnostik wie der Psychotherapie und Rehabilitation kann es bedeutsam werden, auch intensiv mit Angehörigen zu arbeiten, insbesondere im Sinne der Verringerung emotionaler Belastungen durch Pflege speziell einer an Demenz erkrankten Person. Solche Aktivitäten können, ähnlich wie die Arbeit mit älteren Menschen selbst, sehr erfolgreich auch in einem Gruppensetting erfolgen. Eine weitere Aufgabe besteht in der Weiterbildung anderer Berufsgruppen im Hinblick auf aktuelle Befunde der Alternspsychologie. Vielfach besteht auch im professionellen Umfeld der Gerontopsychologie, zu nennen sind beispielsweise Fachärzte unterschiedlichster Herkunft, noch ein stark defizitär ausgerichtetes Bild vom alten Menschen, und es ist aus diesem Grunde hoch bedeutsam, neuere Forschungsbefunde der Gerontopsychologie zu vermitteln, welche dieses Bild differenzieren können. So ist beispielsweise heute nicht zuletzt durch Längsschnittdaten von kognitiven wie neurobiologisch ausgerichteten Alternspsychologen sehr gut belegt, dass die Plastizität des alternden Gehirns überaus hoch ist (Schaie, 2005). Ferner gehören Supervisionsaufgaben zu den Standardaktivitäten der Gerontopsychologie, wobei die Arbeit mit Pflegepersonal in der Altenhilfe besonders hervorzuheben ist. Zu erwarten ist ferner auch in Unternehmen vor dem Hintergrund einer zukünftig stark alternden Arbeitswelt ein stärkerer Einbezug von Gerontopsychologen nicht nur als Diagnostikexperten, sondern auch als »Interventionsagenten« (Kruse & Packebusch, 2006). Hier werden sich zunehmend fruchtbare Verbindungen zwischen der Gerontopsychologie und der Arbeits- und Organisationspsychologie ergeben.

Schließlich ist heute von vielen Arbeitgebern auch jenseits von Universitätskliniken hocherwünscht, Forschungskompetenzen in die eigene Berufstätigkeit einzubringen. Dieser Bereich hat in den letzten Jahren auch in der Gerontopsychologie, angeregt durch die stark in der Medizin verankerte Diskussion zu evidenzbasierten Entscheidungen und evidenzbasiertem Handeln, stetig an Bedeutung gewonnen. Allerdings

sollte angemerkt werden, dass die (angewandte) Psychologie stets auf evidenzba-
siertes Handeln großen Wert gelegt hat.
Aufgaben können hier beispielsweise darin
bestehen, den Erfolg einer Intervention,
wie der Durchführung eines Krankheitsma-
nagementprogrammes, systematisch im
Hinblick auf kurz- und längerfristige Auswirkungen auf die Lebensqualität der älteren Teilnehmer zu evaluieren, dies auf wissenschaftlichen Kongressen vorzustellen
und idealerweise auch in einer Fachzeitschrift, wie der *Zeitschrift für Gerontologie
und Geriatrie,* zu publizieren.

3 Settings und Institutionen der gerontopsychologischen Arbeit

Es existiert heute auch in der Gerontopsychologie eine Reihe von institutionellen
Verankerungen. Das häufigste Setting gerontopsychologischer Tätigkeit ist nach
wie vor die Arbeit im Rahmen einer psychiatrischen Klinik, speziell einer gerontopsychiatrischen Abteilung. Hier sind allerdings
in den letzten Jahren zunehmend auch Einrichtungen mit Bezügen zur Gemeindeebe-
ne geschaffen worden, in denen Gerontopsychologen vor allem diagnostisch und
beratend arbeiten. Prototypisch sind sog.
Gedächtnisambulanzen, in denen im Vorfeld möglicher Demenzerkrankungen diagnostische Abklärungen und Informationsgespräche im vorstationären Bereich stattfinden können.
Auch im Bereich von geriatrischen Rehabilitationskliniken ist heute die Gerontopsychologie standardmäßig mindestens mit einer halben Stelle, zunehmend auch mit einer ganzen Stelle vertreten. Hier erfolgen
die Aufgaben, wie bereits weiter oben betont, in besonders enger multiprofessionel-
ler Abstimmung im geriatrischen Team.
Die Geriatrie zeichnet sich in der Regel, im
Vergleich mit anderen Segmenten des medizinischen Systems, auch durch besonders
flache Hierarchien aus, so dass hier in der
Regel Psychologen und Ärzte relativ gleichberechtigt zusammen arbeiten.
Ansteigend ist auch die Zahl von Psychologen in Allgemeinkrankenhäusern mit geriatrischen Abteilungen. In diesen Einrichtungen beziehen sich die entsprechenden Aufgaben
allerdings häufig auf die unterschiedlichsten
Alters- bzw. Patientengruppen, was u. U.
auch besonders reizvoll sein kann.
Noch selten, aber aus unserer Sicht in Zukunft häufiger zu finden, sind Positionen
im Bereich des stationären Wohnens alter
Menschen, vor allem dort, wo Heimträger
mehrere, bisweilen sogar eine sehr große
Anzahl von Heimen betreiben. Neben den
angesprochenen Aufgaben der Diagnostik
und Intervention kommen hier auch Tätigkeiten wie die psychosoziale Unterstützung
des Einlebens in die Institution sowie – zunehmend häufiger – auch Aspekte der Sterbebegleitung auf Psychologen zu.
Noch wenig zu finden, aber bereits exis-
tent, sind niedergelassene Psychologen mit
einer Spezialisierung in Alterspsychotherapie. Auch ist zu erwarten, dass zukünftig
häufiger selbstständig arbeitende Gerontopsychologen Serviceleistungen im Bereich
der Diagnostik, Beratung, Supervision und
Weiterbildung für die unterschiedlichsten
Nutzergruppen (wie Heimträger, Wohlfahrtsverbände, ambulante Dienste, Werbe-
wirtschaft usw.) anbieten.
Insgesamt besteht somit bereits heute ein
recht umfassendes und ausdifferenziertes
System von Settings und Institutionen, in
denen Gerontopsychologen tätig sein können. Die Aufstiegschancen sind dabei
durchaus gut, und (zumindest bislang)
kann es in Ausnahmefällen sogar zu Stati-
onsleitungen durch Gerontopsychologen in
Kooperation mit dem behandelnden Arzt
kommen. Die Gehaltseinstufung entspricht

in der Regel jener von nicht gerontologisch arbeitenden Psychologen in klinisch-stationären Settings.

4 Ausbildungsfragen

Natürlich gilt in Bezug auf eine erfolgreiche Tätigkeit als Gerontopsychologe ebenso wie im Hinblick auf alle Anwendungsfelder der Psychologie, dass eine solide Ausbildung, die traditionell mit dem Erreichen des Grads des Diplom-Psychologen nachgewiesen wurde, Grundvoraussetzung ist. Allerdings ist bislang die Alternspsychologie, auch wenn sie zunehmend intensiver als Teil der Entwicklungspsychologie gelehrt wird, noch immer ein eher »unterbelichtetes« Fach in der Psychologieausbildung. Dies gilt ebenso für ein vertieftes Erlernen von Kompetenzen in der gerontopsychologischen Diagnostik. Hier ist zu hoffen, dass zukünftige Bachelor- und Masterstudiengänge, die den Diplomstudiengang in Psychologie bis etwa 2010 vollständig ersetzt haben werden, auch eine deutliche Akzentsetzung im Bereich der Alternspsychologie aufweisen werden.

Es empfiehlt sich derzeit in jedem Fall für eine spätere Tätigkeit als Gerontopsychologe, nach Abschluss des Psychologiestudiums noch eine Postgraduiertenausbildung mit einer Schwerpunktsetzung in Gerontopsychologie anzuschließen. Derzeit werden solche Studiengänge mit einem Abschluss als »Diplom-Gerontologe«, später Master in Gerontologie, an den Universitäten Erlangen-Nürnberg und Heidelberg angeboten. Im Hinblick auf ein weiter zusammenwachsendes Europa ist zudem der Studiengang mit Abschluss eines »European Master in Gerontology« interessant (Heijke, 2004). Derzeit nimmt in Deutschland nur das Institut für Gerontologie der Universität Heidelberg an diesem Ausbildungsprogramm teil.

Für eine beabsichtigte Tätigkeit im Bereich der Psychotherapie mit Älteren ist eine entsprechende Schwerpunktsetzung bereits in der Psychotherapieausbildung zu empfehlen. In den Standardausbildungen der heute für eine Kassenabrechnung zugelassenen Psychotherapieformen, Psychoanalyse und Verhaltenstherapie, ist unseres Wissens eine solche Spezialisierung bislang nicht explizit möglich; sie kann jedoch durch die Wahl entsprechender Praxisfelder bzw. einer fokussierten Ausbildungstätigkeit bzw. Fallarbeit mit älteren Menschen erreicht werden.

5 Herausforderungen des Berufsfeldes – Persönliche Voraussetzungen

Auch wenn die Tätigkeitsfelder der Gerontopsychologie wie gezeigt überaus heterogen sind, so gibt es doch übergreifende Voraussetzungen bzw. Anforderungen, die sich wie folgt beschreiben lassen: Als erstes anzuführen ist ein intrinsisches Interesse an alternden Menschen und daran, selbst im weit fortgeschrittenen Lebensalter des Patienten noch Verbesserungen durch psychologisches Handeln bewirken zu wollen.

Eng verknüpft damit sollte zweitens die (auch mit ständiger Weiterbildung verbundene) Bereitschaft sein, das eigene Bild vom Altern vor allem vor dem Hintergrund neuester Forschungsbefunde permanent zu hinterfragen und gegebenenfalls zu korrigieren. Dies ist wichtig, weil sich die gerontopsychologische Diagnostik und Intervention nicht von einem Defizitbild des Alterns leiten lassen darf. Unbestritten sind zwar Leistungs- und Erlebensverluste auch mit dem chronologischen Alter korreliert, jedoch geht eine Grunderkenntnis der psychologischen Alternsforschung dahin, dass das chronologische Alter aufgrund der auch und gerade im Alter vorhandenen Heterogenität keine hohe Voraussagekraft für Erleben, Verhalten und Leistung besitzt. Dies ist diagnostisch und interventionsbezogen von großer Relevanz, denn die Zielsetzung psychologischer Diagnostik und Intervention mit älteren Menschen sollte stets darin bestehen, die je verbliebenen Leistungs- und Erlebensmöglichkeiten alternder Personen zu fokussieren, in differenzierter Weise abzubilden und damit den unterschiedlichsten Förderprogrammen zugänglich zu machen.

Zum Dritten bedarf die gerontopsychologische Arbeit einer besonders hohe Bereitschaft zur Interdisziplinarität und Multiprofessionalität. Eine solche Bereitschaft erfordert ein systematisches Sicheinlassen auf die Alternssichten anderer Professionen (z. B. des Geriaters, des Neurologen oder des Ergotherapeuten) und ein permanentes Streben danach, solch andere Perspektiven anderer Disziplinen und Professionen besser zu verstehen.

Darüber hinaus bedeutet die gerontopsychologische Arbeit die berufliche Nähe zu Menschen, eben alten Menschen, die oft mehrfach in Grenzsituationen des menschlichen Lebens stehen. Zu nennen sind die Erfahrung von chronischem Leid, etwa durch eine schwerwiegende Erkrankung und Pflegebedürftigkeit, die Todesnähe und der Verlust der Rationalität in Folge einer dementiellen Erkrankung. Solche professionellen Dauererfahrungen können bei Gerontopsychologen zu Gefühlen der psychischen Bedrohung bzw. der Verletzlichkeit des eigenen Lebens führen. Auf der anderen Seite spricht auch vieles dafür, dass die Arbeit mit älteren Menschen im Rahmen einer gerontopsychologischen Tätigkeit mit sehr viel Freude und Erfüllung verbunden ist. So gehört es gerade angesichts des weiterhin allgemein vorhandenen Defizitbilds des Alters zu den auch persönlich erfüllenden Erfahrungen, wenn Gerontopsycholo-gen durch ihre interventionsbezogene Tätigkeit alten Menschen zu neuen Handlungsmöglichkeiten, Verbesserungen ihrer emotionalen Verfassung und ihrer kognitiven Leistungsfähigkeit verhelfen. Auch kann es sehr befriedigend sein zu erleben, dass eine mit psychologischer Diagnostik fundierte umfassende Beratung der Angehörigen, die zur Übersiedlung eines an Demenz erkrankten alten Menschen in ein auf diese Erkrankung spezialisiertes Heim führt, dessen vormals oft störendes und aggressives Verhalten deutlich reduziert und auch die Angehörigen entlastet.

Insgesamt stellt damit die gerontopsychologische Tätigkeit hohe Anforderungen an die Fähigkeit zur Verantwortungsübernahme und an die Kompetenz, professionelle Beratung im Hinblick auf ihre Folgen vielschichtig, selbstkritisch und unter Einbezug einer Vielzahl von Perspektiven (z. B. jene des alternden Menschen, der gegebenen Wohnsituation, seiner Angehörigen) zu reflektieren. Denn die zu treffenden Entscheidungen besitzen nicht selten höchst existentiellen Charakter (etwa die Übersiedlung in eine stationäre Wohnform, die mögliche gutachterliche Ablehnung einer Frühverrentung). Ziel der gerontopsychologischen Praxis sollte es demnach sein, die Wahrscheinlichkeit von kurz-, mittel- und längerfristig guten »Ausgängen« soweit wie möglich zu maximieren. Freilich sind solch gute Ausgänge mit Werturteilen behaftet, und es muss in der Regel – was eine hohe Kommunikationskompetenz erfordert – in einem Diskurs auf möglichst gleicher Augenhöhe mit den Betroffenen und Angehörigen im Einzelfall ausgehandelt werden, ob beispielsweise die Vermeidung einer drohenden Heimübersiedlung oder der Versuch einer frühzeitigen Einflussnahme auf eine drohende dementielle oder depressive Entwicklung als erstrebenswerte Entwicklungsziele betrachtet werden.

6 Ein typischer Tages- und Wochenablauf

Aufgrund der Heterogenität der gerontopsychologischen Tätigkeit bzw. Tätigkeitsfelder sind einer allgemein gültigen Beschreibung eines typischen Tages- und Wochenablaufs Grenzen gesetzt. Vor allem im Rahmen von Kliniksettings könnte ein typischer Arbeitstag damit beginnen, dass der Gerontopsychologe als Teil des geriatrischen oder gerontopsychiatrischen Teams in einer Besprechung neu aufgenommene Patienten kennen lernt und eigenen Sachverstand und zuvor erhobene Untersuchungsbefunde (z. B. einer kognitiven Testung) einbringt, wenn es um den Krankheitsverlauf und die Versorgungsangebote anderer Patienten geht. In solchen Besprechungen übernimmt der Gerontopsychologe häufig neue Aufgaben der Diagnostik und Intervention, die dann den weiteren Verlauf der Arbeitswoche mitbestimmen. Danach steht die psychologische Testung eines in seinem Verhalten auffällig gewordenen 85-jährigen Mannes an, der mit seiner Tochter gekommen ist und nicht einsehen will, wozu die anstehende Untersuchung gut sein soll. Ein erklärendes und beruhigendes Gespräch mit der Tochter und der Zielperson führen schließlich zur Durchführung der Diagnostikaufgabe. Danach bleibt noch etwas Zeit für Notizen der persönlichen Eindrücke im Hinblick auf die untersuchte Person, bevor zusammen mit einem ärztlichen Kollegen eine Gruppensitzung mit acht depressiven älteren Patienten in einem der nahegelegenen Gruppenräume durchzuführen ist. Der Nachmittag beginnt mit einer verhaltenstherapeutisch orientierten Einzeltherapiesitzung mit einem Patienten, der im Zuge einer schwerwiegenden körperlichen Erkrankung unter starken Ängsten leidet. Im Anschluss daran erlaubt ein nicht mit Terminen versehenes Zeitfenster die Weiterarbeit an einem Vortrag, der in naher Zukunft auf einem wissenschaftlichen Kongress zu Fragen der Demenz gehalten werden soll. Gegen 16.00 Uhr erfolgt die Fahrt in ein Altenheim eines großen, ortsansässigen Heimträgers, in dem eine Gruppe von Altenpflegern zusammen kommt, um mit dem Gerontopsychologen eine Supervisionssitzung durchzuführen. Im Laufe der weiteren Arbeitswoche wird dann neben weiteren diagnostischen Untersuchungen und psychosozial orientierten Interventionsaufgaben noch eine halbtägige gerontopsychologische Weiterbildung einer Gruppe von niedergelassenen Allgemeinpraktikern durchgeführt. Am Wochenende steht dann noch der Besuch eines Fachkongresses an, auf dem man einen eigenen Vortrag halten wird. Solche Formen des Engagements sind für die Entwicklung des Berufsbilds Gerontopsychologie sehr bedeutsam. Sie lassen sich allerdings nur dann realisieren, wenn Bereitschaft besteht, über die übliche Wochenarbeitsstundenzahl hinaus in die eigene Tätigkeit zu investieren. Die »Belohnung« besteht in der entsprechenden Anerkennung, die man auf diese Weise auch durch die »Scientific Community« erfährt und in der großen Befriedigung, als auch forschender Psychologe in der Praxis den Kenntnisstands des eigenen Faches vorangebracht zu haben.

7 Weitere Aspekte der Professionalisierung

Es hat sich immer wieder bei der Entwicklung von (relativ) neuen Berufsbildern der Psychologie gezeigt, dass Berufsverbände hierbei eine wichtige unterstützende Rolle spielen können. Berufsverbände können beispielsweise durch Informationsgespräche mit Arbeitgebern die Etablierung eines

Berufsfeldes befördern oder auf ihren Fachkongressen bzw. in ihren Fachzeitschriften für die Notwendigkeit eines Berufsbildes werben. Dies gilt auch für die Gerontopsychologie, wenngleich aus unserer Sicht hier noch deutlich mehr Aufklärungsarbeit zu leisten ist. Allerdings kann gesagt werden, dass der Berufsverband Deutscher Psychologinnen und Psychologen (BDP) in den letzten Jahren mehrmals (z. B. auf seinen Kongressen) dezidiert »demographische Flagge« gezeigt hat, und die Deutsche Gesellschaft für Psychologie (DGPs) weist beispielsweise auf ihrer Homepage auch Wissenschaftler mit gerontopsychologischer Kompetenz als Ansprechpartner für Praxisfragen aus.

Ferner ist auf die Deutsche Gesellschaft für Gerontologie und Geriatrie (DGGG) hinzuweisen, die vor allem im Rahmen ihrer Sektion 3 »Sozial- und verhaltenswissenschaftliche Gerontologie« auch die Interessen von praktisch arbeitenden Gerontopsychologen vertritt. Auf den alle zwei Jahre stattfindenden Fachkongressen der DGGG werden jeweils die neuesten Befunde der Gerontopsychologie im deutschsprachigen Raum vorgestellt. Zu erwähnen ist schließlich auch die Deutsche Gesellschaft für Gerontopsychiatrie und -psychotherapie (DGGPP), der vor allem psychotherapeutisch arbeitende Ärzte, Geriater und Psychologen angehören.

In Bezug auf die eigene optimale Informiertheit ist die regelmäßige Lektüre von Fachzeitschriften unverzichtbar. In Bezug auf die deutschsprachige Gerontopsychologie empfiehlt sich dabei das Studium der bereits erwähnten *Zeitschrift für Gerontologie und Geriatrie*, dem Fachorgan der DGGG, sowie der *Zeitschrift für Gerontopsychologie und -psychiatrie*. Auf europäischer Ebene existiert seit 2004 das *European Journal of Ageing: Social, Behavioural and Health Per-*

spectives, in dem auch gerontopsychologische Arbeiten zu finden sind. Die hochwertigsten nordamerikanischen Zeitschriften im Bereich der Alternspsychologie sind *Psychology and Aging* und *Journal of Gerontology: Psychological Sciences*.

8 Weitere Informationsmöglichkeiten

Hinweise zur gerontopsychologischen Ausbildung in Psychologie erhält man am schnellsten über die Internetauftritte der jeweiligen psychologischen Institute und Postgraduiertenausbildungsorte (siehe oben). So gehört beispielsweise das Psychologische Institut der Universität Heidelberg zu den wenigen Ausbildungsorten in Deutschland, an denen auch eine Bandbreite von gerontopsychologischen Veranstaltungen als Teil des Psychologiestudiums angeboten wird. Diese werden zukünftig im Rahmen von Bachelor- und Masterstudiengängen noch weiter ausgebaut werden. Eine Bestandsaufnahme der neueren Befunde der Alternspsychologie findet man in Wahl et al. (in Druck). Eine das vorliegende Kapitel ergänzende Beschreibung des Berufsfelds Gerontopsychologie ist von dem österreichischen Psychologen Gatterer (2003) vorgelegt worden. Darüber hinaus sind eine Fülle weiterer Internetauftritte hilfreich, so etwa jene der genannten Berufsverbände. Erhellend ist bisweilen auch ein (relativierender) Blick »über den großen Teich« in die sog. »Division 20« (Adult Development and Aging) der »American Psychological Association«, vor der auch die Interessen praktisch arbeitender Gerontopsychologen vertreten werden.

9 Zu erwartende Entwicklungen in diesem Berufsfeld

Die Gerontopsychologie wird in den nächsten zwei bis drei Jahrzehnten mit hoher Wahrscheinlichkeit einen bedeutsamen Wachstumsschub erfahren, denn das stetig weitergehende Altern unserer Gesellschaft (Oeppen & Vaupel, 2002) wird dazu führen, dass auch die Dienste der Gerontopsychologie in Zukunft immer häufiger benötigt werden. Insofern ist davon auszugehen, dass die Psychologie, speziell die Gerontopsychologie, von dem demographischen Wandel in den kommenden Jahrzehnten forschungs- und anwendungsbezogen in starker Weise profitieren wird. Die Dynamik dieses Wachstums ist bereits seit einigen Jahren deutlich zu spüren und führt zunehmend zur Schaffung von neuen Stellen.

Zusammenfassung und Schlussfolgerungen

Das berufliche Tätigkeitsfeld der Gerontopsychologie ist heute in der Praxis psychologischen Handelns bereits gut implementiert und wird zukünftig aufgrund des demographischen Wandels unserer Gesellschaft einen weiteren Ausbau finden. Die wesentlichen Aufgabengebiete sind die diagnostische Untersuchung älterer Menschen sowie das Angebot einer Vielzahl von Interventionen, die von Übungsprogrammen, wie kognitiven Trainings oder Krankheitsmanagementprogrammen, bis hin zu Psychotherapien und zu der psychosozialen Arbeit mit Angehörigen reichen. Hauptsächliche Institutionen gerontopsychologischer Tätigkeit sind gerontopsychiatrische und geriatrische Kliniken. Die Ausbildungssituation stellt sich heute in Deutschland als relativ gut, aber noch weiter verbesserungsbedürftig dar. Die Anforderungen an Gerontopsychologen sind hoch, jedoch die zu erwartenden positiven Berufserfahrungen ebenso ausgeprägt und befriedigend.

Literatur

Bandura, A. (1977). Self-efficacy: Toward a unifying theory of behavioral change. *Psychological Review, 84,* 191–215.

Bickel, H. (1999). *Demenzkranke in Alten- und Pflegeheimen: Gegenwärtige Situation und Entwicklungstendenzen.* Bonn: Friedrich Ebert Stiftung.

Bickel, H. & Weyerer, S. (2007). *Epidemiologie psychischer Erkrankungen im höheren Lebensalter.* Stuttgart: Kohlhammer.

Dilling, H. et al. (Hrsg.). (2005). *Internationale Klassifikation psychischer Störungen. ICD-10 Kapitel V (F). Diagnostische Kriterien für Forschung und Praxis.* Bern: Huber.

Folstein, M. F., Folstein, S. E. & McHugh, P. R. (1975). »Mini Mental State«: A practical method of grading the cognitive state of patients for the clinician. *Journal of Psychiatric Research, 12,* 189–198.

Gatterer, G. (Hrsg.). (2003). *Multiprofessionelle Altenbetreuung. Ein praxisbezogenes Handbuch.* Berlin: Springer-Verlag.

Gerok, W. & Brandtstädter, J. (1992). Normales, krankhaftes und optimales Altern: Variations- und Modifikationsspielräume. In P. B. Baltes & J. Mittelstraß (Hrsg.), *Zukunft des Alterns und gesellschaftliche Entwicklung. Akademie der Wissenschaften zu Berlin. Forschungsbericht 5* (S. 356–385). Berlin: De Gruyter.

Grawe, K. (1992). Psychotherapieforschung zu Beginn der neunziger Jahre. *Psychologische Rundschau, 43,* 132–162.

Gunzelmann, T. & Oswald, W. D. (2005). *Gerontologische Diagnostik und Assessment* (Bd. 15 Grundriss Gerontologie). Stuttgart: Kohlhammer.

Heijke, L. (2004). The European master's programme in gerontology. *European Journal of Ageing, 1,* 106–108.

Helmchen, H. et al. (1996). Psychische Erkrankungen im Alter. In K. U. Mayer & P. B. Baltes

(Hrsg.), *Die Berliner Altersstudie* (S. 185–219). Berlin: Akademie-Verlag.

Heuft, G., Kruse, A. & Radebold, H. (2006). *Lehrbuch der Gerontopsychosomatik und Alterspsychotherapie.* München: UTB Reinhardt.

Heuft, G. & Schneider, G. (2001). Gerontopsychosomatik und Alterspsychotherapie. Gegenwärtige Entwicklung und zukünftige Anforderungen. In Deutsches Zentrum für Altersfragen (Hrsg.), *Gerontopsychiatrie und Alterspsychotherapie in Deutschland. Expertisen zum Dritten Altenbericht der Bundesregierung* (S. 201–304). Opladen: Leske + Budrich.

Kämmerer, A. et al. (2006). Psychosoziale Unterstützung von älteren Menschen mit einer chronischen Sehbeeinträchtigung. Pilotartige Anwendung und Überprüfung einer problemlöse- und einer emotionsfokussierten Kurzintervention. *Zeitschrift für Gesundheitspsychologie, 14*(3), 95–105.

Kessler, J., Markowitsch, H. J., & Denzler, P. (1990). *Der Mini-Mental-Status Test.* Weinheim: Beltz-Test-Verlag.

Kommission (2005). *Fünfter Altenbericht der Bundesregierung. Potenziale des Alters in Wirtschaft und Gesellschaft.* Berlin: Deutscher Bundestag.

Kruse, A. (2002). *Gesund Altern. Stand der Prävention und Entwicklung ergänzender Präventionsstrategien.* Baden-Baden: Nomos.

Kruse, A. (2005). Störungen im Alter: Intervention. In M. Perez & U. Baumann (Hrsg.), *Klinische Psychologie – Psychotherapie* (S. 1087–1104). Huber: Bern.

Kruse, A. & Packebusch, L. (2006). Alternsgerechte Arbeitsplatzgestaltung. In B. Zimolong & U. Konradt (Hrsg.), *Enzyklopädie der Psychologie – Ingenieurpsychologie* (S. 425–458). Göttingen: Hogrefe.

Kruse, A. & Re, S. (2005). Störungen im Alter: Klassifikation und Diagnostik. In M. Perez & U. Baumann (Hrsg.), *Klinische Psychologie – Psychotherapie* (S. 1080–1086). Huber: Bern.

Lachman, M. E., Ziff, M. & Spiro, A. (1994). Maintaining a sense of control in later life. In R. P. Abeles, H. C. Gift & M. G. Ory (Eds.), *Aging and quality of life* (pp. 216–232). New York: Springer.

Lawton, M. P. & Brody, B. L. (1969). Assessment of older people: Self-maintaining and instrumental activities of daily living. *The Gerontologist, 9,* 179–186.

Lehr, U. M. (1979). *Interventionsgerontologie.* Darmstadt: Steinkopff.

Maercker, A. (Hrsg.). (2002). *Alterspsychotherapie und klinische Gerontopsychologie.* Heidelberg: Springer.

Marsiske, M. & Margrett, J. A. (2006). Everyday problem solving and decicion making. In J. E. Birren & K. W. Schaie (Eds.), *Handbook of the psychology of aging* (5. Auflage). Amsterdam: Elsevier.

Morris, J. C. et al. (1989). CERAD investigators: The Consortium to Establish a Registry for Alzheimer's Disease (CERAD). Part 1. Clinical and neuropsychological assessment of Alzheimer's disease. *Neurology, 39,* 1159–1165.

Mroczek, D. K., Spiro A. III & Griffin, P. W. (2006). Personality and aging. In J. E. Birren & K. W. Schaie (Eds.), *Handbook of the Psychology of Aging* (6th ed., pp. 363–377). San Diego: Academic Press.

Oeppen, J. & Vaupel, J. W. (2002). Broken limits to life expectancy. *Science, 296* (10 May), 1029–1031.

Oswald, W. D. et al. (2003). Erhalt der Selbständigkeit im höheren Lebensalter: Langfristige Trainingseffekte der SIMA-Längsschnittstudie. In F. Karl (Hrsg.), *Sozial- und verhaltenswissenschaftliche Gerontologie. Alter und Altern als gesellschaftliches Problem und individuelles Thema* (S. 261–270). Weinheim: Juventa.

Philipp, D., & Kliegl, R. (2000). Gedächtnistraining. In H.-W. Wahl & C. Tesch-Römer (Hrsg.), *Angewandte Gerontologie in Schlüsselbegriffen* (S. 96–101). Stuttgart: Kohlhammer.

Pinquart, M. (2000). Ergebnisse der Psychotherapieforschung. In H.-W. Wahl & C. Tesch-Römer (Hrsg.), *Angewandte Gerontologie in Schlüsselbegriffen* (S. 109–113). Stuttgart: Kohlhammer.

Pinquart, M. & Sörensen, S. (2003). Predictors of caregiver burden and depressive mood: A meta-analysis. *Journal of Gerontology: Psychological Sciences, 58,* P112–128.

Rott, C. (2004). Demografie des hohen und sehr hohen Alters. In A. Kruse & M. Martin (Hrsg.), *Enzyklopädie der Gerontologie* (S. 51–65). Bern: Verlag Hans Huber.

Schaie, K. W. (2005). *Developmental influences on adult intelligence: The Seattle Longitudinal Study.* New York: Cambridge University Press.

Schneekloth, U. & Leven, I. (2003). *Hilfe- und Pflegebedürftige in Privathaushalten in Deutschland 2002.* München: Infratest Sozialforschung.

Schneekloth, U. & Wahl, H.-W. (Hrsg.). (2006). *Selbständigkeit und Hilfebedarf bei älteren Menschen in Privathaushalten. Pflegearrange-*

ments, Demenz, Versorgungsangebote. Stuttgart: Kohlhammer.

Wahl, H.-W., Diehl, M., Kruse, A., Lang, F. & Martin, M. (in Druck). Psychologische Alternsforschung: Beiträge und Perspektiven. *Psychologische Rundschau.*

Wahl, H.-W. & Tesch-Römer, C. (1998). Interventionsgerontologie im deutschsprachigen Raum: Eine sozial- und verhaltenswissenschaftliche Bestandsaufnahme. *Zeitschrift für Gerontologie und Geriatrie, 31,* 76–88.

Wahl, H.-W. & Tesch-Römer, C. (Hrsg.). (2000). *Angewandte Gerontologie in Schlüsselbegriffen.* Stuttgart: Kohlhammer.

Wahl, H.-W. & Zank, S. (2006). Interventionsgerontologie. In W. D. Oswald, U. Lehr, C.

Sieber & J. Kornhuber (Hrsg.), *Gerontologie: Medizinische, psychologische und sozialwissenschaftliche Grundbegriffe* (3., vollständig überarbeitete Auflage, S. 225–230). Stuttgart: Kohlhammer.

Winkler, I. et al. (2003). Die interkulturelle Erfassung der Lebensqualität im Alter: Das WHOQOL-OLD-Projekt. *Zeitschrift für Gerontopsychologie & -psychiatrie, 16*(4), 177–192.

Zaudig, M., Mittelhammer, J. & Hiller, W. (1990). *SIDAM – Strukturiertes Interview zur Diagnose von Demenzen vom Alzheimer Typ, Multiinfarktdemenzen und Demenzen anderer Ätiologie nach DSM-III-R und ICD-10 (Manual).* München: Logomed.

5 Neuropsychologe in einer Rehabilitationsklinik für Kinder und Jugendliche

Bernd Schweisthal

Einleitung

Der Begriff »Neuropsychologie« war überhaupt noch nicht bekannt, als ich von 1973 bis 1978 Psychologie studierte, zumindest kam er im universitären Betrieb damals nicht vor. In meinem Studienort Heidelberg gab es in den 1970er-Jahren weder einen Lehrstuhl für Neuropsychologie, noch gab es Lehrveranstaltungen in diesem Fach.
Dies hat sich heute im Jahr 2006 entscheidend geändert, die sog. Neurowissenschaften sind in aller Munde, führende Hirnforscher haben in Deutschland für die Jahre 2000 bis 2010 eine »Dekade des menschlichen Gehirns« ausgerufen. Im Aufruf des Sprechers dieser Initiative, Prof. C. Elger, und des früheren Wirtschaftsministers Clement heißt es: »Das Gehirn ist unser Leben: Wahrnehmung, Bewegung, Denken, Erinnern und Fühlen, Sprache und Intelligenz sind Leistungen dieses außergewöhnlichen Organs. Hirnerkrankungen greifen daher tief in das Leben der Betroffenen ein. 50 % aller Gesundheitskosten entstehen durch hirnbezogene Erkrankungen! Die Zunahme altersbezogener Hirnerkrankungen gefährdet die sozialen Sicherungssysteme« (http://www.menschliches-gehirn.de/).
Im Rahmen der Neurowissenschaften und der Hirnforschung spielt auch die Neuropsychologie eine immer wichtigere Rolle. So ist zunächst zu definieren, was das eigentlich ist, »Neuropsychologie«. Auf der Internetseite der Gesellschaft für Neuropsychologie (GNP) wird Neuropsychologie folgendermaßen definiert: »Zum Gegenstandsbereich der Neuropsychologie gehören Fragen nach den Zusammenhängen zwischen den biologischen Funktionen des Gehirns und dem Verhalten und Erleben, unter anderem in den Bereichen Wahrnehmung, motorische Geschicklichkeit, Aufmerksamkeit, Lernen, Gedächtnis, Sprache und Denken, aber auch im Hinblick auf die Wahrnehmung und den Ausdruck von Emotionen, Depressivität und Sozialver-

halten« (www.gnp.de/html/wirueberuns/index.php).

Die Geschichte der Neuropsychologie ist verbunden mit Namen von berühmten Neurologen, wie z. B. Carl Wernicke (1848–1905) und Paul Broca (1824–1880), die wesentliche Beiträge zur Lokalisation der Sprache im menschlichen Gehirn geliefert haben, oder auch Alexander Luria (1902–1977), ein russischer Psychologe und Arzt, der als einer der Väter der Neuropsychologie gilt. Die Geschichte der Neuropsychologie ist aber auch mit berühmten neuropsychologischen Patienten verbunden, wie Phineas Gage, einem Eisenbahnarbeiter, der im 19. Jahrhundert bei einer Sprengung eine schwere Hirnverletzung erlitt, oder dem nur unter seinem Kürzel bekannten H. M., bei dem 1953 in den USA einer der ersten epilepsiechirurgischen Eingriffe vorgenommen wurde und der seither an schwersten Gedächtnisstörungen leidet.

Neuropsychologische Rehabilitation befasst sich mit der Behandlung von Menschen mit Hirnschädigungen; bei Erwachsenen heißt dies in erster Linie Behandlung von Patienten nach Schlaganfällen. Die häufigste Ursache von Hirnschädigungen bei Kindern sind angeborene Hirnschädigungen aufgrund von Fehlentwicklungen des Gehirns oder Geburtskomplikationen, aber auch Folgen von Hirnverletzungen nach (Verkehrs-)Unfällen, Folgen von Hirnentzündungen oder Tumoren. Heute ist es weitgehend Standard, dass in neurologischen oder neuropädiatrischen Kliniken Neuropsychologinnen und Neuropsychologen beschäftigt sind, die eigenständig diagnostisch und therapeutisch arbeiten.

War die Neuropsychologie lange Zeit auf das Studium von Menschen mit Hirnläsionen beschränkt, so hat sie mit der Entwicklung der bildgebenden Verfahren einen Aufschwung erlebt. Heute, im Zeitalter von Magnet-Resonanz-Tomographie (MRT) und funktioneller Magnet-Resonanz-Tomographie (fMRT), ist es möglich, dem Menschen quasi »beim Denken zuzusehen«. Immer mehr wird mit diesen Methoden heute auch bei gesunden Menschen untersucht, welche Hirnareale für welche kognitiven Leistungen oder Emotionen zuständig sind. Die Neurowissenschaften (und die Neuropsychologie ist, wie gesagt, ein wichtiger Teil davon) versuchen also, ein Stück weit die berühmte »Black Box« der Behavioristen zu beleuchten und sich der Frage zu nähern, was eigentlich im Gehirn passiert, wenn wir eine bestimmte kognitive Tätigkeit ausüben.

Der Nobelpreisträger Eric Kandel schreibt dazu im Vorwort zu seinem Buch »Neurowissenschaften«: »Die Neuentwicklung und Verbesserung von bildgebenden Verfahren – sog. Brain-Imaging-Techniken – haben es ermöglicht, die interne Repräsentation mentaler Prozesse direkt am lebenden Menschen zu untersuchen. Unser Verständnis höherer geistiger Funktionen beim Menschen beruht daher nicht länger ausschließlich auf Verhaltensbeobachtungen. Bewusstsein lässt sich auf nichtinvasivem Wege an Versuchspersonen und, parallel dazu, vergleichend an Versuchstieren untersuchen« (Kandel 1996, S. VIII).

1 Aufgaben des Neuropsychologen in einer Rehabilitationsklinik

Die Neuropsychologie ist aus einer neurologischen Rehabilitationsklinik sowohl bei Erwachsenen als auch bei Kindern nicht mehr wegzudenken. Ich arbeite im SRH Fachkrankenhaus Neckargemünd, einem Rehabilitationskrankenhaus für Kinder und Jugendliche. Die jungen Patienten, die hier behandelt werden, leiden an angeborenen Hirnschädigungen oder an den Folgen von Schädelhirntraumen, Hirntumoroperationen oder auch Hirnentzündungen. Die

Kinderklinik hat 62 Betten, die neuropsychologische Arbeit teile ich mir mit einer Halbtagskollegin. Als Neuropsychologe habe ich in der Klinik vielfältige Aufgaben, von denen die wichtigsten hier dargestellt werden.

Neuropsychologische Diagnostik

Wird ein Kind nach einer Hirnschädigung oder mit einer angeborenen Entwicklungsstörung in die Klinik aufgenommen, geht es zunächst darum, in einer detaillierten Diagnostik mit geeigneten Testverfahren festzustellen, ob, in welchem Ausmaß und in welchen Teilleistungsbereichen das Kind beeinträchtigt ist. Dabei sind vor allem folgende Teilleistungen zu untersuchen: allgemeine Intelligenz, sprachliche Leistungen, Aufmerksamkeit, kognitives Tempo, Gedächtnis (Arbeitsgedächtnis, längerfristige Behaltensleistungen), visuelle und auditive Wahrnehmung, räumlich-konstruktive Leistungen, exekutive Leistungen und soziales Verhalten.

Neuropsychologische Diagnostik hat nicht in erster Linie die Aufgabe, die Kinder hinsichtlich der kognitiven Leistungen mit ihren Altersgenossen zu vergleichen, sondern sie soll herausfinden, welche Teilleistungen durch die Hirnschädigung beeinträchtigt sind und daraus, wenn möglich, therapeutische Konsequenzen ableiten. Testergebnisse werden dabei in Beziehung gesetzt zu im Kernspintomogramm (MRT) festgestellten Hirnschädigungen; Neuropsychologen leisten somit auch einen Beitrag zur Lokalisation der jeweiligen Hirnschädigung.

Gute neuropsychologische Diagnostik ist nur denkbar mit guten Testverfahren. Neuropsychologen sind daher ständig auf der Suche nach neuen geeigneten Tests, mit denen man neuropsychologische Teilleistungen noch besser erfassen kann. Je differen-

zierter die neuropsychologischen Defizite diagnostiziert werden, desto besser kann die Therapie geplant werden und desto besser kann bei Kindern die weitere Förderung organisiert werden, desto besser werden die Weichen für ihr weiteres Leben gestellt.

Neuropsychologische Therapie

»Bei der Klinischen Neuropsychologie handelt es sich um ein psychotherapeutisches Behandlungsverfahren, das zur Therapie von kognitiven, emotionalen, motivationalen und psychosozialen Störungen von Patienten mit Verletzungen oder Erkrankungen des Gehirns eingesetzt wird« (www.gnp.de/extern/pdf/PositionspapierEtablierungKlinNeuropsy.pdf, Positionspapier GNP 2003). In Kooperation mit anderen Fachdiensten (in einer neuropädiatrischen Klinik z. B. mit Ärzten, Ergotherapeuten, Logopäden und Lehrern) erarbeiten die Neuropsychologen nach der ausführlichen Diagnostik Konzepte für die Behandlung bzw. das Training der betroffenen Teilleistungsbereiche.

Neuropsychologische Therapie beinhaltet drei Bereiche:

1. Funktionstherapie:
   Festgestellte Störungsbereiche (z. B. Sprache oder Aufmerksamkeit) werden mit Hilfe geeigneter Programme direkt trainiert (direktes Üben, »drill and practice«, vgl. Ben Yishai et al. 1990). Diese Form der Therapie ist vor allem in der ersten Zeit nach einer erworbenen Hirnschädigung, z. B. einem Schädelhirntrauma, wichtig, da in dieser frühen Behandlungsphase noch die größten Chancen bestehen, gestörte Funktionsbereiche direkt verbessern zu können.

2. Kompensationstherapie:
   Hierbei handelt es sich um eine für die Patienten schwierige Phase: Sie müssen akzeptieren lernen, dass die durch die

Hirnschädigung beeinträchtigte Funktion nicht wieder hergestellt werden kann. Es geht nicht mehr um die Wiederherstellung der Funktion (z. B. der früheren Gedächtnisleistung), sondern um die Frage: Wie kann ich trotz dieser Störung ein möglichst selbstbestimmtes Leben führen? Die Patienten lernen Bewältigungsstrategien, sie lernen Kompensationsmechanismen für die gestörte Funktion. Hierzu gehört z. B. im Fall einer Gedächtnisstörung der gezielte Einsatz von externen Gedächtnishilfen (Notizbuch, Kleincomputer), hierzu gehört aber auch, dass die Patienten und ihre Umgebung lernen, realistischere Anforderungen und Erwartungen an die eigenen Gedächtnisleistungen zu stellen (vgl. Gauggel et al. 1998). Dies ist ein sehr schwieriger Prozess, bei dem alle Mitglieder der betroffenen Familie die Unterstützung und Beratung der Neuropsychologen brauchen.

3. Integrative Behandlungsmethoden: Hierbei greift die Neuropsychologie auf Methoden anderer psychotherapeutischer Verfahren zurück (z. B. Verhaltenstherapie). Besondere Bedeutung bei der Arbeit mit Kindern hat die Diagnostik und Behandlung von Verhaltensstörungen. Gemeinsam mit den Eltern werden Lösungen gesucht, wie man problematische Verhaltensweisen der Kinder und Jugendlichen verändern kann (z. B. was heißt konsequente Erziehung wirklich?). Nicht immer stehen die beobachteten Verhaltensprobleme in direktem Zusammenhang zur Hirnschädigung. Im Mittelpunkt der integrativen Behandlungsmethoden steht darüber hinaus die Hilfe bei der Bewältigung der Krankheit und der damit verbundenen neuen Lebenssituation. Die Psychologen informieren über das Krankheitsbild und versuchen, eine realistische Zukunftsplanung zu entwickeln. Für die Kinder bedeutet dies oft, dass sie nach der Entlassung aus der Klinik aufgrund dauerhafter kognitiver Beeinträchtigungen die Schule wechseln müssen (z. B. eine Sonderschule besuchen), mit allen daraus resultierenden Konsequenzen (etwa Verlust des bisherigen Freundeskreises). Eltern müssen Abschied nehmen von Zielen und Lebensperspektiven, die sie für ihre Kinder hatten, oft ein langer Prozess, bei dem sie begleitet werden müssen, ein Prozess, der auch nach der Entlassung aus der Klinik nicht abgeschlossen ist.

Eine ganz besondere Aufgabe ist die Arbeit mit den Eltern von Kindern, die im sog. Wachkoma liegen. Hierbei handelt es sich um Kinder, die aufgrund einer sehr schweren Hirnschädigung einen Tagwachrhythmus zeigen, also die Augen öffnen, aber ansonsten keinerlei Reaktion zeigen. Oft ist bei diesen Kindern trotz intensiver (Stimulations-)Behandlung keinerlei Fortschritt oder Veränderung zu beobachten, für Eltern eine Situation, die kaum auszuhalten ist. Hier kann der Psychologe nur für die Eltern da sein, für Gespräche zur Verfügung stehen und behutsam zusammen mit ihnen die nächsten kleinen Schritte organisieren (z. B. Pflegemöglichkeiten zu Hause).

Koordination der Behandlung

In einem multidisziplinären Team mit vielen verschiedenen Berufsgruppen ist es natürlich von großer Bedeutung, dass der Verlauf der Behandlung koordiniert wird. Dies ist in einer Rehabilitationsklinik meistens Aufgabe der Ärzte, je nach Diagnose und Behandlungsziel ist dies aber in unserer Klinik auch Aufgabe der Psychologen. Fragen müssen geklärt werden, wie z. B.: Wo stehen wir in der Behandlung des Patienten? Wie soll es nach der Entlassung aus der stationären Behandlung weitergehen? In welche Schule kann das Kind nach der Entlassung gehen? Muss wieder einmal ein Gespräch organisiert werden, um den Verlauf der Behandlung mit den Eltern zu besprechen? Wie gehen wir in der Klinik mit verhaltensproblematischen Kindern um? Hält sich jeder an die getroffenen Vereinbarungen? Hier gilt es, engen Kontakt mit den anderen Therapiebereichen zu halten (Ärzte, Ergotherapie, Logopädie, Physiotherapie, Pflege, Schule) und rechtzeitig ein Gespür dafür zu entwickeln, wenn es irgendwo »knirscht im Getriebe«, wenn Eltern oder die Patienten selbst unzufrieden sind, um darauf möglichst umgehend zu reagieren.

Besprechungen

Ein halbwegs reibungsloser Ablauf ist nur gewährleistet, wenn es zwischen den verschiedenen Berufsgruppen regelmäßige Besprechungszeiten gibt. Nichts ist fataler, als wenn die Patienten (und das gilt auch für Kinder und Jugendliche) das Gefühl haben, dass »in dieser Klinik die rechte Hand nicht weiß, was die linke tut«. Dies zu organisieren, ist in einer Zeit, in der immer mehr Arbeitszeit »direkt am Patienten« geleistet werden soll, alles andere als einfach. In einer Rehabilitationsklinik gibt es verschiedene Besprechungen und Meetings: Die wichtigste ist sicher die wöchentliche »Chefvisite«, die am Bett der Patienten mit dem Chefarzt, mit der Stationsärztin und der zuständigen Krankenschwester sowie den Vertretern der verschiedenen Therapiebereiche stattfindet. Daneben gibt es Teamgespräche, in denen der Therapieverlauf eines einzelnen Patienten, einer einzelnen Patientin gemeinsam mit deren Eltern besprochen wird. Hier geht es darum, Vereinbarungen zu treffen, welche Ziele in den nächsten Wochen angestrebt werden sollen, aber auch darum, von den Eltern zu hören, inwieweit sie mit dem bisherigen Verlauf

zufrieden sind. Wenn man sich als Neuropsychologe für Kernspinbilder interessiert (und das sollte man!), ist es in einer Rehabilitationsklinik kein Problem, bei der regelmäßigen Röntgenbesprechung anwesend zu sein. Im SRH Fachkrankenhaus Neckargemünd gibt es zweimal im Monat einen Termin, bei dem gemeinsam mit einem Radiologen von der Universität Heidelberg die Kernspinbilder der Patienten besprochen werden.

Schließlich gibt es noch die Abteilungsleiterbesprechungen, in denen gemeinsam mit der Geschäftsführung und den Chefärzten die »Politik« des Hauses diskutiert wird. In all diesen Besprechungen sind die Neuropsychologen vertreten.

Fortbildung

Eine weitere Aufgabe der Neuropsychologen ist es, innerhalb und außerhalb des Hauses Fortbildungen anzubieten, ihr Fachwissen weiterzugeben und bei Tagungen mit Kolleginnen und Kollegen zu diskutieren. In unserer Klinik gibt es jede Woche eine einstündige Fortbildung, die jeweils von einem Mitarbeiter aus den unterschiedlichen Fachdiensten, u. a. von den Psychologen, vorbereitet wird. Gemeinsam mit einem Kollegen aus einem Epilepsiezentrum biete ich darüber hinaus regelmäßig Fortbildungen in Entwicklungsneuropsychologie an für jüngere Kollegen, die sich noch in der Ausbildung zum Neuropsychologen befinden. Es gibt keine bessere Möglichkeit, um sich selbst fachlich auf dem Laufenden zu halten, als immer wieder gezwungen zu sein, ein Seminar für Kollegen vorzubereiten. Dies bedeutet, immer wieder Fachliteratur zu studieren, und das geht natürlich nicht während der Arbeitszeit.

Einmal pro Jahr tagt der Arbeitskreis »Kinder und Jugendliche« der Gesellschaft für Neuropsychologie. Hier werden Beiträge aus der Arbeit von Kolleginnen und Kollegen aus Deutschland, Österreich und der Schweiz vorgestellt, die in Rehabilitationskliniken, in Epilepsiezentren oder in sozialpädiatrischen Zentren arbeiten. Auch hier gilt es, sich schon während des Jahres Gedanken zu machen, welches Thema man dort vorstellen kann, vielleicht einen interessanten Einzelfall aufzubereiten oder Daten für eine kleine Studie zu sammeln.

Berichte und Dokumentation

Eine meistens wenig geliebte Tätigkeit ist das Schreiben von Berichten sowie die Dokumentation der neuropsychologischen Leistungen. Tatsache ist, dass diese Arbeit im Zeitalter von Fallpauschalen und DRGs (Diagnostic Related Groups) und OPS (Operationen- und Prozedurenschlüssel) in den Kliniken immer wichtiger geworden ist. Je nachdem, welche Diagnosen der Patient erhalten hat (DRG) bzw. welche Leistungen verschlüsselt worden sind, erhält die Klinik eine Vergütung für die Behandlung des Patienten. Die Bestimmung der Diagnosen ist weiterhin meist Aufgabe der ärztlichen Kollegen, dagegen sind die Psychologen genauso wie alle anderen Fachdienste in der Klinik dazu angehalten, in Form von Berichten, aber auch durch eine detaillierte EDV-Leistungserfassung, alle am Patienten erbrachten Leistungen genau zu dokumentieren. Da die Berichte von den medizinischen Diensten der Krankenkassen immer schneller angefordert werden und es auch immer mehr ein Qualitätsmerkmal für Kliniken wird, einen Bericht über die Behandlung möglichst zeitnah zu erstellen, sind wir in unserer Klinik dazu übergegangen, den Arztbrief gemeinsam zu schreiben. Dies bedeutet, dass jeder Mitarbeiter, der mit einem bestimmten Patienten zu tun hat, über das Intranet Zugriff auf den »Interdisziplinären Behandlungsbericht« hat und diesen möglichst

schnell um seine eigenen Ergebnisse und Anmerkungen ergänzt. Inzwischen ist dieses System relativ gut etabliert; die Zeitdauer, bis ein Arztbrief bzw. Behandlungsbericht verschickt werden kann, hat sich seither erheblich verkürzt.

2 Beschäftigungsmöglichkeiten, Berufsfelder

Betätigungsfelder für Neuropsychologen sind neurologische Akut- und Rehabilitationskliniken, geriatrische Kliniken, neurochirurgische und psychiatrische Kliniken. In all diesen Kliniken sind Neuropsychologen inzwischen ein fester Bestandteil des Behandlungsteams. Dies gilt in gleicher Weise auch für Epilepsiezentren und sozialpädiatrische Zentren. Zunehmend können Neuropsychologen auch in freier psychologischer Praxis arbeiten. Allerdings hat die ambulante neuropsychologische Therapie noch keinen Eingang in die Gebührenordnung für Ärzte (GOÄ) gefunden. Damit fehlt bisher noch eine klare Grundlage für die Bezahlung der ambulanten Tätigkeit. Derzeit können Neuropsychologen eine ambulante Behandlung mit den Krankenkassen nur im Rahmen der Kostenerstattung abrechnen, d. h. es muss in jedem einzelnen Fall bei der Kasse ein Antrag zur Übernahme der Kosten gestellt werden.

3 Ausbildung für das Berufsbild

Wie bereits erwähnt, gab es zu meiner Studienzeit keine Möglichkeit, sich auf das Berufsbild des klinischen Neuropsychologen vorzubereiten oder sich gar darauf zu spezialisieren. Ich habe mich nach dem Studium für den Bereich der Rehabilitation entschieden und bin dann einige Jahre später in das SRH Fachkrankenhaus Neckargemünd gewechselt. Dort wurde ich mit der Arbeit mit hirngeschädigten Kindern und Jugendlichen konfrontiert. Dieses Gebiet, und damit das Gebiet der Neuropsychologie, faszinierte mich zunehmend. Ich begann, mich mit Neurologie und Neuroanatomie zu beschäftigen. Vor mehr als 20 Jahren blieb mir gar nichts anderes übrig, als mir durch den Besuch von Tagungen und neurowissenschaftlichen Seminaren, aber auch im Selbststudium, das nötige Fachwissen für meine Arbeit anzueignen.

Inzwischen gibt es einige Universitäten, die einen Studienschwerpunkt im Fach Neuropsychologie anbieten (z. B. Bielefeld, Bochum, Bremen, Freiburg, Hamburg oder Mannheim). Darüber hinaus bietet die Gesellschaft für Neuropsychologie (GNP) eine Postgraduiertenausbildung an, mit der man den Titel »Klinischer Neuropsychologe GNP« erwerben kann. Erforderlich ist hierzu eine dreijährige klinisch-neuropsychologische Tätigkeit in einer GNP-akkreditierten Einrichtung oder eine vierjährige Tätigkeit in einer nicht-akkreditierten Einrichtung. Außerdem müssen in dieser Postgraduiertenausbildung Leistungsnachweise erbracht werden, wie z. B. der Besuch von Seminaren entsprechend dem Ausbildungscurriculum der GNP, Supervision, Gutachten und Behandlungsberichte. Am Ende der Ausbildung ist eine mündliche Prüfung abzulegen. Bei der GNP heißt es: »Abgeschlossen wird diese mindestens dreijährige Weiterbildung mit einem Zertifikat ›Klinischer Neuropsychologe GNP‹. Diese Qualifikation wird derzeit von zahlreichen Kostenträgern anerkannt. Therapien, die von zertifizierten Klinischen Neuropsychologen durchgeführt werden, werden im Kostenerstattungsverfahren von Krankenkassen, Unfallversicherungsträgern, Rentenversicherern und der Beihilfe erstattet« (www. gnp.de/extern/pdf/Positionspapier EtablierungKlinNeuropsy. pdf).

Neben der neuropsychologischen Ausbildung empfiehlt es sich, eine weitere psychotherapeutische Ausbildung anzustreben. Dies ist derzeit schon deshalb sinnvoll, weil es noch nicht möglich ist, über die Neuropsychologie die Approbation als psychologischer Psychotherapeut zu erlangen. Grund: Die Neuropsychologie gilt bis jetzt noch nicht als ein zur vertieften Ausbildung anerkanntes Richtlinienverfahren, wie etwa die Psychoanalyse, die tiefenpsychologische Psychotherapie und die Verhaltenstherapie. Die Gesellschaft für Neuropsychologie ist in ihren berufspolitischen Aktivitäten intensiv um diese Anerkennung bemüht; ein Ergebnis ist aber noch nicht abzusehen. Neben diesem berufspolitischen Aspekt kommt eine zusätzliche therapeutische Ausbildung aber auch ganz praktisch der Arbeit mit den Patienten zugute. In meinem Fall ist dies eine verhaltenstherapeutische Ausbildung, die mir für die Arbeit mit Kindern und Jugendlichen wertvolle Dienste leistet.

4   Finanzielle Vergütung

Bis vor einigen Jahren war alles klar geregelt: Neuropsychologen waren meistens in Kliniken beschäftigt, die bisher nach dem Bundes-Angestellten-Tarif (BAT) oder einem daran angeglichenen Tarifvertrag bezahlt wurden, und zwar waren danach Psychologen in der Regel wie Assistenzärzte in die Tarifgruppe BAT 2a bzw. BAT 1b eingruppiert. Dies entsprach (BAT 2a, Stand Ende 2004) einem Verdienst zwischen ca. 2 760.– Euro und 4 360.– Euro brutto pro Monat je nach Alter und Familienstand (http://inhalt.oevs.monster.de/2122_de_p1.asp).

Seit Oktober 2005 ist der BAT praktisch Vergangenheit, er wurde auf der Ebene des Bundes und der Kommunen durch den »Tarifvertrag öffentlicher Dienst« (TVöD) abgelöst. Durch diesen Wechsel hat sich die Höhe des Einkommens für Psychologen in Rehabilitationskliniken kaum verändert. Allerdings erfolgt die Bezahlung jetzt nach Leistung und Erfahrung, nicht mehr nach Alter und Familienstand, d. h. es gilt nicht mehr, dass man im BAT alle zwei Jahre einfach deshalb höher gruppiert wird, weil man älter wird. Stattdessen soll zukünftig vor einer Höhergruppierung die Leistung der Mitarbeiterin oder des Mitarbeiters beurteilt werden.

In Rehabilitationskliniken gibt es darüber hinaus noch einen weiteren Trend: Sie sind wie viele andere Kliniken auch zunehmend in privater Hand und es gibt starke Tendenzen, sich von den Vorgaben des öffentlichen Dienstes komplett abzukoppeln. Angestrebt wird u. a. ein noch größerer Leistungsbezug, als er im TVöD vorgesehen ist (z. B. über das Erreichen von Zielvorgaben), außerdem soll die Arbeitszeit wieder auf mindestens 40 Stunden erhöht werden. Statt des bisherigen Weihnachtsgelds gibt es nach diesen Vorstellungen eine Zusatzgratifikation in Form eines 13. Monatsgehalt nur noch bei entsprechendem Gewinn des Unternehmens (der Klinik).

Die Kliniklandschaft ist derzeit sehr im Fluss, es bleibt abzuwarten, wie Tarifverträge in Zukunft aussehen werden bzw. ob es Kliniken gelingt, eigene Tarifverträge unterhalb des TVöD abzuschließen und Mitarbeiter nach »Marktlage« zu bezahlen (nach dem Motto: Warum soll ich Psychologen teuer bezahlen, wenn ich jederzeit jemanden einstellen kann, der auch für weniger Geld arbeitet).

Ein gewisses Risiko besteht m. E. auch in der Tatsache, dass der Diplomstudiengang in den nächsten Jahren abgeschafft und durch den Abschluss des »Bachelors« und »Masters« ersetzt werden soll. Hierdurch wird es evtl. möglich, Psychologen auch unter Tarifbedingungen zukünftig wie Fachhochschulabsolventen (und damit geringer) zu bezahlen.

5 Aufstiegschancen

Man sollte sich nichts vormachen: So interessant der Arbeitsbereich der Neuropsychologie in einer neurologischen Klinik ist, die Aufstiegsmöglichkeiten für Psychologinnen und Psychologen in Kliniken ganz allgemein sind eher gering. Die einzige Aufstiegsmöglichkeit besteht in der Regel darin, in größeren Kliniken Leiter der neuropsychologischen Abteilung zu werden. Als Leiterin oder Leiter dieser Fachabteilung ist es dann möglich, im Gehaltsgefüge noch eine oder maximal zwei Stufen aufzusteigen, abhängig meistens von der Zahl der unterstellten Mitarbeiter. Ein Neuropsychologe kann aber nicht Leiter einer Station oder gar einer Klinik werden, dies ist naturgemäß den Ärzten vorbehalten. Wer also in einer Rehabilitationsklinik »Chef« werden möchte, ist mit einem Psychologiestudium schlecht bedient.

6 Herausforderungen, Chancen

Die Arbeit in einer neurologischen Rehabilitationsklinik bedeutet Arbeit in einem interdisziplinären Team, Arbeit zusammen mit Ärzten, mit Schwestern und Pflegern, mit Physiotherapeuten, Ergotherapeuten, Logopäden und Lehrern. Teamfähigkeit ist daher eine der wichtigsten Voraussetzungen. Abgesehen von der Tatsache, dass in jeder Klinik ein Arzt die letzte Verantwortung trägt, sind alle in diesem Team gleichberechtigt, es gibt keine Hierarchie. Die Kinder mit einer Hirnschädigung werden in die Klinik aufgenommen, damit alle Krankheitsfolgen (körperliche, kognitive und psychische) gleichermaßen behandelt werden. Die Psychologen sind Teil dieses »Räderwerks« einer Rehabilitationsbehandlung; die Aufgaben der Psychologen stehen gleichberechtigt neben dem sonstigen medizinischen und therapeutischen Behandlungsbedarf. Wenn bei einem Kind ein kognitives Training notwendig ist, sind an diesem Training neben den Neuropsychologen auch Ergotherapeuten, Logopäden und Lehrer beteiligt, und es sind genaue Absprachen erforderlich. Wenn ein Kind Verhaltensprobleme hat, kommt es darauf an, mit Schwestern und Pflegern einen genauen Verhaltensplan abzusprechen und sie für diese mühsame und anstrengende Arbeit neben ihren pflegerischen Aufgaben zu gewinnen. Mir selbst ist es wichtig, bei besonders schwierigen Kindern oder Jugendlichen auch außerhalb der Dienstzeiten zur Verfügung zu stehen und das Pflegepersonal mit schwierigen Verhaltensproblemen z. B. abends nicht alleine zu lassen. Psychologen sollten nicht nur gute Ratschläge erteilen, sondern auch selbst da sein, wenn es schwierig wird. Das erleichtert die Zusammenarbeit enorm und verbessert den Stand der Neuropsychologen in der Klinik.

Die Arbeit als Neuropsychologe in einer Rehabilitationsklinik hat relativ viele Überschneidungspunkte zu medizinischen Fragestellungen. Ein Neuropsychologe kann natürlich keine EEGs oder Kernspinbilder befunden, das muss er auch nicht; aber er sollte sich schon ein wenig damit auskennen, genauso wie mit den Krankheitsbildern, die die Kinder und Jugendlichen in einer neurologischen Rehabilitationsklinik bieten. Es empfiehlt sich daher, sich ausführlich mit medizinischen Fragen sowie mit Hirnanatomie und Hirnphysiologie zu beschäftigen.

Da ein wichtiger Teil der Arbeit in der neuropsychologischen Diagnostik liegt, sollte man als Neuropsychologe keine Abneigung gegen das »Testen« haben. Tests sind ein unverzichtbares Handwerkszeug, wenn es darum geht, festzustellen, welche Stärken und Schwächen Kinder mit angeborenen oder erworbenen Entwicklungsstörungen haben. Nur wenn der Neuropsychologe sich hierüber mit Hilfe der Tests ein klares Bild verschafft hat, ist er in der Lage, mit den Eltern die nächsten Schritte zu besprechen und sie darüber zu beraten, welche therapeutischen Maßnahmen möglich und sinnvoll sind. Nur dann ist er in der Lage, in der Beratung der Eltern die Weichen für die weitere Entwicklung der Kinder richtig zu stellen, z. B. die richtige zukünftige Schule auszuwählen.

Wichtig ist in dieser Arbeit zweifellos auch eine gewisse psychische Stabilität. Man wird als Neuropsychologe mit z. T. tragischen Schicksalen konfrontiert. Gerade eine schwere Hirnverletzung oder Hirnerkrankung bedeutet für jede Familie einen gravierenden Einschnitt im Leben, plötzlich ist nichts mehr so, wie es war. In ganz besonderem Maß gilt dies – wie schon erwähnt – für die Familien der Wachkomakinder: Eltern sitzen am Bett ihres Kindes, können mit dem Kind nicht kommunizieren, das Kind reagiert nicht auf Streicheln oder sonstige Äußerungen der Liebe der Eltern. Das ist nur schwer auszuhalten für die Eltern, aber auch für alle, die in die Behandlung eingebunden sind. Es gilt hier, die richtige Balance zu finden; man soll die Eltern und Kinder in diesem Schicksal begleiten, sich aber andererseits nicht von dem Leid überschwemmen lassen. Ganz wichtig ist es, abschalten zu können; zu Hause in der eigenen Familie sollten die Gedanken an die Klinik und an die Patienten keinen Platz haben.

Sind diese Voraussetzungen erfüllt, bietet sich dem Neuropsychologen ein weitgehend selbst bestimmtes, sehr interessantes

Arbeitsgebiet. Ich kann die Schwerpunkte meiner Arbeit, natürlich im Rahmen der Erfordernisse der kranken Kinder und Jugendlichen, in der Regel selbst bestimmen. Niemand macht mir Vorschriften, mit welchen Methoden ich Kinder untersuche oder behandle. Das neuropsychologische Fachwissen ist anerkannt, der Neuropsychologe kann dieses Wissen gleichberechtigt mit den Ärzten in die Arbeit am Patienten einbringen.

7   Tagesablauf

Es ist nicht ganz leicht, einen »typischen« Arbeitstag zu beschreiben, denn die Tage verlaufen sehr unterschiedlich; das macht die Arbeit als Neuropsychologe aber gerade interessant. Der Beginn der Arbeit, morgens gegen acht Uhr, besteht in einer kurzen Durchsicht der »Kurven«, der Patientenakten, um zu sehen, ob es mit bestimmten Kindern am Abend zuvor oder in der Nacht Probleme gab. Etwaige Auffälligkeiten (medizinische Daten, Verhalten der Kinder) werden hier von den Schwestern und Pflegern vermerkt. Diese »Kurven« sind im Schwesternzimmer deponiert, auf diese Weise gibt es die Möglichkeit, schwierigere Probleme (z. B. sehr verhaltensauffällige Kinder) direkt zu besprechen und gemeinsam mit den Schwestern mögliche Lösungen zu suchen.

8.15 Uhr: Ich habe mich mit einer 15-jährigen, schwer gedächtnisgestörten Patientin verabredet, die ich in ihrem Zimmer abholen muss. Es fällt ihr schwer, sich in einer fremden Umgebung zurechtzufinden, sie findet Wege nicht, vergisst Dinge, die vor wenigen Minuten mit ihr besprochen wurden. Sie hat auch kein prospektives Gedächtnis, d. h. sie ist alleine nicht in der Lage, den Tag zu organisieren und Termine

im Kopf zu behalten. Ursache für die Gedächtnisstörung bei diesem Mädchen war eine Frühgeburt und eine anschließende Sauerstoffunterversorgung des Gehirns, sie musste nach der Geburt mehrere Wochen beatmet werden. Durch diesen Sauerstoffmangel hatte sie eine sog. »beidseitige Hippocampussklerose« erlitten, d. h. der für Gedächtnisleistungen entscheidende Teil des Gehirns war entscheidend geschädigt worden. Wir trainieren seit einigen Tagen die Benutzung eines Kleincomputers, eines Organizers, damit sie in die Lage versetzt wird, ihren Tagesablauf selbstständiger zu organisieren, als dies bisher möglich war. Sie lernt, ihre Wochentermine in diesen Organizer einzugeben; erfreulicherweise hat sie in der Bedienung des Geräts schon große Fortschritte gemacht. Der Organizer erinnert sie durch einen Piepton, dass ein Termin ansteht, auf dem Display kann sie ablesen, um welchen Termin es sich handelt bzw. was sie jetzt tun muss. Das klappt inzwischen ganz gut. Ein Problem sind natürlich weiterhin die Termine oder Absprachen, die nicht im Organizer eingegeben sind, z. B. wenn eine Schwester ihr gesagt hat, »Du kannst in die Cafeteria gehen, aber in einer halben Stunde bist du wieder da«. Alle müssen sich immer wieder klar machen: Der Organizer hilft der Patientin bei der Bewältigung des Alltags (Kompensationstraining), er verbessert nicht die Gedächtnisleistungen. Neben dem praktischen Training ist es auch wichtig, dem Mädchen bei der Bewältigung dieser Behinderung zu helfen. Selbstverständlich leidet sie sehr unter der Situation. Lange Zeit war ihr Problem auf mangelnde Selbstständigkeit, auf Überbehütung durch die Eltern oder Ähnliches zurückgeführt worden. Es gilt, ihr selbst und ihren Eltern zu vermitteln, dass sie für diese Situation nicht verantwortlich sind. Es gilt aber auch, sie darauf vorzubereiten, dass sie immer auf fremde Hilfe angewiesen sein wird und ihr zukünftiges Leben nur in einer geschützten Umgebung, entweder bei den Eltern oder z. B. in einer betreuten Wohngruppe, möglich ist.

9.30 Uhr: Neuaufnahme eines sechsjährigen Jungen nach einem Schädelhirntrauma: Er wurde auf der Straße von einem PKW angefahren. Er kann wieder sprechen, hat auch keine Halbseitenlähmung, ist aber derzeit noch im sog. »Durchgangssyndrom«, d. h. er ist räumlich und vor allem zeitlich noch nicht orientiert und wirkt sehr verwirrt. Die Eltern sind sehr beunruhigt über sein Verhalten, vor allem, weil der Junge sie sehr bedrängt, ihn sofort wieder mit nach Hause zu nehmen. Wir kommen mit den Eltern überein, dass es derzeit zur stationären Behandlung in der Klinik keine Alternative gibt; wir können sie beruhigen, dass dieses »Durchgangssyndrom« wahrscheinlich in ein paar Tagen vorbei sein wird und dann der Umgang mit ihrem Kind wieder wesentlich leichter sein wird. Nach der Aufnahme der wesentlichen anamnestischen Daten vereinbaren wir mit den Eltern, dass wir uns nach einer Woche wieder zusammensetzen, um das weitere Vorgehen zu besprechen. Bis dahin wird das Kind von allen Fachdiensten gesehen worden sein, und eine genauere Planung der Rehabilitationsbehandlung ist möglich.

Nach diesem Aufnahmegespräch beginnt heute die »Chefvisite«, d. h. der Chefarzt der Klinik bespricht gemeinsam mit den Vertretern der Fachdienste am Bett die Entwicklung der Patienten. Bei dieser Visite sind meistens auch die Eltern der Kinder anwesend. Auf diese Weise erhalten die Eltern unmittelbar Informationen, wie mit ihren Kindern gearbeitet wird und wie der Stand der Behandlung ist. Die Eltern fühlen sich in die Behandlung einbezogen. Sie sind gut informiert, was weiter geplant ist, welche Medikamente ihre Kinder bekommen sollen und welche Schwerpunkte in der kommenden Zeit in der Rehabilitationsbehandlung gesetzt werden. Sie haben vor allem auch die Möglichkeit, über die Behandlung mitzudiskutieren und uns zu sagen, an welcher Stelle sie nicht zufrieden sind. Da Hirnverletzungen und Hirnerkrankungen nie ausschließlich körperliche Folgen haben, sondern die Probleme häufig eher im kognitiven und im Verhaltensbereich liegen, haben die Psychologen bei dieser Visite eine wichtige Funktion.

Nach der Visite folgt vor der Mittagspause noch eine kurze Besprechung der Ärzte, an der auch die Psychologen teilnehmen. Heute ist der Radiologe aus Heidelberg da, wir besprechen u. a. die Kernspinbilder des neu aufgenommenen Jungen, um Hinweise für die Prognose und die weitere Beratung der Eltern zu bekommen.

13.00 Uhr: Computergruppe, neuropsychologisches Training: In dieser Gruppe sind meist Kinder und Jugendliche zwischen zehn und sechzehn Jahren, die Gruppengröße liegt zwischen sechs und acht Patienten. Hier wird mit neuropsychologischen Trainingsprogrammen gearbeitet, z. B. zur Verbesserung der Aufmerksamkeitsleistung. Für die Kinder bin ich immer wieder auf der Suche nach Computerspielen, die geeignet sind, bestimmte neuropsychologische Teilfunktionen zu trainieren, und die den Kindern vor allem Spaß machen und sie zur Mitarbeit motivieren. In dieser Gruppe arbeiten wir aber auch mit dem Programm »Word«, versuchen, Anzeigen aus Zeitungen (Auto-Reklame, Reiseprospekte) zu reproduzieren. Die Kinder und Jugendlichen lernen, wie man dies mit Hilfe einer Tabelle und mit dem Einfügen von Bildern aus dem Internet bewerkstelligen kann. Für manche ist dies ein Gedächtnistraining (Lernen und Behalten von einzelnen Programmschritten, Training von alltagsrelevanten Inhalten), für andere ein Training zur Steigerung der Belastungsfähigkeit.

14.00 Uhr: Ein Routinetermin: Ich untersuche ein achtjähriges Mädchen, das nach einem Fahrradunfall ein schweres Schädel-hirntrauma erlitten hat. Die Testung ist we-gen der noch eingeschränkten Belastbarkeit nur in kleinen Abschnitten möglich; heute geht es vor allem um die räumlich-kon-struktiven Fähigkeiten und um die Ge-dächtnisleistungen. Mir ist es wichtig, dass die Mutter bei der Untersuchung dabei ist; das erleichtert das anschließende Gespräch über die Untersuchungsergebnisse.

15.00 Uhr: Ich sehe zum zweiten Mal einen 14-jährigen Jungen, der zur Neueinstellung seiner Epilepsie stationär aufgenommen wurde. Er kam als Frühgeburt zur Welt, lei-det neben der Epilepsie an einer Tetrapare-se (Lähmung aller vier Gliedmaßen) und kann nicht sprechen. Die Mutter ist der Auffassung, dass er eine normale Intelli-genz habe, er verstehe alles, könne sich mit Hilfe einer Buchstabentafel und mit Hilfe einer »Stützerin« (eine Frau, die ihm bei Antworten mit Hilfe der Buchstabentafel die Hand führt, »gestützte Kommunika-tion«) verständlich machen und selbst schwierige Mathematikaufgaben lösen. Die gestützte Kommunikation ist eine Thera-pieform, die aus der Arbeit mit autistischen Kindern stammt. Der Junge wird integrativ beschult in einer achten Realschulklasse in einer Schule in Norddeutschland. Ich habe große Zweifel, ob der Junge nicht in Wahr-heit geistig behindert ist und besser in all-tagspraktischen Dingen trainiert werden sollte. Ich präsentiere ihm in Anwesenheit der »Stützerin« Sätze, die logisch zu ergän-zen sind, z. B. »Fleisch passt zu Metzger wie Brot zu ...« In Anwesenheit der »Stüt-zerin« vervollständigt der Junge die Sätze mit Hilfe der Buchstabentafel korrekt. Da-nach vereinbare ich mit der »Stützerin«, dass sie einen Kopfhörer mit Musik auf-setzt und so die von mir präsentierten Sätze nicht mehr hören kann. Folge: Der Junge kann keinen einzigen Satz mehr korrekt er-gänzen. Für mich ist die Angelegenheit ein-deutig: Der Junge wird aufgrund der ge-

stützten Kommunikation überschätzt und kann mit Sicherheit nicht von dem Unter-richt einer Realschulklasse profitieren. Das Problem ist nur: Werde ich das seinen El-tern glaubhaft erklären können, und wie kann ich ihnen dabei helfen, mit ihren ent-täuschten Hoffnungen umzugehen?

16.15 Uhr: Gespräch mit dem Vater eines zwölfjährigen Jungen, der an einem Hirn-tumor (Astrozytom 1, Kleinhirnbereich) er-krankt war und operiert wurde. Der Tumor ist gutartig, der Junge leidet aber auch nach einer sechswöchigen Rehabilitation noch an einer ataktischen Gangstörung. Er kann die rechte Hand nicht mehr adäquat einset-zen, muss mit der linken Hand schreiben und ist insgesamt verlangsamt. Mit dem Vater bespreche ich die Frage, wie es nach dem stationären Aufenthalt weitergehen soll. Der Junge möchte auf jeden Fall in sei-ne frühere Klasse zurück (6. Klasse Gymna-sium). Ich versuche, dem Vater zu verdeut-lichen, dass dies nicht ohne Probleme sein wird: Der Junge hat insgesamt ca. drei Mo-nate Stoff in den verschiedenen Fächern versäumt, sein Lerntempo wird deutlich langsamer sein, Probleme beim Schreiben kommen hinzu. Wir besprechen, wie der Junge mit diesen Schwierigkeiten und mit den daraus zwangsläufig resultierenden Frustrationen umgehen wird, und ob nicht doch der Besuch einer Sonderschule für Körperbehinderte sinnvoller ist (kleinere Klassen, größere Möglichkeiten der Lehrer, auf seine Handicaps einzugehen). Wir ver-einbaren schließlich, dass der Junge zu-nächst die Rückkehr in seine Klasse ver-sucht, gleichzeitig aber der Antrag für die Aufnahme in die Körperbehindertenschule gestellt wird, um im Bedarfsfall eine Alter-native zu haben.
Der Rest des Tages ist ausgefüllt mit dem Abfassen von Berichten, den Eintragungen in den »Interdisziplinären Behandlungsbe-richt« sowie mit dem Eingeben der Leis-tungsdokumentation. Für jeden Patienten

muss die erbrachte Leistung in ein Computerprogramm eingegeben werden. Diese Statistik ist, wie schon erwähnt, Grundlage für Berechnung der Fallpauschale, die die Klinik für die Behandlung erhält.

8 Wo kann man mehr erfahren?

Wichtigste Informationsquelle über alles rund um die Neuropsychologie ist die Gesellschaft für Neuropsychologie (GNP, www.gnp.de). Hier findet man sowohl fachliche als auch berufspolitische Informationen. Die Gesellschaft organisiert einmal pro Jahr eine neuropsychologische Jahrestagung und sie organisiert die postgraduierte Weiterbildung zum klinischen Neuropsychologen GNP. Außerdem gibt sie die viermal jährlich erscheinende »Zeitschrift für Neuropsychologie« heraus, der man ebenfalls sowohl fachliche als auch berufspolitische Informationen entnehmen kann. Berufspolitisch geht es derzeit vor allem um die Etablierung der Neuropsychologie in der Reihe der psychotherapeutischen Verfahren. Nähere fachliche Informationen über das Gebiet der Neuropsychologie finden sich darüber hinaus in zahlreichen guten Lehrbüchern, einige davon sind in der Literaturliste aufgeführt (siehe z. B. die Nummern 5, 7 und 8).

9 Ausblick, Entwicklung des Berufsfeldes

Die Arbeit der Neuropsychologen ist in neurologischen Kliniken sowohl für Kinder als auch für Erwachsene inzwischen unverzichtbar geworden; daran wird sich auch in Zukunft sicher nichts ändern. In neurologischen Kliniken für Erwachsene werden hauptsächlich Patienten nach Schlaganfällen behandelt, hier wird sich der Bedarf in einer älter werdenden Gesellschaft tendenziell weiter erhöhen. Etwas unklarer ist die Situation bei den Kindern. Erfreulicherweise nimmt die Zahl der schweren Schädelhirntraumen, bei Kindern und Jugendlichen die häufigste Form einer erworbenen Hirnschädigung, die einen Aufenthalt in einer Rehabilitationsklinik erforderlich macht, von Jahr zu Jahr ab. In der stationären neurologischen Rehabilitation von Kindern wird die Zahl der Stellen für Neuropsychologen also kaum zunehmen. Auf der anderen Seite wird die Diagnostik und Therapie von Entwicklungsstörungen bei Kindern immer wichtiger und damit dürfte auch die Zahl der Neuropsychologen steigen, die in diesem Bereich, z. B. in sozialpädiatrischen Zentren, arbeiten. Nicht abzuschätzen sind derzeit die Möglichkeiten für Neuropsychologen, in eigener Praxis im ambulanten Bereich zu arbeiten. Evtl. ergeben sich hier neue Möglichkeiten, da die klare politische Absicht zu erkennen ist, Rehabilitationsleistungen, wie andere medizinische Leistungen auch, vom stationären in den ambulanten Bereich zu verlagern.

Insgesamt ist m. E. abzusehen, dass die Neuropsychologie in immer mehr psychologische Bereiche Einzug halten wird. Die Neurowissenschaften haben z. B. mit ihren neuen Untersuchungsmöglichkeiten (funktionelles MRT oder PET, Positronen-Emissions-Tomographie) die Frage aufgeworfen, was in den Gehirnen psychisch kranker Menschen anders ist als bei gesunden Menschen und was sich im Gehirn verändert, wenn eine Therapie erfolgreich gewesen ist. Klaus Grawe schreibt dazu im Vorwort zu seinem Buch »Neuropsychotherapie«: »Was liegt den Veränderungen, die Anlass zu einer Psychotherapie geben, zu Grunde? Was bringt ein menschliches Gehirn dazu, mit einem Mal etwas qualitativ Neues zu produzieren, das wir als psychische Störungen bezeichnen? Wenn psychische Störungen neuronale Grundlagen haben, muss Psychotherapie dann nicht darüber wirken, dass sie diese neuronalen Grundlagen verändert?« (Grawe, 2004, S. 11).

Neuropsychologie wird sich damit in Zukunft meiner Überzeugung nach nicht auf die Arbeit mit manifest hirngeschädigten Patienten beschränken. Es wird wohl von vielen Psychologen in Zukunft ganz einfach erwartet, dass sie sich mit der Funktionsweise des menschlichen Gehirns auskennen, und viele traditionelle psychologische Bereiche werden sich immer mehr zu neuropsychologischen Bereichen entwickeln.

Zusammenfassung

Es ist sicher kaum möglich, durch die Arbeit als Neuropsychologe reich zu werden, auch wenn die Tätigkeit im Vergleich zu anderen Berufsgruppen in einer Klinik angemessen dotiert ist.

Die Arbeit als Neuropsychologe hat Vorteile vor allem auf anderen Gebieten:

- ein äußerst interessantes und spannendes Arbeitsfeld in einer Zeit, in der die Neurowissenschaften durch neue Untersuchungsmöglichkeiten am menschlichen Gehirn eine Blüte erleben. Keine andere Arbeit liefert für das Verständnis der Funktion des menschlichen Gehirns so viele Erkenntnisse wie die Arbeit mit Patienten, die eine Hirnerkrankung oder eine Hirnverletzung erlitten haben;
- die Arbeit in einem interdisziplinären Team, wie sie in einer neuropädiatrischen Klinik üblich ist. Man hat jederzeit die Möglichkeit, über den Tellerrand der eigenen Arbeit hinauszuschauen;
- ein hohes Maß an Autonomie in der Arbeit; der Neuropsychologe ist gleichberechtigt in die Rehabilitationsbehandlung der Kinder und Jugendlichen einbezogen;
- eine in der Regel hohe Arbeitszufriedenheit: Die meisten Neuropsychologinnen und Neuropsychologen, die ich kenne, sind in ihrem Arbeitsfeld hochzufrieden und wollen nicht in einen anderen psychologischen Bereich wechseln.

Literatur

Ben-Yishay, Y. & Prigatano, G. P. (1990). Cognitive remediation. In M. Rosenthal et al. (Eds.), *Rehabilitation of the adult and child with traumatic brain injury* (pp. 393–409). Philadelphia: F. A. Davis.

Gauggel, S. & Kerkhoff, G. (Hrsg.). (1996). *Fallbuch der Klinischen Neuropsychologie.* Göttingen: Hogrefe.

Gauggel, S., Konrad, K. & Wietsch, A.-K. (1998). *Neuropsychologische Rehabilitation.* Weinheim: Psychologie Verlags Union.

Grawe, K. (2004). *Neuropsychotherapie.* Göttingen: Hogrefe.

Heubrock, D. & Petermann, F. (2000). *Lehrbuch der Klinischen Kinderneuropsychologie.* Göttingen: Hogrefe.

Kandel, E. R., Schwartz, J. H., Jessell, T. M. (1996). *Neurowissenschaften.* Heidelberg: Spektrum.

Karnath, H.-O. & Thier, P. (2006). *Neuropsychologie.* Berlin: Springer.

Sturm, W., Herrmann M. & Wallisch, C.-W. (2000). *Lehrbuch der Klinischen Neuropsychologie.* Heidelberg: Spektrum.

Tariftabelle BAT (Stand 03.11. 2004) http://inhalt.oevs.monster.de/2122_de_p1.asp

6   Gesundheitspsychologie

Iris Pahmeier, Mechthild Echterhoff und Oliver Vogel

Einleitung

Das Thema »Gesundheit« hat Hochkonjunktur, und der Arbeitsmarkt »Gesundheit« wächst trotz der Kostendämpfungsgesetze unaufhaltsam. In Deutschland ist das Gesundheitswesen deshalb als Arbeitsmarkt mit erheblichen Wachstumschancen zu betrachten. Bisher sind in diesem Markt rund 10 % aller Beschäftigten tätig. Die Tendenz ist deutlich steigend. Eine schlüssige oder besser zur Zeit abschließende Antwort auf die Frage, was dieses Berufsfeld für Gesundheitspsychologen bereithält, und in Folge, welches fachliche Wissen und Kompetenzen die darin arbeitenden Personen mitbringen müssen, lässt sich vor dem Hintergrund dieses sich dynamisch entwickelnden Feldes aktuell nicht geben. Es gibt derzeit keinen Berufsabschluss »Gesundheitspsychologe« – dies könnte sich allerdings im Zuge der aktuellen Veränderungen der Hochschulabschlüsse des Bachelors und Masters zukünftig ändern. Und auch den Berufsabsolventen stehen derzeit keine fertigen Arbeitsplatzbeschreibungen zur Verfügung, wie dies beispielsweise im Krankheitssektor der Fall ist (Reschke, 1997). Nichtsdestotrotz hat sich in den letzten 20 Jahren auf dem Zukunftsarbeitsmarkt »Gesundheit« in Folge gesellschafts-, gesundheits- und sozialpolitischer Entwicklungen eine Reihe von Arbeitsfeldern aufgetan, in denen zunehmend auch Psychologen und Psychologinnen ihrer Profession nachgehen, und auf deren Basis sich die Fachdisziplin der Gesundheitspsychologie begründet (Rieländer & Scharnhorst, 2005).

Der nachstehende Beitrag wird in einem ersten Schritt die Grundlagen dieser Entwicklung skizzieren, ohne die die Profile einer gesundheitspsychologischen Tätigkeit nicht zu verstehen wären. Unser zentrales Anliegen ist in diesem Zusammenhang, die Breite des Arbeitsmarktes aufzuzeigen und die Verknüpfung unterschiedlicher Disziplinen zu dokumentieren. Daran anknüpfend werden exemplarische Arbeitsfelder auf dem Markt »Gesundheit« und »Gesundheitsförderung« für Psychologen konkret beschrieben und die sich daraus ergebenden fachlichen und sozialen Kompetenzen aufgezeigt. Insbesondere diese ausgewählten Tätigkeitsfelder erheben keinen Anspruch auf Vollständigkeit, sondern tragen natürlich auch biographische Züge. Dies ist sicherlich vor dem Hintergrund dieses facettenreichen und dynamischen Arbeitsfeldes verständlich. Es folgen Informationen zur Ausbildung und Quellenangaben, um ein vertiefendes Erkenntnisinteresse zu befriedigen.

1 Gesellschafts- und gesundheitspolitische Entwicklungslinien

Die Entwicklung des Faches Gesundheitspsychologie und ein sich ausweitender und ausdifferenzierender Arbeitsmarkt, der sich auf das Phänomen »Gesundheit« kapriziert, ist nur aufgrund der Veränderungen zu erklären, die sich in diesem Jahrhundert in den Krankheitsbedingungen, dem Krankheitsspektrum und den Haupttodesursachen vollzogen haben.

Bis zur Mitte des 20. Jahrhunderts war die Definition von Gesundheit und Arbeitsfähigkeit gleichzusetzen mit der Abwesenheit von Krankheit und Gebrechlichkeit. Im Jahr 1946 hat die World Health Organisation (WHO) ihren im Laufe der folgenden Jahre modifizierten Ansatz des »vollständigen körperlichen, geistigen und sozialen Wohlbefindens« formuliert (Krüger, Müller & Stegemann, 1998). Diese Definition einer »Idealnorm« wurde jedoch von vielen als zu weitgehend kritisiert, da sie absolute Zustände beschreibt, die in der Realität nicht erreichbar sind (Bundeszentrale für gesundheitliche Aufklärung, 2001). Sie markiert aber eine wichtige Trendwende von einer eher krankheits- und symptombezogenen, auf biologische Aspekte reduzierten Sichtweise hin zu einer Sichtweise, die auch die Psyche, das soziale Umfeld und subjektives Befinden mit in die Betrachtungen einbezieht. Gesundheit und Krankheit, aus dieser Perspektive betrachtet, sind das

Produkt eines komplexen Zusammenspiels psychosozialer Faktoren einerseits und biologischer Faktoren andererseits. Gesundheit ist nicht mehr länger die Abwesenheit physischer Gebrechen oder Krankheiten, sondern wird positiv als das Vorhandensein von physischer Kompetenz und Wohlbefinden (Ressourcen), als Voraussetzung und als das Ergebnis der Bewältigung externer und interner Anforderungen betrachtet (Antonovsky, 1997; Becker & Minsel, 1986; vgl. auch die Position der WHO in der Ottawa-Charta für Health Promotion von 1986, WHO, 1986, 1992).

Der Begriff der »Gesundheitsförderung« wurde 1978 auf der WHO-Konferenz in Alma-Ata geprägt. Im Rahmen dieser Konferenz wurde zudem dazu aufgerufen, die Prävention national und international zum Schwerpunkt in der Gesundheitspolitik zu machen (Krüger et al., 1998). Die ehrgeizige Proklamation »Gesundheit für alle bis zum Jahr 2000« führte das bis heute in Bereichen der Medizin immer noch verwendete biomedizinische Risikofaktorenmodell an seine Grenzen. In den Bemühungen der folgenden Jahre wurde deutlich, dass rein biomedizinisch ausgerichtete Präventionsprogramme nicht ausreichen, um dem Anspruch der »Gesundheitsförderung« gerecht zu werden.

In der Folge der für die Prävention wichtigen Modellentwicklung Aaron Antonovskys Saluto-Genese-Modell (1979) und der Ottawa-Charta (1986) hat sich unter dem Titel »new public health« europaweit ein neues Verständnis von Gesundheitspolitik zugunsten vorbeugender, gesundheitsförderlicher statt nur behandelnder Maßnahmen entwickelt (Westermayer & Bähr, 1994). In der Ottawa-Charta der WHO (1986) wurde formuliert, dass Gesundheitsförderung darauf abzielen muss, einen Prozess in Gang zu setzen, der allen Menschen ein höheres Maß an Selbstbestimmung über ihre Gesundheit ermöglicht und sie damit zur Stärkung ihrer Gesundheit befähigen soll. Dabei wird ein umfassendes »körperliches, seelisches und soziales Wohlbefinden« als der anzustrebende Zustand definiert, sowohl für den Einzelnen als auch für Gruppen. Dieser Zustand soll über die Wahrnehmung und Verwirklichung von Wünschen und Hoffnungen, die Bedürfnisbefriedigung sowie die Bewältigung und Veränderung der Umwelt erreicht werden. Ein wichtiger Aspekt der Ottawa-Charta ist dabei auch die Verantwortung der Gesellschaft, die Bedingungen herstellen sollte, die allen Bürgern Gesundheit ermöglicht. »Gesundheit wird von den Menschen in ihrer alltäglichen Umwelt geschaffen und gelebt, dort wo sie spielen, lernen, arbeiten und lieben« (Rosenbrock & Gerlinger, 2004, S. 66).

Die hier beschriebenen Aspekte markieren gleichzeitig die Ausgangspunkte gesundheitspsychologischer Wissenschaftsvorstellungen. Die Disziplin entwickelte sich in Folge rasant und parallel in enger inhaltliche Nähe zu den Disziplinen »new public health« und »Verhaltensmedizin«. Die förmliche Etablierung der Disziplin Gesundheitspsychologie erfolgte im Jahre 1978, in dem die American Psychological Association (APA) eine Division »Health Psychology« gründete. Die Gründung einer europäischen Gesellschaft erfolgte 1986. 1992 formierte sich die Fachgruppe Gesundheitspsychologie der Deutschen Gesellschaft für Psychologie. Bei Interesse für ein vertiefendes Studium der Entwicklung der Fachdisziplin, ihrer wissenschaftlichen Kernfragen sowie theoretischen Untermauerung verweisen wir auf Jerusalem und Weber, 2003, sowie Schwarzer, 2005a und b.

Zentral für das Verständnis einer beruflichen Tätigkeit von Psychologen sind die wissenschaftlichen Schwerpunkte der Disziplin, zumal diese an den Universitäten entsprechend gelehrt werden. Danach kristallisieren sich nach Durchsicht der aktuellen Lehrbücher, Enzyklopädien und Zeitschriften zwei Schwerpunkte heraus:

1. Erklärung der Veränderung und Modifikation von Risikoverhalten (u. a. Rauchen, Fehlernährung, Suchtverhalten, ungeschützter Geschlechtsverkehr) sowie gesundheitsrelevante Verhaltensweisen (u. a. körperliche und sportliche Aktivität, hierzu mehr unter 3.3).
2. Bewältigung von bestehenden Krankheiten und der damit in Verbindung stehenden Lebensqualität betroffener Individuen.

Die skizzierten Entwicklungen verdeutlichen, dass ein im Feld der Gesundheitsförderung tätiger Psychologe über diverse Qualifikationen verfügen sollte, die sich aus anderen Bereichen der Psychologie ergeben können, wie der Arbeits- und Organisationspsychologie, der pädagogischen Psychologie, der physiologischen Psychologie, der Rehabilitationspsychologie oder der Sozialpsychologie. Hilfreich sind aber auch Kenntnisse und Kompetenzen aus anderen Fachwissenschaften, wie z. B. die Sportwissenschaft und Sportpsychologie, die Soziologie oder die Gesundheitswissenschaft.

2 Arbeitsmarkt Gesundheit: Ausgewählte Arbeitsgebiete der Autoren

Rieländer und Scharnhorst (2005, S. 24) listen auf der Basis einer Analyse der aktuellen nationalen Gesundheitspolitik und Gesundheitsförderung (u. a. GKV-Reformgesetz von 2000; Gutachten des Sachverständigenrates für die konzertierte Aktion im Gesundheitswesen 2000/01; Einrichtung des Deutschen Forums für Prävention und Gesundheitsförderung 2002) eine breite Palette von Arbeitsfeldern und Tätigkeitsbereichen für Psychologen und Psychologinnen auf:

Betriebliche Gesundheitsförderung
- Gestaltung gesundheitsförderlicher Organisationsentwicklungen,
- Förderung gesundheitsfördernder sozialer und ergonomischer Arbeitsbedingungen,
- Förderung einer gesundheitsgerechten Führungskultur,
- Moderation von Gesundheitszirkeln,
- Angebote von Gesundheitstrainings.

Primäre Prävention über die Krankenkassen
- mit Managementtätigkeiten in entsprechenden Krankenkassenabteilungen,
- durch die Leitung von Kursen des Gesundheitstrainings.

Praxisforschungsprojekte zur Entwicklung und Etablierung
- von Gesundheitsförderungsmaßnahmen, vor allem zur Förderung grundlegender Selbst- und Sozialkompetenzen,
- von Fortbildungskonzeptionen, vor allem zur gesundheitspsychologischen Fortbildung vieler Gesundheits- und Wellnessberufe,
- theoretisch-didaktischer Konzepte und der Evaluation von Kursleiterschulungen,
- praxisnaher Evaluations- und Qualitätssicherungsmaßnahmen.

Gesundheitspsychologische Fortbildungen für Gesundheitsberufe und WellnessanbieterInnen
- Vermittlung theoretischer Grundlagen psychologischer Gesundheitsförderung,
- Förderung grundlegender diagnostischer Kompetenzen,
- Förderung von Gesprächsführungs-, Gruppenleitungs- und Systemkompetenzen,
- Supervision konflikthafter Berufserfahrungen.

Ambulante Rehabilitation für chronische Erkrankungen
- durch ressourcenorientierte Patientenberatungen und -schulungen (auch für die Familien),
- im Rahmen von Selbsthilfeorganisationen und -gruppen,
- durch Mitarbeit in Krankheitsmanagementprogrammen,
  - Beratung und Therapie im Einzel- und Gruppensetting,
  - Konzeptionierung und Durchführung von Patientenschulungen,
  - Schulungen für MitarbeiterInnen des Gesundheitswesens im Umgang mit PatientInnen (z. B. Kommunikationstrainings für die Betreuung von KrebspatientInnen),
  - Fallmanagement für die Koordinierung von Behandlungsmaßnahmen,
  - Supervision und Mitarbeit in Qualitätszirkeln,
  - Qualitätsmanagement für die Konzeption,
  - Durchführung und Evaluation von Behandlungsprogrammen.

Gesundheitsförderung und Therapie bei Kindern und Jugendlichen
- in den Settings Familie, Kindergarten/-hort und Schule.

Fortbildungen und Supervision für ehrenamtliche HelferInnen
- in der Telefonseelsorge,
- in Krankenhäusern,
- in psychiatrischen Bereichen,
- in der Hospizbewegung.

Angebote von Gesundheitsinformationen unter Nutzung moderner Medien
- Gesundheitsinformationen in Printmedien, Fernsehen und Radio,
- Gesundheitsinformationen im Internet,
- Gesundheitsinformationen und -beratungen durch Vermittlungsstellen, Callcenter usw.

Die ersten drei dieser Tätigkeitsfelder werden ausführlicher inhaltlich, aber auch auf dem Hintergrund der biographischen Perspektiven der Autoren, ausgeführt:

2.1 Betriebliche Gesundheitsförderung
Mechthild Echterhoff

Die betriebliche Gesundheitsförderung und damit die Pflege der Gesundheit der Mitarbeiterinnen und Mitarbeiter wird in Zeiten des Wandels immer wichtiger, denn die immer schneller fortschreitenden Veränderungen erfordern eine erhöhte Anpassungsleistung von den Mitarbeiterinnen und Mitarbeitern. Insbesondere in den letzten Jahrzehnten gab es gravierende Veränderungen, und diese Entwicklungen werden sich voraussichtlich noch verstärkt fortsetzen. Mit dem Wandel der Arbeit verändern sich auch die Arbeitsbelastungen, was zwar zu Entlastungen im Bereich der schweren und schwersten körperlichen Arbeit, aber überwiegend auch zu mehr einseitigen und teilweise sogar völlig neuen Belastungen geführt hat. Auslöser für diesen Wandel sind u. a. folgende betriebliche Entwicklungen:

- Flexibilisierung der Arbeitszeit,
- Veränderungen der Arbeitsorganisation,
- Erhöhung des Technisierungsgrades,
- Einführung neuer Informations- und Kommunikationstechnik,
- Veränderungen der Qualifikationsanforderungen und nicht zuletzt
- Veränderungen der Arbeitsbelastungen (vgl. Bertelsmann Stiftung, Hans-Böckler-Stiftung, 2004).

Hier wird deutlich, dass die betriebliche Gesundheitsförderung eine gesellschaftlich sehr wichtige, aber auch neue Aufgabe ist. Sie stellt insbesondere für Gesundheitspsychologen ein komplexes und anspruchsvolles Betätigungsfeld dar. Aufgrund der Vielfältigkeit dieses Themas sind Kenntnisse aus den Bereichen der Arbeits- und Organisationspsychologie und der Gesundheitswissenschaften ausgesprochen wertvoll. Der Settingansatz »Betrieb« gehört seit Mitte der 1990er-Jahre zum Aufgabenkatalog der Krankenkassen. Speziell die AOK hat die Bedeutung dieses wichtigen Bausteins erkannt und bietet den interessierten Unternehmen durch den Einsatz ihrer Projektkoordinatoren für betriebliche Gesundheitsförderung maßgebliche Unterstützung bei der Implementierung entsprechender Managementsysteme an. Um den qualitativen Anforderungen der Koordination solcher Projekte gerecht zu werden, sind vielfach Psychologinnen und Psychologen für die AOK tätig.

Neben den Krankenkassen wird die betriebliche Gesundheitsförderung auch auf dem freien Markt von Unternehmensberatungen angeboten. Dabei haben sich aber nur wenige dieser Institutionen ausschließlich auf diesen Bereich spezialisiert.

2.1.1 Was ist betriebliche Gesundheitsförderung?

Bei der betrieblichen Gesundheitsförderung handelt es sich »um eine Unternehmensberatung mit dem Schwerpunkt Mitarbeitergesundheit«. Dass dabei *alle* betrieblich relevanten Themen berührt werden, ergibt sich aus dem zuvor beschriebenen Verständnis von Gesundheit (WHO, 1986).

Die Möglichkeiten eines Unternehmens, positiv Einfluss auf die Gesundheit zu nehmen, sind vielfältig, da technische, organisatorische und personelle Faktoren entscheidend dafür sind, ob ein Arbeitsplatz in höherem Maße gesundheitsförderliche oder belastende Potentiale aufweist. Insbesondere dem in einem Unternehmen vorgefundenen Betriebsklima – auch als ein Resultat der Organisationsstrukturen und Führungsprinzipien – wird eine essentielle Bedeutung für das Wohlbefinden und damit für die Gesundheit respektive die Beschäftigungsfähigkeit der Mitarbeiter beigemessen. Eine wesentliche Rolle spielen nach Ansicht von Badura, Münch und Ritter (1997) die Unternehmensphilosophie, das Verhalten der Unternehmensführung und der (direkten) Vorgesetzten, die Informationspolitik, Art und Umfang der Beteiligung der Mitarbeiter an arbeitsplatzrelevanten Entscheidungen sowie die Zusammenarbeit der Mitarbeiter untereinander.

Betriebliche Gesundheitsförderung bietet angemessene Konzepte zur Erschließung von Gesundheitspotentialen, aber auch zur Reduzierung und Vermeidung von Gesundheitsrisiken. Ansätze hierzu liegen vor allem in einer

- Reduzierung von Über- und Unterforderung,
- Verbesserung der sozialen Beziehungen,
- Erweiterung der Handlungsspielräume und
- einer verbesserten Qualifikation der Beschäftigten (Badura et al., 1997).

Insbesondere durch die veränderte Interventionsstrategie, die sich nicht – wie in den Anfängen der betrieblichen Gesundheitsförderung – durch eine starke Maßnahmenorientierung auszeichnet, sondern verfahrens- und organisationsbezogen ist, können gesundheitsfördernde Veränderungen nachhaltig erzielt werden. Durch diesen Wandel steht nicht die Modifikation von Verhalten oder das Durchführen einzelner Programme oder Projekte im Vordergrund, sondern die Institutionalisierung, d. h. die feste Verankerung des Gesundheitsmanagements in den Betriebsroutinen und die Systematisierung der Vorgehensweise im Sinne eines sich kontinuierlich selbst beobachtenden, lernenden Systems (Badura & Hehlmann, 2003).

In Abgrenzung zu einzelnen Maßnahmen im Rahmen betrieblicher Gesundheitsförderung wird unter betrieblichem Gesundheitsmanagement daher die Entwicklung integrierter Strukturen und Prozesse verstanden, die die gesundheitsförderliche Gestaltung von Arbeit, der Organisation und des Verhaltens am Arbeitsplatz zum Ziel haben und den Beschäftigten und dem Unternehmen gleichermaßen zugute kommt (Frieling, 2003).

2.1.2 Ein beispielhafter Projektablauf

Um zu verdeutlichen, was betriebliche Gesundheitsförderung ist und welche Aufgaben sich für den Gesundheitspsychologen ergeben, möchten wir hier den typischen Ablauf eines Gesundheitsförderungsprojektes im Betrieb beschreiben und dabei nicht versäumen, auf Fallstricke und Herausforderungen dieser Tätigkeit einzugehen.

Mitte der 1990er-Jahre gab es einen Boom in diesem Bereich, der aber sehr schnell wieder abebbte (Lehnhardt, 2003, 2004). Es bedarf also einiger Bemühungen, die Betriebe und damit die Geschäftsführungen für dieses Thema zu gewinnen. Das erfordert ein solides Marketing und beim Erstkontakt ein gewisses Maß an kaufmännischen Fähigkeiten.

Die Zurückhaltung der Betriebe liegt auch daran, dass die betriebliche Gesundheitsförderung ein Konzept ist, mit dem sich der Betrieb längerfristig bindet. Die Krankenkassen führen betriebliche Gesundheitsförderung im Rahmen von Projekten ein. Die Projektdauer beträgt je nach Betriebsgröße ein bis drei Jahre. Zudem macht es nur Sinn, solch ein Projekt durchzuführen, wenn die Geschäftsführung die Bereitschaft signalisiert, betriebliche Gesundheitsförderung als Bestandteil der Unternehmenskultur in die betrieblichen Routinen zu integrieren. Gelingt das nicht, verpuffen die positiven Effekte sehr schnell wieder. Erschwerend kommt hinzu, dass viele Geschäftsführer noch immer der Meinung sind, Gesundheit sei Privatsache, und sich somit auch nicht für die

Gesundheit ihrer Mitarbeiterinnen und Mitarbeiter verantwortlich fühlen (vgl. Bertelsmann Stiftung, Hans-Böckler-Stiftung, 2004).

Um ein wirksames Gesundheitsmanagementsystem in einem Betrieb entwickeln und dauerhaft implementieren zu können, ist deshalb insbesondere bei der Geschäftsführung Überzeugungsarbeit zu leisten. Der Berater (Gesundheitspsychologe) muss dafür sorgen, dass

- die notwendigen betriebspolitischen Vereinbarungen getroffen,
- strukturelle und planerische Rahmenbedingungen geschaffen,
- die vier Kernprozesse (Diagnose, Interventionsplanung, Intervention, Evaluation) professionell durchgeführt und
- die entsprechenden Strukturen und Prozesse in die betriebliche Routine integriert werden (Walter, 2003).

Betriebspolitische Vereinbarungen

Neben der Geschäftsführung muss auch der Betriebsrat von der Einführung des betrieblichen Gesundheitsmanagements überzeugt werden bzw. sein. Die Einstellung von Geschäftsführung und Betriebsrat stellt eine unabdingbare Voraussetzung zur Einrichtung und zum Erhalt des betrieblichen Gesundheitsmanagements dar. Eine ernsthafte Absicht, ein betriebliches Gesundheitsmanagement einzuführen, lässt sich überzeugend daran überprüfen, ob die Geschäftsführung bereit ist, die notwendigen finanziellen, infrastrukturellen, zeitlichen und personellen Ressourcen (Investitionsbereitschaft) zur Verfügung zu stellen. Durch die schriftliche Fixierung dieser Rahmenregelungen – z. B. in einer Betriebsvereinbarung – kann die Verbindlichkeit für die Einführung und die dauerhafte Verankerung des betrieblichen Gesundheitsmanagements abgesichert werden.

Strukturelle und planerische Rahmenbedingungen

Die Errichtung eines zentralen Steuerungskreises, dessen Aufgaben in einer »Treiberfunktion« und in der Entscheidungsfindung liegen, schafft die Basis für die weiteren Planungsprozesse. Aufgabe des Gesundheitspsychologen kann es hier sein (je nach Vereinbarung mit dem Betrieb), diesen neben seiner Beratungstätigkeit zu moderieren. Die Teilnehmer dieses Kreises werden vom Betrieb ausgewählt, es wird aber empfohlen, ein Mitglied der Geschäftsführung, ein Mitglied der Personalabteilung, ein Mitglied des Betriebsrates und die Sicherheitsfachkraft in diesem Steuerungsgremium vertreten zu haben. Damit betriebliches Gesundheitsmanagement zur Realisierung der angestrebten Resultate führt, bedarf es konkreter und messbarer inhaltlicher Zielsetzungen. Die gemeinsam definierten und beschlossenen Ziele sind Maßstab für alle nachfolgenden Aktivitäten und zugleich notwendige Voraussetzung für die spätere Erfolgsbewertung.

Zur Einführung des betrieblichen Gesundheitsmanagements sind zusätzlich zu dem bereits erwähnten Steuerungskreis zentrale innerbetriebliche Aufgabenträger zu benennen. Dazu gehören der Beauftragte für betriebliches Gesundheitsmanagement (in der Regel auch der Ansprechpartner für den beratenden Gesundheitspsychologen) und die Projektteams.

Vier Kernprozesse

Die Kernprozesse – bestehend aus *Diagnose, Planung, Intervention und* Evaluation – gehören zu den zentralen Qualitätsmerkmalen eines betrieblichen Gesundheitsmanagements. Sie stehen in einer zeitlich und inhaltlich logischen Abfolge und ermöglichen bei kunstgerechter Durchführung ein planvolles und zielgerichtetes Handeln (Badura, Ritter & Scherf, 1999). Die Kernprozesse sind als Lernprozesse angelegt: Aufgrund des in der Diagnose festgestellten Ist-Zustandes werden in der Planung ziel- bzw. ergebnisorientierte Interventionen ausgewählt und diese anschließend in der Interventionsphase umgesetzt. Im Rahmen der Evaluation erfolgt ein Soll-Ist-Vergleich, d. h. ein Abgleich der angestrebten Ziele mit den tatsächlich erzielten Effekten.

Es lohnt sich, diese vier Kernprozesse intensiv zu betrachten, denn ihre kunstgerechte und erfolgreiche Durchführung ist entscheidend dafür, ob es gelingt ein Managementsystem zu implementieren und damit die Gesundheitsförderung dauerhaft im Betrieb zu verankern. Dabei wird auch deutlich, dass diese Kernprozesse immer wieder ineinander greifen und nicht als getrennte Aufgaben nebeneinander stehen.

Diagnose und Planung

Im Steuerungskreis wird in der Regel das weitere Vorgehen abgestimmt. Wichtig ist es, zunächst ein umfassendes und auf die betrieblichen Bedingungen passendes Analyseverfahren auszuwählen. Mögliche Verfahren sind dabei: schriftliche oder mündliche Mitarbeiterbefragungen, bewegungsergonomische Erhebungen, Gesundheitszirkel, die Arbeitsituationserfassung usw. Ein Stichwort, das bei allen Verfahren und Vorgehensweisen im Vordergrund stehen sollte, ist die Beteiligungsorientierung. Nur die Mitarbeiterinnen und Mitarbeiter selbst können sagen, »wo der Schuh drückt«, und diese haben auch oft schon die Lösungen parat. Die Beteiligungsorientierung hat den Vorteil, dass man mit seinen Maßnahmen die Probleme der Mitarbeiter trifft und nicht den häufig fehlgeleiteten Hypothesen der Führungskräfte erliegt und am Ende keine Erfolge erntet.

Betriebliche Projekte, die darauf angelegt sind, dauerhafte Strukturen zu schaffen, brauchen die Zustimmung der gesamten Belegschaft. Es gilt also letztendlich, *alle* im Betrieb zu erreichen. Dieser Aufgabe sollte man sich frühzeitig widmen – am besten schon vor der oder parallel zur Erhebungsphase. Eine Hürde stellen dabei nicht selten die Führungskräfte der mittleren Führungsebene dar (vgl. Nieder, 2000). Sie sind von den Veränderungen, die sich durch solche Projekte ergeben, häufig stark betroffen und haben möglicherweise sogar Ängste und Befürchtungen, was da auf sie zukommen könnte. Das betrifft in der heutigen Zeit u. a. die zeitliche Komponente (hoher Zeitdruck insbesondere für Führungskräfte), aber auch die Ergebnisse der beteiligungsorientierten Analyse. Es könnte ja passieren, dass man als Führungskraft von den Mitarbeiterinnen und Mitarbeitern negativ bewertet wird.

Seminare oder Workshops zur Einführung betrieblicher Gesundheitsförderung für diese Betriebsgruppe sind eine gute Möglichkeit, die Akzeptanz für die Umsetzung eines betrieblichen Gesundheitsmanagements herzustellen. Die Inhalte sollten sich dabei auf die konkrete Planung des Betriebes beziehen und die gesundheitswissenschaftlichen Grundlagen betrieblicher Gesundheitsförderung bereitstellen. Ziel der Seminare und Workshops zur Akzeptanzsicherung betrieblicher Gesundheitsförderung im Betrieb ist es auch, Multiplikatoren zu gewinnen, die sich für die betriebliche Gesundheitsförderung einsetzen. Denn je breiter das Thema im Betrieb verankert werden kann, desto stabiler ist der Erfolg.

An dieser Stelle kann man sich darüber streiten, ob die Seminare vom Berater (Gesundheitspsychologen) selbst durchgeführt werden sollten oder besser durch andere Fachkräfte. Einige Experten befürchten, dass der Berater sich disqualifiziert, wenn er solche Maßnahmen selbst durchführt. Andere sind wiederum der Meinung, dass die Durchführung durch den Berater eher zu einer Erhöhung seines Ansehens und seiner Kompetenz führt.

Weitere Planung und Intervention

Die Analyseverfahren führen in der Regel zu den Kernthemen, mit denen sich der Betrieb weiter auseinander setzen muss. Typische Themen sind:

- psychosoziale Anforderungen, Mobbing und Konflikte, Betriebsklima, Stress, Mitarbeiterbeteiligung, Unternehmenskultur,
- Ergonomie und Arbeitsplatzgestaltung, raumklimatische Bedingungen (Wärme, Kälte, Zugluft usw.), Arbeitsinhalte,
- Verhalten der Mitarbeiterinnen und Mitarbeiter, Führungsverhalten,
- Alkohol am Arbeitsplatz, Nichtrauchen,
- Personalpolitik, Weiterbildung, Gesundheitsmaßnahmen, Organisation usw.

Bei der weiteren Planung und Bearbeitung der Analyseergebnisse steht häufig – entgegen dem zuvor beschriebenen Fokus auf Ressourcen und Schutzpotentiale – die Beseitigung der Risikofaktoren im Vordergrund. Die betrieblichen Ressourcen sollten jedoch auch bei den Analyseverfahren bewusst berücksichtigt werden – vor allem, um positive Anknüpfungspunkte aufzuspüren, mit deren Hilfe diese Themenkreise in enger Zusammenarbeit mit dem Betrieb bearbeitet werden können. Auch in dieser Phase des Projektes – der Planung der Interventionsphase – sollte die Mitarbeiterbeteiligung so groß wie möglich sein. Die ergonomische Umgestaltung eines Arbeitsplatzes z. B. sollte nicht ohne Rücksprache mit der betroffenen Mitarbeiterin/dem betroffenen Mitarbeiter erfolgen. Denn es ist möglich, dass auch objektiv optimale Arbeitsplatzgestaltungsmaßnahmen nicht zu den Bedürfnissen des dort tätigen Menschen passen. Sein physisches und psychisches Wohlbefinden sollte aber entscheidend für die Umgestaltung sein und nicht nur mathematische Parameter. Leider ist Letzteres aber immer noch betriebliche Realität, denn nur in wenigen Unternehmen gibt es eine umfassende Mitarbeiterbeteiligung.

Evaluation

Die Überprüfung des Erfolgs (Evaluation) der Maßnahmen ist eine sehr wichtige Aufgabe im Projekt. Leider wird der Erfolg betrieblicher Gesundheitsförderung oft nur am Krankenstand gemessen; dabei wird übersehen, dass dieser ein schlechter Indikator für den Erfolg ist. Die kausalen Beziehungen zwischen Krankenstand und betrieblicher Situation sind sehr unsicher, was an der konstanten Reduktion der Krankenstände in den letzten Jahren deutlich wird. Denn es kann nicht davon ausgegangen werden, dass die Krankenstände stark gesunken sind, weil in den Betrieben so viel für die Gesundheitsförderung getan wurde. Möglicherweise ist es eher so, dass die Angst um den Arbeitsplatz viele Menschen sogar krank zur Arbeit gehen lässt.

Zur Evaluation eines Projektes sollte deshalb auch das subjektive Empfinden der Mitarbeiter und Mitarbeiterinnen hinzugezogen werden, denn im Sinne des modernen Verständnisses von Gesundheit ist dieses entscheidend für das Wohlbefinden am Arbeitsplatz und damit auch für Motivation und Produktivität. Viele Berater und Beraterinnen versäumen es, die Mitarbeiter und Mitarbeiterinnen frühzeitig einzuplanen. Diese Aufgabe aber rechtzeitig vorzubereiten, z. B. durch eine Vorabbefragung der Mitarbeiter bzw. durch die Ermöglichung eines Vorher-Nachher-Abgleichs, lohnt sich aus zwei Gründen. Die eigene Beratungstätigkeit kann damit bestätigt werden und nachweislich erfolgreiche Projekte haben Werbecharakter für weitere Unternehmen.

Viele Berater und Beraterinnen schließen an dieser Stelle das Projekt ab und »verabschieden sich« aus dem Unternehmen. Dabei ist es gerade hier sehr wichtig, dass der Übergang vom Projekt zum Managementsystem und somit zur dauerhaften Einrichtung der betrieblichen Gesundheitsförderung gelingt. Sinnvoll ist es deshalb, die Begleitung auf jeden Fall noch solange aufrecht zu erhalten, bis die Systeme etabliert sind und es keiner äußeren Unterstützung mehr bedarf. Erst dann, wenn der Betrieb wirklich eigenständig die vier Kernprozesse immer wieder durchläuft, kann man von einem betrieblichen Gesundheitsmanagement sprechen.

2.1.3 Zukunftsaussichten für Gesundheitspsychologen in der Betrieblichen Gesundheitsförderung

An dem zuvor beschriebenen Ablauf lässt sich die Vielfalt der Aufgaben erahnen, die in der betrieblichen Gesundheitsförderung zu bewältigen sind. Es erfordert schon ein Mindestmaß an Wissen in den verschiedensten Disziplinen, wie Betriebswirtschaftslehre, Psychologie, Gesundheitswissenschaften, Arbeitsschutz usw., um allen Anforderungen gerecht werden zu können. Dadurch ist diese Tätigkeit aber auch sehr interessant und stellt vor allem für den Berufsanfänger eine große Herausforderung dar.

Gleichzeitig kann es sinnvoll sein, sich Schwerpunkte zu setzen, so dass man bei wichtigen Kernthemen – z. B. Betriebsklima, Stressbewältigung, Führungskräfteverhalten – nicht nur gegebenenfalls die Maßnahmen selbst durchführen könnte, sondern vor allem in der Lage ist, inhaltlich kompetent aufzutreten.

Die Zukunft der betrieblichen Gesundheitsförderung ist jedoch immer noch nicht endgültig geklärt. Glaubt man der Politik, so soll die betriebliche Gesundheitsförderung gesellschaftlich noch stärker verankert werden. Möglicherweise werden dann auch in den Betrieben selbst Beauftragte für diese Aufgabe eingestellt. Dieses Aufgabenfeld lässt sich natürlich hervorragend durch Gesundheits- oder Arbeits- und Organisationspsychologen besetzen, wobei diese innerbetrieblich (je nach Betriebsgröße) auch weitere personalrelevante Aufgaben abdecken könnten.

2.1.4 Persönliche Erfahrungen mit diesem Berufsfeld

An dieser Stelle möchte ich kurz den eigenen Werdegang beschreiben. 1985 habe ich – wie so viele andere auch – mein Studium mit dem Wunsch begonnen, später in der klinischen Psychologie zu arbeiten. Spätestens im Vordiplom wurde mir jedoch klar, dass es nur mit entsprechenden Zusatzqualifikationen möglich ist, in diesem Bereich Fuß zu fassen. Es fehlte mir aber das nötige Kapital, um eine Therapieausbildung zu starten. Deshalb habe ich nach längerer Überlegung die Richtung Arbeits-, Betriebs- und Organisationspsychologie eingeschlagen.

Gleich nach dem Diplom bewarb ich mich bei der FAW-Köln um eine einjährige Weiterbildung zur Arbeits-, Betriebs- und Organisationspsychologin. Ich wollte mich so schnell wie möglich selbstständig machen und hatte die Idee, eine Unternehmensberatung zu gründen. Während der Zeit in Köln wurde aber deutlich, dass dieses Unterfangen – auf einem sehr schnell wachsenden Markt (Anfang der 1990er-Jahre boomte die Beratungsbranche) – sehr schwierig werden würde.

Um Erfahrungen zu sammeln und nicht allein starten zu müssen, begann ich bei der Unternehmensberatung (Institut für Betriebslinguistik), bei der ich auch das für die Weiterbildung erforderliche Praktikum absolvierte. Ich half, den Bereich »Selbstmanagement« aufzubauen, jedoch ohne eine Vergütung aus dem Institut zu erhalten. Ich hatte aber die Möglichkeit, die Räume und die Logistik dort zu nutzen.

Anfang 1995 sprach mich dann ein Kollege aus Bonn an, ob ich mich nicht bei der

AOK in Cloppenburg bewerben wolle. Hier würden Mitarbeiter im Bereich der betrieblichen Gesundheitsförderung gesucht. Da ich immer noch keine Vergütung aus meiner Tätigkeit bezog, bewarb ich mich. Ich war sehr froh, dass ich nicht eingestellt wurde, denn mein Mann und ich waren gerade mit dem Bau unseres Hauses fertig, und ich hätte mir in Cloppenburg wegen der Entfernung (ca. 200 km) eine Wohnung nehmen müssen. Diese Bewerbung führte dann zu einem glücklichen Zufall: Meine Schwägerin erzählte einem Bekannten, dass ich mich bei der AOK beworben hätte, und sie erwähnte auch, auf welche Position. Das führte dazu, dass dieser AOK-Mitarbeiter – und jetzt lieber Kollege – sie informierte, dass es jetzt auch in der AOK Gütersloh eine solche Position gäbe und das Bewerbungsverfahren gerade liefe. Ich bewarb mich sofort und bekam auch einen Vorstellungstermin, der ebenfalls sehr glücklich dazu führte, dass ich nicht in einer anderen Regionaldirektion, sondern in Gütersloh als Projektkoordinatorin eingestellt wurde – 13 km von unserem neuen Heim entfernt.

Hier arbeite ich nun schon seit fast zwölf Jahren und freue mich über einen interessanten und immer noch herausfordernden Beruf. Denn eines kann man sagen: Wenn man sich engagiert und mit Freude und Idealismus an diese Aufgabe herangeht, kann sie nicht zur langweiligen Routine werden. Auch wenn es augenscheinlich immer die gleichen Verfahrenstechniken (Gesundheitszirkel, Mitarbeiterbefragung usw.) sind, die angewendet werden, so bestimmt letztendlich die betriebliche Situation der betreuten Unternehmen, wie mit diesen Verfahren umgegangen werden kann. Diese Tätigkeit erfordert unter anderem deshalb ein hohes Maß an Stressmanagement und teilweise auch Frustrationstoleranz. Besonders, wenn man es als Ansporn betrachtet, auch in den Unternehmen erfolgreich betriebliches Gesundheitsmanagement einzu-

führen, in denen der Gegenwind eher groß ist, erlebt man ab und an Niederlagen. Dann aber neu durchzustarten und durch viel Phantasie und Geschick doch noch zum Erfolg zu kommen, ist für mich immer wieder eine willkommene Herausforderung.

2.1.5 Aufstiegschancen

Aufstiegschancen in diesem Bereich gibt es in den meisten Institutionen eher nicht – es sei denn, diese sind sehr stark hierarchisch gestaltet. In der Regel ist man als Spezialist Einzelkämpfer in den Institutionen und hat oft schon eine herausgehobene Stellung.

2.1.6 Tagesablauf in der betrieblichen Gesundheitsförderung

Der Tagesablauf in der betrieblichen Gesundheitsförderung ist meistens unregelmäßig. Man ist häufig unterwegs und die Bürozeiten muss man sich im Rahmen eines guten Zeitmanagements bewusst einrichten. Es kommt auch vor, dass man zu ungewöhnlichen Zeiten tätig wird, z. B., wenn es darum geht, die Mitarbeiter einer Nachtschicht zu interviewen, oder wenn Termine in einem Betrieb nur sehr früh morgens durchgeführt werden können. Typisch für diese Tätigkeit ist es, dass sie jeden Tag und jede Woche andere Aufgaben und Strukturen für einen bereithält.

2.1.7 Persönliche Eigenschaften, die in der betrieblichen Gesundheitsförderung hilfreich sind

Neben der Stresstoleranz und dem guten Zeitmanagement braucht man auch noch Flexibilität in der Kommunikation – man muss in der Lage sein, sowohl mit dem Geschäftsführer als auch mit dem Mitarbeiter, der sprachliche Einschränkungen hat, angemessen zu kommunizieren . Weiterhin ist es erforderlich, sicher und diplomatisch aufzutreten. Das Stichwort »Generalist« beschreibt sehr gut, mit welchen Themenkreisen man souverän umgehen muss. Je mehr Wissen man in den Bereichen Betrieb, Psychologie, Prävention und Gesundheit erwirbt, desto leichter fällt es einem, diese Aufgabe zu bewältigen. Das bedeutet, wie bei jedem anderen psychologischen Beruf auch, dass ein permanentes Lernen erforderlich ist.

2.2 Primärprävention in Krankenkassen

Oliver Vogel

Ein weiteres Einsatzfeld für Psychologen in der Gesundheitsprävention und Gesundheitsförderung ist die Durchführung von Kursen der Verhaltensprävention. Wenn das deutsche Gesundheitssystem vorausschauend gesichert werden soll, ist es notwendig, neben den lebensweltbezogenen Ansätzen, wie sie z. B. durch die betriebliche Gesundheitsförderung repräsentiert werden, auch das Verhalten von Menschen gesünder zu gestalten.

Die Verhaltensprävention zielt demzufolge auch darauf ab, die im persönlichen Lebensstil verankerten Risikofaktoren zu beeinflussen bzw. Risiken zu verhindern und persönliche Ressourcen zu erschließen. Dies kann neben der Information und Aufklärung über gesundheitliche Risiken auch im Vermitteln von Bewältigungstechniken oder Handlungskompetenzen geschehen. Sind die Bereiche Information und Aufklärung in Deutschland traditionell eher bei der Bundesregierung und den Trägern der Sozialversicherungen angesiedelt, so lassen sich Techniken und Kompetenzen z. B. auch in Sportvereinen, Yogaschulen oder Fitnessstudios erlernen.

Seit den 1980er-Jahren entwickelten insbesondere die gesetzlichen Krankenkassen eigene Strukturen zur Primärprävention.

Ziel war es, die Versicherten mit Angeboten zur Prävention zu versorgen, um einen gesünderen Lebensstil zu fördern. Nachdem dies 1996 durch den Gesetzgeber aufgrund von ausufernden und teils fragwürdigen Maßnahmen eingeschränkt wurde, haben die Krankenkassen erst seit 2000 wieder die Möglichkeit, in diesem Bereich aktiv zu sein. Hierbei unterliegen sie den Auflagen des Gesetzgebers, nach denen Leistungen zur Primärprävention »den allgemeinen Gesundheitszustand verbessern und insbesondere einen Beitrag zur Verminderung sozial bedingter Ungleichheit von Gesundheitschancen erbringen. Die Spitzenverbände der Krankenkassen beschließen gemeinsam und einheitlich unter Einbeziehung unabhängigen Sachverstandes prioritäre Handlungsfelder und Kriterien für Leistungen nach Satz 1, insbesondere hinsichtlich Bedarf, Zielgruppen, Zugangswegen, Inhalten und Methodik« (§ 20, SGB V).

Bei der Umsetzung dieser Auflagen erarbeiten Psychologen beispielsweise Konzepte zu standardisierten Gesundheitsprogrammen oder überprüfen durch Expertisen, Evaluationen oder Analysen die Wirksamkeit solcher Programme. Hierzu haben die gesetzlichen Krankenkassen die »gemeinsamen und einheitlichen Handlungsfelder und Kriterien der Spitzenverbände der Krankenkassen zur Umsetzung von § 20 Abs. 1 und 2 SGB V vom 21. Juni in der Fassung vom 15. Juni 2006« (GKV-Leitfaden) formuliert. In diesem Leitfaden sind die genauen Zugangs- und Qualifikationsvoraussetzungen, Kriterien und Rahmenbedingungen für das Durchführen von Primärpräventionskursen beschrieben.

Weitere Einsatzgebiete von Psychologen in der gesetzlichen Krankenversicherung können u. a. die Durchführung von Kursen zur Primärprävention bzw. die Schulung von Kursleitern auf diese Programme und die Prüfung von fremden Angeboten anhand der Kriterien des GKV-Leitfadens sein.

Vorrangig sind für Psychologen in diesem Leitfaden die Handlungsfelder »Stressbewältigung/Entspannung« und »Suchtmittelkonsum« von Interesse. Das Ziel der individuellen Maßnahmen des ersten Handlungsfeldes ist die Verbesserung der individuellen Stressbewältigung. Hierbei lassen sich drei Hauptwege unterscheiden: das instrumentelle, das kognitive und das palliativ-regenerative Stressmanagement. Wissenschaftliche Grundlagen dieser Interventionen sind u. a. die biomedizinische Stressforschung und die transaktionalen Stressmodelle. Das Handlungsfeld »Suchtmittelkonsum« befasst sich mit den Abhängigkeiten von legalen wie illegalen Suchtstoffen. In der Praxis sind die meisten Maßnahmen allerdings auf Nikotin und Alkohol ausgerichtet.

Vor dem Hintergrund einer steigenden Anzahl von durchgeführten Primärpräventionskursen in den vergangenen Jahren, insbesondere in den aufgeführten Handlungsfeldern (vgl. »Leistungen der Gesetzlichen Krankenversicherung in der Primärprävention und Betrieblichen Gesundheitsförderung, Dokumentation 2004«, Köln), sind die Aussichten für Psychologen in diesen Bereichen aktuell recht gut. Je nachdem, wie sich die gesetzlichen Rahmenbedingungen zur Prävention in Deutschland weiterentwickeln werden – für 2007 wurde von der Bundesregierung ein umfassendes Präventionsgesetz angedacht –, ist es denkbar, dass es im Bereich der gesetzlichen Krankenversicherung durchaus noch weitere Stellenangebote geben wird. Unabhängig davon ist es auch möglich, sich als Anbieter von Kursangeboten ein Standbein aufzubauen.

2.3 Gesundheitspsychologie im Rahmen der sportwissenschaftlichen Lehr- und Forschungstätigkeit an einer Universität

Iris Pahmeier

Die grundlegende Frage, die sich ein aufmerksamer Leser dieses Beitrages stellen könnte, ist die, was eine Professorin für Sportwissenschaft mit dem Bereich der Gesundheitspsychologie zu tun hat. Ich möchte versuchen, diese Frage nachfolgend anhand meines beruflichen autobiographischen Werdegangs zu beantworten. Dabei wird sicherlich sehr schnell ersichtlich, dass dieser Werdegang eng verflochten ist mit den obigen Ausführungen zur Entwicklung der Wissenschaftsgebiete Gesundheitspsychologie, Gesundheitspädagogik, Sportpsychologie und zu deren theoretischen Wurzeln sowie zur Entwicklung auf dem Arbeitsmarkt. Ein Großteil meiner theoretischen, wissenschaftlichen, aber auch praktischen Beratungs- und Ausbildungstätigkeit basiert auf den Schnittstellen zwischen Sport, Gesundheit und Psychologie.

Die Entscheidung für meinen Werdegang ist geprägt durch das seit meiner Examensarbeit bestehende Interesse zum einen an Fragen der Motivation zum Sport und zum anderen zu dem sich etablierenden Setting Gesundheits- und Rehabilitationssport. Dieses Interesse resultiert aus der Tatsache, dass ich sowohl Sportwissenschaft für das Lehramt als auch Diplompsychologie studiert habe, letzteres mit einem Schwerpunkt im Bereich der klinischen Psychologie, und ich daran anschließend bzw. parallel dazu Ausbildungen in Psychotherapie (Gesprächs-, Verhaltens-) sowie Tanz- und Bewegungspsychotherapie absolvierte.

Bereits in meiner Staatsexamensarbeit und später dann intensiver in meiner Promotion habe ich mich mit dem Bereich Gesundheitssport beschäftigt. Ein solches Sportsetting gab es Mitte der 1980er-Jahre allerdings noch nicht, sondern es befand sich im Zuge allgemeiner gesundheitspolitischer Veränderungen in der Entwicklung. Thema der Dissertation war »Die Bewältigung gesundheitlicher Beeinträchtigungen durch sportliche Aktivität«. Sehr schnell wurde unserer damaligen Arbeitsgruppe klar, dass dieses Setting bislang weder theoretisch noch praktisch aufgearbeitet, geschweige denn sportpolitisch etabliert war. Der Praxisbezug unserer Tätigkeit war hoch, da wir Zielgruppen spezifizierten und sportspezifische Inhalte sowie ihre rahmenstrukturellen Bedingungen im Krankheits-, Gesundheits- und Sportsystem (Stichwort Vernetzung) erarbeiteten. Theoretische Untermauerung fanden wir in den ersten amerikanischen und deutschen Lehrbüchern zur Gesundheitspsychologie, aber auch der Rehabilitations- und Psychotherapie sowie der Motivationspsychologie. In der Sportpraxis schulten wir uns im Bereich der Krankengymnastik, der funktionellen Gymnastik, der Massage und der Entspannungstechniken.

Unsere Arbeitsgruppe um Professor Brehm (Lehrstuhlinhaber Sportwissenschaft an der Universität Bayreuth) arbeitete und arbeitet nach wie vor auf mehreren Sektoren gleichzeitig: Wir

- *entwickelten* ein bewegungs- und zielgruppenspezifisches Gesundheitssportprogramm (in Abhängigkeit vom Beschwerdestatus bzw. Gesundheitsstatus Betroffener); ich selbst habe zwischenzeitlich mit anderen Kollegen für die Wirtschaft weitere Gesundheitssportprogramme entwickelt, eines für Personen mit Übergewicht, eines für Personen mit Rückenbeschwerden und aktuell ein Alterssportprogramm;
- *implementierten* ein an der »new public health« und der Gesundheitspsychologie angelehntes heuristisches Modell der »Qualitäten einer Gesundheitsförderung

durch sportliche Aktivierung«. Diese theoretische Konzeption von Gesundheitssport in Deutschland und die Etablierung seiner Gütekriterien beinhalten die Kernpunkte 1. Stärkung physischer Gesundheitsressourcen, 2. Verminderung von Risikofaktoren, 3. Stärkung psychosozialer Gesundheitsressourcen, 4. Bewältigung von Beschwerden und Missbefinden, 5. Bindung an gesundheitssportliches Verhalten und 6. die Schaffung und Optimierung unterstützender Settings. Diese sind mittlerweile in die Statuten des Deutschen Olympischen Sportbundes (DOSB) als Qualitätsziele von Gesundheitssport eingegangen und gelten beim Deutschen Turnerbund (DTB) als Kernziele, an denen die Güte von Gesundheitssportprogrammen für die Zertifizierung geprüft wird (Brehm & Bös, 2006);
- *konzipierten* Kursleiterschulungen und schrieben entsprechende Kursmanuale und führten die Schulungen durch;
- *versuchten uns in der strukturellen Vernetzung* von Institutionen des Gesundheitssystems (Brehm & Pahmeier, 1992). Einer meiner Kollegen ist zwischenzeitlich als Referent einer großen Krankenkasse für den Bereich Bewegungsprävention tätig und maßgeblich verantwortlich für die Formulierung der »Gemeinsamen und einheitlichen Handlungsfelder und Kriterien der Spitzenverbände der Krankenkassen zur Umsetzung von § 20 Abs. 1 und 2 SGB V vom 21. Juni in der Fassung vom 15. Juni 2006 (GKV-Leitfaden)«
- und *evaluierten* in diversen Studien die entwickelten Programme (Pahmeier, Tiemann & Brehm, 2006). Solche Evaluationsaufträge führen Mitglieder der Arbeitsgruppe weiterhin durch.

Parallel erfolgten eine Vernetzung zur Forschungs- und Arbeitsgruppe um Prof. Bös (Lehrstuhlinhaber Sportwissenschaft an der

Universität Karlsruhe) sowie gesundheitssportpolitische Aktivitäten, die in der Gründung einer Kommission »Gesundheit« in der Deutschen Vereinigung für Sportwissenschaft ihre Institutionalisierung fand. Mitglieder unserer Arbeitsgruppen – ich selbst zähle auch dazu – sind derzeit als Berater im wissenschaftlichen Beirat Gesundheitssport des DTB tätig. Aktuell haben wir ein Messinstrument zur Bewertung und Qualifizierung von Programmen des Gesundheitssports erarbeitet, das sich derzeit in der Testung befindet.

2.3.1 Persönliche Anmerkungen, Kompetenzen für und Erfahrungen mit diesem Berufsfeld

Die beschriebene Entwicklung und die sich daraus ergebenen Tätigkeiten – die ich nach wie vor sowohl an der Hochschule als auch in den Sportverbänden und in der Wirtschaft (u. a. Fitness- und Wellnessmarkt und Unternehmen) ausübe – sind aus meiner Sicht nur denkbar, weil sich u. a. in meiner Person mehrere Wissens- und Kompetenzbereiche gebündelt haben: Kompetenzen in der Sportpraxis, bewegungspsychotherapeutisches Können, wissenschaftliche Kenntnisse aus den Bereichen Sport einerseits und Psychologie (mit entsprechenden Schwerpunkten) andererseits; die Kompetenz, Wissensgebiete interdisziplinär verzahnen und dieses praktisch handelnd auch umsetzen zu können.

Die oben ausgeführten Kompetenzen stellen heute einige zentrale Tätigkeitsfelder meines Berufes dar. Besonders wichtig sind mir: *Lehren und Unterrichten, Forschen und Evaluieren, Beraten, Entwickeln von Konzepten, Programmen und Messinstrumenten.*

Im Rahmen meiner Lehrtätigkeit führe ich nach wie vor auch praktischen Unterricht in der Sport- und Gymnastikhalle durch. Die gesundheitspsychologische Lehr-, Beratungs- und Therapiearbeit beginnt, wenn ich den Studierenden, den Seminarteilnehmern, den Führungskräften im sportlichen Tun die zugrunde liegenden psychischen Mechanismen verdeutliche. So werden beispielsweise psychosoziale Ressourcen (z. B. Emotion, Stimmung, Selbstkompetenz, Gruppenzugehörigkeit) erfahrbar durch Rollenspiele in vivo, Reflexion des Erlebten und sich anschließender Aufarbeitung der methodischen Inszenierung. Das Thema Motivation, Bindung, Verhaltensveränderung und -stabilisierung wird ebenfalls direkt während der sportlichen Auseinandersetzung in ähnlicher Form thematisiert.

Der Beruf einer Professorin für Sportwissenschaft (mit einem Schwerpunkt Sport und Gesundheit und einem weiteren der Sportpsychologie) charakterisiert sich nach wie vor durch eine große inhaltliche Themenfreiheit, Ortsungebundenheit und ein individuelles Zeitmanagement. Diese Rahmenbedingungen ermöglichen es meines Erachtens erst, kreativ, interdisziplinär und visionär zu arbeiten; sie erfordern gleichzeitig jedoch ein hohes Maß an Selbstdisziplin. Förderlich ist zudem die Möglichkeit, als Sportwissenschaftlerin mit vielen Institutionen des institutionalisierten und des kommerziellen Sports, Einrichtungen des Gesundheits- und Krankheitssektors, Verwaltungen, Behörden und Ministerien, aber auch der Wirtschaft mit dem Thema Sport/Bewegung und Gesundheit in Kontakt treten zu können.

3 Qualifikationen für die Gesundheitspsychologie: Aus- und Fortbildung

Es gibt folgende Möglichkeiten zur Aus- und Fortbildung in Gesundheitspsychologie (und in Gesundheitswissenschaften).

3.1 Gesundheitspsychologie im Studium

Die Gesundheitspsychologie ist die derzeit wohl am schnellsten wachsende Disziplin innerhalb der psychologischen Anwendungsfelder. Nachdem der Bereich erstmals als Wahlpflichtfach an der Freien Universität Berlin im Jahr 1988 angeboten wurde, kann die Gesundheitspsychologie als Anwendungsfach in den meisten Diplomstudiengängen Psychologie in Deutschland, Österreich und der Schweiz studiert werden. Das Fach wird jedoch auch in den Curricula anderer Studiengänge, wie Sozial- und Erziehungswissenschaft, Public Health, Lehramtsstudiengängen, Medizinischer Psychologie sowie Pflege- und Ernährungswissenschaft, aufgeführt.

Mit der Umstellung der Studienstrukturen auf Bachelor- und Masterabschlüsse wird es zukünftig sicherlich auch möglich sein, Gesundheitspsychologie als eigenständiges Anwendungsfach mit entsprechender Zertifizierung zu studieren (vgl. Österreich »Gesundheitspsychologe«; die APA hat die Clinical Health Psychology als professionelle Spezialität anerkannt). An dieser Stelle werden die Universitäten gefragt sein, innovative eigenständige Profile zu entwickeln.

Das amerikanische Ausbildungswesen und der dortige Arbeitsmarkt können als Vorreiter gelten. An nordamerikanischen Universitäten besteht bereits seit mehr als 25 Jahren der Studiengang »Health Psychology«. Auf europäischer Ebene hat die EHPS im Jahr 2000 eine Umfrage veröffentlicht, die dokumentiert, dass in den teilnehmenden 23 Ländern insgesamt 133 Ausbildungsprogramme verzeichnet waren. Davon waren 86 für Diplomanden (Master) und 47 für Doktoranden eingerichtet (Schwarzer, 2005b). Beispielhaft für zukunftsweisende Ausbildungsangebote sind die Programme in Großbritannien und den Niederlanden. Dort gibt es ein etabliertes und standardisiertes Lehrangebot in Gesundheitspsychologie im Rahmen der universitären Psychologieausbildung. Als Beispiel für eine zukunftsweisende Entwicklung europäischer und internationaler Studiengänge sei an dieser Stelle auf den Studiengang »Health Psychology« (MSc) als Master-Studium an der Universität Leiden in den Niederlanden verwiesen (www.leiden.edu/index.php3).

3.2 Fortbildung in Gesundheitspsychologie

Die Fortbildung »Psychologische Gesundheitsförderung« wird seit 1995 von der Deutschen Psychologen Akademie GmbH (DPA) angeboten und basiert auf dem Konzept, das vom BDP (Bundesausschuss Gesundheitspsychologie und Arbeitskreis Psychologische Gesundheitsförderung und Prävention) gemeinsam mit der Deutschen Gesellschaft für Psychologie (Fachgruppe Gesundheitspsychologie) und der Deutschen Gesellschaft für Medizinische Psychologie entwickelt worden ist. Die Fortbildung wendet sich an Psychologen, die in der psychologischen Gesundheitsförderung berufstätig werden wollen oder schon berufstätig sind. Ziel ist zum einen die Kenntniserweiterung im Bereich der Gesundheitspsychologie sowie das Erlangen von Handlungskompetenzen für unterschiedliche Felder der Gesundheitsförderung. Zum anderen sollen Qualifikationen für eine eigenständige und selbstverantwortliche Berufsfähigkeit im Feld Gesundheit (wie personenzentrierte Gesundheitsförderung: Verhaltensprävention; strukturzentrierte Gesundheitsförderung: Settingorientierung und Management in Gesundheitsförderung) ausgewiesen werden.

3.3 Weiterbildung in Gesundheitsförderung

Unter diese Form der Weiterbildung fallen beispielsweise gesundheitswissenschaftliche Studiengänge, die postgradual studiert werden. Zumeist werden sie interdisziplinär und berufsbegleitend über zwei Jahre angeboten. Am populärsten ist der Master of Public Health, der mittlerweile an diversen Hochschulstandorten angeboten wird (zum Überblick siehe die Auskünfte der Deutschen Koordinierungsstelle für Gesundheitswissenschaften unter www2.ruf.uni-freiburg.de/medsoz/dkgw/studiengänge.htm).

3.4 Fortbildung für Gesundheitstrainings

Rieländer und Scharnhorst (2005) führen mehrere qualitätsgesicherte, mit Markennamen versehene Gesundheitstrainings auf. Diese evaluierten Programme sind von entsprechend geschulten Kursleitern durchzuführen und können von den Krankenkassen bezuschusst werden. Nachstehend werden die derzeit etabliertesten Gesundheitstrainings aufgeführt:

- Entspannungsverfahren autogenes Training und progressive Relaxation. Schulung durch die Fachgruppe Entspannungsverfahren der Sektion Klinische Psychologie (www.entspannungsverfahren.com) und durch die DPA
- Stressbewältigungstrainings »Gelassen und sicher im Stress« (Kaluza). Schulung durch die DPAF (www.dpa-bdp.de)
- »Multimodale Stresskompetenz« (Scholz). Schulung durch die Fachgruppe Entspannungsverfahren der Sektion Klinische Psychologie (www.entspannungsverfahren.com/pdf/leitlinien_stress.pdf)

- »Positiver Umgang mit Stress« (Wagner-Link)(www.mensch-und-management.de/content/sem10.htm)
- Stressbewältigung für Kinder »Bleib locker« (Lohaus)
- Ernährungstraining »Abnehmen – aber mit Vernunft«. Schulung durch das IFT München
- Raucherentwöhnungstraining »Eine Chance für Raucher – Rauchfrei in 10 Schritten«. Schulung durch das IFT München (www.ftausbildung.de/praevention/rauchfreir.htm)
- Das in Rehabilitationskliniken durchgeführte VDR-Programm »Aktiv Gesundheit fördern«. Schulung durch den VDR (www.vdr.de)
- Schmerzbewältigungstrainings-Schulung durch die DPA (www.dpa-bdp.de)

4 Informationen

4.1 Fachgesellschaften

4.1.1 Wissenschaftliche Fachgesellschaften

- Die amerikanische Fachgruppe ist eine der größten der Welt und gilt als Wiege der universitären Etablierung des Faches. Gleichzeitig fand eine parallele Gründung einer Gesellschaft für Verhaltensmedizin statt, diese wurde allerdings von einer breiteren Basis von Wissenschaftlern getragen und versteht sich als interdisziplinäre Einrichtung. Inhalte und Ziele beider Vereinigungen überschneiden sich in weiten Teilen.
  Division 38 »Health Psychology« der American Psychological Association (APA) (www.health-psych.org/)
  Society of Behavioral Medicine (www.sbmweb.org)

- Ausgehend von einer Japanischen Initiative wurde im Jahr 2000 eine umfassende asiatische Gesellschaft gegründet.
Asian Health Psychology Society (AHPS)

- Die europäische Gesellschaft gründete sich in Folge einer ersten Tagung 1986. Maßgeblich waren Wissenschaftler aus Großbritannien, den Niederlanden, Belgien und Deutschland beteiligt, die dann wiederum in ihren europäischen Heimatländern entsprechende Gründungen vorantrieben.
European Health Psychology Society (EHPS) (www.ehps.net)

- Die Fachgruppe Gesundheitspsychologie wurde 1992 innerhalb der Deutschen Gesellschaft für Psychologie gegründet.
Fachgruppe Gesundheitspsychologie der Deutschen Gesellschaft für Psychologie (www.gesundheitspsychologie.net)
Die Fachgruppe organisiert Workshops und Konferenzen, widmet sich der Nachwuchsförderung und stellt ein breites Netzwerk für grundlagenorientierte und anwendungsorientierte gesundheitspsychologische Forschung zur Verfügung.

- Es gibt darüber hinaus eine Literaturdatenbank gesundheitspsychologischer Qualifikationsarbeiten (GESUPSYLIT), die entsprechende Arbeiten dokumentiert.

4.1.2 Berufliche Fachgesellschaften

Der Bund Deutscher Psychologen (BDP) als Berufsverband der Psychologen und Psychologinnen führt den Bereich Gesundheitspsychologie unter der Sektion Gesundheitspsychologie – Umweltpsychologie – Schriftpsychologie (G. U. S.). Unter www.bdp-gus.de finden Interessierte unter dem Link Gesundheitspsychologie Informationen zur Definition und Orientierung der Gesundheitspsychologie, Leitsätze zur psy-

chologischen Gesundheitsförderung, gesellschaftliche Aufgaben für die Gesundheitspsychologie, Informationen zur Aus- und Fortbildung und zum Berufsfeld sowie Vernetzungen zu nationalen und internationalen wissenschaftlichen Fachgesellschaften.

4.2 Zeitschriften und Publikationen

Nachfolgend sind die wichtigsten internationalen Zeitschriften gelistet:

- Health Psychology
- Psychology and Health
- Journal of Health Psychology
- Psychology, Health and Medicine
- British Journal of Health Psychology
- Asian Journal of Health Psychology
- Journal of Occupational Health Psychology

Im deutschsprachigen Raum erscheint seit 1993

- Zeitschrift für Gesundheitspsychologie

Im Verlag für Psychologie erscheint seit 1992 eine Buchreihe mit dem Titel »*Gesundheitspsychologie*«.

Literatur

Antonovsky, A. (1997). *Salutogenese – Zur Entmystifizierung der Gesundheit*. Tübingen: DGVT-Verlag.

Badura, B. & Hehlmann, T. (2003). *Betriebliche Gesundheitspolitik*. Berlin: Springer-Verlag.

Badura, B., Münch, E. & Ritter, W. (1997). *Partnerschaftliche Unternehmenskultur und betriebliche Gesundheitspolitik*. Gütersloh: Verl. Bertelsmann Stiftung.

Badura, B., Ritter, W. & Scherf, M. (1999). *Betriebliches Gesundheitsmanagement – ein Leitfaden für die Praxis*. Berlin: Edition Sigma.

Becker, P. & Minsel, B. (1986). *Psychologie der seelischen Gesundheit. Bd. 2 Persönlichkeits-psychologische Grundlagen, Bedingungsanalysen und Förderungsmöglichkeiten*. Göttingen: Hogrefe.

Bertelsmann Stiftung, Hans-Böckler-Stiftung (Hrsg.) (2004). *Zukunftsfähige betriebliche Gesundheitspolitik*. Gütersloh: Verlag Bertelsmann Stiftung.

Brehm, W. & Bös, K. (2006). Gesundheitssport: ein zentrales Element der Prävention und der Gesundheitsförderung. In K. Bös & W. Brehm (Hrsg.), *Handbuch Gesundheitssport* (S. 9–28). Schorndorf: Hofmann.

Brehm, W. & Pahmeier, I. (1992). *Gesundheitsförderung durch sportliche Aktivierung als gemeinsame Aufgabe von Ärzten, Krankenkassen und Sportvereinen*. Bielefeld: IDIS.

Bundeszentrale für gesundheitliche Aufklärung (Hrsg.) (2001). *Was erhält Menschen gesund? Antonovskys Modell der Salutogenese – Diskussionsstand und Stellenwert*. Köln: BZgA.

Deutscher Bundestag (1996). *Gesetz über die Durchführung von Maßnahmen des Arbeitsschutzes zur Verbesserung der Sicherheit und des Gesundheitsschutzes der Beschäftigten bei der Arbeit (Arbeitsschutzgesetz – ArbSchG); zuletzt geändert durch Art. 11 Nr. 20 G v. 30. 7.2004 I 1950. BGBl I 1996, 1246.*

Frieling, E. (2003). *Handlungsbedarf und Maßnahmen zur Förderung der betrieblichen Gesundheitspolitik*. Abschlussbericht der Arbeitsgruppe 1 der Expertenkommission »Betriebliche Gesundheitspolitik« der Bertelsmann Stiftung und der Hans-Böckler-Stiftung. Gütersloh: Verlag Bertelsmann Stiftung.

Jerusalem, M. & Weber, H. (Hrsg.) (2003). *Psychologische Gesundheitsförderung*. Göttingen: Hogrefe.

Krüger, W., Müller, P. & Stegemann, K. (1998). *Kosten-Nutzen-Analyse von Gesundheitsförderungsmaßnahmen*. Bremerhaven: Wirtschaftsverlag NW Verlag für neue Wissenschaft GmbH (Schriftenreihe der Bundesanstalt für Arbeitsschutz und Arbeitsmedizin: Forschungsbericht).

Lenhardt, U. (2003). *Der Beitrag von Trägern der gesetzlichen Unfallversicherung und der gesetzlichen Krankenversicherung zur Entwicklung einer zeitgemäßen betrieblichen Gesundheitspolitik – Probleme und Entwicklungspotenziale*. Expertise für die Expertenkommission »Betriebliche Gesundheitspolitik« der Bertelsmann Stiftung und der Hans-Böckler-Stiftung.

Lenhardt, U. (2004). Präventionsbericht 2002: Betriebliche Gesundheitsförderung im Aufwind? *Bremer Arbeitnehmer Magazin, 1,* 14–26.

Nieder, P. (2000). Führung und Gesundheit. Die Rolle der Vorgesetzten im Gesundheitsmanagement. In U. Brandenburg, P. Nieder & B. Susen (Hg.), *Gesundheitsmanagement im Unternehmen*. Weinheim: Juventa Verlag.

Pahmeier, I., Tiemann, M. & Brehm, W. (2006). Multiple Beschwerden. In K. Bös & W. Brehm (Hrsg.), *Handbuch Gesundheitssport* (S. 427–440). Schorndorf: Hofmann.

Reschke, K. (1997). Gesundheitspsychologie – Professionalisierung im Berufsfeld durch Wissenschaftsentwicklung. In R. Weitkunat, J. Haisch & M. Kessler (Hrsg.), *Public Health und Gesundheitspsychologie* (S. 474–483). Bern, Göttingen: Verlag Hans Huber.

Rieländer, M. & Scharnhorst (2005). Perspektiven für Gesundheitspsychologen: Arbeitsmarkt und Qualifikationsmöglichkeiten. In M. Rieländer & J. Scharnhorst (Hrsg.), *Psychologische Berufsfelder zur Förderung von Gesundheit – Neue Chancen entdecken* (S. 8–32). Bonn: DPV.

Rosenbrock, R. & Gerlinger, T. (2004). *Gesundheitspolitik. Eine systematische Einführung*. Bern: Verlag Hans Huber.

Schwarzer, R. (Hrsg.) (2005a). *Gesundheitspsychologie. Enzyklopädie der Psychologie*. Göttingen: Hogrefe.

Schwarzer, R. (2005b). Überblick über die Gesundheitspsychologie. In R. Schwarzer (Hrsg.), *Gesundheitspsychologie. Enzyklopädie der Psychologie* (S. 1–10). Göttingen: Hogrefe.

Walter, U. (2003). Vorgehensweisen und Erfolgsfaktoren. In B. Badura & T. Hehlmann (Hrsg.), *Betriebliche Gesundheitspolitik. Der Weg zur gesunden Organisation* (S. 76). Berlin: Springer-Verlag.

Westermayer, G. & Bähr, B. (Hg.) (1994). *Betriebliche Gesundheitszirkel*. Göttingen: Verlag für Angewandte Psychologie.

World Health Organisation (1986). Ottawa Charter for Health Promotion. *Journal of Health Promotion, 1,* 1–4.

World Health Organisation (1992). Ottawa Charta zur Gesundheitsförderung. In P. Paulus (Hrsg.), *Prävention und Gesundheitsförderung* (S. 17–22). Köln: GwG-Verlag.

Arbeits- und Organisationspsychologie

7 Markt- und Meinungsforschung

Wilfriede Pirovsky

Einleitung

Die Markt- und Meinungsforschung, die oft als ein Teil der Arbeits- und Organisationspsychologie verstanden wird, ist sicherlich eines der exotischeren Berufsfelder für Psychologen. Dieser Artikel legt den Schwerpunkt auf meine in vielen Aspekten sicherlich subjektiven Erfahrungen aus dem Bereich Marktforschung, in dem ich seit gut 15 Jahren tätig bin, und zwar auf der Dienstleisterseite als Anbieter von Marktforschungsleistungen.

Der Terminus Markt-»Forschung« deutet schon an, was wir Marktforscher tun: Wir forschen – genau wie andere Psychologen in der Forschung auch, vielleicht nur in einem etwas härteren und spannenderen Umfeld (wobei letzteres sicher alle von ihrem Berufszweig behaupten).

Härter ist das Umfeld jedoch in der Tat deswegen, weil die Marktforschung kein historisch betrachtet genuin psychologisches Tätigkeitsfeld ist – Psychologen arbeiten mit Soziologen, Verhaltenswissenschaft-

lern, Mathematikern, Geologen und natürlich Wirtschaftswissenschaftlern zusammen und müssen sich entsprechend behaupten und profilieren.

1 Was ist Marktforschung?

Marktforschung als Baustein wirtschaftlichen Agierens soll bei Herstellern und Anbietern von Produkten und Leistungen »selektieren, strukturieren, Intelligenz verstärken, innovieren, Unsicherheit reduzieren und frühzeitig warnen« (Dannenberg & Bartel, 2002).

Schon die Fugger in Augsburg haben wohl systematische Marktbeobachtung betrieben, von einer systematisierten und organisierten Marktforschung in Deutschland kann man ab den 1950er-Jahren des letzten Jahrhunderts sprechen, mit entsprechenden Abteilungen in den Unternehmen und freien Institutionen; die ersten Institute waren das Emnid Institut (Bielefeld), Infratest (München), das Allensbacher Institut für Demoskopie von Elisabeth Noelle-Neumann und die GFK (Gesellschaft für Konsumforschung), heute größtes Institut in Deutschland.

Inzwischen gibt es an die 500 Marktforschungsanbieter, von den o. g. Großen bis hin zu »One-Man-Shows« – mit allen Zwischenformen.

Global ausgedrückt dient die Marktforschung also seit mehr als einem halben Jahrhundert der Unterstützung von Marketingentscheidungen, sei es im Rahmen einer Produktneueinführung oder im Kontext von kommunikativen Maßnahmen: Anhand der vier Ps des »Marketingpapstes« Kotler (1988) verdeutlicht sich der breit gefächerte – jederzeit erweiterbare – Aufgabenbereich am besten (siehe **Tab. 1**):

Tab. 1: Die vier Ps von Kotler (1988)

A Produkt
Produktkonzepttest
Wird eine neue Produktidee vom Konsumenten akzeptiert oder sogar begrüßt? **Namenstest** *Vor der Neueinführung eines Produktes oder bei der Umbenennung eines Produktes (»Raider« heißt jetzt »Twix«) werden oftmals verschiedene Namensalternativen unter die Lupe genommen.* **Produkttest** *Es gibt vielerlei Aspekte eines Produktes, die je nach Kategorie (z. B. Auto, Zahncreme, Rasierapparat) getestet werden, nachdem das Produkt begutachtet oder auch eine gewisse Zeit verwendet wurde: Funktionalität, Handhabbarkeit, Geschmack, Wirkung etc.* Siehe Fallbeispiel A* **Designtest** *Bei einem Designtest geht es vorrangig um die Optik eines Produktes – und darum, was dieses Aussehen vermittelt: beispielsweise Hochwertigkeit, Trendyness, Appetizing Appeal.*

B Promotion
Werbekonzepttest
Ist eine neue Werbekonzeption (unabhängig vom Werbemedium) werbewirksam? Siehe Fallbeispiel B **Pretest** *Schon vorliegende Werbemaßnahmen (z. B. ein TV-Spot, eine Anzeige, ein Radiospot) werden vor der Schaltung getestet; oftmals sind diese Maßnahmen noch nicht ganz festgelegt, so dass Optimierungen, deren Bedarf sich aus dem Pretest ergibt, noch berücksichtigt werden können.* **Posttest** *Schon vorliegende Werbemaßnahmen (z. B. ein TV-Spot, eine Anzeige, ein Radiospot) werden nach der Schaltung getestet.* **Media-Analysen** *Welche Medien (TV, Zeitschriften, Zeitungen, Radio, Internet) werden von wie vielen und von wem wahrgenommen und genutzt?* **Zielgruppenbestimmungen** *Wie sieht der typische Verwender einer bestimmten Marke aus? Wie ist er anhand soziodemographischer und psychographischer Merkmale zu beschreiben?* **Werbemittelgestaltung** *Wie sollen die Werbemittel aussehen (z. B. Tonality, Farbwelten)?*

C Platzierung
Marktsegmentierung *In welche Teilgruppen (= Segmente) lassen sich die Verwender einer bestimmten Produktkategorie aufteilen?* **Packungstest/Ausstattungstest** *Ähnlich wie beim Designtest geht es um die Bewertung der Optik der Verpackung und ihre Wirkung auf den Käufer. Darüber hinaus sollte die Verpackung funktionalen Kriterien genügen (Handhabbarkeit, Haltbarkeit, Umweltfreundlichkeit etc.).* **Displaytests/Regalsimulationen** *Unabhängig von der Optik eines einzelnen Produktes ist es wichtig, wie es im Umfeld wirkt, also im »Regal« am Kaufort. Eine Packung kann noch so ästhetisch und »eyecatching« sein – wenn sie im Umfeld der Wettbewerbsprodukte »untergeht«, erzielt sie nicht die intendierte Wirkung. Siehe Fallbeispiel C*

D Preis
Preisschwellentests
Preisakzeptanztests
Evaluation von Sonderpreisaktionen

Einen ersten Schritt zur Lösung einer Fragestellung stellt die Sekundärforschung (Desk Research: Recherche in externen und firmeninternen Datenbanken) dar. In Ausnahmefällen können Sekundärdaten den Informationsbedarf zufriedenstellend decken, also hinreichend für die Problemlösung bzw. Entscheidungsfindung sein. Im Normalfall jedoch kann Sekundärforschung – aufgrund der fehlenden Kontext- und Problemspezifität sowie der beschränkten Erklärungs- und Prognosekraft von Sekundärdaten – Primärstudien nicht ersetzen.

An diesem Punkt ist das Marktforschungsinstitut gefragt: Auf Basis eines möglichst ausführlichen und präzisen Briefings werden entsprechende Projektvorschläge von Marktforschungsinstituten eingeholt. Entscheidungskriterium für die Institutswahl ist neben Qualitäts- und Preisaspekten, guten Erfahrungen mit dem jeweiligen Institut, Branchenkompetenzen etc. auch der Umfang der angebotenen Leistungen: Arbeitet das Institut ausschließlich quantitativ oder qualitativ oder werden kombiniert qualitativ-quantitative Methoden angeboten? Welche Vorgehensweise als optimal gelten kann, ist in Abhängigkeit vom spezifischen Problem bzw. von dem konkreten Informationsbedarf zu entscheiden. Allerdings erfordern die meisten Marketingprobleme sowohl qualitative als auch quantitative Zugangsweisen.

Es werden viele der klassischen psychologischen Forschungsmethoden eingesetzt:

- Befragung: online, schriftlich, telefonisch, »face-to-face« mit allen Facetten der Strukturiertheit: völlig offen gestaltete Explorationen bis hin zu vollstrukturierten Fragebögen,
- Gruppendiskussionen: Diskussionsrunde von sechs bis zwölf Teilnehmern mit Moderator, die sich über ein bestimmtes Thema unterhält,
- Beobachtung,
- Experiment: sowohl im »Feld«, also in der natürlichen Umgebung, z. B. am Kaufort, als auch als klassisches Laborexperiment, durchgeführt in sog. Teststudios,
- psychodiagnostische Testverfahren zur Zielgruppendefinition,
- neuropsychologische Testverfahren (Messung neurobiologischer Reaktionen im Kernspintomographen): ganz aktuell und derzeit heiß diskutiert.

Es ist mir bewusst, dass sich die Auflistung der Methoden wie das Inhaltsverzeichnis eines Readers »Psychologische Forschungsmethoden« liest – umso erstaunlicher ist es, dass wir Psychologen dieses Berufsfeld erst in den letzten Jahren zumindest ansatzweise besetzt haben.

Diese doch sehr trockenen Ausführungen zu Fragestellungen und Methoden lassen sich leicht anhand von Beispielen mit Leben füllen.

1.1 Fallbeispiel A: Produkttest

Ein namhafter Hersteller von Multivitaminkapseln plant, Multivitamine in einer neuen Darreichungsform, und zwar als Brausepulver, einzuführen, um neue, jüngere Zielgruppen anzusprechen. Im Gegensatz zu den Kapseln, die mit etwas Flüssigkeit einfach geschluckt werden, kommt es hier natürlich auf den Geschmack und die Konsistenz des Produktes an: Es soll prickelnd, fruchtig, ja wie ein frischer Obstsalat schmecken – und dabei nicht zu süß oder zu kreidig sein.

Die Abteilung Forschung & Entwicklung hat entsprechende Proben erarbeitet, diese »inhouse« – also innerhalb des Unternehmens selbst – anhand von mehr oder weniger willigen Mitarbeitern getestet, und hat nun ein erfolgversprechendes Testprodukt der Marketingabteilung vorgestellt.

Die Marketingfachleute sind begeistert, wissen aber aus langjähriger Erfahrung, dass der avisierte Käufer dies deswegen nicht unbedingt ebenfalls ist. Also soll die Akzeptanz des neuen Multivitamin-Brausepulvers bei potentiellen Käufern – der affinen Zielgruppe – erfasst werden. Es bietet sich an, bei einem externen Marktforschungsinstitut unter standardisierten Testbedingungen – also im Teststudio – das neue Produkt verkosten zu lassen und dann die Meinungen darüber zu erfragen. Da es ein Produkt ohne medizinische Wirkstoffe ist, ist dies problemlos möglich.

Die Befragung von 200 Probanden ergibt, dass das Produkt durch seine starke Süße zu »consumig« wirkt und eher als »Kinderbrause« erlebt wird denn als ein Präparat zur Erhaltung der Gesundheit und Steigerung des Wohlbefindens. Diese Einstellung würde sich auch negativ auf das medizinische Image des Kernproduktes (die Kapsel) auswirken.

Auf Empfehlung des Instituts wird das Produkt überdacht. Auf den Markt kommt letztendlich ein Kaubonbon, das ebenso jung wirkt, leicht einzunehmen ist und zudem eine gewisse Medizinalität ausstrahlt.

1.2 Fallbeispiel B: Werbekonzepttest

Für eine Schmerztablette, die stark im Fernsehen beworben wird, wurden neue Ideen für einen Werbespot entwickelt. Dem Auftraggeber ist bewusst: Auf erfolgreichen TV-Spots darf man sich nicht ausruhen, da leicht der »Wear-out«-Effekt eintritt: Der verwöhnte Rezipient von Werbung »gewöhnt« sich an die Plots und Storys und nimmt diese gar nicht mehr oder sogar negativ wahr.

Deshalb wurden inhaltliche Spielarten des Werbespots – neue Settings, neue Geschichten – entwickelt. Diese liegen als sog. »Storyboards« vor; das sind gezeichnete Drehbücher. Würde man jede vielversprechende Idee als realen Spot drehen, stünden die Kosten in keinem Verhältnis zum Nutzen.

Vier dieser Storyboards wurden qualitativ getestet, das bedeutet, in mehreren Gruppendiskussionen mit Schmerzmittelverwendern ausführlich besprochen. Auf diese Art und Weise kann Input für die weitere Entwicklung der Ideen gewonnen werden.

Zwei der vier Ideen kristallisierten sich als kontraproduktiv heraus, vermittelten sie doch, dass ein Schmerzmittel wie eine Droge, wie ein Aufputschmittel beim leisesten Unwohlsein einzunehmen ist – für den deutschen Markt völlig indiskutabel. Die beiden anderen Alternativen hingegen waren gute Ansätze, die jetzt in optimierter Ausgestaltung weiter verfolgt werden, um dann später anhand einer repräsentativen Stichprobe quantitativ evaluiert zu werden.

1.3 Fallbeispiel C: Regaltest

Der Hersteller von internationalen Delikatessen plant die Modifikation seines gesamten Auftritts im Regal – in Marketingsprache: Er plant den »Relaunch« seines »Shelf-Designs«.

Es wurden zwei neue Designvarianten entwickelt, die sich in ihrer Nähe zum derzeitigen Design unterscheiden. Besonders wichtig war bei diesem Relaunch-Test, inwieweit die neuen Verpackungen von jetzigen Verwendern akzeptiert und wiedererkannt werden. Denn man weiß: Gerade bei Lebensmitteln wird der Käufer leicht ungeduldig – wenn er seine Lieblingssojasauce nicht findet, greift er einfach zum Produkt des Wettbewerbers!

Denkbar war neben einem klassischen Regalsimulationstest eine Onlinebefragung, aus Kostengründen. Wegen der hohen Relevanz der anstehenden Entscheidung riet das Marktforschungsinstitut jedoch von einem Internettest ab – ein ganzes Regal von

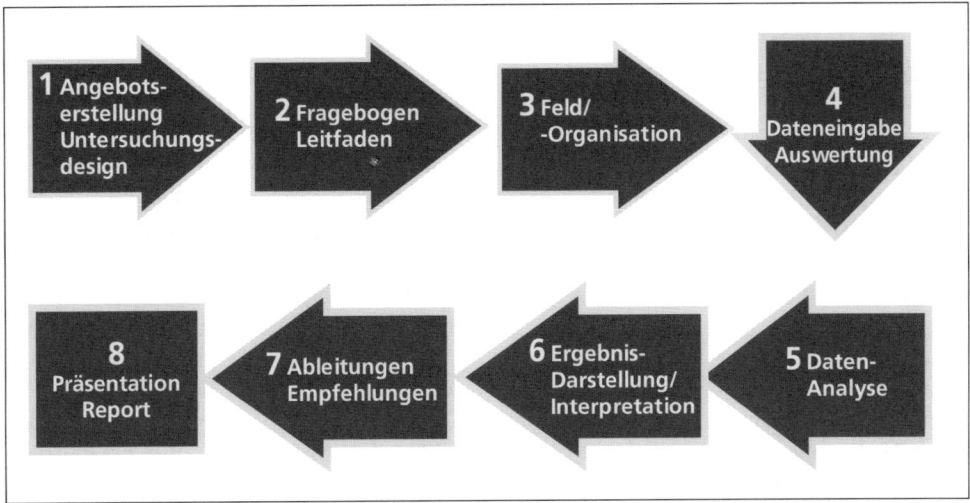

Abb. 1: Projektphasen in Marktforschungsinstituten

2 m Höhe und 1,40 m Breite kann selbst auf einem 20 Zoll-Monitor nicht gut visualisiert werden.

Der Shelf-Simulation-Test im Teststudio in drei deutschen Städten mit mehr als 300 Verwendern von internationalen Delikatessen ergab keinen eindeutigen Favoriten der beiden neuen Designvarianten. Beide wurden besser bewertet als das derzeitige etwas altbacken wirkende Design.

Jedoch ließen sich aus den Testergebnissen klare Empfehlungen zur Gestaltung einer erfolgversprechenden Testvariante ableiten, die anhand der Kernmesswerte nochmals in einem kurzen Regaltest geprüft wurden.

2 Was tun Psychologen in der Marktforschung?

Durch die Fallbeispiele ist es wahrscheinlich schon deutlich geworden: Ad-hoc-Marktforschung ist Projektarbeit, die zumindest auf Seiten des Marktforschungs-instituts aus folgenden in **Abbildung 1** dargestellten Projektphasen besteht.

Der Marktforscher auf Auftraggeberseite ist im Idealfall in alle Schritte mit einbezogen – naturgemäß insbesondere bei der Evaluation des Untersuchungsdesigns und bei der Fragebogenentwicklung. Seine schwerwiegendste Aufgabe ist jedoch, das richtige Institut für die Fragestellung auszuwählen, da Fehler des Instituts ansonsten leider auf ihn zurückfallen.

Aber bleiben wir bei dem Psychologen als Institutsmarktforscher. Im Prinzip kann er in allen Projektstufen eingesetzt werden.

In kleineren Instituten ist dies auch der Fall; in den größeren Instituten findet man häufig die Differenzierung nach der angewandten Methodik: quantitative vs. qualitative Methoden.

In beiden Sektionen sind Psychologen beschäftigt. Sie

- konzipieren Untersuchungsdesigns,
- organisieren und kontrollieren die Datenerhebung,
- führen Interviews,
- moderieren Gruppendiskussionen

- werten Gesprächsprotokolle aus,
- arbeiten mit Statistiksoftware (SPSS, SAS), um ihre erhobenen Daten zu analysieren,
- erstellen Berichte und Präsentationen,
- stellen die Ergebnisse dem Auftraggeber vor, auch einmal einem Auditorium von bis zu 100 Personen,
- leiten praktikable und praxisbezogene Handlungsempfehlungen ab.

Interessanterweise trifft man immer noch auf ein weitverbreitetes Vorurteil: Psychologen arbeiten qualitativ; sie sind eigentlich Psychotherapeuten und legen den Konsumenten »auf die Couch«.

Es gibt auch diesen Typ in der Marktforschung, aber die Methodenkompetenz im quantitativen Bereich wird oft unterschätzt. »Wo haben Sie Ihre Statistikkenntnisse bloß her?«, werde ich manchmal gefragt, »Im Studium in den ersten Semestern gelernt«, ist meine lapidare Antwort, der mit Erstaunen begegnet wird.

3 Wie wird man Psychologe in der Marktforschung? Chancen und Perspektiven

Das Berufsfeld des Marktforschers ist sehr facettenreich: Wir finden also selten – von Fachhochschulen mal abgesehen – eine daraufhin spezialisierte akademische Laufbahn.

In der Marktforschung arbeiten neben und mit Diplompsychologen:

- Betriebswirte, Volkswirte,
- Kommunikationswissenschaftler,
- Ökotrophologen,
- Soziologen,
- IT-Experten,
- Geologen,
- Geisteswissenschaftler.

Und es gibt kaum eine Branche, in der wir so viele Quereinsteiger finden.

Das hört sich spannend an, bedeutet aber auch, dass ein (auch exzellent abgeschlossenes) Psychologiestudium per se keinen Vorteil gegenüber den Mitbewerbern bietet, falls diese entsprechende Fachkompetenz oder sogar Branchenkenntnisse vorweisen.

Die Branche hat insbesondere in den 1990er-Jahren kräftige Zuwachsraten verzeichnet, die letzten Jahre sind eher mit niedrigeren Wachstumsraten verbunden. In Europa sind höhere Wachstumsraten eher in den neuen EU-Beitrittsländern festzustellen, weniger in Deutschland oder z. B. Großbritannien.

Jedoch ist die Marktforschung im Vergleich zur Medien- und Werbebranche weniger anfällig gegenüber konjunkturellen Schwankungen. Unter anderem liegt das daran, dass die Kunden auf eine kontinuierliche Konsumentenforschung auch in wirtschaftlich schlechten Zeiten nicht verzichten können oder der Bedarf gerade dann am höchsten ist; die neuesten Zahlen von 2005 zeigen sogar einen Zuwachs (ADM 2006, Marktforschung in Zahlen) auf.

Am meisten geforscht wird in der klassischen Konsumgüterindustrie (57 % des Umsatzes), in der Pharmazeutischen Industrie (12 % des Umsatzes) und im Bereich Medien/Verlage (10 % des Umsatzes) (ADM 2006, Marktforschung in Zahlen).

Die Verdienstmöglichkeiten variieren sehr stark – je nach Institutsgröße und Position – von einem Einstiegs-Jahresbruttogehalt von 25 000 Euro bis hin zu den klassischen Managergehältern mit Umsatz- oder Gewinnbeteiligung. Die Aufstiegschancen nach oben sind nicht begrenzt.

4 Was muss man vorweisen, um Marktforscher zu werden?

Das Psychologiestudium selbst bietet mit den verschiedenen wirtschaftspsychologischen Ausrichtungen schon eine gute Ausgangsbasis; als Nebenfach bietet sich BWL mit dem Schwerpunkt Marketing an.

Neben einem zumindest guten Diplom sind weitere Grundlagen notwendig, die man nicht nur und nicht immer an der Universität lernen kann.

Als persönliche Fähigkeiten sind folgende gefragt:

- die wichtigste: Kommunikationsstärke: Wir haben es in jeder Projektphase mit Menschen zu tun: auf der Kundenseite und auf der Probandenseite! Ganz entscheidend ist die Fähigkeit und vor allem die Lust am Präsentieren vor einem Auditorium (für mich das Schönste an einem Projekt überhaupt),
- die zweitwichtigste: Stressresistenz: in den brenzligsten Situationen einen kühlen Kopf bewahren,
- Engagement,
- Eigenverantwortung,
- Teamfähigkeit,
- Organisationsvermögen/logistische Fähigkeiten,
- Fähigkeit, Sachverhalte verständlich darzustellen und ggf. auch zu visualisieren.

Hinzu kommen Fertigkeiten, die heute in jedem Beruf in der freien Wirtschaft unabdingbar sind: das Beherrschen aktueller Office-Software (Word, Excel, PowerPoint), Kommunikationssicherheit in der englischen Sprache und Reisebereitschaft. Natürlich sollte man idealerweise schon Praktika in der Marktforschung absolviert haben, mindestens ein Jahr im Ausland studiert haben, einen Doktortitel führen und höchstens 25 Jahre alt sein ...

Als eher kontraproduktiv erweist sich eine gesellschaftskritische Werthaltung; der typische Psychologiestudent der 1970er- oder 1980er-Jahre hätte in der Marktforschung keine Chance und würde sich dort auch nicht wohl fühlen, ebenso wenig der »Beamtentyp«. Wir als Psychologen haben gegenüber den Absolventen anderer Fachrichtungen neben einer soliden methodischen Ausbildung den unbestreitbaren Vorteil, dass wir auf theoretisch fundierter Basis mehr darüber wissen, wie Menschen wahrnehmen, fühlen, denken und entscheiden.

5 Wie wurde ich Psychologin in der Marktforschung?

Die Marktforschung ist eine meiner großen Lieben; und wie man zu einer großen Liebe kommt, so bin ich zur Marktforschung gekommen: durch Zufall! Im Rahmen des Diplompsychologiestudiums habe ich alle möglichen Praktika über die Pflichtpraktika hinaus in den Semesterferien absolviert, da ich mein Studium nicht durch Nebenjobs finanzieren musste.

Nach relativ unbefriedigenden Erfahrungen als Praktikantin in der Psychiatrie und in Psychologischen Beratungsstellen habe ich in den Praktikumsberichten des Psychologischen Instituts in Heidelberg gestöbert und positive Beschreibungen über ein kleines Heidelberger Marktforschungsinstitut gefunden. Zuerst einmal reizte mich die Aussicht, in die Wirtschaftswelt »reinzuschnuppern«, außerdem fand ich, ehrlich gesagt, die Arbeitszeiten und das angebotene Praktikumshonorar erfreulich.

Dann merkte ich sehr schnell: Hier kann man mit seiner Arbeit etwas bewegen: Das Ergebnis geht tatsächlich in relevante Marketingentscheidungen ein! Noch heute

Uhr	Montag	Dienstag	Mittwoch	Donnerstag	Freitag
9	Interviewer-einweisung Zahncreme-Projekt	Telefon-Termin Neukunde Abstimmung Fragebogen Magenmittel	Präsentation Feinkost-Projekt in München (Anreise ab 6.30h) Im Zug auf der Rückreise mit Laptop: Beginn Erstellung Ergebnischarts Rasierer-Projekt Zuhause 22.00h	FREI zweite Abstimmung Fragebogen Magenmittel	Erstellung Ergebnischarts Rasierer-Projekt
11	Beobachtung der ersten Interviews	Organisation		Angebot Neukunde	
13					
15	Erstellung Fragebogen Magenmittel	SAS-Analyse + Tabellierung Rasierer-Projekt		Erstellung Ergebnischarts Rasierer-Projekt	Moderation von zwei Gruppen-diskussionen zum Thema Bier Anschl. Abend-essen mit den Kunden, die die Gruppen be-obachtet haben Zuhause 0.00h
17	SAS-Analyse Rasierer-Projekt	Modifikation Fragebogen Magenmittel		Abstimmung der Codepläne der offenen Fragen Zahn-creme-Projekt mit meiner Projektleiterin	
19		FREI			

Abb. 2: Arbeitsplan einer Woche

freue ich mich wie ein kleines Kind, wenn ich einen Werbespot sehe, den ich in seiner Entwicklung marktforscherisch begleitet habe. Was als Praktikum begann, mündete in eine freie Mitarbeit als Interviewerin und Auswerterin – und noch vor Abschluss meines Studiums bekam ich in dem Markt-forschungsinstitut meine erste »richtige« Stelle angeboten, die ich gerne annahm.

Schließlich habe ich 1997 mit einem eigenen kleinen Institut den Schritt in die Selbststän-digkeit gewagt – und es selten bereut. Anfang 2000 haben wir zusätzlich unser eigenes Teststudio aufgebaut, so dass wir spätestens seit diesem Zeitpunkt ein »richtiges« Full-Service-Institut sind. Klingt nach einer Er-folgsstory? Vielleicht – aber nicht ohne Är-gernisse, Enttäuschungen und harte Arbeit.

6 Der Alltag mit seinen Höhen und Tiefen

Das Reizvolle an meinem Berufsalltag ist, dass es wenig Alltägliches gibt. Selten wie-derholen sich Abläufe, so dass es schwierig ist, eine typische Woche oder einen typi-schen Tag zu schildern.

Aber zur Verdeutlichung betrachten wir meinen Arbeitsplan einer Woche dieses Jah-res (**Abb. 2**).

So sieht eine typische Woche aus, es gibt durchaus Extreme nach oben und nach un-ten mit Arbeitszeiten auch schon mal bis nachts um 3 Uhr vor wichtigen Präsentatio-nen mit engen Timings, aber auch mit Ta-gen, an denen wir spontan um 15 Uhr schließen und einen virtuellen Bürodienst in Anspruch nehmen – häufig geschehen im Juni/Juli des WM-Jahres 2006!

Es wird sicherlich deutlich, dass es sich bei meiner Arbeit nicht um einen »Nine-to-five«-Job handelt – das ist für meine Men-talität der große Vorteil. Ich erlebe jedoch auch immer wieder, dass es Mitarbeiter gibt, die mit dieser zeitlichen Flexibilität und dem damit verbundenen Stress nicht umgehen können oder wollen.

Man muss diese Arbeit lieben, um sie auf Dauer gut machen zu können – sicher: eine Binsenweisheit. Aber es gibt für Psycholo-gen einfachere Jobs – natürlich auch härtere –, jedoch aus meiner Sicht keinen schöneren!

7 Informationsquellen: Verbände und Fachzeitschriften

- ADM Arbeitskreis Deutscher Markt- und Sozialforschung e.V. http://www.adm-ev.de
- Berufsverband Deutscher Markt- und Sozialforscher e.V. BVM www.bvm.org
- Berufsverband Deutscher Psychologinnen und Psychologen e.V. http://www.bdp-verband.org mit Sektionsseiten der Wirtschaftspsychologie
- Deutsche Gesellschaft für Online Forschung e.V. DGOF www.dgof.de
- FQS ist eine seit 1999 bestehende, mehrsprachige Online-Zeitschrift für qualitative Sozialforschung: http://www.qualitative-research.net/
- Planung und Analyse: Fachzeitschrift für Markt-, Media- und Werbeforschung, erscheint sieben Mal im Jahr
- The World Association of Research Professionals ESOMAR www.esomar.org
- Website Werbepsychologie: http://www.werbepsychologie-online.de

Literatur

Amelang, M. & Zielinski, W. (2002). *Psychologische Diagnostik und Intervention.* Heidelberg: Springer.

Baker, M. J. (1991). *Research for Marketing.* New York: Palgrave Macmillan.

BDP (1996). *50 Jahre BDP e.V. – Die Psychologen im Spiegel der Öffentlichkeit.* Bonn: Deutscher Psychologen Verlag.

Berekoven, L., Eckert, W. & Ellenrieder, P. (1991). *Marktforschung.* Wiesbaden: Gabler.

Dannenberg, M. & Barthel, S. (2002). *Effiziente Marktforschung.* Bonn: Galileo Press.

Dichtl, E. & Eggers, W. (Hrsg.) (1996). *Markterfolg mit Marken.* München: C. H. Beck.

Felser, G. (1997). *Werbepsychologie und Konsumentenpsychologie.* Heidelberg: Spektrum Akademischer Verlag.

Heller, E. (1984). *Wie Werbung wirkt: Theorien und Tatsachen.* Frankfurt a. M.: Fischer.

Huettner, M. & Schwarting, U. (1997). *Grundzüge der Marktforschung.* München: Oldenbourg.

Kotler, P. & Armstrong, G. (1988). *Marketing: eine Einführung.* Wien: Servicesachverlag.

Kroeber-Riel, W. (1993). *Bildkommunikation,* München: Vahlen.

Kroeber-Riel, W. & Weinberg, P. (1996). *Konsumentenverhalten.* München: Vahlen.

Lamnek, S. (1995). *Qualitative Sozialforschung, Band 1: Methodologie.* Weinheim: Psychologie Verlags Union.

Lamnek, S. (1995). *Qualitative Sozialforschung Band 2: Methoden und Techniken.* Weinheim: Psychologie Verlags Union.

Mayer, H. (1990). *Werbewirkung und Kaufverhalten.* Stuttgart: Schaeffer-Poeschel Verlag.

Mayer, H. & Illmann, T. (1999). *Markt- und Werbepsychologie.* Stuttgart: Schaeffer-Poeschel Verlag.

Meffert, H. (1998). *Marketing.* Wiesbaden: Gabler.

Pepels, W. (1995). *Käuferverhalten und Marktforschung.* Berlin: Schmidt.

Raab, G. & Unger, F. (2001). *Marktpsychologie.* Wiesbaden: Gabler.

Rogge, K.-E. (Hrsg.) (1995). *Methodenatlas für Sozialwissenschaftler.* Heidelberg: Springer.

Salcher, E. F. & Hoffelt, P. (1995). *Psychologische Marktforschung.* Berlin: Gruyter.

Schub von Bossiazky, G. (1992). *Psychologische Marketingforschung.* München: Vahlen.

von Rosenstiel, L. & Neumann, P. (1982). *Einführung in die Markt- und Werbepsychologie.* Darmstadt: Wissenschaftliche Buchgesellschaft.

8 Personalauswahl und -entwicklung

Gerd Reimann

1 Wie ich die Psychologie für mich entdeckte und mein Werdegang

Bereits in meiner Schulzeit habe ich die faszinierenden Möglichkeiten der Psychologie kennengelernt. Mehrere Jahre habe ich als Leichtathlet Leistungssport betrieben. Als Leistungssportler wurden wir auch psychologisch betreut. So lernten wir, uns optimal auf Wettkämpfe vorzubereiten, entspannt, aber auch hoch konzentriert, an den Start zu gehen. Meine sportlichen Erfolge führe ich auch auf diese psychologische Betreuung zurück.

Nach meinem Abitur war klar, dass mein Wunschstudium »Psychologie« sein würde. Ich erhielt einen Studienplatz an der Humboldt-Universität zu Berlin und studierte klinische Psychologie. Schon während des Studiums entdeckte ich mein Interesse für die Diagnostik. Auf dem Gebiet der Psychodiagnostik habe ich meine Dissertation geschrieben. Schwerpunkte an der Humboldt-Universität waren neben der Lehre die Beschäftigung mit modernen apparate- bzw. computergestützten Testmethoden und die Lektorierung und Herausgabe von Messverfahren für pädagogische klinische Anwendungen sowie von Verfahren zur Gestaltung von Arbeitstätigkeiten.

Nachdem ich die verschiedensten Bereiche der klinischen Psychologie, der Diagnostik und der Arbeitspsychologie aus universitärer Sicht kennen gelernt hatte, interessierte mich zunehmend, welche Erkenntnisse sich in der Alltagspraxis in Unternehmen, Verwaltungen und in der Politik umsetzen lassen würden.

Ein günstiger Zeitpunkt, um dies auszuprobieren, war die politische Wende 1989. Ich beschloss, mich selbstständig zu machen und eine Firma zu gründen. Erleichtert wurde mir diese Entscheidung durch zwei Umstände. Zum einen erhielt ich Unterstützung von einer Gruppe von Psychologen, die bereits jahrelange Erfahrungen als Diplompsychologen in der Wirtschaft gesammelt hatten.

Zum anderen bot mir die Humboldt-Universität eine Stelle als klinischer Psychologe an, die jedoch nicht mit meinen beruflichen Zielen konform ging. Deshalb habe ich tief Luft geholt, habe Anlauf genommen und bin ins kalte Wasser der für mich bis dahin unbekannten Selbstständigkeit gesprungen. Bis heute habe ich diese Entscheidung nicht bereut. Meine Erwartungen an die Vielfalt von Fragestellungen für Diplompsychologen in der Wirtschaft wurden weit übertroffen. Meine Mitarbeiter und ich entwickeln noch heute pro Jahr zwei bis drei neue Dienstleistungsansätze oder »Produkte«. Das ist z. B. die Erarbeitung von Argumentationslinien zur Beschleunigung sinnvoller oder der Verhinderung unsinniger Gesetzentwürfe der Politik. Zu den neueren Dienstleistungsansätzen, insbesondere für Banken, gehört das Gebiet der sogenannten Gefährdungsanalysen. Alle Banken müssen alle zwei Jahre und unmittelbar nach einem Raubüberfallereignis eine solche Analyse vornehmen und erkannte Risiken abstellen. Hier müssen die Belange des Brandschutzes, der Überfallgefährdung und Sicherheitstechnik, der Kundenorientierung und des Mitarbeiterverhaltens »unter einen Hut« gebracht werden. Das ist eine sehr komplexe und anspruchsvolle Tätigkeit, bei der auch die Experten z. B. des Arbeitsschutzes, der Versicherer oder der Polizei koordiniert werden müssen.

Natürlich werden die bewährten Dienstleistungen und »Produkte« weiter entwickelt und eingesetzt. Hierzu zählen z. B. die Entwicklung und der Einsatz von Po-tentialanalyseverfahren, die Konzipierung und die Umsetzung von Unternehmensleitbildern und Servicestandards oder die Durchführung von Raubüberfalltrainings in Banken und Spielcasinos.

2 Geschichte des Berufsbildes

Seit Mitte der 1970er-Jahre wird der Begriff der Personalentwicklung in der Organisationspsychologie verwendet. Aber erst 1983 erfuhr dieser Bereich eine Bestandsaufnahme durch Conradi und wird seitdem verwendet. In der Personalwirtschaft zeigte sich immer mehr, dass der Mensch letztlich als wichtigste Ressource des Unternehmens betrachtet werden muss. Seine Bedeutung wurde lange Zeit unterschätzt. So kam es erst aus dieser Erkenntnis heraus zu Wortzusammenfügungen wie Personalmanagement und Personalwesen. Zum Ende des letzten Jahrhunderts veränderte sich das Menschenbild und beeinflusste auch den Personalbereich.

Die zwei konträren Ansichten, die in dieser Zeit vertreten waren, kamen von Taylor und Ford, die im Scientific Management das Menschenbild des »economic man« propagierten. Im Gegensatz dazu wurde im Rahmen der Human-Relations-Bewegung der Mensch als »social man« angesehen.

Der mechanistische Ansatz von Taylor und Ford besagt vereinfacht, Menschen lediglich als Maschinen zu betrachten. Diese seien berechenbar und von außen exakt zu steuern. Der Mensch wird dann als Produktionsfaktor – »economic man« – betrachtet. Der Grundgedanke dabei ist, Arbeitsabläufe zu standardisieren und die Produktivität zu erhöhen.

Die Erkenntnis der Gegenbewegung lief daraus hinaus, dass Arbeitsmotivation ja nicht allein von der Entlohnung abhängt, mit der man die nötigsten physiologischen Bedürfnisse, wie Essen und Wohnen, befriedigen kann. Es wurden ergänzend die Bedürfnisse nach sozialem Kontakt, nach sozialer Anerkennung und nach Selbstverwirklichung betont. So entstand das bereits erwähnte Menschenbild des »social man«. Hierbei wird betont, dass auch Gefühle, Stimmungen und soziale Einstellungen in den Arbeitsprozess eingebracht werden.

In den 1960er-Jahren legte daraufhin Ulich (1964) mit seinen Forschungsarbeiten zum sensomotorischen Lernen den Grundstein für die theoriebegründete und experimentell überprüfbare Methodik der Personalentwicklung. Seine Ergebnisse wurden später auf das Training von kognitiven und komplexen Tätigkeiten übertragen.

In den 1970er-Jahren wurde zusätzlich verstärkt geforscht, wie man berufliche Qualität und vorhandene Kompetenzen verbessern kann und so eine positive Auswirkung auf die Gestaltung der Arbeit erzielt.

Die Märkte des 21. Jahrhunderts sind vor allem durch ihre starke Dynamik gekennzeichnet. Revolutionäre Neuerungen treten heute sehr viel häufiger auf als noch vor 20 Jahren und können nun auch innerhalb kürzester Zeit die Stellung einzelner Unternehmen im Marktgefüge extrem verändern. Vor allem aus den Veränderungen der Arbeitswelt und Gesellschaft ergeben sich Neuerungen für die Markt- und Wettbewerbssituation.

Daraus entstehen viele neue Anforderungen an die einzelnen Organisationen und Unternehmen. Um also weiter am Markt zu bestehen, müssen diese sich an Veränderungen anpassen und sich oftmals sehr schnell neu orientieren können. Hilfreich für diese Entwicklung ist natürlich die immer größer werdende Vernetzung von Informationen und Daten durch das Internet, die vor allem eine hohe Zeitersparnis und auch ein schnelleres Agieren möglich machen.

Im Bereich der angewandten Psychologie ist berufliche Qualifizierung schon länger ein großes Thema. Gerade die Kombination aus psychologischen Grundkenntnissen sowie geeigneten Messverfahren – allen voran die allseits beliebten Intelligenztests – in Kombination mit den wirtschaftlichen Sachverhalten macht die Bearbeitung vieler Fragestellungen so spannend.

Heutzutage liegt der Fokus der Personalentwicklung dann meist auf der unterstützenden Wirkung von Organisationsfaktoren (z. B. Betriebsklima, Partizipation am Unternehmensgeschehen und Belohnungssysteme) und auch auf den Lernprozessen in der Arbeit.

3 Was ist Personalentwicklung?

Was ist eigentlich ein Personalentwickler/in und was macht sie/er? Kaum ein Job im Unternehmen ist vielseitiger und anspruchsvoller als der eines Personalentwicklers. Zu seinen Hauptaufgaben zählt es z. B., gute Mitarbeiter zu gewinnen, den Qualifizierungsbedarf zu ermitteln, Qualifizierungsstrategien zu entwickeln und Konfliktsituationen bestmöglich zu lösen.

In welcher Abteilung wird neues Personal benötigt? Welcher Mitarbeiter sollte welches Weiterbildungsprogramm besuchen? Wie muss ein bestimmtes Bewerberauswahlverfahren gestaltet sein, um die richtigen Mitarbeiter für die ausgeschriebene Position herauszufiltern? Dies sind nur einige von vielen Fragen, mit denen sich ein Personalentwickler überwiegend beschäftigt.

Personalentwicklung ist der »Oberbegriff für alle Maßnahmen, die der individuellen beruflichen Entwicklung der Organisationsmitglieder dienen. Sie umfasst also nicht nur alle Bildungsmaßnahmen, sondern auch die qualitative Förder-, Laufbahn- und Nachfolgeplanung« (Schindler, 2002). Dazu sind dann auch alle Maßnahmen zu zählen, durch die vorhandene Qualifikationen der Mitarbeiter/innen verbessert werden, bzw. immer auf dem neuesten Stand bleiben. Erreicht wird dies mit Ausbildungen (berufliche Erstausbildung), Weiterbildungen, aber auch mit Umschulungen (Zweitausbildung).

»Das Schönste in unserem Beruf ist das positive Feedback von den Mitarbeitern. Daran erkennt man, dass sie sich gut betreut fühlen und man gute Arbeit geleistet hat.« So oder ähnlich lauten viele Antworten von Personalern auf die Frage, was sie an ihrem Beruf besonders schätzen.

4 Aufgaben eines Personalentwicklers (»alles, was anfällt«)

Die Aufgaben eines Personalentwicklers können von Unternehmen zu Unternehmen unterschiedlich ausfallen. Als Hauptaufgabe kann sicherlich angesehen werden, dass die Entwicklungspotentiale eines Mitarbeiters festzustellen sind und dann mit Hilfe der Potentialanalyse (also eine Eignungsdiagnose, die sich auf die Anforderungen bezieht, die für den Beruf eine Rolle spielen) untersucht werden. Dabei stehen strukturierte Gespräche mit Mitarbeitern im Mittelpunkt, aber auch Auswahlverfahren, wie Assessmentcenter oder die vielfach eingesetzte Übung »Assessment on the Job«. Dabei wird ein potentieller oder schon eingestellter Mitarbeiter bei der tatsächlichen Ausführung einer beispielhaften Projektarbeit beobachtet. Bei Stärken-Schwächen-Analysen oder sonstigen Eignungsbeurteilungen können Personalentwickler die Qualität seiner Tätigkeit beurteilen, indem

sie sich an der DIN 33430 (Anforderungen an Verfahren und deren Einsatz bei berufsbezogenen Eignungsbeurteilungen) orientieren und diese umsetzen. Diese DIN 33430 wurde nach vierjähriger Diskussion eines repräsentativ zusammengesetzten Normenausschusses im Juni 2002 vom Beuth-Verlag herausgegeben. Im Normenausschuss haben u. a. Testentwickler, Testverlage, Berufsverbände (Berufsverband Deutscher Psychologinnen und Psychologen und die Deutsche Gesellschaft für Psychologie), Beratungsunternehmen, die Bundeswehr, die Bundesagentur für Arbeit und die Sparkassenorganisation mitgewirkt.

Zusätzlich hat der Personaler viele planerische Tätigkeiten. Er wirbt Mitarbeiter gezielt an, wenn diese benötigt werden, und kümmert sich um eventuelle Engpässe. Er ist also sowohl mit der Planung als auch mit der Umsetzung seiner Ideen beschäftigt. Gefragt sind Personalentwickler, die oft schon unter der Bezeichnung »Human Ressource Manager« arbeiten. Hierfür ist unternehmerisches Denken, also der Überblick über die Unternehmensziele, überaus wichtig. Personen im Beruf des Personalentwicklers müssen also den Spagat zwischen eigenen Wertvorstellungen und Wirtschaftlichkeitsdenken bewältigen. Gerade bei der Einstellung oder Kündigung von Mitarbeitern ist dies wichtig und es ist, wie man sich vorstellen kann, keine sehr leichte Aufgabe.

Vielfach muss man also erst die groben Zusammenhänge und die unter Umständen weit reichenden Auswirkungen kennen und sich einarbeiten, um Aufgaben für alle zufrieden stellend zu bearbeiten. Dabei arbeiten die angestellten Personalentwickler nur für ihre Firma. Deshalb kennen sie sich dort besonders gut aus. Es gibt jedoch auch viele freiberufliche Personalentwickler. Diese arbeiten alle für mehrere Unternehmen. Der große Vorteil der freiberuflichen Personalentwickler besteht darin, dass sie mit wesentlich mehr Fragestellungen konfrontiert werden und bei jedem Auftrag lernen und ihr Knowhow vergrößern. Dieses können sie dann im nächsten Auftrag gleich mit anwenden und umsetzen.

An dieser Stelle kann deshalb durchaus noch einmal darauf hingewiesen werden, dass es wohl eine Weile dauert, bis man die nötige Berufserfahrung erhält. Dies soll hier jedoch eher als Anreiz gesehen werden und nicht abschreckend wirken. Letztlich arbeiten ja sehr viele Personen in diesem Bereich, und wie man immer so schön sagt: »Die haben es ja auch geschafft«. Als durchaus positiv zu betrachten ist auch, dass es oft Neuerungen im Bereich der Personalentwicklung gibt. Die Tätigkeit bleibt somit spannend, denn man muss sich fortwährend in neue Auswahlinstrumente, Stellenbewertungs- und -entlohnungssysteme und Motivations- und Zielvereinbarungsinstrumente einarbeiten.

Es ist dann vom jeweiligen Unternehmen abhängig, welche Maßnahmen genau es anwendet. Hilfreich für die Anwendung sind die mittel- und langfristigen Unternehmensziele, durch die das Unternehmen z. B. absehen kann, wie viele Mitarbeiter benötigt werden oder welche Weiterbildungen benötigt werden.

Darauf aufbauend erstellt der Personalentwickler ein passgenaues Personalentwicklungskonzept und koordiniert daraufhin seine Umsetzung, die er oft selbst durchführt.

Damit nicht nur meine eigenen Erfahrungen hier mit einfließen, habe ich mich mit einigen Personalentwicklern über dieses Thema unterhalten. So führt einer meiner Geschäftsfreunde, der Personalleiter bei einer Bank ist, oft Gespräche mit Führungskräften. Er berät sich dabei mit ihnen und informiert sich außerdem über mögliche Trends und neue Qualifikationsmaßnahmen für die jeweiligen Mitarbeiter. Er prüft zudem externe Angebote von Weiterbildungsmaßnahmen und führt Kompetenzschulungen durch. Außerdem trägt er die gesamte Verantwortung für die Auswahl der Auszubildenden und für ihren Werdegang nach der Ausbildung. Aber auch erfahrene Mitarbeiter werden vom Personalleiter unterstützt und so gut wie möglich durch Zusatzausbildungen gefördert.

Eine Personalentwicklerin, 31 Jahre alt und seit sechs Jahren in der Personalentwicklung einer der größten Filialen einer Handelskette tätig, über ihren Arbeitsalltag: »Zum einen betreue ich als Abteilungsleiterin Personalentwicklung unsere Azubis von der Personalauswahl bis hin zur Prüfung. Dazu gehört auch die Vermittlung übergreifender Inhalte, etwa zu Themen wie ‚Verkaufsgespräche führen‘ oder ‚Warenwirtschaftssystem im Unternehmen‘. Zum anderen plane, organisiere und führe ich Weiterbildungsmaßnahmen für die Mitarbeiter in den Filialen durch. Dies schließt Führungskräfte ebenso ein wie das Verkaufspersonal.«

Mit der Vergabe von Weiterbildungsmaßnahmen an externe Dienstleister eröffnet sich Personalfachleuten der Weg in die Freiberuflichkeit. Neben Trainings- und Seminarangeboten im Firmenauftrag hat sich dabei das Coaching als Beratung von Fach- und Führungskräften in beruflichen Fragen etabliert. Das Geschäftsfeld einer externen Personalentwicklerin ist daher durchaus typisch:

»Außer Coaching für Führungskräfte biete ich Firmen Inhouse-Seminare vorwiegend zu den Themen Kommunikation, Entscheidungsfindung, Kreativität an. Ein weiteres Geschäftsfeld ist das sogenannte 360-Grad-Feedback. Dabei geht es darum, dass Führungskräfte von verschiedenen Seiten – Kollegen, Mitarbeitern, Vorgesetzten – systematisch Rückmeldung bekommen und vor diesem Hintergrund ihr Führungsverhalten reflektieren.«

Oft haben Personalentwickler auch eine grundlegende Beraterfunktion inne. Dabei spielt vor allem die Kompetenzdiagnostik eine Rolle. Beschäftigte erstellen vor allem

Konzepte für Trainings, Coaching und deren Durchführung. Sie setzen damit Impulse und versuchen, vorhandene Potentiale der Mitarbeiter weiterzuentwickeln und auch Geschäftsführern mögliche Veränderungen in der Mitarbeiterkonstellation vorzuschlagen.

Nun hört sich das vielleicht noch nicht allzu spannend und ausführlich an, und man könnte sich sicherlich fragen: Ist das denn schon alles? Natürlich nicht. Anhand von anschaulichen Beispielen möchte ich nun gezielt aufzeigen, welche Tätigkeiten für einen Personalentwickler anfallen.

Stellen wir uns vor, ein Unternehmen möchte eine Führungsposition neu besetzen. Dazu muss natürlich die »perfekte« Mitarbeiterin oder der »perfekte« neue Mitarbeiter ausgewählt werden. Die Aufgabe des Personalentwicklers ist es, dabei zu helfen, eine entsprechende Stellenbeschreibung zu formulieren und den richtigen Kandidaten zu finden und auszuwählen. Dazu sollte der Personalentwickler den Arbeitsplatz und seine Anforderungen gut kennen. Dazu gehört auch, darüber Bescheid zu wissen, wie sich der Arbeitsplatz in den nächsten Jahren möglicherweise durch die Entwicklung der Technik, der Arbeitsabläufe oder des Produktspektrums verändern wird. Es reicht also nicht aus, sich alte Arbeitsplatz- oder Stellenbeschreibungen anzusehen. Dem Personalentwickler stehen viele Instrumente zur Verfügung, um eine aktuelle Stellenbeschreibung zu formulieren. Er kann z. B. die Stelleninhaber oder den Vorgesetzten dazu interviewen, er kann die Arbeitsabläufe beobachten (teilnehmende Beobachtung) oder sogar selbst einmal die Tätigkeiten ausführen. Dann werden aus diesen Erkenntnissen Anforderungskriterien (z. B. der Arbeitsplatz verlangt eine besondere Handgeschicklichkeit oder eine überdurchschnittliche Beobachtungsgabe oder Lernfähigkeit usw.) abgeleitet. Dann muss sich der Personalentwickler überlegen, welche Ausprägungen

dieser Anforderungskriterien für den beruflichen Erfolg notwendig sind und ob es Ausschlusskriterien gibt. Wenn das klar ist, sucht der Personalentwickler in seinem »geistigen Archiv«, ob es Instrumente zur Erfassung oder Messung dieser wichtigen Anforderungskriterien gibt. Wenn es solche Instrumente gibt (z. B. Arbeitsproben, Interviews, Fragebogen, Messverfahren oder Assessmentcenter), ist zu prüfen, ob sie verfügbar und ob sie nach den Qualitätskriterien, etwa der DIN 33430, noch einsetzbar sind. Wenn es für einen konkreten Fall noch keine entsprechenden Instrumente gibt, muss der Personalentwickler die erforderlichen Instrumente selbst entwickeln oder entwickeln lassen.

Wenn das alles klar ist, beginnt die Suche nach geeigneten Mitarbeitern für die zu besetzende Stelle. Der neue Mitarbeiter kann im Unternehmen selbst oder am Markt gesucht werden. Im ersten Fall gibt es eine interne, im zweiten Fall eine externe Ausschreibung. Natürlich ist auch das wieder eine Aufgabe des Personalentwicklers. Er formuliert den Ausschreibungstext, der in Zeitungen, im Radio oder im Internet veröffentlicht werden kann. Die Bewerber melden sich mit ihren Bewerbungsunterlagen. Diese werden vom Personalentwickler gesichtet und nach Auswahlkriterien vorsortiert. Die am besten geeigneten Kandidaten werden zu einem Gespräch oder zu einer Auswahlveranstaltung eingeladen. Die Koordination und die Auswertung dieser Veranstaltungen werden vom Personalentwickler organisiert. Meist entscheiden die Vorgesetzten der jeweiligen Fachbereiche, welchen Kandidaten sie einstellen wollen. Dabei werden sie vom Personalentwickler begleitet und beraten. Wenn die Einstellungsentscheidung getroffen worden ist, werden vom Personalentwickler die Verträge und ggf. ein Einarbeitungsprogramm (z. B. ein Traineeprogramm, bei dem der/die Neue verschiedene Abteilungen kennenlernt) erstellt. Die neuen Mitarbeiter und Mitarbeiterinnen werden weiterhin vom Personalentwickler betreut. Es werden nach Bedarf Schulungsmaßnahmen, Trainings oder Coachings geplant, vorbereitet und durchgeführt.

Nächstes Beispiel: In einem Unternehmen wurden neue Ziele und Strategien, die es in den nächsten fünf Jahren zu erreichen gilt, verabschiedet, beispielsweise weil es Veränderungen im Qualifikationsgefüge des Unternehmens gibt. Der Personalentwickler muss die nötigen Anpassungen mit organisieren, die sich aus den Zielveränderungen heraus ergeben haben. Nicht selten treten Probleme in der Telefonzentrale auf, z. B. in einem großen Versicherungsunternehmen. Man könnte sich beispielsweise vorstellen, dass sich Kunden oder Geschäftspartner über unfreundliche Mitarbeiter in der Zentrale und die fehlende Kundenorientierung beschweren. Der Personalentwickler kann dann mit gezielten Maßnahmen etwas dagegen unternehmen. Er kann z. B. ein Telefontraining zu den angemessenen Reaktionen in Gesprächen mit missgelaunten Kunden durchführen.

Zusammenfassend gehe ich noch einmal stichwortartig auf alle möglichen Aufgaben eines Personalentwicklers ein.

Ein großer Schwerpunkt der Arbeit liegt in der Eignungsdiagnostik, also

- dem Erstellen von Stellenbeschreibungen und Anforderungsprofilen,
- der Anwendung von Auswahl- und Einstellungsverfahren (Assessmentcenter), Leistungserfassungen, Interviews, Persönlichkeits- und IQ-Tests,
- ggf. der Entwicklung solcher Instrumente oder dem Veranlassen der Entwicklung,
- der ständigen Qualitätskontrolle der eignungsdiagnostischen Prozesse mit der DIN 33430,
- der Erstellung von Arbeitsbewertungen von Mitarbeitern und Führungskräften, z. B. in Form von Leistungsbeurteilungen oder Arbeitszeugnissen,

- der Planung, Vorbereitung, Koordination von Trainings, Schulungen, Coaching oder Supervision,
- die Planung und Koordination von Nachfolgeregelungen,
- dem Führen von Mitarbeitergesprächen, um nahe an den Bedürfnissen des Mitarbeiters zu arbeiten. Der Personalentwickler versucht, diese mit den Bedürfnissen des Unternehmens in Einklang zu bringen.

Nicht zu vergessen ist die Mitarbeit in Führungsnachwuchsprogrammen und bei Austauschprogrammen, wie der Job-Rotation, aber auch die Unterstützung in Konfliktfällen und beim computergestützten Lernen.

5 Settings/Institutionen, in denen man arbeiten kann: Beschäftigungsmöglichkeiten, Berufsfelder

»Mit Menschen umgehen« – in kaum einem Berufsfeld wird dieser Anspruch direkter in die Tat umgesetzt als im Personalwesen. Gleichzeitig bietet der Personalbereich eine Fülle von Arbeitsfeldern und Aufgaben – ob als Personalverantwortlicher und Generalist im Mittelstand oder als Spezialist im Großunternehmen, ob angestellt oder selbstständig, ob als Dienstleister für Unternehmen in einer Personalberatung oder in einer Zeitarbeitsfirma. Prinzipiell gibt es also »nichts, was es nicht gibt«, und es gibt viele Bereiche, in denen Personalentwickler benötigt werden. Man kann deshalb nicht *die* typischen Arbeitsbereiche für Personalentwickler definieren.

Die Personalarbeit in einem Wirtschaftsunternehmen umfasst eine breite Palette von Aufgaben. Dazu gehören die Personalbedarfsermittlung und die Personalbeschaffung sowie der eigentliche Personaleinsatz, die -entwicklung und der Personalabbau. Hinzu kommen außerdem Verwaltungs-, Controlling- und Marketingaufgaben für den Personalmanager. Controlling stammt vom englischen »to control« und steht für »Steuern und Regeln« und nicht für Kontrolle. Controllingaufgaben sind umfassende Steuerungs- und Koordinationsaufgaben. Es werden Daten beschafft, aufbereitet, analysiert und der Unternehmensleitung kommuniziert, damit diese die richtigen unternehmerischen Entscheidungen fällen kann.

Weiterhin sind Personaler für die Personalentwicklung im Unternehmen zuständig. Damit ist z. B. die Erhebung von Leistungspotenzialen sowie die Konzipierung und Durchführung von Weiterbildungsmaßnahmen gemeint. Teilweise arbeiten sie mit externen Dienstleistern (Diplompsychologen, freien Trainern, Beratungsunternehmen) zusammen. Außerdem sprechen Personaler bei geplantem Personalabbau Kündigungen aus und arbeiten ggf. an unterstützenden Maßnahmen mit Betroffenen, wie z. B. der professionellen Stellensuche. Oftmals stellen sie selbst Arbeitszeugnisse aus und organisieren klassische Verwaltungsaufgaben von der Gehaltsabrechnung und der Zusammenarbeit mit den Kranken- und Rentenkassen bis hin zum Führen der Personalakten, wobei sie hierbei häufig von Sachbearbeitern unterstützt werden.

Wie bereits angedeutet, hängt der Aufgabenbereich eines Personalers zum großen Teil auch von der Größe des Unternehmens ab. In Großkonzernen trifft man häufig auf Spezialisten, die sich nur mit ausgewählten Themen besonders gut auskennen müssen, da es ein ganzes Team an Personalbeauftragten gibt.

6 Ausbildung für das Berufsbild – Wie wird man eigentlich Personalentwickler?

Es gibt keinen klassischen Weg in den Bereich der Personalentwicklung. Einige Studiengänge sind besonders häufig bei den Personalentwicklern anzutreffen. Dazu gehören an allererster Stelle BWL mit dem Schwerpunkt Personalwesen, dann folgen Psychologie, Sozialwissenschaften, Jura und Pädagogik.

Vielfach wählen auch andere Quereinsteiger den Weg in die Personalentwicklung. Gute Voraussetzungen sind Kenntnisse in der Arbeit als Trainer und Coach sowie eine Hochschulausbildung. Wichtig sind im Beruf vor allem Erfahrungen in der zu betreuenden Branche und wenn möglich bereits vorhandene Führungstätigkeit und Auslandserfahrung. Häufig gelangt man in den Bereich des Personalwesens durch ein Praktikum. Ob man direkt in der Abteilung für Personalentwicklung beginnt oder allgemein im Bereich des Personalwesens, hängt von der Größe des Unternehmens ab. Je größer eine Firma ist, desto spezialisierter sind auch ihre Mitarbeiter im Personalbereich. In kleineren Firmen ist man oft für den gesamten Personalbereich mit all seinen Aufgaben zuständig. Auch Freiberufler oder Selbstständige sind oft als Personalentwickler tätig. Allerdings ist es dabei ziemlich schwierig, sich »einen Namen zu machen«, da man viel Berufserfahrung braucht und möglichst viele Kontakte besitzen sollte. Diese kann man sich nur aufbauen, wenn man die Akquisition beherrscht. Der größte Vorteil der Freiberufler und Selbstständigen ist, dass sie für mehrere Kunden arbeiten und demzufolge einen wesentlich größeren Erfahrungshintergrund gegenüber angestellten Personalentwicklern aufweisen.

Eine Analyse der bei der Bundesagentur für Arbeit vorliegenden Stellenangebote für Akademiker zeigt ebenfalls, dass für Tätigkeiten im Personalwesen überwiegend Betriebswirte, Arbeits-, Betriebs- und Organisationspsychologen und Juristen gesucht werden. Die Chancen auf einen Einstieg ins Personalmanagement steigen, wenn einschlägige Praxiserfahrungen vorliegen.

Es gibt sehr viele Möglichkeiten, und so will ich hier auch auf das große Angebot deutscher Fachhochschulen verweisen, die oftmals sehr praxisnahe und stark auf den Personalbereich spezialisierte Studiengänge anbieten. So gibt es z. B. Abschlüsse zum Diplom-Betriebswirt/in (FH), den Studiengang Betriebswirtschaft/Personalmanagement, aber auch den Aufbaustudiengang »MBA Human Ressource Management – Personalpolitik«. Gerade diese Studiengänge können nach einem schon abgeschlossenen Studium oder einer Berufsausbildung die Zukunftschancen im Personalbereich verbessern bzw. einen Quereinstieg ermöglichen.

Der direkte Einstieg ins Personal-Management, sowohl über ein einschlägiges Traineeprogramm in einem Großunternehmen, als Personalreferent oder -assistent, sind jedoch keinesfalls die einzig möglichen Wege. Der Kreativität sind hier wirklich keine Grenzen gesetzt und großes Engagement wird in jedem Falle belohnt.

7 Was Personalentwickler verdienen

Es gibt eine Grundregel in der Personalentwicklung: Je mehr Qualifikationen ein Bewerber aufweisen kann, umso besser ist auch seine Verhandlungsgrundlage für das jeweilige Einstiegsgehalt. Oftmals sind gerade deshalb die Spannen zwischen den Gehältern, die für die gleiche Funktion gezahlt werden, sehr groß. Nach verschiedenen Angaben erzielen Personalentwickler sowie Aus- und Weiterbilder zum Berufseinstieg ein Jahresbruttogehalt in Höhe von 37 400 Euro (Bandbreite: 32 000 bis 42 500 Euro). Wer zwei bis fünf Jahre Berufserfahrung vorweisen kann, liegt bei 42 000 Euro (Bandbreite: 33 600 bis fast 50 000 Euro). Nach mehr als fünf Jahren Berufserfahrung liegt das Gehalt eines Personalentwicklers bei 49 400 Euro (von 39 000 bis knapp 62 000 Euro).

Wer im Bereich Personalentwicklung sowie Aus- und Weiterbildung arbeitet, hat in kleineren Unternehmen einen Verdienst von 36 000 Euro, in mittleren von 41 600 Euro und in großen Unternehmen im Durchschnitt von 47 300 Euro. Nach Möglichkeit ist man also in großen Unternehmen deutlich besser dran. Vor allem Personalverantwortung zahlt sich aus: Die Gehälter von Personalleitern mit Personalverantwortung in Unternehmen mit bis zu 100 Mitarbeitern liegen bei knapp 51 700 Euro jährlich (von 37 700 bis 67 000 Euro). In Unternehmen mit 101 bis 1 000 Mitarbeiter verdienen Personalleiter 69 600 Euro (von 54 900 bis 87 300 Euro). In Konzernen mit über 1 000 Mitarbeitern liegt das Jahresbruttogehalt bei 98 900 (von 74 200 bis 125 600 Euro). Auch wenn der Personalbereich häufig noch von Frauen dominiert wird, verdienen Männer in gleichen Positionen immer noch deutlich mehr. Während beispielsweise eine Personalentwicklerin – unabhängig von Unternehmensgröße und Berufserfahrung – auf ein Jahresbruttogehalt in Höhe von 41 600 Euro kommt, liegt das Gehalt ihres männlichen Kollegen bei 47 300 Euro.

8 Dienstleistungs-angebote für Personalentwickler

In den vergangenen Jahren hat sich vor allem ein Bereich neu etabliert: das »Outsourcing«, also die Vergabe von Aufgaben an externe Dienstleister. Das spart Kosten und vervollständigt das Angebot eines Unternehmens in den noch nicht abgedeckten Bereichen. Für Arbeitende im Personalmanagementsektor bedeutet dies, dass vor allem Weiterbildungsmaßnahmen und Trainings »eingekauft« werden. Neben der Weiterbildung von Mitarbeitern wird oft auch die Besetzung »hochkarätiger« Fach- und Führungspositionen Dienstleistern anderen Firmen anvertraut.

Auch das neudeutsch sehr nett bezeichnete »Headhunting« ist im Kommen. Dazu werden Spezialisten außerhalb des Mitarbeiter suchenden Unternehmens beauftragt, geeignete Personen zu suchen. Diese Spezialisten sind oft unvoreingenommener und unterstützen auf diesem Weg dann das interne Personalmanagement. Auffallend sind auch die wachsenden Zahlen der Aufträge für Zeitarbeitsunternehmen. Dieser Dienstleistungszweig wächst. Er ist heute schon einer der größten Arbeitgeber für Personalentwickler.

9 Ein typischer Arbeitstag

Sicher gibt es große Unterschiede im Arbeitsalltag für einen fest angestellten Personalentwickler und einem freiberuflich tätigen. Der fest angestellte hat einen geregelteren Tagesablauf mit überschaubaren Fragestellungen. Von ihm selbst wird es abhängen, in welche Aufgabenstellungen und Aufgabenbereiche er sich einarbeitet und wie er sich fortbildet.

Da ich selbst freiberuflich tätig bin, kann ich nur über meine Arbeitsabläufe berichten.

Natürlich plane und strukturiere ich den jeweils nächsten Arbeitstag oder die jeweils nächste Arbeitswoche. Dabei sind drei Schwerpunkte einzuplanen:

- die Akquisition neuer Kunden und die Pflege meiner Bestandskunden,
- die Vorbereitung, Durchführung und Auswertung von Aufträgen,
- das Führen meiner MitarbeiterInnen und PraktikantInnen und die interne Verwaltung (Rechnungswesen, Versicherungen, Bürogeräte und -material usw.).

Diese drei Schwerpunkte nehmen jeweils ca. ein Drittel meiner gesamten Arbeitszeit in Anspruch, wie die Erfahrung aus den letzten 16 Jahren als Geschäftsführer meiner Firma zeigt.

Meine MitarbeiterInnen, PraktikantInnen und ich treffen uns an den Tagen, in denen wir nicht beim Kunden im Einsatz sind, kurz vor 9.00 Uhr im Büro. Es werden Termine abgestimmt, Arbeitsaufgaben verteilt und Aufträge und Projekte vorbereitet. Ich verteile Rechercheaufträge oder Vortragsthemen oder halte selbst einen Kurzbeitrag zu einem Thema. Es werden aktuelle Entwicklungen oder neue Regelungen und Gesetze vorgestellt und ausgewertet. Themen waren für uns z. B. BASEL II oder ganz aktuell das Allgemeine Gleichbehandlungsgesetz (AGG). Diese morgendliche Einstimmung dauert mindestens eine und maximal zwei Stunden.

Anschließend bearbeiten meine MitstreiterInnen ihre Tagesaufgabe. Sofern ich keinen Außentermin habe, beantworte ich die bei der Arbeit entstehenden Fragen. Ich bearbeite meine aktuellen Projekte, bereite neue Projekte vor, koordiniere Termine, rufe meine Kunden zur Abstimmung der Projekte an. Bei aktuellen Themen, von denen ich aus den Medien oder durch mein Kontaktnetz erfahre, nehme ich sehr schnell zu den Akteuren und Entscheidern Kontakt auf. Solche Themen sind z. B. Informationen über Unternehmenskäufe oder -verkäufe oder Nachrichten zu Konflikten im öffentlichen Raum.

Täglich sind auch Anfragen von Kunden oder potentiellen Kunden zu beantworten. Die potentiellen Kunden reagieren meist auf eine Empfehlung oder sind durch unseren Internetauftritt neugierig geworden. Nach einem kurzen Austausch zu den beidseitigen Erwartungen wird entweder ein Kennenlerntermin vereinbart oder ein Angebot geschrieben. Meistens holen sich potenzielle Kunden mehrere Angebote ein, um vergleichen zu können. Wenn man der »Vergleichssieger« wird, erhält man den Auftrag.

Mehrere Male im Monat melden sich Medien, wie Fernsehen, Rundfunk oder Printmedien, um die Stellungnahme eines Diplompsychologen zu aktuellen Ereignissen zu erhalten. Fragestellungen aus den letzten Wochen waren z. B., ob ein junges Mädchen, welches sich mehrere Jahre in der Gewalt ihres Entführers befunden hatte, jemals wieder eine »normale« Beziehung führen können wird, warum Menschen, die normalerweise nicht zu den »Glücksspielern« gehören, sich vom Lottofieber anstecken lassen, wenn der Jackpot sehr hoch ist, oder warum es eine zunehmende Anzahl von Computernutzern gibt, die ihre Computer mit funktionslosem Schnickschnack »aufmotzen« (»modding« genannt).

Meine Mitarbeiter und ich sind innerhalb von vier Wochen maximal eine bis zwei Wochen im Büro. In der übrigen Zeit sind wir »auf Tour«: Entweder es werden Kunden besucht, oder es werden Aufträge abgewickelt. Wenn Büroarbeit ansteht, haben meine Mitarbeiter meistens um 17.00 Uhr Feierabend. Das gilt für den Chef natürlich nicht. Er hat meist noch bis 21.00 oder 22.00 Uhr Aufträge vor- oder nachzubereiten.

Wer sich selbstständig machen möchte, sollte dies wissen und nicht als Nachteil ansehen. Für mich ist es außerordentlich motivierend, selbst über meine Zeit und meine sonstigen Ressourcen bestimmen zu können. Der Arbeitsalltag ist sehr abwechslungsreich, spannend und vielfältig.

10 Professionelle Vereine und Gesellschaften

Deutsche Gesellschaft für Personalführung e. V.
(DGFP)
Niederkasseler Lohweg 16
40547 Düsseldorf
Tel.: 02 11/59 78-0
Fax: 02 11/59 78-1 49
E-Mail: info@dgfp.de
www.dgfp.de

Deutsche Gesellschaft für Personalwesen e. V.
(DGP)
Stammestraße 40 D
30459 Hannover
Tel.: 05 11/9 43 93-0
Fax: 05 11/9 43 93-43
E-Mail: hannover@dgp.de
www.dgp.de

dvct – Deutscher Verband für Coaching und Training e. V.
Elbchaussee 28
22765 Hamburg
Tel.: 0 40/22 60-80 07
Fax: 0 40/22 60-80 06
E-Mail: info@dvct.de
www.dvct.de

Bundesverband Deutscher Unternehmensberater BDU e.V.
Zitelmannstraße 22
53113 Bonn
Tel.: 02 28/91 61-0
Fax: 02 28/91 61-26
E-Mail: info@bdu.de
www.bdu.de

Bundesverband Zeitarbeit Personal-Dienstleistungen e.V.
Prinz-Albert-Str. 73
53113 Bonn
Tel.: 02 28/7 66 12-0
Fax: 02 28/7 66 12-26
E-Mail: info@bza.de
www.bza.de

11 Fachliteratur und Fachzeitschriften zum Personalmanagement

- http://berufenet.arbeitsamt.de (Stichwort: »Personalleiter/in, Personalreferent/in«; Link: »Adressen/Medien«)
- http://www.personalwirtschaft.de/ – Personalwirtschaft – Magazin für Human Resources
- http://www.vhb.de/personal/aktuelles.html – Personal – Zeitschrift für Human Resource Management
- http://www1.dgfp.com/dgfp/data/pages/DGFP_e.V/Produkte_-_Dienstleistungen/Zeitschrift_Personalfuehrung/ – Personalführung
- http://www.zeitschriftarbeit.de/ – Arbeit, Zeitschrift für Arbeitsforschung, Arbeitsgestaltung und Arbeitspolitik
- http://www.pabst-publishers.de/wirtschaftspsychologie/index.htm – Wirtschaftspsychologie – Zeitschrift für Personalverantwortliche
- http://www.personalsychologie.de

- http://www.wirtschaftspsychologie-abo.de/ – Wirtschaftspsychologie
- http://www.personal-manager.at/ – Personalmanager – Zeitschrift für Human Resources
- http://www.personal-magazin.de/ – Personalmagazin – Management, Recht und Human Resources
- http://www.hr-pedia.de – HR-Pedia – Enzyklopädie für Human Resources
- http://www.personal-entwicklung.ch/ – Personalentwicklung

12 Wo kann man mehr erfahren? Informationsquellen und Internetportale

- »Personal-Management 2003. Chancen für den Mittelstand.« Studie der Haufe Akademie in Kooperation mit HRblue. (Im Internet als PDF unter www.haufe-akademie.de abrufbar.)
- »Personal-Management. Chancen für Akademikerinnen und Akademiker« (2003), aus der Reihe »Arbeitsmarkt-Information für qualifizierte Fach- und Führungskräfte«. Die Hefte der ZAV/AMS sind im Internet unter www.arbeitsagentur.de – Service von A–Z – Veröffentlichungen – Veröffentlichungen der BA als PDF abrufbar. Zu bestellen außerdem bei der Zentralstelle für Arbeitsvermittlung unter Tel. 0228/713-1292.
- www.hrforum.de
- www.hrworld.com
- www.personal-office.de
- Managementwissen online GmbH www.mwonline.de
- http://berufenet.arbeitsamt.de (Stichworte wie Personalentwickler/in, Personalleiter/in, Diplom-Betriebswirt (FH), Diplom-Kaufmann/frau (Uni), Relocati-

on Specialist, Recruiter, Arbeitspsychologe/in, Diplom-Wirtschaftspsychologe/in)

13 Ausblick

Interessant für das Personalmanagement der Zukunft ist, welche Themen nach Ansicht der befragten Personalfachleute im Kommen sind. Neben der Gewinnung von Mitarbeiterinnen und Mitarbeitern werden dies vor allem die flexible Arbeitszeitgestaltung sein, Personalweiterbildung, Mitarbeiterführung, internetgestützte Personalarbeit, das Management von Veränderungsprozessen und der Einsatz von Personalsoftware.

Zusammenfassung und Schlussfolgerungen

Man kann sehr optimistisch sein, wenn man sich dafür entscheidet, Personalentwickler zu werden, denn schon die ZAV (Zentralstelle für Arbeitsvermittlung) ist der Meinung, dass »die Rahmenbedingungen für das Personalmanagement von allen führenden Forschungsinstitutionen, die sich mit dem Personalmanagement beschäftigen, für die nächsten zehn Jahre hoffnungsvoll gesehen« werden können.

Auch verschiedene Personalexperten gehen davon aus, dass es zu einer Aufwertung der betriebsinternen Personalentwickler kommen wird. Gerade in diesem Bereich könne nämlich keinesfalls gespart werden.

Dabei darf man natürlich nicht die aktuelle Arbeitsmarktsituation vergessen. Wie überall wird auch in Personalabteilungen kleiner wie auch großer Unternehmen gespart, und die Bedeutung einer guten Personalauswahl muss häufig erst besonders betont werden.

Es ist absehbar, dass sich der Trend zur Akademisierung fortsetzen wird, und die Förderung der Hochschulabsolventen kann als ein neues Arbeitsfeld für Personalentwickler angesehen werden. Es wird wohl immer auf die einschlägige Qualifizierung im jeweiligen Bereich und die studienbegleitende Praxiserfahrung als Schlüssel zum Berufserfolg ankommen.

Zurzeit gibt es viele Quereinsteiger im Personalbereich. Einen einschlägigen Werdegang für Personalentwickler gibt es nicht. Man trifft in diesem Berufsfeld also auf Personen aus allen nur denkbaren Arbeitsbereichen, die von – natürlich besonders gut geeigneten – Psychologen aus der A&O-Richtung bis hin zum studierten Theologen reichen. Für Frauen werden die Karrieremöglichkeiten im Personalmanagement häufig besser eingeschätzt als in anderen Bereichen. So sind nach unterschiedlichen Angaben bis zu 41 % aller Führungspositionen mit Frauen besetzt.

Literatur

DIN (2002). DIN 33430: *Anforderungen an Verfahren und deren Einsatz bei berufsbezogenen Eignungsbeurteilungen.* Berlin: Beuth.

Schneller, K.; Schneider, W. (2003). *Bundesweite Befragung der Absolventinnen und Absolventen des Jahres 2003 im Studiengang Psychologie.*

Schuler H. (1995). *Organisationspsychologie.* Bern: Huber.

Ulich, E. (1964). *Jugend zwischen Schule und Beruf.* Weinheim: Juventa Verlag.

www.arbeitsagentur.de

http://www.berufswahl.de

http://www1.dgfp.com/dgfp/data/category/Personalentwicklung/index.html

http://www.haufe-akademie.de

http://www.jobpilot.de/content/journal/studium/
   beruf/personalentwickler.html
http://www.liquide.de/content/personalentwick-
   lung/personalentwicklung_faq.htm
http://www.personalmarkt.de

http://www.spiegel.de/unispiegel/geld/
   0,1518,365889,00.html
http://de.wikipedia.org/wiki/Personalentwick-
   lung

9 Unternehmensberatung

Heinrich Wottawa

1 Allgemeines zu Unternehmensberatungen

Das Spektrum von »Unternehmensberatungen« ist enorm. Es gibt große internationale Unternehmensberatungen mit mehreren tausend Mitarbeitern, mittlere, kleine und ganz kleine, die nur aus einem Berater bestehen. Einen keineswegs vollständigen Überblick gibt der Bundesverband der Unternehmensberatungen (www.bdu.de).

Ebenso vielfältig wie die Größe sind auch die Arbeitsfelder. Manche Unternehmensberatungen sind auf ein spezielles Feld konzentriert (z. B. IT-Prozesse), manche kleinere sogar nur auf eine einzige Form von Projekten (z. B. die Durchführung von Mitarbeiterbefragungen). Es gibt aber auch kleine Beratungen, die aufgrund besonders erfahrener Senior-Berater ein breites Feld abdecken, und natürlich kann man bei den meisten großen Unternehmensberatungen eine Vielzahl von »Produkten« anfordern.

In manchen Beratungen ist die Tätigkeit für Anfänger sehr spezialisiert, man konzentriert sich auf Detailfragestellungen in von erfahrenen Beratern geleiteten Projekten. Es kommt aber gerade in »guten Zeiten« (also dann, wenn von der Wirtschaft in besonderem Maße die Leistung von Unternehmensberatungen nachgefragt wird) auch oft vor, dass man schon nach einer nur sehr kurzen Einschulung erstaunlich eigenverantwortlich in wichtigen Projekten eingesetzt wird. Auch wenn das von den Kunden keineswegs gerne gesehen wird (die etwas bösartige Bezeichnung dafür bei den Kunden ist »Jugend forscht«), bietet es für den Einzelnen natürlich eine hervorragende Entwicklungsmöglichkeit – sofern es ihm gelingt, schon so früh den gestellten Anforderungen gerecht zu werden.

Auch das Ausmaß der Selbstständigkeit nach innen ist sehr variabel. Manchmal hat man einen klar definierten Platz, aber große Beratungen vertrauen oft auch auf Selbstregulation: Die Senior-Berater suchen sich für neue Projekte die Mitarbeiter, die gerade wenig zu tun haben. Wer in den ersten Projekten nicht überzeugt, wird nicht nachgefragt, was kurzfristig zu geringer Arbeitsbelastung, bald aber zum Suchen eines neuen Arbeitsplatzes führt.

2 Beratungsbedarf der Unternehmen

Die Wünsche, die Unternehmen an Beratungen haben, sind sehr vielfältig. Dabei stellt sich natürlich die Frage, warum Unternehmen externe (und pro Tag sehr teure) Beratungen einschalten, statt auf die Experten im Unternehmen zu vertrauen. Das kann viele Gründe haben, hier eine Auswahl:

Externale Attribuierung von Unangenehmem

Es kann ohne weiteres sein, dass die Entscheidungen eigentlich ohnedies bereits getroffen sind, und das Unternehmen einen »Schuldigen« sucht, der für diese unangenehmen, z. B. für die Mitarbeiter mit Nachteilen verbundenen Entscheidungen als verantwortlich dargestellt werden kann. Es ist von großem Vorteil, wenn dadurch langfristig das Klima im Unternehmen besser gestaltet werden kann.

Botschafter nach »oben«

Ein anderer meiner Erfahrung nach nicht seltener Grund für das Einschalten von Beratungen ist, dass die »obere Mitte« der Führungshierarchie jemand braucht, der als glaubwürdiger Externer der Führung ganz oben genau das sagt, was die »Mitte« eigentlich ohnedies weiß. Auch dies kann einen sehr hohen Nutzen haben.

Hat sich z. B. auf Vorstandsebene ein bestimmtes Konzept durchgesetzt (etwa weil ein starkes Vorstandsmitglied dieses in seiner Aufstiegsphase im Unternehmen einge-

führt hat), das aber nicht mehr ganz in die aktuelle Situation passt, kann es für die mittlere Führungsebene extrem schwierig sein, die Abschaffung bzw. Modifikation eines solchen Konzeptes durchzusetzen. Hier ist es dann die Aufgabe des Externen, nach der Prüfung der Sinnhaftigkeit der Vorschläge der mittleren Ebene diese »nach oben« so zu vertreten, dass sie akzeptiert und im Konsens umgesetzt werden.

Klärung widersprüchlicher Konzepte

Manchmal werden externe Beratungen eingeschaltet, um Konflikte innerhalb des Unternehmens zu lösen. Sieht z. B. ein Teil der Führung die Zukunft des Unternehmens am besten durch eine Spezialisierung der Produktpalette auf wenige Kernprodukte gesichert, der andere Teil der Führung glaubt aber, mit einem breiteren Produktportfolio die besseren Chancen zu haben, kann dies zu letztlich nicht »kompromissfähigen« Konflikten führen (ein »mittelgroßes« Produktportfolio könnte das schlechteste Konzept sein). Da solche unterschiedlichen Konzeptionen aber nur dann entstehen, wenn es sachlich gute Argumente für beide Vorgehensweisen gibt (die manchmal in der Boulevardpresse zu lesende Vorstellung, dass obere Führungskräfte in der Wirtschaft überwiegend inkompetente, oft auch bösartige Menschen seien, ist schlichter Unsinn), erfordert es eine sehr genaue Analyse der Marktsituation, der dort erwartbaren zukünftigen Entwicklung (beides nur bedingt von Psychologen zu leisten), aber auch das Feststellen der im Haus vorhandenen speziellen Potentiale (z. B. Kompetenzen und Entwicklungsmöglichkeiten der Mitarbeiter). Die sachgerechte Erfassung dieser Mitarbeiterpotentiale, des Betriebsklimas, der vorhandenen Innovationsfähigkeit und dergleichen sind dann genuin psychologische Aufgaben.

Externes Knowhow nutzen

Ein häufiger Grund für die Einschaltung einer Beratung ist, dass es oft billiger ist, hoch spezialisiertes Knowhow bei Bedarf einzukaufen, als solche Experten im Unternehmen zu halten. Ein typisches Beispiel sind IT-Prozessoptimierungen, in denen oft Psychologen, auch einige meiner Absolventen, mitwirken. Ihre Tätigkeit umfasst u. a.:

- Die sachgerechte Erhebung der tatsächlichen Bedarfe der Nutzer an die Prozessabläufe. Es ist ohne die entsprechenden (negativen) Erfahrungen fast nicht vorstellbar, wie schwer sich hoch intelligente IT-Spezialisten tun, Prozessabläufe aus der Sicht der Sachbearbeiter zu sehen. Es fällt Psychologen i. Allg. um vieles leichter als anderen Berufsgruppen, die Perspektive der »Nutzer« einzunehmen und Prozesse aus dieser Sicht heraus zu optimieren.
- Beratung bei der Gestaltung der IT-Tools. Psychologen wissen oft am besten, wie man Oberflächen für den Nutzer so gestalten kann, dass er diese ohne große Belastung und mit einer geringen Fehlergefahr bedienen kann.
- Ausräumen von Widerständen. Psychologen sind in besonderem Maße geeignet, die im Rahmen von neu eingeführten EDV-Prozessen meist bestehenden Bedenken durch entsprechende Prozessgestaltung und Kompetenzvermittlung bei den späteren Nutzern zu begegnen.

Ideen entwickeln

Die vermutlich wichtigste Leistung von Unternehmensberatungen ist das Entwickeln von Ideen. Man vermag sich vielleicht als Student nicht so richtig vorzustellen, wie relativ eingegrenzt das Denken vieler Verantwortungsträger wird, wenn sie mehrere Jahre für einen speziellen Unternehmensbereich zuständig sind und sich dort an gewis-

se Fakten gewöhnt haben (etwa dass Herr Müller eben ein bisschen weniger leistungsbereit ist, man aus dem Backoffice nur 30 % brauchbare Antworten bekommt und es eben leider normal ist, dass 10 % der Kunden mit den Leistungen unzufrieden sind). Es kann eine sehr wichtige Aufgabe von Externen sein, die Begrenzungen des Denkens durch subjektive Glaubenssätze (»Aber Herr Meier kann doch gar nichts Anderes machen!«, »Wir machen diese Art von Personalentwicklung schon seit 30 Jahren, das ist eine heilige Kuh, an der man nicht rütteln darf!«) zu überwinden. Im Gegensatz zu vielen Angehörigen des Unternehmens haben externe Unternehmensberater einen breiten Überblick über viele andere Unternehmen, haben auch schon oft ähnliche Situationen erlebt oder verwandte Probleme bearbeitet und können daher um vieles flexibler an eine Problemanalyse und die Konzeption der Problemlösung herangehen.

Dazu ist es allerdings erforderlich, dass Unternehmensberater selbst sehr kreativ sind, eine Leistung, die – bei entsprechender Ausnutzung der Vorteile des Psychologiestudiums – von Psychologen in besonderem Maße erbracht werden kann.

3 Der Einsatz von Psychologen

Um zunächst ein bei Studenten häufiges Missverständnis auszuräumen: Es gibt für die meisten Tätigkeitsbereiche in der Wirtschaft, und schon gar für die Arbeit in Unternehmensberatungen, keine »Schutzinseln« für Psychologen. Wenn Psychologen eingestellt werden, dann nicht deswegen, weil man eine »nur von Psychologen besetzbare Stelle« hat, sondern weil der einzelne Psychologe als kompetent und für die vorgesehene Tätigkeit besser als andere Bewerber geeignet erscheint.

Das gilt übrigens in gleicher Weise auch für alle anderen Studiengänge. Was man braucht, sind bestimmte Vorkenntnisse und persönliche Kompetenzen, die aber nicht zwangsläufig mit einem bestimmten Studienabschluss verbunden sind. Beratungen kaufen sich nicht einen »Studienabschluss« ein, sondern einen Menschen, von dem man aus irgendwelchen Gründen überzeugt ist. Demzufolge findet man in Unternehmensberatungen eine bunte Mischung von Fächern, darunter auch Exoten wie Theologen, Germanisten, Historiker, Mediziner und so fort.

Aus diesem Grund kann ich mich auch an keine Stellenanzeige von Unternehmensberatungen erinnern, in der ausschließlich Psychologen gesucht wurden. Häufig sucht man Studienabsolventen mit bestimmten Schwerpunkten, z. B. mit guten Kenntnissen in der Personalarbeit, der Unternehmensorganisation, der Prozessanalyse usw., und nicht selten stehen dann auch in Klammern mögliche Studiengänge dabei. Auch wenn gerade zufällig Psychologie nicht genannt wird, kann man sich ohne weiteres als Psychologe auf solche Stellen bewerben, wenn man tatsächlich die erforderlichen Kompetenzen und die persönliche Passung für dieses Berufsfeld mitbringt und dies auch glaubwürdig darstellen kann.

Generell steigt die Akzeptanz für Wirtschaftspsychologen, es hat sich in den letzten Jahrzehnten eine deutliche Ausweitung dieses Personenkreises in Unternehmen und Beratungen ergeben. Akzeptanzprobleme können allerdings »Nur-Psychologen« haben, die bei der Bewerbung nicht nachweisen können, dass sie über entsprechende Fachkenntnisse, auch in Nachbargebieten (Wirtschaft, Recht etc.), verfügen. Die wichtigste Grundlage ist ein dafür ausreichend vorbereitendes Studium. Zwar gönnen alle seriösen Beratungen den Anfängern eine unproduktive Einarbeitungszeit,

diese darf allerdings nicht zu lange dauern. Fast noch wichtiger als die Fachkenntnisse ist aber der Nachweis, wirklich zur Wirtschaft zu passen und dort arbeiten zu wollen. Keine Beratung stellt gerne Personen ein, für die der angebotene Arbeitsplatz nur eine »Notlösung« ist, obwohl sie eigentlich z. B. Therapeut werden wollten.

Aus diesen Gründen sind bei Bewerbungen spezialisierte Wirtschaftspsychologen klar im Vorteil. Es empfiehlt sich daher mit dem Berufsziel »Wirtschaft« dringend, von Beginn an ein Bachelor- oder Masterstudium mit dem Schwerpunkt »Wirtschaftspsychologie« zu machen. »Nur-Psychologen« sollten unbedingt versuchen, sich ersatzweise während ihres Studiums in Eigeninitiative gezielt für dieses Feld vorzubereiten (Näheres dazu s. u.).

Entscheidend für die Einstellung ist aber stets die persönliche Kompetenz und Eignung, nicht ein »Abschluss« an sich. Was muss man als Anfänger in Unternehmensberatungen wirklich können?

3.1 Allgemeine Kompetenzen zum Lösen von Problemen

Die Basis für die Akzeptanz von Bewerbern ist meistens zunächst die Fähigkeit zum »allgemeinen Problemlösen«. Dazu gehört ein hohes allgemeines Intelligenzniveau, hier tun sich Psychologen aufgrund der Vorselektion mit dem Numerus clausus besonders leicht. Spezifischer sind die folgenden Aspekte:

Flexible Begriffsnutzung

Man muss z. B. in der Lage sein, die Terminologie des jeweiligen Unternehmens schnell zu übernehmen und sowohl mündlich als auch schriftlich in der Kommunikation konsequent zu nutzen. Das ist keineswegs einfach. »Teamorientierung« kann in einem Unternehmen (bei dem man aktuell am Montag und Mittwoch Termine hat) heißen, dass man gemeinsam in der Gruppe zu einer fachlich optimalen Konsenslösung kommt. In einem anderen Unternehmen (das man am Dienstag und Donnerstag besucht) kann der gleiche Begriff meinen, dass man eine gewisse Kompromissfähigkeit bei der Abstimmung von Arbeits- und Urlaubszeiten an den Tag legt, während die Arbeit selbst ein absoluter Einzelarbeitsplatz ist (etwa in einem Callcenter). Psychologen (und übrigens auch Mathematiker) haben hier den großen Vorteil, dass sie sich in ihrem Studium angewöhnt haben, gleiche oder ähnliche Sachverhalte mit völlig unterschiedlichen Begriffen zu besetzen, dass es mehr auf die jeweilige »Zusammenhangsstruktur« ankommt als auf den gewählten Terminus. Juristen, Techniker und BWLer mit einem klaren Begriffsrahmen tun sich hier oft wesentlich schwerer.

»Allgemeinbildung« im Wirtschaftsbereich

Man muss mit »Wirtschaftlern« reden können. Es sollte daher selbstverständlich sein, dass man regelmäßig eine Wirtschaftszeitschrift liest und dadurch so ungefähr weiß, welche Themen gerade relevant sind. Das Lesen ganz normaler Wirtschaftspresse fällt erstaunlich vielen »Nur-Psychologen« ohne Spezialisierung auf Wirtschaft außerordentlich schwer. Wir haben aus diesem Grund bei der Bachelorausbildung Wirtschaftspsychologie in Bochum die Regelung eingeführt, dass alle Studenten am Ende des zweiten Semesters nachweisen müssen, solche Zeitschriften mit Verständnis lesen zu können, die dort verwendeten Begriffe zu beherrschen und das entsprechende Hintergrundwissen zum Verständnis der in den Artikeln beschriebenen Vorgänge in der Wirtschaft zu haben. Fehlt solches Wissen, wird man ganz einfach als Gesprächspartner von den Kollegen, Vorgesetzten und Kunden nicht ernst genommen.

Sensibilität in Gesprächssituationen

Man muss sorgfältig hinhören können, auch schwache »Signale« erkennen und über Gesprächstechniken verfügen, um jeweils gezielt nachzuhaken, was der andere eigentlich wirklich meint. Dies ist auf allen Ebenen eines Unternehmens erforderlich. Fast immer gibt es bei Beratungsprojekten für die Gesprächspartner sehr gute Gründe, nicht alles zu sagen, was sie sich denken. Erfährt man aber diese wichtigen Aspekte nicht, kann keine fundierte Beratung angeboten werden. Psychologen können hier sehr von ihrer Ausbildung im Führen von schwierigen diagnostischen Gesprächen, der Falsifikationsstrategie dabei (also sich die zunächst entstehenden Eindrücke bewusst zugeben und gezielt abprüfen, ob sie möglicherweise doch falsch sind) und einem Training im Perspektivenwechsel profitieren.

Kommunikative »Kampftechniken«

Es ist in nicht wenigen Situationen (von zunächst harmlos erscheinenden Präsentationen über »Machtkämpfe« in Workshops bis hin zu Einzelgesprächen mit ranghohen Führungskräften) absolut notwendig, sich in einer möglichst konsensfähigen, aber die eigene Meinung durchsetzenden Weise kommunikativ zu verhalten. Dafür gibt es eine Menge von sehr erfolgreichen Techniken, besonders bekannt ist etwa der 5-Satz, die gezielte Nutzung der verschiedenen Ich-Ebenen der Transaktionsanalyse, der absichtliche Wechsel der Abstraktionsebene im Gespräch, das Nutzen von Gleichnissen und Modellen und, besonders häufig, die Verwendung des T-A-L-K-Modells für das Planen des affektiven Teils der gesendeten Botschaften. In vielen Fällen haben Psychologen diesbezüglich ein besseres Training als andere Hochschulabsolventen, wenn auch leider nicht immer.

Interkulturelle Kompetenz

Selbstverständlich ist, dass man Fremdsprachen beherrschen muss und interkulturelle Erfahrungen haben sollte. Gutes Englisch (»gut« ist flüssiges Beherrschen dieser Sprache, nicht eine entsprechende Note im Abitur) wird in Unternehmensberatungen meistens als selbstverständlich vorausgesetzt, zumindest in den größeren. Ein Auslandsaufenthalt, im Rahmen eines Auslandssemesters oder als Praktikum in einer Firma, ist ebenfalls meist eine unabdingbare Einstellungsvoraussetzung.

Persönliches Auftreten

Ein besonderes Problem ist das persönliche Auftreten, da dieses nicht selten den ersten Eindruck und generell die Akzeptanz des Unternehmensberaters (auch des jungen!) durch den Kunden stark beeinflusst. Es ist ein typischer Hygienefaktor: Wegen des guten Auftretens allein bekommt man kaum Aufträge, schlechtes Auftreten verhindert aber den Erfolg.

Selbstverständlich sollten hervorragende Manieren sein, auch in schwierigen Situationen (wer stellt wann wen vor, wer öffnet wem wie die Türen, wer geht an der linken bzw. der rechten Seite usw.), und die Beherrschung gepflegter Tischsitten.

Auch die Kleidung sollte man sehr sorgfältig wählen. Der oft anzutreffende »Holzfäller im Anzug« (also der Anfänger, dem man deutlich ansieht, die formelle Kleidung noch nicht oft getragen zu haben und sich darin nicht wohl zu fühlen) ist ebenso untragbar wie das »Model im Röckchen« als Unternehmensberaterin (eine sehr »freizügige« Kleidung kann aber in anderen beruflichen Kontexten, etwa bei der Empfangsdame einer jungdynamischen Werbeagen-

tur, ohne weiteres passend sein). Ebenso indiskutabel war das ungebügelte und über der Hose getragene Hemd eines jungen Beraters beim Frühstück im Hotel (man muss stets damit rechnen, dass auch Kunden im gleichen Hotel untergebracht sind).

In diesem Zusammenhang muss immer der ganze Auftritt stimmen, nicht nur das Äußere. Die tatsächliche erfolgte Nachfrage eines sich im Gespräch sehr kompetent und großartig darstellenden jungen Beraters auf dem Weg zum Aufzug (»Wie war ich denn?«) ist Ruf schädigend.

Auch wenn Psychologen in den hier genannten Bereichen des »allgemeinen Problemlösens« oft Vorteile gegenüber anderen Fächern haben, ist gezieltes »Üben« dringend angeraten. Wir machen etwa in unserer Ausbildung zum Bachelor Wirtschaftspsychologie an der Ruhr-Universität Bochum in den ersten vier Semestern in jeder Woche einen Halbtag mit Trainings zu diesen allgemeinen Bereichen (etwa Kommunikationstechniken, Arbeitstechniken, Etikette etc.). Übrigens sind diese Kompetenzen keinesfalls nur dann erforderlich, wenn man in einer Unternehmensberatung arbeitet, sondern in nahezu allen Tätigkeitsfeldern in der Wirtschaft.

3.2 Spezifische Fachkenntnisse

Es gibt aber nicht nur die »allgemeine Problemlösung«, sondern auch wichtige fachgebundene Kompetenzen. Hier musste ich leider im Laufe vieler Jahre erfahren, dass sich Psychologen oft sehr schwer tun, ihre eigentliche Fachkompetenz in der Wirtschaftspraxis umzusetzen. Viele sind sich gar nicht bewusst, welche hervorragenden Denkgrundlagen die Psychologie für Tätigkeiten in der Wirtschaft, und gerade auch in Unternehmensberatungen, bietet.

Einer der Gründe, warum sich Psychologen mit der Umsetzung ihres Wissens oft viel schwerer tun als andere Fächer, ist das »Trivialitätsproblem«. Ich frage gerne nach einem so richtig engagierten Vortrag eines Studenten zu einer psychologischen Theorie, was davon außer der verwendeten Terminologie für meine Großmutter (einer gelernten Kellnerin) neu wäre. Tatsächlich wirken viele psychologische Theorien auf ihren praktisch relevanten Kern reduziert wenig überraschend. Etwas anderes wäre auch nicht zu erwarten, schließlich wissen alle Menschen etwas darüber, wie Menschen denken und sich verhalten. »Wenn man mit etwas Erfolg hat, tut man es immer öfter!« oder »Wenn ich etwas höre, was im Widerspruch zu meiner bisherigen Meinung steht, lehne ich das zunächst meistens ab!« erscheint plausibel, auch wenn man den »psychologischen« Begriff dazu nicht kennt.

Viele junge »Psychos« tragen ihrem Vorgesetzten aber voller Begeisterung solche Dinge vor, meist auch noch in einer aus dem Studium vertrauten etwas aufgeblasenen Terminologie. Wenn dieser dann die Aussagen auf den Punkt bringt, ist es für den Anfänger nicht immer einfach, Werbung für die fachliche Leistungsfähigkeit der Psychologie zu machen.

Das wirft die Frage auf, was die Psychologie für die wirtschaftliche Praxis eigentlich genau leistet. Dazu empfiehlt es sich, zunächst folgende Arten von »Theorien« (über die Bereitschaft von Psychologen, unterschiedlichste Sachverhalte mit dem gleichen Wort zu versehen, haben wir bereits weiter oben gesprochen) zu unterscheiden (vgl. auch Wottawa, 1984).

Deskriptive Ansätze

Hierzu gehören alle »Theorien«, die aus der deskriptiven Zusammenfassung von Daten entstehen, typischerweise etwa auf der Basis von Faktorenanalysen (s. etwa »Faktorenanalytische Theorien« der Intelligenz oder der Persönlichkeit). Der Nutzen solcher Deskriptionen liegt darin, dass man sich einfach orientieren kann, dass man sich (zumindest zunächst) auf die nach den vorliegenden Befunden besonders wichtigen Aspekte konzentrieren kann, und von dieser Basis ausgehend natürlich soweit sein Wissen über eine Person oder einen Sachverhalt verfeinern muss, bis ein für die Beratung ausreichender Kenntnisstand besteht. Ganz wichtig ist dabei die schon oben genannte Falsifikationsstrategie, also das bewusste Zugeben der bisher getroffenen Vorentscheidungen und das gezielte Suchen nach Gründen zur deren Widerlegung.

Solche Theorien lassen natürlich keinerlei »Wenn-Dann«-Aussagen zu, sie bilden auch keine Prozesse ab, sind im Prinzip auch nicht falsifizierbar (es kann nur sein, dass sich nach irgendwelchen Bewertungskriterien eine andere Deskription als noch besser erweist, aber das macht die alte Theorie nicht falsch). Sie sollten daher auch gegenüber Fachfremden immer nur bezüglich ihrer Nutzung als »Orientierungshilfe« vertreten werden.

Konzeptuelle Rahmentheorien

Diese Art von Theorien in der Psychologie erkennt man daran, dass sie meist in Form von großen Übersichten dargestellt wird, in denen es Kästchen gibt, die untereinander meist in komplexer Form mit Pfeilen verbunden sind (ein sehr schönes und von mir oft genutztes Beispiel dazu ist etwa die allgemeine Handlungstheorie, s. etwa Lantermann, 1980). Solche »Theorien« dienen dazu, um die in einem Prozessablauf besonders wichtigen Komponenten darzustellen und die (wichtigsten) Verbindungen dieser Komponenten untereinander zu zeigen. Sie sind, auch wenn sie sehr komplex sind, bei näherer Betrachtung für die meisten Außenstehenden ausgesprochen trivial. Dass man sich z. B. vor einer Handlung überlegen sollte, welche Ziele man hat, und dass man vor Einleitung von Maßnahmen zur Erreichung der Ziele prüft, welche Mittel welche Erfolgswahrscheinlichkeit haben, ist für niemand überraschend.

Diese »Theorien« haben aber auch gar nicht die Aufgabe, irgendetwas Innovatives, ganz Überraschendes darzustellen, sondern haben für die Anwendung in der Praxis etwa die gleiche Funktion wie die bekannten »Checklisten« für Piloten. Natürlich weiß jeder Laie, dass man vor dem Start eines Flugzeuges genug Treibstoff haben sollte, alle Passagiere an Bord zu sein haben etc. Piloten verwenden aber umfassende Checklisten, um sicherzustellen, dass sie nichts Relevantes vergessen haben, diese Listen sind eine unverzichtbare Arbeitshilfe. In gleicher Weise nutzt man psychologische Rahmentheorien in der Unternehmensberatung. Anstatt nur festzustellen, dass sich Herr Meier etwas seltsam verhält, denkt man darüber nach, welche Ziele er verfolgt, welches Mittel er dafür einsetzt, warum ihm gerade dieses Mittel aussichtsreicher erschien als andere usw. Solche Rahmentheorien sind, so genutzt, eine herausragende Kreativitätshilfe, die wir vielen, vielleicht in den wichtigen Bereichen fast allen anderen Fächern voraushaben.

Funktionale Theorien

Diese »Theorien« enthalten Aussagen darüber, wie Prozesse ablaufen, und welche Wenn-Dann-Beziehungen bestehen. Typische Beispiele sind die kognitive Dissonanz, aus der sich eine Vielzahl von Aussagen ableiten lässt, die Mechanismen zur Sicherung des Selbstwertschutzes, die Motivationspyramiden, Konzepte für das Entstehen von Reaktanz usw.

Auch diese Theorien erscheinen zunächst äußerst trivial. Sagt man z. B. einer Führungskraft, dass für die meisten Menschen die materielle Sicherung der Existenz zunächst wichtiger ist als hohes soziales Ansehen, ist das für sie eine sehr plausible Aussage. Auch dass Mitarbeiter bei zu starken Abweichungen ihrer eigenen Arbeitsziele von den vom Vorgesetzten gesetzten Zielen nicht mehr an der Erreichung der Ziele arbeiten, sondern mit Abwehr und Reaktanz reagieren, erscheint plausibel.

Wenn man in Diskussionen diesen Trivialitätsvorwurf vermeiden will, empfehlen sich zwei Strategien:

- Zum einen kann man zunächst etwas Falsches behaupten und sich als »trivialerweise richtig« von den anderen bestätigen lassen. So sind z. B. die meisten Menschen davon überzeugt, dass mehr Leistungsanreize eine höhere Anstrengung zur Folge haben, und dass die Menschen umso mehr leisten, je mehr sie sich anstrengen. Wenn man sich über diese »Trivialität« einig ist, kann man dann »überraschend« nachweisen, dass eine (zu) hohe Leistungsbereitschaft oder auch ein sehr hoher Arbeitseinsatz negative Konsequenzen hat (jenseits eines bestimmten optimalen Punktes sinkt die Leistung für das Unternehmen, man denke etwa an 168 Arbeitsstunden pro Woche). Auch dauernd gelobte Mitarbeiter empfinden irgendwann dieses Lob nicht mehr als Leistungsanreiz, vor allem wenn es undifferenziert und nicht in Kontingenz zu konkretem Verhalten verteilt wird. Und wenn man einen besonders fähigen Mitarbeiter für eine ganz einfache Leistung vor allen Kollegen massiv lobt, ist dies eher ein Grund zur Kündigung als zur Leistungssteigerung.

- Der zweite nicht-triviale Aspekt ist das Finden der individuell passenden Parameter bzw. Grenzwerte. Hat man sich z. B. mit einer Führungskraft darauf geeinigt, dass überzogene Zielforderungen der Mitarbeiter zur Abwehr führen, ist es oft sehr interessant zu diskutieren, woher sie eigentlich weiß, wo bei Frau Meier der Grenzwert liegt, ab dem die Forderung des Vorgesetzten nicht mehr Compliance, sondern Reaktanz bewirken. Die meisten meiner Gesprächspartner hatten darauf nicht sehr präzise Antworten und oft auch kein klares Konzept, wie sie denn eigentlich im Rahmen der Führungsaufgabe diese Grenzwerte bei ihren Mitarbeitern identifizieren können. Fragen dieser Art sind oft ein viel besserer Kompetenznachweis als »Vorträge«.

Das Problem der simultanen Wirksamkeit psychologischer Mechanismen

Für die wissenschaftliche Arbeit ist es unverzichtbar, eine einzelne »Theorie« systematisch zu verfolgen, aus genau dieser Theorie Folgerungen abzuleiten und diese empirisch zu prüfen. Viele Absolventen können dies auch gut.

In der Unternehmensberatung steht man aber vor dem Problem, dass auf Menschen eine Vielzahl von Mechanismen gleichzeitig einwirkt. Nehmen wir eine mittlere Führungskraft, Herrn Meier, der im Rahmen eines Change-Prozesses mitwirken soll, die Aufgaben seiner Abteilung auf das Notwendigste zu reduzieren. Herr Meier will vermutlich sein Einkommen sichern (und daher den Auftrag erfüllen), aber auch seinen Selbstwert schützen (»Habe ich denn in den letzten zehn Jahre alles falsch gemacht?«) und nicht dafür verantwortlich sein, dass die von ihm sehr geschätzte Frau Müller wegen des Entfallens ihrer Aufgaben die Stelle verliert (um nur drei von vielen Einflüssen zu nennen). Es macht keinen Sinn, aus einer einzigen Theorie heraus sein Verhalten vorhersagen zu wollen. Hier sind, zusätzlich zur Kenntnis der wichtigsten auf Herrn Meier einwirkenden Kräfte, die persönliche Einschätzung und »gesunder Menschenverstand« gefragt. Dieses Ab-

wägen, welche der simultan, aber in gegensätzliche Richtungen wirkenden Kräfte sich wann durchsetzen wird, kommt in der Ausbildung oft zu kurz, was vielleicht auch unvermeidlich ist. Es ist aber entscheidend für die praktische Nutzung funktionaler Theorien im Beratungsalltag.

Nutzung empirischer Befunde

Schon das simultane Einwirken vieler Mechanismen in der Realität macht das Übertragen der im Psychologiestudium so ausführlich besprochenen empirischen Befunde zu Details von theoretischen Konzepten problematisch. Hinzu kommt, dass die typische Datenbasis vieler psychologischer Studien »Versuchsstudenten« sind, deren Verhalten in Laborsituationen nie ohne besondere Prüfung auf das normale Leben übertragen werden kann.

Die Konsequenz ist, dass man bei Beratungsprozessen häufig nicht auf vorhandenen Daten aufbauen kann, sondern in deren Rahmen im jeweiligen Unternehmen selbst empirische Untersuchungen durchführen muss. Für diese Tätigkeit bringen Psychologen bei der Designplanung, der Erstellung der Instrumente und der statistischen Auswertung der Ergebnisse ein besonderes fachliches Knowhow mit (zumindest bei entsprechend guter Ausbildung). Für viele Arbeitsplätze in Beratungen ist daher der geschickte Umgang mit SPSS oder einem anderen großen Statistikprogrammpaket selbstverständlich.

Entscheidend: Nutzung von Theorien zum Finden guter Ideen

Fast immer benötigt man psychologische Theorien als Kreativitätshilfe. Dabei kommt es nicht darauf an, ob sämtliche Voraussetzungen etc. für ihre Anwendung im jeweiligen Praxisfall erfüllt sind, sondern nur, ob man durch systematisches Durchgehen der in der jeweiligen Theorie enthaltenen Elemente zu einem besseren Lösungsvorschlag kommt als ohne die Nutzung dieses Tools. Den Erfahrungen mit Studenten und Absolventen nach fällt es leider vielen außerordentlich schwer, dieses geschickte Umgehen mit Theorien, das »Spielen« mit dem erworbenen Wissen zur Fundierung der Praxis zu lernen. Man trifft immer wieder Kollegen, die ein phantastisch breites und intensives psychologisches Wissen haben, dieses aber nicht nutzen können. Unsere schriftlichen Versuche, hier durch die Darstellung einiger Theorien und ihre Anwendung für die Praxis hilfreich zu sein (Kühn, Platte & Wottawa, 2006) sind problematisch, vielleicht auch, weil es uns nicht gelungen ist, die Sachverhalte dort ausreichend verständlich darzustellen.

Es ist unbedingt notwendig, diese Denkform schon während des Studiums systematisch zu üben. Die Wirtschaftspsychologiestudenten in Bochum machen dazu sogenannte »Transferarbeiten«. Es werden ihnen konkrete Beispiele aus der Arbeit in Unternehmen vorgelegt, und sie müssen dazu etwa drei psychologische Theorien auswählen, die ihrer Meinung nach einen Beitrag zur Problemlösung leisten können, und die entsprechenden Ableitungen und Lösungsvorschläge ausarbeiten, die dann gemeinsam diskutiert werden. Wer für diese Art von Übung keine Anregung an seiner Hochschule hat, sollte versuchen, sich solche Aufgaben selbst zu stellen. Man lernt das richtige Anwenden psychologischer Theorien in der Praxis auch dann, wenn man sein eigenes Verhalten, die Situation in der Partnerschaft oder im Umgang mit dem Dozenten gemäß psychologischen Theorien analysiert und gestaltet. Abgesehen davon, dass es die eigene Kompetenz steigert, macht es Spaß und führt manchmal zu Erfolgen, die man ohne den Einsatz dieses Wissens nicht gehabt hätte.

Psychologen sollten vermeiden, »Laienbetriebswirte« oder »Laienjuristen« zu werden (auch wenn ihnen das aufgrund der Vorselektion für das Psychologiestudium und der dortigen intellektuellen Förderung oft erstaunlich gut gelingt). Es ist viel besser, auf den eigenen Stärken und den im Psychologiestudium erworbenen Kenntnissen aufzubauen, wenn man weiß, wie man die eigenen Fachkompetenzen in der Praxis wirklich effektiv nutzen kann. Man muss allerdings damit rechnen, dass insbesondere das »flüssige« Umgehen mit solchen Basiskompetenzen, wie hier beschrieben, viel Zeit und Übung erfordert. Es hat daher absolut keinen Sinn, zuerst den Studienabschluss zu machen und erst dann darüber nachzudenken, was an solchen Zusatzkompetenzen erforderlich ist. Zu diesem Zeitpunkt ist es für das »Üben« schon zu spät.

4 Mein persönlicher Weg zur Unternehmensberatung

Im Gegensatz zu vielen unserer heutigen Wirtschaftspsychologieabsolventen bin ich selbst eher »zufällig« in das Tätigkeitsfeld Unternehmensberatung gekommen, nicht aufgrund einer klaren persönlichen Planung.

Begonnen haben meine diesbezüglichen Denkprozesse schon am Gymnasium. Ich war aus finanziellen Gründen gezwungen, in den letzten vier Jahren vor dem Abitur (und später dann noch bis zum zweiten Studienjahr) den großen Teil meiner Ferien als Hilfsarbeiter zu verbringen (danach konnte ich mein Geld angenehmer durch Programmierarbeiten verdienen). Dadurch lernte ich intensiv die Arbeit in einem Ziegelwerk, einer mittelständischen Lackfabrik und einer Mühle (in der ich die Anlieferungen des Getreides der Bauern entgegennahm) kennen.

4.1 Erfahrungen im Arbeitsalltag

Da ich intellektuell bei diesen Hilfsarbeiten nicht überfordert war und stets ein gewisses Interesse an Menschen und ihrem Verhalten hatte, begann ich, über auffällige Prozesse nachzudenken. Dazu einige Beispiele:

Das spezielle Signal

Im Ziegelwerk war ich einige Monate mit der Herstellung von Dachziegeln beschäftigt. Dabei kam es immer wieder vor, dass der Bandführerin einer der frisch ausgepressten weichen Dachziegel neben das Band fiel. In diesem Fall rief sie »Kati«, und es war dann meine Aufgabe, den hinuntergefallenen weichen Ton so schnell wie möglich zu beseitigen. Das Spannende dabei war, dass die Bandführerin mich in den Pausen stets korrekt mit meinem Vornamen ansprach. Dazu konnte ich eine Vielzahl von Hypothesen entwickeln und überprüfen. So hat etwa mein Nachfragen bei den anderen Arbeitskollegen ergeben, dass vor vielen Jahren eine Mitarbeiterin namens »Kati« die Funktion, für die ich jetzt zuständig war, wahrgenommen hatte, und dass seitdem der Ruf »Kati« genau diese jetzt aktuelle Bedeutung hat. Das ermöglichte mir dann, über Gedächtnisleistungen, den Nutzen von stets gleich bleibenden Signalen für schnelle Kommunikationsprobleme, die Flexibilität in der Verwendung von Begriffen, die Auswirkungen monotoner Arbeit (die Bandführerin hatte zu dieser Zeit bereits ca. 14 Millionen mal ein Brett unter einen aus der Maschine gepressten Dachziegel gehalten) etc. weiter nachzudenken.

Selbstverstärkende Kreisläufe

Wenn in der Lackfabrik ein Kunde nur eine relativ kleine Menge bestellte, bekamen wir vom Meister ein »Rezept« ausgehändigt und mussten die verschiedenen Rohstoffe für diese Spezialanfertigung holen und in der jeweiligen Menge mischen. Dabei hatten wir vom Meister den ganz strengen Auftrag, von bestimmten Stoffen (es waren alle sogenannten Weichmacher) immer nur die Hälfte der im Rezept angegebenen Menge zu nehmen.

Ich begann natürlich darüber nachzudenken, warum man auf das Rezept das Doppelte der benötigten Menge schreibt, und im Laufe der Zeit fand ich einen mich damals faszinierenden Prozess. Die Rezepturen entstanden so, dass im Labor dieser Firma eine sehr kleine Menge hergestellt, auf die Produkteigenschaften getestet und dann das Rezept dementsprechend so lange modifiziert wurde, bis die gewünschten Eigenschaften gegeben waren. Dieses Rezept wurde dann an den Meister gegeben.

Dieser stand vor dem Problem, dass eine zu große Menge von Weichmachern sofort zu einer Reklamation des Kunden führte (Lack trocknet nicht schnell genug), während eine eher zu kleine Menge (Lack zu spröde) offensichtlich weniger schnell erkannt wurde. Er hatte daher von Anfang an die Tendenz, eher weniger Weichmacher zu nehmen, als auf dem Rezept stand. Bei der Prüfung der so erstellten Charge fand das Labor, dass der Lack eher zu hart war, und daher die Weichmacheranteile erhöht werden mussten. Weil das systematisch immer wieder auftrat, entwickelte man im Labor sogar die Theorie, dass bei größeren Mengen Weichmacher weniger wirken als bei sehr kleinen Mengen. Wenn der Meister das neue Rezept sah, war er über den hohen Weichmacheranteil entsetzt, und reduzierte dessen Anteil an der Mischung entsprechend.

Ich weiß leider nicht, ob der zu meiner Zeit erreichte »50 %-Anteil« ein stabiles Gleichgewicht dieses wechselseitigen indirekten Kommunikationsprozesses war, oder ob sich im Lauf der Zeit noch weitere Verschiebungen ergeben haben.

»Arbeitsersparnis« durch Statistik

Als ich zwischen meinem ersten und dem zweiten Studienjahr in der Mühle arbeitete, bekamen wir eine Lieferung von rund 20 000 Plastiksäcken, die in Paketen von je 50 Säcken gebündelt waren. Dem Vorarbeiter war bei der Verwendung des ersten Sackbündels aufgefallen, dass es nur 47 und nicht 50 Säcke waren, und er teilte dies der Chefin mit. Diese ordnete an, dass wir den ganzen riesigen Berg von Säcken einzeln durchzählen sollten. Da ich im ersten Studienjahr eine sehr gute Statistikausbildung genossen hatte, war es nahe liegend, der Chefin vorzuschlagen, dies besser über eine Zufallsstichprobe zu regeln, um Arbeitszeit zu sparen. Leider war deren Reaktion: »Das zählen wir alles durch, die Leute sind ja sowieso da!«

Was mir daran zu denken gab, war zunächst die Haltung: »Die Leute sind ja ohnedies da!«, also ein irgendwie fehlendes Konzept, wie man die Arbeitszeit von bezahlten Mitarbeitern mehr oder weniger produktiv einsetzen könne. Später habe ich dann auch noch darüber nachgedacht, ob ich meinen Vorschlag zu der Stichprobenziehung wirklich optimal vorgebracht hatte. Diese Frau hatte vermutlich einen Hauptschulabschluss und viel praktische Erfahrung in der Mühle. Vermutlich wären ihr gegenüber zumindest meine zusätzlichen Hinweise entbehrlich gewesen, wie man das Konfidenzintervall der Sackzahl um die Effekte der endlichen Gesamtpopulation aller Säcke und des Ziehens einer Klumpen-, statt einer Zufallsstichprobe auf Einzelobjektbasis (wir hätten ja zweckmäßigerweise immer die Päckchen mit den je 50 Säcken genommen) durch entsprechende Korrekturformeln lösen kann. Dieser Vorfall war in Hinsicht auf meine »Kommunikationskompetenz« vielleicht ein Extremfall, tritt aber in vergleichbarer Weise durchaus auch in ernsthaften Beratungsprojekten immer wieder auf.

Wahrscheinlich macht sich fast jeder Student bei solchen Jobs entsprechende Gedanken, aber ich hatte später die Chance, das Wissen dazu im Psychologiestudium zu vertiefen. Im Übrigen glaube ich, dass gerade mein anderes Studium (Mathematik) viel dazu beigetragen hat, das Denken in abstrakten Konzepten (was fast immer die Grundlage für Beratungsprojekte ist) zu fördern.

4.2 Erste Erfahrungen in Projekten

Schon in der Endphase des Studiums hatte ich die Gelegenheit, an einem Institut der Ford Foundation (Institut für Höhere Studien und Wissenschaftliche Forschung) in Wien an großen angewandten Forschungsprojekten teilzunehmen. Dabei lernte ich schnell, dass die rein fachwissenschaftliche Betrachtungsweise für die Praxis keineswegs ausreicht.

Unerwartete Ergebnisse

Für eine gute Beratung ist es absolut entscheidend, immer an den »Nutzen« für die Auftraggeber zu denken. Trotzdem verlangt man von jedem anständigen Berater, dass er das aus seiner Sicht Richtige auch dann sagt, wenn es den aktuellen Wünschen der »Mächtigen« widerspricht und nicht einer Art »Selbstzensur« bezüglich der Erwartungen der Auftraggeber anheim fällt.

Ein Beispiel dazu war ein großes Projekt, bei dem untersucht werden sollte, was man tun kann, um die damals hohe Abwanderung von österreichischen Akademikern ins Ausland zu verringern. Das Ergebnis war, dass man dies keineswegs verhindern sollte, weil die Vorteile durch die »Rückwanderung« eindeutig überwogen. Für den Auftraggeber war dies wegen der vorher emotional geführten öffentlichen Diskussionen (»Wir bilden die Leute auf unsere Kosten aus, profitieren tut das Ausland«), eine nicht ganz leicht zu rezipierende Empfehlung.

Statistik – aber nicht immer in Standardform!

Die Grenzen rein fachlicher Betrachtung lernte ich auch sehr schön bei einem Projekt kennen, in dem es darum ging Indikatoren zu finden, um die Wiener Gemeindewohnungen (so etwas Ähnliches wie die Sozialwohnungen in Deutschland) den Wohnungssuchenden so zuzuweisen, dass eine möglichst hohe Wohnzufriedenheit entsteht. Spannend waren dabei schon die Kommunikationsprobleme. Wir haben die relevanten Persönlichkeitseigenschaften mit homogenen Testverfahren gemessen, was beim Auftraggeber zu einem völligen Missverständnis des Begriffes »spezifische Objektivität« führte, das wir nicht aufklären konnten (wollten?). Wirklich dramatisch war aber, dass wir erst nach Vervielfältigung des Abschlussberichtes darauf aufmerksam wurden, dass aufgrund der gerechneten linearen multiplen Regressionen für jeden Menschen älter als 55 eine negative Verweildauer in jeder neuen Wohnung vorhergesagt wurde. Der Grund dafür war, dass damals in Wien viele Menschen lange in der Geburtswohnung lebten, dann eine Phase mit relativ schnellem Wohnungswechsel hatten und in der »Elternphase« wieder lange in einer Wohnung verblieben. Die Konsequenz war eine starke negative Korrelation zwischen Alter und Verweildauer in einer Wohnung, wobei die lineare Form aber nicht dem Sachverhalt angemessen war. Durch die unüberlegte Verwendung der üblichen linearen Regressionsprogramme entstand das geschilderte Phänomen, was dazu führte, dass wir in Handarbeit die jeweilige Seite aus dem Bericht herausschneiden und durch eine anders gestaltete Seite ersetzen mussten.

Fachwissen kann auch sehr gut sein!

Ein anderes späteres sehr interessantes Beratungsprojekt war die Frage, in welcher Reihenfolge die österreichischen Autobahnabschnitte gebaut werden sollten. Es gab damals (etwa 1970) einen Masterplan für den Ausbau des österreichischen Autobahn- und Schnellstraßennetzes. Die Strecken in diesem Masterplan wurden in einzelne Abschnitte zerlegt, die jeweils gewissen Erfordernissen (z. B. Länge, Auswirkungen auf den lokalen Verkehr usw.) entsprachen.
Für jeden dieser Abschnitte wurde dann eine weitere Vielzahl von Variablen erstellt (Baukosten, Bauzeit pro km etc.). Nun lag das Problem vor, von einigen hundert Abschnitten eine multivariate Messung in relevanten Nutzenkriterien zu haben und die multivariaten Profile zu einer einzigen Reihenfolge (man kann eben nur in *einer* bestimmten Reihenfolge bauen) umformen zu müssen. Weil das Interesse der Mitglieder in der verantwortlichen Projektgruppe, die aus Vertretern der unterschiedlichen Bundesländer bestand, sehr verschieden war (verständlicherweise wollte jedes Land möglichst viele Abschnitte möglichst schnell bauen), musste eine »objektive« Lösung gefunden werden. Das war einer der Fälle, wo in Beratungsprojekten hoch spezialisiertes Fachwissen aus dem Studium erforderlich war. Wir erarbeiteten eine spezielle Form der Hauptkomponenten-Methode, deren Ergebnisse in der Projektgruppe noch ein wenig »geglättet« und dann im Wesentlichen umgesetzt wurden.
Die nächsten Jahre führten mich über verschiedene Zwischenstationen außerhalb der Universität und nach längerer Arbeitslosigkeit (die Kündigung davor hätte durch eine gute Beratung verhindert werden können!) über Frankfurt und Heidelberg 1977

auf einen Lehrstuhl für Psychologische Methodenlehre an der Ruhr-Universität Bochum. Ich wollte gemäß der Ausschreibung dort einen speziellen Schwerpunkt für die Ausbildung von Methodenspezialisten aufbauen. Aufgrund meiner eigenen Erfahrungen als Arbeitloser begann ich aber zunächst mit einer Analyse des Bedarfs am Arbeitsmarkt. Dabei stellte sich leider heraus, dass aufgrund des zunehmenden Aufbaus von sehr leistungsstarken Konkurrenten (insbesondere die damals neuen Studiengänge für angewandte Statistik) die vorher sehr guten Chancen für Psychologen mit speziellen methodischen Kenntnissen in vielen Berufsfeldern (etwa Biometrie, Marktforschung etc.) stark zurückgingen. Da ich große emotionale Probleme hatte, intelligente Absolventen in eine Richtung zu führen, bei der die Arbeitslosigkeit bzw. eine nicht der Ausbildung entsprechende Beschäftigung eine wahrscheinliche Folge für die meisten gewesen wäre, suchte ich nach Alternativen.

Ich begann, Leute aus der (wirtschaftlichen) Praxis einzuladen und in kleinen Gruppen von Studenten gemeinsam mit ihnen zu diskutieren. Dabei lernte ich sehr viel von den aktuellen Problemen der Praxis kennen. Der von mir vorrangig gesehene Bedarf waren Psychologieabsolventen mit Schwerpunkten in Diagnostik sowie Personal- und Organisationsentwicklung. Ich begann dann, selbst entsprechende Projekte zu übernehmen, ab 1990 insbesondere in Kooperation mit dem WIP in Dortmund (eine Unternehmensberatung, die eine ehemalige Absolventin, Frau Dr. Stratemann, gegründet hatte). Besonders intensive Erfahrungen konnten wir mit der Einführung der »Neuen Steuerungsmodelle« in großen Stadtverwaltungen sowie bei Umstrukturierungsprozessen in den neuen Bundesländern machen, was meine Kompetenz in Organisationsberatung wesentlich vertiefte.

Die Konsequenz war, dass ich 1999 die Leitung des Bereiches »Wirtschaftspsychologie« der Akademie der Ruhr-Universität gGmbH (dort mit dem Arbeitsschwerpunkt Personalentwicklung) übernahm und mit zwei Kollegen die Firma »Eligo psychologische Personalsoftware GmbH« (mit dem Schwerpunkt von Verfahren zur Eignungsdiagnostik vor allem im Internet) gründete. Um diesen Aufgaben zeitlich nachkommen zu können, wurde ich an meinem Lehrstuhl in Bochum zu 50 % beurlaubt.

5 Beispiele durchgeführter Projekte

Psychologisches Knowhow braucht man zum einen in größeren Projekten, in denen entsprechende Teilbeiträge geleistet werden. Für kleinere Spezialaufgaben kann manchmal auch Psychologie alleine ausreichen. Ein Beispiel für ein typisches großes Projekt findet sich in Übersicht 1.

Übersicht 1: Die langfristige Personalentwicklung

Ein großer Finanzdienstleister möchte seine Personalentwicklung langfristig optimieren. Dazu wird folgendes Konzept geplant: Alle neu eingestellten Mitarbeiter machen nach 15–18 Monaten einen »Kompetenzcheck«. Dazu wird erhoben:

- die bisherige objektive Leistung,
- die Beurteilung durch den Vorgesetzten,
- psychologische Tests zu ca. 30 Eigenschaften (Motivation, Kundenorientierung, Arbeitsstile etc.).

Diese Daten werden an der IT zusammengeführt und automatisch zu einer schriftlichen verbalen Ausarbeitung, die für »Laien« verständlich ist, verrechnet. Das Ergebnis erhält der Mitarbeiter und (in einer etwas ergänzten Form) auch sein Vorgesetzter.

Der Vorgesetzte führt auf dieser Grundlage mit dem Mitarbeiter ein Entwicklungsgespräch, in dem geklärt wird, für welche Entwicklungsrichtungen der Mitarbeiter am ehesten in Frage kommt. Zur Wahl stehen »Verkäufer«, »selbstständiger Handelsvertreter«, »Spezialist für besondere Produkte«, »Führungsnachwuchs«.

Nach dem Gespräch kommt der Mitarbeiter in einen »Förderkreis« für eine der vier Richtungen. Gemäß seinen Leistungen dort und dem Ergebnis eines diese Phase abschließenden Assessments (unter Einschaltung von höheren Führungskräften als Beobachtern) wird dann entschieden, welcher Weg endgültig eingeschlagen werden kann.

Alle Daten, auch die Ergebnisse des Assessments am Ende des Entwicklungskreises, sollen in einer »Kompetenzdatenbank« gespeichert werden, um immer bessere Grundlagen für das Entwicklungsgespräch erarbeiten zu können. Außerdem möchte man damit später schnell und objektiv die für anspruchsvolle Sonderaufgaben besonders passenden Mitarbeiter identifizieren können.

Abgesehen von der Erstellung dieses Konzeptes, der natürlich eine entsprechende Problemanalyse vorausgegangen ist, muss man von psychologischer Seite her an die Folgemaßnahmen denken. Diese betreffen z. B.:

- Die Gewinnung von jenen Führungskräften für dieses neue Konzept, die nach dem früheren Verfahren ausgewählt wurden; die meisten Menschen in Unternehmen neigen dazu, jene Instrumente für Aufstiegsentscheidungen für sehr gut zu halten, die ihren eigenen beruflichen Erfolg begründet haben. Nicht selten ergibt sich daraus eine emotionale (und oft kaum bewusste) Abwehr gegenüber innovativen Vorschlägen.
- Ganz wichtig ist bei einer solchen Vorgehensweise, dass ausreichend qualifizierte Anforderungsanalysen vorgeschal-

tet werden, um nicht die falschen Personen in die vier Entwicklungsrichtungen einzuteilen; entscheidend ist dabei auch das Aufbauen eines langfristigen Controllings der Erfolge (sowohl der Zuordnung als auch der eingeleiteten Entwicklungsmaßnahmen), um bei Bedarf nachsteuern zu können.

- Zu beachten ist auch die Perspektive der Betriebsräte, die bei vielen Projekten erhebliche Mitbestimmungsrechte haben. Viele Betriebsräte haben aufgrund von schon sehr lange zurückliegenden Diskussionen erhebliche emotionale Probleme mit der Speicherung von Daten über Mitarbeiter, weil man Nachteile befürchtet (beispielsweise bei Personalfreisetzungen). Hier ist es dann entscheidend, den Betriebsräten begründet zu verdeutlichen, welchen Nutzen nicht nur das Unternehmen, sondern auch die einzelnen Mitarbeiter von solchen Systemen haben. Darüber hinaus ist es selbstverständlich, einen entsprechenden Datenschutz sicherzustellen.

Ein anderes Beispiel betrifft interne Beförderungen. Die Grundlage dieses Projektes ist in Übersicht 2 dargestellt.

Wie bei vielen Auswahlprozessen muss man bei internen Beförderungen damit rechnen, dass eine erhebliche »Verliererproblematik« auftritt: Wer sich für eine Teamleiterfunktion bewirbt und dabei scheitert, hat auch den »Spott« mancher missgünstiger Kollegen zu erwarten. Um so etwas einzuschränken, kann man allen Interessenten die Möglichkeit geben, zunächst im Internet von ihrem Arbeitsplatz aus zu prüfen, ob sie den testmäßig erfassbaren Teilen des Auswahlverfahrens entsprechen. Dazu bearbeiten sie wie andere Bewerber entsprechende Testverfahren im Internet und erhalten eine entsprechend ausformulierte, automatisch erstellte Rückmeldung. Ist diese positiv, hat der Interessent den Nachweis, einem erheblichen Teil des Verfahrens gewachsen zu sein, und kann dies auch gegenüber seinen Vorgesetzten bzw. Kollegen entsprechend belegen. Wenn er dann trotzdem nicht genommen wird, liegt das nicht mehr an einer allgemeinen Inkompetenz oder fehlendem Potential, sondern eben an der Tatsache, dass bei mehr Bewerbungen als Aufstiegspositionen zwangsläufig eine gewisse Anzahl von (zunächst) abgelehnten Bewerbern entstehen muss. Ist das Testergebnis aber negativ, erfährt niemand im Unternehmen, dass er sich überhaupt getestet hat.

Sehr problematisch ist das angestrebte »Vetorecht« des Abteilungsleiters. Einerseits ist verständlich, dass er nicht mit nachgeordneten Führungskräften arbeiten möchte, die entweder seinen Vorstellungen nicht entsprechen oder ihm, einfach formuliert, ganz einfach extrem unsympathisch sind. Sympathie ist ein ganz wichtiger Faktor, es wäre völlig unsinnig, wegen der »Objektivität« einem Vorgesetzten Mitarbeiter zuzuweisen, die er von Anfang an ablehnt (mit allen Konsequenzen für die auch nicht-intentionale Kooperation). Andererseits ist es für die Bewerber seltsam, sich einem »objektiven« Verfahren zu unterziehen, das im Nachhinein durch subjektive Einschätzungen eines »Mächtigen« korrigiert werden kann.

Es kann empfehlenswerter sein, ein solches Vetorecht nicht formal festzulegen, sondern für den Fall des Auftretens einer begründbaren Konfliktsituation im Einzelfall (was erfahrungsgemäß dann doch nur sehr selten passiert) nach für alle Seiten akzeptablen informellen Regelungen zu suchen. Der externe Berater hat hier auch die Funktion, die sich leicht aufschaukelnden Konflikte bei einer solchen Forderung sachgerecht zu lösen.

Eines meiner ungewöhnlichsten Projekte ist in Übersicht 3 beschrieben. Auch wenn es manchen Lesern unwahrscheinlich erscheinen mag, dieses Projekt hat tatsächlich in der hier beschriebenen Form stattgefunden.

Die Ergebnisse wurden im Konsens mit dem Betriebsrat, der Personalabteilung und der zuständigen Führungskraft diskutiert und nach Aufhebung der Anonymität unter Beachtung möglichst hoher Sozialverträglichkeit umgesetzt.

Übersicht 2: Der Aufstieg zum Teamleiter

Ein erfolgreiches größeres mittelständisches Produktionsunternehmen (in seinem Segment in Europa Marktführer) hat bisher die Besetzung der Teamleiter in der Produktion ohne ein besonders geregeltes Verfahren vorgenommen. Wenn eine Stelle frei wurde, hat sich der zuständige Abteilungsleiter mit den anderen Führungskräften zusammengesetzt und entschieden, wer es werden soll.

Die Geschäftsführung ist mit dem Ergebnis zunehmend unzufrieden. Zwar ist die Fachkompetenz der so gewonnenen Teamleiter unbestritten, aber seit Einführung von »self directed work teams« in den meisten Produktionsstätten werden Defizite in ihrer persönlichen Führungskompetenz deutlich. Es soll daher in Zukunft ein neues Verfahren geben:

- Jede freie Teamleiter-Position wird bekannt gegeben; jeder Vorarbeiter kann sich dafür bewerben.
- Die Bewerbungen werden durchgesehen, bei mehr als zwölf erfolgt eine Vorauswahl entsprechend der Einschätzung der Vorgesetzten.
- Höchstens zwölf Bewerber durchlaufen ein Assessment, das aus Testverfahren, einem Interview mit einem Externen, Rollenspielen, Gruppendiskussionen und der Präsentation der Planung einer konfliktträchtigen Teamsitzung besteht. Außerdem soll mit einem situativen Test am Bildschirm geprüft werden, ob die Bewerber in der Lage sind, die vor einiger

Zeit eingeführten Führungsleitlinien auf konkrete Situationen anzuwenden.

Das Ergebnis dieses Assessment Centers ist die Grundlage für die Beförderung, allerdings soll es ein »Vetorecht« des zuständigen Abteilungsleiters geben.
Tipp: Wenn Sie die Begriffe »Assessmentcenter« und »self directed work teams« nicht kennen oder von »mittelständisch« keinen klaren Begriff haben: nachlesen!

Übersicht 3:
Das überbesetzte Callcenter

In einer Bank war eine extrem unglückliche Situation entstanden:

- Der in der Zentrale für die Öffentlichkeitsarbeit zuständige Bereich hat beschlossen, ein neues Callcenter in der Stadt X aufzubauen, das Anfragen von (potentiellen) Kunden zu speziellen Aktionen beantworten soll. Eine sehr leistungsstarke junge Führungskraft (Herr Meyer) wurde damit beauftragt. Herr Meyer hat schnell mit der Suche von Bewerbern begonnen und 20 neue Mitarbeiter, die ihm besonders geeignet erschienen, eingestellt. Die Schulung bzw. Einarbeitung läuft gerade. Völlig unabhängig von diesem Projekt wurde im Rahmen allgemeiner Einsparungen beschlossen, das Personal in den Back-Office-Bereichen der Bank zu reduzieren. Auch in »X« sind davon Mitarbeiter betroffen, etwa 30. Als der Betriebsrat erkennt, dass in »X« einerseits 30 Mitarbeiter freigesetzt werden sollen, andererseits gerade kurz davor 20 neu von außen eingestellt wurden, zweifelt er an der Intelligenz der Führung und verlangt, dass die neuen Stellen im Callcenter mit den eigenen Leuten besetzt werden, soweit diese dies wollen. Von den »Neuen«, die sich zum großen Teil noch in der Probezeit befinden, müssen dann

eben leider entsprechend viele gekündigt werden.

Das Problem eskaliert, weil Herr Meyer nicht ganz ohne Plausibilität energisch darauf verweist, dass er die Verantwortung für die Leistung des Callcenters nicht übernehmen kann, wenn er mit Leuten arbeiten soll, die bisher nur »kundenfern« tätig waren und absolut nicht das Potential für anspruchsvolle, werbende Gespräche am Telefon mitbringen. Außerdem fühlt er sich verantwortlich für »seine« Leute, die fast alle wegen der neuen Stelle ein vorher schon bestehendes festes Arbeitsverhältnis verlassen haben. Nebenbei verweist er auf die erwartbaren Pressereaktionen, wenn diese »Neuen« alle wieder ohne eigenes Verschulden entlassen werden, nur weil der Betriebsrat es so wünscht.
Die Personalabteilung schlägt in dieser verfahrenen Situation Folgendes vor:

- Alle neuen Mitarbeiter und diejenigen der »alten«, die prinzipiell an einer Arbeit in diesem Callcenter interessiert sind, nehmen an einer »Prüfung« teil. Diese bezieht sich auf eine Potentialmessung zur Kundenorientierung, eine Wissensprüfung zu den Inhalten der Tätigkeit im Callcenter, und mehreren Telefonaten mit Rollenspielern zu typischen Interessentenfragen in dem Callcenter. Den »Alten« wird aus Fairnessgründen davor eine entsprechende Einschulung in die Arbeit des Callcenters geboten.
- Diese »Prüfung« wird nur von externen Beratern bewertet. Diese wissen dabei nicht, zu welcher Teilnehmergruppe (»neu« oder »alt«) der jeweilige Kandidat gehört.
- Die Externen bringen die Prüfungsergebnisse in eine Rangfolge. Diese Ergebnisse werden einem Gremium bestehend aus Personalabteilung, Betriebsrat und Herrn Meyer anonym vorgestellt. Das Gremium entscheidet über die endgülti-

ge Reihenfolge, und danach erfolgt dann die Zuweisung zum Callcenter (bei den »alten«) bzw. die Kündigung (bei den »neuen«).

Dieses Beispiel zeigt, dass man manchmal in Unternehmen auch dann Lösungen findet, wenn an sich eine massive Konfrontation vorgezeichnet zu sein scheint. Möglich war diese Lösung hier aber nur, weil beide Seiten in sehr hohem Maß an einer langfristig auch emotional tragfähigen Lösung interessiert waren.

6 Wer sollte eine Position in einer Unternehmensberatung anstreben?

In den schon im Abschnitt 3 genannten Kompetenzen, die man während des Studiums weiter entwickeln kann, gibt es auch einige Passungsaspekte, über die man sich klar werden sollte, wenn man sich auf eine spätere Tätigkeit in der Unternehmensberatung vorbereitet:

Basismotivation

Bezüglich der groben motivationalen Passung für dieses Berufsfeld kann man sich am Motivationstripel »Leistung«/»Kontakt«/»Macht« orientieren, jeweils in den Aspekten vermeidend und aufsuchend. Unternehmensberater benötigen meist ein hohes Leistungsmotiv, und auch das Kontaktstreben sollte nicht zu gering sein (vor allem darf man die Abweisung anderer nicht befürchten). Hingegen ist das »Machtmotiv« meist nur indirekt zu befriedigen, man kann durch die Beratung nur auf Umwegen zu einer Gestaltung im Unternehmen beitragen.

Helikopter-Fähigkeit

Der Berater muss in der Lage sein, sich mit einer sehr groben Übersicht über ein Problemfeld zufrieden zu geben (z. B. wenn er dies als Hintergrundwissen für sein eigenes Teilprojekt braucht). Ebenso muss er aber bei Bedarf auch in der Lage sein, »hinunter« auf eine ganz konkrete Ebene zu gehen, sich um jedes Detail zu kümmern und dazu umfangreiche Informationen einzuholen. Diese Bereitschaft und Kompetenz zum Wechsel der Analyseebene (»Helikopter-Fähigkeit«) kann man, wenn eine gewisse Grundkompetenz vorliegt, im Studium, z. B. bei wissenschaftlichen Arbeiten, gezielt weiter steigern.

Unverzichtbar: Spaß an Stress

In einer Unternehmensberatung sollte man geregelte Arbeitszeiten nur in Ausnahmefällen erwarten. Wenn es aktuelle große Projekte gibt, kann man im Team nicht erklären, aufgrund der offiziell bestehenden 40-Stunden-Woche um 18.30 Uhr nach Hause gehen zu wollen.

Aber nicht nur die zeitliche Belastung spielt eine Rolle, auch die emotionale. Nicht selten hängen von den Empfehlungen des Beraters viele Menschenschicksale ab. Das sollte man sich immer vor Augen halten und entsprechend korrekt und sorgfältig arbeiten.

Eine interessante Art von Stress sind Konflikte mit Auftraggebern oder Teilen der Auftraggeber. So führten wir etwa in einem Unternehmen umfangreiche Workshopreihen durch, um herauszufinden, warum ein sehr schlechtes Betriebsklima vorliegt. Der wichtigste Veränderungswunsch der zweiten Führungsebene war: »Der Vorstand möge weniger vorurteilsbezogen entscheiden!«, worin natürlich auch eine massive Kritik zum Ausdruck kam.

Als wir dies präsentierten, fragte der starke Mann des Vorstandes (der vermutlich auch im besonderen Maße mit dieser Kritik gemeint war) sofort nach, wer denn das gesagt habe. Auf meinen Hinweis, dass man gerade deswegen externe Berater einsetzt, um die absolute Anonymität der Aussagen zu sichern, war seine Antwort: »Dann ist es ja nicht so wichtig, machen Sie weiter!« Es war klar, dass damit das Projekt im Wesentlichen gescheitert war.

Man darf auch in »Notlagen« unter Stress nicht das Denken ausschalten. Ein sehr unangenehmes Beispiel erlebte ich bei einem eintägigen Workshop mit Führungskräften (Personalvorstand und dessen Bereichsleiter), das ich gemeinsam mit einer sehr jungen, fachlich äußerst guten Mitarbeiterin (sagen wir Frau Schulze) durchführte. Am Abend wollte der Vorstand den erfolgreichen Verlauf bei einem gemeinsamen Glas Sekt feiern. Wer nicht kam, war Frau Schulze. Nach einigem Warten (lästig!) beendeten wir die Veranstaltung ohne sie. Später stellte sich heraus, dass Frau Schulze beim Transport des Moderationsmaterials in ihr Auto auf der Treppe gestürzt war. Dabei war ihr ein sehr langes Stück der Naht ihrer Hose geplatzt, sie konnte so wirklich nicht zur Verabschiedung erscheinen. Leider dachte sie, wohl wegen der stressbedingten Reduktion der Denkfähigkeit, nicht an sinnvolle Lösungen dieses Problems, anstatt einfach zu verschwinden.

Mobilität

Die räumliche Mobilität ist in vielen Beratungen selbstverständlich. Nicht selten verbringt man die Woche von Montag früh bis Freitagmittag in der Stadt, in der der Kunde ist, und fliegt nur für das Wochenende nach Hause. In internationalen Beratungen ist oft der Einsatz im Ausland für den Aufstieg innerhalb der Beratung unverzichtbar.

Spaß macht das Reisen höchstens am Anfang. Auch wenn die Hotels meist gut sind (zumindest bei den großen Beratungen), geht einem der dauernde Ortswechsel doch sehr bald auf die Nerven. Gravierend können auch die Folgen für die Partnerbeziehung bzw. das Familienleben sein.

Man braucht aber nicht nur die räumliche, sondern auch die geistige Mobilität; oft weiß der Berater nicht, was am nächsten Tag auf ihn zukommt, welche Projekte plötzlich Vorrang haben. Nicht selten verlaufen auch Termine plötzlich ganz anders als geplant.

Um seine persönliche Passung zutreffend einschätzen zu können, sind Erfahrungen in Praktika zu empfehlen. Hilfreich können auch Gespräche mit Professoren sein, die über entsprechende Erfahrungen in der Wirtschaft verfügen. Sehr nützlich sind auch Kontakte zu Psychologieabsolventen der eigenen Universität, die in diesem Feld arbeiten, z. B. über einen Alumni-Verein (ein Beispiel ist etwa der BoWip der Bochumer Wirtschaftspsychologen, Ähnliches gibt es inzwischen an mehreren Hochschulen).

7 Lohnt es sich?

Wenn man nur an die Bezahlung denkt, ist die Antwort für Anfänger gemischt. Viele Unternehmensberatungen (vor allem die kleinen, die keinen tarifvertraglichen Bindungen unterliegen) reagieren sehr schnell auf den Arbeitsmarkt, zahlen also sehr gut bei Bewerbermangel und senken die Eingangsgehälter der Bewerber bei Überhang. In »schlechten Zeiten« können daher die Anfangsgehälter unter denen für Akademiker im öffentlichen Dienst liegen, in »guten« natürlich deutlich darüber.

Viel wichtiger als das Anfangsgehalt ist aber die Chance, dieses Gehalt bei hoher Leistung sehr schnell und sehr stark zu steigern. Die Verdoppelung in fünf Jahren ist nicht die Regel, aber auch nicht unrealistisch, wenn die Leistung wirklich stimmt.

Außerdem darf man nicht vergessen, dass man gerade in den Anfangsjahren bei einer Unternehmensberatung außerordentlich viel lernen kann, mehr als bei der Tätigkeit in einem einzelnen Unternehmen.

Für viele ist eine Tätigkeit in der Unternehmensberatung aber keine Dauerlösung. Man wird älter, möchte irgendwann einmal mehr Ruhe haben und sein »eigenes Reich«, das man nach eigenen Ideen gestalten kann. Eine Chance dazu ist der Aufstieg innerhalb der Beratung in die Führungsebene, doch sind hier die Möglichkeiten meist quantitativ sehr begrenzt.

Es empfiehlt sich daher für viele nach einer ausreichend langen Erfahrungszeit in Beratungen ein Wechsel in ein Unternehmen, z. B. auf eine mittlere Führungsposition. Man sollte allerdings aufpassen, dass man dies nicht zu spät macht, da ansonsten das Gehalt in der Beratung deutlich höher ist als das, was man nach Übertritt in das Unternehmen realistischerweise erwarten kann, und kein Unternehmen beschäftigt gerne Personen, die dann deutlich weniger verdienen als bisher. Wenn man dazu passt, kann aber auch die spätere Selbstständigkeit bzw. die Gründung einer eigenen Beratungsfirma eine interessante Perspektive sein.

Eine Tätigkeit in einer Unternehmensberatung ist für Psychologen eine tolle Sache – wenn man wirklich dazu passt und das Beste daraus macht!

Weitere Informationsquellen

- Bundesverband Deutscher Unternehmensberater, Homepage: http://www.bdu.de
- Wirtschaftszeitschriften (Wirtschaftswoche, Capital, Handelsblatt, Financial Times Deutschland, Manager Magazin, Impulse etc.)
- Homepages verschiedener Beratungen: Accenture, BCG, DDI, Deloitte, Heidrick & Struggels, Kienbaum, Kornferry, McKinsey, PwC etc.

Literatur

Kühn, S..; Platte, I..; Wottawa, H. (2006). *Psychologische Theorien für Unternehmen (2. Auflage)*. Göttingen: Vandenhoeck & Ruprecht.

Lantermann, E.-D. (1980). *Interaktionen*. Weinheim: Beltz.

Wottawa, H. (1984). *Strategien und Modelle in der Psychologie*. München: Urban & Schwarzenberg.

10 Medienpsychologie und Marketing

Dagmar Unz

1 Was ist Medienpsychologie?

Medien sind allgegenwärtig: am Arbeitsplatz, zu Hause, im Urlaub, selbst beim Sport oder in der U-Bahn. Im Durchschnitt beschäftigen wir uns jeden Tag mehrere Stunden lang mit Medien, seien es nun Zeitungen, Hörfunk, Fernsehen, Internetdienste oder Videospiele. Einen Großteil unseres Wissens entnehmen wir den Medien, eine Vielzahl an sozialen Kontakten pflegen wir mit Hilfe von Medien, von Medien lassen wir uns unterhalten, informieren oder auch beraten. Medien eröffnen Chancen und bergen Risiken. Medien können Einfluss nehmen auf unser Denken und Fühlen, auf unser Verhalten und unsere Entscheidungen oder auf Umfang und Art unserer sozialen Kontakte. Gleichzeitig stellen sie wachsende Anforderungen an unsere Kompetenzen. Wer wirksam kommunizieren will, muss die Regeln kennen, nach denen die Medien funktionieren, aber auch Strategien zur Verfügung haben, um durch das Angebot zu »navigieren«. Besonders die Nutzung so genannter neuer Medien führt zu neuen Strukturen und Kommunikationspraktiken und erfordert daher neue Fähigkeiten und Fertigkeiten. Wer Kommunikationssysteme gestalten möchte, muss wissen, wie Menschen mit Medien umgehen und welche Wirkungen sie auf Menschen haben.

In unserer modernen Informations- und Kommunikationsgesellschaft erfüllen Medien wichtige Funktionen. Zum Ersten überwinden Medien Kommunikationsbarrieren: Es ist nicht erforderlich, dass sich die Kommunikationspartner zur gleichen Zeit und/oder am gleichen Ort befinden (Winterhoff-Spurk, 2004). Zum Zweiten bieten Medien eine Ausweitung der menschlichen Wahrnehmungs- und Kognitionsorgane bei der Aufnahme, Verarbeitung und Speicherung von Informationen, sie sind »kognitive Werkzeuge« (Schwan & Hesse, 2004).

Der Bedarf an psychologischen Ansätzen zur Erklärung von Mediennutzung, Medienwirkung und Mediengestaltung ist daher enorm gestiegen. Im Mittelpunkt stehen Probleme des nutzerfreundlichen Designs von Medien und der Vermittlung von Medienkompetenz. Egal, ob es um die Entwicklung von Bildungs- oder Unterhaltungsmedien, von Softwaresystemen oder von Werbekampagnen geht, Medienschaffende müssen sich mit den Werkzeugen der Medienproduktion, aber auch mit den dahinter liegenden theoretischen Ansätzen und empirischen Ergebnissen zu Fragen der Mediennutzung und Medienwirkung beschäftigen.

Medienpsychologie beschreibt und erklärt menschliches Erleben und Verhalten im Umgang mit Medien. Sie erforscht die psychischen Zustände und Vorgänge bei der medialen Massen- und Individualkommunikation (also vom Fernsehen übers Internet bis hin zum Handygebrauch) (vgl. Mangold, Vorderer & Bente, 2004; Schorr, 2003; Schwab & Unz, 2006; Winterhoff-Spurk, 2004). Neben der Analyse von Voraussetzungen für die Mediennutzung (Motive, Kompetenzen etc.) beschäftigt sich Medienpsychologie mit den Wirkungen der Medien auf Denken, Fühlen und Handeln. Damit schafft sie wesentliche Voraussetzungen für die (Weiter-)Entwicklung von Medien, für die Optimierung medialer Inhalte und Angebotsweisen sowie für die kritische Diskussion medialer Folgen beim Einzelnen und in unserer Gesellschaft. Medienpsychologen betrachten dabei sowohl Massenmedien als auch Medien der Individualkommunikation, sowohl klassische Medien als auch so genannte neue Medien, das Spektrum reicht von Zeitungen, Büchern, Hörfunk und Fernsehen über Telefon, E-Mail und Handy bis hin zu Internet, Multimedia und virtuellen Realitäten.

Die thematische und theoretische Entwicklung der Medienpsychologie ist stark mit der Geschichte der Massenmedien und der Medienwirkungsforschung verbunden (vgl. zum Folgenden Winterhoff-Spurk, 2004). Ausgangspunkt der Medienwirkungsforschung war die in den 1920er-Jahren des letzten Jahrhunderts einsetzende Wirkungs- und Kampagnenforschung. Die so genannte Lasswell-Formel fragte: Wer sagt was in welchem Kanal zu wem mit welchem Effekt? Als zu simpel erwies sich jedoch bald

die zugrunde liegende »Impfnadel«-Vorstellung, man müsse Menschen nur lange genug einer Botschaft aussetzen, dann erziele man auch die erwünschte Wirkung. Denn wie eine zum US-amerikanischen Präsidentschaftswahlkampf 1940 durchgeführte Untersuchung zeigte, hat medial verbreitete Wahlpropaganda nur geringe Wirkungen auf die politischen Einstellungen und das Abstimmungsverhalten der Wähler. Entscheidender sind interpersonale Beziehungen. Dazu kommt: Rezipienten nutzen vorzugsweise nur ganz bestimmte Medieninhalte, nämlich solche, die mit ihren Überzeugungen übereinstimmen, anderen gehen sie aus dem Weg. Auf Grund solcher Ergebnisse kehrte sich die Fragestellung der Medienforschung um. Man fragte nicht mehr (nur) »Was machen die Medien mit dem Menschen?«, sondern (auch) »Was machen die Menschen mit den Medien?« Die gegenwärtige Medienforschung stellt das Konzept des aktiven Nutzers in den Fokus ihrer Betrachtungen: Der aktive Nutzer instrumentalisiert die Medien mit ihren jeweiligen spezifischen Eigenheiten und Funktionen für seine aktuellen Bedürfnisse und Ziele.

2 Medienpsychologische Kompetenzen und Tätigkeitsbereiche

Betrachtet man, welch große Bedeutung Medien in unserem Alltag haben, dann wird schnell offensichtlich, wie wichtig es ist, Chancen und Gefahren, die mit der Mediennutzung verbunden sind, vor dem Hintergrund wissenschaftlicher Erkenntnisse richtig einzuordnen. Medienprodukte aller Art sollten so gestaltet sein, dass intendierte Effekte (z. B. Lerneffekte) gefördert und nichtbeabsichtigte Effekte (z. B. aggressives

Verhalten) reduziert werden. Wir sollten wissen, wie bestimmte Inhalte über Medien möglichst optimal kommuniziert werden oder wie Medien zur Unterstützung von Kommunikationsprozessen eingesetzt werden können. Und: Nutzer sollten in der Lage sein, Medien kompetent zu nutzen. Medienpsycholog(inn)en[1] können hier einen entscheidenden Beitrag leisten, denn sie beschäftigen sich mit Fragen des Medieneinsatzes und der Auswahl geeigneter Kommunikationsmittel oder auch mit der Bewertung und Gestaltung von medialen Angeboten; sie können medienbezogene Nutzungsmotive, Nutzungsweisen und Wirkungen untersuchen und Medienkompetenz vermitteln.

Medienpsychologen befassen sich z. B. mit Mediennutzungsmotiven, mit der Analyse der Fernseh- und Hörfunknutzung, des Lesens, des Musikhörens, der Rezeption von Unterhaltungsangeboten oder Nachrichten, mit der Analyse der Mensch-Computer-Interaktion, der Nutzung von Computer- und Videospielen, mit netzbasierter Wissenskommunikation. Sie beschäftigen sich mit emotionalen Wirkungen, mit Wirkungen auf Einstellungen, mit Lerneffekten oder verhaltensbezogenen Wirkungen, mit Wirkungen spezieller Angebote, wie Werbung oder Gewaltdarstellungen, oder mit der Gestaltung virtueller Agenten und der Optimierung von Programmangeboten etc.

Hieraus ergeben sich für Psychologen mit einem Schwerpunkt in Medienpsychologie drei größere Arbeitsfelder (Groebel, 1993;

Mangold, Vorderer & Bente, 2004): 1. Forschung und Entwicklung: Grundlagen-, Markt- und Programmforschung, Testung von Programmangeboten, Optimierung von Medienangeboten, 2. Beratung von Anbietern (Rundfunkanstalten, mit Medien befasste Institutionen, wie Public Relations, Presse, Redaktionen) sowie 3. Aus- und Weiterbildung im Medien- und Informationsbereich. Experten, die im Medien- und Kommunikationsbereich tätig sind, sehen Einsatzfelder von Medienpsychologen in der Wirkungsanalyse von Kommunikationsaktivitäten, der Auswahl geeigneter Kommunikationsmittel, der Beratung im Hinblick auf die Gestaltung interner und externer Kommunikationsprozesse oder auch bei der Beratung etwa von Politikern, Führungskräften oder Wissenschaftlern im Umgang mit Medien (Vieljehr & Bordoni, 2004).

Da es für Medienpsychologie (noch) kein genau definiertes Berufsbild gibt,[2] arbeiten Psychologen mit dem Schwerpunkt Medienpsychologie oft in Gebieten, für die es keinen Standardeinstieg gibt und in denen sich Fragestellungen »klassischer« Berufsbilder mit Fragestellungen der Mediennutzung, der Medienwirkung, des Medieneinsatzes und/oder der Mediengestaltung »mischen«.[3] An der Schnittstelle von Medienpsychologie und Organisationspsychologie ergeben sich beispielsweise Einsatzfelder in Marketing und PR, im IT-Consulting oder auch in Gebieten, in denen (neue) Medien für klassische Auf-

---

1 Im Folgenden wird für die Bezeichnung von Personen der Einfachheit halber nur noch die männliche Form verwendet. Selbstverständlich betreffen alle Informationen in gleicher Weise Frauen und Männer.

2 Zudem ist Medienpsychologie im Fächerkanon der Diplomprüfungsordnungen bisher nicht als eigenständiges Fach vorgesehen und wird, wenn überhaupt, meist als Teilgebiet der Arbeits- und Organisationspsychologie oder der Pädagogischen Psychologie gelehrt (Lindner, 2003, S. 34).

3 Nach einer Evaluation von Bock (2003; zitiert nach Baumeister, 2004) sind 16 % der Absolvent(inn)en des Fachhochschulstudiengangs »Kommunikationspsychologie« in Zittau/Görlitz im Tätigkeitsfeld Multimediapsychologie und 13 % im Tätigkeitsfeld Werbepsychologie tätig. 70 % der Absolvent(inn)en arbeiten in den Bereichen Beratungspsychologie, Organisationspsychologie, Weiterbildungspsychologie, pädagogische Psychologie.

gabenstellungen der Arbeits- und Organisationspsychologie eingesetzt werden, wie bei der Personalauswahl mit Hilfe neuer Medien oder auch bei der intranetgestützten Beurteilung von Führungskräften mittels 360-Grad-Feedback. An der Schnittstelle von Medien- und pädagogischer Psychologie geht es beispielsweise um die mediale Gestaltung von E-Learning- oder Blended-Learning-Angeboten, oder es geht um die Vermittlung von Medienkompetenz. Gerade in solchen Überschneidungsbereichen muss Medienpsychologie natürlich immer auch interdisziplinär sein. Gleichzeitig konkurrieren Medienpsychologen hier dann auch mit Wirtschaftswissenschaftlern, mit Absolventen medienorientierter Studiengänge, wie Publizistik oder Kommunikationswissenschaft, mit Pädagogen o. Ä.

Für derartige Tätigkeiten benötigen Medienpsychologen natürlich spezifische Fachkenntnisse über Mediennutzung, -wirkung und -gestaltung. Daneben sind gute Methodenkenntnisse (Forschungsmethoden, Statistik etc.) sowie Kenntnisse über Strategien zur Entwicklung und Evaluation von Interventionen bedeutsam. Wichtig sind darüber hinaus konzeptionelles, analytisches und strukturiertes Denken, hohe Kommunikations- und Kooperationsfähigkeit (dazu gehören auch Fremdsprachen), Organisationstalent, Flexibilität, Engagement und Belastbarkeit. Je nach Tätigkeit kommen technisches Verständnis für AV-Medien und Computerkenntnisse, Präsentationskompetenzen sowie kaufmännische oder juristische Kenntnisse hinzu. Das breite Qualifikationsprofil von (Diplom-)Psychologen bietet hier gute Voraussetzungen, entsprechende Zusatzqualifikationen können z. B. durch Nebenfächer oder Praktika erworben werden.

3 Beispiele medienpsychologischer Arbeitsbereiche

Im Folgenden werden Beispiele medienpsychologischer Arbeitsbereiche vorgestellt, z. T. anhand von konkreten Fallbeispielen. Es geht dabei um Tätigkeiten, die sich der Planung, der Produktion, dem Einsatz und der Nutzung etablierter und neuer Medien und dem Wissensmanagement widmen. Die Bereiche sind nicht scharf abzugrenzen, es gibt eine Vielzahl verbindender Elemente, auch gibt es Überschneidungen zu anderen Teilgebieten der Psychologie.

3.1 Arbeitsbereich Medienforschung

In Forschungsabteilungen von Rundfunksendern, in universitären, universitätsnahen Instituten und in der Marktforschung o. Ä. befassen sich Medienpsychologen mit Fragen der Grundlagen-, Markt- und Programmforschung. Sie testen und optimieren Medienangebote. Zum Einsatz kommt dabei die ganze Bandbreite verfügbarer Forschungsmethoden: Laborforschung, Analyse telemetrischer Daten (Stichwort: »Einschaltquoten«), Befragungen (Interviews, Telefonumfragen oder Befragungen auf Messen ...), qualitative oder quantitative (Medien-)Inhaltsanalysen etc.

So kann es sein, dass ein TV-Sender danach fragt, wie ein Programmangebot, z. B. das Vorabendprogramm, besser gestaltet werden kann. Die Aufgabe besteht zunächst einmal darin, mit dem Auftraggeber die Fragestellung zu klären. Oftmals ist die Fragestellung anfangs komplex und muss zunächst konkretisiert werden. Entscheidend ist hier, genau hinzuhören, was der Auftraggeber will. Ziel ist es, eine konkrete Fragestellung herauszuarbeiten, die in einem angemessenen Rahmen bearbeitbar ist. Was heißt »besser« werden? Soll die Reichweite des Programms erhöht werden? Sollen neue Zielgruppen angesprochen werden? Wenn ja, welche? Oder sollen für ein Spartenprogramm Stammzuschauer gewonnen werden? Soll das Programm einem bestimmten Qualitätsanspruch genügen? Vor besondere Herausforderungen stellt einen dabei oft das finanzielle Budget. Da dieses in der Regel (sehr) begrenzt ist, gilt es, Prioritäten zu setzen und eine Methode zu wählen, die für die Forschungsfrage angemessen ist, aber auch den gegebenen finanziellen Rahmen nicht überschreitet.

Die Frage, welche Beiträge im bestehenden Vorabendprogramm beim Publikum besonders gut ankommen und wie diese Beiträge platziert werden sollen, kann beispielsweise mit Hilfe einer Analyse des so genannten »Audience Flow« (d. h. die Einschaltquoten oder, genauer gesagt, die Reichweiten werden danach analysiert, zu welchem Zeitpunkt Zuschauer zu- bzw. wegschalten), mit Hilfe von Befragungen, mit Hilfe von Diskussionen in so genannten »Focus-Groups« (mit Vertretern der (angestrebten) Zielgruppe) oder in laborexperimentellen Studien untersucht werden. Jede dieser Methoden bringt bestimmte Vor- und Nachteile mit sich. Dies dem Auftraggeber zu kommunizieren und ihm auch klarzumachen, was ggf. mit einer bestimmten Methode nicht beantwortet werden kann, ist eine wichtige Aufgabe.

Das weitere Vorgehen folgt meist der Logik eines Forschungsprojektes: bei Bedarf Literaturrecherche mit einer Analyse des Forschungsstandes, Planung des Forschungsdesigns, Durchführung der Untersuchung, Datenanalyse, schließlich Berichterstellung. Hinzu kommt nicht selten eine Präsentation der Ergebnisse beim Auftraggeber und in manchen Fällen auch eine Beratung bei der Umsetzung der Ergebnisse. Für den Projekterfolg ist es wichtig, dass ein Ergebnisbericht in einer anwendungsnahen und

nicht in einer wissenschaftlichen Sprache geschrieben wird. Medienspychologen müssen die wissenschaftlichen Erkenntnisse und Ergebnisse für den Anwender »übersetzen«. Denn nur wenn der Auftraggeber den Bericht versteht, wenn er erkennt, was er mit den Ergebnissen anfangen kann, kann er sie auch entsprechend umsetzen.

Inhaltlich können die Herausforderungen in diesem Arbeitsfeld äußerst vielseitig sein. Neben Aufgabenstellungen, die die Optimierung von Programmangeboten zum Ziel haben, kann es auch um die Imageanalyse eines Senders gehen, um Programmbeobachtung (d. h. Medienangebote werden im Hinblick auf spezifische Programmanteile untersucht, wie z. B. Werbung, gewalthaltige Szenen oder Informationsbestandteile). Aber auch Begleitforschung bei der Implementation neuer Medientechnologien oder Marktanalysen bei der Einführung eines neuen Angebotes können dazugehören.

Für diese Aufgaben sind sehr gute Methodenkenntnisse erforderlich. Daneben ist es wichtig, mit gängigen EDV-Programmen vertraut zu sein. Außerdem sollte man gut im Team arbeiten, mit Menschen umgehen und Kunden beraten können. Ferner sollte man aufgeschlossen für neue Technologien sein, insbesondere wenn es um deren Erforschung oder Anwendung geht.

3.2 Arbeitsbereich Usability

Usability (Gebrauchstauglichkeit) beschäftigt sich mit der benutzerfreundlichen Gestaltung von interaktiven Produkten. Ziel ist es, ein System so zu gestalten, dass ein Benutzer sein Vorhaben effektiv, effizient und zufrieden stellend erreichen kann. Das bedeutet, dass sowohl die Eigenschaften des Systems als auch die Bedürfnisse und Dispositionen des Nutzers berücksichtigt werden müssen. Oder anders ausgedrückt: Ohne zu verstehen, wer was wie und warum mit einem System (z. B. einer Software, einer multimedialen Applikation oder einer Website) machen möchte, kann ein System nicht benutzerfreundlich entwickelt werden. Versteht man Medien als kognitive Werkzeuge, müssen sie wie ein guter Hammer gestaltet sein, Form und Funktionen müssen eine Einheit bilden.

Usability-Tätigkeiten umfassen Beratung und Begleitung von verschiedenen Teilschritten oder auch des gesamten Prozesses einer Systementwicklung. Ziel ist dabei eine möglichst intuitive und effiziente Benutzbarkeit eines Produktes. Zur Beurteilung der Usability von interaktiven Systemen hat sich eine Reihe von Methoden etabliert. Dazu zählen 1. Expertenbeurteilungen: Die Qualität eines Systems wird von erfahrenen Usability-Experten unter Verwendung wissenschaftlich fundierter Richtlinien beurteilt, 2. Befragungen der Nutzer, z. B. mittels Fragebogen, Interviews, Fokusgruppen, oder auch 3. Usability-Tests: Hier werden Nutzer gebeten, typische Aufgaben im Labor zu bearbeiten; durch den Einsatz verschiedener Methoden, wie einer Analyse des lauten Denkens, Logfile-Analyse oder Beobachtung, sind detaillierte Aussagen über die Benutzerfreundlichkeit des Systems möglich. Nach dem Branchenreport Usability (Reitmayr, Vogt, Beu, Mauch & Röse, 2004) werden Usability-Tätigkeiten vor allem in den Branchen IT (und hier vor allem in den Gebieten Grafic User Interface, Web und Mobile Devices), Dienstleistungen und Industrie erbracht. »Typischerweise bietet der Usability-Bereich die ganze Palette an Usability-Tätigkeiten an ... der Schwerpunkt liegt auf Testing (30 %) und Expertengutachten (30 %)« (Reitmayr et al, 2004, S. 8). Andere Verfahren, wie etwa das Erfassen von Benutzeranforderungen, das Erstellen von StyleGuides, die Konzep-

tion für Benutzungsoberflächen, Usability-Beratung, werden seltener angewendet.

Im Tätigkeitsfeld Usability arbeiten Menschen aus verschiedensten Fachgebieten: »Der ... durchschnittliche Usability Professional ist männlich, mit 30 bis 35 Jahren relativ jung, und dennoch mit ca. acht Jahren Berufserfahrung recht fest im Arbeitsleben etabliert. ... In punkto Aus- und Weiterbildung spielen ›Learning on the job‹ und Selbststudium eine sehr große Rolle ... Mit einem Anteil von 75 % hat ein Großteil der befragten deutschen Usability Profis ein Hochschulstudium abgeschlossen, und zwar bevorzugt Psychologie (35 %), Informatik (12 %) und Design (12 %) ...« (Reitmayr et al., 2004, S. 7).

Voraussetzungen für solche Tätigkeiten sind psychologisches Grundwissen (Wahrnehmung, Informationsverarbeitung etc.), Kenntnisse in Software-Ergonomie, Kenntnisse der Normen (z. B. ISO-Normen[4]) sowie das Beherrschen der Usability-Methoden und Vorgehensweisen. Daneben sind Grundkenntnisse in Design sowie in Informatik und Ingenieurwissenschaften von Vorteil. Wichtig sind schließlich auch strukturiertes Denken, analytisches Vorgehen, Teamfähigkeit, Kommunikations- und Konfliktfähigkeit, Einfühlungsvermögen (man muss sich in den Nutzer hineinversetzen können, man muss aber auch die Herangehensweise der Entwickler (Programmierer, Grafiker, Scriptautoren etc.) nachvollziehen können), Beratungs- und Moderationskompetenzen.

3.3   Arbeitsbereich Marketing

Ging es bei Marketingaktivitäten ursprünglich nur um Absatzsteigerung, so wird Marketing heute weiter gefasst: Es geht um die

---

4 Das Internationale Normierungsgremium hat verschiedene ISO-Normen, die im Bereich der Usability wichtig sind, veröffentlicht, so z. B. ISO 9126 (DIN 66272) zur Bewertung von Softwareprodukten, ISO 13407 zur benutzerorientierten Gestaltung interaktiver Systeme oder ISO 14915 zur Software-Ergonomie für Multimedia-Benutzungsschnittstellen.

Ausrichtung der Unternehmensstrategie an Kundenbedürfnissen. Marketing wird als ein entscheidender Erfolgsfaktor für Unternehmen angesehen. Im Zentrum steht die Erforschung von Kundenwünschen. Dazu gehören z. B. Marktforschung, Kundenkontakt, PR und Werbung sowie die Frage des gezielten Einsatzes von Medien für entsprechende Aktivitäten (Abi 3/2004). Marketingaktivitäten umfassen außerdem die Planung und Organisation der Marketingkommunikation, die Planung und der Einsatz der Verkaufsförderung, des Sponsorings, des Eventmarketings, von Messen und Ausstellungen sowie mit wachsender Bedeutung die Erfolgskontrolle der Marketingkommunikation.

In letzter Zeit gewinnen neue Medien bei der Durchführung »klassischer« Marketingaufgaben immer mehr an Bedeutung. So führt z. B. ein KFZ-Hersteller Studien zur Kundenzufriedenheit mit Zielgruppen in Chat-Rooms durch oder Organisationen richten im Rahmen ihres Customer-Relationship-Managements virtuelle Kundenclubs oder Web-Blogs für ihre Kunden ein. Werbe- oder PR-Agenturen, Marktforschungsinstitute, Werbe- und Marketingabteilungen von größeren Unternehmen sowie Verlage sind in der Regel die Arbeitgeber in diesem Tätigkeitsbereich. Nach einer Flaute am Arbeitsmarkt sieht die Zentralstelle für Arbeitsvermittlung die Aussichten für Fachkräfte eher optimistisch (Abi 3/2004, S. 26): »Die Analyse der Bedürfnisse und Wünsche potentieller Kunden sowie die psychologische Wirkung der Produktpräsentation in den Medien werden auch in Zukunft ein wachsendes professionelles Know-how erfordern« (Bundesanstalt für Arbeit, 2001, S. 33). Eine allgemeine Ausbildungsnorm oder einen verbindlich vorgeschriebenen Ausbildungsweg in das Berufsfeld Marketing gibt es jedoch nicht. Weit verbreitet ist der Zugang über ein wirtschaftswissenschaftliches Studium, in bestimmten Gebieten sind aber auch Psychologen gefragt.

Beispiel Kundenberatung in einer Werbeagentur: Kundenberater übernehmen eine Schnittstellenfunktion zwischen Agentur und Kunden. Zum einen bearbeitet ein Kundenberater in der Agentur die Wünsche des Kunden, zum anderen repräsentiert er beim Auftraggeber die Agentur, d. h. auch die Ergebnisse der fortschreitenden Arbeitsphasen.

Beispiel Marktforschung: Marktforschung (vgl. auch Kapitel 7 in diesem Band) ist nicht nur bei der Überprüfung der Wirkung von Marketingmaßnahmen, sondern auch bei der Neueinführung eines Produktes bedeutsam. Durch Motivanalysen oder Produkttests sollen beispielsweise die Chancen auf dem Markt abgeschätzt werden. Es geht um Zielgruppenbestimmung, Werbekonzeption und Gestaltung der Werbemittel. Es geht auch um Bedürfnisse und Wünsche potentieller Kunden, Wirkungen der Produktpräsentationen, das »Image« von Produkten, Firmen und Branchen oder auch das konkrete Kauf- bzw. Konsumverhalten der Kunden (vgl. Linder, 2003). Psychologen entwerfen als Marktforscher Forschungsdesigns, analysieren Daten, verfassen Berichte, präsentieren die Ergebnisse und beraten ggf. den Auftraggeber bei der Umsetzung.

Fachkompetenzen für Tätigkeiten im Marketing umfassen Kompetenzen in der Planung, Durchführung und Analyse von Kommunikationsprozessen, Kompetenzen in der Öffentlichkeitsarbeit, sprachliche Kompetenzen sowie EDV-Kompetenzen. Kommunikations-, Team- und Organisationsfähigkeit sowie Einfühlungsvermögen (um sich in den Kunden hineinversetzen zu können, um seine Perspektive zu übernehmen) sind weitere wichtige Voraussetzungen für diese Tätigkeiten. Innovationsfreude und Aufgeschlossenheit für neue Ideen sind hilfreich, wenn es darum geht, neue Wege zu beschreiten. Besonders für einen optimalen Einsatz aller Medien sind medienpsychologische Kompetenzen gefragt. Gerade für Seiteneinsteiger sind sicherlich

Grundkenntnisse in BWL und ein entsprechendes Praktikum sinnvoll.

Fallbeispiel (vgl. dazu Baumeister, 2004): Claudia Frei[5] hat Kommunikationspsychologie an einer Fachhochschule studiert. Neben den im Studium geforderten Praktika hat sie ein weiteres in einer Agentur für Marktforschung gemacht, hier war sie danach auch als studentische Mitarbeiterin tätig. Zeitgleich mit dem Abschluss des Studiums hat Frau Frei eine Festanstellung in dieser Agentur bekommen. Die Agentur ist in letzter Zeit stark gewachsen: Neben ca. 60 festen arbeiten sehr viele freie Mitarbeitende, Praktikanten oder studentische Mitarbeitende. Die Hierarchie ist flach. Die Angestellten arbeiten in Teams mit jeweils vier bis fünf Leuten. Frau Frei beschäftigt sich vor allem mit Kundenzufriedenheitsstudien und Imageanalysen für die Versicherungsbranche. Einen typischen Auftragsablauf schildert sie so: Nachdem ein Kunde vom Senior-Manager akquiriert wurde, bekommt Frau Frei den Auftrag, ein Angebot zu schreiben, das dann mit dem Kunden abgesprochen wird. Sie entwickelt in der Folge den Fragebogen, der im Kern allerdings standardisiert ist. Nachdem der Fragebogen noch einmal mit dem Kunden abgestimmt wurde, wird er an ein Feldinstitut weitergeleitet, das dann die Interviews durchführt. Die Daten kommen meist direkt als SPSS-File in die Agentur zur Auswertung zurück. Die Daten werden aufbereitet und ausgewertet. Ein umfangreicher Ergebnisbericht wird erstellt. Meistens werden die Ergebnisse abschließend beim Kunden präsentiert. Die Agentur legt Wert darauf, dass die Ergebnisse möglichst einfach dargestellt sind, denn die Kunden haben oft keine oder nur sehr geringe statistische Kenntnisse.

Frau Frei sieht für ihre Tätigkeit Kenntnisse in empirischer Sozialforschung als bedeutsam an. Neben SPSS-Kenntnissen sind auch allgemeine EDV-Kenntnisse (Textverarbeitung, Tabellenkalkulation, Projekt-, Zeit- und Kommunikationsmanagement, Präsentationssoftware) und Multimedia-Techniken wichtig. Beim Umgang mit Kunden sind Kompetenzen in Gesprächsführung und Präsentationstechnik hilfreich. Auch Grundkenntnisse in Betriebswirtschaft (Marketing) sind empfehlenswert. Daneben sind Stressresistenz, Eigeninitiative und Durchhaltevermögen für Frau Frei von großer Bedeutung.

3.4 Arbeitsbereich Public Relations (PR)

Public Relations (Öffentlichkeitsarbeit, PR) ist ein junges, aber auch schnell wachsendes Tätigkeitsfeld in der Kommunikationsbranche. Public Relations umfasst das Bemühen um gute öffentliche Beziehungen. Während das Ziel von Werbung in erster Linie ist, Kaufhandlungen auszulösen, ist es das Ziel von PR, aufzuklären und zu informieren. Es soll Vertrauen aufgebaut und ein positives Meinungsklima für eine Organisation oder ein Produkt geschaffen werden. Hinter diesem Ziel steht in der Regel eine Fülle unterschiedlicher Aufgaben und Tätigkeiten (vgl. z. B. Wienand, 2003). Dazu gehören u. a. die Gestaltung der internen Kommunikation, die Medienarbeit, die Herausgabe von PR-Medien ebenso wie die Organisation von Ausstellungen, Festen und Kongressen oder die Unterstützung von Events in Form von Sponsoring. Eine

---

5 Alle Namen wurden geändert. Die Schilderung der Fallbeispiele basiert zum Teil auf den von Baumeister (2004) durchgeführten Interviews mit Absolventen medien- und kommunikationswissenschaftlicher Studiengänge. Andere in diesem Beitrag aufgeführten Beispiele beruhen auf Schilderungen von Absolventen des Diplomstudiengangs Psychologie (Schwerpunkt: Medien- und Organisationspsychologie) der Universität des Saarlandes.

wachsende Bedeutung gewinnt die Wirkungskontrolle von PR-Maßnahmen. Hier werden beispielsweise die Quantität und Qualität der medialen Berichterstattung analysiert, z. B. mit Hilfe so genannter Medienresonanzanalysen, oder es werden Imageanalysen durchgeführt.

PR-Fachleute sind sowohl in Profit- als auch in Non-Profit-Organisationen gefragt: in der Wirtschaft, in Politik und öffentlicher Verwaltung, bei Verbänden, Gewerkschaften oder bei Kunst-, Kultur-, Freizeit-, Bildungs- und Forschungseinrichtungen, bei Kirchen und karitativen Organisationen.

Auf Grund der vielschichtigen Aufgaben sind die Anforderungen an PR-Fachleute umfangreich: Kompetenzen in Planung, Durchführung und Analyse von internen und externen Kommunikationsprozessen, Kompetenzen im Umgang mit Medien (Pressekonferenzen organisieren, durchführen und analysieren, Betreuung von Journalisten), Organisationstalent, sprachliche Kompetenzen (Texte verfassen und redigieren, Moderation und Rhetorik), EDV-Kenntnisse, Präsentationstechniken, methodische Kenntnisse zur Durchführung von Wirkungskontrollen, Kreativität, Organisationstalent, Teamfähigkeit und Konfliktfähigkeit, daneben Grundkenntnisse in Budgetierung und Recht, aber auch Belastbarkeit und Flexibilität.

Jahrelang war der Seiteneinstieg in die Öffentlichkeitsarbeit die Regel. Auch heute noch gibt es keine klar definierten Zugangswege. Auf Grund der hohen Anforderungen werden jedoch immer mehr ein Hochschulstudium sowie zusätzlich Volontariat, eine einschlägige Weiterbildung oder zumindest entsprechende Praktika verlangt. Für (Medien-)Psychologen ist es sinnvoll, das (medien-)psychologische Wissen mit betriebswirtschaftlichen Grundkenntnissen (speziell: Marketing) und journalistischen Fertigkeiten zu ergänzen (z. B. durch Teilnahme an Teilzeitkursen, an Modulen von Fernstudienlehrgängen oder u. U. durch Praktika und Volontariate). Für Hochschulabsolventen werden gebührenpflichtige Vollzeitkurse mit dem Abschluss »PR-Berater(in)« von entsprechenden Instituten angeboten.[6]

3.5 Arbeitsbereich: Aus- und Weiterbildung im Medien- und Informationsbereich

Besonders in stark wachsenden bzw. sehr innovativen Branchen besteht ein hoher Weiterbildungsbedarf. Einsatzmöglichkeiten für Medienpsychologen bieten sich hier, wenn es um die Schulung im Umgang mit Medien geht. So beispielsweise in Callcentern: Die ersten Callcenter entstanden in Deutschland in den 1970er-Jahren, als die Versandhäuser die Bestellung per Telefon anboten. Seit Beginn der 1990er-Jahre wird der Telefonservice auch in anderen Wirtschaftszweigen groß geschrieben.

Fallbeispiel: Jochen Becker[5] hat während des Psychologiestudiums in verschiedenen Jobs gearbeitet, so auch in einem Callcenter. Nach dem Studium erhielt er dort eine Anstellung im Personalwesen, u. a. mit der Aufgabe der Schulung der Mitarbeiter. Er führt hauptsächlich Kommunikationstrainings, Trainings in Arbeitsorganisation und Schulungen in verschiedenen Computerprogrammen durch. Neben der Kenntnis grundlegender psychologischer Theorien (dies betrifft in erster Linie die Kommunikations- und die pädagogische Psychologie)

---

6 Es gibt eine große Anzahl von ausbildenden Instituten mit unterschiedlichem Niveau. Daher hat die Deutsche Public-Relations-Gesellschaft (DPRG) als Berufsverband damit begonnen, in Public Relations ausbildende Institute zu zertifizieren.

ist eine Affinität zur Kommunikations- und Computertechnik wichtige Voraussetzung für eine solche Tätigkeit. Hilfreich ist auch das Beherrschen von Präsentations- und Moderationstechniken.

Fallbeispiel: Katja Keller[5] hat Psychologie mit den Schwerpunkten Medien- und Organisationspsychologie sowie klinische Psychologie studiert. Nach dem Studium arbeitet sie nun als Leiterin einer Telefonseelsorge. Ein Großteil ihrer Tätigkeit umfasst die Betreuung der hauptberuflichen und ehrenamtlichen Mitarbeiter, d. h. sie ist z. B. zuständig für Supervision der Mitarbeiter und führt Telefon- und Kommunikationstrainings durch.

3.6 Arbeitsbereich Multimediapsychologie

Das Gegenstandsgebiet der Multimediapsychologie umfasst neue Medien wie Internet, Lernprogramme, Kiosksysteme usw. (vgl. z. B. Behrens, 2000). Nach einer Analyse der Bundesanstalt für Arbeit ist das Tätigkeitsfeld »Multimedia« mit einem Anteil von 2,4 % an den Stellenangeboten häufiger vertreten als z. B. Schulpsychologie, Marktforschung und Werbung, forensische Psychologie und Verkehrspsychologie. Gleichzeitig nennt die Bundesanstalt für Arbeit »Beratung im Multimediabereich« als ein Feld, in dem sich für Psychologen interessante Möglichkeiten zur Existenzgründung ergeben.

Tätigkeiten in der Multimediapsychologie umfassen z. B. die Gestaltung und Optimierung von Websites, das Erstellen von E-Learning-Angeboten oder auch Beratung bei bzw. das Erstellen multimedialer Komponenten von Ausstellungen in Museen sowie die Evaluation solcher Angebote. Eine relativ neue Entwicklung im Schnittbereich zur klinischen Psychologie betrifft die Entwicklung und den Einsatz von virtuellen

Realitäten in Therapien, z. B. bei der Therapie von Phobien oder Essstörungen.

Voraussetzungen für solche Tätigkeiten sind neben Kenntnissen der (Multimedia-) Psychologie didaktisches und technologisches Knowhow sowie Kenntnisse von Evaluationsmethoden.

3.7 Arbeitsbereich IT-Consulting

IT-Beratung umfasst die Analyse spezifischer Probleme und Anfragen von Kunden zu IT-Produkten, die Erarbeitung von Lösungen und die Implementierung dieser Lösungen beim Kunden. Solche Projekte werden in interdisziplinär zusammengesetzten Teams bearbeitet (vgl. auch UniMagazin 2/2004).

Fallbeispiel (nach Baumeister, 2004): Isabelle Neumann arbeitet als Senior Consultant im Bereich Human-Ressource-Management bei einem großen deutschen Softwarehaus mit ca. 2000 Mitarbeitern. Isabelle Neumann hat Psychologie (Diplom) und Französisch studiert. Während des Studiums hatte sie verschiedene Jobs. Durch eine Nebentätigkeit in der Programmüberwachung und Zuschauerbetreuung bei einer deutschen Rundfunkanstalt und durch ein Praktikum bei ARTE sammelte sie erste praktische Erfahrungen in der Medienbranche. Während des Studiums besuchte Isabelle Neumann auch eine Weiterbildung in Consulting. Hier hatte sie den ersten Kontakt zu ihrem heutigen Arbeitgeber. Je nach Berufserfahrung übernimmt ein IT-Consultant unterschiedliche Projektschritte: Akquise, Angebotserstellung, Präsentation, Ist-Analyse und Erstellung eines Soll-Zustandes, Umsetzung, Testphase, Projektabschluss. Dies kann auch Schulungen und bei größeren Projekten Change-Management-Prozesse umfassen. Da nur in enger Abstimmung mit dem

Kunden und mit dem Team gute Lösungen entwickelt werden können, ist Kommunikationsfähigkeit eine entscheidende Qualifikation für diese Tätigkeit. Eine wichtiger Punkt bei den von Frau Neumann bearbeiteten Projekten ist immer die Analyse und ggf. die Umstellung von Kommunikationsprozessen. Um die Schwierigkeiten der Mitarbeiter bei der Implementierung neuer Prozesse verstehen und entsprechend darauf reagieren zu können, braucht Frau Neumann viel Einfühlungsvermögen. Darüber hinaus sind natürlich Fachkompetenzen in den Gebieten neuer Medien und Softwareergonomie, ein Verständnis betriebswirtschaftlicher und technischer Zusammenhänge und die Fähigkeit, sich selbstständig in neue Themen einarbeiten zu können, von großer Wichtigkeit. Da IT-Consultants einen Großteil ihrer Arbeit beim Kunden vor Ort oder zumindest in enger Abstimmung mit dem Kunden erledigen, müssen sie entsprechend flexibel und mobil sein.

Fazit

Medien werden von Menschen für Menschen gemacht. Damit Mediennutzung möglichst effektiv, effizient und zufrieden stellend erfolgt, sollten Medienangebote an den menschlichen Bedürfnissen, Motiven, Emotionen und den Informationsverarbeitungsprozessen ausgerichtet sein; man muss verstehen, wie Menschen Medien nutzen und welche Wirkungen Mediennutzung haben kann. Die Medienpsychologie als jene Disziplin, die menschliches Erleben und Verhalten im Umgang mit Medien beschreibt und erklärt, gehört somit zu einem der zentralen Instrumente zielführenden Handelns in Unternehmen der so genannten TIME-Branche (Telekommunikation, Informationstechnologie, Medien, Enter-

tainment) (Scholz, Stein & Eisenbeis, 2002).

Je nach Art des Medienangebots ergeben sich ganz unterschiedliche Einsatzfelder für Medienpsycholog(inn)en: Medienanalysen, Beratung und Begleitforschung für Programmanstalten; Beratung bei der Entwicklung und Erstellung von (neuen) TV-Formaten; Gestaltung und Evaluation von interaktiven Medienangeboten, Internetauftritten, Webangeboten; Evaluation von Medienkampagnen oder Medienangeboten; Erstellen von E-Learning-Angeboten, von elektronischen Lehr-Lern-Medien; Beratung und Evaluation zum Medieneinsatz in Schulung und Weiterbildung (z. B. auch museumspädagogischen Projekten); Beratung bei der Erstellung und Bewertung von Computerspielen; Usability-Testing und -Beratung bei der Entwicklung von Software; Beratung und Begleitung bei der Einführung neuer Software in Unternehmen; Entwicklung von Schulungen zu Medienkompetenz; Evaluation neuer Medientechnologien; Analyse und Bestimmung von Zielgruppen bzw. Beratung bei der Erschließung neuer Absatzmärkte etc.

Für die skizzierten Bereiche gibt es kein klar definiertes Berufsbild, oft ist ein Seiteneinstieg üblich. Allgemein scheinen einige Punkte für den Berufseinstieg bedeutsam: Die Fallbeispiele demonstrieren die Bedeutung praktischer Tätigkeiten während bzw. nach Abschluss des Studiums. Fast immer sind auch Grundkenntnisse anderer Disziplinen (BWL, Informatik etc.) sinnvoll oder notwendig – solche Kenntnisse kann man sich z. B. über die Wahl eines entsprechenden Nebenfachs im Studium oder über Weiterbildungsmaßnahmen aneignen.

Eine Besonderheit von medienpsychologischen Tätigkeiten ist sicherlich darin zu sehen, dass Aufgaben und Anforderungen mit dem technologischen Wandel der Medien und den damit einhergehenden psychischen und sozialen Auswirkungen bei der

Mediennutzung (Ohler & Nieding, 2005) u. U. sehr starken und dynamischen Änderungen unterworfen sind.

Literatur

Abi (3/2004). *Arbeitsmarkt: Werbung & Marketing. Kundenwünsche erforschen.* Abi 3 (2004); 26–29, online: http://www.abi.de/200403/pdf/arbeitsmarkt.pdf (Zugriff: 23.10.06)

Baumeister, B. (2004). *Kommunikations- und Medienpsychologie im beruflichen Kontext.* Diplomarbeit an der Hochschule für Angewandte Psychologie Zürich. http://www.hapzh.ch/pdf/d/d1793.pdf

Behrens, I. (2000). *Karriereführer Multimedia. Neue Berufe in den Neuen Medien.* München: Econ.

Bock, H. (2003). *Bericht über Tätigkeitsmerkmale von Absolventen der Kommunikationspsychologie.* Stand Oktober 2003. Hochschule Zittau/Görlitz. Unveröffentlicher Bericht.

Bundesanstalt für Arbeit (2001). *Arbeitsmarkt-Information für qualifizierte Fach- und Führungskräfte. Psychologinnen und Psychologen.* Bonn: Zentralstelle für Arbeitsvermittlung der Bundesagentur für Arbeit.

Groebel, J. (1993). Medienpsychologie. In A. Schorr (Hrsg.). *Handwörterbuch der Angewandten Psychologie* (S. 458–462). Bonn: Deutscher Psychologen Verlag.

Lindner, I. (2003). *Studienführer Psychologie* (5. Auflage). München: Lexika.

Mangold, R., Vorderer, P. & Bente, G. (Hrsg.) (2004). *Lehrbuch der Medienpsychologie.* Göttingen: Hogrefe.

Ohler, P. & Nieding, G. (2006). Medienpsychologie. In A. Schütz, H. Selg, H. & L. Lautenbacher (Hrsg.). *Psychologie. Eine Einführung in ihre Grundlagen und Anwendungsfelder* (3. Auflage). Stuttgart: Kohlhammer.

Reitmayr, E. et al. (2004). *Branchenreport Usability 2003. Befragung zur Situation der Usability Professionals in Deutschland.* www.gc-upa.de

Scholz, C., Stein, V. & Eisenbeis, U. (2002). *Die TIME-Branche. Konzepte – Entwicklungen – Standorte.* Mering: Rainer Hampp Verlag.

Schorr, A. (2003). *Psychologie als Profession. Ein Handbuch.* Bern: Huber Verlag

Schwan, S. & Hesse, F.W. (2004). Kognitionspsychologische Grundlagen. In Mangold, R., Vorderer, P. & Bente, G. (Hrsg.). *Lehrbuch der Medienpsychologie* (S. 73–100). Göttingen: Hogrefe.

UniMagazin (2/2004). Digitale Architekten. Berufsreportage IT-Consultant. *UniMagazin 2 (2004),* 8–11, online: http://www.unimagazin.de/200402/pdf/berufsreportage.pdf (Zugriff: 23.10.06)

Unz, D. & Schwab, F. (2006). *Medienpsychologie.* In C. Scholz (Hrsg.). Handbuch Medienmanagement (S. 173–194). Berlin, Heidelberg: Springer-Verlag.

Viljehr, Ch. & Bordoni, R. Z. (2005). *Das Berufsfeld Kommunikations- und Medienpsychologie.* Studienarbeit an der Hochschule für Angewandte Psychologie Zürich. http://www.hapzh.ch/pdf/2s/2s0812.pdf

Wienand, E. (2003). *Public Relations als Beruf. Kritische Analyse eines aufstrebenden Kommunikationsberufs.* Wiesbaden: Westdeutscher Verlag.

Winterhoff-Spurk, P. (2004). *Medienpsychologie. Eine Einführung* (2. Auflage). Stuttgart: Kohlhammer.

11 Selbstständige Psychologen

Georg Sieber

Einleitung

Ich bin seit 40 Jahren selbstständig. Das Diplom habe ich in München gemacht. Seit Beginn meiner Selbstständigkeit habe ich mit ebenfalls selbstständigen Kolleginnen und Kollegen zusammengearbeitet. Im Laufe der Jahre wurde daraus eine Art Konföderation selbstständiger Diplompsychologen – kein Berufsverband, eher ein nachbarschaftliches Miteinander. Die heute 15 Kolleginnen und Kollegen verwenden seit 1978 das gleiche geschützte Zeichen (lateinisch: Firma): Intelligenz System Transfer*. Sie sind wirtschaftlich voreinander unabhängig und rechtlich nur durch die Qualitätsbedingungen gebunden, die an die Benutzung der Firma geknüpft sind. Im Laufe der Jahre haben wir über 30 Diplompsychologen und -Psychologinnen in die Selbstständigkeit begleitet. Einige davon blieben in unserer Konföderation. Die meisten fanden unter eigener Firma ihr spe-

zielles Betätigungsfeld. Bis auf wenige Ausnahmen blieben sie weiter selbstständig und üben ihren Beruf aus als Psychotherapeuten, als Betriebsberater oder als Anbieter sonstiger psychologisch relevanter Produkte.

Bei meiner Entscheidung zur Selbstständigkeit spielten zwei Beweggründe eine Rolle. Mein Vater war selbstständiger Kaufmann. Nahezu täglich beschwor er uns Kinder, die Selbstständigkeit höher zu schätzen als die trügerische Sicherheit abhängiger Lohnarbeit. Dem widersprach meine Mutter stets energisch. Das Hin und Her führte jedenfalls dazu, dass mir die Möglichkeit einer selbstständigen Berufstätigkeit sehr präsent wurde und präsent blieb. Der zweite Beweggrund liegt in meiner ersten (sehr kurzen) Erfahrung als angestellter Psychologe. Die mir hier gestellten Aufgaben lagen auf einem allzu schmalen Band überdies fremder Interessen. Selbstständigkeit schien mir der einzige sichere Weg, dieser »kasernierten« Tätigkeit zu entkommen. Damals jedenfalls gab es für mich keine andere Wahl.

Ähnlich prädestiniert erscheint mir heute auch meine Entscheidung für das Psychologiestudium. Nach ersten Versuchen in der Theologie (Liturgie/Homiletik) hatte ich mich für eine Bühnenausbildung entschieden, um Choreograf zu werden. Mein erster Ballettchef empfahl mir alternativlos, doch erst einmal Psychologie zu studieren. Ich folgte seinem Rat und bin noch heute dankbar dafür, da ich im Laufe der Zeit herausfand, dass mir Ballettsaal und Bühne wohl zu eng geworden wären.

1 Geschichte des Berufsbildes

Es gibt kein spezielles Berufsbild des selbstständigen Psychologen. Denn man kann nahezu jede psychologische Tätigkeit durchaus als Selbstständiger ausüben – manchmal besser, aber sicher wohl nie schlechter als in einem Angestellten- oder Beamtenverhältnis. Auch ohne ausdrückliches Berufsbild ist über die Besonderheiten des selbstständigen Psychologen gleichwohl Einiges zu berichten. Immerhin arbeiten und leben sie in der Tradition der seit dem 18. Jahrhundert so genannten Privatgelehrten, die sich ihrerseits an historischen Vorbildern maßen, etwa an *Petrus de Vinea*, dem Berater des Staufers Friedrich II., oder an *Juan de Polanco*, der dem Gründer des Jesuitenordens als Freund und Ratgeber diente. Es gibt jedoch einen sehr wichtigen Unterschied zwischen den heutigen selbstständigen Psychologen und den Privatgelehrten von ehedem, die unsere heutige Sozialbürokratie umstandslos als Scheinselbstständige abqualifizieren würde. Der heutige nämlich stellt seine wissenschaftlichen Fertigkeiten grundsätzlich mehreren

Auftraggebern parallel zur Verfügung. Auf diese Weise bewahrt er seine wirtschaftliche und geistige Unabhängigkeit. Auch stellt der Ausfall eines seiner durchschnittlich sechs Auftraggeber für ihn keine existentielle Bedrohung dar. Wenn es denn heute überhaupt so etwas wie eine berufliche Sicherheit gibt, dann erreicht man sie am ehesten als Selbstständiger.

2 Was machen selbstständige Psychologen?

Das entscheidende Merkmal des selbstständigen Psychologen besteht darin, dass er kein regelmäßiges Gehalt bekommt, sondern den Auftraggebern für seine Leistung eine Rechnung mit Mehrwertsteuer stellt. Von seinen Einnahmen begleicht er die Kosten für Büromiete, Literatur, Bewirtungen, Telefon und PKW bis hin zum Verbrauchsmaterial. Darüber führt er Buch »mit der Sorgfalt eines ordentlichen Kaufmanns«, so die Vorgabe des Finanzamtes, belegt alljährlich seine Einnahmen und Ausgaben und zahlt für die Differenz eine geringe Einkommensteuer – je nach der Betriebsform, die man als selbstständiger Psychologe selber bestimmen kann. Sehr verbreitet ist die Betriebsform der *Einzelpraxis*, die vor allem in der Therapie bevorzugt wird. Die zweithäufigste Betriebsform ist die *Gesellschaft des bürgerlichen Rechts*, in der meistens zwei zeitweilige oder dauerhafte Partner zusammenarbeiten. Drei und mehr Kolleginnen und Kollegen tun sich in der Art der Anwälte als *Kanzleigemeinschaft* oder auch als *Gesellschaft mit beschränkter Haftung* zusammen.

Seine persönlichen Auftraggeber findet jeder selbstständige Psychologe stets selber. Er hat die Gewissheit, dass Psychologie immer dann gefragt ist, wenn es um den Menschen geht. Allerdings ist nur sehr ungefähr vorherzusagen, welche Aufträge jemand konkret erhalten wird. Deswegen übrigens kann man sich auch im Studium kaum auf künftige selbstständige »Jobs« vorbereiten. Und ebenso ungewiss ist, was sich nach ein paar Berufsjahren vielleicht als (Arbeits-) »Schwerpunkt« ergeben könnte. Denn der hängt größtenteils ab von der Art der Nachfrage am Standort. Manchmal ist es günstiger, sich zu spezialisieren auf bestimmte Fragestellungen, Tätigkeiten oder Anwendungsklassen. Aber manchmal ist es eben klüger, offen zu bleiben und bewusst den ständigen Wechsel der sich stellenden Aufgaben zu suchen.

Sowenig man also im Voraus sagen kann, welche Art von Aufträgen man erhalten wird, so vorteilhaft ist eine breite wissenschaftliche Grundlage, wie sie in der Allgemeinen Psychologie vermittelt wird. Diese bietet schließlich den besonderen Vorteil, dass die von ihr gelösten oder doch zumindest schon spezifizierten Fragen zeitlos sind. In den Dimensionen der Allgemeinen Psychologie lassen sich die meisten Aufgaben der Praxis zuverlässig erfassen, beschreiben und lösen. Zu meinen eigenen Studienzeiten übrigens galt die Allgemeine Psychologie nicht gerade als das wichtigste Fach. Erst in der Berufspraxis lernte ich sie als solide Grundlage zu schätzen und mich darin weiterzubilden.

Tatsächlich ist bisher am besten gefahren, wer der nur vermeintlichen Schlichtheit der Allgemeinen Psychologie treu blieb. Wer allerdings auf kurzfristige Akzeptanz aus ist, wird nicht darum herumkommen, dazu auch noch die unterschiedlichsten Lebenslehren aufzunehmen, die mehr oder minder erfolgreich von Medizinern, Pädagogen, Philosophen, Soziologen, von Seelsorgern oder ehemaligen Managern publiziert werden. In den meisten von ihnen finden sich psychologische Bestandteile, die der Glaubwürdigkeit der jeweiligen Lebenslehre sehr förderlich sind. Bei Licht besehen zeigt sich

aber, dass der Wert dieser Bestandteile durch den Kontext bestimmt wird statt umgekehrt. Da muss sich der Psychologe entscheiden, wo er wurzeln will.

3 Aufgaben: »Alles, was anfällt«

Mein persönlicher Aufgabenbereich besteht derzeit aus drei großen und einigen kleinen Feldern. Eines der großen und sehr abwechslungsreichen Felder ist ein Supermarktsystem. Auf jeder seiner Verkaufsflächen sollen sich die Besucher möglichst wohl, sicher und kompetent fühlen. Denn jeder Besucher kommt im Schnitt zweimal wöchentlich und reagiert sehr sensibel auf alles, was als Unordnung, Störung oder »Manipulation« empfunden werden könnte. Anders als mancher Verbraucherschützer glaubt, quittieren jedenfalls deutsche Durchschnittsbesucher etwaige Überredungsversuche oder Forcierungen mit konsequentem Fernbleiben. Denn im Unterschied etwa zu den USA sind in Deutschland die Supermärkte dicht gesät. Wer seinen Besuchern mit Tricks und schönem Schein daherkommt, der hat schon bald das Nachsehen.

Nun haben Supermarktbesucher sehr konkrete Erwartungen, wo, in welcher Reihenfolge und in welchen Nachbarschaften die Waren platziert sein sollten. Nur wenn die Abläufe ihren Erwartungen entsprechen, fühlen sie sich wohl und »finden« (kaufen) problemlos das von ihnen Gewünschte. Hier ist es die Aufgabe des Psychologen, die erwartete »Ordnung« zu erfassen und zu beschreiben. Dazu werden »Mentalmap«-Studien angelegt, durchgeführt, in konkrete Belegungspläne eingebracht und auf Akzeptanz geprüft. Besondere Präzision erfordert dies bei den drei Lebensmittel-

Frischesortimenten mit hohem Bioanteil (Obst/Gemüse, Molkereiprodukte, Fleischwaren). Auch das Personal muss dazu seinen Beitrag leisten. Im Markt sorgen rund 40 meist weibliche Angestellte dafür, dass alle Waren ganztägig verfügbar sind und dass an den Kassen nur minimale Wartezeiten entstehen. Hier ist es die Aufgabe des Psychologen, fehleranfällige Arbeitsprozesse zu untersuchen, neu zu modellieren und entsprechende Schulungs- oder Trainingsvorgaben zu definieren. Schließlich stellt sich als dritte, jedoch übergreifende Aufgabe von Zeit zu Zeit die Frage, welche Konsequenzen beispielsweise aus der Tatsache zu ziehen sind, dass sich die Zahl jener Besucher ändert, die älter als 70 Jahre sind, einen Singlehaushalt führen, an Lebensmittelallergien leiden, das Mittagessen außer Haus einnehmen oder kein Frischfleisch mehr zubereiten können. Hier sind dann etwa Marktforschungsberichte und Einwohnerstatistiken auszuwerten, Referenzhaushalte einzuwerben, Haushaltsbücher für sie zu entwickeln und die daraus anfallende Dokumentation statistisch zu bearbeiten. Diesem vielseitigen Aufgabenfeld Supermarktsystem widme ich nahezu ein Drittel meiner Arbeitszeit. Es fordert so viele psychologische Detailkenntnisse, dass ich es als mein berufliches Fitnessstudio betrachte.

Ein zweites großes Arbeitsfeld ist die Beschäftigung Geringqualifizierter im Bereich der Einfachtätigkeiten. Diese werden Anlerntätigkeiten genannt, für die es keine formale Ausbildung gibt. Da sie meistens sehr ineffizient, unstrukturiert und unter defizitären Führungsbedingungen ausgeführt werden, bleiben Wertschöpfung und Bezahlung gering. Es ist längst als Dilemma bekannt, dass die Sozialhilfe in Deutschland sehr oft höher ist als das Einkommen, das ein Geringqualifizierter normalerweise auf dem Arbeitsmarkt erzielen kann. Deswegen ziehen viele geringqualifizierte Arbeitskräfte die höhere Sozialhilfe einem Gehalt vor.

Schlussendlich bleibt deswegen jene Arbeit liegen, deren Erledigung dem Arbeit- oder Auftraggeber zu »teuer« erscheint. Nun sind wir in Deutschland daran gewöhnt, die Leistungsfähigkeit einer Arbeitskraft aus ihrer ausdrücklich beruflichen Bildung abzuleiten. Tatsächlich ist aber das Leistungsniveau speziell bei Einfachtätigkeiten eher von der Organisation und der Leitung dieser Beschäftigten abhängig als von deren beruflicher Vorbildung. Hier ist es meine Aufgabe als Psychologe, je nach Art der Einfachtätigkeit leistungsgerechte Organisationsformen und Leitungsfunktionen zu modellieren, zu evaluieren und einzuführen. Natürlich ist es überaus befriedigend, wenn es dann 30 und mehr Geringqualifizierte dank überlegener Leistung tatsächlich schaffen, ein deutlich über dem Sozialhilfesatz liegendes Monatseinkommen zu erarbeiten. Andererseits bringt aber gerade dieses Arbeitsfeld extrem viel Ärger, da den wenigen »gescheiten« Auftraggebern meist nichts anderes übrig bleibt, als »ihren« Psychologen immer wieder in ganz und gar fruchtlose Ideologiedebatten mit Bedenkenträgern und selbsternannten Arbeitswissenschaftlern zu entsenden. Die zwei Kernprobleme dieser Debatten bestehen darin, dass Einfachtätigkeiten, wie Putzen, Montieren oder Bewachen, nicht als sinnvolle Arbeit akzeptiert werden und dass berufliche Bildung für jedenfalls menschenwürdiger gehalten wird als eine menschengerechte Organisation. Dieses Arbeitsfeld einschließlich der lästigen Debatten nimmt etwa ein Viertel meiner Arbeitszeit in Anspruch. Mein Engagement kommt einerseits aus der Erkenntnis, dass die vermeintlich »unwürdigen« Einfachtätigkeiten mit jedem Fortschritt der Technik zunehmen müssen. Andererseits liegt hier ein weitgehend unbekanntes, wenig erforschtes, aber sehr lukratives Feld für Psychologen.

Das dritte große Arbeitsfeld beansprucht deutlich weniger als ein Viertel meiner Arbeitszeit: die Beziehung zwischen Autofahrer und Straße. Soviel auch die Ingenieure inzwischen über die Beziehung zwischen Auto und Straße oder zwischen Auto und Fahrer zu sagen haben, so wenig wurde bisher die Beziehung zwischen Fahrer und Straße beachtet. Als Aha-Erlebnis wirkt schon der Nachweis, dass die Umstellung von einer Fahrsituation auf eine unerwartete andere nicht etwa die legendäre Schrecksekunde dauert, sondern vier bis sechs Sekunden, in denen das Auto bei 100 km/h leicht 150 Meter und mehr zurücklegt. Und ein eventuell erforderliches Abbremsen auf beispielsweise 55 km/h dauert dann noch einmal vier bis fünf Sekunden oder weitere 95 Meter. Das bedeutet unmittelbare Unfallgefahr. So manche säuberliche Trassierung landet dann als Bauanleitung für eine Todesfalle im Papierkorb. Glücklicherweise gibt es sehr viele, wenn auch weit verstreute Forschungsarbeiten zu Fragen der Straßenergonomie. So macht es zwar einige Mühe, zu einer konkreten Entwurfssituation des planenden Ingenieurs belastbare Kenntnisse beizusteuern. Diese aber werden dann meist ohne Grundsatzdebatten akzeptiert. Auch die Untersuchung eines »black spots« – so nennen die Straßenmenschen eine unfallträchtige Stelle oder Strecke – wird regelmäßig mit Dank aufgenommen. Die fast immer bürogebundenen Gesprächspartner finden es übrigens sehr beruhigend, wenn der Psychologe höchstpersönlich die kritische Strecke abwandert, photographiert und auch noch genügend Kartenverstand mitbringt, um irreführende Abweichungen der Straßenführung vom Plan zu erkennen und zu dokumentieren. Ein Wermutstropfen allerdings stört die ansonsten überwiegende Harmonie: Man darf den eigenen Beitrag nur ja nicht als Psychologie bezeichnen. Stattdessen sagt man *Human Factors*. Aber das ist auch in anderen Branchen zuweilen so.

Die kleineren Aufgabenfelder sind Einmalaufträge, die manchmal mehr und manchmal weniger psychologische Fachkenntnis-

se erfordern. Dazu gehören Gutachten und Stellungnahmen zu Gutachten, forensische Beratungen, Textprüfungen auf Logik und Schlüssigkeit, Verlaufsuntersuchungen von Schadensereignissen, zuweilen auch klinische oder pädagogische Fragestellungen. Und manchmal – wohl aus Gründen schieren Alters – besteht die Aufgabe sogar nur in einer Präsenzpflicht, wenn etwa ein Gremium rein vorsorglich psychologischen Sachverstand im Raum wissen möchte. Die Einmalaufträge bedeuten mir aber sehr viel, weil ich deren Abwechslung und Vielseitigkeit schätze.

Bei all dem habe ich Jahr für Jahr viele Seiten zu schreiben. Das ist eine Fertigkeit, die sich im Laufe der Zeit durch ständige Übung entwickelt. In vielen Gesprächen mit selbstständigen, angestellten und beamteten Kollegen habe ich die Überzeugung gewonnen, dass vom selbstständigen Psychologen die bei weitem meiste Schreibarbeit zu leisten ist. Deswegen meine ich, dass ein selbstständiger Psychologe zwar alle möglichen Eigentümlichkeiten haben darf, jedoch keinesfalls eine Schreibhemmung.

4 Beschäftigungs-möglichkeiten

Grundsätzlich kann jeder denkbare Betrieb, sogar ein Kloster oder ein Heimatmuseum, von den soliden Grundkenntnissen eines Psychologen profitieren. Ob er in einem festen Arbeitsverhältnis mitarbeiten sollte oder besser als freier Mitarbeiter oder Subunternehmer ist zunächst eine Frage der vertretbaren Kosten. Ein Anstellungsvertrag mit einem Jahresgehalt von 40 000 Euro brutto kostet den Betrieb alles in allem rund 100 000 Euro. Der mit psychologischen Mitteln erreichbare Vorteil müsste also in dieser Größenordnung liegen. Vielen Betriebsleitern fällt es aber im Falle psychologischer Leistungen leichter, beispielsweise jeweils 20 000 Euro für fünf verschiedene definierte Aufgaben auszugeben, als das Risiko eines Jahresarbeitsvertrages einzugehen. Deswegen ist hier das Angebot des selbstständigen Psychologen klar im Vorteil, der sein Budget in fünf überprüfbaren Etappen sukzessive abarbeiten wird.

5   Ausbildung

Nun möchte man aber als selbstständiger Psychologe vor allem interessante Aufgaben bekommen. Die allerdings werden nur sehr selten ausgeschrieben. Man muss deswegen nach solchen Aufgaben fragen. Um aber mit Aussicht auf Erfolg fragen zu können, müssen zuvor Vertrauen und Interesse des möglichen Auftraggebers gewonnen werden. *Ich gewinne* heißt im Lateinischen *acquiro*. Von diesem Wort kommt das in allen europäischen Sprachen geläufige Fremdwort *Akquisition*. Akquisition ist der erste Schritt. Denn man muss das Vertrauen und Interesse bereits gewonnen haben, bevor über eine konkrete Aufgabe auch nur gesprochen werden kann.

Um das Vertrauen der Leiter von Unternehmen, Behörden, Parteizentralen und allerlei sonstiger Einrichtungen zu gewinnen, genügt es eigentlich, einfach nur alles zu vermeiden, was Misstrauen hervorrufen könnte. Man stellt sich also in Körperpflege, Kleidung und Auftreten darauf ein, zumindest auf den ersten Blick kein Misstrauen zu erregen. Die meisten »Bosse« sind dann zu einer Unterhaltung mit einem Psychologen durchaus bereit, wenn nicht gerade wichtige Termine auf dem Kalender stehen. Es erfordert allerdings schon ein wenig Vorbereitung, außer ihrem Vertrauen auch

ihr Interesse zu wecken. Ihr Lieblingsthema nämlich ist nur sehr selten die Psychologie an sich oder die Tatsache, dass da ein Psychologe eine Aufgabe sucht. Als regelrecht langweilig und trivial würde daher das Aufzählen psychologischer »Kompetenzen« empfunden oder der Versuch, die Vorzüge dieser oder jener psychologischen Intervention anzupreisen. Das ganz klar bevorzugte Thema ist der vom Gesprächspartner geleitete Betrieb selber. Dieser Betrieb kann eine Behörde sein, eine soziale Einrichtung, eine Arztpraxis und natürlich auch sonst jede kaufmännisch oder technisch ausgerichtete Unternehmung. Um hier ein interessanter Gesprächspartner zu sein, sollte man schon ein wenig über den jeweils besuchten Betrieb wissen. »Schön haben Sie's hier!«, reicht da bestimmt nicht. Gute Themen dagegen sind aktuelle Pressemeldungen über den Betrieb oder dessen Branche, eventuelle Standortbesonderheiten, besondere Produkte oder Leistungen des Betriebs oder auch die Person des Gesprächspartners selber (»Wie sind Sie zu Ihrem Beruf gekommen?«).

Übrigens: Auch wer sich als Psychotherapeut selbstständig machen will, kommt um die Akquisitionsphase nicht herum. Die potentiellen Auftraggeber (Schulrektoren, Elternräte, Kindergartenleitungen, Ärzte, Apotheker oder Seelsorger) sehen sich zwar womöglich nicht als Leiter eines Betriebes, sie sind es aber sowohl in rechtlicher als auch in wirtschaftlicher Hinsicht. Deswegen wird sich der selbstständige Psychotherapeut zumindest bei denen vorstellen, die in seiner Umgebung tätig sind. Sie sind seine eigentlichen Auftraggeber, auch wenn sie in die Abrechnung der Leistung nicht einbezogen werden. Erfahrungsgemäß schalten sie den selbstständigen Psychologen nur dann ein oder empfehlen ihn, wenn sie von dessen persönlichen Qualitäten überzeugt sind.

Akquisition muss man lernen und trainieren – in der Praxis. Wohl wäre es überaus vorteilhaft, wenn man schon gleich nach dem Vordiplom damit beginnen würde. Mir wurde allerdings in 40 Jahren nur ein einziger solcher Fall bekannt – ein junger Freiburger entwickelte es zu seinem Hobby, jede Woche einen potentiellen Auftraggeber zu besuchen. Er gehört heute als Selbstständiger zu den angesehensten unserer Kollegen. Ich selber bin das typische Gegenbeispiel, da ich erst zwei Jahre nach dem Diplom und daher sehr spät mit der Akquisition begann. Überdies gelang es mir selten gleich auf Anhieb, ein wirklich Vertrauen erweckender und interessanter Besucher zu sein. Manche meiner späteren Auftraggeber habe ich mehrfach besuchen müssen, bevor das erste Mal über eine mögliche Aufgabe gesprochen wurde.

Das Gespräch über die sich möglicherweise stellenden Aufgaben ist also erst der zweite Schritt. An dieser Stelle soll ein persönliches Bekenntnis zum Verständnis beitragen. Es gibt da eine Klippe, mit der ich anfangs nicht gerechnet hatte. Fast jeder »Chef« hat nämlich seine ganz persönliche Meinung über Psychologen und die Psychologie. Häufig wird beispielsweise der Psychologe mit dem Psychoanalytiker verwechselt. Da ich aber die in Psychoanalytiker gesetzten Erwartungen nicht erfüllen kann, habe ich in solchen Fällen lieber rasch Farbe bekannt und das Gespräch beendet. Oft glaubt der andere auch, man verstehe sich als Psychologe vor allem auf das Deuten von Handschriften, Texten, Farben, Formen oder Physiognomien. Auch hier habe ich fast immer den schnellen Ausstieg vorgezogen. Die dritte Fehlanzeige wurde bei mir fällig, wenn mich der andere als Apostel irgendwelcher Lebenslehren oder Weltanschauungen ins Boot holen wollte. So gern ich sonst diskutiere – wenn ich eine Aufgabe suche, empfinde ich Bekehrungs- und Belehrungsgespräche als Zeitverlust. Da halte ich den schnellen Rückzug für das Vernünftigste. Natürlich bricht man einen an sich angenehmen Kontakt nicht leichten Herzens ab. Dennoch:

Acht von zehn Begegnungen enden mit meinem Rückzug.

Zwei von zehn Gesprächen lohnen sich dann aber wirklich. Der Gesprächspartner legt eine Situation dar, leitet daraus eine Sachaufgabe ab, erläutert diese in ihren Details, wägt die Bedingungen und Ziele, aber auch die erreichbaren Vorteile und den aus seiner Sicht akzeptablen Aufwand ab und fragt, was denn psychologisch dazu beizutragen sei. Oft ist diese Frage zumindest in Umrissen direkt zu beantworten. Es wird aber genauso akzeptiert, wenn man nach Art der Rechtsanwälte um Aufschub für ein paar Tage bittet, um dann eine verlässlichere Antwort anbieten zu können. Man sollte aber ein so gutes Gedächtnis oder so viele Stichworte mitgeschrieben haben, dass der andere die von ihm beschriebene Aufgabe zumindest wiedererkennt. Auf diese Weise führt schließlich eines von zehn Gesprächen zu einer Zusammenarbeit.

Nach Akquisition und Aufgabengespräch kommt als dritter Schritt die Kalkulation. Als selbstständiger Psychologe kenne ich ungefähr meine monatlichen Betriebskosten und weiß in etwa, was ich für das tägliche Leben brauche. So rechne ich die Kosten der geschätzten Anzahl von Stunden und Tagen in einen Preis um. Überdies gibt es die Möglichkeit, sich an den Tagessätzen anderer Berufe, etwa an denen von Fachanwälten oder Ingenieuren zu orientieren. Aus Sicht des Auftraggebers mag dann meine angebotene Leistung in einem Fall »teuer«, in einem anderen »billig« sein. Jedenfalls ist in den 40 Jahren meiner Selbstständigkeit eine Zusammenarbeit noch nie an einem »falschen« Preis gescheitert.

Mit der Akquisition, dem Aufgabengespräch und der Kalkulation ist dann der sozusagen weltliche Teil der Arbeit eines selbstständigen Psychologen bewältigt. Der fachliche Teil liegt in der Ausführung. Je nach Aufgabenstellung werden deren Besonderheiten von einem oder mehreren meiner 22 kompetenten Mitautoren beschrieben.

6 Wie wird man selbstständiger Psychologe?

Selbstständiger Psychologe wird man also, in dem man sich mutig auf die Akquisition einlässt, spezifisch psychologische Aufgaben erkennt, annimmt und ausführt und nach und nach einen eigenen Betrieb aufbaut. Dazu allerdings sollte man am besten zuvor wirklich Psychologie studiert haben. Das Diplom allein ersetzt das Fachwissen nun einmal nicht.

Wer heute in der Entscheidung für ein Studienfach Rat sucht, der will meistens auch wissen, ob das Studienfach zu einem konkreten Beruf führt, von dem man leben könnte. Das Jurastudium gilt oft als Modellfall. Da weiß man, dass dieses Studium den Weg zu Dutzenden von Berufsmöglichkeiten öffnet. Über die Psychologenberufe dagegen ist wenig bekannt. Abiturienten etwa können sich nur einen und allenfalls zwei »Jobs« vorstellen – meist Therapeut und/oder »Wirtschaft«. Es ist demgegenüber beruhigend, dass das Studium der Psychologie an die 100 Berufswege erschließt. Und Jahr für Jahr wächst dieses Feld der Möglichkeiten und Chancen für Diplompsychologen. Da lohnt sich die Orientierung auch noch für den Studierenden fortgeschrittener Semester.

Wer als schon Studierender an die Psychologie als »Beruf« denkt, assoziiert häufig zunächst Tätigkeiten oder Tätigkeitsbilder. Die mit Abstand häufigsten Tätigkeitsbilder sind in dieser Reihenfolge:

- Helfen und Heilen,
- Erkennen und Lösen menschlicher Probleme,
- Testen und Beraten.

Nur etwa ein Drittel der Erstsemester sieht übrigens diese Bilder noch als Einheit, als schlüssigen Gesamtentwurf. Zwei Drittel sind nämlich schon davon überzeugt (worden), dass es sich hier um Alternativen handelt und dass man sich so früh wie möglich für die eine oder andere entscheiden müsse. Irgendwie und grundsätzlich sind beide Anschauungen sicher nicht falsch – aber eben auch nicht gerade besonders wirklichkeitsnah. Da wird man noch genauer hinschauen müssen.

Je näher dann der Studienabschluss rückt, desto häufiger drängen sich beim Gedanken »Beruf« die Verbindungen »Stelle«, »Gehalt« oder »Einkommen« auf. Darunter ist eben das zu verstehen, was zuweilen beschönigend »Berufsaussichten« genannt wird. Auch Verwandte und Freunde fragen schon mal, was man denn »so als Psychologe« verdient. Darauf weiß aber kaum jemand eine konkrete Antwort. Man hört vielmehr immer öfter, dass es mit den »Stellen« nicht gerade weit her sei. Verwirrend ist zudem, dass in den wenigen Ausschreibungen und Anzeigen für Psychologen meistens so genannte *Zusatzausbildungen* gefordert werden, die glauben machen könnten, es komme ohnehin mehr auf den Zusatz an als auf das Diplom. Und in den Fachschaften wird sogar diskutiert, ob Psychologen in der heutigen Gesellschaft überhaupt noch »gebraucht« (= angestellt) werden. Wer aber auf der anderen Seite steht und einen oder zwei Psychologen sucht, der registriert schon bald verblüfft, dass es scheinbar keine Interessenten für sein Angebot gibt. So gibt es also auf der einen Seite eine erhebliche Unsicherheit hinsichtlich der Arbeitsmöglichkeiten und auf der anderen erhebliche Enttäuschungen über das magere Angebot einsetzbarer Psychologen. Die Grundzüge dieser widersprüchlichen Situation reichen zurück bis in die 1960er-Jahre, in denen man nur zwischen Universität, Erziehungsberatung und Marktforschung wählen zu können glaubte, in denen es wie heute nur wenige reguläre Stellen gab und in denen man sogar vor dem Psychologiestudium als einer brotlosen Kunst gewarnt wurde.

Wenn es um die Aussichten auf »Stellen« geht, kann man potentielle Arbeitgeber befragen, wie sie denn die Beschäftigungsentwicklung für Psychologen einschätzen. Das hat die Deutsche Gesellschaft für Psychologie zuletzt 2004 getan. Nur rund ein Viertel der Befragten glaubte, dass die Zahl der angestellten Psychologen zunimmt und etwa die Hälfte meinte, dass sie gleich bleibt. Der Rest ging davon aus, dass solche Stellen eher abnehmen werden (DGP-Arbeitgeberbefragung 2004). Wer dann allerdings auch wissen möchte, wie viele Psychologen selbstständig sind, ob ihre Zahl zunimmt, gleich bleibt oder abnimmt, der muss auf hellseherische Fähigkeiten verwiesen werden.

Es gibt zwar allerlei Statistiken und Abschätzungen. Aber die verfügbaren Angaben der Finanzverwaltung, der Berufsverbände oder Adressverlage leiden gleichermaßen unter der Beliebigkeit des Begriffs »selbstständiger Psychologe«. Viele Diplompsychologen der Rubrik »selbstständig« üben nämlich entweder gar keine wirkliche Erwerbstätigkeit aus oder sie bearbeiten psychologische Aufträge gerade mal nebenberuflich. Andere, als selbstständig gemeldete Psychologen sind zwar tatsächlich selbstständig, jedoch nicht in einer psychologischen Tätigkeit, sondern als Verkäufer, Makler oder als sonstige Dienstleister. In die Statistik gehen auch jene Selbstständigen ein, die ohne einen Studienabschluss tatsächlich psychologische Dienste anbieten oder die sich überhaupt ohne Studium als »Psychologe« nur bezeichnen. Auch sie werden also den selbstständigen Psychologen zugeschlagen und übrigens sogar recht gern in Berufs- oder Fachverbände als Mitglieder aufgenommen. Zu ihnen gehören schließlich auch jene inzwischen sehr zahlreichen »KollegInnen«, die statt

des Diploms nur das Zertifikat einer »Zusatzausbildung« vorweisen können. Alles in allem tritt also unter dem Etikett des Selbstständigen Psychologen ein bunt gemischtes, aber eigentlich recht sympathisches Völkchen auf, mit dem allerdings zu rechnen hat, wer sich nach dem Diplom selbstständig machen will.

Zuweilen sagen übrigens selbstständige Psychologen, sie seien »freiberuflich« tätig. Nun benutzen zwar auch Reinigungskräfte, Taxifahrer und viele andere Kleinstgewerbetreibende dieses Wort, um damit bekannt zu geben, dass sie nicht angestellt sind. Eigentlich gehört aber das Adjektiv »freiberuflich« zu dem steuerrechtlichen Begriff »freie Berufe«. Solche Berufe sind in einer Liste des Finanzamtes hinterlegt. Sie sind von der Gewerbesteuer befreit und konnten ehedem sogar eine Freiberuflerpauschale von ihren Einnahmen absetzen. In der Regel handelt es sich um Ärzte, Rechtsanwälte, Architekten, Schriftsteller, Künstler oder Wissenschaftler. Auch Psychologen können sich im Einzelfall durch Antrag oder Klage auf diese Liste setzen lassen – ganz unabhängig davon, ob sie selbstständig, angestellt oder beamtet sind. Der Professor beispielsweise, der mit Privathonoraren für Beratung, Training und Personalauswahl seinen Beamtensold aufbessert, muss dann als »Freiberufler von Amts wegen« für dieses Zubrot keine Gewerbesteuer zahlen. Ein »freiberuflicher Psychologe« ist also bei Licht besehen ein Steuerzahler, der von seinem Finanzamt als Vertreter eines freien Berufs anerkannt wurde und von der Gewerbesteuer befreit ist.

Wie viele *Diplompsychologen* eine *psychologische Tätigkeit* derzeit *berufsmäßig und selbstständig* ausüben, lässt sich also kaum feststellen. Sicher ist wohl nur, dass es tatsächlich zu wenige sind. Denn tagtäglich begegnet man auf spezifisch psychologischen Tätigkeitsfeldern zahlreichen selbstständigen Anbietern, die weder Diplompsychologen sind noch entsprechende psychologische Fachkenntnisse besitzen. Sie stehen zur Verfügung als selbstständige Therapeuten, Motivations-, Kommunikations- oder Verkaufstrainer, Coaches, Mediatoren, Eignungsdiagnostiker, Erziehungs-, Familien- oder Lebensberater und als Helfer bei Drogenabhängigkeit oder in Schulschwierigkeiten. Viele firmieren auch als Berater für Organisations- oder Personalentwicklung, für Arbeitsplatzgestaltung oder Prozessoptimierung. Die meisten von ihnen werden ganz offensichtlich gebraucht und können von ihrer Tätigkeit leben. Das bedeutet aber unzweifelhaft, dass es reichlich Platz geben müsste für selbstständige Diplompsychologen, die sich ja aufgrund überlegener fachlicher Kenntnisse und Methoden gewiss durchsetzen würden. Es gibt also für selbstständige Psychologen einen wirklich sehr geräumigen Markt, der teils unmittelbar zu besetzen, teils aber auch zurückzuerobern wäre.

Der eigentliche Unterschied zwischen dem angestellten und dem verbeamteten Psychologen einerseits und dem selbstständigen Psychologen andererseits liegt also nicht in den Inhalten oder Methoden, sondern allein in dem Verhältnis zum Arbeitgeber, den der Selbstständige als Auftraggeber bezeichnet. Wer eine »Stelle« innehat, hat seinen Arbeitsplatz im Betrieb des öffentlichen oder privaten Arbeitgebers und unterliegt dessen Arbeitsordnung. Er steht unter der Direktionsbefugnis seines Vorgesetzten, dessen Vorgaben und Weisungen jedenfalls einzuhalten sind. Dazu ist das Risiko einer Kündigung zu tragen, das bei Angestellten ab dem 45. Lebensjahr deutlich zunimmt. Dafür erhält der Stelleninhaber (»Arbeitnehmer«) das vertraglich festgelegte Gehalt, von dem – vereinfacht gesagt – der Arbeitgeber Steuern und Sozialversicherung vorher schon abgezogen hat. Beim Selbstständigen Psychologen dagegen gelten andere Regeln:

- Er kennt die Bedingungen und Ziele seines Auftrags, kann darauf Einfluss nehmen und nötigenfalls auch einen Auftrag ablehnen. Vor allem bleibt er fachlich unabhängig.
- Er hat seinen Arbeitsplatz je nach Auftrag innerhalb oder außerhalb des Betriebs seines Auftraggebers. Seine Arbeitszeiten, Pausen und Urlaube, seine Arbeitsmittel und Methoden bestimmt er selber. Er schuldet dem Auftraggeber auch kein Ergebnis, sondern nur das Bemühen darum.
- Er erhält für eine inhaltlich und zeitlich definierte Tätigkeit, deren Beginn und Ende absehbar sind, die vereinbarten Auslagen und das Honorar, das er selber versteuert und von dem er Betriebskosten, Lebensunterhalt und Krankenversicherung samt Altersvorsorge bestreitet.
- Ohne weitere Änderung seiner Lebensumstände kann er den etwaigen Verlust eines Auftrags oder Auftraggebers durch neue Aufträge oder Auftraggeber jederzeit ausgleichen.
- Er behält und steigert mit zunehmendem Alter seinen Marktwert aufgrund gewachsener Erfahrungen und aufgrund seiner Vertrautheit mit den betrieblichen Belangen seiner Auftraggeber.

Das alles bedeutet nun nicht etwa, dass man als selbstständiger Psychologe ein rundum freier Mann wäre. Man bleibt lediglich frei von jenen Verpflichtungen, die sonst dem Arbeitgeber, dem Vorgesetzten, den wechselnden betrieblichen Interessen oder der Einbindung in die Struktur des Betriebs geschuldet werden. Die Freiheit des Selbstständigen besteht vor allem darin, sich ohne zeitliche und organisatorische Beschränkungen mit allen verfügbaren Kräften der fachlichen Lösung einer gestellten Aufgabe widmen zu können. »Selbstständig sein heißt: selber und ständig arbeiten!«, warnt ein geläufiger Bürospruch. Tatsächlich arbeiten selbstständige Psychologen oft länger und intensiver als ihre angestellten Kollegen. Sie sind nämlich meistens ausgesprochen »workophil«, mögen also ihre Arbeit. Es fällt ihnen leichter, sich mit ihrer Arbeit zu identifizieren. Oft sind sie deswegen an ihrem Fach überdurchschnittlich interessiert. Das kann dazu führen, dass sie weit über das vorgeschriebene Pensionsalter hinaus im Beruf engagiert bleiben.

Der eigene Betrieb des selbstständigen Psychologen erfordert wenig Aufwand. Kaum jemand wird ihn je in seinem Büro aufsuchen, wenn er nicht gerade eine psychotherapeutische Praxis betreibt. Mit einer schlichten Visitenkarte erleichtert er sich zuweilen die Kontaktaufnahme. Unverzichtbar dagegen sind lediglich Handy, Laptop, Literatur je nach Fachgebiet und eine aktuelle Ausgabe der Gesetze und Bestimmungen, die für das jeweilige Auftragsgebiet gelten.

Betriebsverfassungs- und Personalvertretungsgesetz? Das ist ein Muss für selbstständige Psychologen, die betriebliche Probleme bearbeiten wollen. Denn darin stehen die Verkehrsregeln, die in privaten und öffentlichen Betrieben gelten. Da nun einmal viele Aufträge mit den Mitarbeitern des Auftraggeberbetriebs zu tun haben, sollte man schon selber nachgelesen haben, ob und unter welchen Umständen der Auftrag vielleicht die Rechte des Betriebs- oder Personalrates berührt. Denn bei Auswahlverfahren, Schulungen/Trainings und genauso bei jedweder Änderung einer Arbeitsbedingung hat stets der Betriebsrat ein gewichtiges Wort mitzureden. Ob Pausengestaltung, Arbeitsplatzbeleuchtung, Kantinensystem, Parkplatz, Prämien oder Betriebsfest – stets haben Betriebs- oder Personalrat das letzte Wort. Aber auch in anderen Auftragsarten gilt es fast immer, die einschlägigen gesetzlichen Bestimmungen und Einschränkungen zumindest zu kennen. Ob man sie dann eher wörtlich oder eher sinngemäß zu beachten hat, hängt von der jeweiligen Auftragssituation ab.

Ein Profi jedenfalls interessiert sich nachhaltig für die seine Arbeit betreffenden Gesetze. Denn Unwissen schützt auch hier nicht vor Strafe. Ob Schule, Rettungsdienst oder Krankenpflege, ob Fertigung, Montage oder Labor, ob betriebliche Projekte oder Einzelberatung samt Psychotherapie – was immer wo immer psychologisch untersucht, gestaltet, beraten oder verbessert werden soll – es gibt nahezu überall mehrere rechtliche Regelungen, die respektiert werden wollen. Hier liegt ein gewisses Risiko für den Selbstständigen, der sich im Zweifelsfall nicht auf die Weisungen eines Vorgesetzten herausreden kann. Für alles, was er tut, ist er selber auch verantwortlich. Dieses Wissen schützt ihn aber andererseits vor allzu naivem Gutmenschentum, das ihm vielleicht schon im Studium und danach (»Sie als Psychologe sollten doch ...!«) nachgetragen wurde. Psychotherapie? Von der Dokumentation bis zur Abrechnung gibt es ein extrem enges rechtliches Raster, das jenseits von Mitleid und Empathie seinen täglichen Tribut fordert. Coaching? Da kann schlechter Rat sehr teuer werden, wenn denn überhaupt eine Führungskraft Rat bei einem Branchenfremden suchen würde. Mediation? Dazu wird schon umfangreiche rechtliche Kenntnis erforderlich. Es gibt kaum mehr einen Interessenkonflikt, der nicht durch einen Blick ins Gesetzbuch zu lösen ist und dann auch so gelöst werden muss. Mobbing? Da bewegt man sich auf Glatteis. Denn das Thema ist längst in der festen Hand von Anwälten und Richtern, die mit den ohnehin sehr seltenen objektivierbaren Fällen sehr gut alleine fertig werden.

Es gibt also praktisch kein rechtsfreies Arbeitsfeld – natürlich auch nicht für den abhängig tätigen Psychologen. Den Selbstständigen allerdings kann die Folge eines Rechtsverstoßes direkter und schmerzlicher treffen.

7 Finanzielle Vergütung und Aufstiegschancen

Für das erste Halbjahr der Selbstständigkeit sollte der Berufsanfänger am besten ein kleines finanzielles Polster haben. Nach drei oder vier Monaten der Akquisition kann er sicher mit dem ersten Auftrag und je nach Vereinbarung und Zahlungsmoral mit den ersten Einnahmen rechnen. Nach spätestens fünf Jahren aber beginnt der durchschnittliche selbstständige Psychologe bereits darunter zu leiden, dass das Finanzamt allzu gesunden Appetit auf seinen Anteil an den Honoraren zeigt. Und nach spätestens weiteren fünf Jahren erreicht er das Zielgebiet, das derzeit bei etwa jährlich 100 000 Euro liegt. Bei viel Engagement und solider Fachkenntnis sind aber auch 200 000–300 000 Euro erreichbar. Die Erfahrung zeigt, dass etwa 60 % der Einnahmen als Betriebskosten ausgegeben werden können und 40 % zuerst zu versteuern und dann der privaten Lebenshaltung zu widmen sind. Selbstständige Psychologen sind also keine armen Leute. Unterm Strich hat der Selbstständige von seiner Arbeit finanziell sogar ein wenig mehr als der angestellte oder beamtete Kollege. Als viel wichtiger jedoch empfinden es die Selbstständigen, dass sie ihren Beruf ohne Furcht vor Kündigung oder Wirtschaftskrisen betreiben können. In Wachstumszeiten werden sie von denen gerufen, die schneller wachsen möchten, in der Stagnation dagegen von denen, die nach Auswegen suchen.

Obschon es naturgemäß keine Karriereleiter für selbstständige Psychologen gibt – eine Art von Aufstieg gibt es gleichwohl: Bekanntheitsgrad und Erfahrung erleichtern es zunehmend, interessante Aufträge einzuwerben. Wer entsprechend begabt ist, kann sich zuweilen auch des Interesses der Medien erfreuen oder der Aufforderung zu öffentlichen Reden. Soziologen sprechen dann von einem »sekundär-gesellschaftlichen Aufstieg«, der eben darin besteht, trotz vergleichsweise niedrigen Einkommens unerwartete öffentliche Beachtung zu finden. So kommt es, dass man wiederholt auch selbstständige Psychologen zu aktuellen Fragen Stellung nehmen hört, ohne dass dadurch ihre tatsächliche berufliche Leistungsfähigkeit transparent würde.

8 Herausforderungen, Chancen, Hindernisse

Die größte Herausforderung für einen selbstständigen Psychologen ist wahrscheinlich die Arbeit für einen öffentlichen Betrieb, etwa für ein Bundesamt, eine Stadtverwaltung, eine Universität, ein Krankenhaus oder einen Verkehrsbetrieb. Die zweitgrößte Herausforderung ist dann aber schon ein Kleinbetrieb, ein Handwerksunternehmen, eine Arztpraxis, ein Ingenieur- oder ein Steuerbüro. In beiden Fällen trifft er meistens auf eigengesetzliche Selbsterhaltungsstrukturen, in denen betriebliche Dimensionen allenfalls dekorative Zwecke zu erfüllen scheinen. Im ersten Fall steht er vor einer dichtgewebten Wand rechtlicher und hierarchischer Elemente, an der er kaum Griffe und Klüfte für einen psychologischen Zugriff findet. Im zweiten Fall steht er vor einer den Betrieb dominierenden Persönlichkeit, die sich in den vorhandenen Mitarbeitern und Betriebsabläufen verwirklicht zu haben glaubt und nach Bestätigungen dafür sucht – auch eben eine vom Psychologen. »Öffentliche und Kleinbetriebe muss man sich leisten können!«, lautet deswegen ein guter Rat an selbstständige Kollegen in der Aufbauphase.

Speziell für psychotherapeutisch Selbstständige besteht wahrscheinlich die größte Herausforderung im fachlichen Bereich. Sie müssen bei ihren Patienten pharmabedingte Zustände, Ausfälle, Leiden und Missbefindlichkeiten von solchen zu unterscheiden lernen, die mit sonstigen Lebensbelastungen zusammenhängen. Die Kenntnis psychotroper Substanzen lässt sich zwar nicht im Handumdrehen erwerben, schützt aber zuverlässig zumindest davor, die eigene Energie an den Nebenwirkungen eines Beruhigungs- oder Kreislaufmittels zu verschleißen. Zugleich liegen auch gerade in dieser Unterscheidungsleistung die größten Chancen, da sie die viel zu seltene direkte Zusammenarbeit mit dem Arzt zugunsten des Patienten geradezu erzwingt.

Für den selbstständigen Nichttherapeuten finden sich die größten Chancen bei den in Deutschland noch sehr häufig anzutreffenden Betrieben mittlerer Größe mit 250 bis 500 Mitarbeitern. Unter diesen wiederum sind es gerade die eigentümergeführten Unternehmen, die an psychologischen Verfahren und Vorgehensweisen ernsthaftes Interesse haben, die zu Änderungen und Innovationen bereit sind und damit verbundene personelle Spannungen zulassen und ertragen. Wer da bei seinen Leisten bleibt und Interesse an den konkreten betrieblichen Schwierigkeiten und Belastungen findet, der wird auch schon bald aufgenommen und für seine tatsächlich psychologische Leistung gut honoriert.

Unter Psychologen, wahrscheinlich schon unter Studierenden, wird übrigens mit Hingabe das Vorurteil gepflegt, als selbstständiger Psychologe müsse man in erster Linie gut reden können, gut aussehen, betriebswirtschaftliche Kenntnisse besitzen und »Beziehungen« haben. So nützlich solche Vorzüge sein mögen, sie sind weder für selbstständige Psychologen typisch, noch sind sie eine Bedingung für das Erobern oder das Lösen einträglicher Aufgaben. Allenfalls ließe sich sagen, dass langjährige selbstständige Tätigkeit die Entwicklung dieser Vorzüge fördert. Selbstständige Psychologen sprechen ja gewiss häufiger und mit unterschiedlicheren Menschen als in anderen Beschäftigungsarten üblich, sie erhalten mehr Anregungen zu Körperpflege und Auftreten, werden auch wohl oder übel zumindest ihre eigene kleine Betriebswirtschaft zu verstehen lernen und erwerben sich durch ihre Tätigkeit von Tag zu Tag mehr Beziehungen. Das allerdings sind nur die Folgen, aber eben nicht die Ursachen oder Bedingungen selbstständiger Tätigkeit. Die tatsächlich einzigen Bedingungen sind grundlegende und präsente Psychologiekenntnisse und dann natürlich die Bereitschaft, auf die Segnungen abhängiger Arbeitstätigkeit zu verzichten.

9 Tagesablauf, Ablauf einer Woche

Eine bedeutende Segnung abhängiger Arbeitstätigkeit besteht in der Einbettung in die jeweilige betriebliche Arbeitsordnung. Je nach Region und Branche beginnt der Arbeitstag sehr früh und je nach Arbeitgeber sind freiwillige Überstunden erwünscht oder unerwünscht. Wer aus der studentischen Lebenssituation direkt in den Beruf kommt, der erinnert sich aus seiner Zeit als Praktikant an die Beschwerden, die der Übergang zu einem regelmäßigen Tagesablauf mit sich brachte. Der selbstständige Psychologe ist nur scheinbar von dem drückenden Gerüst der Arbeitsordnung befreit. Er kann zwar weitgehend selber seine Aktiv- und Arbeitszeiten bestimmen, muss sich letztendlich aber doch an die diesbezüglichen Gewohnheiten und Möglichkeiten seiner Auftraggeber anpassen.

Da nun einmal das Entgegennehmen von Zuarbeiten oder Hilfen des Psychologen nicht gerade zu den ständigen Kernbeschäftigungen eines Auftraggebers gehört (auch dann nicht, wenn er Patient ist), liegen die meisten Kontakte zwangsläufig an den Tagesrändern und nicht selten auch an sonst arbeitsfreien Tagen. Es wäre durchaus hinderlich, wenn der Psychologe morgens nicht »aus den Federn« käme und ab dem späten Nachmittag seinem Hobby nachgehen müsste, wenn ihm das Wochenende, die Brückentage und die private Telefonnummer heilig wären. Und zumindest in den ersten Jahren seiner selbstständigen Tätigkeit würden ihn mehrwöchige oder gar -monatige Urlaube teuer zu stehen kommen, weil er rasch der Vergessenheit anheim fallen würde. Erst mit der Zeit wird er herausfinden, zu welchen Zeiten seine Abwesenheit unschädlich bleibt, wann er erreichbar bleiben muss und wann nicht.

Für ausdrücklich auf Regelmäßigkeit und auf gesicherte Freizeit- und Urlaubsplanung angewiesene Psychologen könnte es also zweifelsfrei sehr schwierig werden, von Anfang an passende Auftraggeber und mitarbeitende Kollegen zu finden. Mein eigener Tagesbeginn übrigens wurde am nachhaltigsten durch die Schulpflicht der Kinder geprägt – sehr zu meinem beruflichen Vorteil. Heute würde ich meinen Tagesablauf auf einer 100er-Skala zwischen »starr« (0) und »chaotisch« (100) bei »beweglich« (60) einstufen, weiß aber sehr wohl, dass ein beobachtender Dritter zu einer extremeren Bewertung in beide Richtungen kommen könnte.

Wenn nicht ausnahmsweise ein schlafloser Manager vorher anruft oder eine Reise ansteht, beginnt mein Arbeitstag um 9.00 Uhr. Die erste Stunde ist den Praktikanten und ihren jeweiligen Arbeiten gewidmet. Ab 10.00 Uhr erledige ich erste Telefon- und Schreibarbeiten. Mittags oder am frühen Nachmittag beginnen Besprechungen, Recherchen oder Lesearbeit. Ab 16.00 Uhr schreibe ich weiter – solange mich das Thema reizt oder die Aufgabe drückt. Im Schnitt bin ich an zwei Tagen der Woche bei meinen Auftraggebern oder anderweitig

unterwegs. Die Anfahrtszeit per Auto, Bahn oder Flugzeug beträgt im Mittel 90 Minuten, wie ich seit neuestem durch eine Auswertung weiß. Seminare oder Kongressteilnahmen gehören in meinem Fall sowohl aktiv als auch passiv zu den absoluten Ausnahmen. Sehr viel häufiger nutze ich die Möglichkeit des »Privatissimums« bei Experten, die übrigens unter vier Augen offener und einfacher zu sprechen pflegen als unter dem Druck akademischer Erwartungen.

Sehr wichtig geworden sind mir die jährlich sechs bis zehn Tage des Erfahrungsaustausches mit meinen Kolleginnen und Kollegen in der Institutsgruppe. Die auffällige Unterschiedlichkeit der Auftraggeber und Aufgaben, die Unvergleichbarkeit der auftretenden Schwierigkeiten und die Einzigartigkeit der beruflichen Entwürfe geben mir das zufriedene Gefühl, dass unser »Markt«, wenn man das so nennen will, noch nicht absehbar und schier grenzenlos ist. Das gilt wohl auch geographisch: Österreich, Frankreich oder Spanien mögen ihre Besonderheiten haben, unseren vor Ort tätigen Kolleginnen und Kollegen geht es nicht anders als denen in Sachsen, Brandenburg oder Bayern.

10   Ausblick

Nach den EU-Definitionen gehören die mir bekannten selbstständigen Psychologen sämtlich zu den Kleinstbetrieben, die bis zu zehn sozialversicherungspflichtige Mitarbeiter beschäftigen. Diese Kleinstbetriebe werden gerühmt als besonders flexibel, innovativ, ertragsstark, unabhängig von den Krisen der globalen Wirtschaft, ausgestattet mit hohem Eigenkapitalanteil und überlebenstüchtig. Sie gelten als die eigentlichen Träger wirtschaftlicher Stabilität.

Bei dieser Diagnose bin ich durchaus zufrieden, mit über 90 % der deutschen Unternehmen zu dieser gesunden Klasse zu gehören. Insofern gibt es keinen Anlass, einen Unternehmensverband selbstständiger Psychologen zu gründen, der dann wohl nach dem Muster anderer schon bestehender Unternehmensverbände mit Wehklagen und Alarmmeldungen in die Öffentlichkeit träte, um scheinbare Benachteiligungen und Erschwernisse bekannt zu geben. Es gibt selbstverständlich auch keinen Anlass, die Selbstständigkeit von Psychologen ausdrücklich zu propagieren. Sie ist nicht mehr als eine Alternative zur abhängigen Beschäftigung. Zuweilen trifft man Kolleginnen und Kollegen, die es nach langjährigem Angestelltendasein mit der Selbstständigkeit versuchen wollen. Nur sehr wenigen allerdings gelingt das auch, da sich die Vorteile einer angestellten Tätigkeit nicht mit den Vorteilen der Selbstständigkeit kombinieren lassen. Deswegen sollte man sich so früh als irgend möglich zur Selbstständigkeit entscheiden, um dann natürlich so lange als irgend möglich ihren Reiz und ihre Chancen zu genießen.

Pädagogische Psychologie

12 Erziehungsberatung

Werner Dahms

»Handle stets so, dass die Anzahl der Wahlmöglichkeiten größer wird.«
Heinz von Foerster[1]

1 Biographischer Einstieg: Kindergarten, Schule und Studium als nützliche berufliche Vorerfahrung

Als kleiner Junge wollte ich Anfang der 1950er-Jahre nicht in den Kindergarten: Singen zu müssen, wenn ich Hunger hatte, gemeinsam zu essen, wenn ich lieber draußen spielen wollte, im Stuhlkreis ruhig zu sitzen, wenn ich singen wollte. Lieber wollte ich zuhause Nägel in den Nussbaum schlagen und Löcher im Garten graben.

Dafür hatten meine Eltern Verständnis und ich durfte dann zuhause bleiben.

Ich war neugierig auf die Schule und den Lernstoff. Die Grundschule mit ihren Lehrern bot wunderbare Möglichkeiten, um das eigene Potential zu erweitern. Schwieriger wurde es in den verschiedenen Stufen des Gymnasiums und mit der persönliche Erfahrung einer »Klassenehrenrunde«. Der Umgang zwischen dem Lehrer und einem wenig angepassten Schüler gestaltete sich für beide Seiten im Laufe der Jahre komplizierter.

Ist vor diesem Hintergrund der berufliche Werdegang zu einem psychologischen Erziehungsberater und Therapeuten angezeigt, sinnvoll oder gar kontraindiziert?

---

1 Heinz von Foerster, Kybernetiker, † 2002

Erstes Interesse an Psychologie, menschlichem Verhalten und menschlichen Einstellungen entstand in der Schulzeit durch Vance Packards Bücher »Die geheimen Verführer« und »Die Pyramidenkletterer«. Diese Bücher beschrieben eindringlich, welche Auswirkungen es habe, wenn Reklamefachleute Erkenntnisse der modernen Psychologie anwenden, in welchem Ausmaß Denken und Fühlen »unterschwellig« beeinflusst werden können und wie unterschiedliche personelle Qualitäten und Schlüsselqualifikationen berufliches Fortkommen begünstigen.

Trotz dieser ersten anregenden Informationen aus dem Bereich Psychologie begann ich ein BWL-Studium. Während des ersten Semesters gab es Kontakte zum Psychologischen Institut. Dies war für mich eine andere Welt, der ich mich intuitiv zugehörig fühlte. Ein Wechsel ins Psychologiestudium wurde beschlossen.

Bei allem Enthusiasmus für die Wahl einer verheißungsvollen Studienrichtung soll meine Enttäuschung über die Konfrontation mit einem von Mathematik überzogenen Fach Psychologie nicht unerwähnt bleiben, insbesondere seien hier die Methodenlehre und Testtheorie zu nennen. Schon etwas interessanter waren u. a. die Angebote in Motivation, Wahrnehmung, Sozialpsychologie und Physiologie.

Besonders heftig wurde damals die Problematik der Zusammenhänge zwischen Theorie und Praxis in den Sozialwissenschaften diskutiert und über den Sinn und die Möglichkeit einer Wertfreiheit gestritten. Positivistische Strömungen wurden dialektischer Kritik unterzogen und der Mythos totaler Vernunft wurde angezweifelt. So steckte ein junger Student wie ich, der sich der sogenannten 68er-Generation zugehörig fühlte, im Dilemma einer kognitiven Dissonanz. Die Begegnung mit Stoffinhalten, deren praktische Relevanz nicht gesehen und deren systemstabilisierende Implikationen – so die damalige Sichtweise

– abgelehnt wurden, machten es teilweise anstrengend, sich insgesamt dem Studiengang offen und neugierig zu stellen.

Eine Alternative hin zu einem verstärkt praxisorientierten Denken eröffnete sich Anfang der 1970er-Jahre am Psychologischen Institut der Universität Heidelberg durch die Neuinstallation eines klinischen Lehrstuhles mit überwiegend verhaltenstheoretischer und -therapeutischer Orientierung. Für mich war die Entscheidung, verstärkt den Blick auf praxisrelevante Themenbereiche richten zu können, ein entscheidender und richtiger Schritt, sie war ein Motivationsschub.

Ein ganzes Bündel unterschiedlicher und sich in ständiger Veränderung befindender wissenschaftlicher Sichtweisen prägten den studentischen Alltag. Beispielweise waren dies sozialpsychologische Sichtweisen, die sich nicht der Reiz-Reaktions-Theorie verpflichtet fühlten, sondern die interaktionelle Prozessqualitäten und menschliche Urteilsbildungen in das interpersonale Geschehen einbezogen. Es waren dies Schulenstreitereien und Grundsatzdiskussionen zwischen psychoanalytischen Denkweisen, personenzentrierten Ansätzen und verhaltenstherapeutischen Modellen.

Spannend für mich waren die historischen Perspektiven der Krankheitsdefinitionen, Überlegungen zur Angemessenheit von Krankheitsmodellen für psychische Störungen (»Was ist normal, was nicht?«), die Konsequenzen eines Krankheitsmodells psychischer Störungen (»Stigmatisierungsprozess«; siehe Ervin Goffman) und der Einbezug sozialer Probleme in die Dynamik psychischer Störungen (Etikettierungsproblematik; siehe Thomas J. Scheff). Genauso interessant war die Beschäftigung mit herkömmlicher Persönlichkeitsdiagnostik im Vergleich zu dem verhaltenstherapeutischen Ansatz.

Zweckmäßig waren die studieninternen Praktika. Eines davon, in dem mir deutlich wurde, wie wichtig es für mich war, mich in der zukünftigen berufsbezogenen Beziehung zu Menschen wertschätzender und weniger distanziert zu verhalten, absolvierte ich in einer Sozialpsychiatrie Anfang der 1970er-Jahre.

Warum weise ich auf meine unterschiedlichen Erfahrungen und Interessensgebiete im Studium hin, obwohl dieser Artikel einen Einblick in die Arbeitsweise einer Erziehungsberatungsstelle/Psychologischen Beratungsstelle für Eltern, Kinder und Jugendliche bieten soll? Im Rückblick auf meinen studentischen und beruflichen Werdegang mit den von mir im Studium eher gemiedenen Inhalten und den mit Neugier und Engagement verfolgten Themen, zeigt sich meine über Jahrzehnte erworbene Denkhaltung, die in der alltäglichen Begegnung mit Ratsuchenden ihren Niederschlag findet. Und ein ständig lebendiger wie herausfordernder Berufsalltag bedeutet weiteres Lernen.

2 Berufliche Orientierungen

Bei der Arbeitsplatzwahl hatte ich keine engen inhaltlichen Präferenzen. Mitte der 1970er-Jahre wurde es ohnehin zunehmend schwieriger, überhaupt rasch eine Arbeitsstelle zu finden.

Den Start ins berufliche Leben begann ich als Honorarkraft an einer städtischen Erziehungsberatungsstelle. Der erste Fall, den ich bearbeitete, ein Polizist mit seinem bettnässenden Sohn, bleibt als Herausforderung besonders in Erinnerung, da über solche praktischen Fälle im Studium nichts gelehrt worden war.

Es folgten Arbeitsstellen in einem Kinderheim, in einem psychologischen Dienst eines Berufsbildungswerkes, d. h. einer beruflichen Rehabilitationseinrichtung für lern- und mehrfachbehinderte Jugendliche, und in einer psychosozialen Beratungsstelle für Alkohol- und Drogenprobleme.

Vor 25 Jahren erhielt ich die Gelegenheit, die Gestaltung einer Erziehungsberatungsstelle/Psychologischen Beratungsstelle für Eltern, Kinder und Jugendliche in leitender fachlicher wie geschäftsführender Funktion zu übernehmen. Der Träger dieser Institution ist bis heute ein freier gemeinnütziger Verein.

3 Erziehungsberatung/ Psychologische Beratungsstelle für Eltern, Kinder und Jugendliche[2]

Diese Form der Jugendhilfe ist ausdrücklich eine öffentliche Aufgabe. Das Jugendwohlfahrtsgesetz (JWG) in der alten BRD und in Fortführung das heute für ganz Deutschland gültige Kinder- und Jugendhilfegesetz KJHG verpflichten das Jugendamt als sozialpädagogische Fachbehörde, die Jugendhilfe in ihrem Bereich in kommunaler Selbstverwaltung zu fördern und zu gestalten. So wurden zwar schon früh im 20. Jahrhundert erste Beratungsstellen eingerichtet, jedoch wurde insbesondere durch Neuformulierungen des Reichsjugendwohlfahrtsgesetzes im Jahre 1953 die »Beratung in Fragen der Erziehung« zur Pflichtaufgabe der Jugendämter gemacht. Das anglo-amerikanische Modell der »Child Guidance Clinic« stand Pate und vornehmlich in

---

2 Die Bezeichnungen »Erziehungsberatungsstelle«, »Erziehungs- und Familienberatungsstelle« und »Psychologische Beratungsstelle für Eltern, Kinder und Jugendliche« sind üblicherweise synonym. Im folgenden Text wird die Einrichtung stets mit EB abgekürzt.

den 1970er-Jahren wurden Einrichtungen der Erziehungsberatung regional zur flächendeckenden Versorgung installiert. Ein multidisziplinäres Fachteam bestehend aus Diplompsychologe,[3] Diplomsozialpädagoge und anderen therapeutischen Fachkräften (Kinder- und Jugendlichenpsychotherapeut, Heilpädagoge, Diplompädagoge) gilt als konstitutiv für die personelle Ausstattung. Die interdisziplinäre Arbeitsweise von Personen unterschiedlicher Fachrichtungen ist eine der Grundprinzipien der Erziehungsberatung. Sie soll im jeweiligen Einzelfall zur Geltung gebracht werden.

Damit in der Jugendhilfe keine Monokultur, sondern unterschiedliche Wertorientierungen, Inhalte und Methoden angeboten werden, existieren Erziehungsberatungsstellen/Psychologische Beratungsstellen für Eltern, Kinder und Jugendliche in verschiedener Trägerschaft. Der Gesetzgeber gibt vor: Wenn die freie Jugendhilfe Aufgaben übernehmen kann, dann sollte die öffentliche Jugendhilfe davon absehen. Freie Träger können Wohlfahrtsverbände, kirchliche Institutionen, Vereine, Initiativen, Selbsthilfegruppen o. Ä. sein. Sie müssen allerdings von der öffentlichen Jugendhilfe anerkannt sein.

Einen differenzierten Überblick über Trägerstrukturen in Baden-Württemberg bietet eine 2005 durchgeführte Umfrage.[4] Danach ist knapp die Hälfte aller Beratungsstellen in kommunaler Trägerschaft (Landkreis/Städte), ca. 40 % sind in kirchlicher Trägerschaft und der Rest verteilt sich auf Trägerverbünde, Vereine oder gGmbHs.

Das Wunsch- und Wahlrecht (KJHG § 5) garantiert den Leistungsberechtigten (Eltern, Kinder, Jugendliche, junge Erwachsene) die Möglichkeit, unter verschiedenen Anbietern auswählen zu können. Erziehungsberatung hat einen niederschwelligen Zugang zu garantieren und sollte kostenlos sein.

Je nach den vereinbarten Aufgabenstellungen übernehmen EBs kommunaler und/oder freier Träger bundesweit in ihrem regionalen Einzugsbereich einen Teil der Jugendhilfe, insbesondere vor dem Hintergrund des Kinder- und Jugendhilfegesetzes KJHG.

3.1 Aufgaben- und Leistungsspektrum einer Erziehungsberatungsstelle

Bei bundesweit übereinstimmenden Arbeitsinhalten und ähnlichen Standards der EBs können als konkretes Beispiel für die Aufgaben einer EB die 1996 im Verbund mit allen Trägern im Rhein-Neckar-Kreis und Heidelberg formulierten Grundsätze der Förderung der Erziehungsberatungsstellen und ihrer Tätigkeitsmerkmale genutzt werden.[5]

Rechtsgrundlage sind das Sozialgesetzbuch SGB I, X, VIII (Kinder- und Jugendhilfegesetz – KJHG – vom 01.01.1991 mit seinen jeweiligen Änderungen) und das Kinder- und Jugendhilfegesetz für Baden Württemberg (LKJHG) in der jeweils gültigen Fassung.

Das Aufgaben- und Leistungsspektrum der EBs ist insbesondere auf der Grundlage von § 28 sowie §§ 16, 17, 18, 41 in Verbindung mit §§ 36 und 37 KJHG beschrieben. Zielgruppen sind

- junge Menschen (Kinder, Jugendliche, junge Volljährige),
- Familien (Eltern, Alleinerziehende, nichtsorgeberechtigte Mütter und Väter,

---

3 Schreibweise ist männlich; selbstverständlich sind auch weibliche Fachkräfte damit gemeint.
4 lag-nachrichten Nr. 2 – 2005; http://www.erziehungsberatung-bw.de
5 Es folgt eine kurze Zusammenfassung der Vereinbarung zwischen dem Jugendamt des Rhein-Neckar-Kreises und den Trägern der Beratungsstellen dieser Region.

Stieffamilien, Pflegefamilien, Adoptionsfamilien, Angehörige des Familienverbandes und sonstige enge Bezugspersonen),
- Multiplikatoren (Erzieherinnen/Erzieher, Lehrerinnen/Lehrer und andere sozialpädagogische Fachkräfte im Sinne einer unterstützenden Beratung).

EBs sind Teil des Hilfeverbundes der Jugendhilfe. In der Arbeit der Beratungsstellen wirken Fachkräfte verschiedener Fachrichtungen zusammen, die mit unterschiedlichen methodischen Ansätzen vertraut sind.

Die ambulanten Hilfen sollen allen sozialen Schichten durch niederschwellige Zugangswege offen stehen. Die Angebote können direkt oder mittelbar durch Institutionen oder andere Überweisende in Anspruch genommen werden. Für eine optimale Hilfestellung ist unter Beachtung des Datenschutzes eine gute Kooperation mit sozialen Diensten zu gewährleisten. EBs beteiligen sich in Arbeitsgemeinschaften der Jugendhilfeplanung und wirken nach Bedarf in Fachgremien der Jugendhilfe mit.

Das Aufgaben- und Leistungsspektrum der EBs umfasst in der Regel folgende Leistungen im Rahmen der Grundversorgung:

- Beratungsangebote zur Förderung der Erziehung in der Familie (§§ 16–18 KJHG), d. h. in allgemeinen Fragen der Erziehung und Entwicklung, in Fragen der Partnerschaft, Trennung und Scheidung, bei der Ausübung der Personensorge und bei der Ausübung des Umgangsrechts,
- Erziehungsberatung als Hilfe zur Erziehung (§ 28 KJHG), das bedeutet Hilfestellung bei der Klärung und Bewältigung individueller und familienbezogener Probleme und der zugrunde liegenden Faktoren, bei der Lösung von Erziehungsfragen sowie bei Trennung und Scheidung,
- Hilfe bei der Persönlichkeitsentwicklung und eigenverantwortlichen Lebensführung junger Volljähriger.

3.2 Wege an die Beratungsstelle

Einen Überblick, wann man sich an eine EB wenden kann, welche Fragenkomplexe für das Team bei der Erarbeitung des Auftrages und der Ziele von Bedeutung sind, welches Angebot besteht, welches Setting möglich ist und in welchen Zeiträumen und mit wem zusammen Bilanz gezogen werden kann, bietet das folgende Flussdiagramm (**Abb. 1**).

3.3 Vorstellungsgründe

Konkrete Anlässe beim Aufsuchen einer EB sind beispielsweise

- Störungen im Körperbereich (somatopsychologische oder psychosomatische Probleme bei Kindern),
- Auffälligkeiten im Leistungsbereich (Aufmerksamkeitsstörungen, Arbeits- und Leistungsstörungen, Entwicklungsrückstände),
- Störungen im Gefühlsbereich (emotionale Probleme, Ängste, Zwänge),
- Störungen in der Kommunikation (in sozialen Beziehungen, Auffälligkeiten im sexuellen Bereich, Familien- und Partnerprobleme, Phasen der Trennung, Scheidung und deren Spätfolgen),
- Straftaten Jugendlicher,
- Misshandlungen und Missbrauchserfahrungen,
- Suchtprobleme.

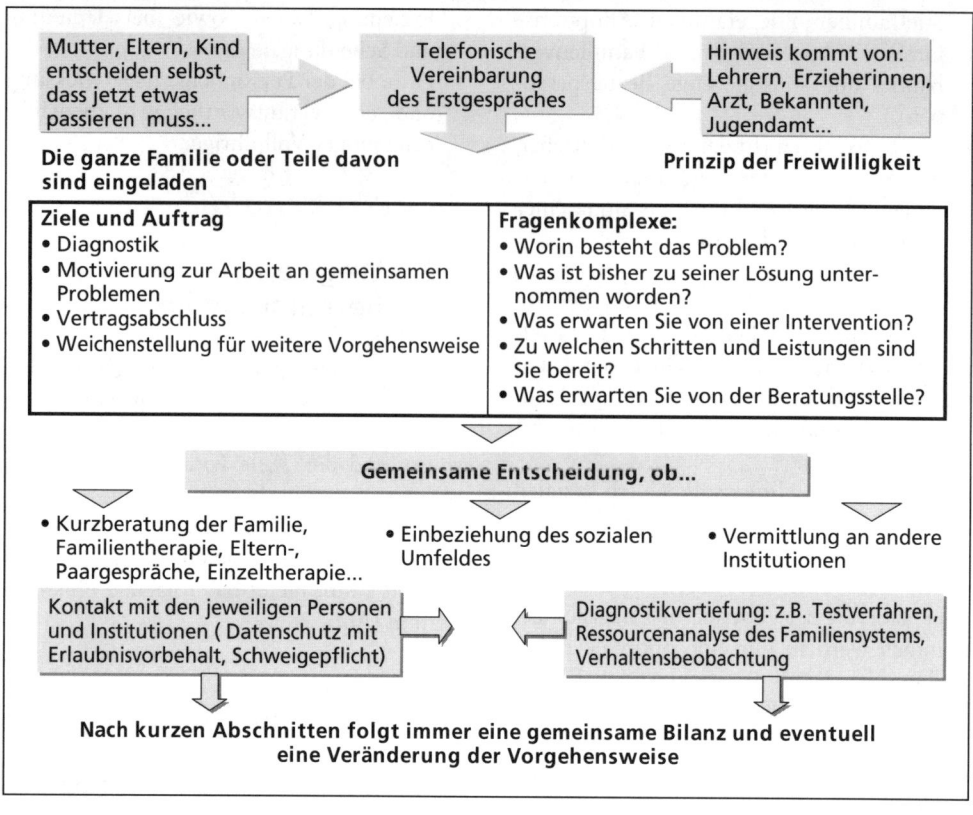

Abb. 1: Weg an die PBS

Exemplarische Anmeldebeispiele:

Die Eltern seien seit drei Jahren geschieden und hätten zwei Kinder, die in die Grundschule gehen. Die Regelungen im Umgangsrecht funktionierten überhaupt nicht. Der Vater wohne weiter weg.

20-jähriger Sohn studiere und wohne noch zu Hause. Er beteilige sich nicht an Hausarbeiten, sei verbal oft renitent, habe aber keinen Freundeskreis und ziehe sich meist für Computerspiele in sein Zimmer zurück.

Vater mit neunjähriger Tochter und siebenjährigem Sohn. Seine Frau verstarb plötzlich. Wie können er und die Kinder mit dem Ereignis fertig werden?

Eltern haben Probleme mit 13-jähriger Tochter, die in Pubertät sei. Sie sei starke Raucherin, habe schlechten Freundeskreis. Sie sei auch schon in Schlägereien verwickelt gewesen; Schule drohe Ausschluss an. Eltern haben Angst, dass Tochter weglaufe.

Zehnjähriges Mädchen hat in Schule öfters Mitschüler bestohlen und wurde schon zwei Mal erwischt. Sonst sei sie unauffällig, auch wenn sie im Klassenverband nicht gut integriert sei.

Mutter mit zwölfjährigem Sohn. Vater lebe bei Freundin. Er sei arbeitslos und zahle sporadisch Unterhalt. Mutter suche momentan vergeblich nach Arbeitsplatz. Sohn habe häufig Magenprobleme.

15-jähriger Gymnasiast, der jetzt in die Realschule habe wechseln müssen, sei in schlechte Kreise geraten. Er habe Probleme mit Drogen und Alkohol. Die Eltern kämen nicht mehr »an ihn ran«.

Dreieinhalbjähriger Junge mache »viel Theater« zu Hause, heule, schreie, lehne alle außer der Oma ab. Im Kindergarten sei er unauffällig und angepasst.

Mutter hat zweijährige Tochter und sechsjährigen Sohn. Sie lebe getrennt von ihrem Mann. Der Sohn sei hyperaktiv und bestrafe sie durch Nichtessen, wenn er nicht fernsehen dürfe. Mutter sei machtlos.

3.4 Aufgabenkreis einer Beratungsstelle

Eine Übersicht über das gesamte Arbeitsfelde einer Beratungsstelle bietet **Abbildung 2**. Die Schwerpunktsetzungen können je nach Träger, regionalen Anforderungen, Teamorientierungen und Vereinbarungen mit der Jugendhilfe unterschiedlich sein.

Abb. 2: Aufgabenkreis einer Erziehungsberatungsstelle

3.5 Inhalte einer erweiterten Grundversorgung

Je nach regionalen Vereinbarungen zwischen öffentlicher Jugendhilfe und Beratungsstellenträgern können die Beratungsstellen weitere Aufgaben übernehmen:

- Intensive sozialpädagogische Einzelbetreuung (§ 35 KJHG), Mitarbeit und Beratung bei der Umsetzung der Konzeption zur Früherkennung und Frühförderung behinderter und von Behinderung bedrohter Kinder, Unterstützung für Adoptionsfamilien, Pflegefamilien und -kinder (§§ 33 und 37 KJHG), für Kinder und Jugendliche in betreuten Wohnformen (§§ 34 und 37 KJHG) und für Familien mit seelisch behinderten Kindern (§ 35a KJHG),
- Jugendberatung (§ 11 Abs. 3 Nr. 6 KJHG),
- Krisenintervention (z. B. bei akuter Gefährdung des Kindeswohls, Misshandlung, sexuellem Missbrauch, Suizidgefährdung), fallübergreifende Tätigkeiten (z. B. Beratung für Schulen und Tageseinrichtungen, Elternabende an Schulen und Tageseinrichtungen, Beratung in Einrichtungen der Erwachsenenbildung) und weitere Formen der Öffentlichkeitsarbeit (Aufklärung zu speziellen Themen, Informationsveranstaltungen, Beratung von Fachkräften anderer Einrichtungen und Dienste, Mitarbeit in Gremien),
- Gruppenarbeit für spezifische Zielgruppen kann ebenfalls angeboten werden (Kinder und Familien in Trennungs- und Scheidungssituationen, Alleinerziehende und ihre Kinder, Kinder suchtkranker Eltern, ausländische Kinder und Famili-

en, gewaltbereite Kinder/Jugendliche und junge Volljährige, von Gewalt und sexuellem Missbrauch betroffene Kinder und Jugendliche, spezifische Angebote für Mädchen und Jungen ...)«.

3.6 Weitere Entwicklungen des Berufsfeldes und Herausforderungen

Durch eine frühzeitige Inanspruchnahme kann in vielen Fällen eine Zuspitzung und Chronifizierung von Problemlagen verhindert werden. Beratungsarbeit trägt durch ihre Niederschwelligkeit dazu bei, dass kostenintensivere Maßnahmen gar nicht erst erforderlich werden und wirkt so langfristig Kosten mindernd. Durch Vernetzungsaktivitäten im Sozialraum, durch Beratung von Bezugspersonen und Fachkräften, die an öffentlichen Orten für und mit Kindern, Jugendlichen und Familien tätig sind, arbeiten Beratungsstellen zusätzlich daran mit, dass die Rahmenbedingungen für Kinder und Familien verbessert werden und somit der Entstehung von Problemen vorgebeugt wird.

Vor dem Hintergrund gesellschaftlicher und sozialpolitischer Veränderungen wird seit den 1990er-Jahren der Druck sowohl auf die Kostenträger als auch auf die Einrichtungen zunehmend größer. Weniger Mittel und gleichzeitig steigende Anforderungen an Effektivität und Effizienz verbunden mit dem Erhalt von Qualität und Bedarfsdeckung sind besonders im Beratungsbereich Faktoren, die zunehmend schlechter zusammen passen.[6] Für die öffentliche Jugendhilfe sollen kostspielige

---

6 Einen umfangreichen Überblick und Vergleich der verschiedenen Instrumentarien in der Jugendhilfe in Deutschland bietet die Studie: »Effekte erzieherischer Hilfen und Hintergründe« (2002) des Bundesministeriums BMFSFJ. Sie kann heruntergeladen werden unter http://www.bmfsfj.de/RedaktionBMFSFJ/Broschuerenstelle/Pdf-Anlagen/PRM-23978-SR-Band-219,property=pdf,bereich=,rwb=true.pdf

Maßnahmen rechtzeitig vermieden werden, die ansonsten etwa durch Leistungen gewerblicher Anbieter, Vermittlungen in Pflegefamilien, stationäre Unterbringungen usw. entstehen würden. Die Folge davon ist: Verschiedene Beratungsstellen übernehmen zusätzliche, spezialisierte Aufgabengebiete, um der Jugendhilfe beim Sparen zu helfen und um den eigenen finanziellen Rahmen stabil zu halten.

So haben sich als Beispiel in unserer Region seit 2004 durch finanzielle Erfordernisse folgende Profilerweiterungen ergeben:

3.6.1 Lese-Rechtschreib-Therapie, Dyskalkulietherapie

Dies betrifft ausschließlich die Therapie von Lese-Rechtschreib-Schwäche und Dyskalkulie als Eingliederungshilfe für seelisch behinderte Kinder, »bei denen eine Teilhabe am Leben in der Gesellschaft beeinträchtigt ist oder einer solche Beeinträchtigung zu erwarten ist« (KJHG, § 35a). Auftrag, Umfang und Dauer der Therapie wird vom örtlichen Jugendamt erteilt und in Absprache mit diesem geregelt.

Die Gründe für Schwierigkeiten beim Erwerb der Lese- und Rechtschreibfertigkeit können unterschiedlichster Art sein. Meist spielen Faktoren aus verschiedenen Bereichen, wie etwa der Wahrnehmung, der Gedächtnisleistung und der seelischen Entwicklung, bei der Entstehung der Störung eine Rolle.

3.6.2 Intensive sozialpädagogische Einzelbetreuung (ISE)

Eine weitere Zusatzaufgabe ist die intensive sozialpädagogische Einzelbetreuung (KJHG

§ 35). Sie hat das Ziel, den Jugendlichen sozial zu integrieren und ihn zu einer eigenverantwortlichen Lebensführung anzuleiten. Es handelt sich um eine zeitintensive Betreuung bei der Bewältigung von Alltagsproblemen (z. B. schulische Förderung, Unterstützung bei der beruflichen Perspektivenplanung, Hilfestellung bei der Freizeitgestaltung, Anleitung zur Selbstversorgung).

3.6.3 Aufsuchende Familientherapie (AFT)

Seit vielen Jahren haben sich familientherapeutische[7] Vorgehensweisen in der Arbeit mit Ratsuchenden an Beratungsstellen etabliert. Neben den bisherigen traditionellen Angeboten scheint auf dem Hintergrund systemischer Therapiekonzepte die aufsuchende Familientherapie[8] als weiter entwickelte und spezifische Form der Familientherapie mit Multiproblemfamilien zunehmend an Bedeutung zu gewinnen (KJHG 27, 2 und 3). Der Zugang zu Familien in ihrem Lebensumfeld mit Hilfe der AFT beinhaltet Chancen. Im Mittelpunkt der aufsuchenden Familientherapie stehen Veränderungsprozesse, die eine Herausnahme des Kindes aus der Familie verhindern soll. Es gilt, bereits bestehende nützliche Strukturen aufzugreifen, sie für die erwünschten Entwicklungen zu nutzen sowie sie auf eine konstruktive Problemlösung hin zu erweitern. Die einzelnen Familienmitglieder sollen in die Lage versetzt werden, neue Perspektiven einzunehmen und mit den daraus resultierenden neuen Haltungen und Einstellungen bestehende Probleme anzugehen und sie zu lösen. Einen wesentlichen Schwerpunkt des methodischen Vorgehens bilden ressourcenorientierte Interventio-

---

7 In diesen Vorgehensweisen sind sowohl systemische als auch psychodynamische und verhaltenstherapeutische Sichtweisen enthalten.
8 Conen, M. L.: Wo keine Hoffnung ist, muss man sie erfinden. Aufsuchende Familientherapie; Carl-Auer-Systeme; Epple, H.: Einführung in die AFT; www.praxisgemeinschaft-amsel.de

nen. Familien sollen innerhalb des ihnen zur Verfügung stehenden Netzes und unterstützt durch die Kontakte in ihrem Umfeld Lösungsmöglichkeiten finden, die ihnen helfen, Krisen zu reduzieren oder zu bewältigen.

3.6.4 Schlichtungspraxis beim Umgangsrecht

Die Kindschaftsrechtsreform von 1998 hat die Entscheidung über die Wahrnehmung des Sorgerechtes den Eltern übertragen. Gerichte entscheiden ab dieser Veränderung nur noch auf Antrag eines Elternteils über das Umgangs- und Sorgerecht in einem regulären Scheidungsverfahren. Dennoch beschäftigen zerstrittene Eltern in erheblichem Ausmaß Familiengerichte, Rechtsanwälte, Jugendamt, Beratungsstellen und andere Scheidungsbeteiligte. Die Dynamik der vorhandenen Konflikte macht es den professionellen Entscheidern und Helfern oft schwer, sich der Verstrickung in die Problematik zu entziehen, Distanz zu wahren und fachlich angemessene Formen der Bearbeitung solcher Situationen zu finden. In diesem konfliktreichen Kontext ist der Einsatz von Psychologen in Absprache mit dem Familiengericht und Jugendamt, z. B. durch Angebote einer Schlichtungspraxis,[9] gefragt.

Kompliziert für eine EB ist in diesem Kontext das Spannungsverhältnis zwischen der Mitwirkung in familiengerichtlichen Verfahren und den Kernaufgaben einer EB (Beratung in Fragen der Partnerschaft, Trennung und Scheidung).[10]

3.6.5 Auswirkungen

Für unsere Einrichtung bedeutet die Veränderung im Aufgabenprofil einerseits eine anregende Ausweitung bisheriger Leistungen. Andererseits wird bei gleich bleibendem Fachpersonal Zeit gebunden, die für die Bearbeitung der Kernaufgaben einer EB fehlt. Unmittelbar sichtbare Auswirkungen sind deutlich erhöhte Wartezeiten für Eltern, Kinder und Jugendliche, die sich Rat suchend an unsere Einrichtung wenden.

4 Finanzielle Lage der Beratungsstellen

Die Vielfalt unterschiedlicher Träger Psychologischer Beratungsstellen beinhaltet unterschiedliche Finanzierungen. Werden kommunale Stellen ausschließlich durch kommunale Mittel finanziert, sind demgegenüber freie Träger dazu aufgefordert, zusätzlich zu den jeweiligen Anteilsfinanzierungen der öffentlichen Hand Eigenbeiträge einzubringen. Eigenmittel können bei kirchlichen Trägern aus den Kirchensteuern erbracht werden. Nichtkirchliche Träger wiederum erhalten beispielsweise zusätzliche Einnahmen durch Spenden, Formen von »social sponsoring« oder sogenannte zusätzliche finanzielle Kann-Leistungen von Gemeinden oder Städten ihres Einzugsgebietes. Andere freie Träger bieten in ihrer Angebotspalette zusätzliche Leistungsmodule an (s. o.), die vergütet werden und finanzielle Spielräume bieten.

Solche Mischfinanzierungen beinhalten die Notwendigkeit, über die rein fachliche Arbeit hinaus Lobbyarbeit bei Geldgebern zu betreiben.

Zur Gestaltung ausgeglichener Haushalte sind Controllingsysteme nötig, um eine mittelfristige Planung zu garantieren.

---

9 Bundesweit wird zu dieser Thematik das sogenannte »Cochemer Modell« diskutiert und umgesetzt; siehe auch http://www.ak-cochem.de/

10 Die Bundeskonferenz für Erziehungsberatung hat in ihrem Buch Rechtsfragen in der Beratung (1997), Fürth, S. 48–56 fachliche Empfehlungen gegeben.

5 Gehalt eines Psychologen (von BAT zu TVöD)

Ab Oktober 2005 trat für Kommunen ein neuer, vollkommen überarbeiteter Tarifvertrag für den öffentlichen Dienst (TVöD) in Kraft. Städte und Länder haben dem Vertrag zwischenzeitlich mit Modifikationen ebenfalls zugestimmt.

Viele freie Träger bezahlen in Anlehnung an diesen Tarifvertrag. Kirchliche Träger hatten oder haben noch ihren eigenen Haustarif, der jedoch ähnlich strukturiert ist.

Ferner ist die Unterscheidung der Tarifgebiete Ost/West zu berücksichtigen.

Die neue Tabellenstruktur besteht aus insgesamt 15 Entgeltgruppen und sechs (Entwicklungs-)Stufen. Bei der Ermittlung der Entgeltgruppen für Diplompsychologen ist der wissenschaftliche Hochschulabschluss maßgeblich. Hierfür vorgesehen ist die Einstiegsentgeltgruppe 13.

Das Grundentgelt (d. h. ohne einschlägige Berufserfahrung) und die jeweiligen Entwicklungsstufen 1–6 (d. h. ab einer einschlägigen Berufserfahrung von mindestens drei Jahren) bewegen sich für Vollzeitkräfte aktuell zwischen 2 817 Euro und 4 280 Euro brutto/Monat. Weitere Leistungsentgelte, Sonderzahlungen, individuelle Vereinbarungen oder sonstige Aufstiegsmöglichkeiten sind mit dem jeweiligen Träger auszuhandeln. Es gibt auch andere Träger, die geringere Gehälter zahlen.

EBs bestehen meistens aus kleinen Teams, so dass Aufstiegschancen in der Übernahme einer Leiterstelle oder einer Stelle innerhalb der Trägerorganisation liegen. Die Vergütung kann dann etwas höher liegen. Nicht unerwähnt bleiben soll auch der Gesichtspunkt, dass eine ganze Psychologengeneration im nächsten Jahrzehnt altersbedingt aus dem Berufsleben ausscheiden wird.

6 Organisation einer EB: Stellenbeschreibung zur Tätigkeit eines Psychologen bzw. Geschäftsführers

Die Darstellung der Kombination fachbezogener und geschäftsführender Tätigkeiten ist beabsichtigt, da in vielen EBs mit einem kleinen Team analoge Aufgabenstellungen existieren, die Fachkräfte zu leisten haben. Bei uns ist die Leiter- und Geschäftsführerposition identisch, was eher untypisch ist. Dies bietet allerdings den großen Vorteil, dass Reibungsverluste zwischen fachlichen Anliegen und Erfordernissen und dienstlichen Notwendigkeiten verringert werden können. Die administrativen Verwaltungswege sind kurz. Die Zeitkontingente beraterischen wie therapeutischen Einsatzes sind jedoch eingeschränkt. Wenn die Schaltstelle zwischen Träger, hier insbesondere dem Vorstand, und Team, das wie in vielen kleineren Einrichtungen auch bei uns aus vier bis fünf Mitarbeitern besteht, durch eine gegenseitige vertrauensvolle Kooperation gekennzeichnet ist, kann diese Organisationsform meiner Erfahrung nach als Vorbild gelten.

6.1 Fachliche Arbeit des Teams

- Einzel-, Paar- und Familientermine (ca. 60–90 Minuten pro Termin),
- Vorbereitung einer Sitzung und Erstellen eines Verlaufprotokolls,
- Supervision in Kindertageseinrichtungen,
- fallorientierte Besuche in Kindergärten,
- Vorbereitung und Durchführung präventiver Aufgaben (z. B. Elternabende, Vorträge, Teilnahme an Ausstellungen),
- Erstellen der Jahresstatistik und des Jahresberichtes,

- Teilnahme an psychosozialen Arbeitskreisen, die zum sozialen Netzwerk gehören,
- regelmäßiger fachlicher Austausch unter den Leitern der regionalen Beratungsstellen,
- eigene Fortbildung, eigene Supervision und Teilnahme in einem externen Fachteam,
- regelmäßige monatliche Kurzberatungen in Kindergärten (Sprechstunde für Erziehungsfragen als niederschwelliges Angebot vor Ort),
- Kurzberatungen am Telefon,
- fallbezogene Telefonate mit dem Jugendamt, Erzieherinnen, Schulen etc. Dieser Austausch ist jedoch nur unter Berücksichtigung der Schweigepflicht und des Datenschutzes möglich, der den Erlaubnisvorbehalt der Betroffenen impliziert,
- regelmäßige Teamsitzungen (einmal wöchentlich) zur Informationsvermittlung, Abklärung von organisatorischem Dingen und kollegiale Fallsupervision, Telefondienst (z. B. Klientenanfragen und/oder Weiterverweisung an andere Stellen; Anfragen von Stellenbewerbern und Praktikanten, Beantwortung der Fragen anderer Dienste),
- Überblick über die aktuelle Fachliteratur,
- Materialeinkauf (Bürobedarf, Spielmaterial, Testmaterial, Reparaturmaterial),
- Computer warten, Software einrichten,
- Homepage aktualisieren.

6.2 Verwaltungsbereich (Geschäftsführer und Sekretärin)

- Allgemeiner Schriftverkehr (Klienten, allgemeine Anfragen, Bestellungen, Statistisches Landesamt, Berufsgenossenschaft, Presse, andere soziale Dienste u. a.),
- Lohnbuchhaltung (Lohnerstellung, Überweisungen, betriebliche Altersversorgung, sonstiger Schriftverkehr, Finanzamt, Krankenkassen),
- monatliche Überprüfung der Lohnbuchhaltung,
- Erstellen der Haushaltspläne und Jahresrechnungen,
- Geldbeschaffungen (Kreis und Städte im Einzugsbereich),
- Einnahmen-Ausgaben-Kontrolle.

6.3 Weitere Trägertätigkeiten des Geschäftsführers

- Vorbereitung und Teilnahme an Mitgliederversammlungen und Vorstandssitzungen, Protokollführung,
- Lobbyarbeit, d. h. Kontakte zu politischen Parteien und anderen Trägern der freien Wohlfahrtspflege,
- Wahrnehmung von Repräsentationsterminen,
- Projekte entwickeln, die den Verein finanziell absichern und das Tätigkeitsprofil einer Psychologischen Beratungsstelle als Jugendhilfeangebot aktuell halten.

7 Betriebsphilosophie einer Beratungsstelle

Wir, die in sozialen Berufen arbeiten, sind in Ausbildungsgängen mit Denktraditionen konfrontiert worden, in denen »abweichende« Familienverhältnisse und das damit korrespondierende Verhalten vor allem als Variable zur Erklärung von verschiedenen Störungen betrachtet wurden. Damit einhergingen bzw. -gehen Vorstellungen von Therapiezielen und therapeutischen Vorgehensweisen, nach denen die Schwierigkeiten solcher Familien letztendlich nur durch Eingriffe in die Familienstruktur behandelbar seien. Dabei unterliegen Experten wie

Familienmitglieder selbst leicht dem gleichen Irrtum: Sie messen verschieden geartete Familienformen noch stärker als »normale« an einer idealisierten Vorstellung von Familie. »Abweichen« stellt sich heraus als Abweichen von einem Idealbild.

Dass diese Einstellung immer wieder durchdringt, ist nur zu verständlich, wird doch hier bei allen Beteiligten der eigene Wunsch nach einem harmonischen Zusammenleben mit nahen Menschen aktiviert.

Gleichwohl sind Familien in ihren vielfältigen Erscheinungsformen mit einer sich schnell verändernden Umwelt konfrontiert, was durch eine anwachsende Pluralität der Lebensführungen gekennzeichnet ist.

Um Unterstützung nachzusuchen, hat für viele den Beigeschmack des Versagens, die Erziehung der Kinder »nicht geschafft« zu haben. Neben der Hoffnung auf Unterstützung existiert obendrein die Angst vor Abqualifizierung und Schuldzuweisung. Vielen Menschen erscheint die Familie als Tabuzone, die es zu schützen gilt. Wildfremden Menschen Einblick in Details des Familienlebens zu gewähren, erfordert zuweilen große Überwindung. Diese Sichtweise wird noch verstärkt, wenn der Hinweis, an eine EB zu gehen, von außen kommt.

In Kenntnis dieser Befürchtungen orientiert sich unsere Arbeitsweise nicht an gängigen Bewertungen und Konflikten, an Krankheiten und Symptomen, sondern an der Frage, welchen Sinn das geschilderte Problem im jeweiligen Lebenszusammenhang der Familie macht und welchen Auftrag die Familie uns gibt. Beratung ist Begegnung und die Aufmerksamkeit der Beteiligten ist auf bestimmte Sichtweisen ausgerichtet, nicht auf die »Wahrheit«. Diese Sichtweisen können schwächend oder stärkend wirken, je nachdem, wohin man in der Erfahrungswelt der Beteiligten schaut. Unser Beratungskonzept ist nicht auf eine defizitorientierte, pathologisierende Betrachtung angelegt, sondern der Blick richtet sich auf die Fragen: Wo gab und gibt es schon anerkennenswerte, hilfreiche Beiträge? Wo sind Fähigkeiten im System in Richtung der gewünschten Lösung, die nicht genutzt und ausgeschöpft sind? Wie kann man diese nutzen? Aus unserer Sicht sind Familienprobleme keine ausschließlich individuellen, intrapsychischen Grundgestörtheiten, sondern die Alltagsaufgaben sind so vielfältig geworden, dass Familien oftmals keine Handlungsalternativen mehr erkennen können.

Kinder wie ihre Eltern sind aus Sicht unserer Einrichtung als eigenständige, autonome, aufeinander bezogene Lebewesen zu betrachten, die jedoch nicht unabhängig von ihrer Umwelt verstanden werden können. Nach systemtheoretischer Überzeugung ist eine instruktive Interaktion mit Lebewesen nicht möglich, d. h. wir können Ratsuchende nicht wie eine »triviale Maschine«[11] in verlässlicher Weise zu einem bestimmten, von uns festgelegten und erwünschten Verhalten veranlassen. Es ist für uns von hoher praktischer Bedeutung, sich dieser Grundsituation bewusst zu sein. Wir müssen akzeptieren, dass Eltern, Kinder und Jugendliche durch ihre inneren Entscheidungsprozesse über den Erfolg und Misserfolg unserer psychologischen und pädagogischen Angebote bestimmen. Die Beziehungsgestaltung zwischen den Ratsuchenden und uns ist, überspitzt gesagt, ein Experiment mit ungewissem Ausgang. Wir können Lernprozesse in einem wertschätzenden Dialog nur ermöglichen bzw. erleichtern mit dem Ziel, Ratsuchende in ihrer personalen wie sozialen Kompetenz weiterzubringen. Darum bemühen wir uns in einem qualifizierten, professionellen Team. Beim Erstkontakt werden die Ratsuchenden über unsere Denkhaltung in kurzen Sätzen informiert.

---

11 Begriff von Heinz von Foerster

8 Fort- und Weiterbildungen

Um der täglichen Konfrontation mit unterschiedlichsten pädagogischen und therapeutischen Fragestellungen fachlich qualifiziert begegnen zu können und um die eigene Psychohygiene zu kultivieren, halte ich eine das ganze Berufsleben begleitende Fort- und Weiterbildung für unabdingbar, unabhängig davon, in welchem klinischen Spezialgebiet wir Psychologen arbeiten. Nach meiner über 30-jährigen Erfahrung hilft dieses »Muss«, ein eigenes therapeutisches Selbstverständnis, wertschätzende Selbsterfahrung und die nötigen Kenntnisse der klinischen Psychologie weiter zu entwickeln. Nachdenklichkeit, Achtsamkeit, Einsicht in die Begrenztheit eigenen Handelns, Humor wie Neugier halten einen selbst lebendig. Verhaltenstherapie bildete bei mir eine Grundlage für therapeutisches Handeln. Parallel zur personenzentrierten Gesprächspsychotherapie-Ausbildung Anfang der 1980er-Jahre begann ich eine systemische Ausbildung, die ich als Bereicherung und Erweiterung meiner bisherigen Sichtweise erlebte. Im Rahmen der damaligen Heidelberger familientherapeutischen Arbeitsgruppe um Prof. Stierlin[12] existierten verschiedene Basisgruppenangebote, und das Thema »Herkunftsfamilie des Familientherapeuten« schien mir attraktiv.

Das Interesse an meiner Berufswahl »Psychologie« und an meiner Stellung in der Herkunftsfamilie, die tägliche Arbeit mit Familien und die Frage, welche Gegenübertragungsphänomene auftreten, bescherte mir ein mehrjähriges, erstaunlich aufregendes therapeutisches Abenteuer. Jeder Therapeut, der mit unterschiedlichsten Beziehungsgestaltungen und krisenhaften Entwicklungen von Familien befasst ist, wird zwangsläufig dem Thema »eigene Rollen in der Herkunftsfamilie« begegnen. Der systemische Gedanke, es gebe keine neutralen Beobachter und »die Theorie bestimme, was beobachtet werde« (Albert Einstein), machte es unumgänglich, über eigene Beziehungsgestaltungen nachzudenken. Familientherapeutische »blinde Flecken« wurden durch Familienselbsterfahrung bearbeitet. Alle Mitglieder der Arbeitsgruppe praktizierten Familienselbsterfahrung »live«, d. h., die jeweiligen Herkunftsfamilien wurden für ein Gespräch mit der Supervisorin gewonnen.[13] Eine fachliche Weiterentwicklung ergab sich durch die Ausbildung in klinischer Hypnose in der Milton-Erickson-Gesellschaft. Sie erweiterte meinen Blick im »kommunikativen Mikrobereich«, d. h. in Einzel-, Paar- und Familiensitzungen, durch therapeutische Angebote (z. B. positive Konnotationen, Reframing, Rituale, Symptomverschreibungen, Benutzung metaphorischer Sprache usw.), um bewusste und unbewusste Suchprozesse für autonome Problemlösestrategien anregen zu können.

Welche persönlichen Eigenschaften können in der therapeutischen Arbeit hilfreich sein und welche nicht? Fähigkeit zu kontrolliertem Miterleben und Verstehen, zu mehr Verständnis und Kompromissbereitschaft sowie Toleranz sind günstig, auch Verständnis für die unterschiedlichsten Lebensentwürfe, die in Familien gelebt werden. Weniger günstig sind Abgrenzungsprobleme, zu hohe Erwartungen beim Lösen von Problemen und zu hohe und einseitige Solidarisierung mit einem Familienmitglied (mit einer Einschränkung: Kinder, denen Gewalt angetan wird). Eine direkte Trennung in Schwächen und Stärken kann jedoch nicht aufrecht erhalten werden. Vermeintliche Stärken können Schwächen bedeuten, wie sich auch umge-

---

12 heute: Helm-Stierlin-Institut in Heidelberg; www.hsi-heidelberg.com
13 Artikel hierzu: Rücker-Embden-Jonasch, I. u. a.: Familientherapeuten erleben ihre Herkunftsfamilie, Praxis der Kinderpsychologie und Kinderpsychiatrie, 35. Jahrgang 8/86

kehrt Schwächen für die Beratung und Therapie als nützlich erweisen. Beispielsweise kommen mir meine eigenen Erfahrungen als bisweilen problematischer und von Lehrern unverstandener Schüler heute im Kontakt mit Schülern sehr zugute. Nicht, um alte Rechnungen zu begleichen, sondern um mit diesen Schülern nach ihren eigenen Ressourcen zu suchen, die sie in einem für sie schwierigen Umfeld entwickeln können.

9 Entwicklung des Berufsfeldes

Mit der gegenwärtigen demographischen Entwicklung ist eine weiterhin alternde Bevölkerung erkennbar, deren Jugendjahrgänge jeweils um ein Drittel kleiner werden als die Elterngeneration. Die gesellschaftlichen Bedingungen, unter denen Frauen und Männer ihre Elternschaft gestalten und Kinder aufwachsen, haben sich in den letzten 40 Jahren radikal verändert (Stichworte: Trennungen und Scheidungen, Alleinerziehende, Arbeitslosigkeit, Mobilitätsanforderungen, materielle Probleme, Lehrstellenmangel, mangelnde berufliche Perspektiven für Migranten- und Aussiedlerkinder usw.). Die moderne Familie befindet sich im Umbruch. Eltern können häufig nicht mehr ihren eigenen Ansprüchen an Kindererziehung und den Erwartungen der Gesellschaft und Arbeitswelt hinreichend entsprechen. Familiäre Krisen sind die Folgen. Gerade junge

Mütter und Väter brauchen Orientierung und Unterstützung für die Erziehungsarbeit. Kinder und Jugendliche sind das »Humankapital« der nächsten Generation. Sie benötigen stabile, berechenbare Rahmenbedingungen mit verlässlichen Partnern, damit eine gute Entwicklung gelingen kann. Vom erfolgreichen Gelingen ihrer Erziehung und Ausbildung hängt das Wachstum und der Bestand unserer Gesellschaft ab.

In diesem Zusammenhang berichtet der Elfte Kinder- und Jugendbericht[14] von einer klar steigenden Inanspruchnahme institutioneller Beratung (S. 134) in den letzten Jahren. Die soziale Dienstleistung einer EB bleibt unverzichtbarer Bestandteil der sozialen Infrastruktur für Kinder und Jugendliche und deren Familien. Evaluationsstudien und detaillierte Merkmale der Struktur-, Prozess- und Ergebnisqualität von Erziehungsberatung[15] belegen den hohen Standard des Qualitätsproduktes Erziehungsberatung.

Kritik ist jedoch angebracht beim bestehenden unzureichenden Ausbaustand der EBs. Obwohl sie Anfragen zu allgemeinen Förderungen in der Familie weitgehend nachkommen, erfordern zusätzlich delegierte Tätigkeitsbereiche den Ausbau entsprechender Kapazitäten. Wird die Bundespolitik weiterhin im Rahmen der Jugendhilfe das staatliche Wächteramt, verantwortlich gestalten, d. h. über die Wahrnehmung des Erziehungsauftrages der Eltern wachen und ggf. zum Schutz der Kinder tätig werden, und ausreichende finanzielle Mittel bereithalten, werden Psychologen weiterhin in diesem umfangreichen Tätigkeitsfeld benötigt.

---

14 Bundesministerium für Familie, Senioren, Frauen und Gesundheit (2002): Elfter Kinder- und Jugendbericht. Bericht über die Lebenssituation junger Menschen und Leistungen der Kinder- und Jugendhilfe in Deutschland. Berlin.
15 Bundesministerium für Familie, Senioren, Frauen und Jugend (1999): Qualitätsprodukt Erziehungsberatung. Qs 22 – Materialien zur Qualitätssicherung in der Kinder- und Jugendhilfe. Bonn.

Schlusswort

Anstatt eines umfassenden Resümees möchte ich vor dem Hintergrund eines wunderbaren Berufes – den ich übrigens wieder wählen würde – und einer sich stets den gesellschaftlichen Herausforderungen anpassenden Berufssparte einen Kommentar aus einem Interview mit Dr. David Cheek[16] zitieren. Er war Therapeut der älteren Generation und beantwortete die Frage, welchen Ratschlag er einem jungen Therapeuten geben würde, folgendermaßen: »Ich würde sagen, bleibe auf fast religiöse Art und Weise bescheiden und habe Achtung vor den Leuten, mit denen du arbeitest, drängle sie nicht, erwarte nicht, dass etwas Bestimmtes sofort passiert. Erwarte es, aber werde nicht wütend, wenn es nicht geschieht. Vermittle den Leuten, mit denen du arbeitest, deinen Respekt für ihre Fähigkeit, alles zu tun, was ihnen helfen könnte. Sie finden ihre eigenen Wege, das zu tun, auch wenn du versuchst, sie zu führen. Wir wissen nie, was Leute gesund macht, wirklich niemals ... und wir sollten ihren eigenen Weg respektieren.«

Weitere Informationsquellen

Weiterführende umfassende Informationen über Aufgaben und Arbeitsweisen von Diplompsychologinnen und Diplompsychologen in der institutionellen Erziehungsberatung bietet die vielfältige Literatur der Bundeskonferenz für Erziehungsberatung bke (www.bke.de). Die bke bietet außerdem viele Weiterbildungen im Bereich Erziehungs-, Familien- und Jugendberatung an.

Es existieren in den einzelnen Bundesländern Landesarbeitsgemeinschaften der Erziehungsberatungsstellen (z. B. www.erziehungsberatung-bw.de). Sie informieren über regionale Entwicklungen.

Weitere Hinweise und Anregungen für Ausbildungen bieten

- der Berufsverband deutscher Psychologinnen und Psychologen BDP; www.bdp-verband.org,
- die Gesellschaft für wissenschaftliche Gesprächspsychotherapie GwG; www.gwg-ev.org,
- die Deutsche Gesellschaft für Verhaltenstherapie DGVT; www.dgvt.de,
- die Milton-Erickson-Gesellschaft für Klinische Hypnose e.V.; www.meg-hypnose.de,
- das Helm-Stierlin-Institut in Heidelberg; www.hsi-heidelberg.com,
- die Deutsche Gesellschaft für Systemische Therapie und Familientherapie DGSF; www.dgsf.org,
- für psychoanalytisch orientierte Interessenten die Vereinigung Analytischer Kinder- und Jugendlichen-Psychotherapeuten (VAKJP) unter www.vakjp.de.

Für zusätzliche inhaltliche Einblicke in Themenbereiche der Kindererziehung mit praktischen Hinweisen ist das www.familienhandbuch.de empfehlenswert.

---

16 David Cheek, amerikanischer Gynäkologe und Psychotherapeut, † 1996

13 Schulpsychologie

Christine Enders

Einleitung

Schulpsychologie ist ein relativ kleiner Arbeitsbereich im großen Feld der angewandten Psychologie. Der Begriff löst meist bestimmte Assoziationen aus: ein Schulpsychologe[1] beschäftigt sich mit den Schülerinnen und Schülern, die Lern- und/oder Verhaltensprobleme haben. Er wird dann gerufen, wenn die Leistungen eines Schülers absinken, wenn die Wiederholung einer Jahrgangsstufe droht, wenn das Verhalten zu deutlichen Klagen in der Schule führt usw. – d. h. immer dann, wenn die Schullaufbahn gefährdet ist, u. a. der Verbleib im Gymnasium gefährdet ist oder eventuell die Sonderschule (Förderschule) droht. Schildert man das Arbeitsfeld Schulpsychologie in Gänze, so löst das stets Erstaunen aus: Beratung von Schülern, Eltern und den dazugehörigen Lehrkräften, Beratung im System Schule (Lehrkräfte, Kollegien, Schulleitungen, Schulaufsicht), Fortbildungen, Supervision etc.

1 Mein Zugang zum Thema Schulpsychologie

Ich arbeitete gut 20 Jahre lang als bayerische Schulpsychologin, was einer kurzen

---

1 Es wird der besseren Lesbarkeit wegen die männliche Form verwendet – auch wenn in der Schulpsychologie überwiegend Frauen arbeiten.

Erläuterung bedarf: In Bayern haben Schulpsychologen eine Doppelqualifikation in einem Lehramt (Grundschule, Hauptschule, Gymnasium etc.) und in Psychologie. Dies kann zum einen das Diplom in Psychologie sein, d. h. ein volles Psychologiestudium nach/neben der Lehramtsqualifikation oder – eine bayerische Besonderheit – ein Lehramtsstudium, in dem ein Unterrichtsfach durch das Studienfach »Psychologie mit schulpsychologischem Schwerpunkt« ersetzt wird. Dieser Studiengang schließt mit dem Staatsexamen ab, die Anforderungen im Fach Schulpsychologie unterscheiden sich nur geringfügig von denen des Diploms. Bayerische Schulpsychologen werden in der überwiegenden Stundenzahl als Lehrer eingesetzt und stehen einige Stunden (von 6–18 oder 20) ihres Lehrdeputats für die schulpsychologische Beratung zur Verfügung.

Diese Erläuterung ist wichtig, denn in anderen Bundesländern sind die Bedingungen hinsichtlich der Feldkompetenz »Schule« anders:

- entweder wird der Nachweis des Diploms in Psychologie vorausgesetzt, eventuell mit Zusatzqualifikationen, wie Therapieausbildungen,
- oder es wird zwar ein Lehramtsstudium vorausgesetzt; der Einsatz geschieht jedoch überwiegend als Psychologe mit einem sehr geringen Ausmaß an Unterricht.

Ich selbst begann meine Berufslaufbahn als Lehrerin für Volksschulen (damals noch nicht in Grund- und Hauptschulen differenziert) und sammelte Erfahrungen in der Grund-, Haupt- und Förderschule. Dies führte mich zum Psychologiestudium, denn mein Eindruck war, dass gerade die eher benachteiligten Kinder und Jugendlichen vor jedem Unterricht eigentlich etwas ganz anderes nötig hätten: im weitesten Sinn Sorge für ihr psychosoziales Wohlergehen. So übernahm ich nach der Diplomprüfung

und einer begleitenden Therapieausbildung die schulpsychologische Beratung in einer relativ kleinen Großstadt – mein Arbeitsbereich waren die knapp 20 Grund- und Hauptschulen. Mein Engagement im Berufsverband Deutscher Psychologinnen und Psychologen BDP (Sektion Schulpsychologie) lenkte meinen Blick weit über die bayerischen Grenzen hinaus. Im Gegensatz zu den meisten jüngeren Kolleginnen und Kollegen, die das grundständige Psychologiestudium bayerischer Lesart absolvierten, hatte ich durch vielfältige Projekte keinen Unterricht mehr zu halten, so dass ich vollzeitlich als Psychologin arbeiten konnte – in Bayern eine Besonderheit. Dies vorab – und wenn ich Schulpsychologie beschreibe, so fließen meine biographischen Erfahrungen im bayerischen Schulsystem mit ein.

2 Zur Geschichte (orientiert an der Festschrift »75 Jahre Schulpsychologie«)

Schulpsychologie als Arbeitsfeld besteht seit ca. 75 Jahren. Zum 75-jährigen Bestehen hat die Sektion eine Festschrift aufgelegt, in der die Wurzeln deutlich werden. Ihre Anfänge hat die Schulpsychologie 1922 in Mannheim mit Hans Lämmermann. »Auf dem ersten Deutschen Kongress für Jugendbildung und Jugendkunde in Dresden 1911 wurde bei der Erörterung des Intelligenzproblems von Prof. William Stern (Hamburg) die Anstellung von Schulpsychologen gefordert. Diese Forderung stieß auf starken Widerspruch (...). Ich wandte mich damals gegen eine grundsätzlich Ablehnung (...), hätte ich doch nicht zu hoffen gewagt, dass es mir schon ein Jahrzehnt später vergönnt sein würde, den Schulpsychologen in dem mir unterstellten

Schulwesen in sein Amt einzuführen« (Stadtschulrat Dr. Sickinger, a. a.O., S. 7). Der Widerstand kam vor allem von Seiten der Lehrer, die argumentierten, sie seien genügend in Psychologie ausgebildet, um anfallende Schwierigkeiten in der Klasse zu lösen bzw. bei übergreifenden Problemen hierfür geeignete Kollegen mit spezielleren Kenntnissen in Psychologie heranzuziehen. »Der ›Nur-Fachpsychologe‹ sei schon deshalb nicht für eine derartige Tätigkeit geeignet, weil ihm die Erfahrungen der pädagogischen Praxis fehlen« (a. a. O.). Aufgaben des »Psychologischen Beraters« waren u. a.:

- die für Mannheimer Schulen nötigen und nützlichen Erhebungen, Schülerbeobachtungen und -untersuchungen durchzuführen,
- an der Bereitstellung der wissenschaftlichen Grundlagen zur Lösung psychologisch-pädagogischer Probleme mitzuarbeiten,
- die Lehrerschaft auf Wunsch hin bei der Beurteilung »eigenartiger« Schülerindividualitäten zu unterstützen und Rat zu erteilen, d. h. vor allem Intelligenzüberprüfungen an Schülern, Fähigkeitsüberprüfungen bei Klassen- oder Schulartwechsel, Mitwirkung bei der Berufsberatung sowie die Durchführung didaktischer und methodischer Versuche.

Aufgabe des Schulpsychologen war demnach, eine Verbindung zwischen wissenschaftlicher Psychologie und der Schulpraxis herzustellen.

Die skizzierte Aufgabenvielfalt ist in Grundzügen bis heute erhalten geblieben, und damit gekoppelt auch die Frage, ob diese Fülle von einer Person bewältigt werden kann oder ob nicht im Team durch die Aufteilung von Bereichen sinnvoller gearbeitet werden kann.

Dreh- und Angelpunkt waren damals in Mannheim vor allem die Beurteilungen von Persönlichkeit und Leistungsfähigkeit der Schüler verschiedenster Altersstufen, Schularten und Schichtzugehörigkeit, also Aufgaben der Platzierung bzw. Selektion. Lämmermann und sein Team bedienten sich des modernsten wissenschaftlichen Standards der damaligen Zeit, führten u. a. das Binetarium[2] durch, entwickelten kombinierte Verfahren aus Lehrerurteil, Leistungstests und Intelligenzüberprüfung, die in hoher Korrelation zu den Lehrerurteilen standen.

Ingenkamp bewertet diese Mannheimer Leistung 1990 folgendermaßen: »Mit den Mannheimer Untersuchungen lag ein so reichhaltiges und beweiskräftiges Material vor, wie es seitdem in Deutschland zur Übergangsauslese nicht wieder erhoben wurde. Die Daten verdienen besondere Beachtung wegen der Vielfalt der Auslesebestandteile und wegen der Möglichkeit, Wirkungen der positiven und negativen Auslese zu überprüfen« (Ingenkamp, 1990, in »75 Jahre Schulpsychologie in Deutschland ...«, S. 204).

Bis 1934 sind keine weiteren Tätigkeitsansätze wissenschaftlich ausgebildeter Psychologen im Bereich Schule bekannt.

Die Zeit des Dritten Reiches bedeutete einen völligen Stillstand für die noch junge Schulpsychologie: für die Entwicklung von Schülern waren nicht psychologische Tests und Beratung sicherzustellen, sondern eine ideologisch klare, harte Erziehung und körperliche Ertüchtigung. Erst in den 1950er-Jahren begann in Deutschland der Aufbau eines schulpsychologischen Unterstützungssystems. So entstanden in Hamburg die »Schülerhilfe«, in Heidelberg die »schulpsychologische Beratungsstelle«, in Fürth

---

2 Binet-Simon-Intelligenzprüfung: eine Methode, Kinder zwischen drei und 15 Jahren in ihrem geistigen (intellektuellen) Entwicklungsstand zu beurteilen. Diese Tests wurden 1894 entwickelt und später zur Beurteilung des Intelligenzstandes als Testreihen ausgebaut (Binetarium 1908).

die »Schul- und Erziehungsberatungsstelle«. Daraus entwickelten sich zwei Richtungen, die auch heute noch die Heterogenität des Arbeitsbereiches kennzeichnen:

- einerseits die am Kind ausgerichtete Arbeit, d. h. Einzelfallarbeit als wesentlicher Aufgabenbereich eines Schulpsychologen (»Hamburger Modell«),
- andererseits die Schulpsychologie im Dienst der pädagogischen Arbeit, das Schulleben insgesamt in den Blick nehmend (»Hessisches Modell«). Zu den Aufgaben gehörte neben der Einzelberatung auch die Durchführung von Forschungsvorhaben, die Mitwirkung bei der Verbesserung von Unterricht sowie die Fortbildung der Lehrerschaft, also Aufgaben, die zum Bereich der Systemberatung gehören (Aurin in »75 Jahre Schulpsychologie«, S. 27).

Der weitere Ausbau der bis dahin »inselhaft« bestehenden schulpsychologischen Beratungsstellen erfolgte in der Zeit der Bildungsreform in den 1960er- und 1970er-Jahren.

In verschiedenen Empfehlungen und Beschlüssen wurde ein flächendeckendes, alle Bildungsstufen umfassendes Beratungssystem angestrebt. In dieser Zeit vervierfachte sich die Zahl der Schulpsychologen innerhalb von zehn Jahren (1965: 106 Schulpsychologen, 1975: 454 Schulpsychologen). Der danach folgende Ausbau verlangsamte sich wieder, weil die Finanzkraft und die Reformwilligkeit der Länder und Kommunen abnahm und sich die Geburtsrate verringerte. Trotz dieser ungünstigen Bedingungen ging der Ausbau jedoch weiter: von 1975 bis 1993 erfolgte ein Anstieg um etwa 150 % auf 1 125 Schulpsychologen, parallel erhöhte sich die Zahl ausgebildeter Beratungslehrer auf das Vierfache.

Die Konzentration auf einzelne Schüler wurde überwiegend als genuine schulpsychologische Tätigkeit angesehen, dies veränderte sich durch Helmut Heyse, dessen Leitantrag in der Delegiertenkonferenz des BDP zum »Paradigmenwechsel in der Schulpsychologie (1988)« die Hauptaufgabe von Schulpsychologen in der Mitwirkung und Weiterentwicklung von Schulen sieht. Dies bedeutet nicht den Verzicht auf die Unterstützung Einzelner, sondern vielmehr die Förderung der Kultur, der Qualität und Güte einer Schule bzw. des Schulsystems. Damit wird der Vernetztheit zwischen individuellen und institutionellen Bedingungen Rechnung getragen.

Die Einwicklung der Schulpsychologie in der DDR bedarf einer gesonderten Betrachtung (s. den Artikel von Sabine Möley in »75 Jahre Schulpsychologie«, S. 41–46).

Um die Geschichte der Schulpsychologie abzuschließen: Erhalten blieb – und er hat sich gegenwärtig deutlich verschlechtert – der unzureichende Ausbau von schulpsychologischen Diensten in der Bundesrepublik. Das einmal von der KMK (Kultusministerkonferenz) aufgestellte Ziel einer Relation von Schulpsychologen zu Schülern von 1 : 5 000 ist in weite Ferne gerückt; derzeit besteht eine Relation im Bundesdurchschnitt von ca. 1 : 15 000. Hier besteht ein eklatanter Widerspruch zwischen realen Problemen im Schulsystem (vgl. PISA) und den Unterstützungssystemen, die weiter zurückgefahren werden – ganz im Gegensatz zu anderen Ländern Mitteleuropas.

3 Schulpsychologie – das unbekannte Wesen

Schulpsychologie ist ein Arbeitsfeld der angewandten Psychologie, jedoch außer im oben aufgeführten bayerischen Studiengang (Psychologie mit schulpsychologischem Schwerpunkt im Rahmen eines

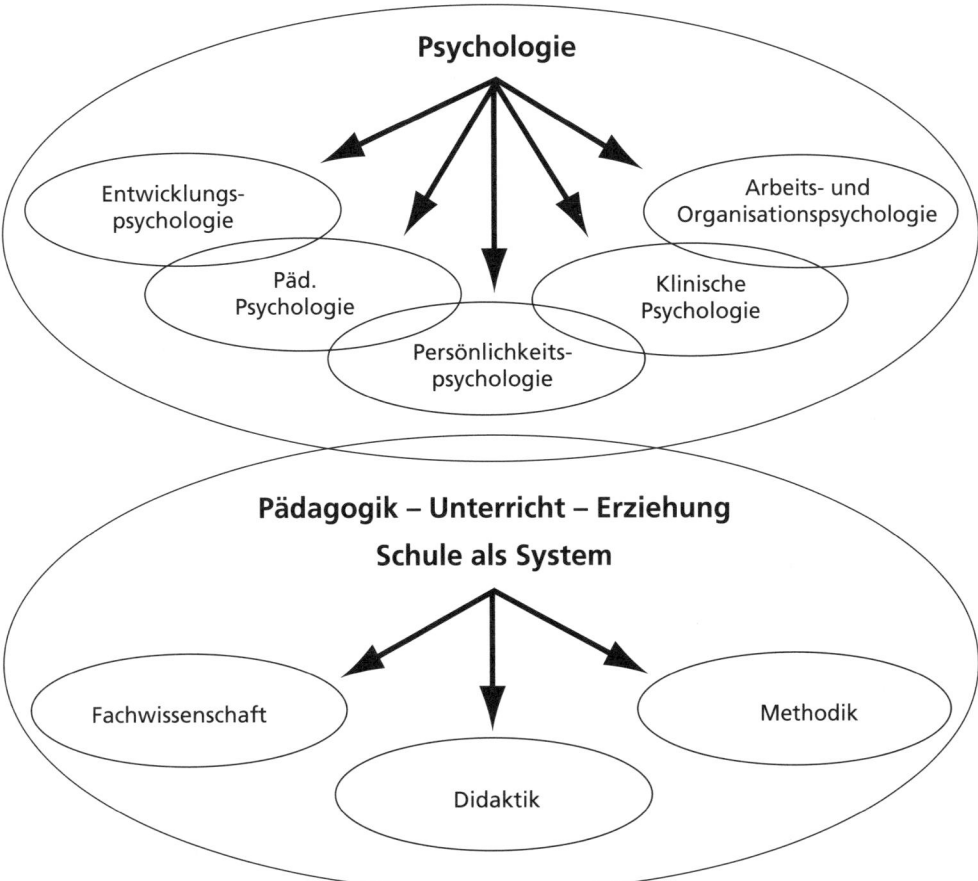

Abb. 1: Schulpsychologie als Schnittmenge unterschiedlicher Fachbereiche

Lehramtsstudiums) an keiner Hochschule als eigenes Fach vertreten. Das Fehlen eines eigenständigen Fachgebiets im Rahmen der angewandten Psychologie könnte damit zusammenhängen, dass der Arbeitsbereich eine Schnittmenge von verschiedenen Fächern ist (s. **Abbildung 1**).

Die Schule als System muss ein Schulpsychologe notwendigerweise kennen, d. h. er muss hierin »Feldkompetenz« erwerben; das bedeutet jedoch nicht zwangsläufig, dass er Lehrer sein oder gewesen sein muss. Die Psychologie hingegen beinhaltet die Fachkompetenz hinsichtlich Bedingungs- und Veränderungswissen, d. h. sinnvoller-

weise auch Therapieausbildung(-en), Supervisions- bzw. Coachingausbildung sowie Kenntnis von Methoden der Erwachsenenbildung, da Fortbildung ein wichtiger Teilbereich der Aufgaben eines Schulpsychologen ist.

So könnte man mit einer Metapher den Schulpsychologen als »Wanderer zwischen zwei Welten« bezeichnen – vielleicht ist auch dies ein Grund für das Nichtvertretensein im klassischen Fächerkanon der angewandten Psychologie. Die Nichtzuständigkeit der klassischen Fachgebiete für die Entwicklung der Grundlagen schulpsychologischer Tätigkeit sowie für die Bereitstellung von Ausbildungsmöglichkeiten stellt nicht einfach eine Lücke dar, sie kennzeichnet die Situation – in aller Schärfe formuliert – dass die Universitäten sich der gesellschaftlich zentralen Aufgabe nicht stellen, Unterstützung bereitzustellen für ein besseres Schulsystem sowie für besseres Lehren und Lernen.

Tisdale und Berg stellen in Bezug auf Forschung fest: »Schulpsychologisch relevante Forschung entsteht an deutschen Universitäten selten in systematischer Form. Sie findet vielmehr zumeist themenbezogen und in Abhängigkeit von den Forschungsinteressen einzelner Personen und Institutionen statt.« (in: Schorr, S. 496). Sie nennen relevante Forschungsfelder allein aus dem Bereich der pädagogischen Psychologie (in Auszügen zitiert)

- Determinanten des Systems »Lernumwelt Schule«,
- Diagnostik von psychischen Auffälligkeiten von Schülern und Lehrern,
- Entwicklung von Trainings zur Entwicklung der individuellen Kompetenzen der Lehrerin bzw. des Lehrers,
- Evaluation von Unterricht und anderen schulischen Maßnahmen.

Ihrer Meinung nach schulpsychologisch besonders interessant sind heute vor allem die Bereiche Organisationsdiagnose und Schulentwicklung.

Diese Abstinenz im universitären Bereich ist umso bedauerlicher, als die Anforderungen, die auf die Schule, die Lehrer, Schüler, Schulleiter und die Schulverwaltung zukommen, immer umfangreicher und schwieriger werden. Kernfragen sind zum Beispiel pädagogisch sinnvolle Reaktionen auf die »veränderte Kindheit«, die Entwicklung und Evaluation neuer Unterrichtsformen, Qualitätssicherung, Schulentwicklung, aber auch die Erhaltung von Lehrergesundheit und das Coaching von Führungskräften. Damit Schule sich weiterentwickeln und den gesellschaftlichen Er-

wartungen gerecht werden kann, bedarf es neben den Pädagogen und der Schulverwaltung auch eines qualitativ hochwertigen Beratungsnetzes, das allen an Schule Beteiligten zugänglich sein muss. Schulpsychologen sind ein zentraler Bestandteil dieser Beratung.

4 Aufgaben eines Schulpsychologen

Die Aufgaben von Schulpsychologen werden zunächst allgemein umschrieben (vgl. die Broschüre der Sektion Schulpsychologie im BDP (1998)): Schulpsychologen unterstützen die Schule darin, durch wissenschaftliche Erkenntnisse und Methoden der Psychologie die pädagogische Arbeit an den Schulen zu fördern, die Weiterentwicklung des Schulwesens zu begleiten, und sie verstehen sich damit (auch) als Mitgestalter eines hochwertigen Bildungs- und Ausbildungssystems. Schulpsychologische Arbeit orientiert sich sowohl an den Fragestellungen, wie sie der Schulalltag aufwirft, als auch präventiv an der Weiterentwicklung des Schulsystems. Kerninhalte der Arbeit sind daher sowohl Ziele, die sich eher auf einzelne Personen beziehen, als auch Ziele, die sich auf die Institution beziehen. Schulpsychologische Arbeit ist Hilfe zur Selbsthilfe, sie will Ratsuchende darin unterstützen, auftretende Probleme in eigener Verantwortung zu bewältigen. Die Ziele legt der Ratsuchende fest, Schulpsychologen unterstützen und begleiten ihn dabei, seinen Lösungsweg selbst zu finden.

Schulpsychologische Arbeit ist immer freiwillig und kostenfrei für Ratsuchende, sie kann und darf nicht erzwungen werden. Schulpsychologen haben genaue Kenntnis des Systems Schule, sie sind aber weder einseitig der Schule verpflichtet, noch vertreten sie einseitig die Interessen von Eltern und Schülern. Ihre Neutralität gewährleistet die notwendige gegenseitige Offenheit für Veränderungen; des Weiteren unterliegen Schulpsychologen der Schweigepflicht. Im Einzelnen lässt sich die Aufgabenvielfalt in drei Bereiche untergliedern:

1. Diagnoseprozesse: Analyse und Erklärung des Verhaltens und Erlebens von Individuen und Gruppen. Hier geht es um die Feststellung eines Ist-Zustandes, um die Entstehungsgeschichte dieses Zustandes, um die gegenwärtige Belastung eines Einzelnen oder einer Gruppe durch eine bestehende Problematik. Dazu bedarf es diagnostischer Kenntnisse, aber auch Wissen um gruppendynamische Vorgänge. Es fließen sowohl sozialpsychologische und entwicklungspsychologische als auch organisationspsychologische Kenntnisse in den diagnostischen Prozess mit ein.
2. Zielklärungsprozesse: Abklärung von Motivation, Aufzeigen von neuen, angemesseneren Verhaltensweisen. Das bedeutet: Nicht jeder Ratsuchende kommt ganz freiwillig zum Schulpsychologen; nicht selten haben Eltern/Lehrer einem Kind oder Jugendlichen mitgeteilt, er »müsse« dorthin, weil seine Leistungen nicht genügen, sein Verhalten zu Klagen Anlass gibt etc., aber auch Eltern spüren manchmal den Druck der Schule hinsichtlich Veränderungen. Da gilt es, zu Beginn danach zu fragen, wer eigentlich was von wem will, d. h. die eigene Beteiligung der Ratsuchenden an Veränderungen kennen zu lernen oder auch anzubahnen.
3. Veränderungsprozesse: Wege und Methoden für Veränderung benennen, Kompetenzen vermitteln und Evaluation (Wirkungskontrolle) durchführen.

Erst mit der eigenen Motivation der Ratsuchenden kann es gelingen, zusammen mit ihnen den Weg zu den ihnen möglichen anderen Sicht- und Verhaltensweisen zu gehen. Wesentlich ist, die Problemlösungen nicht vorzugeben (wie könnte *ich* für jeden die passende Lösung finden?), sondern die Lösungssuche zu begleiten und eventuell mit eigenen Ideen zu bereichern. Die Umsetzung hängt zwar vom Einzelnen ab, als Schulpsychologin steuere ich jedoch auch mein Knowhow bei, wie dies geschehen kann (Methodenkompetenz). Ebenso ist es unabdingbar, einige Zeit nach Abschluss der Beratung nach den Wirkungen zu fragen (z. B. mit Hilfe von Evaluationsbögen). Die Bereiche schulpsychologischer Arbeit sind:

1. Beratung von Schule als einem Ort des Lehrens, Lernens und Erziehens im Hinblick auf das Kollegium als Unterstützungssystem, d. h.
   - Begleitung von Schulentwicklungsprozessen: Wie ist das Arbeitsklima für Lehrer, Schulleitung, Sekretärin, Hausmeister etc. Arbeiten die Personen isoliert, vielleicht sogar gegeneinander, oder bekommt jemand Hilfestellung, der dies benötigt?
   - Moderation von Beziehungen zwischen der Schule und außerschulischen Personengruppen und Institutionen: Schule ist ein bürokratischer Betrieb mit von außen nicht immer einsehbaren Regelungen und Vorgehensweisen. Dies kann zu Irritationen im Kontakt zu außerschulischen Gruppen führen (Kinderhorte, Vorschuleinrichtungen, Jugendämter).
   - Unterstützung der einzelnen Schule in der Wahrnehmung des pädagogischen Auftrags: Schule hat einen Doppelauftrag: Unterrichten und Erziehen. Beide Bereiche sind durch gesellschaftliche Veränderungen nicht mehr mit den gleichen »Rezepten« zu bewältigen wie noch vor ca. 20 Jahren. Lehrkräfte darin zu begleiten, ihre pädagogischen Grundhaltungen und Wertvorstellun-

gen zu überprüfen, Gemeinsamkeiten zu sehen, ihre Umsetzung gemeinsam zu planen (nicht »ich«, sondern »wir«) – dies gehört auch in das Spektrum schulpsychologischer Arbeit.

2. Beratung von Gruppen, wie u. a. Lehrerkollegien, Schulklassen, Eltern- und Schülervertretungen in Bezug auf
   - die Verbesserung gruppeninterner Prozesse,
   - die Wahrnehmung von Aufgaben sowohl in der Gruppe als auch im Gefüge des Gesamtsystems,
   - die Reflexion des Neben-, Gegen- oder Miteinanders verschiedener Gruppen, und damit auch von Gruppenmeinungen.

   Beispiele hierfür sind:
   - Kommunikation im Kollegium,
   - Kommunikation im Klassenzimmer,
   - »Wer macht was bis wann mit wem?« – Handlungsplanung im Verlauf von Entwicklungsprozessen.

3. Beratung von Einzelpersonen, u. a. Schülern, Lehrern, Eltern, Schulleitern, Schulaufsichtsbeamten in Bezug auf Fragestellungen, die sich aus dem beruflichen Alltag des Lebens an der Schule ergeben, und zwar mit Bezug auf
   - die Ichkompetenz: z. B. Stärkung des Selbstwertgefühls durch die Fähigkeit, Grenzen setzen zu können, Forderungen ablehnen zu können, die Entwicklung des Wissens um die eigenen Stärken und Schwächen,
   - die Sozialkompetenz: Gruppendruck standhalten, andere Meinungen tolerieren, Heterogenität ertragen können – unter Wahrung eines Minimalkonsenses, Mobbingprozesse erkennen und verändern lernen,
   - die Sach-/Fachkompetenz: Bei Schülern sind dies die Lern- und Leistungsstörungen, wie Legasthenie und Dyskalkulie, aber auch die Bewältigung von Prüfungsangst und die Entwicklung von Lernstrategien. Bei Lehr-

kräften und Schulaufsicht gehört zur Sach- und Fachkompetenz die Optimierung von Unterrichtsprozessen, die professionelle Gesprächsführung, das Schaffen einer Feedbackkultur etc.

Die Bereiche stehen in Wechselwirkung, d. h. sie können nicht isoliert betrachtet werden. So spielen bei Verhaltensproblemen die Sozialisationserfahrungen eines Schülers eine wesentliche Rolle, ebenso die vom Elternhaus eingeübte Form der Kommunikation – aber eben auch die Regeln einer Schulordnung, die Art von Konfliktregelung, die der Klassenlehrer (bzw. »die« Schule) praktiziert, und das Klassenklima. Bei Problemen eines Lehrers in der Klasse sind die Sozialstruktur der Klasse, das soziale Milieu dieser Schule, aber auch der Umgang des Lehrers mit Konflikten, seine persönlichen Standards, seine Belastbarkeit, die (fehlende) Unterstützung im Kollegium und durch die Schulleitung und seine Beziehung zu den Eltern zu bedenken – also eine Vielzahl von Faktoren, die miteinander verknüpft sind.

5 Settings/Institutionen, in denen man arbeiten kann

Schulpsychologie ist in Deutschland unterschiedlich organisiert und institutionell verankert; dies hängt mit der föderalen Struktur des Bildungswesens zusammen. So gibt es einmal Schulpsychologie als staatliche Aufgabe, d. h. die Schulpsychologen sind Beamte/Angestellte des jeweiligen Bundeslandes (z. B. in Baden-Württemberg). In anderen Bundesländern entstand eine Doppelstruktur mit staatlichen und kommunalen schulpsychologischen Diensten (Prototyp ist Nordrhein-Westfalen). Hier wird Schulpsychologie auch als kommunale Aufgabe begriffen, allerdings als freiwillige Leistung der Kommune, was in Zeiten knapper Kassen zu Überlegungen führt, diese Aufgabe an außerschulische Träger zu vergeben (»Outsourcing«).

Die Arbeitsbedingungen beider Organisationsformen sind durchaus unterschiedlich, was u. a. mit der Finanzausstattung der Kommunen wie des Bundeslandes zusammenhängt. Die großen schulpsychologischen Dienste, wie Köln oder Münster, haben eine beachtliche Personalausstattung mit entsprechend differenzierten Angeboten für die Ratsuchenden (bis hin zu therapeutischer Begleitung sowie Legasthenie-/Dyskalkulie-Therapie). Hingegen dominieren auf staatlicher Seite häufig die »Ein-Personen-Beratungsstellen«, die durch Zeitknappheit und damit verbundene lange Wartezeiten kein vergleichbares Angebot machen können und bei den Ratsuchenden auch häufig das Gefühl hinterlassen, Schulpsychologie sei als Dienstleistung kaum erreichbar.

Des Weiteren sind einige Schulpsychologen an Gesamtschulen tätig – zur Zeit der Bildungsreform waren es zahlenmäßig deutlich mehr. So arbeiteten in Baden-Württemberg in dieser Zeit Schulpsychologen mehrheitlich an den (Modell-)Gesamtschulen. Sie waren bzw. sind auch heute nur für diese eine Schule zuständig, haben also einen deutlich engeren Bezug zu Lehrkräften wie Schülern.

Eine dritte, zahlenmäßig eher kleine Gruppe stellen diejenigen Schulpsychologen dar, die sich in eigener Praxis niedergelassen haben (als Kinder- und Jugendlichen-Psychotherapeuten bzw. Psychologische Psychotherapeuten). Sie bieten Eltern und Kindern ihre Leistung vor allem auf dem Gebiet der Lern- und Leistungsstörungen an.

Zusammengefasst heißt das: Schulpsychologen arbeiten ganz überwiegend in staatlichen bzw. kommunalen Diensten, ebenso an einigen Privatschulen. In der Bundesrepublik gibt es derzeit etwa 400 Dienststellen, die zum größeren Teil ein bis drei Mitarbeiter umfassen. Relativ selten sind größere Dienststellen mit bis zu 30 Mitarbeitern.

Bei der Darstellung der Arbeitssituation muss allerdings auch betont werden, dass insgesamt der Ausbau an Stellen stagniert oder gar rückläufig ist. Die Schulpsychologen sind »in die Jahre« gekommen, und nicht selten wird bei Pensionierungen die freiwerdende Stelle nicht mehr besetzt. Dies kennzeichnet auf fatale Weise die geringe Bedeutung (oder auch Missachtung), die von staatlicher Seite diesem Arbeitsfeld beigemessen wird: Professionelle Beratung im System Schule wird als »quantité negligeable« betrachtet, die auch durch die Ergebnisse von PISA nicht an Bedeutung gewonnen hat – das Diktat der knappen Kassen verhindert einen Ausbau, wie er mitteleuropäischen Standards entsprechen würde. Die knappen Mittel sind jedoch aus berufspolitischer Sicht lediglich ein Vorwand für eine insgesamt fehlende Einsicht in die Notwendigkeit von Schulpsychologie als professionellem Unterstützungssystem in der Schule.

Ein Blick auf andere, an der PISA-Studie teilnehmende Länder zeigt, dass das Angebot an Unterstützungssystemen, vor allem auch an Schulpsychologen, erheblich größer ist als hierzulande. So steht in Finnland ein Schulpsychologe monatlich einmal jedem Klassenlehrer zur Verfügung, um mit ihm über alle Schüler seiner Klasse zu sprechen, die Fortschritte zu bilanzieren und die nächsten notwendigen Schritte zu planen (mündliche Mitteilung Dr. Jötten, Celle). Von solchen Verhältnissen ist die Bundesrepublik weit entfernt – es steht zu befürchten, dass überwiegend die »Billiglösungen« angestrebt werden: Erhöhung der Zahl ausgebildeter Beratungslehrer sowie Einstellung von Schulsozialpädagogen. Beide haben ihre Berechtigung und ihren Platz in einem professionellen Unterstützungssystem – auf psychologisches Knowhow zu verzichten, ist jedoch eine kurzsichtige Maßnahme, die nur scheinbar Geld spart. Diese Gesamtsituation macht es für Berufseinsteiger sicherlich nicht einfach, sich in dieses vielgestaltige Berufsfeld einzuarbeiten.

6 Ausbildung für das Berufsbild, Trainings etc. – Wie wird man Schulpsychologe?

Wie oben bereits dargestellt, ist Schulpsychologie als Fach an den Universitäten (mit Ausnahme von Bayern) nicht vertreten. Das bedeutet: Für die Ausbildung ist – je nach Bundesland – ein Psychologiestudium notwendig. In einigen Bundesländern wird eine Doppelqualifikation mit einem Lehramtsstudium verlangt (in Bayern als eigener Studiengang). Feldkenntnis des Arbeitsbereiches »Schule« ist in jedem Fall unabdingbar, diese kann u. a. durch Praktika erworben werden.

Auch im internationalen Vergleich sind die Bedingungen sehr unterschiedlich geregelt: So wird die Frage der Doppelqualifikation (Lehramt/Psychologie) auch in Skandinavien verschieden gehandhabt; in der Schweiz wurde ein Curriculum zur Fortbildung zum Schulpsychologen entwickelt; in den USA existieren spezielle Studiengänge mit dem Berufsziel »Schulpsychologe« im Rahmen der »educational psychology«.

Zu empfehlen ist während des Studiums ein Praktikum (wenn nicht ohnehin vorgeschrieben) in einer schulpsychologischen Beratungsstelle, um einen direkten Einblick in die Aufgabenvielfalt wie die persönlichen Anforderungen zu bekommen.

Nach dem Studium wäre generell, wie im bayerischen Modell, eine Zeit des Hineinwachsens in den komplexen Arbeitsbereich sinnvoll, z. B. durch ein Referendariat, in dem unter Anleitung mit zunehmender Eigenständigkeit Erfahrung in der Praxis gesammelt werden kann.

Zusätzlich ist zu empfehlen, eine Therapieausbildung anzuschließen; diese vermittelt professionelle Sicherheit, ermöglicht einen vertieften Zugang zu Ratsuchenden und macht auch die eigenen »blinden Flecken« kenntlich. Für die Autorin war die Gesprächspsychotherapie der Zugang, der ihr das Rüstzeug für die täglichen Gespräche vermittelte und der darüber hinaus in vielen Fortbildungen für Lehrkräfte die Basis für professionelle Gesprächsführung bildete. Ebenso kann sich aber auch eine verhaltenstherapeutische Ausbildung oder eine andere Schulrichtung als sinnvoll erweisen.

Mit wachsender Berufserfahrung bietet sich auch eine Supervisions- und Coachingausbildung an (siehe die Angebote der Deutschen Psychologen Akademie DPA). Hierfür sind die Zugangsvoraussetzungen relativ hoch (u. a. mehrjährige Berufserfahrung, Therapieausbildung oder Zertifikat als Fachpsychologe einer Fachrichtung, zwischen 300 und 500 Stunden Fortbildung), was jedoch der Komplexität der Anforderungen in Supervision/Coaching entspricht. Supervision und Coaching sind heute in der Schule etabliert, jedoch noch immer nicht allgemein bekannt. Supervision bezieht sich meist auf Gruppen, wie Lehrer, Schulleiter, Seminarleiter, aber auch Teams einer Schule. Coaching wird im Allgemeinen als Angebot für Einzelne, oft Führungskräfte, definiert. In beiden Fällen geht es um die Reflexion beruflicher Situationen und Probleme mit dem Ziel, entweder die Ideen einer Gruppe zu nutzen, oder aber die des Supervisors (Coach) im Einzelkontakt. Dabei spielen sowohl persönliche als auch institutionelle Faktoren in der Reflexion eine Rolle. Ziel ist in jedem Fall eine Erweiterung von Sichtweisen sowie des eigenen Handlungsrepertoires. Zu wenige Schulpsychologen stehen als Supervisoren zur Verfügung – dabei haben sie durch ihre vertiefte Kenntnis des Systems und ihre gleichzeitige Neutralität eigentlich optimale Voraussetzungen für Supervision und Coaching, d. h. für die Beratung der in Schule Arbeitenden, im erweiterten Sinn für Qualitätssicherung. Bedarf von Seiten der Lehrkräfte und Schulleitungen und Angebot von Seiten der Schulpsychologen sind nicht ausgewogen, denn mit zunehmendem Bekanntheitsgrad von Supervision bei gleichzeitig wachsender Belastung steigt die Nachfrage deutlich an, dies lässt sich vor allem dort feststellen, wo qualifizierte Supervision von Schulpsychologen vermittelt wird.

Zusammenfassend stellt sich die Ausbildungssituation also so dar:

Ein Vollstudium der Psychologie als Basis; Therapieausbildung als Additivum, für spätere Berufsjahre auch Supervisions-/Coachingausbildung sowie Erfahrungen im Berufsfeld Schule. Die meisten Fort- und Weiterbildungen müssen privat finanziert werden und finden häufig an Wochenenden statt (die anfallenden Kosten sollten bei den jeweiligen Instituten[3] erfragt werden). Das Curriculum der Sektion Schulpsychologie im BDP (vgl. Berg 1983) macht auf notwendige und sinnvolle Inhalte in dieser dem Studium folgenden Phase des Berufseinstiegs aufmerksam.

Schulpsychologen ist die Unregelmäßigkeit. Er muss in der Lage sein, Planbares und Nichtplanbares miteinander in Einklang zu bringen. Es macht einen Unterschied, ob eine Sekretärin oder Sachbearbeiterin zur Verfügung steht, die Telefon- und Schreibdienste übernimmt und den Terminkalender führt, oder ob jemand dies alles allein bewältigen muss.

Tabelle 1 beschreibt einen Tag, wie er bei mir in der Praxis typisch war.

Ein ganz normaler Tag?

Die Unregelmäßigkeit im Ablauf als Regelmäßigkeit – dies zu leben, erfordert eine Menge Flexibilität, das Umschalten von einer Fragestellung zur nächsten. Noch nicht erwähnt wurden die Schreibarbeiten: Gutachten, Stellungnahmen, das Entwerfen von Fortbildungskonzepten, das Erstellen von Skripten für diese Fortbildungen… Eine Sekretärin wäre da manchmal eine große Entlastung! Aber: Gerade diese Flexibilität, das Pendeln zwischen den Einzelfragestellungen und der Arbeit mit Erwachsenengruppen, die eher therapeutisch orientierte Arbeit mit Kindern/Jugendlichen und deren Eltern sowie Lehrern einerseits und die Fragestellungen aus dem System Schule andererseits sind die Herausforderung, die in meiner Art des Umgangs mit dem Arbeitsfeld Schulpsychologie so ungemein reizvoll (wie anstrengend) waren.

7 Tagesablauf, Ablauf einer Woche

Das einzig Regelmäßige im Ablauf eines Tages bzw. einer Woche im Kalender eines

8 Warum habe ich genau dieses Berufsbild gewählt?

Schulpsychologie ist ein attraktives Arbeitsfeld – das ist meine Erfahrung nach

---

3 z. B. Deutsche Psychologen Akademie DPA oder Deutsche Gesellschaft für Supervision DGVT, um wenigstens zwei nennen

Tab. 1: Tagesablauf einer Schulpsychologin

7.00 Uhr	Ich komme kurz nach 7.00 Uhr ins Schulamt (meinem Dienstsitz). Der Anrufbeantworter blinkt hektisch. Ich höre Anrufe ab – es sind »nur« sieben seit gestern Nachmittag eingegangen. Drei Mütter fragen nach dem Procedere bei Legasthenie; eine Kollegin will sich einen Test ausleihen und fragt nach, wann sie kommen kann. Die restlichen Anrufe verlangen Terminplanung: Eine Lehrerin will eine Stunde Einzelsupervision, d. h. sie möchte die Situation mit schwierigen Eltern mit mir reflektieren, eine Mutter ruft auf Anraten der Klassenlehrerin an, um sich wegen der Verhaltensprobleme ihres Sohnes zu melden und schließlich erhalte ich noch eine Anmeldung wegen Dyskalkulie.
7.20	Ich begebe mich zum Kopierer, um ein Skript für eine Fortbildung zu kopieren (Zeitmanagement für Lehrkräfte).
7.45	Eine sehr günstige Zeit, um Anrufe bei Schulen zu tätigen! Ich muss einiges mit einer Lehrerin und einem Schulleiter besprechen. Den Schulleiter erreiche ich, die Lehrerin hingegen nicht; ich merke mir den Anruf für 11.20 Uhr vor – die zweite Pause an dieser Schule. Ich hole mir die Akten für die Einzelgespräche des Vormittags und überfliege sie kurz, um den Anschluss an die letzte Sitzung zu finden.
8.15	Frau M. kommt, Mutter von P., der seit einigen Wochen die Schule verweigert. P. ist in einer 5. Klasse, die Klassenlehrerin wie die Schulleiterin sorgen sich um ihn, reagieren mit viel Entgegenkommen und Bereitschaft zur Mitarbeit. Die Eltern sind tief betroffen von dem Verhalten ihres Sohnes. Mit der Mutter wird das weitere Vorgehen heute zu besprechen sein (Einschalten eines Kinder- und Jugendpsychiaters, Vorschlag, P. in einer psychosomatischen Klinik stationär unterzubringen etc.), Reflexion ihres eigenen Verhaltens und seiner Auswirkungen auf P.
9.30	Herr B. kommt mit der Frage, ob seine jetzt noch vierjährigen Zwillinge noch in diesem Schuljahr einzuschulen seien. Da sie kognitiv sehr weit entwickelt seien, haben die Eltern dies erwogen. Zum Zeitpunkt der Einschulung wären sie dann 5-jährig. Sie müssten bei mir vorgestellt werden, um die Schulfähigkeit attestiert zu bekommen (Verordnung des Kultusministeriums). Eigentlich sind die diesjährigen »Frühzeitigen« bereits »abgearbeitet«, die Termine bis zur Schuleinschreibung äußerst knapp. Mit dem Vater wird das weitere Vorgehen besprochen.
10.15	Die Eltern von D. kommen auf Anraten der Privatschule mit der Frage, ob ihre Tochter (6. Klasse) überfordert sei, sie verweigere zunehmend die Mitarbeit, so dass der Leistungsstand mehr und mehr absinke. Nach Anamnese und Exploration wird die Terminplanung vereinbart.
11.00	Telefonsprechstunde Folgende Anrufe habe ich für mich vorgemerkt: die Schulleiterin der Privatschule sowie die Rückrufe der eingegangenen Anfragen vom Morgen. Weiterhin ist die am frühen Morgen nicht erreichte Lehrerin exakt für die zweite Pause vorzumerken. Zwischen meinen Anrufen klingelt das Telefon mehrfach: Einige Anfragen sind sofort am Telefon zu klären, andere verlangen zum wiederholten Mal die Darstellung des Vorgehens bei Legasthenie. »Zum Glück« keine weitere Anmeldung, da meine Warteliste ohnehin bereits lang ist und viele dringliche Fälle warten.
12.15	Noch ein schnelles Tür- und Angelgespräch mit meinem Chef, dann ist Mittagspause.
14.00	Weitere Kopien für ein anstehendes Seminar (professionelle Gesprächsführung für Referendare), dann so schnell wie möglich an eine Hauptschule fahren, wo die Supervision für Beratungslehrer und Schulpsychologen stattfindet.
15.00	Die Gruppe ist vollzählig versammelt. Formalien nicht vergessen: Unterschriftenliste für die Bestätigung der Teilnahme ausfüllen lassen. Und dann beginnt die Arbeit: Rückmeldung der Teilnehmerinnen von den Ergebnissen der letzten Sitzung, Austausch, Entscheidung für eine Fragestellung, die besonders dringlich erscheint.

	Dieses Mal ist es die Frage nach dem Vorgehen bei Einschulung eines Down-Syndrom-Kindes in die Regelschule, was nach dem Bayerischen Erziehungs- und Unterrichtsgesetz (BAYEUG) möglich ist, sofern die Rahmenbedingungen stimmig sind. Die Schulpsychologin schildert ihr Vorgehen in dem Spagat zwischen der engagierten Mutter, den beiden eventuell betroffenen Lehrerinnen und dem Schulleiter. Die daraus folgende Rollenklärung wird mit Hilfe des Beziehungsbrettes vorgenommen, anschließend erprobt die Kollegin ihr weiteres Handeln im Rollenspiel. Die Rückmeldung aus der Runde ergibt ein hohes Maß an Betroffenheit wie auch Zufriedenheit mit der Rollenreflexion, die für weitere eigene Arbeit als hoch bedeutsam angesehen wird. Im Anschluss an die Sitzung noch ein paar »schnelle« Fragen der Beratungslehrer, die mir und sich dadurch gesonderte Termine oder Telefonate ersparen.
17.30	Jetzt ist »Dienstschluss«– Zu Hause den Tag Revue passieren lassen, einiges notieren.
18.30	Eingeschoben (nicht als Regel!) ein Krisentermin mit einer Lehrerin, die von einem Schüler tätlich angegriffen wurde. Sie reagiert mit extremer Angst und fühlt sich völlig dienstunfähig.
19.30	Endgültiger Dienstschluss an einem – bis auf den Krisentermin – ganz normalen Dienst-Tag.

20 Jahren engagierter Arbeit in diesem Feld. Warum ich den Zugang fand, hängt eng mit meiner beruflichen Erfahrung als Lehrerin zusammen: In Schulen mit mehrheitlich sozial benachteiligten Kindern und Jugendlichen zu unterrichten, lehrte mich, dass Kinder und Jugendliche erst dann konstruktiv arbeiten können, wenn sie viel an Beziehung erfahren haben. Ihre Verhaltensauffälligkeiten sind immer an Erfahrungen gekoppelt, die ihnen das Gefühl von Sicherheit und Geborgenheit nicht vermittelt haben. Und Schule ist kaum darauf eingestellt, dass sie diese Erfahrungen nachholen können. So führte mein Weg von einer Schule im Obdachlosenmilieu über eine Dorfschule mit kombinierten Jahrgangsstufen und eine Förderschule hin zu einer Ganztagshauptschule, und von dort weiter zu der Entscheidung, Psychologie zu studieren, mit dem Ziel, schulpsychologisch für Schüler, Eltern und Lehrkräfte mit einem anderen professionellen Zugang »anders« Unterstützung anbieten zu können. Diese Ausrichtung hat sich in den folgenden Berufsjahren realisieren lassen, was zu hoher Berufszufriedenheit führte.

Mein Zugang zur Schulpsychologie hat sich also aus konkreten Schulerfahrungen ergeben. Bei vielen meiner jungen Kolleginnen stelle ich fest, dass der bayerische Studiengang »Lehramt + Psychologie mit schulpsychologischem Schwerpunkt« als sehr attraktiv angesehen wird, ohne vorab zu ahnen, was mit diesem »Doppelberuf« an Belastungen und professioneller Problematik verbunden ist.

9 Finanzielle Vergütung und Aufstiegsmöglichkeiten

Durch die Kulturhoheit der Länder lassen sich keine bundesweit gültigen Aussagen machen. Allgemein kann man feststellen: Im öffentlichen Dienst ist das für akademische Berufe übliche Einstiegsgehalt (BAT-IIa) zu erwarten. In Bayern werden die staatlichen Schulpsychologen (Diplom oder Lehramtsstudium mit Schulpsychologie) unabhängig von der psychologischen Qualifikation nach dem studierten Lehramt eingestuft, d. h. ein gymnasialer Schulpsychologe hat von Beginn an eine andere Besoldungsstufe als ein Schulpsychologe mit dem Lehramt für Grund- oder Hauptschule. In sehr beschränktem Umfang sind Aufstiegsmöglichkeiten vorhanden – auch diese sind länderspezifisch geregelt.

10 Herausforderungen, Chancen, Hindernisse, Probleme

Es sind bei den Herausforderungen ebenso wie bei den Problemen zwei Ebenen zu unterscheiden: die individuelle (Was sind in diesem Berufsfeld Herausforderungen für mich?) und die Systemebene (Was ist für die Weitentwicklung von Schulpsychologie notwendig?).

Herausforderungen auf individueller Ebene: Die beschriebene Aufgabenvielfalt als Chance und Herausforderung zu begreifen, heißt:

- belastbar sein,
- gut organisieren können, den Überblick auch in schwierigen Situationen behalten,
- Ichstärke entwickeln,
- kommunikationsfähig sein – manchmal auch diplomatisches Geschick einsetzen können,
- ein hohes Maß an Flexibilität, aber auch Beharrungsvermögen mitbringen,
- eine ebenso hohe Frustrationstoleranz, denn Schule ist als bürokratische Institution nur langsam in Richtung Veränderungen umzusteuern,
- unabdingbar ist auch eine Portion Humor.

Herausforderungen auf der Systemebene: Für das Berufsfeld Schulpsychologie ist auf Länder- wie auf Bundesebene noch viel Lobbyarbeit zu leisten, damit besonders die bisher nur mangelhafte Ausbildungssituation deutlich verbessert wird, was u. a. ein Umdenken auf Seiten der Universitäten erfordert.

Hindernisse und Probleme

Hindernisse sind vor allem auf Länderebene zu sehen: Solange Schulpsychologie nicht als zentraler Bestandteil eines qualifizierten schulinternen Unterstützungssystems verstanden wird, bleibt die Anstellungssituation desolat. Es ist die Frage, ob die Bundesrepublik angesichts der PISA-Ergebnisse auf Dauer damit zufrieden sein kann, im europäischen Durchschnitt an vorletzter Stelle zu stehen, wenn es um die schulpsychologische Versorgung geht (Enders, 1998). Wenn die Personaldecke so dünn wie dargestellt ist, dann führt dies auf längere Sicht zu deutlichen Schwierigkeiten: Der einzelne Schulpsychologe muss im Prinzip »Mädchen für alles« sein, d. h. in Sachfragen von Legasthenie bis zu psychiatrischen Erkrankungen Bescheid wissen, Kooperationspartner für einzelne Fragestellungen kennen, gleichzeitig auch fachlich wie methodisch gute Fortbildungen und für Lehrkräfte wie Führungspersonen nach Möglichkeit auch Supervision und Coaching anbieten. Und dies alles, ohne (in der Regel) eine spezifische universitäre Ausbildung erhalten zu haben.

Dieser »Bauchladen«, der für jeden etwas bieten soll, führt gerade bei engagierten Kollegen relativ schnell zu persönlicher Überforderung – und bei allem Bemühen zu Frustration bei Ratsuchenden, denn Wartezeiten sind bei diesem System unvermeidlich. Wenn sie sich über Gebühr ausdehnen, wird nicht selten die Meinung vertreten, Schulpsychologen seien »nie« erreichbar, man brauche gar nicht wegen eines Termins nachzufragen, und die Wartezeiten seien »endlos«. Das ohnehin unscharfe Image des Schulpsychologen leidet und damit tritt ein Teufelskreis in Kraft:

Schulpsychologie bleibt entweder das »unbekannte Wesen« oder hat den Ruf, ineffektiv zu arbeiten, was eventuell den Gedanken des Outsourcing noch unterstützt.

11 Eigenschaften, die man braucht, um erfolgreich zu sein

Was macht einen guten Schulpsychologen aus? Es wurden bereits einige zentrale Punkte benannt: Er ist gut ausgebildet, hat eine solide fachliche Basis erworben, die er flexibel an die jeweiligen Fragestellungen und Anforderungen anpassen kann. Flexibilität und Improvisationsgeschick gehören überhaupt zu seinen Kerneigenschaften. Und: Er lässt sich nicht leicht entmutigen, bleibt beharrlich am Ball und erträgt ein hohes Maß an Frustrationen. Kurzum, er ist ebenso verständnisvoll, sensibel und einfühlsam (zentrale therapeutische Basisvariablen) wie kreativ, spontan und zugleich zielgerichtet, energisch, durchsetzungsfähig. Burnoutgefährdet wird er sein, wenn er mit unklaren Helferideen in den Beruf eintritt, denn dann wird er schnell an den Punkt kommen, an dem er angesichts der Fülle unterschiedlicher Aufgaben den roten Faden verliert und an den eigenen Fähigkeiten zu zweifeln beginnt.

Diese Gesamtbeschreibung könnte zu dem Schluss verleiten, Schulpsychologe zu sein, gleiche der Quadratur des Kreises, es sei eigentlich ein »unmöglicher« Beruf. Vielleicht ist das sogar richtig bei den herrschenden Rahmenbedingungen. Ich greife einen Satz aus der Einleitung auf: »Die skizzierte Aufgabenvielfalt ist in Grundzügen bis heute erhalten geblieben und damit gekoppelt auch die Frage, ob diese Fülle von einer Person bewältigt werden kann oder ob nicht im Team durch die Aufteilung von

Bereichen sinnvoller gearbeitet werden kann.« Diese Teamstruktur zu ermöglichen, ist eine Voraussetzung für leistungsfähige schulpsychologische Beratung.

Bei allen angeführten Schwierigkeiten ist Schulpsychologie jedoch auch ein höchst interessanter Beruf für diejenigen, die kreativ und engagiert in der und für die Schule arbeiten wollen.

12 Professionelle Vereine, Fachzeitschriften, Informationsquellen – Wo kann man mehr erfahren?

Schulpsychologen sind – wie die Organisationsstruktur der Bundesländer es nahe legt – auf zwei Ebenen berufspolitisch organisiert: Auf Bundesebene stellt die Sektion Schulpsychologie im Berufsverband Deutscher Psychologinnen und Psychologen (BDP) eine Organisationsstruktur dar, die sowohl bundesweit als auch auf Länderebene vernetzt ist.

In der Fachzeitschrift des Gesamtverbandes BDP, dem Report Psychologie, ist die Sektion monatlich mit eigenen Beiträgen vertreten, gleichzeitig sind die allgemeinen Informationen wie Fachbeiträge damit jedem Mitglied zugänglich.

Die zentrale Veranstaltung der Sektion ist im zweijährigen Turnus die Bundeskonferenz für Schulpsychologie, die in einer Woche das gesamte Spektrum schulpsychologischen Handelns in Referaten und Workshops zeigt. Gleichzeitig ist dies auch die Möglichkeit, mit Kollegen aller Bundesländer und des nahen Auslands Kontakt zu pflegen, Informationen auszutauschen, d. h. den Blick über den Tellerrand zu wagen.

Auf Länderebene sind es die schulpsychologischen Landesverbände, die vor allem den

Kontakt zu den jeweiligen Ministerien halten, Lobbyarbeit leisten, in der Regel in Kooperation mit Vertretern der Sektion Schulpsychologie.

Weitere Informationen können über das Internet unter der Adresse www.schulpsychologie.de (mit Links zu den Landesverbänden) oder über www.bdp-verband.de abgerufen werden.

Zusammenfassung

Die Darstellung der Schulpsychologie kann den Eindruck erwecken, die Situation sei desolat – sie ist es in mancher Hinsicht wohl auch. Gleichzeitig lassen sich für die Zukunft auch andere Aspekte ausmachen: Sollten die Schulen mehr Autonomie erhalten und sich zum größeren Teil selbst verwalten können, dann werden Maßnahmen zur Personalentwicklung und -führung für Schulleitungen und Schulaufsicht aktuell werden. Ebenso wird das Thema der internen wie externen Evaluation an Gewicht zunehmen. Hier liegen neue Aufgaben für Schulpsychologen, sofern sie sich von der eher therapeutisch ausgerichteten Einzelfallarbeit lösen und der Organisationspsychologie zuwenden wollen.

Insgesamt ist mit Blick auf das System Schule zu fordern, dass »Schulpsychologie« (d. h. Wissen um Lern- wie Gruppenprozesse, Gesprächsführung, Training im Umgang mit Konflikten etc.) ein deutliches Gewicht in den Lehramtsstudiengängen gewinnt – denn diese Umsetzung können Schulpsychologen nicht allein leisten. Sie können aber auch hier ihre Kenntnisse einbringen und damit Schule als Lebens- und Arbeitsraum mit allen Beteiligten gemeinsam gestalten. Hier sind Ministerien und Kommunen, aber auch Berufsverbände in gleicher Weise gefordert.

Literatur

Berg, D. (1983). Der bayerische Studiengang »Psychologie mit schulpsychologischem Schwerpunkt.« In Trolldenier, H.-P./Meißner, B. (Hrsg.). *Texte zur Schulpsychologie und Bildungsberatung* (Bd. 4, S. 307–312). Braunschweig: Westermann.

Berufsverband Deutscher Psychologinnen und Psychologen e.V., Sektion Schulpsychologie (1997). *75 Jahre Schulpsychologie in Deutschland*. Deutscher Psychologen Verlag: Bonn.

Enders, C. (1998). Versorgung mit Schulpsychologen im Ländervergleich. *Report Psychologie, 9,* 777.

Enders, C. & Hanckel, C. (2003). Schulpsychologie (Berufspraxis). In Schorr, A. (Hrsg.). *Psychologie als Profession. Das Handbuch.* Huber: Bern.

Fleischer, T., Grewe, N., Jötten, B., Seifried, K. & Sieland, B. (Hrsg.). (2007). *Handbuch Schulpsychologie. Psychologie für die Schule.* Kohlhammer: Stuttgart.

Heyse, H. (1989). Paradigmenwechsel in der Schulpsychologie. *Report Psychologie, 14 (1),* 34–37.

Ingenkamp, K. (1990). *Geschichte der Pädagogischen Diagnostik. Pädagogische Diagnostik in Deutschland 1885–1932.* Weinheim.

Klaeger, U. (2001, S. 476–480). Kommunikation – Interaktion – Kooperation in Schule und Unterricht. In Hanckel, C., Jötten, B., Seifried, K. (Hrsg.): *Schule zwischen Realität und Vision. Kongressbericht der 14. Bundeskonferenz 2000 in Berlin.* Deutscher Psychologen Verlag: Bonn.

Sektion Schulpsychologie im Berufsverband deutscher Psychologinnen und Psychologen (o. J.) *Curriculum Schulpsychologie.*

Sektion Schulpsychologie im BDP (1998). *Schulpsychologie – Aufgaben – Arbeitsfelder – Arbeitsweisen. Erlangen* (2. Auflage, 1999). Druck: Münster.

Tisdale, T. & Berg, D. (2003). Schulpsychologie (Ausbildung und Forschung). In Schorr, A. (Hrsg.). *Psychologie als Profession. Das Handbuch.* (S. 494–501) Huber: Bern.

Wissenschaft

14 Psychologie an der Hochschule

Manfred Amelang[1]

Vorbemerkungen: Im Rahmen des vorliegenden Buches einen Beitrag zur Psychologie im Hochschulbereich zu liefern, mutet an, wie »Eulen nach Athen« zu tragen, denn anders als bei Berufsfeldern wie Notfall-Psychologie oder Psychologie in der Schule, bei der Polizei oder in der Bundeswehr – um nur einige Beispiele zu nennen – ist der Psychologiestudent während seiner Ausbildung selbst ein konstitutiver Bestandteil des Systems »Hochschule« und hat von daher während seines Studiums permanent Gelegenheit, eigene Beobachtungen über die Gegebenheiten »vor Ort« anzustellen und sich eine Meinung darüber zu bilden, ob eine Funktion in diesem Bereich für ihn als Berufstätigkeit in Betracht käme. Es fällt deshalb keineswegs leicht, hier etwas zu vermitteln, mit dem ein Studierender nicht bereits selbst eigene Erfahrungen gemacht hätte. Insofern kann allenfalls versucht werden, eine Art »Blick hinter die Kulissen« zu werfen, also einige der nicht offenkundigen Bedingungen und Umstände des beruflichen Geschehens im Hochschulbereich zu thematisieren und dafür vorwiegend die Sichtweise und Bewertungen »der anderen Seite« (also der Lehrenden und Forscher) zu schildern, und zwar in einer idiosynkratisch-subjektiven Weise, weil systematische Reihenuntersuchungen oder Befragungen zu den anstehenden Themen nicht vorliegen. Ein weiteres Problem besteht darin, den beiden Ebenen von einerseits wissenschaftlichem Nachwuchs und andererseits der Professorenschaft, die sich zum Teil gravierend voneinander unterscheiden, gleichermaßen gerecht zu werden. Darüber hinaus sind durch die Novellierung des Hochschulrahmengesetzes (darunter die Einführung von Juniorprofessuren) bedeutende Veränderungen in der Struktur und den Abläufen innerhalb des Hochschulbereiches zu erwarten, denen nachfolgend aus verständlichen Gründen noch nicht Rechnung getragen werden kann.

1 Ich danke Dr. Ricarda Steinmayr für ihre Anmerkungen zu einer früheren Version dieses Beitrages.

Einleitung

Die letzten systematischen Erhebungen zu »Psychologen im Beruf« liegen bereits geraume Zeit zurück (s. z. B. Amelang & Tiedemann, 1971, 1972; Amelang & Schröder, 1979). Damals gaben rund 20 % der Befragungspersonen an, in Forschung und Lehre an Hochschulen tätig zu sein, allerdings mit einer leicht rückläufigen Tendenz über der Zeit, und zwar deshalb, weil mit Beginn der 1970er-Jahre der bis dahin recht stürmische Ausbau der Ausbildungsstätten aus finanziellen Gründen zum Stillstand gekommen war und deshalb der Zugang zum Studium mit einem bundesweiten Numerus Clausus begrenzt wurde. Da verlässliche Daten zur Zahl der insgesamt berufstätigen Psychologen[2] weiterhin fehlen, ist es nicht möglich, den besagten Prozentsatz in absolute Häufigkeiten umzurechnen. Aber der »Psychologie-Kalender« des Hogrefe-Verlages listete für das Jahr 2006 nicht weniger als rund 8 500 Personen auf, die im deutschsprachigen Raum in Forschung und Lehre an den verschiedensten Institutionen tätig sind, davon etwa 1 800 in der Funktion bzw. mit dem Titel eines Professors. Schon angesichts dieser Zahlen kann nicht daran gezweifelt werden, dass es sich beim Hochschulbereich um ein auch in quantitativer Hinsicht bedeutendes Berufsfeld handelt, völlig abgesehen davon, dass weit verbreiteten Überzeugungen zufolge die Zukunft eines Landes nicht zuletzt von der Qualität wissenschaftlicher Forschung und Ausbildung abhängt – und darüber wird vorrangig an den Universitäten und Hochschulen entschieden.

1 Aufgaben im Hochschulbereich

Die an den Hochschulen anfallenden Aufgaben und Funktionen gliedern sich gewöhnlich in Lehre, Forschung und Prüfung. Hinzu kommen meist noch Tätigkeiten, die sich einer sehr heterogenen Kategorie »Verwaltung« zuordnen lassen. Nachfolgend sollen diese Funktionsbereiche gesondert behandelt werden, allerdings mit Ausnahme der Verwaltung, die ebenso wie die Wahrnehmung von Funktionen im Wissenschaftsmanagement nur einen nachrangigen Status als Erfolgskriterium für berufliche Leistungen aufweist (s. Montada, Krampen & Burkard, 1999).

1.1 Lehre

Die Lehre ist meist dasjenige, mit dem ein Studierender bei seinem Eintritt in die Hochschule zuallererst konfrontiert wird; der Lehre unterzieht er sich praktisch während des gesamten Studiums, somit auch in jener Phase, innerhalb derer er sich über spätere Berufsoptionen orientiert, wie beispielsweise durch die Lektüre des vorliegenden Textes.

Die Lehrinhalte sind in den Studienplänen umschrieben, allerdings in einer eher kursorischen Art und Weise, so dass der Dozent große Freiheiten in der Setzung eigener Akzente hat. Diese resultieren aus individuellen Kompetenz-, Forschungs- oder Interesseschwerpunkten. Selbst wenn in den Studienplänen konkrete Lehrveranstaltungen aufgeführt sind, handelt es sich dabei im Wesentlichen nur um Überschriften, die allenfalls Hinweise darauf liefern, mit wel-

---

2 Wenn im Folgenden mit Begriffen wie Dozent, Student, Studierender, Psychologe oder Hochschullehrer usw. nur die männliche Form im Text gebraucht wird, so geschieht dieses aus Gründen der besseren Lesbarkeit; stets sind damit beide Geschlechter angesprochen.

chen Inhalten im Einzelnen der Dozent die Veranstaltung auszugestalten beabsichtigt. Weitestgehende Autonomie besteht darüber hinaus in der Festlegung von Tag und Uhrzeit, an denen die Lehrveranstaltungen stattfinden sollen; Restriktionen ergeben sich allenfalls aus der Verfügbarkeit bestimmter Räume, der Vermeidung von Überschneidungen mit anderen Lehrveranstaltungen, die sich potentiell an dieselben Teilnehmer richten, oder gewachsenen Gewohnheiten in einem Institut. Diese nachgerade paradiesische Freiheit wird nur durch einen einzigen Gesichtspunkt eingeengt: Das Lehrdeputat beträgt für einen Professor in der Regel neun Semesterwochenstunden (SWS), für wissenschaftliche Mitarbeiter meist vier SWS; so viele Stunden muss der Dozent also in der Woche Lehre anbieten, wann und wie er das aber tut, bleibt ihm weitgehend überlassen. Ein derartiges Ausmaß an Gestaltungsfreiheit ist faszinierend und findet seinesgleichen nicht in Wirtschaft und Verwaltung.

Je nach dem Ausmaß aktiver Beteiligung des Studierenden an der Vermittlung bzw. der Rezeption des Stoffes, also nach formalen Kriterien, lassen sich üblicherweise Vorlesungen, Übungen, Seminare und Praktika voneinander unterscheiden. Ungeachtet der in all diesen Kategorien seit jeher beklagten Defizite akademischer Lehre und der im Laufe der Jahre angeregten Maßnahmen zu deren Verbesserung, sind die besagten Formen im Grunde genommen weitgehend unverändert geblieben. Dieses liegt auch daran, dass sie Ausdruck der Überzeugung sind, damit zugleich zwei wichtigen Prinzipien gerecht werden zu können, nämlich zum einen der Fraktionierung des Stoffes in inhaltlicher Hinsicht und zum anderen den vorherrschenden Lerntechniken.

Die Vorlesungen sind meistens gekennzeichnet durch »frontalen« Unterricht; der Dozent trägt den Stoff den Anwesenden vor, mehr oder weniger in freier Rede und mehr oder weniger unterstützt durch di-

daktische Hilfsmittel (wie Hand-Outs, Folien, PowerPoint und dergleichen). Je intensiver ein Dozent wirklich »liest«, sich also an seinen Unterlagen orientiert (nicht selten am Text eines von ihm selbst geschriebenen Werkes), umso höher sind die Anforderungen an die andauernde Konzentrationsfähigkeit der »Hörer«. Demgegenüber verschafft freie Rede, die gewöhnlich aus Routine, Souveränität und verbindlicher Sachkompetenz resultiert, meist ungeteilte Aufmerksamkeit. So oder so sind gegen Ende einer zweistündigen Vorlesung, erst recht nach einer noch längeren, Dozent und Studierende meist ebenfalls »am Ende«.

Die Fertigkeit im akademischen Diskurs sowie ganz allgemein zum verbalen Ausdruck fachlicher Inhalte ist eines der Ziele von Seminaren. Grundlage dafür sind inhaltliche oder methodische Problembereiche, die vom Dozenten wegen einer gewissen Prototypizität und Generalisierbarkeit als wichtig oder geeignet ausgewählt und den Teilnehmern in Gestalt möglicher Themen für Referate angeboten werden. Für die Festlegung der Themen durch den Dozenten, dessen Kommentierung beim mündlichen Vortrag durch die Studierenden und seine Rückmeldungen auf die letztlich eingereichte schriftliche Ausarbeitung gibt es keinerlei festgelegte Richtlinien, d. h. er kann (auch!) all dieses weitgehend nach seinem eigenen Ermessen gestalten – und dementsprechend groß sind die interindividuellen Unterschiede (wie natürlich auch die Unterschiede in der Sorgfalt und Kompetenz, mit denen die Studierenden ihre Referate vorbereiten und diese präsentieren).

Mitunter mag auf studentischer Seite gemutmaßt werden, durch die Vergabe von Referaten versuche der Dozent, sich eines Teils seiner Lehraufgaben zu entledigen, und zwar einfach deshalb, weil dadurch ein mehr oder weniger großer Teil der Veranstaltungszeit von studentischen Teilnehmern bestritten werde – eine freilich völlig abwegige Einschätzung, denn durch die Delegation von Redezeit an andere Personen verliert der Dozent ein wenig die Kontrolle über dasjenige, was Gegenstand der Erörterungen ist, und dieser Kontrollverlust kann nur durch überzeugende Fachkompetenz auch in jenen Gebieten, die möglicherweise zusätzlich zur Sprache kommen könnten, kompensiert werden.

Die Lehre, in welcher Form auch immer, stellt vor allem aufgrund der Tatsache, dass sich die Halbwertszeiten für die Inhalte des Faches Psychologie in den letzten Jahren – darin den Gegebenheiten in den meisten anderen Wissenschaftsdisziplinen ähnlich – in dramatischer Weise verkürzt haben, eine große Herausforderung dar. Jeder Dozent kann in der Lehre nur noch einen Bruchteil desjenigen Wissens vermitteln, das er im Studium selbst erworben hat, weil es durch die immer rascheren Erkenntnisfortschritte immer schneller veraltet und damit entwertet wird. Von daher ist die Vorbereitung auf die Lehrinhalte für jeden Dozent eine permanente und nicht enden wollende Aufgabe; Standardabweichung und Varianz, im Weiteren etwa Korrelationskoeffizienten und einige Verfahren zur Prüfung von Mittelwertsunterschieden gehören zu den wenigen Kernelementen, die über die Zeit konstant geblieben sind. Um ansonsten auf dem aktuellen Stand der Dinge zu bleiben (zumindest innerhalb der engeren Grenzen von einer oder zwei Teildisziplinen, für die ein besonderes Interesse oder eine im Arbeitsvertrag festgeschriebene Verantwortung besteht), bedarf es der ebenso intensiven wie kontinuierlichen Verfolgung der einschlägigen (überwiegend englischsprachigen) Fachliteratur und dem wissenschaftlichen Gedankenaustausch auf Tagungen und Kongressen. Dieses sind die Wege, auf denen die *notwendigen* Voraussetzungen für eine fundierte Lehre, nämlich in Breite und Tiefe umfassende Kenntnisse, erworben werden.

Daraus ist deutlich geworden: Zur Qualifizierung für die Lehre gibt es – von den mehr löblichen als nachgewiesenermaßen effektiven Bemühungen vereinzelter hochschuldidaktischer Einrichtungen abgesehen – kaum Anleitungen, Kurse oder Ausbildungsprogramme, allenfalls einige Vorbilder; zum Lehrer im Hochschulbereich wird man größtenteils durch autodidaktische Aktivitäten. Gewöhnlich wird jemandem, der eine Stelle im Hochschulbereich antritt, alsbald als Teil der Dienstpflichten die Durchführung einer oder mehrerer Lehrveranstaltungen übertragen – und dann muss die betreffende Person sehen, wie sie damit zurechtkommt. Und sie tut es dann, ohne von den wissenschaftlichen Erkenntnissen der Didaktik oder der Lehr-Lern-Forschung innerhalb der pädagogischen Psychologie auch nur randständig Kenntnis genommen zu haben, nicht aus Ignoranz, sondern als Folge von zeitlichem Druck: Die Erarbeitung des Stoffes beansprucht das gesamte Zeitbudget und lässt keinen Raum mehr für anderweitige Aktivitäten, die der optimalen Präsentation des Inhalts dienlich wären.

So unabweisbar Lehre zu den zentralen Aufgaben im Hochschulbereich gehört, so stark sind häufig die Versuchungen, diese nur mit einem Minimum an persönlichem Engagement zu betreiben. Denn nach wie vor scheint zu gelten: »Teaching is not rewarding«. Gemeint ist mit dieser Formel, dass gute Leistungen in der Lehre für das berufliche Fortkommen eines Dozenten erfahrungsgemäß keine vorrangige Rolle spielen; einen viel ausschlaggebenderen Einfluss darauf haben nämlich die Qualität und Produktivität von Forschungsleistungen (s. Wagner, 1987), die gemeinsam verantwortlich sind für die der Karriere so förderliche »Visibilität« einer Person im Hochschulbereich. Damit ist eine für Lehrende wie Studierende gleichermaßen missliche Konstellation gegeben: Die Lehrenden müssen sich zumindest in der Anfangsphase ihrer beruflichen Betätigung im Hochschulbereich als »Novizen« zunächst den Stoff für ein gewisses Repertoire an Lehrveranstaltungen aneignen; dies kostet Zeit und Mühe. Erst, wenn diese Lehrveranstaltungen zu einem späteren Zeitpunkt gegenüber einer dann anderen Kohorte von Studierenden erneut angeboten werden können und es »nur« der notwendigen Aktualisierungen bedarf, tritt eine gewisse Entspannung ein. Da aber die Dienstverträge wissenschaftlicher Mitarbeiter zeitlich strikt begrenzt sind (zwischen sechs und zwölf Jahre, wobei nach zwölf Jahren keine Möglichkeit der Verlängerung mehr besteht, es sei denn, man hätte selbst Drittmittelprojekte eingeworben), müssen die Betreffenden bereits frühzeitig den Grundstein dafür legen, sich später mit Aussicht auf Erfolg auf eine Professur bewerben zu können, d. h. (s. oben!) qualitativ möglichst hochwertige Forschungsleistungen erbringen. Angesichts dieses Dilemmas müssen die Studierenden folgerichtig befürchten, dass ihr Dozent im Zweifelsfall sein Zeitbudget nicht gerade in die Vorbereitung und Durchführung der Lehre investiert, weil dort die Amortisationen für ihn eher fraglich sind – aber gerade dort wären die primären und berechtigten Interessen der Studierenden zu befriedigen.

Um ungeachtet der erwähnten Problematik eine hinreichende Qualität der Lehre zu gewährleisten, bedienen sich Fakultäten im Grunde der beiden folgenden Prinzipien:

1. *Probevorträge*: Bei der Besetzung von Stellen, auf jeden Fall aber vor der Berufung auf Professuren, werden die Aspiranten zu einem »Probevortrag« gebeten. Die dabei erhobene spezifische Verhaltensstichprobe soll Aufschluss über den allgemeinen Grad der didaktischen Befähigung liefern. Wir wissen, dass grundsätzlich derartige deduktive Schlüsse keineswegs zwingend sind. Erschwerend kommt hier noch hinzu,

dass den Bewerbern meist freigestellt wird, ein Thema eigener Wahl vorzustellen, und zwar geleitet von der Hoffnung, dadurch zugleich etwas über deren Forschungskompetenz zu erfahren. Eben diese Freistellung führt dann meist zu reichlich nichtssagenden Ergebnissen: In der Forschungsproblematik ist der Vortragende natürlich »zu Hause« (sonst hätte er sie nicht ausgewählt), und er hat diese gewöhnlich in derselben oder einer sehr ähnlichen Weise bereits mehrfach andernorts vorgetragen. Dadurch sind kaum Rückschlüsse auf die Gegebenheiten des pädagogischen Alltags im Hochschulbereich möglich, wo die Betreffenden mit Themen umgehen müssen, die nicht immer ihren intrinsischen Interessen entsprechen, sondern vom Studienplan vorgegeben sind und in der Regel kaum durch wiederholte Präsentation eingeübt sein dürften. Erst allmählich beginnen sich die Usancen zu ändern in dem Sinne, dass für alle Bewerber dieselbe Problemstellung vorgegeben und eine reguläre Lehrstunde zu simulieren versucht wird; dieses erfordert zwar von den Vortragenden (und auch den Beurteilern!) ein Mehrfaches an Vorbereitungszeit, erhöht aber ganz wesentlich die diagnostische Ergiebigkeit des gesamten Verfahrens. Nur vereinzelt holen die für die Besetzung der Stelle zuständigen Gremien studentische Urteile über die Lehrleistung bei vorangegangenen Veranstaltungen ein.

2. *Studentische Beurteilungen:* Mit dem soeben gegebenen Stichwort ist zu einem diagnostischen Zugang übergeleitet worden, dessen routinemäßige Anwendung in angelsächsischen Ländern bereits eine längere Tradition aufweist (und dessen Ergebnisse an vielen Universitäten sogar bei anstehenden Besoldungsgesprächen oder Beförderungen herangezogen werden). Bei uns hingegen trifft diese Me-

thode auf eine nur mäßige Akzeptanz durch die beurteilten Dozenten, obwohl sie eine Reihe von bestechenden Vorzügen aufweist (darunter Standardisierung der Instrumente, dadurch Gewährleistung von Objektivität und Reliabilität, Differenzierung in einzelne Facetten der erfahrenen Lehre, umfangreiche Verhaltensstichproben bei längeren Beobachtungsabschnitten usw.). Die Einwände gegen studentische Beurteilungen sind zahlreich; sie reichen von dem grundlegenden Argument, dass Studierende nicht dasjenige beurteilen könnten, von dem sie noch keine rechte Ahnung hätten, über das Verlangen, die betreffenden Instrumente müssten kriteriumsbezogen (und nicht normorientiert) sein, bis zu dem bezeichnenden Befund, wonach ein globales Item zur Sympathie des Dozenten mit allen Detailbeurteilungen seiner Lehre in einer Größenordnung von mehr als 0.50 korreliert (Rindermann & Amelang, 1994). Während Befürworter darin eine Möglichkeit sehen, dem Dozenten und der ihn tragenden Institution eine Rückmeldung über die Stärken und Schwächen seiner Lehre zu verschaffen, bestreiten genau das die Gegner: Im Falle negativer Voten wüsste der Betreffende nur, dass er ein schlechter Lehrer sei, ohne dass ihm Wege aufgezeigt würden, wie er diesen Zustand abhelfen könnte. Nicht selten speisen sich ablehnende Haltungen aus der Furcht, in Form der Beurteilungen würde unter Umständen Institutionen und Studierenden ein Instrument für die Gängelung der Dozenten in die Hand gegeben, das entgegen vieler Hoffnungen gerade zu einem Qualitäts*verlust* führen müsse (um positivere Voten zu bekommen, würden Dozenten einfach die Ansprüche und das Schwierigkeitsniveau senken).

1.2 Forschung

Anders als es bei der Lehre bestellt ist, wird jeder Student mit dem Beginn seiner Ausbildung systematisch an die Inhalte, Methoden und kritische Würdigung von Forschungsarbeiten zunehmend herangeführt. Kurse zur Methodenlehre, der Statistik, Versuchsplanung und Datenerhebung liefern dazu das notwendige Rüstzeug. Konkrete eigene Forschungsarbeiten werden mit zunehmendem Anspruchsgehalt in Praktika und der das Studium abschließenden Diplomarbeit durchgeführt. Tritt ein Absolvent dann eine Stelle als wissenschaftlicher Mitarbeiter im Hochschulbereich an, hat er bereits einschlägige Erfahrungen im Arbeitsfeld »Forschung«, auf deren Hintergrund und beraten durch einen Professor oder Privatdozent nun gewöhnlich das Dissertationsprojekt in Angriff genommen wird. Die Problemstellung dafür ist prinzipiell völlig frei wählbar und bemisst sich vorab nur nach dem eigenen Einfallsreichtum und Interesse, der Machbarkeit in Einheiten der verfügbaren Ressourcen und dem Einvernehmen mit dem Supervisor, das ebenfalls von dessen Interesse und einschlägiger Fachkompetenz abhängt.[3] Innerhalb von Forschungsschwerpunkten, die für ein größeres Gebiet gebildet wurden, ist die inhaltliche Homogenität der bearbeiteten Fragestellungen natürlich viel größer als für »Einzelkämpfer«, für die ein thematischer Rahmen nicht besteht.

Weiß der soeben diplomierte Kollege sehr wohl, was Forschung bedeutet und wie sie *lege artis* betrieben wird, so gibt es doch eine Vielzahl weiterer Faktoren, damit Ar-

---

3 Viele eindrucksvolle Beispiele aus der Literatur belegen, dass auch eine persönliche Problematik oder spezifische Lebenssituation ausschlaggebend für die Thematik eigener Forschungsarbeiten sein kann.

beiten entstehen, die aus mehr bestehen als nur dem Nachweis einer Generalisierbarkeit bereits sattsam bekannter Erkenntnisse auf eine andere Gruppe von Personen oder der Realisierung einer weiteren Variation eines in seiner Wirkungsweise gut erforschten Faktors. Dazu zählen beispielsweise die Originalität einer Problemstellung und deren Bearbeitung, Intuition und ein Gespür dafür, wie Elemente des jeweiligen Zeitgeistes und des »main stream« mit solchen kombiniert werden, die etwas außerhalb davon liegen oder diesem gar entgegenstehen, darüber hinaus ein gewisser Instinkt für die »Ergiebigkeit« der Thematik, schließlich auch etwas Glück, dass man bei der Beantragung externer Mittel auf einen geneigten Gutachter stößt und bei der Realisierung des Vorhabens keine unvorhersehbaren Pannen auftreten. Insofern verlangt exzellente Forschung neben Primärtugenden wie inhaltlicher und methodischer Sachkompetenz im Weiteren Neugier oder Erkenntnisstreben, nicht zuletzt Ehrgeiz und die immer erneute gedankliche Auseinandersetzung ebenso wie den »spontanen Einfall« (den man nicht planen kann), eine ganze Reihe von förderlichen Randbedingungen, von denen nur wenige durch Anleitung oder Training vermittelt werden können (zu einigen Unterschieden der Forschung in der Psychologie zu anderen Wissenschaftsdisziplinen s. Amelang & Aevermann, 1976).

Zu einem zentralen Element der durchgeführten Forschungsarbeiten gehört deren Kommunikation in mündlicher und schriftlicher Form. Ersteres geschieht auf Tagungen und Kongressen, in der Lehre, in Kolloquien und bei eingeladenen Vorträgen, letzteres als Publikation von Monographien, als Beiträge in herausgegebenen Büchern oder – der häufigste Vermittlungskanal – als Zeitschriftenaufsätze. Mehr und mehr hat sich in allen Modalitäten englisch als die Sprache herauskristallisiert, in der die Kommunikation erfolgt; nur wenn ein Bei-

trag in dieser Weltwissenschaftssprache gehalten ist, besteht eine hinreichende Aussicht, international zur Kenntnis genommen und zitiert zu werden. In welchem Maße diese Rezeption erfolgt, lässt sich an den »Citation-Indices« und »Impact-Faktoren« ablesen, also aus den Einträgen in gesondert angelegten Datenbanken zur Häufigkeit, mit der eine bestimmte Zeitschrift oder ein Autor von anderen Autoren innerhalb eines bestimmten Zeitraumes zitiert wurde.

Jede wissenschaftliche Zeitschrift mit hinreichendem Qualitätsanspruch bedient sich bei der Entscheidung über Annahme oder Ablehnung eines eingereichten Manuskriptes nicht nur der im Herausgebergremium und dem Consulting Board vorhandenen Fachkompetenz, sondern auch anonymer Beurteiler, die von den Herausgebern wegen ihrer spezifischen Expertise auf dem Themengebiet der vorgelegten Arbeit hinzugezogen und um ein Votum gebeten werden (= »Peer Review«). Die Zeitschriften mit der höchsten Reputation haben Ablehnungsraten von 80 bis 90 %; hier werden mithin nur die qualitativ wirklich herausragenden Forschungsarbeiten publiziert, und es ist schwer, diese Hürde zu nehmen – aber ist eben dieses gelungen, besteht die Aussicht, dadurch weithin wahrgenommen zu werden.

Die Korrekturanregungen oder -auflagen von Herausgebern und anonymen Beurteilern werden von den Autoren zunächst häufig mit Unverständnis, Missmut oder gar Empörung aufgenommen. Gewöhnlich macht die momentane Frustration aber bald der Einsicht Platz, dass durch Berücksichtigung der kritisierten Punkte das eigene Papier besser wird (gewiss auch etwas notgedrungen, denn der Autor, will er das Papier unterbringen, hat gar keine andere Wahl, als den Auflagen nachzugehen). Je nachdem, was die Gutachter monierten, gilt das in inhaltlicher Hinsicht und auch für die formale und sprachliche Darstellung. Diese »Sekundärtugenden«, die bei der Präsentation von Forschungsarbeiten eine Rolle spielen, sind insofern in einem gewissen Rahmen individuell instruierbar; mit zunehmender Zahl von Vorträgen und Publikationen bilden sich Routinen aus, in deren Gefolge die Arbeit nicht nur schneller von der Hand geht, sondern auch qualitativ besser wird.

Obwohl alle wissenschaftlichen Zeitschriften ihr Anforderungsprofil explizieren und sich jeder Autor darüber informieren kann, ist auch bei den Überlegungen, wo am besten ein Manuskript zu platzieren sei, an zahlreiche Faktoren zu denken, die partiell einander ausschließen, wie z. B. Impact der Zeitschrift, Wahrscheinlichkeit einer Akzeptanz des Papiers, Zügigkeit der Drucklegung im Falle einer Annahme usw. Überwiegend handelt es sich bei diesen Gesichtspunkten um »stilles Wissen« (Wagner & Sternberg, 1986), also solches, das nicht in irgendeiner standardisierten Weise vermittelt, sondern informell erworben wird.

1.3 Prüfungen

Wie jedermann weiß, gibt es Prüfungen in schriftlicher und mündlicher Form. Beide Varianten kommen gewöhnlich in den Prüfungsordnungen einer Fakultät vor. Die erstere Form, an den Universitäten »Klausuren« genannt, haben den Vorzug einer gewissen Ökonomie: Alle anstehenden Kandidaten können gleichzeitig innerhalb von zwei bis drei Stunden geprüft werden, und die Durchsicht der abgelieferten Arbeiten kann dann zu gegebener Zeit und häufig mit der Unterstützung anderer Personen erfolgen. Die Aufgaben oder Problemstellungen für Klausuren und die Bewertungsmaßstäbe sind gewöhnlich schnell entworfen – aber dieses nur deshalb, weil meist nicht die eigentlich sachadäquaten Prinzipien zugrundegelegt werden. Da Prüfungen zeigen sollen, in welchem Ausmaß die Kandidaten den Lehrstoff internalisiert haben (der im Lehrplan bzw. der Studienordnung festgelegt ist), bedarf es dazu eines kriteriumsorientierten Ansatzes, d. h. solcher »Tests«, die erwiesenermaßen inhaltsvalide sind und das Erreichen oder Verfehlen eines konkreten Kriteriums ermitteln. Das würde einen besonderen Konstruktionsaufwand erfordern, der praktisch nie geleistet wird; dementsprechend eignen sich die eingesetzten Aufgabenmengen *de facto* nur zu einem Vergleich zwischen den einzelnen Prüflingen oder demjenigen zwischen einem Kandidaten und einer (vielleicht erfahrungsgestützten) Bezugsnorm. Einmal mehr zeigt sich hier, wie weit mitunter Anspruch und Wirklichkeit auseinander klaffen; obwohl das entsprechende Knowhow jedem Examinanden des Faches vertraut sein müsste, erfährt es aus verschiedenen Gründen in der Praxis keine Anwendung. Damit liegt hier für den wissenschaftlichen Nachwuchs ein weites Betätigungsfeld weiterhin völlig brach.

Mündlichen Prüfungen ist zueigen, dass sich darin der Kandidat in seiner Gesamtpersönlichkeit besser einbringen oder darstellen kann; die soziale Situation des persönlichen Gesprächs und die damit verbundene Interaktion bieten dazu die Gelegenheit. Das bedeutet nicht notwendigerweise eine größere Objektivität für die Evaluation des Kenntnisstandes, wohl aber eine erhöhte ökologische Validität des Settings für Situationen außerhalb der Prüfung, in denen häufig genug mehr als nur die Reproduktion von Kenntnissen sowie die Reflexion über Methoden und Zusammenhänge gefordert werden. Ein starker Hinweis auf den Einfluss der für die Prüfungsinhalte irrelevanten Verhaltensvarianz stellt die erstaunlich hohe Übereinstimmung des Prüferurteils auch mit den Einschätzungen solcher Beisitzer dar, die streng genommen für die Bewertung der Prüfungsleistung nicht recht geeignet wären, weil sie aus völlig anderen Subdisziplinen des Faches kommen und »nur der Not gehorchend« (und weil andere Personen momentan nicht verfügbar sind) hin und wieder als Beisitzer herangezogen werden. Rasche und flüssige verbale Artikulation der Kandidaten, verbindliche Umgangsformen, unaufdringliche Schlagfertigkeit und das Aussehen mögen dafür verantwortlich sein – und für deren Einschätzung bedarf es keiner psychologischen Fachkompetenz.

Gleichwohl ist in Bezug auf das Abnehmen mündlicher Prüfungen im Unterschied zu anderen Aufgaben im Hochschulbereich eine Art systematischer Heranführung an die eigenständige Wahrnehmung dieser Pflichten vorgesehen, und zwar in Gestalt des bereits angesprochenen Beisitzes in Prüfungen. Die Prüfungsberechtigung wird von einer Fakultät nämlich im Regelfall erst nach einer gewissen Zeit der »Verwendung« (so das schreckliche Amtsdeutsch) eines wissenschaftlichen Mitarbeiters auf der von ihm wahrgenommenen Stelle verliehen: Dadurch ist nicht nur sichergestellt, dass sich zwischenzeitlich die Fachkompetenz weiter erhöht hat, sondern auch Erfahrungen in der Lehre gesammelt werden konnten, vor allem aber auch Gelegenheit bestand, in der Rolle eines Beisitzers oder Protokollanten (zu der jeder wissenschaftliche Mitarbeiter verpflichtet ist) Beobachtungen dahingehend angestellt zu haben, wie bereits erfahrene Prüfer (als Modelle für das spätere eigene Verhalten) diese Aufgaben versehen.

Das Abnehmen von Prüfungen ist ausgesprochen anstrengend, wenn diese gehäuft in größeren Blöcken bewältigt werden müssen (etwa an fünf aufeinander folgenden Tagen von früh bis spät) – immer wieder dasselbe zu hören, ähnliche Kommentare zu geben und auch dem letzten Kandidaten noch vollständig gerecht zu werden, erfordert eine enorme Konzentration. (Die repetitiven Elemente, die sich innerhalb einer Staffel von Prüfungen notgedrungen einstellen, mögen aber auch positive Konse-

quenzen in ganz unerwarteter Hinsicht haben, denn dem Vernehmen nach soll es Prüfer gegeben haben, die eben daraus einen wesentlichen Teil ihres eigenen Wissensbestandes schöpften – doch stellt dieses gewiss nicht den Regelfall dar ...).

Das Abnehmen von Prüfungen ist darüber hinaus emotional belastend in bestimmten Situationen, die immer wieder einmal auftreten. Dazu zählen insbesondere jene Fälle, in denen ein Prüfling in der Vergangenheit bereits wiederholt durchgefallen ist und der nunmehr anstehende neuerliche Versuch darüber entscheidet, ob »alles verloren ist«. Schwierig ist es zudem, solchen Kandidaten gerecht zu werden, die im verbalen Ausdruck mehr oder weniger stark beeinträchtigt sind, weil beispielsweise Deutsch nicht ihre Muttersprache war, eine gravierende Artikulationsstörung vorliegt oder ein extremes Ausmaß von Prüfungsangst unverkennbar ist. Angespannt sind die Prüfer (und mehr noch die Kandidaten!), wenn – egal, in welchen Abschnitten der Ausbildung oder wissenschaftlichen Qualifikation – die Prüfung eines Mitarbeiters ansteht; die Erwartung sehr guter Leistungen (und damit eine nachträgliche Rechtfertigung für das eingegangene Arbeitsverhältnis) und die Gewissheit, dass im Falle von Enttäuschungen das Miteinander auf Dauer beeinträchtigt sein würde, sind hier das belastende Element.

Dennoch wäre die Annahme irrig, dass angesichts der erwähnten Belastungen die Prüfungen nur eine lästige Pflicht seien, der man sich gern zur Gänze entziehen würde. So sehr Prüfer auch über die Belastung durch Prüfungen stöhnen, so wenig wollen sie auf diese verzichten. Zum einen bieten Prüfungen eine Gelegenheit für Rückmeldungen an den Dozenten, welche Inhalte aus der Lehre oder Lehrbüchern besonders gut oder weniger gut rezipiert wurden und wo nötigenfalls gegengesteuert werden muss. Zum anderen stellen Prüflinge eine Art Statusmerkmal dar, sagt es doch unter anderem etwas über die fachliche Akzeptanz des Prüfers auf Seiten der Prüflinge und auch deren Vertrauen in dessen Fairness aus. In welchem Ausmaß ein Hochschullehrer als Prüfer nachgefragt wird, lässt sich in gewissen Grenzen von ihm durch dessen Notengebung oder den Schwierigkeitsgrad seiner Fragen beeinflussen; denn aus naheliegenden Gründen bevorzugen Examenskandidaten solche Prüfer, bei denen die Prüfungen »leicht« sind, was an guten Noten ablesbar ist (s. Amelang, 1973). Angesichts dieser komplexen Gemengelage ist die Ansicht gewiss nicht haltbar, die – gleichsam als Umkehrschluss aus der These, dass schlechte Prüfungsleistungen für schlechte Lehrleistungen stehen – vor geraumer Zeit von einem angesehenen Psychologieprofessor geäußert wurde, wonach nämlich *an den guten Noten* eines Prüfers (nicht: den guten Leistungen der Prüflinge) auch die hohe Qualität seiner Lehre ablesbar sei.

2 Aufstieg und Fall: Möglichkeiten und Gefahren, institutionell und individuell

Angesichts der beispiellosen Freiheiten bei der Ausgestaltung des beruflichen Alltags in inhaltlicher und formaler Hinsicht handelt es sich bei der Hochschule ganz ohne Zweifel um eine der attraktivsten Optionen überhaupt, Psychologie als Beruf auszuüben. Der Umgang mit jungen und lernbereiten Menschen hält viele Anregungen bereit. Am Ende einer Vorlesung evoziert der im Klopfen ritualisierte Applaus der Hörer Emotionen, die sich – je nachdem, ob man selbst der Meinung ist, die Vorstellung sei gelungen oder eher mäßig gewesen – umschreiben lassen mit Glück und Hochgefühl

bzw. Dankbarkeit (für die erfahrene Nachsicht). Selbst für »alte Hasen« birgt jeder neue Auftritt vor einem Auditorium gewisse Risiken; werden diese als belebender »Thrill« (und nicht als drohende Gefahr) wahrgenommen, erwächst daraus zusätzliche Kompetenz im Sinne von »Gut sein, wenn's drauf ankommt« (Eberspächer, 2004). Desgleichen sind die einzelnen Stadien jedes gut laufenden Forschungsvorhabens potentielle Quellen für erhebende Gefühle, die erst in der wohlgefälligen Inaugenscheinnahme des schließlich als Druck vorliegenden Buches oder Zeitschriftenaufsatzes ihren Endpunkt erlangen. Darüber hinaus kann wohl nicht mit Sicherheit ausgeschlossen werden, dass die Situation, verängstigte Studierende prüfen zu müssen (bzw. dieses tun zu dürfen!), bei dem einen oder anderen Hochschullehrer auch individuelle Dominanz- und Machtmotive befriedigt.

Gelingt es zudem, nach geraumer Zeit auf eine Professorenstelle wechseln zu können, häufen sich Privilegien: Der Dienstvertrag ist unbefristet, unmittelbare Dienstvorgesetzte gibt es nur in eher abstrakter Form innerhalb des Rektorats oder im Ministerium, die Vergütung ist sehr auskömmlich, das Sozialprestige der Funktion beträchtlich – und immer wieder das Wichtigste: Die Aufgaben sind (fast) ausnahmslos selbst gestellt, was dem geistigen und körperlichen Wohlbefinden natürlich überaus zuträglich ist.

In den eingangs erwähnten früheren Umfragen schätzten die in Forschung und Lehre tätigen KollegInnen die Bedeutung ihrer Berufstätigkeit für andere als eher durchschnittlich ein, niedriger jedenfalls als dieses für Beratungs- und Therapiefunktionen der Fall war. Dieses mag gerechtfertigt sein, wenn die Auswirkungen direkt sind in dem Sinne, dass davon *unmittelbar* das Wohl und die Geschicke anderer Personen abhängen (wie es etwa bei einer Eheberatung oder der Therapie einer unter Angststörungen leidenden Person unbestreitbar der Fall ist). Solche Unmittelbarkeiten sind im Hochschulbereich eher selten: Sollte in der Lehre versehentlich doch einmal eine Fehlinformation vermittelt oder der entscheidende Punkt nicht deutlich gemacht worden sein, kann das in der nächsten Sitzung in welcher Form auch immer wieder zurechtgerückt werden, ohne dass zwischendurch ein ernsthafter Schaden in persönlicher oder sächlicher Hinsicht aufgetreten sein dürfte. Auch bleiben wohl die allermeisten Forschungsberichte ungelesen, auf jeden Fall unzitiert, was gewiss den Mittelwert der Bedeutsamkeit etwas mindert. Hingegen dürfte die Bedeutung der *indirekten* Effekte einer Vermittlung wissenschaftlicher Prinzipien an Studierende, die dann ihrerseits die erworbenen Erkenntnisse und Techniken vielhundertfach im Zuge ihrer Berufsausübung anwenden, kaum hoch genug angesetzt werden. Für Teilbereiche wie Therapie und Diagnostik sind diese Effekte in monetären Nutzenberechnungen operationalisiert worden; die dabei ermittelten Beträge belaufen sich bereits innerhalb eines Jahres auf viele Millionen Euro Gewinn für die Volkswirtschaft als Ganzes (s. Amelang, 2000; zum gesellschaftlichen Nutzen der PsychologInnen s. Kleine-Moritz, 2004).

Insofern bietet das System Hochschule für den darin Tätigen attraktive Anreize und Bekräftigungen an, und zwar in Einheiten von Entscheidungsfreiheit und Einfluss, ohne dass – zumindest für die Professoren – im selben Maße auch Bestrafungsmechanismen vorgesehen wären – eine herrliche »Spielwiese«, die es nirgendwo sonst im beruflichen Leben in gleicher Wese noch einmal gibt.

Dessen ungeachtet gilt freilich auch hier: »Wo viel Licht ist, ist auch viel Schatten« –

und das betrifft vor allem die für Nachwuchswissenschaftler begrenzte Laufzeit ihrer Dienstverträge und die unsicheren Aufstiegschancen. Innerhalb von maximal sechs Jahren mussten sich in der Vergangenheit wissenschaftliche Assistenten durch Lehre und – mehr noch – durch Habilitation oder Forschungspublikationen sowie tunlichst auch noch erfolgreich eingeworbene Drittmittel dafür qualifiziert haben, sich auf eine Professur bewerben zu können.[4] Gelingt es nicht – aus welchen Gründen auch immer – innerhalb der besagten Frist eine aussichtsreiche Erfolgsbilanz zu schaffen oder trotz hinreichender Voraussetzungen eine Professur zu erlangen, ist der Nachwuchswissenschaftler für viele andere Berufsfelder »überqualifiziert« und für die Wirtschaft im Regelfall zu alt. Um eine solche Lage ist niemand zu beneiden. Sie ist aber bei allen Anstrengungen und vorweisbaren Erfolgen eines Nachwuchswissenschaftlers nicht unwahrscheinlich, weil es sehr viel weniger Stellen für Professoren als für wissenschaftliche Mitarbeiter oder Assistenten gibt, diese Pyramidenstruktur also die zwangsweise Aussonderung eines wesentlichen Teils von Personen im Zuge deren fortschreitender Qualifizierung (und damit einhergehend: zunehmenden Alters) unabänderlich vorsieht. Wer sich für den Hochschulbereich entscheidet, darf dieses nicht halbherzig oder zögerlich tun, dabei zwischenzeitlich nicht ernsthaft an andere Alternativen denken oder diese gar zeitweilig ausprobieren, sondern muss von Anfang an bedingungslos auf Erfolg setzen, weil das Scheitern prekäre Folgen nach sich zieht.

Ungeachtet der erwähnten Pyramidenstruktur sind die Aussichten für einen Aufstieg in eine Professur für den Zeitraum von ca. 2005 bis 2015 als überdurch-

---

4 Durch die Novellierung des Hochschulrahmengesetzes sind zum Teil andere Regelungen vorgesehen, darin die Möglichkeit der Juniorprofessur, aber jede davon sieht letztlich eine strikte Begrenzung der Dienstzeit vor.

schnittlich günstig eingeschätzt worden, und zwar deshalb, weil in den zurückliegenden 1970er-Jahren mit dem damaligen Ausbau der Universitäten viele neue Professuren geschaffen und darauf relativ junge Nachwuchswissenschaftler berufen wurden. Nach durchschnittlich etwa 30 Dienstjahren erreicht dieser Personenkreis im besagten Zeitraum den Ruhestand. Sofern ihre Stellen nicht wegen leerer Kassen der öffentlichen Hand eingezogen werden, bedeutet das einen erheblichen Einstellungsbedarf (der aber für Personen, die sich momentan noch im Studium befinden, nicht entscheidungsrelevant sein dürfte).

Aufstieg bedeutet innerhalb der Hochschule »Berufung« (auf eine Professur). In der Vergangenheit war dieser Begriff deshalb berechtigt, weil ein Ministerium (selbstverständlich nach Konsultation der Universität, wo die Fachkompetenz vertreten ist) einem geeignet erscheinenden Nachwuchswissenschaftler ein Angebot zur Übernahme einer Stelle erteilte, ohne dass dieser vorher dazu selbst hätte beitragen können. Heute »rufen« vor allem Kandidaten (etwa in dem Sinne: »Ich will es werden!«), indem sie sich auf ausgeschriebene Stellen bewerben. Die Universitäten richten dafür Auswahl- oder Berufungskommissionen ein, die die Qualifikation der Bewerber sehr eingehend prüfen und als Ergebnis meist eine Rangreihe der ihres Erachtens besten drei Bewerber erstellen, die nach Zustimmung durch die Fakultät und den Akademischen Senat an das zuständige Ministerium (neuerdings auch: das Rektorat) geleitet wird, von wo aus der Ruf erteilt wird.

Der Weg durch die geschilderten Instanzen bedingt gewöhnlich relativ lange Laufzeiten für ein anstehendes Verfahren. Zwischen Ausschreibung einer Stelle und der Ruf-Erteilung an den Erstplatzierten vergehen selten weniger als zwölf Monate. Bis es zum Dienstantritt kommt, vergehen gewöhnlich weitere Monate, denn ganz im Gegensatz zu den Gegebenheiten *vor* Erhalt des Rufes, wo es die Bewerber ziemlich eilig haben und sich häufig genug durch drängelnde Nachfragen auf der jeweiligen Ebene nach dem Stand des Verfahrens erkundigen, haben sie dann meist sehr viel Zeit, wenn sie den Ruf dann endlich in der Tasche haben. Nunmehr kommt es erst einmal darauf an, die Gehaltsvorstellungen sowie die Arbeitsbedingungen (unterstützendes Personal, Räume, Labors und dergleichen) wechselseitig miteinander in Einklang zu bringen, was hier und da meist zu Kompromissen nötigt. Zusätzlich komplizierend wirkt sich aus, wenn ein Kandidat in die komfortable Situation gerät, etwa zeitgleich aus zwei Bundesländern einen Ruf zu erhalten, weil er dann die miteinander konkurrierenden Angebote dazu nutzen kann, um sie im Sinne eines wechselseitigen Ausspielens zu verbessern. Haben die Verhandlungen letztlich zu keinem für eine Seite befriedigenden Ergebnis geführt, ergeht der Ruf an den auf der Liste Zweitplatzierten, mit dem alles wieder von vorn beginnt. Selbstverständlich gilt das geschilderte Prozedere kaum für Nachwuchswissenschaftler, für die der Ruf der Rettungsanker vor dem wegen des auslaufenden Dienstvertrages drohenden beruflichen Absturz bedeutet, aber generell liegen hier Gegebenheiten vor, die in der freien Wirtschaft weithin undenkbar wären.

Ungeachtet ihrer Langwierigkeit und Intransparenz führen die Berufungsverfahren doch meist zu »richtigen« und vertretbaren Ergebnissen, und dieses trotz mitunter recht eigenwilliger Schwerpunktsetzungen und Bewertungen in den Kommissionen, trotz persönlicher Vorlieben und Animositäten bei ihren Mitgliedern, lokaler Usancen und der jeweils auftretenden Konkurrenzsituation, d. h. über mehrere Verfahren hinweg setzt sich doch die Varianz zulasten wahrer Qualifikationsunterschiede gegen die Varianz zulasten von Fehlern im erwähnten Sinne durch – auch hier gilt somit das Gesetz von Spearman und Brown.

Hat man eine Professur erreicht und nutzt die im Rahmen des neuen Hochschulrahmengesetzes möglichen Verhandlungsmöglichkeiten sind die *Einkünfte* mitunter beträchtlich. Zu Zeiten der C-Besoldung lag das Gehalt eines Professors im Mittel etwa zwischen 4 500 und 6 000 Euro (brutto), jedoch mit einem nach oben hin beträchtlichen Erweiterungsspielraum. Mit der Einführung der W-Besoldung ist der Gesamtrahmen um etwa 30 % abgesenkt worden, damit aber noch immer in einer Region, die gewiss »Auskömmlichkeit« gewährleistet. Während der Zeit als wissenschaftlicher Mitarbeiter erfolgt gewöhnlich die Vergütung nach BAT IIa (ca. 3 400 Euro brutto), halbtags entsprechend BAT IIa/2.

3 Herausforderungen und förderliche Qualifikationsmerkmale

Mit den obigen Darlegungen müsste weitgehend klar geworden sein, welche persönlichen Qualifikationsmerkmale gegeben sein sollten, um innerhalb des Hochschulbereiches bestehen zu können. Der geneigte Leser mag sich deshalb die Frage stellen, ob er meint, in das System gut hineinzupassen und ob ihn die geschilderten Umstände eher anziehen oder eher abschrecken. Vom Anspruch her gehört die Hochschule – zusammen mit Institutionen wie den Max-Planck- und auch den Fraunhofer-Instituten – in die vorderste Reihe der Forschungsfront. Hier werden die bedeutendsten Erkenntnisse gewonnen, und an die Methoden und Befunde der Erkenntnisgewinnung wird in Lehrveranstaltungen herangeführt, mit der Vorstellung, damit für die Absolventen die Grundlagen für ein wissenschaftlich fundiertes Umgehen mit den sich in ihrem beruflichen Alltag stellen-

den Problemen zu schaffen, gleich, um welches Berufsfeld es sich im Einzelnen dabei handelt. Vor diesem Hintergrund darf man erwarten, dass sich die Vertreter des Faches Psychologie an den Hochschulen hinsichtlich ihrer »mentalen Power« intellektuell vom Gros ihrer Kolleginnen und Kollegen in anderen Berufsfeldern etwas abheben. In den früheren Studien zu dieser Frage (s. Amelang & Tiedemann, 1970) wiesen sie in der Tat etwas bessere Abiturnoten auf, doch ist ein solcher Befund ein allenfalls schwacher Beleg dafür, dass ein gewisses Maß an intellektueller Brillanz eine notwendige Voraussetzung für nachhaltigen Erfolg darstellt – immerhin ist eine dahingehende Vermutung nicht abwegig. Als weitere Facetten verdienen Erwähnung: ein guter sprachlicher Ausdruck, ein hinreichend souveränes Interaktionsverhalten und vor allem Interesse an, nein besser: Begeisterung für die Sache und ein weitgehendes Aufgehen in ihr, verbunden damit oder daraus resultierend und zumindest der Lehre förderlich auch noch etwas an charismatischen Zügen – aber letztlich trifft das so oder ähnlich wohl auch auf die meisten anderen Berufsfelder zu, so dass die diskriminante Validität der besagten Merkmale ungewiss ist. Dieses gilt umso mehr, als die beispiellosen Freiheitsgrade in der individuellen Ausgestaltung der Hochschullehrertätigkeit ganz unterschiedliche Akzentsetzungen im Sinne von »Nischenbildungen« erlauben, und zwar je nach dem etwas unterschiedlichen Qualifikationsprofil. Als ein weiteres Element der besagten Freiheit sieht das System Hochschule nur wenig formelle Kontrollen vor; was jeder mit »seiner« Zeit macht (ob er beispielsweise während des Tages ausgedehnte private Besorgungen erledigt, wegen eigener Erkrankung oder derjenigen eines Familienmitgliedes einfach zu Hause bleibt, gar lukrativen Nebentätigkeiten nachgeht oder dergleichen), bleibt weitgehend ihm selbst überlassen (von der Lehre natürlich abgesehen). Soll

223

darunter der Erfolg auf lange Sicht nicht leiden, erfordert das ein erhebliches Ausmaß an Selbstdisziplin: Ist das Ende der Fahnenstange durch das Auslaufen des Dienstvertrages für einen wissenschaftlichen Mitarbeiter erreicht, muss er eine überzeugende Bilanz vorweisen, um nicht ins Nichts abzustürzen; bis dahin hat die Fakultät kaum ernsthaft seine beruflichen Fortschritte überprüft, d. h. das System gewährt enorme Freiheiten, beinhaltet aber infolge des langen »Delay of Gratification« innerhalb der Qualifizierungsphase auch beträchtliche Gefahren.

Dennoch sind die erwähnten Merkmale eher solche von mittleren Erwartungen. Die geringe Vorstrukturiertheit des Systems erlaubt eine unglaubliche Artenvielfalt. Ich kenne Hochschullehrer, die ungeachtet ihrer langjährigen Tätigkeit immer aufs Neue panische Angst hatten, vor einer Gruppe von Studierenden oder Teilnehmern eines Kongresses aufzutreten, und damit doch irgendwie fertig geworden sind und hervorragende Forschungsarbeiten geliefert haben. Auch gibt es immer wieder Personen, die bekannt sind für ihre »grottenschlechte« Lehre, weil sie auf Grund ihrer Inhalte und/oder der Art des Vortrages die Studierenden nicht erreichen – und dennoch toleriert sie das System. Ebenso gibt es Kollegen, die im Hörsaal brillieren oder sehr gute Lehrbücher schreiben, die eigene Forschung aber eingestandenermaßen völlig abgeschrieben haben. Zudem hat es immer wieder Fälle von extremem Egoismus bei der täglichen oder wochentäglichen Präsenz gegeben: So verhindert die Anberaumung einer Sprechstunde auf 6.30 Uhr in der Frühe, dass auch nur ein einziger Interessent erscheint (offizielle Lesart demgegenüber: eine solche Zeit gewährleistet wirklich jedem Interessierten, diese auch zu nutzen, weil nicht durch anderweitige Verpflichtungen daran gehindert), und bekannt ist auch jener Kollege, der alle seine Lehrveranstaltungen an einem einzigen Tag

der Woche abhielt, dazu aber meist zu spät angereist kam und ebenso regelmäßig auch wieder vorzeitig abreisen musste, ohne dass dieses Verhalten dienstrechtliche Konsequenzen nach sich gezogen hätte. Legende sind schließlich die Engagements in den verschiedensten Nebentätigkeiten oder eigenen Firmen (Letzteres besonders verbreitet im ABO-Bereich), die zwar formell angemeldet werden müssen, meist aber keiner funktionierenden Kontrolle unterliegen – auch dafür bedarf es besonderer Kompetenzen, um darin erfolgreich zu sein.

Jemand mag ein begnadeter Lehrer sein, aber ein nur mäßig begabter Schreiber; ein anderer verfasst vielleicht anregende Lehrbuchtexte, tut sich aber in der experimentellen Forschung und deren Kommunikation schwer, ein Dritter entfaltet besonderen Einfallsreichtum bei der Entwicklung von immer neuen Fragestellungen und deren Untersuchung oder ist bekannt dafür, sich lebenslang mit immer nur einer Problematik (z. B. der Dickköpfigkeit oder der Einfältigkeit) befasst zu haben, kurzum: Nicht alle Hochschullehrer erreichen Exzellenz in zugleich allen Funktionen – dieses gleichsam vorab als Trost an jene, die in realistischer Einschätzung vielleicht etwas resignativ feststellen, selbst nicht über alle der aufgelisteten Qualifikationsmerkmale zu verfügen.

Nachbemerkung: Aber wenn ich an die wirklich strahlenden und herausragenden Vertreter des Faches denke, dann waren die Spitze in *jeder* Hinsicht.

4 Übliche Wege des Einstiegs

Wer ernsthaft beabsichtigt, beruflich in den Hochschulbereich einzusteigen, sollte sich frühzeitig um eine Hilfskrafttätigkeit an

»seiner« (oder auch einer fremden) Universität bemühen, und zwar nach Möglichkeit in einem Arbeitsbereich, der den eigenen Interessen am nächsten kommt. (Erfahrungsgemäß bilden sich aber Interessen und Fertigkeiten auch durch bestimmte Aktivitäten selbst, so dass der Aspekt einer frühzeitigen »Passung« eher von nachgeordneter Bedeutung ist.) Das kann durch Reaktion auf eine entsprechende Ausschreibung am Schwarzen Brett oder im Internet geschehen; auch sogenannte »Initiativ-Bewerbungen« (also solche »auf Verdacht«) sind ein Weg. Hat sich der »HiWi« (eine schlimme Übernahme des Begriffs der »Hilfswilligen« für jene Gefangenen im Dritten Reich, die zur Verrichtung von Arbeiten außerhalb der Lager bereit waren; angemessener müsste es natürlich »WiHi« heißen) durch ordentliche Arbeit einen guten Namen, wenn nicht durch spezifische Kompetenzen, etwa im EDV-Bereich, gar unentbehrlich gemacht, wird sein unmittelbarer Vorgesetzter, also meist ein Professor, ihn in Erwägung ziehen, wenn eine reguläre Stelle zur Erst- oder Wiederbesetzung ansteht. Die Nähe zu einem Lehrstuhl verschafft über den Kompetenzerwerb hinausgehend die Möglichkeit, Informationen darüber einzuholen, wo sich »was tut«, und auch Rat zu erhalten in Bezug auf optimale Qualifikation und taktisches Verhalten.

Auch die direkte Übernahme einer überregional ausgeschriebenen halben oder ganzen Stelle nach dem Erwerb des Diploms kommt selbstverständlich in Betracht, und zwar gleichermaßen an der eigenen wie einer anderen Universität, doch fehlt hierbei das Element der persönlichen Bekanntschaft mit der entscheidenden Person, was häufig bei gleicher Qualifikation den Ausschlag für die Auswahl geben dürfte, und zwar in der einen wie der anderen Richtung.

Generell dürften die persönliche Qualifikation des Bewerbers, sein Auftreten (und wohl auch: sein bzw. – hier sei es ausdrücklich hervorgehoben – ihr Aussehen), das persönliche »Format«, die Passung zu den ausgeschriebenen Tätigkeitsmerkmalen und die Objektivität der auswählenden Person den Ausschlag geben, doch wer um die Unwägbarkeiten weiß, die das Leben mit sich bringt, muss einräumen, dass daneben immer auch zufällige Faktoren eine Rolle spielen mögen, das Glück oder der Zufall, zur rechten Zeit am rechten Ort zu sein – und selbstverständlich die Qualität der Mitbewerber, denn Einstellungsentscheidungen sind nur in den selteneren Fällen solche nach absoluten Maßstäben, sondern sie stellen ein »Figurgrundphänomen« dar, bei dem ein Bewerber mit den anderen Interessenten verglichen wird, die »ihren Hut ebenfalls in den Ring geworfen« haben – und je nach deren Qualität schneidet man in diesem Vergleich eher positiv oder eher negativ ab. Die Universität nimmt da keine Sonderrolle ein.

5   Mein Weg

Was die eben erwähnten Zufallsfaktoren anbetrifft, so habe ich an anderer Stelle bereits dargelegt (Amelang, 2004), dass diese mir in vielfacher Weise behilflich gewesen sind, mehr noch: ohne sie mein beruflicher Werdegang in völlig anderen Bahnen verlaufen wäre. Um es hier kurz zu machen: Die Zugreise eines Freundes um die Zeit des Abiturs führte diesen durch Marburg, und glücklicherweise saß er auf der »richtigen«, also der Stadt zugekehrten Seite, und er sah am Fenster das prächtige Ortsbild mit dem krönenden Schloss vorüberziehen. Das ließ den Beschluss reifen, an Stelle der ins Auge gefassten Ausbildung zum Starfighterpiloten bei der Bundeswehr zunächst erstmal in Marburg zu studieren. Aber was, zumal bei nur mittelprächtigen Schulnoten? In Bezug auch darauf hatte der Freund einen entscheidenden weiteren Impuls insofern gegeben, als er noch kurz zuvor mir Freuds »Psychopathologie des Alltagslebens« zum Lesen gegeben hatte. Im Marburger Institut wurde ich dann freilich alsbald eines Besseren belehrt in dem Sinne, dass es sich bei Freud sozusagen um die »falsche« Literatur und bei dem daraus abgeleiteten Interesse um eine dysfunktionale Motivation für das bereits seinerzeit strikt naturwissenschaftlich ausgerichtete Curriculum handele. Die fachliche Brillanz und persönliche Authentizität der damaligen Hochschullehrer Düker, Merz und Lienert, Traxel, Tausch und Tent sowie Janke waren gleichermaßen Vorbild und Ansporn für das eigene Studium unter nunmehr umgepolten Vorzeichen. Erwies sich dieser Kreis von Gelehrten, was ich damals noch nicht wissen konnte, bereits als Glücksumstand, so war die Wahl des Studiums anstelle der zurückgestellten Alternative (Luftwaffe) noch in anderer Weise eine überaus glückliche, denn die Starfighter, die damals neu angeschafft worden waren, erwiesen sich als äußerst diffiziles Fluggerät, so dass im Laufe der Zeit eine Maschine nach der anderen vom Himmel fiel, nicht selten mit tödlichem Ausgang für die Besatzungsmitglieder.

Nach dem Examen (sieben Semester bis zum Vordiplom – eine aus heutiger Sicht unmöglich lange Zeit, dann rasche drei bis zum Hauptdiplom) bot sich die Gelegenheit zur Übernahme einer Forschungsstelle in einem Drittmittelprojekt, aus dem die Dissertation hervorging. Deren Ansatz und Ertrag stellte ich auf der Frühjahrstagung der experimentell arbeitenden Psychologen 1966 in München vor; selbst wenn Vortrag und anschließende Diskussion überragend verlaufen wären, hätte das nichts gebracht ohne das beispiellose Glück, dass in einem Raum mit fürchterlicher Akustik nur bei meinem Vortrag die Lautsprecheranlage funktionierte. Auf diese Weise war ich der

einzige Referent, der an diesem Tag zwar vielleicht nicht verstanden, aber doch immerhin *gehört* worden war. Ein Wackelkontakt, mithin ein weiterer Zufallsfaktor, hatte Schicksal gespielt. Eine Welle der Dankbarkeit schlug mir entgegen, und Kurt Pawlik, der damals einen Ruf nach Hamburg erhalten hatte, bot mir eine Assistentenstelle an – mit allen Konsequenzen, die sich daraus in sozialer und beruflicher Hinsicht ergeben sollten. Die fachliche und persönliche Heterogenität des Hamburger Instituts lieferte eine Fülle von wissenschaftlichen Anregungen, die Spannungen zwischen den Arbeitsbereichen gemahnten aber auch zu Vor- und Umsicht im akademischen Bereich. Nach mehreren Jahren als Professor für Allgemeine Psychologie und Methodenlehre und Gelegenheiten, nach Saarbrücken oder Trier zu gehen, wechselte ich 1976 auf eine Professur für Differentielle Psychologie an der Universität Heidelberg. Dieses war die richtige Entscheidung, denn in der Differentiellen Psychologie hatte ich schließlich meine berufliche »Bestimmung« gefunden. Von den beiden zusätzlichen Schwerpunkten, die ich während meiner aktiven Dienstzeit dort zu setzen versuchte, konnte sich letztlich nur die Gesundheitspsychologie etablieren, während die Psychologie des sozial abweichenden Verhaltens weder in der Lehre noch der Forschung bei den Studierenden auf nachhaltiges Interesse stieß.

Welche Lehren lassen sich aus diesen biographischen Anekdoten und Lebenslinien ableiten? Zum einen sicher einmal mehr die geläufige Erkenntnis, dass es völlig abwegig wäre, eigenen Erfolg oder Misserfolg ausschließlich intern attribuieren zu wollen. Aber: Das stete Bewusstmachen der Wirksamkeit der viel zu vielen anderen Faktoren, die allenfalls partiell unserer Kontrolle unterliegen, mag im Fall von Misserfolg die Verarbeitung erleichtern und das Selbstbild vor Beeinträchtigungen schützen. Zum anderen die Tatsache, dass unsere Interessen keineswegs unveränderlich sind, sondern sich in Abhängigkeit von Gegebenheiten, herausfordernden Aufgaben und geänderten Aktivitäten neu entfalten und weiterentwickeln können. In diesem Sinne steht ein Studierender um die Zeit des Diploms gewiss nicht am Ende, sondern erst am Anfang einer Entwicklung, die auch von den Konsequenzen seiner Entscheidungen zugunsten eines bestimmten Berufsfeldes mit beeinflusst werden wird.

6 Arbeitstage

Wiewohl ich zusammen mit der Mitherausgeberin den AutorInnen die Empfehlung gegeben habe, einen »typischen« Arbeitstag zu beschreiben, fällt es mir schwer, dieses in eigener Sache ebenso zu handhaben, und zwar deshalb, weil es diese Prototypizität nicht gibt. Tage mit Lehre verlaufen anders als solche ohne, dasselbe gilt für Tage mit oder ohne Prüfungen, mit oder ohne Sitzungen von Gremien, wie Akademischem Senat, Fakultätsrat, Prüfungsausschuss, Kommissionen für Berufungen, für die Studienreform, für die Auswahl von Studienplatzbewerbern oder von Stipendiaten usw. Die Wochen während der Vorlesungszeit eines Semesters weisen aus naheliegenden Gründen eine andere Struktur auf als diejenigen in der vorlesungsfreien Zeit. Noch anders ist alles, wenn man während bestimmter Jahre eine Leitungsfunktion, wie beispielsweise Geschäftsführender Direktor eines Instituts oder Dekan der Fakultät, auszuüben hat oder von derartigen Pflichten verschont ist, ob man den Tag einer wissenschaftlichen Nachwuchsperson beschreibt oder denjenigen eines Professors, ob man als Hochschullehrer ein vergleichendes Gutachten über die Qualifikation von Bewerbern um eine Professur an einer anderen Universität anfertigen, für

eine Forschungsförderungsinstitution die Qualität eines eingereichten Antrages oder für eine Zeitschrift die Güte eines eingereichten Manuskriptes beurteilen muss. Mitunter häufen sich die Aufgaben, insbesondere dann, wenn Termine einzuhalten sind. Aber abgesehen von den Verpflichtungen in der Lehre und Selbstverwaltung besteht eine weitgehende Freiheit dahingehend, diese Aufgaben zu übernehmen oder nicht, und dementsprechend auch dahingehend, wie sie zeitlich platziert werden.

Von daher lässt sich vielleicht summarisch festhalten, dass der alltägliche Ablauf innerhalb des Hochschulbetriebes meist äußerst vielgestaltig, anregend und abwechslungsreich ist und die meisten der Funktionen und Inhalte der eigenen Bestimmung unterliegen – auch das eine extrem angenehme Situation.

Literatur

Amelang, M. (2000). Zur Lage der Psychologie: Einzelaspekte von Ausbildung und Beruf unter besonderer Berücksichtigung der ökonomischen Implikationen psychologischen Handelns. *Psychologische Rundschau, 50,* 2–13.

Amelang, M. (2004). Personale, situative und zufällige Faktoren als Determinanten des Verhaltens. In A. Kämmerer & J. Funke (Hrsg.). *Seelenlandschaften.* (94–95). Göttingen: Vandenhoeck & Ruprecht.

Amelang, M. & Aevermann, D. (1976). Forschungsbezogene Verhaltensweisen und Einstellungen von Wissenschaftlern. *Psychologische Rundschau, 27,* 71–94.

Amelang, M. & Schröder, W. (1979). Psychologen im Beruf. Mitteilung über die Fortschreibung einer Erhebung. *Psychologische Rundschau, 30,* 83–87.

Amelang, M. & Tiedemann, J. (1971). Psychologen im Beruf: I. Studienverlauf und Berufstätigkeit. *Psychologische Rundschau, 22,* 151–186.

Amelang, M. & Tiedemann, J. (1972). Psychologen im Beruf: II. Kritik an Studium und Fortbildungsmöglichkeiten. *Psychologische Rundschau, 23,* 155–182.

Eberspächer, H. (2004). *Gut sein, wenn's drauf ankommt. Die Psycho-Logik des Gelingens.* München: Hanser.

Kleine-Moritz, G. (2004). Vom gesellschaftlichen Nutzen der PsychologInnen. In A. Kämmerer & J. Funke (Hrsg.). *Seelenlandschaften.* (76–77). Göttingen: Vandenhoeck & Ruprecht.

Montada, L., Krampen, G. & Burkard, P. (1999). Persönliche und soziale Orientierungslagen von Hochschullehrern/innen der Psychologie zu Evaluationskriterien über eigene berufliche Leistungen, *Psychologische Rundschau, 50,* 69–89.

Rindermann, H. & Amelang, M. (1994). Entwicklung und Erprobung eines Fragebogens zur studentischen Veranstaltungsevaluation. *Empirische Pädagogik, 8,* 131–151.

Wagner, R. K. (1987). Tacit knowledge in everyday intelligent behavior, *Journal of Personality and Social Psychology, 52,* 1236–1247.

Wagner, R. K. & Sternberg, R. J. (1986). Tacit knowledge and intelligence in the everyday world. In R. J. Sternberg und R. K. Wagner (Hrsg.), *Practical intelligence. Nature and origins of competence in the everyday world.* Cambridge: Cambridge University Press.

15 Wissenschaftler an einem Max-Planck-Institut

Gerd Gigerenzer

Einleitung

Forschung wird nicht nur an Universitäten betrieben. An den Max-Planck-Instituten ergründen Wissenschaftler aus aller Welt die Grenzen des Wissens über den Menschen und die Natur. Mit über 12 000 Mitarbeitern in 80 Instituten und mehr als 9 000 Nachwuchs- und Gastwissenschaftlern ist die Max-Planck-Gesellschaft eine der führenden Organisationen für Grundlagenforschung weltweit. Seit 1997 bin ich Direktor an dem Berliner Institut für Bildungsforschung. Anders als an einem typischen Psychologieinstitut an einer Universität arbeite ich in einer interdisziplinären Forschungsgruppe. Meine Doktoranden, Postdoktoranden und Wissenschaftler kommen aus Psychologie, Informatik, Mathematik, Ökonomie, Biologie, Philosophie und anderen Disziplinen. Die meisten der heute wichtigen Themen respektieren nicht die historisch gewachsenen Grenzen der Disziplinen. Als Gruppe können wir diese informiert überschreiten und wie in einem Laser die Expertise bündeln. Das macht auch viel Spaß – wir lernen täglich voneinander und von unseren Gästen und können Phänomene tiefer und von vielen Seiten her verstehen.

Was hat mich zur Wissenschaft gebracht? Hier ist die kurze Geschichte: Ich komme aus einem nichtakademischen Elternhaus, und meine Mutter hat es gegen den Willen meines Vaters durchgesetzt, dass ich das Abitur machen konnte. Das Studium der Psychologie an der Universität München habe ich in Nachtarbeit als Musiker in verschiedenen Bands finanziert, von Soul bis Dixieland. Als ich meinen Doktor machte und ein Angebot als wissenschaftlicher Assistent in München erhielt, verdiente ich ein Vielfaches mehr als Musiker. Dennoch habe ich nur einen kleinen Moment gezögert, die erfolgreiche Karriere auf der Bühne aufzugeben und in die Forschung zu gehen. In der Unterhaltungsmusik spielt man, was das Publikum hören will, also meist jeden Tag das Gleiche. In der Wissenschaft, dachte ich, wäre ich frei, zu experimentieren und neue Wege zu denken, selbst wenn erstmal wenige zuhören. Und das war richtig gedacht.

Ich reise gerne. Meine wissenschaftliche Karriere hat mich durch die Welt getragen, und ich habe gelernt, dass man die Mentalität anderer Kulturen am besten versteht, wenn man vor Ort arbeitet. Als Professor war ich an der Universität Konstanz, der Universität Salzburg, der University of Virginia und der University of Chicago tätig; als Gastwissenschafter in China, Indien, Kanada, Taiwan und den USA. Bevor ich zur Max-Planck-Gesellschaft ging, war ich an der University of Chicago, die ganz anders ist als die meisten amerikanischen Universitäten – das Football-Stadium wurde vor Jahrzehnten planiert und eine der besten Bibliotheken der Welt darauf errichtet. Hier gibt es noch Studenten, die in Ideen verliebt sind. Die University of Chicago wurde vor mehr als hundert Jahren nach dem Vorbild der damaligen erstklassigen deutschen Universitäten gestaltet, die es ja heute nach Jahrzehnten rechtlicher, bürokratischer und politischer Zwänge nicht mehr gibt. Die einzige noch existierende deutsche Universität steht also in Chicago.

Ich dachte, ich würde immer in der Neuen Welt bleiben, bis mich der Ruf der Max-Planck-Gesellschaft erreichte. Ich habe das Glück, heute den besten Beruf auszuüben, den ich mir vorstellen kann.

1   Ein typischer Tag

Nehmen wir gestern: Ich komme um 8.30 Uhr zum Institut und bespreche mit meiner Sekretärin die neu eingegangenen Anfragen zu Vorträgen, Interviews und Gutachten sowie die Koordination meiner Vortragsreisen in den nächsten Wochen. Um 9.00 Uhr kommt Juliet, die letzte Woche bei uns als Postdoktorandin angefangen hat. Wir arbeiten in unserem Gespräch das Thema heraus, über das sie in den kommenden zwei Postdoc-Jahren arbeiten wird. Sie hat ihren PhD in London über die Struktur des Kurzzeitgedächtnisses gemacht, und sie wird bei uns über den Nutzen des Vergessens arbeiten. Ich gebe ihr noch einige Arbeiten über ein verwandtes Thema mit, da es von Vorteil ist, wenn Postdocs an zwei Themen arbeiten, so dass sie neue Zusammenhänge sehen können. Um 10.00 Uhr gehe ich mit meiner Assistentin ein Buchmanuskript »Gut feelings: The intelligence of the unconscious« durch, das morgen an Viking Press gesandt wird. In diesem Buch beschreibe ich, wie man Intuition als heuristische Prozesse verstehen kann. Wie in wissenschaftlichen Publikationen üblich, habe ich das Buch in englischer Sprache geschrieben. Da es allgemein verständlich für eine breite Leserschaft geschrieben ist, wird es in andere Sprachen übersetzt werden und bei Bertelsmann in deutscher Sprache erscheinen. Diese Korrekturarbeit nimmt den Rest des Vormittags in Anspruch.

Am Mittag gehe ich mit drei Mitgliedern meiner Gruppe in die Kantine des Instituts. Zwei sind Psychologen aus Deutschland und Spanien, der dritte ein Ökonom aus Texas. Wir besprechen über einer Hähnchenkeule die Ergebnisse einer gemeinsamen Untersuchung: wie amerikanische Ökonomen entscheiden, ob sie Prostatakrebsfrüherkennung mit PSA-Tests machen. Im Gegensatz zu ihrer rationalen Theorie des Abwägens von »Pros« und »Cons« folgten die meisten bei dieser wichtigen Entscheidung einfach dem, was ihr Arzt oder ihre Frau sagt. Wir diskutieren, was es bedeutet, dass die Personen mit dem geringsten Wissen über den Nutzen des Tests zugleich die konsistentesten Überzeugungen hatten.

Am frühen Nachmittag kommen zwei Professoren der Medizin aus Zürich zu Besuch, die mit mir über heuristische Strategien zur klinischen Diagnose arbeiten. An diesem Treffen nehmen vier andere Mitglieder meiner Arbeitsgruppe teil, drei deutsche Doktoranden der Psychologie und ein britischer Wissenschafter aus der Informatik. Um 16.00 Uhr unterbrechen wir das Treffen und gehen zum kleinen Konferenzraum, wo es, wie an jedem Tag, Kaffee und Tee gibt. Dies ist ein wichtiges soziales Ritual, das die 25 wissenschaftlich arbeitenden Personen in meiner Gruppe zusammenführt. Heute gibt es auch Kuchen für alle – ein Wissenschaftler hat einen Artikel im *Journal of Experimental Psychology* publiziert und bringt dafür süße Kalorien für alle mit. Um 16.15 Uhr hält im gleichen Raum einer meiner Postdoktoranden einen kurzen Vortrag über die Rekognitionsheuristik, eine einfache kognitive Strategie, die Menschen beim Treffen von Entscheidungen unter begrenztem Wissen verwenden. Nach der Diskussion geht die Gruppe wieder auseinander. Wir verabschieden die Schweizer Gäste, und ich setze mich mit Konstantinos vor einen Computer, um gemeinsam an einem Artikel über Entscheidungen unter Risiko zu arbeiten. Er hat ein Ingenieurstudium hinter sich und bringt wertvolle analytische Kompetenz in unsere Gruppe ein. Gegen 18.00 Uhr brechen wir ab und vereinbaren, wann wir morgen weiterarbeiten werden.

2   Menschen

Vier Gruppen arbeiten gemeinsam in einem Max-Planck-Institut: Wissenschaftler (einschließlich der Direktoren), Postdoktoranden, Doktoranden und nichtwissenschaftliches Personal. Die Stellen in den ersten drei Gruppen werden durch nationale und internationale Ausschreibungen und auch auf unserer Website angeboten. Die Wissenschaftlerstellen werden nach TVöD 13 bis 14 und nach W 2 bezahlt, die Direktoren nach W 3. Die meisten Wissenschaftlerstellen sind befristet; meine Mitarbeiter arbeiten in der Regel fünf bis sieben Jahre am Institut, bevor sie eine Professur an einer Universität annehmen. Die Postdocs erhalten in der Regel ein Stipendium, das in der Größenordnung von 2 000 Euro pro Monat liegt, und die deutschen Doktoranden werden nach TVöD bezahlt. Dann gibt es Gastwissenschaftler – vom Professoren bis zum Doktoranden –, die mit ihrem eigenen Geld zu uns kommen, um hier arbeiten zu können.

Die gemeinsame Arbeitssprache ist Englisch, da etwa die Hälfte der Wissenschaftler aus dem Ausland stammt. Man kann in den Gängen aber auch Schwedisch, Spanisch, Portugiesisch oder Chinesisch hören. Ohne Englisch in Wort und Schrift wäre die Forschung national und isoliert.

In meiner Arbeitsgruppe gibt es pro Jahr ein halbes Dutzend freie Stellen im wissenschaftlichen Bereich, auf die sich 50 bis 100 Personen bewerben. Die Bewerber kommen zu etwa je einem Drittel aus Deutschland, Europa und Übersee. Das halbe Dutzend, das uns verlässt, geht meist an Universitäten im Ausland – nur bedrückend wenige bleiben in Deutschland. In den letzten Jahren gingen meine Mitarbeiter an die Universität Basel, Universität Lausanne, Tilburg University, London School of Economics, London Business School, University of Michigan und University of California Los Angeles.

3   Forschung

Unser erstes Ziel ist exzellente und innovative Forschung, das heißt, Risiken einzugehen und neue Denkfenster zu öffnen. Die Max-Planck-Institute sind der Grundlagenforschung gewidmet, aber diese führt zu erfolgreicher angewandter Forschung. Ich untersuche, wie Menschen mit Risiken und Unsicherheiten umgehen, wie wir mit begrenzter Zeit und begrenztem Wissen gute Entscheidungen treffen können und wie man Rationalität verstehen kann. Diese Fragen sind interdisziplinär, und daher arbeiten meist Wissenschaftler aus verschiedenen Disziplinen und mit komplementären Methoden – wie Experiment, Simulation, mathematische Analyse – zusammen. Um dies zu erleichtern, haben wir eine entsprechende Kultur entwickelt: alle Zimmer auf demselben Flur, offene Türen, gemeinsame Lesegruppen, jede Woche Vorträge und, wie gesagt, täglich ein informelles Treffen bei Kaffee und Tee.

Ein wesentlicher Teil der Forschung besteht in der Supervision der Doktoranden und Postdocs, von der Planung der Experimente bis hin zum Schreiben der Artikel. Besonders wichtig ist, sich mit einem Doktoranden gemeinsam vor den Computer zu setzen und den Entwurf eines Artikels zu überarbeiten. Braucht man diesen Satz? Kann man es nicht klarer und kürzer sagen? Was sind die wichtigsten Punkte? Dadurch wird klares Denken und Schreiben gefördert.

Die Forschungsleistung jedes Max-Planck-Instituts wird alle zwei Jahre von einer internationalen Kommission begutachtet. Zu diesem Zweck erstellen wir einen Bericht mit allen Veröffentlichungen, den wichtigsten Erkenntnissen und Anwendungen. Wir haben beispielsweise unsere Grundlagenforschung über Heuristiken und Risikokommunikation erfolgreich auf die Arzt-Patient-Kommunikation, auf AIDS-Beratung und das Strafrecht übertragen. Wir sind derzeit dabei, diese Erkenntnisse auf Marketing und Ingenieurwissenschaften, beides in Zusammenarbeit mit dem MIT, anzuwenden. Neue Wege zu gehen, beinhaltet auch das Risiko eines Fehlschlags,

aber ohne etwas zu riskieren, kann man auch wenig erreichen.

4 Vorträge

Die Ergebnisse der Forschung werden in wissenschaftlichen Zeitschriften und Büchern publiziert; man sollte jedoch die Effektivität von Vorträgen nicht unterschätzen. Dazu geben wir allen jungen Wissenschaftlern die Gelegenheit, einen Vortrag erst einmal »zu Hause« zu halten, um ein Feedback darüber zu bekommen, wie man es besser machen kann. Hier hilft mir meine frühere Erfahrung von der Bühne. Ich halte jedes Jahr zwischen 30 und 50 Vorträge und verbringe daher viel Zeit unterwegs. Das Spannende daran ist, zu Menschen aus verschiedenen Disziplinen und Institutionen zu sprechen – wie Medizinern, Ökonomen, Juristen, Philosophen, Wissenschaftshistorikern, Journalisten – und nicht ausschließlich zu Psychologen. Durch diese Breite lerne ich, dass andere Disziplinen teilweise die gleichen Fragestellungen haben wie die Psychologie, und kann so ein breites Verständnis der Implikationen meiner Forschung entwickeln.

5 Schreiben

Ich verbringe viel Zeit mit dem Schreiben von Zeitschriftenartikeln und Büchern. Da ich die Tür zu meinem Büro am Institut offen halte und versuche, für alle immer Zeit zu haben, ist es mir kaum möglich, in Ruhe zu schreiben. So bleibe ich meist einen Tag in der Woche zu Hause, um zu schreiben. Dies reicht natürlich nicht, und ich schreibe dann, wie dieses Kapitel, am Wochenende oder spät am Abend. Neben der wissenschaftlichen Argumentation ist der sprachliche Stil dafür entscheidend, ob ein Text gelesen und bemerkt wird. Stil ist besonders wichtig, wenn man sich als Deutscher auf Englisch ausdrückt. Der beste Weg, einen guten Stil zu lernen, ist, jene wenigen Autoren zu lesen, die klar und schön schreiben können. Ich habe viel von den Wissenschaftshistorikern Lorraine Daston und Ian Hacking gelernt und kann nur jedem empfehlen, eines ihrer Bücher in die Hand zu nehmen und genau zu lesen.

6 Lehre

Viele meiner Kollegen an Universitäten beneiden Wissenschaftler an Forschungsinstituten, weil diese nicht lehren müssen. Ich lehre aber gerne, und die Realität sieht glücklicherweise auch anders aus. Ich bin Honorarprofessor an der FU und der HU Berlin und halte dort regelmäßig Seminare und Vorlesungen. Jeden Sommer organisiere ich (derzeit mit Werner Güth vom Max-Planck-Institut für Ökonomik) ein Summer Institute for Bounded Rationality in Psychology and Economics, an dem wir zehn Tage ganztägig in einer entspannten Atmosphäre lehren. Darüber hinaus unterrichte ich als Gastprofessor an verschiedenen Universitäten, wie an der Darden Business School und der School of Law, University of Virginia. Viel Spaß machen mir auch die Seminare für ca. 20 amerikanische Richter, die alljährlich an einem schönen Ort in den USA stattfinden.

7 Gutachten

Forschung evaluiert sich selbst in Form von Reviews über Personen, Forschungsanträ-

ge, Zeitschriftenartikel und Buchmanuskripte. Diese Woche habe ich beispielsweise einen Kollegen vom MIT begutachtet, der »tenure« erhalten soll, habe ein Gutachten geschrieben für die University of California, an der ein renommierter Professor auf einen hohen Rang befördert werden soll, sowie ein Gutachten für einen Antrag an die National Science Foundation abgefasst. Diese wichtigen Gutachten erfordern viele Stunden an Zeit. Das ist eine typische Woche.

8 Gäste

Durch unser Institut geht ein Strom von Besuchern, die Vorträge halten und mit Max-Planck-Wissenschaftlern zusammenarbeiten. Meine Gruppe wird zur Zeit von zwei Professoren der Ingenieurwissenschaften besucht, einer vom MIT, der andere aus Sydney, die beide unsere Forschung zu effektiven Entscheidungsheuristiken auf ihr Fach übertragen möchten. Zu den liebsten Gästen gehören frühere Mitarbeiter meiner Gruppe, die immer wieder für ein paar Tage oder Monate an das Institut zurückkehren.

9 Institut

Unser Institut ist eines der größten Max-Planck-Institute in den Sozialwissenschaften und hat vier Forschungsgruppen mit je einem Direktor. Jeder von uns dient für zwei Jahre als Geschäftsführender Direktor und kümmert sich dann um die Belange und Sorgen aller Beschäftigten. Einmal im Monat treffen sich alle vier Direktoren mit dem Verwaltungsleiter des Instituts, um alle Anträge und Fragen zu klären. Dann führe ich, wenn nötig, Konfliktlösungsgespräche mit technischen und wissenschaftlichen Mitarbeitern und dem Betriebsrat. Diese administrative Tätigkeit kann sehr aufwändig werden, aber die ausgezeichnete Infrastruktur des Instituts ist eine enorme Unterstützung.

10 Forschungsparadies

Für den Leser dieses Buches, das sich an Studierende richtet, ist der Beruf eines Max-Planck-Direktors nichts, was man einfach wählen kann, aber man kann ihn anstreben. Darüber hinaus muss man nicht erst Direktor sein, um von den Vorzügen eines Forschungsinstitutes zu profitieren. Im Gegenteil, die anderen Wissenschaftler, die weniger Verpflichtungen haben, können die Vorteile noch intensiver genießen. Neben der Max-Planck-Gesellschaft gibt es mehrere andere große und kleine Forschungsinstitutionen, wie die Helmholtz-Gesellschaft, die Fraunhofer-Gesellschaft, die Boltzmann-Gesellschaft in Österreich und das CNRS in Frankreich. Wissenschaftler an einem Forschungsinstitut zu sein ist ein Traumjob, insbesondere wenn die Arbeit interdisziplinär, international, unbürokratisch und leistungsorientiert ist. Für die ewig Neugierigen, die die Grenzen des eigenen Wissens als eine Herausforderung sehen, liegt hier das Forschungsparadies.

16 Neuro- und Biopsychologie

Hans J. Markowitsch

Einleitung

Die wissenschaftliche Psychologie baut auf verschiedenen Traditionen auf. Im deutschsprachigen Raum war Wilhelm Wundt der Inhaber des ersten Lehrstuhls für Psychologie. Wundt war Mediziner und die damalige Psychologie war vor allem an Wahrnehmungsphänomenen interessiert (»Apperception«), einem Feld, für das bis heute auch die deutschsprachige Neurophysiologie bekannt ist – Namen wie die von Otto Creutzfeldt, Otto-Joachim Grüsser, Thomas Brandt, Hans Helmut Kornhuber und Johannes Dichgans stehen hier stellvertretend für andere. In anderen Teilen der Welt orientierten sich Psychologen dagegen vor allem am Behaviorismus und damit an quantitativen Beschreibungsversuchen von Verhalten. Daneben fand im Sowjetreich und manchen seiner Satelliten Pawlows Schule des klassischen Konditionierens ihre Anhänger.

Zur Wende zum 20. Jahrhundert waren neuropsychologische Forschungen und eine entsprechende intensive Diagnostik weit verbreiteter, als dies nach dem Zweiten Weltkrieg der Fall war (Markowitsch, 1992; Poeck, 2006). Schon vor Goldstein (z. B. 1910, 1927) waren es Mediziner, wie Korbinian Brodmann (z. B. 1902, 1904) und Kurt Schneider (z. B. 1912, 1928), die intensive neuropsychologische Diagnostik betrieben und beschrieben (**Abb. 1** und **2**). Hierbei half ihnen auch die Existenz von Publikationsorganen, die Neurologie und Psychologie verbanden (»*Journal für Psychologie und Neurologie*«).

Auch die mehr als ein Dutzend Auflagen von Ziehens (1924) »Leitfaden der Physiologischen Psychologie« und Wundts (1908) »Grundzüge der Physiologischen Psychologie« demonstrieren, dass zu Anfang des letzten Jahrhunderts Psychologie und Physiologie (und auch Philosophie) verwoben waren. Andererseits wies schon 1896 Paul Flechsig – wie Wundt Professor an der Universität Leipzig (und wie Wundt Mediziner, darüber hinaus auch Rektor der Universität) – darauf hin, dass die Psychologie nicht wirklich am Gehirn interessiert war. Flechsig schrieb damals auf Seite 7 in seinem Büchlein »Gehirn und Seele«:

Die Psychologie hat es trotz endloser Bemühungen noch nicht zum Rang einer exacten Wissenschaft bringen können, nicht zuletzt deshalb, weil sie gezwungen war, unabhängig von der

A.

Die Heuernte.

Die Heuernte.......... im Sommer statt, wenn das .... hoch auf den .... steht. Es wird mit der ....ab........................, durchgeschüttelt und ausgebreitet, damit es in der .... dürr .... Am Abend wird .... meist in .... gelegt. Wenn das Gras .... ist, fährt man mit den .... hinaus und holt es in die .... Später wächst das Gras zwar .... einmal, wird .... nicht mehr so ...., wie das erstemal. Man nennt dieses zweite Gras ....

B.

Die Eisenbahn.

Wenn man verreisen will, geht man auf den .... Zuerst kauft man sich am .... eine .... Dann geht man auf den Bahnsteig. Der Zug .... schon bereits mit einer langen .... von Wagen; die .... zischt. Der Schaffner ruft: „................!" Rasch steigt man ein und .... sich einen guten................, womöglich .... Fenster. Die Türen werden .... Langsam beginnen die .... sich zu drehen, der Zug .... ab. Die Zurückbleibenden .... mit den Tüchern.

Abb. 1: Beispiele für das von Schneider (1912) so genannte »Ebbinghaus'sche Kombinationsschema« zur Untersuchung neurologisch auffälliger Patienten; Schneider schrieb: »Ich habe für meine Zwecke zwei ziemlich kurze Schemata gewählt, von denen eines für Landleute, das andere mehr für Städter gedacht ist« (S. 563).

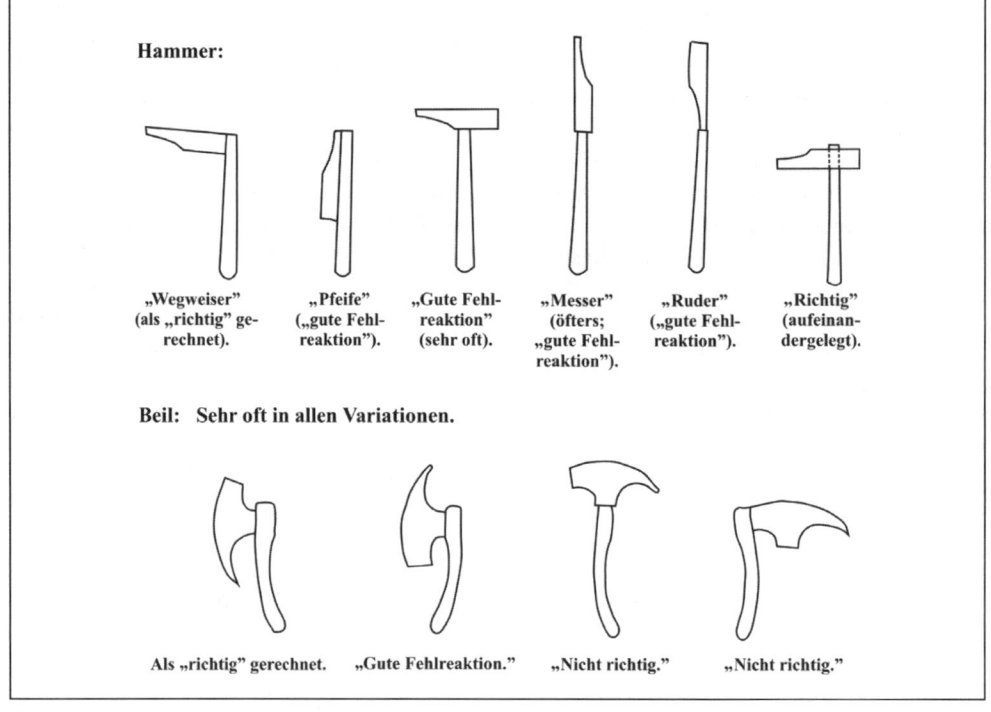

Abb. 2: Beispiel für ein von Schneider (1912) angewandtes Verfahren (»Kombinationsfiguren«) zur Untersuchung der visuellen Erinnerungs- und Kombinationsfähigkeit bei neurologisch auffälligen Patienten (S. 571)

Hirnlehre ihre Grundbegriffe zu bilden. Dank der wahrhaft naiven Voraussetzung, dass man die Functionenlehre eines Organs wie das Gehirn entwickeln könne, ohne das Organ selbst zu kennen, ist sie zum Tummelplatz für allerhand seltsame Einfälle geworden, dagegen ausserordentlich arm geblieben an wirklich fruchtbaren Gesichtspunkten.

Diese Kritik nahm sich die deutschsprachige Psychologie bis heute kaum zu Herzen. Stattdessen bildeten sich phänomenologische, psychodynamische und klinisch-angewandte Ansätze heraus. Nach dem Zweiten Weltkrieg existierte für Dekaden im deutschsprachigen Raum kaum eine nennenswerte Physiologische Psychologie oder Biopsychologie (geschweige denn eine Neuropsychologie) (vgl. Markowitsch, 1983, zu Differenzierungen). Man verschlief damit (und verschläft teilweise weiterhin) den Anschluss an die internationale Psychologie, was eine naturwissenschaftlich orientierte Psychologie betrifft, bei der die Funktionen des Nervensystems im Vordergrund stehen. Stattdessen beginnen die biomedizinischen Wissenschaften, die ihnen sinnvoll erscheinenden Bereiche der Psychologie zu inkorporieren.

Den Bereich der Tierforschung in der Psychologie einzubinden, gelang nur sporadisch und für eine kurze Epoche, wobei hier die Tierschutzgesetzgebung zusätzlich dazu beitrug, dass dieser Bereich hauptsächlich in der Medizin verblieb (Pritzel & Markowitsch, 1985). Außerdem hinderten Beschränkungen in Ausstattung und jährlichen Finanzzuweisungen ein konkurrenzfähiges Erstarken der physiologischen Psychologie. Folglich entstand allenfalls ein pseudobiopsychologischer Bereich, in dem auf elektrophysiologische Ableitungen mittels EEG (»evozierte Potentiale«) gesetzt wurde. Dieses Feld muss spätestens gegenwärtig als weitgehend passé bezeichnet werden, wie selbst ein Vertreter dieser Forschungsrichtung auf dem im Jahre 2005 stattgefundenen Kongress der »EEG & Cli-

nical Neuroscience Society« (die inzwischen mit der »International Society for Neuroimaging in Psychiatry« fusionierte) attestierte.

Die Neuropsychologie andererseits, d. h. das Befassen mit hirngeschädigten Patienten, wurde zwar ein zunehmend anerkannter Teilbereich der Psychologie, allerdings großenteils außerhalb der akademischen Psychologie. Die »Gesellschaft für Neuropsychologie« verlangt von Mitgliedern, die sich als von ihr zertifizierte Neuropsychologen bezeichnen dürfen, eine Ausbildung, die weitgehend direkt oder indirekt von ihr selbst in kostspieligen Kursen durchgeführt oder überwacht wird. (Ähnliches gilt allerdings auch für andere Bereiche der Psychologie, insbesondere für die klinische Psychologie.)

D. h., es gibt eine immer eklatanter werdende Diskrepanz zwischen der Bedeutung einer neurowissenschaftlichen Psychologie in den Wissenschaften und in der Praxis. Diese Diskrepanz zeigt sich allerdings auch international insoweit, als die neurowissenschaftlichen Anteile der Psychologie sich teilweise von dieser abgekoppelt haben und in eigenen Instituten oder in solchen von Medizin und Psychologie als Neuroscience- oder Cognitive-Neuroscience-Institute aufgingen. Die in den USA ausgerufene »Decade of the brain« und Nobelpreise, die Neurowissenschaftlern verliehen wurden, zeigen die Bedeutung der Hirnforschung ebenso wie deren exponentiell angestiegene Repräsentation in der Gesellschaft und den Medien. Andererseits ist in den angloamerikanischen Ländern – vom Vereinigten Königreich bis nach Neuseeland – und auch in den Niederlanden und den skandinavischen Ländern eine wissenschaftlich ausgerichtete Neuropsychologie wesentlich fester verwurzelt als bei uns. Dies zeigt sich in den dortigen Zusammenschlüssen (»Gesellschaften«) wie auch in den regelmäßig ausgerichteten Kongressen und Symposien, in eigenen Zeitschriften – die trotzdem weit internationaler ausgerichtet sind als die im deutschen Sprachraum erscheinende *Zeitschrift für Neuropsychologie*. Es ist auch in den Lehrplänen evident – die Universität Oxford beginnt ihre Ausbildung mit den drei Ps: *Psychology, Physiology, Philosophy* – und findet sich in der Festlegung von Fortbildungen und Spezialisierungen, die, wie zu hoffen ist, in Deutschland vielleicht auch zukünftig einmal verwirklicht werden.

1   Eigene Erfahrungen

Meine eigenen Erfahrungen in der physiologischen Psychologie/Neuropsychologie sind sicher nicht repräsentativ. An der Universität Konstanz, an der ich mein Studium begann, war Psychologie stark naturwissenschaftlich ausgerichtet, ich arbeitete mit Tieren von der Ratte bis zum Affen und von neuroanatomischen Techniken bis hin zur Ableitung von Einzelzellantworten bei Tieren, die Lernaufgaben durchführten. Die dazu benutzten Labors befanden sich im Hochhaus der Biologie, man besuchte Lehrveranstaltungen und Praktika zusammen mit den Biologiestudenten und hatte als Doktorand Mitarbeiterkollegen, die Medizin oder Physik studiert hatten und die später Klinikchef oder Max-Planck-Institut-Direktor wurden.

Schon im ersten Semester waren alle Lehrbücher englischsprachig. Für die Einführungsveranstaltung waren es die »Essentials of Psychology« von Kimble und Garmezy (1968), für die Statistikveranstaltung das Buch von Hays (1969). Anschließend kam Peter Milners (1970) Lehrbuch »Essentials of Physiological Psychology« – vom österreichischen Dozenten »Meilner«

ausgesprochen. Im Vergleich zu der damaligen Weltoffenheit und Internationalisierung der Psychologie sehe ich gegenwärtig wieder eine Provinzialisierung unserer Psychologie, die nicht nur dadurch unterstrichen wird, dass man sich weitgehend auf deutschsprachige Grundlagenlehrbücher beschränkt.

Ich halte eine Ausbildung, bei der man zumindest für einige Monate in anderen Labors arbeiten kann – für mich waren es das Department of Experimental Psychology der Oxford Universität und das Neurophysiologische Institut der Universität von Kopenhagen – für bedeutend, ebenso wie den Besuch internationaler Konferenzen oder von Sommer- und Winterschulen (z. B. denen der *European Brain and Behaviour Society* in den Schweizer Bergen oder auf den griechischen Inseln) für wichtig, um internationale Standards kennen zu lernen und um Erfahrungen im internationalen Publizieren zu bekommen. (Diesem steht in Deutschland weiterhin die Dominanz deutschsprachiger psychologischer Zeitschriften im Wege, während z. B. in Biologie und Medizin entsprechende Fachorgane seit Jahrzehnten auf Englisch als Wissenschaftssprache umgestellt haben – nicht alle, aber die Wesentlichen.)

Heutzutage, im Zeitalter des »Downloadens«, werden keine Sonderdrucke mehr angefordert. Früher sah man jedoch an den teilweise mehreren Hundert Anforderungen eines englischsprachigen und den kaum einem Dutzend Anforderungen eines auf deutsch verfassten Artikels, dass man nur dann eine Chance hat, wissenschaftlich wahrgenommen zu werden, wenn man englisch publiziert. Gleiches gilt hinsichtlich Vortragseinladungen und Bewerbungsmöglichkeiten, wo die Alternativen im Grunde Provinz versus Welt heißen.

2 Ausbildung und Berufsperspektiven

Die Ausbildung in physiologischer, Bio- oder Neuropsychologie ist bislang wenig angeglichen zwischen den verschiedenen deutschsprachigen Instituten. Dies liegt zu einem nicht unwesentlichen Teil an den individuellen Hintergründen der Lehrenden, die teilweise, da die Lehre aus anderen Disziplinen (z. B. der Physiologie oder Neurologie) importiert wird, massiv divergieren. Es gibt Institute oder Fachbereiche, die z. B. auf neuroanatomische Grundlagen Wert legen – was ich als wesentlich erachte, will man sich gegenüber Medizinern Respekt verschaffen –, und andere Institute, die hierfür kaum mehr als zwei Doppelstunden vorsehen. Überhaupt werden die physiologischen und anatomischen Grundlagen und Methoden häufig zu kursorisch abgehandelt. Diese stellen aber die Basis dar für die angewandten, sich auf Hirnfunktionen und Störungen beziehenden Veranstaltungen. Wer nie das maschinengewehrartige Tackern einer »feuerten« Nervenzelle gehört hat, nie die Schichtenstruktur kortikaler Nervenzellen unter dem Mikroskop betrachtet hat und nie gesehen hat, wie ein Tier lernt, sich im Labyrinth oder beim Hebeldrücken Belohnungen zu ergattern, für den sind im späteren Arbeitsleben viele Berufsmöglichkeiten versperrt. Wer andererseits nie einen hirngeschädigten oder psychiatrischen Patienten untersucht hat, für den wird es zumindest schwierig, sich die dafür notwendige Expertise zuzulegen. Fundierte Lehre in physiologischer Psychologie wird von studentischer Seite häufig als »Physiologie« bezeichnet, wohl, weil man dadurch die Distanz zu anderen Arbeitsfeldern der Psychologie herausstreichen will. Hier ist es Sache der Lehrenden, Verbindungen zu klassischen psychologischen Arbeitsfeldern herauszustreichen, das Besondere der Verbindung von Physiologie und Psychologie immer wieder in den Vordergrund zu rücken und Bezüge zu angewandten – etwa klinisch psychologischen – Gebieten aufzuzeigen.

Letzthin hatte ich als Zweitgutachter eine Doktorarbeit zu begutachten, deren praktischen Teil die Doktorandin mittels funktioneller Bildgebung in den USA durchgeführt hatte. Hier hatte sie offensichtlich »rein akustisch« gehört, dass Regionen der Hirnrinde immer noch entsprechend der Kartierung von Korbinian Brodmann (1909, 1914) benannt werden (z. B. Area 12). Sie schrieb jedoch immer »Broadman areas«, was zeigt, dass ihr eine konventionelle anatomische Ausbildung fehlte. (In manchen englischsprachigen Publikationen findet man »Brodman«.)

Da die Felder von Bio- und Neuropsychologie recht breit sind, öffnet eine fundierte Ausbildung am sichersten die Türen zu entsprechenden Berufen. Gleichwohl weiß ich aus eigener Erfahrung mit einzelnen Studenten, dass gerade Psychologen ungewöhnliche Berufswege nicht verschlossen sind: So gab es während meiner Zeit an der Universität Konstanz Studenten, die später Fernsehtalkmaster und Personalchef in einer Weltfirma wurden. Der Personalchef hatte zuvor seine Diplomarbeit zu verbalen Langzeitgedächtnisdefiziten frontal hirngeschädigter Patienten verfasst und war dann gleich in die Industrie gegangen.

Grundsätzlich vertrete ich aber die Meinung, dass Stellen als Laborleiter in der pharmazeutischen Industrie an durch in der Tierforschung erworbene Kenntnisse verhaltensbiologischer und biochemischer Natur gebunden sind. Studenten, die Struktur-Funktions-Beziehungen im Humanbereich gelernt haben und sich entweder in klinischen oder neuropsychologischen Veranstaltungen diagnostische und/oder therapeutische Kenntnisse erworben haben, sind gewappnet, in neurologischen und psychiatrischen Krankenhäusern und Rehabilitationskliniken tätig zu werden. Gerade neurologische Rehabilitationskliniken stellen ein Auffangbecken für Neuropsychologen dar. Darüber hinaus liegen diese Kliniken häufig in landschaftlichen Umgebungen von hohem Freizeitwert – Ostsee, Nordsee, Bodensee, bayerische Alpen.

Die Ausbildung von Psychologen macht Bio- und Neuropsychologen auch besonders geeignet, komplexe Forschungsdesigns zu kreieren und diese statistisch-methodisch »in Form zu gießen«. Teamarbeit ist ohnehin in der gegenwärtigen und zukünftigen Welt weit zentraler als der isolierte Elfenbeinturm. Dies impliziert auch eine erhöhte Durchlässigkeit gegenüber bislang vorherrschenden Abgrenzungen. Der Terminus »Neurowissenschaftler« akzentuiert dieses. Am Beispiel: Wo früher nur Neurologen oder Psychiater vor Gericht als Gutachter gefragt waren, sind gegenwärtig auch Neuropsychologen in der Lage, Glaubwürdigkeit oder Zeugenfähigkeit zu bestimmen, wobei neurowissenschaftliche Methoden bis hin zur funktionellen Bildgebung durchaus klassische Ansätze ergänzen können (Markowitsch, in Druck; Markowitsch & Kalbe, 2006). Überhaupt stellt der Bereich des Neuropsychologen ein stetig zunehmendes Anwendungsgebiet für Psychologen (mit entsprechender Zusatzqualifikation) dar. Viele Rehabilitationskliniken, Universitätskrankenhäuser, aber auch kommunale Krankenanstalten, engagieren Neuropsychologen für Zwecke der Diagnostik und Therapie hirngeschädigter oder psychiatrischer Patienten. Aber auch selbstständig tätige Neuropsychologen sind inzwischen teilweise schon so erfolgreich, dass sie mehrere Mitarbeiter einstellen. Einen weiteren Teilbereich in diesem Umfeld stellen Neuropsychologen dar, die sich mit demenzkranken Patienten beschäftigen.

In der Pharmaindustrie werden Bio- und Neuropsychologen insbesondere auch wegen ihrer fundierten methodisch-statistischen Kenntnisse gerne angestellt. Diese Vorzüge können aber auch zu einer Anstellung in den Bereichen von Gesundheitswissenschaften und Epidemiologie führen. Betont werden sollte auch, dass Psychologen ja selten »reine« Psychologen sind; meist haben sie Affixe (»Neuropsychologe«) und häufig Kombinationen von Schwerpunkten, einschließlich solcher von Nachbardisziplinen, von der Biologie zur Physiologie, die Berufsperspektiven verbreitern. Da insbesondere das Präfix »Neuro-« heutzutage fast universell anderen Wissenschaften vorangestellt wird (»Neurophilosophie«, »Neuroökonomie«, »Neurotheologie«; Angel & Kraus, 2004; Glimcher & Rustichini, 2004; Walter, 2002), wird die Verbindung zu neurowissenschaftlich Ausgebildeten zunehmend gesucht. Hinzu kommt, dass wir uns heutzutage in weit größerem Ausmaß als früher mit »continuing education« befassen müssen, d. h., dass die Fortbildung von bereits Berufstätigen einen zunehmend hohen Stellenwert einnimmt, was wiederum gerade den schon im Studium in einer neurowissenschaftlichen Brückenfunktion Ausgebildeten beruflich Vorsprünge bietet, die andere, eher eindimensional durch das Studium Gegangene weit weniger erzielen.

Insgesamt betrachtet haben gerade Psychologen viele »ökologische Nischen« gefunden, in denen sie tätig werden konnten. Gleiches gilt, so meine ich, auch für Bio- und Neuropsychologen. Kommt dann noch eine internationale Perspektive hinzu, steht einem auch die Welt offen. Dies ist natürlich insbesondere dann der Fall, wenn man eine wissenschaftliche Laufbahn einschlägt. Mir ermöglichte diese z. B. nicht nur den Erhalt von Rufen an Universitäten in Australien und Kanada, sondern auch Reiseaufenthalte, die mich zu Forschungszwecken und mit Drittmittelunterstützung nach Südafrika (Siebert, Markowitsch & Bartel, 2003), Brasilien (Terra-Bustamente et al., 2005), Kanada (Tulving & Markowitsch,

1998), Estland, Dänemark (Markowitsch et al., 1984) und in die USA (Kroll et al., 1997) führten, oder die mich auf Kongresse brachten, die ein Kennenlernen der Welt von Feuerland bis Japan und von Neuseeland bis Kalifornien nach sich zog. Da ich spezielle alte Drucke sammle (s. Abb. 1 in Markowitsch, 2004a), lässt sich das Aufsuchen von Tagungsorten mit dem Besuch von Antiquariaten verbinden und damit Beruf und Hobby zumindest in einer Hinsicht kombinieren.

Für die Zukunft sehe ich einerseits eine Erweiterung klassischer Forschungsfelder und Arbeitsschwerpunkte, etwa hinsichtlich Epidemiologie und Gesundheitsforschung (Schlaf, Stress, Arbeitsumgebung). Andererseits werden sich neue auftun, die beispielsweise den Bereich der Wirtschaft mit der Bio- und Neuropsychologie verbindet (Kuhnen & Knutson, 2005; Rusticini, 2005) oder die mit Hilfe neuer Verfahren Forensik, Juristik und Bio- und Neuropsychologie verknüpfen (Markowitsch, in Druck). Aber auch Neuroethik und philosophische Grundsatzfragen brauchen eine Vertretung durch kompetent ausgebildete Fachleute. Schlussendlich ist auch anzufügen, dass die Vermittlung von physiologisch-psychologischem Wissen in die Öffentlichkeit, einschließlich der Print- und Telemedien, an Raum und Bedeutung gewinnen wird.

3 Universitätslehrer im Bereich der Bio- und Neuropsychologie

Als Lehrstuhlinhaber im Bereich der physiologischen Psychologie bin ich für Lehre und Forschung in diesem Bereich verantwortlich. Was die Lehre anbetrifft, so ist diese insbesondere im Grundstudium und zukünftigen Bachelor-Studiengang insofern festgelegt, als eine ausführliche Einführung abzuhalten ist, die ich in der Regel (außer bei Wahrnehmung eines Freisemesters) selbst halte. Hier werden die Grundlagen von Aufbau und Funktion von Nervenzellen erklärt, die Anatomie des Gehirns ausführlich dargestellt und die Sinnessysteme sowie das motorische System besprochen. Die Erklärung funktioneller Zusammenhänge begleitet die Ausführungen, die im Rahmen eines zweiten nachfolgenden Einführungsteils – der die Bereiche Emotion, Motivation, Sexualität, Schlaf und Bewusstsein, Sprache und Lernen und Gedächtnis umfasst – selbstverständlich sind (s. das Lehrbuch von Pritzel, Brand & Markowitsch, 2003). Weitere Veranstaltungen können individueller gewählt werden und Teilbereiche vertiefen. Das Hauptstudium (oder zukünftig Masterstudium) ist dann stärker anwendungsbezogen und enthält Bereiche neuropsychologischer Diagnostik und Therapie und die Darstellung von Störungsbildern, wie sie für neurologische und psychiatrische Patienten typisch sind.

Im Bereich der Forschung liegt der Schwerpunkt auf Gedächtnis und Gedächtnisstörungen, einem Gebiet, das Wissenschaftler schon seit Jahrhunderten fasziniert (Markowitsch, 1992) und das, wie es der Sinnesphysiologe und Mediziner Ewald Hering schon 1870 trefflich darstellte, die Persönlichkeit des Menschen zentral ausmacht (Markowitsch, 2005; Markowitsch & Welzer, 2005). Er schrieb (S. 12):

Das Gedächtnis verbindet die zahllosen Einzelphänomene zu einem Ganzen, und wie unser Leib in unzählige Atome zerstieben müsste, wenn nicht die Attraktion der Materie ihn zusammenhielte, so zerfiele ohne die bindende Macht des Gedächtnisses unser Bewusstsein in so viele Splitter, als es Augenblicke zählt.

In Zusammenarbeit mit Universitätskliniken und weiteren Einrichtungen der Patientenversorgung ist es möglich, Patienten unterschiedlichster Ätiologien zu untersuchen. Hierzu dient auch die »Bielefelder Gedächtnisambulanz«, eine Einrichtung unserer Abteilung, die die Untersuchung von Patienten mit vermuteten Gedächtnisstörungen ermöglicht, und zu der Patienten entweder aus eigenem Antrieb kommen oder weil sie von Ärzten überwiesen wurden.

Administrative Arbeiten innerhalb und außerhalb der Fakultät gehören zum Berufsalltag. Dies kann auch Funktionen bei der Deutschen Forschungsgemeinschaft einschließen, bei der ich als Fachgutachter und als Mitglied des Senatsausschusses für Sonderforschungsbereiche tätig war. Die Herausgabe von Zeitschriften, wie der Zeitschrift *Neurocase*, stellt eine weitere Herausforderung dar, da es heutzutage nicht immer leicht ist, Gutachter zu finden, die innerhalb kurzer Zeit bereit sind, ein eingereichtes Manuskript zu begutachten, ohne dass sie dafür eine Entlohnung erwarten können. Ab und zu gilt es darüber hinaus, Kongresse und Symposien zu organisieren, auf denen sich die Fachwelt trifft. Hier gilt es, auch ökonomisch versiert zu agieren, damit einerseits die Teilnehmer nicht zu hohe Kongressgebühren entrichten müssen, andererseits aber auch der Kongressorganisation keine Schulden entstehen.

Ein Ausgleich für derartige Arbeiten sind – je nach eigener Einstellung – Einladungen zu nationalen und internationalen Vorträgen, bei denen man seine eigenen Forschungsergebnisse präsentieren kann. Tätigkeiten, die indirekter mit dem Hochschulamt zusammenhängen, wie die Tätigkeit als Gutachter, mögen willkommene Abwechslung sein, können aber auch belasten, wenn Drittmittelgeber einen zu oft um die eigene Meinung über Projektanträge anderer fragen. Positiv verstärkend kann auch wirken, wenn man für Fernsehsendungen beratend tätig werden kann – etwa die Gedächtnistests für Prominente und Zuschauer entwickelt und anwendet (»Grips-Show«) –, oder wenn es einem ge-

lingt, einen hartnäckigen Lügner durch die Methoden des eigenen Faches zu »überführen«. Hier hatte ich den Gerichtsauftrag, das Gedächtnis eines Angeklagten zu untersuchen, der vorgab, sich nur deswegen in Widersprüche verstrickt zu haben, weil er ein schlechtes Gedächtnis habe. Tatsächlich konnte ich mittels einer Reihe neuropsychologischer Testverfahren – einschließlich so genannter Lügendetektionstests – nachweisen, dass er nur vorgibt, ein schlechtes Gedächtnis zu haben. So konnte er als Versicherungsbetrüger verurteilt werden (Markowitsch, in Druck).

Ein Beispiel aus anderer neuropsychologischer Perspektive ist die Untersuchung von Patienten mit seltenen, genetisch bedingten Hirnkrankheiten (Markowitsch, 1994; Markowitsch et al., 1994; Siebert et al., 2003). Da derartige Patienten zum Teil sehr regional begrenzt leben, kann man diese dann vor Ort untersuchen und dabei Land und Leute kennen lernen. In Südafrika lebte ich zur Untersuchung von Patienten, die an einer Krankheit litten, die den Mandelkern im Gehirn absterben ließ, in einem Gästehaus, in dem noch altenglische Traditionen herrschten, wie ein gemeinsames Dinner, zu dem täglich geläutet wurde und das mit einem Sherryempfang begann und mit einem gemütlichen Zusammensitzen am Kaminfeuer endete. Hier traf man auf italienische Diplomaten, die kaum englisch sprachen, und auf Handlungsreisende, die gleich ein ganzes Lastwagengetriebe als Gepäck nach Botswana mitbrachten. Am Wochenende konnte man in den großen Tierparks vom Auto aus Elefanten, Löwen und Giraffen gegenübertreten. Ein japanisches Fernsehteam dokumentierte die »Furchtlosigkeit« der Patienten, indem es ihnen Filmsequenzen aus dem »Exorzisten« vorführte und dabei Hautleitfähigkeitsänderungen registrierte.

Als junger Wissenschaftler wurde man – etwa nach seinem Habilitationsvortrag – danach gefragt, wie der Geist in die Materie gelangt, also wie Bewusstsein entsteht. Damals hat man diese Frage abgetan und auf »die Alten« verwiesen, die »Philosophierten« (die dabei meist auch noch Nobelpreisträger waren, wie Sir John Eccles und Roger Sperry, die beide an die Universität Konstanz, an der ich damals war, zu Besuch kamen und vortrugen). Je länger man selbst im Fach tätig ist, umso mehr beginnt man sich tatsächlich für übergreifende Fragen und Perspektiven seiner Profession zu interessieren und man findet auch Freude daran, Meinungen hierzu in Worte zu fassen (Markowitsch, 2004b, c, d). Selbst Bezüge zur Psychoanalyse, die einem in der Studienzeit als eine unwissenschaftliche, nicht objektivierbare und deswegen nicht ernst zu nehmende esoterische Lehre vorgestellt worden war, können geknüpft werden (Langnickel & Markowitsch, in Druck), da die Erkenntnisse aus eigener Forschung Parallelen aufzeigen (Markowitsch, 2000).

Ausblick

Der Beruf des Bio- oder Neuropsychologen kann sicher deswegen zu den interessanteren innerhalb der akademischen Professionen gezählt werden, weil er eine Brückenfunktion zwischen verschiedenen Wissenschaftsbereichen hat, die auch klar über den reinen »Neurobereich« hinausgeht. Wenn man Interesse daran hat, »what makes us tick« – wie der frühere Neuropsychologieprofessor und »Head of the Department of Experimental Psychology«, Larry Weiskrantz, es 1973 formulierte –, dann hat man als neurowissenschaftlich ausgebildeter Psychologe die vielfältigsten Möglichkeiten, seine Interessen zu verwirklichen und an seinem Beruf vorwiegend Freude zu haben.

Literatur

Angel, H.-F. & Kraus, A. (2004). Neurotheologie. Der interdisziplinäre Gott. *Gehirn & Geist, 4*, 68–72.

Brodmann, K. (1902). Experimenteller und klinischer Beitrag zur Psychopathologie der polyneuritischen Psychose. *Journal für Psychologie und Neurologie, 1*, 225–246.

Brodmann, K. (1904). Experimenteller und klinischer Beitrag zur Psychopathologie der polyneuritischen Psychose. B. Experimenteller Teil. *Journal für Psychologie und Neurologie, 3*, 1–48.

Brodmann, K. (1909). *Vergleichende Lokalisationslehre der Grosshirnrinde in ihren Prinzipien dargestellt auf Grund des Zellenbaues.* Leipzig: Barth.

Brodmann, K. (1914). Physiologie des Gehirns. In P. von Bruns (Hrsg.), *Neue deutsche Chirurgie* (Bd. 11, Tl. 1) (S. 85–426). Stuttgart: Enke.

Flechsig, P. (1896). *Gehirn und Seele.* Leipzig: Veit & Comp.

Glimcher, P. W. & Rustichini, A. (2004). Neuroeconomics: the consilience of brain and decision. *Science, 306*, 447–452.

Goldstein, K. (1910). Einige prinzipielle Bemerkungen zur Frage der Lokalisation psychischer Vorgänge im Gehirn. *Medizinische Klinik, 35*, 1363–1368.

Goldstein, K. (1927). Die Lokalisation in der Grosshirnrinde nach den Erfahrungen am kranken Menschen. In A. Bethe et al. (Eds.), *Handbuch der normalen und pathologischen Physiologie, Bd. 10: Spezielle Physiologie des Zentralnervensystems der Wirbeltiere* (pp. 600–842). Berlin: Springer.

Hays, W. L. (1969). *Statistics.* New York: Holt, Rinehart & Winston.

Hering, E. (1870). *Ueber das Gedächtnis als eine allgemeine Funktion der organisierten Materie. Vortrag gehalten in der feierlichen Sitzung der Kaiserlichen Akademie der Wissenschaften in Wien am XXX. Mai MDCCCLXX.* Leipzig: Akademische Verlagsgesellschaft.

Kimble, G. A. & Garmezy, N. (1968). *Principles of general psychology.* New York: Ronald Press.

Kroll, N., Markowitsch, H. J., Knight, R. & Cramon, D.Y. von (1997). Retrieval of old memories – the temporo-frontal hypothesis. *Brain, 120*, 1377–1399.

Kuhnen, C. M. & Knutson, B. (2005). The neural basis of financial risk taking. *Neuron, 47,* 763–770.

Langnickel, R. & Markowitsch, H. J. (in Druck). Repression and the unconsciousness. *Behavioral and Brain Sciences.*

Markowitsch, H. J. (1983). Was ist physiologische Psychologie? *Psychologische Rundschau, 34,* 86–94.

Markowitsch, H. J. (1992). *Intellectual functions and the brain. An historical perspective.* Toronto: Hogrefe & Huber Publs.

Markowitsch, H. J. (1994). The thalamus and memory. In C. Guilleminault et al. (Eds.), *Fatal familial insomnia: Inherited prion diseases, sleep, and the thalamus* (pp. 117–127). New York: Raven Press.

Markowitsch, H. J. (2000). Repressed memories. In E. Tulving (Ed.), *Memory, consciousness, and the brain: The Tallinn conference* (pp. 319–330). Philadelphia, PA: Psychology Press.

Markowitsch, H. J. (2004a). Physiologische Psychologie als Brücke zur Außenwelt. In J. Funke & A. Kämmerer (Hrsg.), *Seelenlandschaften* (S. 82–83). Göttingen: Hogrefe.

Markowitsch, H. J. (2004b). Das Bewusstsein. *Anästhesiologie & Intensivmedizin, 39,* 627–633.

Markowitsch, H. J. (2004c). Gehirn und Bewusstsein: Der Mensch als Maschine? In G. Kaiser (Hrsg.), *Wissenschaftszentrum Nordrhein-Westfalen Jahrbuch 2003/2004* (S. 44–50). Düsseldorf: Wissenschaftszentrum NRW.

Markowitsch, H. J. (2004d). Warum wir keinen freien Willen haben. Der sog. freie Wille aus Sicht der Hirnforschung. *Psychologische Rundschau, 55,* 163–168.

Markowitsch, H. J. (2005). *Dem Gedächtnis auf der Spur: Vom Erinnern und Vergessen* (2. Auflage). Darmstadt: Wissenschaftliche Buchgesellschaft und PRIMUS-Verlag.

Markowitsch, H. J. (in Druck). Implikationen neurowissenschaftlicher Erkenntnisse für die Jurisprudenz am Beispiel von Glaubwürdigkeitsfeststellungen. *Kriminalistik.*

Markowitsch, H. J. et al. (1994). The amygdala's contribution to memory – A PET-study on two patients with Urbach-Wiethe disease. *NeuroReport, 5,* 1349–1352.

Markowitsch, H. J. et al. (1984). Claustral efferents to the cat's limbic cortex studied with retrograde and anterograde tracing techniques. *Neuroscience, 12,* 409–425.

Markowitsch, H. J. & Kalbe, E. (2006). Neuroimaging and crime. In S. Å. Christianson (Ed.), *Offender's memory of violent crime* (in press). Chichester, UK: John Wiley & Sons.

Markowitsch, H. J. & Welzer, H. (2005). *Das autobiographische Gedächtnis. Hirnorganische Grundlagen und biosoziale Entwicklung.* Stuttgart: Klett.

Poeck, K. (2006). Die Entwicklung der modernen Neuropsychologie. In H.-O. Karnath & P. Thier (Hrsg.), *Neuropsychologie* (2. Auflage) (pp. 1–6). Heidelberg: Springer.

Pritzel, M., Brand, M. & Markowitsch, H.J. (2003). *Gehirn und Verhalten.* Heidelberg: Spektrum Akad. Verlagsanstalt.

Pritzel, M. & Markowitsch, H.J. (1985). Tierversuche: eine Stellungnahme aus der Sicht des Physiologischen Psychologen. *Psychologische Rundschau, 36,* 16–25.

Rusticini, A. (2005). Emotion and reason in making decisions. *Science, 310,* 1624–1625.

Schneider, K. (1912) Über einige klinisch-psychologische Untersuchungsmethoden und ihre Ergebnisse. Zugleich ein Beitrag zur Psychopathologie der Korsakowschen Psychose. *Zeitschrift für die gesamte Neurologie und Psychiatrie, 8,* 553–615.

Schneider, K. (1928). Die Störungen des Gedächtnisses. In O. Bumke (Hrsg.), *Handbuch der Geisteskrankheiten (Bd. 1)* (pp. 508–529). Berlin: Springer.

Siebert, M., Markowitsch, H. J. & Bartel, P. (2003). Amygdala, affect, and cognition: Evidence from ten patients with Urbach-Wiethe disease. *Brain, 126,* 2627–2637.

Terra-Bustamante, V. C et al. (2005). Cognitive performance of patients with mesial temporal lobe epilepsy and incidental calcified neurocysticercosis. *Journal of Neurology, Neurosurgery, and Psychiatry, 76,* 1080–1083.

Tulving, E. & Markowitsch, H. J. (1998). Episodic and declarative memory: Role of the hippocampus. *Hippocampus, 8,* 198–204.

Walter, H. (2002). Neurophilosophy of free will. In R. Kane (Ed.), *The Oxford handbook of free will* (pp.565–577). Oxford: Oxford University Press.

Weiskrantz, L. (1973). Problems and progress in physiological psychology. *British Journal of Psychology, 64,* 511–520.

Wundt, W. (1908). *Grundzüge der Physiologischen Psychologie* (Bd. 1) (6. Aufl.). Leipzig: W. Engelmann.

Ziehen, T. (1924). *Leitfaden der Physiologischen Psychologie in 16 Vorlesungen* (12. Aufl.). Jena: Fischer.

Sonstiges

17 Verkehrspsychologie

Wolfgang Schubert und Doreen Glaser

1 Was ist Verkehrspsychologie?

Die Verkehrspsychologie beschäftigt sich mit dem Erleben und Verhalten von Menschen im Straßen-, Schienen-, Luft- und Schiffsverkehr. Die Verkehrspsychologie ist ein Zweig der angewandten Psychologie, der sich mit der Umsetzung von Ergebnissen aus der Grundlagenforschung und ihrer Anwendung für praktische Fragestellungen befasst.

Auf den Gebieten des Schienen-, Luft- und Schiffsverkehrs gibt es eine Reihe von Verordnungen, die sich mit den Themenkomplexen »körperliche und geistige Eignung« oder »Tauglichkeit« in Bezug auf bestimmte Tätigkeiten (z. B. Seelotse, Kapitän, Betriebs- und Fahrbedienstete bei der Straßenbahn) beschäftigen. Diese Verordnungen beziehen sich jedoch überwiegend und fast ausnahmslos auf medizinische Untersuchungsprogramme des Seh- und Hörvermögens sowie der Farbtüchtigkeit.

Da in Deutschland ca. 50 Millionen Bürger Inhaber eine Fahrerlaubnis sind, und auf verschiedene Art und Weise mit verkehrspsychologischen Themen in Berührung kommen, konzentrieren wir uns in den weiteren Ausführungen auf den Schwerpunkt Verkehrspsychologie im Straßenverkehr.

Im Jahr 1997 wurde mit der Verankerung verkehrspsychologischer Inhalte in das Straßenverkehrsgesetz (StVG) der Schritt zu einem eigenständigen Berufsbild »Verkehrspsychologe« vollzogen. So ist u. a. im § 2 Punkt (8) StVG geregelt, dass ein Gutachten einer amtlichen anerkannten Begutachtungsstelle für Fahreignung dann angeordnet werden kann, wenn Tatsachen bekannt werden, die Bedenken gegen die Eignung oder Befähigung des Bewerbers begründen. Auch die verkehrspsychologische Beratung fand im § 4 Punkt (8) Eingang in das StVG. In Umsetzung des StVG wurde 1998 die Fahrerlaubnis-Verordnung (FeV) durch den Bundesrat verabschiedet. Mit den zuvor genannten Dokumenten fanden die fachlichen Bemühungen und die erreichten Ergebnisse der Verkehrspsychologie ihre gesetzgeberische und verordnungsmäßige Würdigung. Erst zu einem späteren Zeitpunkt erfolgte die Aufnahme weiterer psychologischer Schwerpunkte in ein Gesetzgebungsverfahren in Form der Verabschiedung des Psychotherapeutengesetzes.

Auch im europäischen Kontext gewinnt die Verkehrspsychologie an Bedeutung. Ein Beispiel für die gegenwärtigen Bemühungen zur Verankerung psychologischer Tätigkeiten im Themenschwerpunkt Verkehrspsychologie in Europa gibt die erste Lesung der »Railroad Directive« vom 9.11.2005, in der vorgesehen ist, dass die körperliche und geistige Tauglichkeit von Bewerbern durch Psychologen untersucht wird.

2 Geschichte der Verkehrspsychologie

Die Anfänge der verkehrsmedizinischen und verkehrspsychologischen Untersuchungen im Straßenverkehr lagen schon zu Beginn des 20. Jahrhunderts in der Suche nach geeigneten Fahrzeugführern. Das besondere Interesse von Eisen- und Straßenbahngesellschaften sowie des Militärs, zuverlässige Fahrer zu finden, war hierbei von ausschlaggebender Bedeutung. Die ersten systematischen Untersuchungen von Kraftfahrern begannen u. a., als im militärischen Bereich entsprechende psychologische Eignungsuntersuchungen durchgeführt wurden, die im Weiteren auf Lokomotivführer, Werksfahrer und Straßenbahnfahrer ausgedehnt wurden.

Unmittelbar nach dem Zweiten Weltkrieg bestand die besondere Herausforderung in der Begutachtung der Fahreignung von Kriegsverletzten. Sie bezog sich fast ausschließlich auf die Bewertung der Auswirkungen rein »körperlicher Mängel« auf die Erfüllbarkeit der Anforderungen beim Führen eines Kraftfahrzeuges im Straßenverkehr.

Die später aufgetretene Contergan-Problematik führte zu einer neuen Herausforderung vor allem an die medizinische Begut-

achtung von Behinderten und zu einer Erweiterung der Begutachtungsfelder um psychologische Sachverhalte, um die psychofunktionalen Leistungsvoraussetzungen dieser Gruppen und verhaltensbezogene Kompensationsmöglichkeiten zu bewerten. Dabei spielte insbesondere auch die Nutzung technischer Möglichkeiten beim Bau behindertengerechter Fahrzeuge eine entscheidende Rolle.

1951 wurden erste medizinisch-psychologische Untersuchungsstellen (MPU) in der Bundesrepublik Deutschland mit dem Ziel gegründet, die in der damaligen Straßenverkehrs-Zulassungs-Ordnung (StVZO) im § 9 geäußerten behördlichen »Bedenken an der Eignung« von Betroffenen auf Grund aktenkundiger Vorkommnisse zu begutachten und prognostisch zu bewerten. Hierbei wurde die Erkenntnis genutzt, dass die Ursachen für das Versagen von Kraftfahrern häufig auch in psychischen Sachverhalten liegen. Die fachlichen Grundlagen der damaligen Begutachtung basierten auf der schlichten Vertrauensgrundlage in die Wissenschaft allgemein und die Wissenschaftlichkeit der Diagnostik im Speziellen. Die ersten Untersuchungsstellen befanden sich in Stuttgart und an der Universität in Bonn. Die Einführung der Nachschulungskurse in der zweiten Hälfte der 1970er-Jahre stellte neue Anforderungen an die Fahreignungsdiagnostik und ihre Weiterentwicklung. Nunmehr war eine differenziertere Diagnostik gefordert, deren Befunde in einem gemeinsam von Psychologen und Medizinern erstellten Gutachten zusammengefasst wurden. Jetzt hatte sich das Gutachten nicht nur an zwei Ausprägungen (günstige Prognose – ungünstige Prognose) zu orientieren, sondern es war zwischen positiver Verkehrsverhaltensprognose, der Möglichkeit zur Beseitigung der Mängel in Kursen und negativer Prognose zu unterscheiden. Insbesondere diese Entwicklung machte es erforderlich, die fachlichen Begutachtungsgrundsätze für die Fahreignungsbegutachtung aus der Sicht der Medizin und der Psychologie neu zu ordnen und zusammenzuführen. Zu diesem Zwecke sind im Jahr 2000 die von einer paritätischen Kommission, bestehend aus Medizinern und Psychologen, erarbeiteten »Begutachtungs-Leitlinien zur Kraftfahrereignung« erschienen. Zur fachlichen und inhaltlichen Untersetzung der »Begutachtungs-Leitlinien« wurde 2002 der »Kommentar zu den Begutachtungs-Leitlinien zur Kraftfahrereignung« herausgegeben, der als Vertiefungswerk zur Begutachtung der körperlichen und geistigen Eignung verbreitet und auch bei Verwaltungsbehörden und in der Rechtssprechung anerkannt ist.

Die medizinisch-psychologische Begutachtung hat anlassbezogen zu erfolgen. Sie beschäftigt sich nicht mit der gesamten Persönlichkeit der Verkehrsauffälligen; ihre Aufgabe besteht vielmehr darin, Verkehrsverhaltensprognosen unter Berücksichtigung der psychologischen Schwerpunktgebiete Verhalten, psychofunktionale Leistungsfähigkeit und Persönlichkeitseigenschaften (wie z. B. Aggressionspotential), die in Zusammenhang mit der Auffälligkeit stehen, zu erstellen. Die Begutachtung muss bestimmte Kriterien, wie die der Einzelfallgerechtigkeit, Nachvollziehbarkeit, Nachprüfbarkeit und Transparenz erfüllen. Vor diesem Hintergrund wurde 2005 für die wesentlichen Fragestellungen der Zielgruppen der Alkohol- und Verkehrsauffälligen ein Katalog von »Beurteilungskriterien« erarbeitet, der die vorherrschende fachwissenschaftliche Auffassung auf diesem Gebiet vereint.

3 Beschäftigungsfelder in der Verkehrspsychologie

Bezogen auf den Straßenverkehr kann ein Verkehrspsychologe u. a. in der Fahreignungsbegutachtung, in der Rehabilitation verkehrsauffälliger Kraftfahrer, in der Verkehrstherapie, in der Beratung und Ausbildung sowie in der Fahrzeug- und Wegegestaltung tätig sein. Dabei steht jeder Bereich nicht allein für sich da, sondern ist eng mit den anderen Gebieten verbunden. Dies verdeutlicht **Abbildung 1**.

Die *Fahreignungsbegutachtung* beschäftigt sich mit der Untersuchung der körperlichen und geistigen Eignung von Fahrzeugführern, die z. B. durch Verkehrsverstöße, Strafdelikte, Alkohol- oder Drogenauffälligkeiten als Führerscheininhaber mit dem Gesetz in Konflikt geraten sind oder die Neuerteilung einer Fahrerlaubnis beantragt haben. Des Weiteren werden Fragen zur Befreiung von den Vorschriften des Mindestalters sowie zu bestimmten Erkrankungen oder Körperbehinderungen beantwortet. Hierbei sind die Rechtsbeziehungen zwischen den Verwaltungsbehörden, den Betroffenen und den Gutachtern im Rahmen der behördlichen Veranlassung und der praktischen Durchführung der medizinisch-psychologischen Fahreignungsbegutachtung zu beachten (Menken, 1980). Das Gutachten selbst wird dann auf der Grundlage eines Werkvertrages nach § 631 des Bürgerlichen Gesetzbuches (BGB) erstellt. Die am Gutachten beteiligten psychologischen und medizinischen Sachverständigen unterliegen dem § 203 des Strafgesetzbuches (StGB), der die zu beachtenden Aspekte der Schweigepflicht regelt. Die Gutachten müssen nach bestimmten Kriterien erstellt werden. Diese berücksichtigen u. a., dass die Gutachten in allgemein verständlicher Sprache abgefasst werden, nachvoll-

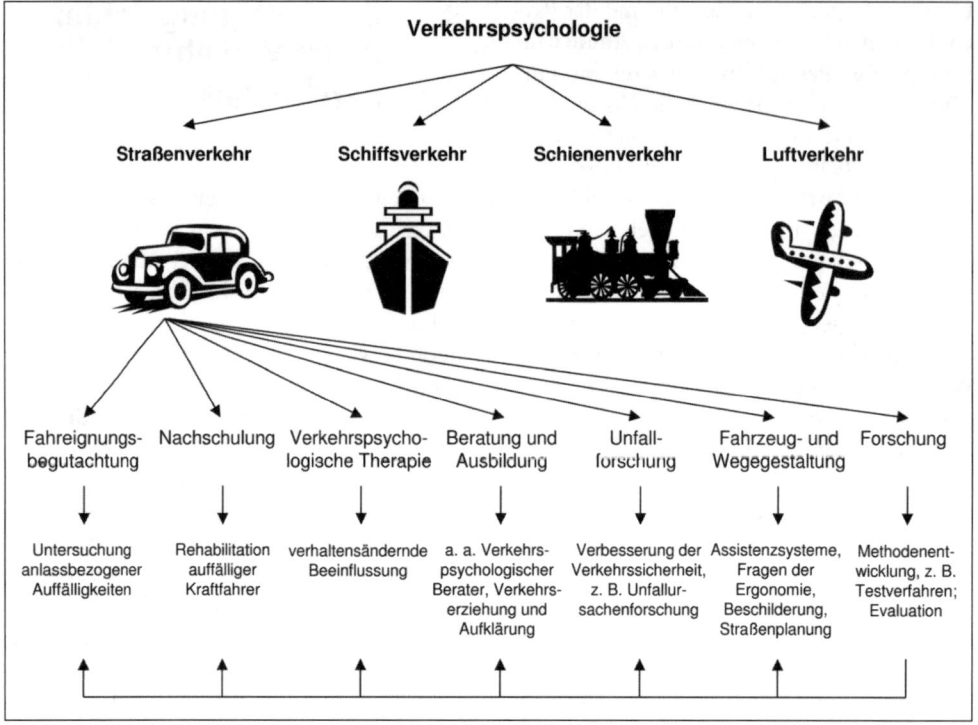

Abb. 1: Überblick über verkehrspsychologische Tätigkeitsbereiche mit dem Schwerpunkt
Straßenverkehr

ziehbar und nachprüfbar sind. Sie bedienen sich der entlastungs- und ressourcenorientierten Diagnostik, folgen dem Prinzip der Einzelfallgerechtigkeit und tragen somit zur Rechtsgleichheit bei. Die Gutachten dienen der Erstellung einer Verkehrsverhaltensprognose hinsichtlich der Wahrscheinlichkeit der Vermeidung weiterer Auffälligkeiten im Straßenverkehr und dienen der Fahrerlaubnisbehörde als Entscheidungshilfe. Die Fahrerlaubnisbehörde trifft dann die Entscheidung, ob der Betroffene für den Straßenverkehr geeignet ist oder nicht.

Für das Betreiben von medizinisch-psychologischen Untersuchungsstellen müssen die Institutionen akkreditiert sein und den Anforderungen an Träger für amtlich anerkannte Begutachtungsstellen für Fahreignung (BfF) der BASt (www.bast.de) erfül-

len. Darüber hinaus muss eine Genehmigung zur Tätigkeitsaufnahme von der obersten zuständigen Aufsichtsbehörde des jeweiligen Bundeslandes vorliegen. Eine entscheidende Rolle in diesem behördlichen Anerkennungsverfahren kommt der Erfüllung hoher Qualitätsanforderungen zu, welche auch die Aus- und Weiterbildungen von Diplompsychologen einschließen. Zur Zeit sind in Deutschland 19 Träger durch die BASt akkreditiert, die in den 16 Bundesländern zur Zeit 220 Begutachtungsstellen für Fahreignung betreiben. Hier können Diplompsychologen als fest- oder freiberuflich angestellte psychologische Sachverständige tätig werden.

In der Fahreignungsbegutachtung sind nach der FeV die Voraussetzungen an psychologische Sachverständige ein Diplom in

Psychologie bzw. zukünftig ein zu fordernder Masterabschluss in Psychologie, eine mindestens zweijährige praktische Berufstätigkeit (in der Regel in der klinischen Psychologie, Arbeitspsychologie) und mindestens eine einjährige Praxis in der Begutachtung der Eignung von Kraftfahrern in einer Begutachtungsstelle für Fahreignung. Darüber hinaus gibt es ein durch den Berufsverband Deutscher Psychologen (BDP) verabschiedetes Curriculum Verkehrspsychologie, durch das eine Spezialisierung zum Fachpsychologen für Verkehrspsychologie BDP möglich ist (www.bdp-verkehr.de). Verkehrspsychologen können zudem eine Ausbildung zum Fachauditor (Produkt- und Systemaudits) sowie eine Ausbildung zum Qualitätsmanagementbeauftragten (QMB) wahrnehmen, was weitere Betätigungsfelder erschließt.

Ein weiteres Tätigkeitsfeld für Diplompsychologen in BfFs sind z. B. Untersuchungen nach der Anlage 5.2 FeV. Hierin ist geregelt, dass Bewerber um die Erteilung oder Verlängerung einer Fahrerlaubnis zur Fahrgastbeförderung besondere Anforderungen in den Dimensionen Belastbarkeit, Orientierungsleistung, Konzentrationsleistung, Aufmerksamkeitsleistung und Reaktionsfähigkeit erfüllen müssen. Darüber hinaus werden auch Untersuchungen nach § 6 des Waffengesetzes (WaffG) durchgeführt. Die Begutachtung nach dem Waffengesetz dient der Feststellung, ob ein Antragsteller über die »persönliche Eignung« und die »geistige Reife« verfügt, um eine Waffe nicht missbräuchlich einzusetzen.

Psychologen im Bereich der Fahreignungsbegutachtung sollten über eine gute Methoden- und Diagnostikausbildung verfügen, um die im Begutachtungsprozess anfallenden Daten entsprechend bewerten und gewichten zu können. Die in den verschiedenen Fachgebieten erhobenen Befunde (z. B. körperliche Befunde, Labordiagnostik, psychologische Befunde aus Exploration und Anamnese, Testergebnisse), die sich dazu noch auf unterschiedlichen Skalenniveaus befinden, müssen widerspruchsfrei im Gutachten interpretiert werden. In diesem Bereich werden hohe Anforderungen an die Fähigkeit zur interdisziplinären Zusammenarbeit gestellt sowie an die Bereitschaft und Pflicht zur ständigen Wissenserweiterung. Dies erlangt dadurch eine besondere Bedeutung, da im Begutachtungsprozess gefordert ist, nach dem aktuellen Stand von Wissenschaft und Technik zu begutachten. Dabei wird der Stand von Wissenschaft und Technik in der Begutachtung wie folgt definiert: »Anerkannte Regeln der Begutachtung zur Kraftfahrereignung sind verkehrsmedizinische, verkehrspsychologische und technische Grundsätze, die nach wissenschaftlichen Erkenntnissen als theoretisch richtig gelten, die sich in der Praxis über längere Zeit bewährt haben und von einschlägigen Fachkreisen allgemein anerkannt sind.«

Ein psychologischer Sachverständiger muss darüber hinaus über Persönlichkeitseigenschaften wie Offenheit, Ehrlichkeit und Eigenkritikfähigkeit verfügen, da er immer wieder im Spannungsfeld zwischen den Interessen des Betroffenen auf Erhaltung oder Wiederherstellung der individuellen Mobilität einerseits und dem gesellschaftlichen Interesse nach ausreichendem Schutz der Allgemeinheit vor ungeeigneten Kraftfahrern andererseits steht. Im Rahmen der Tätigkeit als Gutachter sind auch Voraussetzungen zu erfüllen, die u. a. Kenntnisse von Explorationstechniken (Undeutsch, 1983), im Umgang mit Leistungs- und Persönlichkeitstestverfahren, von Prinzipien der Gutachtenerstellung sowie in der psychologischen Fahrverhaltensbeobachtung umfassen.

Die Durchführung von *Nachschulungsmaßnahmen* mit Rechtsfolgen gemäß § 70 FeV ist ein weiteres Beschäftigungsfeld für Verkehrspsychologen. In einem medizinisch-psychologischen Gutachten werden der Behörde in Vorbereitung ihrer Entscheidung gutachterliche Empfehlungen ausgesprochen: Zum einen gibt es die uneingeschränkte Empfehlung der Neuerteilung einer Fahrerlaubnis, zum zweiten eine Kursempfehlung und drittens eine ungünstige Prognose, die von der Neuerteilung der Fahrerlaubnis abrät, da zum Zeitpunkt der Begutachtung offensichtliche Fehleinstellungen noch nicht beseitigt wurden. Bei der Kursempfehlung hat der Betroffene in der Begutachtung bereits positive Ansätze, es bedarf aber noch der Stabilisierung (z. B. kontrollierter Umgang mit Alkohol). In diesen Kursen zu den Themenschwerpunkten Alkohol, Verkehr und Drogen werden auffällige Kraftfahrer rehabilitiert. Nach der Absolvierung eines Kurses ist nach der gegenwärtigen Rechtslage keine Begutachtung vorgesehen. Im Falle der Begutachtung von Fahrerlaubnisinhabern sind nur die Empfehlungen des Erhalts bzw. des Entzugs der Fahrerlaubnis möglich. Die Voraussetzungen, in diesem Bereich tätig werden zu können, sind ein von dem jeweiligen Bundesland anerkanntes Modell zur Wiederherstellung der Kraftfahreignung, eine verkehrspsychologische Ausbildung sowie eine modellspezifische Einarbeitung. Hierbei sind therapeutische Grundkenntnisse erforderlich. Die verkehrspsychologische Ausbildung für den Bereich der Nachschulung mit Rechtsfolgen kann »an einer Universität oder gleichgestellten Hochschule oder bei einer Stelle, die sich mit der Begutachtung oder Wiederherstellung der Kraftfahreignung befasst« (§ 70 FeV Punkt (1)), erfolgen. Die Träger von Stellen, die Kurse zur Wiederherstellung der Kraftfahreignung durchführen, müssen – wie in der Fahreignungsbegutachtung auch – akkreditiert sein.

Verkehrspsychologische Therapien werden von therapeutisch qualifizierten Verkehrspsychologen mit dem Ziel durchgeführt, die Fahreignung zu fördern und zukünftige Verkehrsverstöße zu verhindern. Dabei handelt es sich um Veränderungen von Verhaltensweisen im Straßenverkehr mit therapeutischen Mitteln, die jedoch nicht den Anspruch einer Psychotherapie erheben. Die therapeutischen Interventionen können sowohl psychologisch als auch medizinisch intendiert sein. Die Maßnahmen sind freiwillig und müssen von dem Betroffenen selbst bezahlt werden, da die verkehrspsychologische Therapie keine »Heilbehandlung« darstellt. Unter bestimmten Umständen, z. B. bei diagnostizierter Alkoholabhängigkeit, können die Therapien auch kassenabrechnungsfähig sein. Die verkehrspsychologischen Therapien können als Einzel- und Gruppenmaßnahme durchgeführt werden und dauern im Durchschnitt zehn bis 20 Therapiestunden. Durch Interventionsmaßnahmen soll eine realistische und selbstkritische Einstellung des Betroffenen zu den eigenen Verhaltensauffälligkeiten gefördert werden. Informationsdefizite sollen beseitigt und eine Veränderung des Verhaltens mit angemessenen Wahrnehmungs-, Einstellungs- und Handlungsmustern herbeigeführt werden. Das ist z. B. im Fall eines früher getätigten Alkoholmissbrauchs die Änderung zum kontrollierten Umgang mit Alkohol im gesellschaftsüblichen Rahmen, der gewährleistet, dass der Betroffene in die Lage versetzt wird, zwischen dem Konsum von Alkohol und dem Führen eines Kraftfahrzeuges sicher zu trennen. Im Mittelpunkt der verkehrspsychologischen Therapie steht die Änderung von Verhaltensprozessen, jedoch werden die Auffälligkeiten in Zusammenhang mit der damaligen persönlichen Lebenssituation gesehen. Die verkehrspsychologische Therapie soll den Betroffenen bei der langfristigen Einhaltung gefasster Vorsätze unterstützen, so dass von ihm zukünftig keine Gefahr für die Verkehrssicherheit mehr ausgeht.

Kraftfahrer, die im Straßenverkehr aktenkundig verhaltensauffällig geworden sind, können u. a. die Möglichkeit einer verkehrspsychologischen Therapie im Vorfeld einer medizinisch-psychologischen Begutachtung nutzen, um ihr Fehlverhalten zu analysieren und Änderungen für ein normenkonformes Verhalten einzuleiten. Unter Umständen wird nach einem Gutachten mit einer ungünstigen Verkehrsverhaltensprognose von den psychologischen Gutachtern empfohlen, dass der Betroffene eine fremdunterstützende professionelle Maßnahme in Anspruch nimmt, da die notwendigen Verhaltenskorrekturen von ihm allein nicht bewältigt werden können.

Wenn jemand therapeutisch tätig war, muss er unbedingt darauf achten, dass er nicht als Gutachter im gleichen Fall aktiv wird. Das wäre eine Verletzung des Prinzips der Unvoreingenommenheit und führt zur Befangenheit. Im Unterschied zur therapeutischen Tätigkeit bekommt ein psychologischer Sachverständiger in der Begutachtung einen verwaltungsrechtlich definierten Begutachtungsanlass. Während in der Therapie das Therapeuten-Patienten-Verhältnis für den Therapieerfolg entscheidend ist, darf der Gutachter im Begutachtungsprozess kein Verhältnis zu dem Betroffenen haben. Der Gutachter hat keine Betreuungspflicht, sondern ein Betreuungsverbot, was sich auch darin widerspiegelt, dass ein Betroffener einen Gutachter nicht frei wählen kann.

Zudem können Verkehrspsychologen im Bereich der *Beratung und Ausbildung* tätig werden. Der verkehrspsychologische Berater nach § 71 FeV gilt als amtlich anerkannt, wenn er eine Bestätigung der Sektion Verkehrspsychologie des BDP besitzt. Sofern er alle formalen Voraussetzungen erfüllt, hat er einen Rechtsanspruch auf die Ausfertigung eines entsprechenden Zertifikats und arbeitet nach dem Leitfaden zur Durchführung von verkehrspsychologischen Beratungen (Leitfaden zur Verkehrspsychologischen Beratung nach § 71 FeV, 2001). Entsprechend dem § 4 Punkt (9) StVG muss ein verkehrspsychologischer Berater einen Abschluss als Diplompsychologe vorweisen, im Bereich der Verkehrspsy-

chologie ausgebildet und erfahren sein sowie sich durch seine persönliche Zuverlässigkeit auszeichnen. Insbesondere ist hier auch die psychologische Fahrverhaltensbeobachtung Inhalt der verkehrspsychologischen Beratung. Bei auftretenden Problemen kann eine Rücknahme oder der Widerruf der persönlichen Anerkennung durch die jeweils zuständige oberste Landesbehörde erfolgen. Durch die Teilnahme eines Betroffenen an einer verkehrspsychologischen Beratung findet gegenwärtig bei einem Stand ab 14 Punkten im Verkehrszentralregister (VZR) im Kraftfahrt-Bundesamt (KBA) eine Punktereduzierung (zwei Punkte) statt. Im Jahr 2005 waren ca. 78 000 Personen im VZR mit 14 und mehr Punkten registriert. Davon nahmen nach Information der Sektion Verkehrspsychologie des BDP lediglich 3 226 Personen im Jahr 2005 die Möglichkeit einer verkehrspsychologischen Beratung zur Punktereduzierung wahr. Dies deutet darauf hin, dass hier für Verkehrspsychologen – im Sinne der primären Prävention zur Vermeidung des Fahrerlaubnisverlusts – ein großes Betätigungsfeld liegt.

Zum Bereich der Ausbildung und Aufklärung gehört auch der gesamte Komplex der primären Prävention, in der Verhaltensbeeinflussungen bereits im Vorfeld von Auffälligkeiten durchgeführt werden, z. B. durch pädagogische, schulische und außerschulische Verkehrserziehungen sowie in der Fahrschulausbildung. Damit soll bereits vor dem Erwerb einer Fahrerlaubnis das Verhalten so beeinflusst werden, dass das Bewusstsein für verkehrssichere Einstellungen sowie normenkonformes Verhalten gestärkt werden. Straßenverkehrsverhalten ist auch immer soziales Verhalten.

In der *Fahrzeug- und Wegegestaltung* stehen Fragen der Ergonomie, Beschilderung und Straßenplanung im Vordergrund sowie die Entwicklung, Optimierung und Evaluation von Fahrerassistenzsystemen (Mahlke et al., in Druck; Zimmer, 2002; Vollrath et al., 2006). Dabei spielt die Analyse wesentlicher Fahraufgaben und der Voraussetzungen, die Kraftfahrer zu ihrer Bewältigung benötigen, eine wesentliche Rolle. Des Weiteren werden z. B. Aufgabenstellungen zur Verbesserung der Verkehrsteilnahme von Menschen mit Körperbehinderungen (Umbauten am Fahrzeug) bearbeitet. Dieses Gebiet ist eng mit den Bereichen der *Unfall- und Mobilitätsforschung* verknüpft, die sich mit der Erhöhung der Verkehrssicherheit unter Berücksichtigung der Wahrnehmung, Kognition und Aufmerksamkeit beim Fahren beschäftigen, der Risikobereitschaft und Fahrmotive sowie den Interaktionen und der Sozialpsychologie des Fahrens. Dabei werden z. B. auch Analysen über die Verkehrsmittelwahl von Personen getätigt, die für die Weiterentwicklung des öffentlichen Personennahverkehrs nützlich sind. Hier arbeiten Verkehrspsychologen oft in Kooperation mit Ingenieuren und Medizinern.

In der *Forschung* befassen sich Verkehrspsychologen vor allem mit Fragestellungen zur Diagnostik und therapeutischen Methoden zur Wiederherstellung der Fahreignung. Ein Beispiel ist hier die Entwicklung neuer Leistungstestverfahren, z. B. zur Erfassung der Konzentrations- und Reaktionsfähigkeit, wobei zukünftig auch Bereichen, die sowohl die Fähigkeit zur Perspektivübernahme im Straßenverkehr als auch Gedächtnisleistungen betreffen, eine entsprechende Bedeutung beizumessen ist. Besonders in der Verkehrspsychologie besteht aufgrund der rechtlichen Situation im Begutachtungsprozess der Bedarf, dass der Nachweis der Kriteriumsvalidität bei den eingesetzten Verfahren wünschenswert wäre. Diese Verfahren werden sich mehr als bisher am Grundlagenwissen der Psychologie orientieren und sind nach neuen Technologien – z. B. nach dem Konstituentenansatz – konstruiert und theoriegeleitet validiert (Berg, 1993).

Die Evaluation von Maßnahmen ist ein weiterer Forschungsschwerpunkt (Jacobshagen, Nickel & Winkler, 1987; Nickel, 1992). Hierzu zählt u. a. die Evaluation der Begutachtung der Fahreignung und von Fahrerassistenzsystemen sowie der Nachweis der Wirksamkeit von Methoden zur Wiederherstellung bzw. zum Erhalt der Fahreignung (z. B. Kursmaßnahmen nach § 70 FeV, Kurse zur Sperrfristverkürzung, besondere Aufbauseminare nach §§ 36 und 43 FeV) in einem nach dem Stand der Wissenschaft durchgeführten Bewertungsverfahren.

Exkurs: Der Verkehrspsychologe im Alltag – ein Beispiel

Verkehrspsychologie als angewandter Bereich der Psychologie hat ein breites Betätigungsfeld, was auch eine entsprechende vernetzte Ausbildung erforderlich macht. Daher gestaltet sich der Arbeitstag eines Verkehrspsychologen vielfältig, flexibel und interdisziplinär. Das kann bedeuten, dass ein psychologischer Gutachter an einem Arbeitstag neben Aufgaben der Begutachtung verhaltensauffälliger Kraftfahrer (Aktenanalyse, Durchführung der Untersuchung, Erstellung der Gutachten) u. a. auch Beratungsgespräche mit älteren Kraftfahrzeugführern oder Beratungen zum Punkteabbau durchführt. Des Weiteren fallen Aufgaben wie die Bearbeitung von Widersprüchen und Beschwerden sowie die Durchführung von besonderen Aufbauseminaren an. Wissenschaftlich interessierte Diplompsychologen können auch in Forschungsaufgaben (z. B. Testentwicklung) und konzeptionelle Arbeiten zur Entwicklung der Verkehrspsychologie eingebunden werden.

Die Verkehrspsychologie entfaltet eine hohe fachliche und politische Wirkung, steht aber nicht unmittelbar im Fokus der universitären Ausbildung, so dass auch nur an einzelnen Universitäten verkehrspsychologische Bildungsinhalte angeboten werden. Einen Einstieg in die Verkehrspsychologie findet man daher am besten über ein Praktikum, das z. B. im Rahmen der universitären Ausbildung absolviert wird. Durch ein Praktikum, das in allen zuvor genannten Bereichen der Verkehrspsychologie angeboten wird, kann ein Einblick über den Umfang und die Vielfältigkeit dieses Berufsbildes gewonnen werden. Gleichzeitig kann jeder für sich überprüfen, ob dieses Tätigkeitsfeld als Berufsperspektive in Frage kommt. Die Verkehrspsychologie verdeutlicht wie kaum ein anderes psychologisches Tätigkeitsfeld die Notwendigkeit der Spezialisierung bei hinreichender Integration in die beteiligten Fachgebiete innerhalb und außerhalb der Psychologie. Bei Interesse können auch Themen für Diplomarbeiten in diesem Gebiet bearbeitet werden, die dann durchaus in einem Beschäftigungsverhältnis münden können. Mit einer verkehrspsychologischen Ausbildung werden u. a. auch die Grundlagen für eine mögliche Praxisgründung sowie für eine Tätigkeit in an die Verkehrspsychologie angrenzende Bereichen geschaffen.

4   Ausblick

Ein zukünftiges Erfordernis wird vor allem in der engeren Zusammenarbeit der Verkehrspsychologen bei verschiedenen Verkehrsträgern – Straßen-, Schienen-, Luft- und Schiffsverkehr – gesehen, da es sich hier jeweils um den Themenbereich Lenkerberechtigungen handelt und die vorhandenen wissenschaftlichen Erkenntnisse nur einseitig und isoliert genutzt werden.

Im Bereich der Förderung, Erhaltung und Wiederherstellung der individuellen Mobilität im Straßenverkehr wird es zu einem Richtungswechsel kommen, der sich verstärkt dem Themenkomplex der Vermeidung des Führerscheinverlustes zuwenden wird. Die wesentlichen Elemente verkehrspsychologischer Tätigkeitsbereiche in der derzeitigen Gesetzes- und Verordnungslage bleiben erhalten, werden sich im System aber anders platzieren. Hierbei erfolgt eine Orientierung am schwächeren, leistungsgeminderten Fahrer als ein individuell, gesellschaftlich und ökonomisch wichtiger Grundsatz, da die Teilnahme am Straßenverkehr keine Eliteveranstaltung ist. Zukünftige disziplinenübergreifende Modelle müssen sich in ihrer Wirksamkeit genau an diesem Ziel der Vermeidung des Führerscheinverlustes messen lassen. Die Modelle werden Aspekte der primären, sekundären und tertiären Prävention – die auch der Gesundheitsvorsorge dienen und Anreiz- bzw. Belohnungssysteme etc. enthalten – gleichermaßen berücksichtigen.

Alle an der Verkehrssicherheitsarbeit interessierten Gruppen (Mediziner, Psychologen, Fahrlehrer, Pädagogen, Techniker etc.) werden stärker interdisziplinär zusammenarbeiten, da sich Beiträge zur Verbesserung der Verkehrssicherheit nicht mehr nur aus einem Fachgebiet erschließen. Die in den Modellen enthaltenen Maßnahmen werden auch einen Beitrag zur Erhöhung der Eigenverantwortlichkeit der Bürger leisten.

Eine zukünftige europäische Modellvorstellung – die Aspekte der primären, sekundären und tertiären Prävention gleichermaßen berücksichtigt – stellt **Abbildung 2** dar.

Zum Bereich der *primären Prävention* werden Maßnahmen wie die Vorschul- und Schulerziehung, aber auch die Fahrschulausbildung, gezählt. In diesem Bereich findet sich mithin der überwiegende Teil der Fahrer, die eine entsprechende Mobilitätskompetenz erworben und ausreichend entwickelt haben. Diese Verkehrsteilnehmer verhalten sich im Straßenverkehr normenangepasst und sind im Wesentlichen in Bezug auf den Straßenverkehr verhaltensunauffällig.

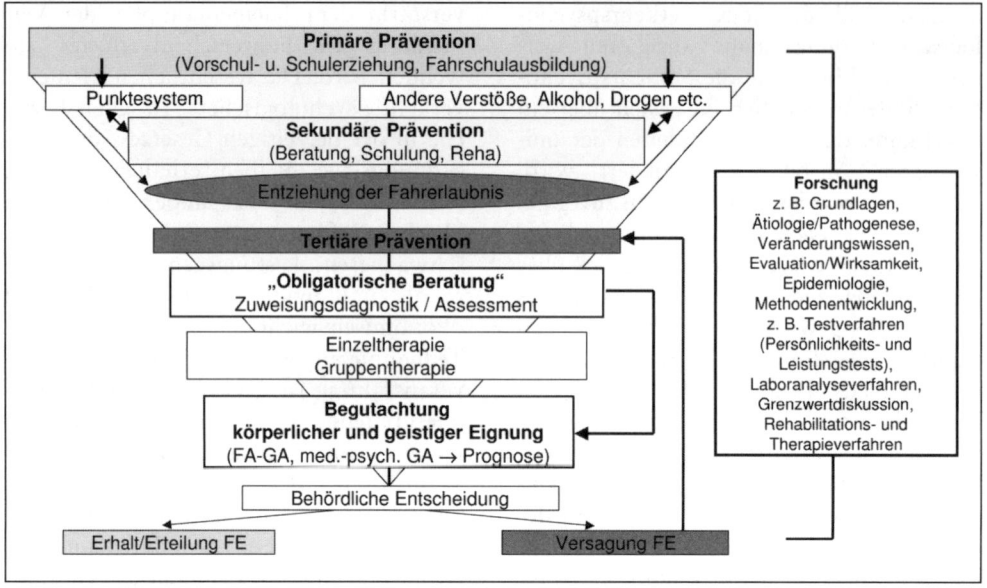

Abb. 2: Modell zur Förderung, Erhaltung und Wiederherstellung der individuellen Mobilität (Schubert und Mattern, 2006)

In den Bereich der *sekundären Prävention* fallen Beratungs-, Schulungs- und Rehabilitationsmaßnahmen. In dieser Phase sind bereits Verhaltensauffälligkeiten im Straßenverkehr bekannt geworden, die z. T. behördlich angeordnete Schulungsmaßnahmen erforderlich machen und u. U. direkt zu einer Entziehung der Fahrerlaubnis führen. Hier sind auch die Fahrer einzuordnen, die durch eignungseinschränkende bzw. -ausschließende körperliche und geistige Beeinträchtigungen aufgefallen, aber noch im Besitz einer Fahrerlaubnis sind. Die Mobilitätskompetenz dieses Personenkreises ist eingeschränkt, woraus sich ein erhöhtes Gefährdungspotential für die Teilnahme am Straßenverkehr ergibt.

Zur *tertiären Prävention* gehören all jene Maßnahmen, welche nach der Entziehung der Fahrerlaubnis darauf ausgerichtet sind, die aus körperlichen und geistigen Beeinträchtigungen bzw. Krankheiten sowie aus der Auffälligkeit abgeleiteten behördlichen Zweifel auszuräumen – sei es durch Einzel-

oder Gruppentherapien oder andere medizinische bzw. psychologische Behandlungsmaßnahmen. Diese sind dann erforderlich, wenn die Betroffenen z. B. eine Verhaltensänderung nur mit Hilfe fremdunterstützender Maßnahmen (z. B. eine stationäre und ambulante Entgiftung, eine Entwöhnungsbehandlung, eine psychologische Einzelintervention als Langzeitmaßnahme) erreichen können. Dabei erscheint es sowohl aus fachlicher als auch aus der Sicht der Betroffenen geboten, in zeitlicher Nähe zu einem Führerscheinentzug eine obligatorische Beratung durchzuführen, die im Sinne einer Zuweisungsdiagnostik/Assessment die für den Betroffenen geeignete Behandlungsmaßnahme empfiehlt.

Am Ende einer jeden Maßnahme sollte durch eine Begutachtung – je nach Problemlage durch eine fachärztliche oder eine medizinisch-psychologische Begutachtung – die Wirksamkeit der durchgeführten Maßnahme im Einzelfall überprüft werden.

Die Umsetzung eines solchen Modells ist kundenfreundlicher und für den Betroffenen effizienter, weil dieser schneller an seinen Verhaltensauffälligkeiten arbeiten und dadurch die Zeit des Fahrerlaubnisentzugs verkürzen kann. Auch für die Behörden wird das Modell ökonomischer sein, weil es den Verfahrensablauf rationalisiert und vereinfacht. Die Vereinheitlichung entsprechender Kriterien, z. B. zur Begutachtung, wird zu einer Harmonisierung der Begutachtung der körperlichen und geistigen Eignung von Kraftfahrzeugführern in Europa führen und auch dadurch einen Beitrag zur Vermeidung des Führerscheintourismus leisten. Die hierfür erforderlichen juristischen Rahmenbedingungen sind mit der noch zu verabschiedenden dritten EU-Führerscheinrichtlinie gegeben. Das Ziel der Verkehrspsychologie, die im Bereich des Straßenverkehrs tätig ist, muss darin bestehen, eine entsprechende Verankerung in der vierten EU-Führerscheinrichtlinie zu erwirken.

Einen weiteren zukünftigen Schwerpunkt verkehrspsychologischer Arbeit wird aufgrund der demographischen Entwicklung die Durchführung von Untersuchungsprogrammen für kraftfahrende Senioren darstellen, unabhängig davon, ob Untersuchungen angeboten werden, die periodisch an ein bestimmtes Alter gebunden sind, oder ob es sich um fakultative Untersuchungen mit Belohnungs- und Anreizsystemen handelt. Dabei werden insbesondere medizinische und psychologische Sachverständige eng zusammenarbeiten müssen, da unter Berücksichtigung der Morbiditätsentwicklung (z. B. die stetige Zunahme an Demenzerkrankungen) neue Anforderungen gestellt werden. Für die Forschung ergeben sich neue Herausforderungen bei der Methodenentwicklung für die Diagnostik, für die Therapie und die Entwicklung von Begutachtungskriterien für die Betroffenen.

5 Weiterführende Informationen

Im Folgenden wird eine Reihe von Literaturempfehlungen gegeben, die die genannten Themengebiete vertiefen. Dabei ist die Auswahl beispielhaft und die Literatur wird nicht bewertet oder klassifiziert.

Die fachwissenschaftlichen Grundlagen im Sinne von »normativen« Dokumenten für den Bereich der Fahreignungsbegutachtung sind die »Begutachtungs-Leitlinien zur Kraftfahrereignung« (Bundesanstalt für Straßenwesen, 2000), der »Kommentar – Begutachtungs-Leitlinien zur Kraftfahrereignung« (Schubert et al., 2005) und die »Beurteilungskriterien« (Schubert & Mattern, 2005). Einen allgemeinen Überblick über die Verkehrspsychologie geben Schlag (2004) und Panosch (2002). Wer sich für historische Aspekte der Verkehrspsychologie interessiert, wird u. a. in Klebelsberg (1982), Winkler (1997), Kroj (1995) und Echterhoff (1991) fündig. Im Bereich des Themenkomplexes Alkohol geben Stephan (1992, 1993), Krüger (1992) und Kunkel (1985) einen vertiefenden Einblick. Zur Testdiagnostik und Methodik sind die Werke von Lienert und Raatz (1998), Amelang und Schmidt-Atzert (2006), Wottawa und Thierau (2003), Bukasa, Wenninger und Brandstätter (1990) sowie Schubert und Wagner (2003) empfehlenswert.

Die Veröffentlichungen zu verkehrspsychologischen Aspekten sind auf verschiedene Fachzeitschriften im deutschsprachigen Raum verteilt. Zu empfehlen ist aber die »Zeitschrift für Verkehrssicherheit« (ZVS), »Blutalkohol«, »Sucht – Zeitschrift für Wissenschaft und Praxis«, »Neue Zeitschrift für Verkehrssicherheit« (NZV) und »Deutsches Autorecht« (DAR). Forschungsberichte werden u. a. von der Bundesanstalt für Straßenwesen (bast) und der Schweizerischen Beratungsstelle für Unfallverhütung (bfu) herausgegeben.

Literatur

Amelang, M. & Schmidt-Atzert, L. (2006). *Psychologische Diagnostik und Intervention.* Berlin: Springer.

Berg, M. (1993). Der Konstituentenansatz – Ein Weg zu höherer Ergiebigkeit leistungsdiagnostischer Methoden. In G. Trost, K.-H. Ingenkamp & R. S. Jäger (Hrsg.), *Tests und Trends 10, Jahrbuch der Pädagogischen Diagnostik* (S. 40–82). Weinheim und Basel: Beltz.

Bukasa, B., Wenninger, U. & Brandstätter, C. (1990). *Validierung verkehrspsychologischer Testverfahren. Lebensraum Verkehr, Band 25.* Wien: Literas-Universitätsverlag.

Bundesanstalt für Straßenwesen (Hrsg.) (2000). Begutachtungs-Leitlinien zur Kraftfahrereignung. *Berichte der Bundesanstalt für Straßenwesen »Mensch und Sicherheit«, Heft M 115.*

Echterhoff, W. (1991). *Verkehrspsychologie. Entwicklung, Themen, Resultate.* Köln: TÜV Media GmbH.

Jacobshagen, W., Nickel, W.-R. & Winkler, W. (1987). *Evaluation von Medizinisch-Psychologischen Fahreignungsbegutachtungen – EVAGUT.* (unveröffentlichter Forschungsbericht Nr. 178 des VdTÜV – Teilprojekt A)

Klebelsberg, D. (1982). *Verkehrspsychologie.* Berlin, Heidelberg: Springer Verlag.

Kroj, G. (Hrsg., 1995) *Psychologisches Gutachten Kraftfahrereignung.* Bonn: Deutscher Psychologen-Verlag.

Krüger, H.-P. (1992). *Alkohol: Konsum, Wirkungen, Gefahren für die Verkehrssicherheit. Zur Diskussion um neue Grenzwerte.* ZVS, 38 (1), S. 10–19.

Kunkel, E. (1985). Angaben zum Trinkverhalten, soziales Trinken und Blutalkoholkonzentration. *Blutalkohol, 22,* S. 341–356.

Leitfaden zur Verkehrspsychologischen Beratung nach § 71 FeV. (2001). ZVS, Heft 4, S. 145–170.

Lienert, A. & Raatz, U. (1998). *Testaufbau und Testanalyse.* 6. Auflage. Weinheim: Beltz.

Mahlke, S. et al. (in press). Evaluation of six night vision enhancement systems: Qualitative and quantitative support for intelligent image processing. Human Factors: *The Journal of Human Factors and Ergonomics Society.*

Menken, E. (1980). *Die Rechtsbeziehungen zwischen Verwaltungsbehörde, Betroffenem und Gutachter bei der Medizinisch-Psychologischen Fahreignungsbegutachtung.* Köln: TÜV Rheinland.

Nickel, W.-R. (1992). Kriterien zur Beurteilung von Programmen zur Rehabilitation auffälliger Kraftfahrer. *Blutalkohol, 29,* S. 373–381.

Panosch, E. (Hrsg) (2002). *Driver Improvement, 7. Internationaler Kongress.* Wien: Kuratorium für Schutz und Sicherheit.

Schlag, B. (Hrsg., 2004). *Verkehrspsychologie. Mobilität – Sicherheit – Fahrerassistenz.* Lengerich: Pabst Science Publishers.

Schubert, W. et al. (Hrsg.) (2005). *Kommentar – Begutachtungs-Leitlinien zur Kraftfahrereignung.* (erweiterte und überarbeitete 2. Auflage). Bonn: Kirschbaum-Verlag.

Schubert, W. & Mattern, R. (Hrsg.) (2005). *Urteilsbildung in der medizinisch-psychologischen Fahreignungsdiagnostik – Beurteilungskriterien.* Bonn: Kirschbaum-Verlag.

Schubert, W. & Mattern, R. (2006). *Criteria for the evaluation of future assessment models of physical and mental fitness of drivers.* In Nickel, W.-R. & Sardi, P. (Hrsg.). Fit to Drive – First International Traffic Expert Congress Berlin from May 3rd – 5th 2006. Schriftenreihe Fahreignung, Bonn: Kirschbaum-Verlag.

Schubert, W. & Wagner, T. (2003). *Die psychologische Fahrverhaltensbeobachtung – Grundlagen, Methodik und Anwendungsmöglichkeiten.* ZVS, Heft 3, S. 119–127.

Stephan, E. (1992). Naturwissenschaftlich-psychologische Verkehrsprognose und Wagniswürdigung in der Eignungsbeurteilung. *DAR,* 61 (1), S. 1–6.

Stephan, E. (1993). Alkoholerkrankung und Alkoholabhängigkeit: Unbestimmte naturwissenschaftliche Begriffe. *NZV,* 4, S. 129–168.

Straßenverkehrsgesetz (StVG) in der Fassung der Bekanntmachung vom 5. März 2003, zuletzt geändert am 14.8.2005 (BGBl. I S. 2412).

Undeutsch, U. (1983). In Feger, H. & Bredenkamp, J. (Hrsg.). *Enzyklopädie der Psychologie, Themenbereich B: Methodologie und Methoden, Serie I: Forschungsmethoden der Psychologie, Band 2: Datenerhebung.* (S. 321–361) Göttingen: Verlag für Psychologie Hogrefe.

Verordnung über die Zulassung von Personen zum Straßenverkehr (Fahrerlaubnis-Verordnung – FeV) vom 18. August 1998, zuletzt geändert am 14. Juni 2006 (BGBl. Jahrgang 2006 I Nr. 28 S. 1329).

Vollrath, M. et al. (2006). *Anpassung von Fahrerassistenz an Verkehrszustände – Was braucht der Fahrer wann?* In GZVB (Hrsg.), AAET 2006 Automatisierungssysteme, Assistenzsysteme und eingebettete Systeme für Transportmittel (S. 88–101). Braunschweig: GZVB.

Winkler, W. (1997). Zur Geschichte der Sektion Verkehrspsychologie im BDP. *Report Psychologie, 22,* S. 112–116.

Wottawa, H. & Thierau, H. (2003). *Lehrbuch Evaluation*. Bern: Huber.

Zimmer, A. (2002): *Assistenz: Wann, wie und für wen?* ZVS 48, S. 15–21.

18 Forensische Diagnostik

Günter Köhnken

Einleitung

Als *Rechtspsychologie* bezeichnet man die Anwendung psychologischer Theorien, Methoden und Erkenntnisse auf Fragestellungen, die sich aus der Gestaltung (z. B. Gesetzgebung) und Anwendung des Rechts (z. B. Rechtsprechung, Strafverfolgung und Strafvollzug) ergeben. Die Rechtspsychologie ist eine anwendungsorientierte Wissenschaft, deren Wurzeln in alle psychologischen Grundlagendisziplinen hineinreichen (Allgemeine, Biologische, Differentielle, Entwicklungs-, Sozialpsychologie und Methodenlehre). Darüber hinaus stützt sie sich auf Erkenntnisse der Psychodiagnostik, der Klinischen Psychologie und teilweise auch der Organisationspsychologie (so z. B. bei der Eignungsdiagnostik für die Auswahl von Bewerbern für die Polizeidienst). Einige Beispiele für die Verbindung psychologischer Grundlagen- und Anwendungsfächer mit verschiedenen Themenbereichen der Rechtspsychologie zeigt **Tabelle 1**.
Rechtspsychologie ist nur als interdisziplinäres Fach vorstellbar, in dem Kenntnisse über das materielle Recht (z. B. Strafgesetz-buch: StGB, Bürgerliches Gesetzbuch: BGB) sowie das Verfahrensrecht (z. B. Strafprozessordnung: StPO oder Zivilprozessordnung: ZPO) unverzichtbar sind. Darüber hinaus gibt es vielfältige Verbindungen zur Kriminologie, zur Kriminalistik, zur allgemeinen und forensischen Psychiatrie und Sexualmedizin, zur Rechts- und Kriminalsoziologie sowie zur Sozialpädagogik. Daraus folgt: Wer sich auf die Rechtspsychologie einlässt und in diesem Bereich tätig sein will, muss weit über den Tellerrand psychologischer Theorien und Methoden hinausblicken, sich mit den für die eigene Tätigkeit bedeutsamen Inhalten aus anderen Wissenschaftsdisziplinen vertraut machen und sich – ohne Überheblichkeit – auch auf die teilweise andere Denkweise der Rechtswissenschaft einlassen (s. hierzu z. B. Jessnitzer & Ulrich, 2007).
Die Rechtspsychologie ist eines der ältesten und traditionsreichsten Fächer der Angewandten Psychologie. So wurden bereits zu Beginn des 20. Jahrhunderts empirische Untersuchungen u. a. zur Zuverlässigkeit von Zeugenaussagen durchgeführt (Lösel & Bender, 1993; Undeutsch, 1967). Sie beinhaltet zwei recht unterschiedliche For-

Tab. 1: Beispiele für die Verbindung von psychologischen Grundlagen- und Anwendungsfächern mit rechtspsychologischen Fragestellungen

Psychologische Teildisziplin	Anwendungsbeispiele in der Rechtspsychologie
Allgemeine Psychologie	z. B. Wahrnehmungs- und Erinnerungsgenauigkeit von Zeugen; Zusammenhang zwischen Erregung und Informationsverarbeitung
Sozialpsychologie	z. B. suggestive Beeinflussung, prozedurale Gerechtigkeit, soziale Urteilsbildung
Entwicklungspsychologie	z. B. Verantwortungsreife jugendlicher (§ 3 JGG) und heranwachsender Straftäter (§ 105 JGG); Schadenersatzpflicht von Kindern und Jugendlichen (§ 828 BGB)
Persönlichkeitspsychologie	z. B. Zusammenhang zwischen Persönlichkeitsmerkmalen und Dissozialität
Klinische Psychologie	z. B. Schuldfähigkeit (§ 20 StGB) und Persönlichkeitsstörungen; Sozialtherapie
Organisationspsychologie	z. B. Organisation in der Justizvollzugsanstalt, Berufseignungsdiagnostik für den Polizeidienst
Psychologische Diagnostik	z. B. Begutachtung von Straftätern und Zeugen; Gefährlichkeitsprognose

schungs- und Anwendungsbereiche, die sich teilweise unabhängig voneinander entwickelt haben: die *Forensische Psychologie* einerseits und die *Kriminalpsychologie* andererseits. Als *Forensische Psychologie* wird derjenige Teil der Rechtspsychologie bezeichnet, der sich mit der Anwendung psychologischer Methoden und Erkenntnisse auf Gerichtsverhandlungen beschäftigt (von lat. »in foro«, in der Öffentlichkeit). Dabei handelt es sich vor allem (aber keineswegs nur) um die Erstellung psychologischer Gutachten, also die Anwendung diagnostischer Methoden im Rahmen der Rechtsprechung. Gegenstand der *Kriminalpsychologie* ist die Erklärung, Prognose, Prävention von sowie die Intervention bei kriminellem und abweichendem Verhalten (Lösel & Bender, 1993). Die Bezeichnung »*Rechtspsychologie*« als Oberbegriff für die beiden oben angegebenen Teildisziplinen ist noch relativ neu. In der älteren deutschen Literatur wurde lange der Begriff »Gerichtspsychologie« und später die Bezeichnung »Forensische Psychologie« (z. B. Undeutsch, 1967; Wegener, 1981) verwen-

det. Erst in den 1980er-Jahren hat sich in Deutschland, ausgehend von dem im angelsächsischen Sprachraum schon länger gebräuchlichen Begriff »*psychology and law*«, die Bezeichnung »Rechtspsychologie« als Oberbegriff für alle Anwendungen der Psychologie auf die Gestaltung und Anwendung des Rechts etabliert.

Inzwischen verschwimmen die Grenzen zwischen diesen beiden Teilbereichen der Rechtspsychologie mehr und mehr, was vor allem eine Folge der geradezu atemberaubenden Diversifizierung der Rechtspsychologie im Laufe der vergangenen zwei Jahrzehnte ist. Es wird zunehmend deutlich, dass die traditionelle Einteilung in Forensische Psychologie einerseits und Kriminalpsychologie andererseits dieser Diversifizierung nicht mehr gerecht wird, zumal sich einige Anwendungsbereiche auch nicht mehr eindeutig einem der beiden Bereiche zuordnen lassen. So hat z. B. die Psychologische Diagnostik bei Indikationsentscheidungen im Rahmen der Sozialtherapie mit Straftätern, bei der (sozial-)therapiebegleitenden Diagnostik sowie bei Prognosegutachten (die u. a. erstellt werden zur Frage der Unterbringung von Straftätern in einem psychiatrischen Krankenhaus (§ 63 StGB) oder in Sicherungsverwahrung (§§ 66, 66a, 66b StGB)) in den letzten Jahren zunehmend an Bedeutung gewonnen (z. B. Dahle, 2005; Nedopil, 2005). Auch die vielfältigen Themen der Polizeipsychologie (wie z. B. Operative Fallanalyse, Stressbewältigung, Deeskalationsstrategien bei Großveranstaltungen) lassen sich kaum noch eindeutig dem einen oder anderen traditionellen Anwendungsbereich der Rechtspsychologie zuordnen (Bliesener & Köhnken, 2006; Köhnken, 2006a). Durch die Ausweitung der psychologischen Diagnostik über die bloße Erstellung von Gerichtsgutachten hinaus ist auch der ursprünglich gebräuchliche Begriff »forensische Begutachtung« obsolet geworden und durch die weiter gefasste Bezeichnung »psychodiagnostische Begutachtung in der Rechtspsychologie« ersetzt worden (Bliesener & Köhnken, 2006).

Die berufliche Tätigkeit in einem der Bereiche der psychologischen Diagnostik in der Rechtspsychologie erfordert nicht nur breite Kenntnisse in den Grundlagen- und Methodenfächern der Psychologie und den jeweiligen Rechtsgebieten, in deren Rahmen z. B. Gutachten erstellt werden. Darüber hinaus sind immer auch Grundkenntnisse über das Rechtssystem im Allgemeinen, den Gerichtsaufbau sowie den Instanzenweg und über die Rechte und Pflichten von Sachverständigen unerlässlich. Hinzu kommen, was oft vergessen wird, Anforderungen an persönliche, soziale und kommunikative Fähigkeiten und Fertigkeiten der Sachverständigen.

1 Persönliche, soziale und kommunikative Anforderungen

Rechtspsychologische Gutachten werden fast immer in einem Konfliktfeld erstellt. Wenn sich die Beteiligten einig wären, bedürfte es keines Gutachtens. Das Gutachten ist daher unvermeidlich für mindestens eine der Parteien ungünstig, was für diese Partei mit sehr weitreichenden (persönlichen, sozialen, finanziellen) Konsequenzen verbunden sein kann. Dies muss man sich immer wieder klarmachen, um die teilweise heftigen – auch emotionalen – Reaktionen auf ein Gutachten verstehen zu können. Gerade in Hauptverhandlungen in Strafverfahren, aber auch bei emotionalisierten Auseinandersetzungen um das Sorge- und Umgangsrecht in Scheidungsverfahren ist man als Sachverständige(-r) manchmal heftigen Angriffen bis hin zu Ablehnungsanträgen wegen angeblich mangelnder Sachkunde oder Voreingenommenheit ausgesetzt. Diese Kritik muss man aushalten können. Sie ist im Übrigen nur selten als persönlicher Angriff gemeint, sondern Teil der professionellen Aufgabe der Beteiligten. Ein Verteidiger beispielsweise *muss* sich für seinen Mandanten einsetzen; er erfüllt damit eine wichtige rechtsstaatliche Aufgabe. Sich dies immer wieder klarzumachen, erleichtert das Ertragen von Kritik ungemein. Sie kann dann auch wertvolle Hinweise für die künftige Verbesserung der eigenen Arbeit geben, auf die man selbst möglicherweise nicht gekommen wäre.

2 Allgemeine Grundkenntnisse des Rechts

Zwar wird niemand ernsthaft von einer Psychologin oder einem Psychologen erwarten, dass sie/er komplizierte Rechtsfragen bis in die letzten Verästelungen verstehen und beurteilen kann. Es gibt aber grundlegende Aspekte des materiellen und des Verfahrensrechts, die man auch als psychologischer Sachverständiger kennen muss, weil man im günstigsten Fall ohne deren Kenntnis als »naiv« oder »amateurhaft« wahrgenommen, im ungünstigen Fall (infolge von auf Unkenntnis zurückzuführendem Fehlverhalten) sogar wegen der Besorgnis der Befangenheit abgelehnt werden kann. Wenn Letzteres im Laufe einer umfangreichen Hauptverhandlung geschieht, kann dies weitreichende Folgen bis hin zur vollständigen Neuansetzung des Verfahrens haben.

Zu den Grundkenntnissen, die die eigene Orientierung im Rechtssystem erleichtern, gehören z. B. Kenntnisse über die verschiedenen Zweige der Gerichtsbarkeit und deren Zuständigkeiten (Straf-, Zivil-, Verwaltungs-, Sozialgerichtsbarkeit), den Aufbau der Gerichte (z. B. Amtsgericht, Landgericht, Oberlandesgericht, Bundesgerichtshof) und deren Zuständigkeiten sowie die unterschiedlichen Rechtsmittel (Berufung, Revision). Ebenso sollte man rechtsstaatliche Grundsätze, wie z. B. die Öffentlichkeit von Strafverfahren und die Unmittelbarkeit der Beweisaufnahme, kennen, um manche gelegentlich überflüssig erscheinende »Formalitäten« verstehen zu können. Ferner sollte man sich mit gängigen Abkürzungen, wie z. B. StGB (für Strafgesetzbuch), BGB (für Bürgerliches Gesetzbuch), StPO (für Strafprozessordnung), BGH (für Bundesgerichtshof) usw., vertraut machen. Sie sind in der Kommunikation mit Juristen ebenso selbstverständlich, wie es für Psychologen die Abkürzungen für gängige Testverfahren sind.

Hinzu kommen dann natürlich detaillierte Kenntnisse über die gesetzlichen Bestimmungen, auf deren Grundlage Gutachten erstellt werden, also z. B. die §§ 20 und 21 StGB bei Begutachtung der Schuldfähigkeit, §§ 63 bis 68 StGB bei Prognosegutachten, §§ 276 und 828 BGB bei der Begutachtung der Schadenersatzpflicht von Kindern und Jugendlichen. Dabei reicht kaum jemals die bloße Kenntnis des Gesetzestextes selbst aus. Zusätzlich muss man sich in den einschlägigen Kommentaren zu den jeweiligen Gesetzen informieren, in denen nicht nur allgemeine Erläuterungen enthalten sind, sondern auch rechtswissenschaftliche Arbeiten sowie die Entwicklung der Rechtsprechung behandelt werden. Als eine gerade für in der Rechtspsychologie tätige Psychologen sehr nützliche Informationsquelle hat sich die Zeitschrift *Praxis der Rechtspsychologie* entwickelt. Dort werden nicht nur in Originalbeiträgen (teilweise auch in Sonderheften) wichtige rechtspsychologische Themen behandelt, sondern auch kurze Zusammenfassungen von für Rechtspsychologen wichtigen Urteilen gegeben. Ende 2006 ist eine neue Zeitschrift mit dem Titel *Forensische Psychiatrie, Psychologie, Kriminologie* erschienen, die sich der Thematik aus einer interdisziplinären Perspektive annimmt.

3 Anwendungsbereiche der Diagnostik in der Rechtspsychologie

Diagnostik in der Rechtspsychologie ist, wie eingangs bereits erwähnt wurde, keineswegs auf Gerichtsgutachten oder gar Schuldfähigkeits- oder Glaubwürdigkeitsgutachten beschränkt. Es gibt darüber hi-

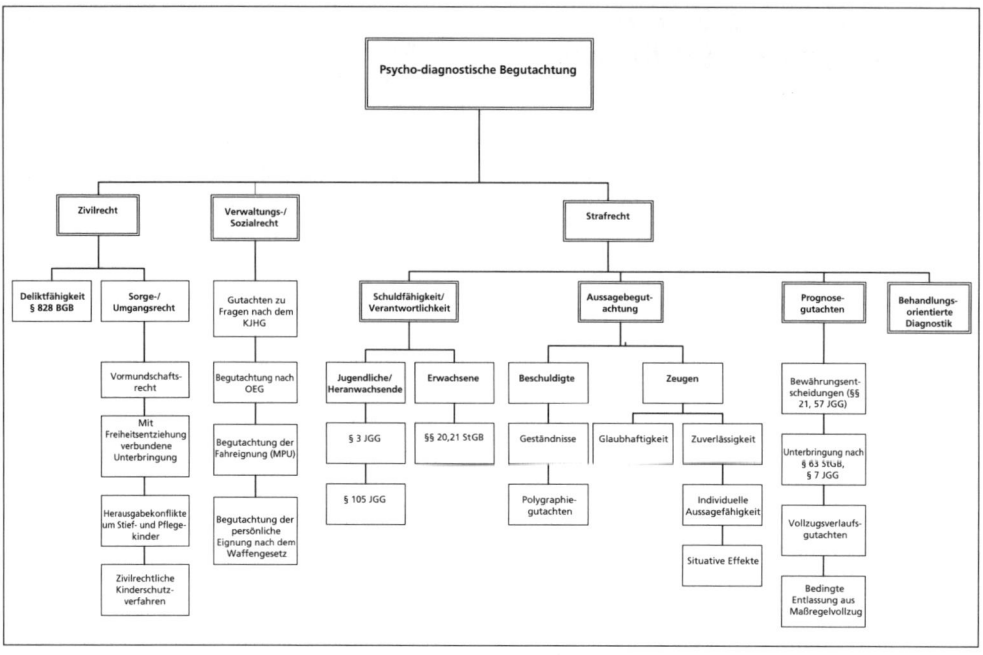

Abb. 1: Begutachtungsbereiche in der Rechtspsychologie (nach Bliesener & Köhnken, 2006)

naus vielfältige Anwendungsbereiche, die teilweise nur wenig bekannt sind. **Abbildung 1** vermittelt einen Eindruck von der Breite der Anwendungsfelder psychologischer Diagnostik in der Rechtspsychologie.

3.1 Begutachtung im Zivilrecht

Zivilrecht ist dasjenige Rechtsgebiet, welches die Beziehungen von rechtlich gleichgestellten natürlichen oder juristischen Personen untereinander regelt. Psychologische Gutachten werden hier vor allem zu Fragen des Familienrechts und – allerdings sehr viel seltener – der Schadenersatzpflicht erstellt.

Im Bereich des *Familienrechts* werden vor allem zur Regelung der elterlichen Sorge bei Trennung und Scheidung sowie zur Regelung des Umgangs eines Kindes mit sei-

nen Eltern psychologische Gutachten eingeholt. Die elterliche Sorge wird in den §§ 1626 bis 1698b BGB behandelt, wobei für psychologische Sachverständige vor allem § 1671 (Getrenntleben bei gemeinsamer elterlicher Sorge) und § 1687 (Entscheidungsrecht bei gemeinsamer elterlicher Sorge getrennt lebender Eltern) von Bedeutung sind.

Psychologische Begutachtungen im Rahmen des Familienrechts haben auch wirtschaftlich eine erhebliche Bedeutung. Dominierte früher unter quantitativen Gesichtspunkten die aussagepsychologische Begutachtung, so hat die Anzahl von Gutachten in Familiengerichtsverfahren (elterliche Sorge, Umgangsrecht) nach der Eherechtsreform seit Anfang der 1980er-Jahre erheblich zugenommen und übersteigt inzwischen vermutlich sogar die Anzahl aussagepsychologischer Gutachten (Fabian, 2002; Fabian & Wetzels, 1991). In einer 2004 vom Verfasser durchgeführten Befragung von psychologischen Sachverständigen haben etwa zwei Drittel der Rücksender angegeben, dass mehr als die Hälfte der von ihnen in den vorangegangenen zwölf Monaten erstellten Gutachten familienrechtliche Fragen betrafen. In der von der Deutschen Psychologen Akademie herausgegebenen Adressliste psychologischer Sachverständiger haben 106 von insgesamt 177 aufgeführten Psychologinnen und Psychologen (Stand Sommer 2006) als eines ihrer Sachgebiete Familienrecht und 102 Glaubhaftigkeitsbegutachtung angegeben.

Im Bereich des *Schuldrechts* werden gelegentlich Gutachten zum sog. Vergeltungspflichtverständnis von Kindern und Jugendlichen eingeholt. Nach § 828 Abs. 1 BGB sind Kinder vor Vollendung des siebten Lebensjahres für einen von ihnen angerichteten Schaden grundsätzlich nicht schadenersatzpflichtig. Vom vollendeten siebten bis zum vollendeten 18. Lebensjahr ist eine Person dann für einen von ihr angerichteten Schaden nur dann »nicht verantwortlich, wenn sie bei der Begehung der schädigenden Handlung nicht die zur Erkenntnis der Verantwortlichkeit erforderliche Einsicht hat« (§ 828 Abs. 2 BGB). Ob dies der Fall ist, wird ggf. durch eine entwicklungspsychologische Begutachtung festgestellt (vgl. hierzu z. B. Hommers, 2004).

3.2 Begutachtung im Verwaltungs- und Sozialrecht

Das *Verwaltungsrecht* regelt als Teil des *Öffentlichen Rechts* insbesondere die Rechtsbeziehungen des Staates zu seinen Bürgern, aber auch die Funktionsweise der Institutionen der Verwaltung und ihr Verhältnis untereinander. Das *Sozialrecht* ist ebenfalls ein Teil des Öffentlichen Rechts. Es ist ein Sammelbegriff für verschiedene Rechtsbereiche, wie z. B. Sozialversicherungsrecht, Sozialhilfe- und Jugendhilfe-

recht. Auch das Opferentschädigungsgesetz, nach dem Opfer einer Straftat Sozialleistungen erhalten können, wird dem Bereich des Sozialrechts zugeordnet.

Psychologische Begutachtungen zu sozial- und verwaltungsrechtlichen Fragestellungen kommen im Vergleich zu anderen Begutachtungsanlässen seltener vor, da derartige Gutachtenaufträge eher an medizinische Sachverständige vergeben werden. Gelegentlich werden aber auch psychodiagnostische Zusatzgutachten im Rahmen der Feststellung einer Behinderung im Sinne des § 2 Abs. 1 des Sozialgesetzbuches (SGB) IX erstellt (Günter, 2004).

Nach dem *Opferentschädigungsgesetz* (OEG) können Personen, die Opfer einer Gewalttat geworden sind und dadurch eine gesundheitliche Schädigung erlitten haben, eine Entschädigung nach dem Bundesversorgungsgesetz (BVG) erhalten. Nach der Rechtsprechung des Bundessozialgerichtes können dabei nicht nur körperliche, sondern auch psychische Schädigungen einen Anspruch auf Leistungen begründen. In diesem Kontext werden z. B. klinisch-psychologische Gutachten zum Vorliegen bzw. zur Intensität psychischer Störungen, wie etwa einer akuten Belastungsreaktion oder einer posttraumatischen Belastungsstörung, eingeholt.

Die *Begutachtung der Fahreignung* von Kraftfahrern (Medizinisch-Psychologische Untersuchung: MPU; s. z. B. Wittkowski & Seitz, 2004) ist eigentlich auch der psychodiagnostischen Begutachtung in der Rechtspsychologie zuzurechnen. Dieser quantitativ und ökonomisch sehr bedeutsame Anwendungsbereich (im Jahr 2005 führten die 20 aktiven Träger der bundesdeutschen Begutachtungsstellen für Fahreignung insgesamt 104 325 medizinisch-psychologische Untersuchungen durch) hat sich jedoch als eigenständige Teildisziplin innerhalb der Angewandten Psychologie entwickelt und wird daher selten als Bestandteil der Rechtspsychologie wahrgenommen.

3.3 Begutachtung im Strafrecht

Das *Strafrecht* ist derjenige Teil des öffentlichen Rechts, das für schuldhaft begangenes Unrecht staatliche Sanktionen vorsieht. Man unterscheidet hier zwischen dem *materiellen Recht*, welches die Voraussetzungen der Strafbarkeit (Tatbestand) und deren Rechtsfolgen beschreibt (Strafgesetzbuch: StGB), und dem *Strafverfahrensrecht*, in dem die Art und Weise der Durchsetzung des materiellen Rechts beschrieben wird (Strafprozessordnung: StPO und Gerichtsverfassungsgesetz: GVG). Für die psychologische Begutachtung ist in diesem Zusammenhang auch das Jugendgerichtsgesetz (JGG) von Bedeutung, welches Besonderheiten des Strafverfahrens bei jugendlichen (und in besonderen Fällen auch heranwachsenden) Angeklagten regelt.

Wie **Abbildung 1** zu entnehmen ist, werden im Rahmen des Strafrechts vor allem zu drei Themenbereichen Gutachten eingeholt: zur Verantwortlichkeit/Schuldfähigkeit von Straftätern, zur Zuverlässigkeit und Glaubhaftigkeit von Aussagen (sowohl von Zeugen als auch gelegentlich von Beschuldigten) sowie zur Prognose bei verurteilten Straftätern. Hinzu kommen diagnostische Untersuchungen zur Indikation spezieller therapeutischer Interventionen (so z. B. zur Behandlung von Sexualstraftätern oder bei sozialtherapeutischen Maßnahmen während des Straf- oder Maßregelvollzugs).

3.4 Begutachtung der Verantwortlichkeit/ Schuldfähigkeit

Voraussetzung für die Bestrafung wegen eines begangenen Unrechts ist der Nachweis individueller Schuld. Im strafrechtlichen Sinne liegt Schuld nur dann vor, wenn das rechtswidrige Handeln auf den (freien) Willen des Täters zurückgeht. Er habe sich für das Unrecht entschieden, obwohl er sich auch anders hätte entscheiden können. Dies ist gemeint, wenn von »Schuldstrafrecht« gesprochen wird. Eine Strafe kann somit nur dann verhängt werden, wenn der Täter in der Lage gewesen wäre, das Unrecht seiner Tat einzusehen (»Einsichtsfähigkeit«) und nach dieser Einsicht zu handeln (»Steuerungsfähigkeit«). Die Einsichts- und/oder Steuerungsfähigkeit kann einerseits durch einen defizitären kognitiven oder ethisch-moralischen Reifezustand und andererseits durch psychische Krankheiten oder Störungen beeinträchtigt bzw. ausgeschlossen sein.

Bei heranwachsenden (18. bis noch nicht vollendetes 21. Lebensjahr) oder erwachsenen Straftätern (ab dem vollendeten 21. Lebensjahr) geht das Gesetz grundsätzlich von der vollen Schuldfähigkeit aus. Nur wenn bestimmte, in § 20 StGB genannte »Störungen der Geistestätigkeit« vorliegen und wenn aufgrund einer der dort genannten Störungen die Einsichts- oder die Handlungsfähigkeit zum Zeitpunkt der Tat nicht gegeben war, ist der Täter schuldunfähig oder – bei weniger stark ausgeprägten Störungen – nach § 21 eingeschränkt schuldfähig. In § 20 StGB werden vier Störungsarten aufgeführt, die zu einer Schuldunfähigkeit bzw. einer eingeschränkten Schuldfähigkeit führen können. Hierbei handelt es sich um Bezeichnungen, die für Psychologen zunächst sehr seltsam klingen und der »Übersetzung« unter Berücksichtigung des ICD-10 (International Classification of Diseases) bzw. des DSM-IV-TR (Diagnostisches und Statistisches Manual Psychischer Störungen) bedürfen. Die in § 20 StGB genannten Störungsgruppen sind:

- »krankhafte seelische Störungen« (z. B. Psychosen, Anfallskrankheiten),
- »Schwachsinn« (Intelligenzminderung),
- »tiefgreifende Bewusstseinsstörung« (psychischer Ausnahmezustand einer ansons-

ten psychisch gesunden Person, hochgradiger Affekt) sowie

- »schwere andere seelische Abartigkeiten« (z. B. schwere Persönlichkeitsstörungen, Psychopathien, sexuelle Devianz).

Ob eine Diagnose nach ICD-10 oder DSM-IV-TR unter einem der Eingangsmerkmale des § 20 StGB zu subsumieren ist oder ob eine festgestellte Störung im Sinne des § 21 StGB »erheblich« ist, beurteilt nicht der Sachverständige. Es handelt sich hierbei vielmehr um Rechtsfragen, die das Gericht nach sachverständiger Beratung in eigener Verantwortung zu beantworten hat.

In der rechtspsychologischen Literatur haben vor allem die »tiefgreifende Bewusstseinsstörung« (Greuel, 1997) sowie die »schwere andere seelische Abartigkeit« eine besondere Bedeutung erlangt (Nowara, 2006; Scholz & Schmidt, 2003), während die Begutachtung der Frage, ob eine »krankhafte seelische Störung« vorliegt, im Allgemeinen in die Domäne der forensischen Psychiatrie, und die Beurteilung sexueller Devianz in den Bereich der forensischen Sexualmedizin fällt. Unter die juristische Kategorie der »schweren anderen seelischen Abartigkeit« fallen vor allem Persönlichkeitsstörungen.

3.5 Aussagepsychologische Begutachtung

Die Beurteilung von (Zeugen-)Aussagen ist seit jeher eine Domäne der Psychologie. Man unterscheidet dabei drei Komponenten:

- Die *Zuverlässigkeit* oder Genauigkeit einer Aussage. Hier geht es um die Frage, ob eine Person aufgrund situativer Bedingungen *unbeabsichtigt* falsche Angaben macht, z. B. weil zum fraglichen Zeitpunkt ungünstige Wahrnehmungsbedingungen vorlagen, weil die Erinnerung möglicherweise durch nachträgliche Informationen überlagert wurde oder weil sie durch ungeeignete Fragetechniken verwirrt wurde.

- Die *Aussagefähigkeit* einer Person. Geprüft wird in diesem Zusammenhang, ob die kognitiven Voraussetzungen vorhanden sind, um den fraglichen Sachverhalt korrekt wahrzunehmen, für einen mehr oder weniger langen Zeitraum im Gedächtnis zu speichern und später abzurufen und zu verbalisieren.

- Die *Glaubhaftigkeit* einer Aussage. Hier steht die Frage im Vordergrund, ob eine Person *absichtlich* eine Sachverhaltsschilderung abgibt, von der sie annimmt, dass sie falsch ist.

Eine Begutachtung der Aussagefähigkeit wird z. B. bei (insbesondere sehr jungen) Kindern, bei hochbetagten Menschen, bei Personen mit kognitiven Defiziten oder mit anderen psychischen Störungen in Auftrag gegeben. Hierbei kommen die bekannten Methoden der Leistungs- und Persönlichkeitsdiagnostik – ggf. unter Bezugnahme auf ICD-10 bzw. DSM-IV-TR – zum Einsatz. Bei der Beurteilung der Frage, ob die Zuverlässigkeit einer Aussage durch situative Umstände (z. B. Angst, nachträgliche irreführende Informationen, Vergessen) beeinträchtigt ist, muss auf empirische Befunde zur Auswirkung entsprechender Variablen auf die Fehlerquote zurückgegriffen werden. Auf dieser Grundlage können dann nur Wahrscheinlichkeitsaussagen in der Weise gemacht werden, dass unter bestimmten Bedingungen das Risiko einer (irrtümlichen) Falschaussage zunimmt. Das schließt allerdings nicht aus, dass diese konkrete Person nicht von der Beeinträchtigung betroffen ist.

3.6 Rückfall- und Gefährlichkeitsprognose

Für die von Gerichten vorzunehmende Abwägung zwischen der Sicherheit der Allgemeinheit einerseits und dem individuellen Recht eines Straftäters auf persönliche Freiheit andererseits müssen – teilweise sehr langfristige – Vorhersagen über zukünftiges Verhalten gemacht werden. Die aus einer Rückfall- oder Gefährlichkeitsprognose resultierenden Konsequenzen können in der Anordnung von Maßnahmen (z. B. der Unterbringung in Sicherungsverwahrung) sowie in deren Aussetzung bestehen (z. B. Aussetzen des Strafrestes zur Bewährung). Bei der *Anordnung* einer Maßregel handelt es sich u. a. um die Unterbringung eines Straftäters in einem psychiatrischen Krankenhaus oder einer Entziehungsanstalt. Nach § 66 StGB kann Sicherungsverwahrung angeordnet werden, »wenn die Gesamtwürdigung ergibt, dass er für die Allgemeinheit gefährlich ist«. Ferner kann nach § 66a StGB der Vorbehalt einer Sicherungsverwahrung angeordnet werden, »wenn nicht mit hinreichender Sicherheit festzustellen ist, ob der Täter gefährlich ist.« Eine Sicherungsverwahrung kann auch noch nachträglich angeordnet werden, wenn »mit hoher Wahrscheinlichkeit erhebliche Straftaten« zu erwarten sind (§ 66b StGB).

Der Gutachtenauftrag muss sich mindestens an folgenden Fragen orientieren (Boetticher et al., 2006):

- Wie groß ist die Wahrscheinlichkeit, dass die zu begutachtende Person erneute Straftaten begehen wird?
- Welcher Art werden diese Straftaten sein, welche Häufigkeit und welchen Schweregrad werden sie haben?
- Mit welchen Maßnahmen kann das Risiko zukünftiger Straftaten beherrscht oder verringert werden?
- Welche Umstände können das Risiko von Straftaten steigern?

Hieraus ergibt sich die Notwendigkeit einer komplexen diagnostischen Befunderhebung, zu der in der Regel u. a. eine umfassende biographische Anamnese sowie eine ausführliche und anschauliche Beschreibung des psychischen Istzustandes des Probanden gehören. Diese Befunde können durch standardisierte Instrumente zur Risikoeinschätzung ergänzt werden.

3.7 Behandlungsorientierte Diagnostik bei Straftätern

Strafvollzug und Maßregelvollzug sollen nicht nur einen Schuldausgleich für das begangene Unrecht bewirken, sondern bezwecken vor allem auch eine Resozialisierung des Täters. Mittels (quasi-)therapeutischer Interventionen im weitesten Sinne sollen somit dauerhafte Einstellungs- und Verhaltensänderungen eingeleitet werden. Eine erfolgreiche Behandlung setzt zunächst einmal eine sorgfältige Diagnose voraus, weil im jeweiligen Einzelfall sehr unterschiedliche persönliche und situative Konstellationen ein kriminelles Verhalten ausgelöst haben können. Wie in anderen Bereichen der therapieorientierten Diagnostik auch muss zunächst einmal diese Konstellation untersucht und darauf aufbauend eine Indikationsentscheidung getroffen werden.

4 Wie wird man Sachverständiger?

Es gibt bisher keinen standardisierten Ausbildungsweg zum forensischen Diagnostiker. Nur an wenigen Universitäten (z. B. Erlangen oder Kiel) gibt es bisher neben den klassischen Anwendungsfächern auch ein Curriculum zur Rechtspsychologie. Möglicherweise wird sich die Situation aber in den nächsten Jahren im Zuge der Einführung spezialisierter Masterstudiengänge ändern. Abgesehen von studienbegleitenden Praktika erfolgt die Einarbeitung in dieses Berufsfeld deshalb nach dem Abschluss des Studiums, und zwar sowohl »on the job« als auch im Rahmen einer von der Föderation Deutscher Psychologenvereinigungen eingerichteten speziellen Weiterbildung (s. u.).

Der weitere Berufsweg unterscheidet sich zwischen der freiberuflichen oder selbstständigen Sachverständigentätigkeit einerseits und der Anstellung bei einer (meist staatlichen) Institution andererseits. Wer sich für die (freiberufliche) Sachverständigentätigkeit interessiert, schließt sich häufig bestehenden Praxisgemeinschaften an. Dort erfolgt zunächst eine (ergänzende) Grundausbildung für den Bereich der forensischen Diagnostik. Parallel dazu werden Gutachtenaufträge unter Supervision erfahrener Kolleginnen oder Kollegen bearbeitet. Für die Ausbildung und Supervision sowie für die Nutzung der Infrastruktur der Praxisgemeinschaft sowie zur Abdeckung von Fixkosten wird ein Teil der Sachverständigenvergütung an die Einrichtung abgeführt. Die Vergütung der Sachverständigentätigkeit erfolgt nach dem »Justizvergütungs- und Entschädigungsgesetz« (JVEG) in der aktuellen Fassung aus dem Jahr 2004. Dort ist nicht nur die Erstattung von Auslagen, sondern auch die Höhe des Honorars je Arbeitsstunde für Sachverständige geregelt. Das Gesetz sieht hierfür drei Honorargruppen mit unterschiedlich hohen Stundensätzen vor. Für komplexe forensisch-psychologische Gutachten gilt i. d. R. die Fallgruppe 3, die einen Stundensatz von 85,00 Euro vorsieht. Freiberuflich tätige Sachverständige müssen hieraus einerseits alle Fixkosten (wie z. B. Büromiete, technische Ausstattung, Testverfahren etc.) und andererseits die Ausgaben für

Kranken- und Rentenversicherung bestreiten. Gegenwärtig ist die Nachfrage nach Gutachten groß, so dass von Seiten der Justiz vielfach über lange Wartezeiten geklagt wird. Zumindest für die überschaubare Zukunft sollten deshalb in diesem Bereich gute Beschäftigungsmöglichkeiten für (qualifizierte) Sachverständige bestehen.

Die freiberufliche Tätigkeit als forensischer Sachverständiger ist (anders als eine Berufstätigkeit im Angestelltenverhältnis) im Allgemeinen mit einer unregelmäßigen Arbeitszeit verbunden. Bei der Untersuchung der zu begutachtenden Personen muss man sich häufig nach deren Terminlage richten und nicht selten auch zu deren Wohnort anreisen. Diese Unregelmäßigkeit gilt noch mehr für Gerichtstermine. Häufig werden psychologische Sachverständige zu allen Hauptverhandlungsterminen geladen. Sie sind dann gesetzlich verpflichtet, dieser Ladung zu folgen. Wenn man dann morgens zu einem Gericht fährt, weiß man nie, ob der Termin nach zehn Minuten beendet ist (weil z. B. ein wichtiger Zeuge erkrankt ist) oder ob man erst abends das Gericht wieder verlassen kann. Zudem sorgen unvorhersehbare Beweisanträge immer wieder für Fortsetzungstermine, die den eigenen Terminplan gehörig durcheinander bringen können.

Neben der freiberuflichen Tätigkeit als forensischer Sachverständiger gibt es auch die Möglichkeit, im Rahmen einer festen Anstellung rechtspsychologische Diagnostik auszuüben. Inzwischen gibt es z. B. kaum noch eine Justizvollzugsanstalt oder eine Landespolizei ohne einen Psychologischen Dienst. Die hier tätigen Psychologinnen und Psychologen werden i. d. R. nach dem Tarifrecht für den öffentlichen Dienst – aktuell die TVöD (Tarifvereinbarung für den öffentlichen Dienst), die den BAT (Bundesangestelltentarif) abgelöst hat – bezahlt. Darüber hinaus gibt es in vielen allgemeinen psychiatrischen Kliniken sog. Forensikstationen, in denen Psychologinnen und Psychologen tätig sind. Hinzu kommen Einrichtungen des sog. Maßregelvollzugs. Hier werden (neben der therapiebegleitenden Diagnostik) vor allem Gutachten zur Gefährlichkeitsprognose sowie zur Schuldfähigkeit erstellt. Dabei beschränkt sich allerdings die Aufgabe der Psychologen häufig auf die Anfertigung sog. »(test-)psychologischer Zusatzgutachten«, die dem psychiatrischen (Haupt-)Gutachten angefügt werden.

Seit 1995 gibt es eine von der Föderation Deutscher Psychologenvereinigungen eingerichtete reguläre Weiterbildung zur Fachpsychologin bzw. zum Fachpsychologen für Rechtspsychologie. Diese Weiterbildung ist berufsbegleitend konzipiert und beinhaltet ein breites Spektrum rechtspsychologischer Themen. Der Weiterbildungsgang erstreckt sich i. d. R. über einen Zeitraum von drei Jahren und umfasst u. a. die Teilnahme an einschlägigen Seminaren im Umfang von 240 Stunden und die Arbeit und Supervision in einem Fachteam im Umfang von 120 Stunden. Außerdem muss eine Prüfungsleistung erbracht werden. Nähere Informationen zum Weiterbildungsgang können auf den Homepages der Fachverbände (Fachgruppe Rechtspsychologie in der Deutschen Gesellschaft für Psychologie (DGP) und der Sektion Rechtspsychologie im Berufsverband Deutscher Psychologinnen und Psychologen (BDP)) sowie der Deutschen Psychologen Akademie abgerufen werden.

Neuerdings wird von einzelnen Psychotherapeutenkammern der Anspruch erhoben, forensische Gutachten nur noch von approbierten Psychotherapeuten erstellen zu lassen. Dieser Anspruch wird aus § 1 Abs. 3 des Gesetzes über die Berufe des Psychologischen Psychotherapeuten und des Kinder- und Jugendlichenpsychotherapeuten hergeleitet. Danach ist die »Ausübung von Psychotherapie im Sinne dieses Gesetzes ... jede mittels wissenschaftlich anerkannter psychotherapeutischer Verfahren vorge-

nommene Tätigkeit zur Feststellung, Heilung oder Linderung von Störungen mit Krankheitswert, bei denen Psychotherapie indiziert ist.« Aus dieser Formulierung wird abgeleitet, dass nicht nur die im Zusammenhang mit einer Psychotherapie erfolgende »Feststellung ... von Störungen«, sondern *jede* Diagnostik »von Störungen mit Krankheitswert« approbierten Psychotherapeuten vorbehalten sei. Da z. B. bei sexuell missbrauchten oder misshandelten Kindern ebenso wie bei Kindern in Scheidungsauseinandersetzungen mit psychischen Störungen zu rechnen sei, welche ausschließlich von approbierten Psychotherapeuten diagnostiziert werden dürften, würde der Approbationsvorbehalt folglich auch für Begutachtungen in diesen Bereichen gelten. Konsequent weitergedacht würde dies bedeuten, dass nahezu jede Art von Diagnostik approbierten Psychotherapeuten vorbehalten wäre. Der Vorstand der Deutschen Gesellschaft für Psychologie hat ein Rechtsgutachten zu dieser Problematik in Auftrag gegeben, welches jetzt vorliegt. Der juristische Sachverständige kommt darin zu dem Schluss, dass sich der Approbationsvorbehalt nicht auf die Tätigkeit von Rechtspsychologinnen und Rechtspsychologen (jedenfalls sofern sie nicht die Ausübung heilkundlicher Tätigkeit umfasst) erstreckt.

Ausblick

In den vorstehenden Abschnitten wurde versucht, einen komprimierten Überblick über wichtige Anwendungsfelder psychologischer Diagnostik im Bereich der Rechtspsychologie zu geben. Dabei sollte vor allem die Breite und Vielfalt der rechtspsychologischen Diagnostik sowie die Notwendigkeit einer interdisziplinären Perspektive deutlich gemacht werden. Die Akzeptanz der Rechtspsychologie in der Justiz, der Polizei und in der Verwaltung hat sich sehr positiv entwickelt. Sie manifestiert sich in einer wachsenden Nachfrage nach psychologischen Gutachten auch außerhalb der traditionellen Bereiche forensischer Begutachtung. Die Einbeziehung psychologischer Sachverständiger durch den BGH bei zwei richtungsweisenden Entscheidungen (zur Zulässigkeit von Polygraphiegutachten im Jahr 1998 sowie zu Qualitätsstandards von Glaubwürdigkeitsgutachten im Jahr 1999) sowie die Beteiligung der Rechtspsychologie in einer interdisziplinären Arbeitsgruppe zur Entwicklung von Qualitätsstandards bei Schuldfähigkeits- und Prognosegutachten zeugt ebenfalls für die gewachsene Wertschätzung für unser Fach. Diese gewachsene Akzeptanz ist nicht zuletzt auch eine Folge der Bemühung zur Verbesserung der Qualität rechtspsychologischer Diagnostik durch Fort- und Weiterbildung aller Beteiligten.

Literatur

Bliesener, Th. & Köhnken, G. (2006). Rechtspsychologie. In K. Pawlik (Hrsg.). *Handbuch Psychologie*. Berlin: Springer.

Boetticher, A. et al. (2006). Mindestanforderungen für Prognosegutachten. *Neue Zeitschrift für Strafrecht, 26*, 237–244.

Dahle K.-P. (2005) *Psychologische Kriminalprognose – Wege zu einer integrativen Methodik für die Beurteilung der Rückfallwahrscheinlichkeit bei Strafgefangenen.* Centaurus, Herbolzheim.

Fabian, T. (2002). Zum Stand der Rechtspsychologie in Deutschland. In Th. Fabian & S. Nowara (Hrsg.), *Praxisfelder der Rechtspsychologie* (S. 22–40). Münster: LIT-Verlag.

Fabian, T. & Wetzels, P. (1991). Zur gegenwärtigen Praxis von forensischen Psychologen und Psychologinnen: Ergebnisse einer Befragung. *Praxis der Forensischen Psychologie, 1,* 10–18.

Greuel, L. (1997). Schuldfähigkeitsbegutachtung. In M. Steller & R. Volbert (Hrsg.). *Psychologie im Strafverfahren* (S. 105–118). Bern: Huber

Günter, M. (2004). Begutachtung bei Beeinträchtigung der geistigen Fähigkeiten im Kindes-, Jugend- und Erwachsenenalter. In U. Venzlaff & K. Foerster (Hrsg.). *Psychiatrische Begutachtung*. 4. Aufl. München: Urban & Fischer.

Hommers, W. (2004). Kindeswohl. *Praxis der Rechtspsychologie, 14,* 277–285.

Jessnitzer, K. & Ulrich, J. (2007). *Der gerichtliche Sachverständige.* 12. Aufl. Köln: Heymanns.

Köhnken, G. (2006a). *Zur Lage der Rechtspsychologie in Deutschland.* In Th. Fabian & S. Nowara (Hrsg.). *Neue Wege und Konzepte in der Rechtspsychologie* (S. 17–33). Berlin: LIT-Verlag.

Lösel, F. & Bender, D. (1993). Rechtspsychologie. In: A. Schorr (Hrsg.), *Handwörterbuch der Angewandten Psychologie* (S. 590–598). Bonn: Deutscher Psychologen Verlag.

Nedopil, N. (2005). *Prognosen in der Forensischen Psychiatrie – Ein Handbuch für die Praxis.* Lengerich: Pabst.

Nowara, S. (2006). Forensische Psychologie. In G. Widmaier (Hrsg.). *Münchner Anwaltshandbuch Strafverteidigung* (S. 2248–2266). München: Beck.

Scholz, O.B. & Schmidt, A.F. (2003). *Schuldfähigkeit bei schwerer anderer seelischer Abartigkeit.* Stuttgart: Kohlhammer.

Undeutsch, U. (1967). Beurteilung der Glaubhaftigkeit von Aussagen. In U. Undeutsch (Hrsg.). *Handbuch der Psychologie Vol. 11: Forensische Psychologie.* Göttingen: Hogrefe.

Wegener, H. (1981). *Einführung in die Forensische Psychologie.* Darmstadt: Wissenschaftliche Buchgesellschaft.

Wittkowski, J. & Seitz, W. (2004). *Praxis der verkehrspsychologischen Eignungsbegutachtung.* Stuttgart: Kohlhammer.

19 Psychologie im Strafvollzug

Gerhard Brill

Einleitung

Im Folgenden gebe ich einen Überblick über die Aufgaben von Diplompsychologinnen und -psychologen in Justizvollzugsanstalten. Er stellt gleichzeitig ein Resümee meines rund zwanzigjährigen Einsatzes in diesem Bereich dar.

Die Arbeit im Strafvollzug ist eine der anspruchvollsten Tätigkeiten, die Psychologinnen und Psychologen ausüben können: Die Klientel ist häufig wenig problembewusst, nicht immer der Wahrheit verpflichtet und der Personalschlüssel (Anzahl der Psychologen zur Anzahl der Inhaftierten) ist meist völlig unzureichend. Darüber hinaus gibt es eine Fülle von Erwartungen der Inhaftierten wie der Institution an den Psychologen, die selten miteinander in Einklang stehen – ja, die sich sogar oft widersprechen (so genanntes »Mahlsteinprinzip«).

Positive Rückmeldungen für die geleistete Tätigkeit gibt es selten – wobei »wir« Psychologen gelernt haben, unsere Arbeit selbst Wert zu schätzen. Belohnungen gibt es in Form eines dichten Arbeitspensums und wie im Fluge vergehender Monate und Jahre im Beruf sowie einer Garantie darauf, keine Langeweile und keinen »Leerlauf« zu empfinden.

Da der Psychologische Dienst in dem hierarchisch aufgebauten System einer Vollzugsanstalt weit oben einzuordnen ist, kann es durchaus gelingen, abhängig von den persönlichen Fertigkeiten, den Mitarbeitern und den Vorgesetzten, selbstverantwortlich (mit allen Vor- und Nachteilen) zu arbeiten. Gerade in einem so komplexen System wie dem Strafvollzug, in dem verschiedene Berufsgruppen mit unterschiedlichen kurz-, mittel- und langfristigen Zielen und unterschiedlichen Techniken zusammenarbeiten, ist es aber auch unabdingbar, die eigene Position zu vermitteln und um Unterstützung zu werben. Einzelkämpfer stoßen schnell an ihre Grenzen.

Die Jugendstrafanstalt Schifferstadt (Rheinland-Pfalz) wurde im Juli 1991 eröffnet. Schon während der Phase der konzeptionellen Überlegungen, aber auch später, gab die damalige Anstaltsleitung unter Herrn Schipper (Jurist), Herrn Breuer (Lehrer) und Herrn Beyerle (Jurist) den zwei Psychologinnen und zwei Psychologen (aber auch den Mitarbeiterinnen und Mitarbeitern der anderen Berufsgruppen) die Möglichkeit, in eigener Verantwortung die anfallenden Aufgaben zu bewältigen. Dafür gebührt ihnen großer Dank!

1 Beruflicher Werdegang des Autors

Ich begann im Wintersemester 1978/79 an der Universität Mannheim mein Psychologiestudium mit den Schwerpunkten Klinische Psychologie und Diagnostik.

1985 beendete ich nach einer einjährigen Diplomarbeit über Menschen, die nach einem Suizidversuch stationär in eine psychiatrische Klinik aufgenommen worden waren, mein Studium.

Im Anschluss daran hatte ich eine Honorarstelle an der Justizvollzugsanstalt (JVA) Mannheim, Außenstelle Heidelberg, bis Juli 1990 inne, die acht Stunden pro Woche umfasste (mit einer Honorarstelle vermeidet der Arbeitgeber Sozialversicherungsbeiträge sowie Urlaubs- bzw. Krankentage, da diese nicht bezahlt werden). Parallel dazu arbeitete ich halbtags als geprüfte wissenschaftliche Hilfskraft an einem Forschungsprojekt des Zentralinstituts für Seelische Gesundheit (ZISG) in Mannheim. Im Juni 1986 wechselte ich als Wissenschaftlicher Mitarbeiter zu einem Forschungsprojekt der DFG über Depressionen und soziale Unterstützung (am ZISG, Projektleitung H.

O. F. Veiel), bei dem ich bis Juli 1990 tätig war.

Als ich Anfang 1990 vom Bau der Jugendstrafanstalt (JSA) in Schifferstadt erfuhr, bewarb ich mich um eine der vier Stellen im Psychologischen Dienst. Es schien mir sehr reizvoll, in einer neuen Einrichtung zu arbeiten und diese, quasi von Beginn an, mitgestalten zu können. Durch die Arbeit mit erwachsenen Straftätern in der Untersuchungshaft hatte ich schon längst den Eindruck gewonnen, dass es unabdingbar ist, die fast zwangsläufige Entwicklung »krimineller Karrieren« von Menschen mit entsprechenden Risikostrukturen schon im Jugendalter zu verhindern oder zumindest abzumildern. Dies käme auch den dann *nicht* zu Opfern werdenden Mitmenschen zu Gute.

Trotz einiger Belastungen, die die Auseinandersetzung mit – vor allem jugendlichen – straffällig Gewordenen mit sich bringt, habe ich den für mich nicht selbstverständlichen Entschluss, in diesem Bereich zu arbeiten, nicht bereut.

Seit Januar 2005 bin ich stellvertretender Anstaltsleiter der JSA Schifferstadt.

2 Geschichte des Berufsbildes

Die Geschichte der Psychologie als wissenschaftlich fundiertes Berufbild im Strafvollzug ist eine kurze: Bis zum Inkrafttreten des Strafvollzugsgesetzes 1977 gab es nur wenige Diplompsychologinnen und -psychologen in den Justizvollzugsanstalten. Diese hatten – vertraut man den Erzählungen der damaligen »Zeitzeugen« – oft »Paradiesvogelcharakter«. Der allgemeine Vollzugsdienst fühlte sich in seiner ureigenen Domäne des Einsperrens und Behandelns von Gefangenen bedroht – hatten doch die Psychologen aus seiner Sicht meist seltsame, unvertraute und nicht immer nachvollziehbare Ideen und Handlungsstrategien. Die psychologischen Bediensteten hatten eine kaum geregelte Aufgabenstellung, hatten selten Berufskollegen in der Anstalt und waren nicht in die hierarchischen Abläufe eingebunden.

Mittlerweile ist sowohl in institutioneller Hinsicht (»Aufgabenkatalog«) als auch im zwischenmenschlichen Bereich bei den meisten Bediensteten ein Umdenken eingetreten. Der Psychologische Dienst in Rheinland-Pfalz ist (natürlich abhängig vom eigenen Auftreten) in den meisten Anstalten gut integriert und als Ansprechpartner sowohl bei den anderen Bediensteten als auch bei den Insassen anerkannt.

Eine Anekdote soll den eingetretenen Wandel charakterisieren: Zu Beginn meiner Tätigkeit im Strafvollzug kam es in Heidelberg des Öfteren vor, dass ein Insasse, der um ein Gespräch mit mir bat, dies vor den anderen Mitgefangenen verheimlichte (weil er nicht als schwach, kooperativ mit dem Personal oder verrückt gelten wollte). Einige – nicht wenige – Bedienstete verwendeten die Begriffe »Psychologe« und »Dachdecker« synonym. Heute sind diese »Auswüchse«, zumindest in der JSA Schifferstadt, glücklicherweise Historie bzw. kommen nur in seltenen Fällen vor.

3 Einstellungsvoraussetzungen, Aufstiegschancen und Vergütung

Die Einstellung als Vollzugspsychologin oder -psychologe setzt ein abgeschlossenes Studium an einer Universität oder gleichgestellten Hochschule voraus. Die Approbation zum Psychologischen Psychotherapeut wird zwar nicht explizit vorausgesetzt, ist aber vorteilhaft bei der Bewerbung. Die Bereitschaft zu einer Zusatzausbildung im Bereich der Behandlung von Sexualstraftätern oder von Tätern mit Gewaltstraftaten wird verlangt. Berufserfahrung ist nicht zwingend notwendig, aber dringend angeraten.

Die Einstellung erfolgt im Angestelltenverhältnis. In einigen Fällen wird die Bereitschaft zur Verbeamtung verlangt (sicherlich abhängig vom jeweiligen Bundesland). Die Bezahlung der Angestellten richtet sich nach dem BAT (Eingruppierung in Gruppe IIa, nach vielen Jahren eventuell Höhergruppierung nach Ib) oder bei den Verbeamteten nach den Besoldungsrichtlinien für Beamte (beginnt mit A 13 als Psychologierat und endet meist mit A 14 als Oberpsychologierat; in Leitungsfunktionen ist die Beförderung zum Psychologiedirektor (A 15) möglich).

Dies bedeutet im Jahr 2005 ein Einkommen als ledige(-r) Angestellte(-r) im Alter von 25 Jahren von insgesamt (Grundvergütung, allgemeine Zulage und Ortszuschlag) knapp 3 000.– Euro (alle zwei Jahre gibt es 112.– Euro mehr). Verheiratete erhalten weitere Beträge (ca. 110.– Euro und je Kind 90.– Euro). Das Weihnachtsgeld beträgt 82,14 % des Monatseinkommens, das Urlaubsgeld 255.– Euro.

Von diesem Einkommen gehen der individuelle Steuersatz sowie die Renten-, Kranken- und Arbeitslosenversicherungsbeiträge ab.

Verbeamtete Psychologinnen und Psychologen werden nach der Besoldungstabelle entlohnt. Ein(-e) ledige(-r) Berufsanfänger (-in) mit 25 Jahren (A 13) erhält ebenfalls 3 000.– Euro (Grundgehalt, Stellenzulage) – Verheiratete erhalten 105.– Euro mehr. Für die ersten beiden Kinder gibt es 90.– Euro, ab dem dritten Kind knapp 230.– Euro zusätzlich. Das Bruttoeinkommen vermindert sich hier lediglich um den individuellen Steuersatz und den Krankenkassenbeitrag, was netto zu einem höheren Einkommen führt als bei den Angestellten.

Allerdings gibt es in den meisten Bundesländern Weihnachtsgeld lediglich in Höhe von 50 % eines Monatseinkommens. Urlaubsgeld entfällt in dieser Besoldungsgruppe (wobei in Rheinland-Pfalz für jedes Kind 40.– Euro unabhängig von der Besoldungsgruppe gewährt werden).

4   Institutionen

Der Justizvollzug wird auf Landesebene organisiert. Ich möchte mich bei der Beschreibung der Institutionen beispielhaft auf das Bundesland beschränken, in dem ich arbeite.

In Rheinland-Pfalz gibt es – mit der Jugendarrestanstalt (Worms), in einen Jugendliche einen Arrest von einer bis vier Wochen verbüßen müssen – folgende Justizvollzugsanstalten: Anstalten, in denen männliche Untersuchungs- und Strafhäftlinge (in der Regel ab dem 21. Lebensjahr) im sogenannten geschlossenen Vollzug untergebracht sind (JVA Diez, Frankenthal, Koblenz, Rohrbach, Trier, Wittlich und Zweibrücken; auch Regelvollzugsanstalten genannt), inklusive ihrer »Freigängerhäuser« (»offener Vollzug«: tagsüber außerhalb der Anstalt arbeiten, nach Feierabend inhaftiert sein), zwei Jugendstrafanstalten in Schifferstadt und Wittlich, eine sozialtherapeutische Anstalt in Ludwigshafen (sowie eine sozialtherapeutische Abteilung in der JVA Diez) und eine Anstalt für weibliche Gefangene (JVA Zweibrücken).

Das Verhältnis Psychologe bzw. Psychologin zu Inhaftierten liegt in den Regelvollzugsanstalten trotz vermehrter Einstellungen in den letzten Jahren bezogen auf die Zahl der Haftplätze immer noch zwischen 1: 110 bis zu 1: 270! In den gegenwärtigen Zeiten der Überbelegung verschlechtert sich das Verhältnis zusätzlich dramatisch.

In den Jugendstrafanstalten liegt das Verhältnis bei 1: 65 bis 1: 80, in der Sozialtherapie bei 1: 15.

Die Arbeitsschwerpunkte des psychologischen Dienstes unterscheiden sich unter anderem dadurch, ob die Zuständigkeit für Untersuchungsgefangene (Inhaftierte, denen eine oder mehrere Straftaten vorgeworfen werden, aber die – noch – nicht rechtskräftig verurteilt sind) oder Strafgefangene (rechtskräftig verurteilte Straftäter) gegeben ist.

5   Aufgaben des Psychologischen Dienstes

Nach den »Grundsätzen für den Psychologischen Dienst in den Justizvollzugs- und Jugendstrafanstalten« (Rundschreiben des Ministeriums der Justiz Rheinland-Pfalz vom 25.10.2001) lassen sich die Aufgaben wie folgt gliedern:

1. die Diagnostik, Begutachtung, Beratung und Behandlung der Gefangenen, insbesondere die Psychotherapie mit Sexualtätern,
2. die Unterstützung der Verwaltung der Anstalten in psychologischen Fragen,
3. die Aus- und Fortbildung sowie Beratung der Bediensteten,
4. die Forschung.

1. Diagnostik, Begutachtung, Beratung und Behandlung der Gefangenen, insbesondere die Psychotherapie mit Sexualstraftätern

Die Diagnostik und Begutachtung umfassen vor allem Stellungnahmen und/oder Gutachten zu Vollzugsmaßnahmen verschiedener Art (Prüfung von Vollzugslockerungen, Urlaub, vorzeitiger Entlassung etc.). Darüber hinaus fallen Stellungnahmen und Kriminalprognosen zu Gefangenen mit lebenslanger Freiheitsstrafe, zu

Maßnahmen der Besserung und Sicherung, zu Gnadenverfahren und zur Anordnung der Führungsaufsicht an.

Die Beratung und Behandlung umfassen vor allem Einzel- und Gruppensettings sowie Kriseninterventionen.

2. Unterstützung der Verwaltung der Anstalten in psychologischen Fragen

Darunter fallen vor allem die Teilnahme an und/oder die Leitung von Konferenzen, die Beratung und Unterstützung der Anstaltsleitung im Rahmen der Personal- und Organisationsentwicklung sowie die Erarbeitung von Formen der Zusammenarbeit in den Anstalten.

3. Aus- und Fortbildung sowie Beratung der Bediensteten

Die Fortbildung dient insbesondere der regelmäßigen und anstaltsinternen praxisorientierten Übung bzw. der Vermittlung von Grundkenntnissen der Psychologie (z. B. ein dreitägiges Seminar zum Umgang mit Stress, Umgang mit »schwierigen« Gefangenen). Durch das Vermitteln psychologischen Wissens kommt es zu einer Multiplikatorenwirkung, die ein (re-)sozialisierungsförderliches und behandlungsfreundliches Anstaltsklima bewirken soll. Außerdem gehört dazu die Beratung der Bediensteten zu Fragen des Umgangs mit Gefangenen sowie zu der Zusammenarbeit mit Kollegen und Vorgesetzten, ebenso zu der Bewältigung traumatischer Erlebnisse bei besonderen Vorkommnissen (Suizid, Geiselnahme, seelische wie körperliche Angriffe).

Zusätzlich wirken die Psychologinnen und Psychologen bei der Auswahl von Bewerbern des allgemeinen Vollzugsdienstes mit.

4. Forschung

Durchführung von Forschungsprojekten zu Diagnostik, Behandlung oder Prognose und die Umsetzung der Ergebnisse in die tägliche Praxis.

Es ist offensichtlich, dass Begriffe wie Langeweile, Leerlauf und Routine für psychologische Bedienstete im Strafvollzug keine Bedeutung haben.

Ich beschreibe nun exemplarisch die Schwerpunkte eines Psychologen in der Untersuchungshaft in Schifferstadt:

1. Krisenintervention

Zahlreiche Kriseninterventionen – je nach psychischer Verfassung der Neuinhaftierten –, die sehr zeitintensiv sind (»Erstkontakt«), da sie zum einen der psychischen Stabilisierung des Jugendlichen dienen sollen, aber gleichzeitig auch diagnostische Anforderungen erfüllen müssen (Maßnahmen der Sicherung, um suizidales Verhalten zu verhindern), aber auch Interventionen bei belastenden Ereignissen und haftreaktivem Geschehen (»Knastkoller«).

2. Erziehungsplanung (bei erwachsenen Strafgefangenen: Vollzugsplanung)

Die Erziehungsplanung (ein bis zwei pro Woche) bei rechtskräftig Verurteilten dient der Feststellung von Schwächen *und* Stärken der Jugendlichen. Es werden Vorschläge zur sinnvollen Nutzung der Haftzeit erarbeitet, um die Chance auf ein straffreies Leben zu eröffnen.

Dies umfasst das Studium der Gefangenenakte, die Testdurchführung, das Explorationsgespräch, die Erstellung der schriftlichen Stellungnahme und den mündlichen Vortrag in der Erziehungsplankonferenz.

3. Beratung und Behandlung

Beratung und ansatzweise Behandlung (im Sinne der Problemeinsicht, weniger in der Problemüberwindung) von Inhaftierten zur Alkohol- und Drogenproblematik, zur Gewaltproblematik, Straftatdynamik (z. B. vorausgehende Bedingungen, Erkennen der Schädigungen der Opfer durch die begangenen Straftaten, Analyse der die Begehung von Straftaten fördernden Einstellungen und Situationen, sofern der Untersuchungs-gefangene hierzu bereit ist) und zu familiä-ren oder partnerschaftlichen Schwierigkei-ten (dieser Arbeitsschwerpunkt ist für die Kollegen, die mit Strafgefangenen arbeiten, deutlich zeitaufwändiger, komplexer und anspruchsvoller, als für die Kollegen, die mit Untersuchungsgefangenen arbeiten).

4. *Wohngruppensitzungen*

Teilnahme an den wöchentlichen drei Wohngruppensitzungen (zusammen mit dem/der zuständigen Wohngruppenleiter (-in) und Beamten des allgemeinen Voll-zugsdienstes).

5. *Beratung von Mitarbeitern*

Beratung von Mitarbeitern zum Umgang mit schwierigen Inhaftierten, zur Suizid-prophylaxe und Hospitation von Anwär-tern des allgemeinen Vollzugsdienstes.

6. *Konferenzteilnahme*

Beteiligung an Konferenzen und Team-besprechungen (jeweils monatlich Ver-waltungs- sowie Fachdienstkonferenzen, wöchentliche Hausteam- und Erziehungs-plankonferenzen sowie wöchentliche In-tervisionen der Anstaltspsychologen).

7. *Einstellungsdiagnostik*

Je nach Einstellungssituation im allgemeinen Vollzugsdienst die Durchführung der Test-diagnostik und des Bewerbungsgesprächs so-wie die Eignungseinschätzung (die letzten Jahre drei bis vier Termine à acht Stunden) sowie die Einstellungsdiagnostik für Bewer-ber des gehobenen Verwaltungsdienstes aller Anstalten (die letzten Jahre zwei bis drei Ter-mine à zehn Stunden).

8. *Sonstiges*

Hinzu kommen noch (selten) Termine im Rahmen der Öffentlichkeitsarbeit, der Mit-arbeit in Arbeitsgruppen, der Fortbildung für Bedienstete, aber auch die eigene Fort- und Weiterbildung.

6   Ein Arbeitstag in der Untersuchungshaft

8.30 Uhr

Bevor ich an meinen Arbeitsplatz im Unter-suchungshafthaus gelange, erhalte ich an der Pforte die Anstaltsschlüssel für mein Büro und die Haftzellen. Ich laufe zum Ver-waltungsgebäude, betätige das Zeiterfas-sungsgerät (Stechkarte!) und hole aus mei-nem Verteilerfach die Gesprächsanträge der Inhaftierten und die von mir zu bear-beitenden Vorgänge. Im Hafthaus ange-kommen, verschaffe ich mir einen Über-blick über die an diesem Tag anfallenden Aufgaben, in dem ich mit dem Hausdienst-leiter, den Bediensteten der Frühschicht und den Mitarbeitern des Sozialdienstes über besondere Vorkommnisse der letzten Tage (Wochenende) spreche. In einer Wohngruppe kam es zu Mobbingverhalten von Jugendlichen gegenüber einem ande-ren, der wegen des Vorwurfs der Vergewal-tigung inhaftiert ist. In einer anderen Wohngruppe wurden zwei Inhaftierte er-presst, Tabak und Kleidungsstücke herzu-geben. Ein Jugendlicher kam in den »be-sonders gesicherten Haftraum« (bgH; ein leerer gekachelter Haftraum, in dem sich nichts befindet), um einen körperlichen Übergriff auf Mitgefangene zu verhindern.

9.00 Uhr

Ich lese so genannte Umläufe zu gerichtli-chen Entscheidungen, arbeite zwei Gefan-genenpersonalakten durch, um die für diese Woche anstehenden Erziehungsplanungen vorzubereiten. Unterdessen klingelt mehr-mals das Telefon.

10.30 Uhr

Ich führe mit dem Jugendlichen, der im bgH untergebracht ist, ein Gespräch. Ich stehe dabei im Vorraum des bgH, habe eine »Kostklappe« geöffnet und spreche durch diese Luke mit dem Inhaftierten. Dieses Gespräch muss durch einen »Dolmetscher« (ein Mitgefangener) übersetzt werden, da der Jugendliche (ein Russlanddeutscher) nur wenig deutsch versteht. Dies ist für alle Betroffenen eine höchst unbefriedigende Situation: Ich muss mich darauf verlassen können, dass korrekt übersetzt wird. Mein Gesprächspartner muss persönliche Informationen an Dritte weitergeben und darauf vertrauen, dass davon nichts weitererzählt wird. Der Übersetzer wird später vielleicht für das verantwortlich gemacht, was er lediglich für mich übersetzt hat. Natürlich habe ich zuvor den »Dolmetscher« gefragt, ob er dolmetschen möchte und ihn zur Verschwiegenheit verpflichtet; der Jugendliche im bgH wurde ebenfalls gefragt, ob er dieser Prozedur zustimmt. Der Jugendliche wird von mir weiterhin als extrem aggressiv eingeschätzt. Da er somit noch eine Gefahr für seine Mitgefangenen darstellt, soll er weiterhin im bgH verbleiben. Diese Empfehlung gebe ich meinem Dezernenten (Jurist), der über die Herausnahme entscheiden wird (und der ihn nicht herausnimmt).

11.30 Uhr
In der Wohngruppe II findet die wöchentliche Gruppensitzung statt, an der der Wohngruppenbeamte, der Wohngruppenleiter (Sozialarbeiter oder -pädagoge) und der Psychologe zusammen mit 16 Jugendlichen (meist aus drei bis acht Nationen) teilnehmen. Heute geht es um die Auseinandersetzung mit verschiedenen Konflikten. Es soll erreicht werden, dass die Probleme ohne den Einsatz körperlicher Gewalt bewältigt werden. Insbesondere die kulturell bedingt unterschiedlichen Denk- und Handlungsmuster der Jugendlichen bieten eine große Wahrscheinlichkeit, sich misszuverstehen oder sich provoziert zu fühlen.

12.30 Uhr
Ich nehme mein Mittagessen in der Anstaltskantine ein.

13.00 Uhr
Gespräch mit einem Jugendlichen zur Erziehungsplanung: Ich exploriere die Herkunftsbedingungen (Erziehungsstil der Eltern, besondere belastende Ereignisse während der Kindheit und Jugendzeit, frühes Weglaufen, Unterbringung in Heimen, schulischer und beruflicher Werdegang, Leistungsvermögen), das Vorliegen einer behandlungsbedürftigen Alkohol-, Drogen- oder Glücksspielproblematik, vorhandene psychiatrische Störungen, Hintergründe der Straftaten, Problembewusstsein, Einsicht in das Ausmaß der verursachten Schädigungen (auch emotionaler Art), anzustrebende Ziele während der Haft und die voraussichtliche Entlassungssituation.

14.30 Uhr
Verschiedene weitere Gespräche mit Gefangenen: Zuerst in Einzelgesprächen mit den zwei Jugendlichen wegen der festgestellten Unterdrückung in ihrer Wohngruppe. Ich bespreche mit ihnen Handlungsmöglichkeiten, wie sie sich gegen die Unterdrückungen wehren können. Gleichzeitig schätze ich ein, ob die vorhandene Belastung zu suizidalen Gedanken führten. Danach führe ich mit dem hauptverantwortlichen Erpresser ein Gespräch. Darin geht es um die zu erwartenden Konsequenzen aus dem Verhalten und um die Einschätzung, ob Sicherungsmaßnahmen verhängt werden sollten. Gleichzeitig versuche ich mit ihm zu erarbeiten, was er mit seinem Verhalten bei den Betroffenen auslöst. Dies gestaltet sich – wie fast immer – sehr schwierig, weil den »Unterdrückern« in aller Regel die Sensibilität für ihr Tun fehlt (»die hätten sich doch wehren können; sind selbst schuld«). Ein Inhaftierter, der von seiner Hauptverhandlung zurückgekommen ist, benötigt dringend ein Gespräch, weil er die Höhe der Bestrafung zunächst nicht verkraftet und instabil wirkt. Bei einem Jugendlichen schätze ich ein, ob er in einer Gemeinschaftszelle untergebracht werden muss,

wie er das vehement einfordert. Dabei gilt es abzuklären, ob der Jugendliche mit dem Alleinsein zurechtkommen kann, wie er sich verhalten wird, wenn seine Forderung abgelehnt wird, und ob er mit dem anderen Jugendlichen zurechtkommen wird (Risiko der Unterdrückung/Ausnutzung). Das letzte Gespräch des Tages führe ich mit einem Gefangenen, dem Sexualstraftaten vorgeworfen werden, und der deswegen durch die anderen Inhaftierten einem »Kesseltreiben« ausgesetzt ist. Neben weiteren Absprachen vereinbaren wir, dass seine Situation in der Gruppenstunde offen angesprochen wird.

18.30 Uhr
Ich gebe meine Anstaltsschlüssel beim Verlassen der Anstalt wieder ab.

7 Eigenschaften, die für die Berufsausübung günstig sind

Der Umgang mit inhaftierten Menschen erfordert eine Reihe von Eigenschaften, um den vielfältigen Anforderungen gewachsen zu sein. Eine gute, wissenschaftliche Ausbildung (vor allem gute Kenntnisse in Klinischer Psychologie, Psychopathologie, Diagnostik) ist wichtig, reicht aber allein nicht aus. Erfahrungen mit gruppendynamischen Prozessen sind notwendig.

Das Interesse, sich wieder und wieder mit Menschen auseinander zu setzen, die von anderen abgelehnt werden, die aber auch – gerade Psychologinnen und Psychologen gegenüber – selbst äußerst ablehnend sein können, ist notwendig. Es gilt, die Sensibilität für die individuellen Schicksale zu bewahren. Es erfordert aber gleichfalls eine ausreichende Distanz, um die nötige emotionale Abgrenzung zu erreichen. Wichtig ist die Bereitschaft, auch sprachlich auf die

Inhaftierten zugehen zu können. Insbesondere Inhaftierte mit geringer Schulbildung oder eingeschränkten kognitiven Fähigkeiten können mit komplizierten Satzstrukturen oder Fremdwörtern verständlicherweise wenig anfangen.

Konsequenz, Zuverlässigkeit, Ehrlichkeit und Offenheit sind extrem wichtige Eigenschaften: Insassen in Gefängnissen haben in der Regel viele unbefriedigende soziale Beziehungen (in denen gelogen, misstraut, hintergangen und enttäuscht wurde), aber auch manipulative Strategien erfahren. Abgesehen von der Vorbildfunktion ist es zwingend erforderlich, in der Arbeit mit den Insassen die genannten Eigenschaften zu leben, damit die »alten« Beziehungsmuster nicht reproduziert werden. Absprachen oder Vereinbarungen sind unbedingt einzuhalten, um die Beziehungsarbeit nicht unnötig zu belasten.

Da in einer Vollzugsanstalt verschiedene Berufsgruppen (Juristen, Mitarbeiter der Verwaltung, Pädagogen, Psychologen, Seelsorger, Sozialarbeiter und Vollzugsbeamte) mit den Insassen arbeiten und jede Berufsgruppe, aber auch jede Mitarbeiterin oder jeder Mitarbeiter, (selbstverständlich) verschiedene Ziele (die sich durchaus widersprechen können) verfolgen kann, ist die Fähigkeit und Bereitschaft zur multidisziplinären Zusammenarbeit bedeutsam. Dies kann im Übrigen auch das Risiko des Gegeneinander-ausgespielt-Werdens (eine besonders beliebter Zeitvertreib bestimmter Insassen) drastisch senken.

Eine hohe Frustrationstoleranz, die Fähigkeit, auch kleine Fortschritte als Erfolg zu werten, und die relative Unabhängigkeit davon, gelobt zu werden oder Dank für die eigenen Leistungen zu erhalten, sind Eigenschaften, die benötigt werden, um dem berühmt-berüchtigten Burn-out-Syndrom zu entgehen. Es gilt gleichzeitig, die »kleinen Gesten« zu bemerken (Beispiel: Ein Jugendlicher sagt nach einer heftigen verbalen Auseinandersetzung mit einem Mitgefangenen: »Herr Brill, eigentlich hätte ich dem die Nase gebrochen, aber ich habe an das letzte Gespräch mit Ihnen gedacht«).

8 Herausforderungen und Probleme

Der psychologische Dienst steht in der Hierarchie einer Vollzugsanstalt sowohl laufbahn- als auch besoldungsmäßig sehr weit oben. Gleichzeitig haben die Psychologinnen und Psychologen in der Regel eine Stabsfunktion, d. h., sie sind selten direkt weisungsbefugt, sondern fast ausschließlich beratend tätig. Dies erfordert ein hohes Maß an Handlungskompetenz. Die Psychologin bzw. der Psychologe hat selten »Amtsautorität« und muss deswegen als Person überzeugen. In Abhängigkeit vom Führungsstil der Vorgesetzten kann der psychologische Dienst seine Tätigkeit relativ frei gestalten (er wählt die einzusetzenden diagnostischen Verfahren, Beratungs- und Therapietechniken selbst); er sieht sich aber dennoch in einen engen Rahmen vielfältiger Aufgabenbereiche eingebunden.

Alltagspsychologische Kenntnisse und die »Menschenkenntnis« der Mitarbeiterinnen und Mitarbeiter führen dazu, dass zum Teil der psychologische Berufsstand abgewertet wird (nach dem Motto: »Hätten wir auch gewusst«). Andererseits bestehen »Omnipotenzphantasien« bezüglich der psychologischen Fähigkeiten eines Psychologen, insbesondere wenn es gilt, einen »schwierigen«, gefährlichen oder suizidalen Inhaftierten zu therapieren (Motto: »Sie sind doch Psychologe – den müssen Sie doch auf die Reihe bekommen«).

Die Risiken bestehen in einer, zumindest in den Regelvollzugsanstalten, nicht ausreichenden personellen Ausstattung, da damit eine permanente Überforderung der Psy-

chologinnen und Psychologen gegeben ist (dies gilt aber letztlich für fast alle Berufsgruppen in den Anstalten), wobei in Rheinland-Pfalz die Zahl der Stellen im Psychologischen Dienst in den letzten Jahren deutlich erhöht wurde. Allerdings nahmen auch die Zahl der Inhaftierten und die Anforderungen an Diagnostik und Therapie stark zu. Dies zwingt zu einem effizienten Zeitmanagement, d. h. man muss immer entscheiden, was sofort zu erledigen ist und was warten kann, was sich (vielleicht) von selbst erledigt und wofür man nun wirklich nicht zuständig ist.

Die psychologischen Mitarbeiter erleben vielfältige Erwartungshaltungen seitens der anderen Bediensteten und der Gefangenen; müssen sich nicht selten manipulativen Strategien stellen. Es besteht die Gefahr, als Alibi (»Schreiben Sie doch *schnell* einmal eine kurze Stellungnahme«) oder als Retter (»Sie sind der einzige, der mich versteht. Ich hoffe, Sie schreiben eine gute Stellungnahme, damit ich vorzeitig entlassen werde«) missbraucht zu werden.

Ein weiteres Problem in den Vollzugsanstalten sind die – im Vergleich zur Gesamtzahl – zwar wenigen handgreiflich werdenden Inhaftierten, die aber gerade sehr viel psychologische Arbeitszeit in Anspruch nehmen. Es wäre aber notwendig, gerade die »Vergessenen«, die im Haftverhalten unauffälligen und zurückgezogen lebenden Inhaftierten, nicht zu übersehen. Mancher könnte sicherlich mehr von psychologischen Interventionen profitieren als die »Störer« und »Manipulierer«.

9 Chancen

Psychologinnen und Psychologen werden im Strafvollzug erst seit relativ kurzer Zeit eingesetzt, zumindest im Vergleich zu dem Berufsstand des Vollzugsbeamten. Vor der

Einführung des Strafvollzugsgesetzes 1977 herrschten in den Anstalten völlig andere Rahmenbedingungen und Umgangsweisen zwischen dem Personal und Gefangenen. Mit dem vermehrten Einsatz sozialwissenschaftlicher Mitarbeiter ist es gelungen, den Strafvollzug auf eine breitere Basis hinsichtlich des Verständnisses über die Ursachen straffälligen Verhaltens und der Veränderungsmöglichkeiten von Inhaftierten zu stellen. Der Fokus änderte sich: vom Straftäter-Einsperren, um sie zu bestrafen (Schuld und Sühne) und abzuschrecken, hin zum Resozialisierungsanspruch, d. h. dem Anspruch, den Menschen neue Lernvorgänge und Entwicklungen zu ermöglichen, damit sie künftig ihr Leben selbstverantwortlich und ohne weitere Straftaten leben. Der Inhaftierte wird nicht mehr nur als Individuum wahrgenommen, das gegen Gesetze verstoßen hat. Durch die Auseinandersetzung mit den Ursachen der Straffälligkeit (nicht nur den persönlichen, sondern auch z. B. den gesellschaftlichen wie familiären) können kognitive Strategien und Handlungsalternativen erarbeitet werden, mit denen sich der Entlassene in der jeweiligen Situation *gegen* die Verletzung von Rechtsnormen entscheiden kann (Beispiel: Ein Jugendlicher, der von den eigenen Eltern ständig geschlagen wurde und der in einem sozialen Brennpunkt aufwuchs und nie gelernt hat, sich in Konfliktsituationen verbal mit anderen auseinanderzusetzen, kann *lernen*, sich gegen den Einsatz von Gewalt zu entscheiden).

Da die ungünstige Konstellation besteht, dass zu viele Inhaftierte von zu wenigen psychologischen Mitarbeiterinnen und Mitarbeiter betreut werden, ist deren Multiplikatorwirkung (durch die Weiterbildung der anderen Bediensteten) umso bedeutender.

Die zunehmende Bereitschaft sowohl der Arbeitgeber (Justizministerien), Diplompsychologinnen und -psychologen in Leitungsfunktionen einzusetzen, als auch die der Kolleginnen und Kollegen, sich für Leitungsfunktionen zu interessieren, verbessert die Möglichkeit, den Strafvollzug entsprechend gestalten zu können. Es besteht allerdings ein deutliches »Nord-Süd-Gefälle« im tatsächlichen Einsatz von Diplompsychologinnen und -psychologen als Anstaltsleiter in den einzelnen Bundesländern (im Norden werden mehr, im Süden weniger Psychologen eingesetzt).

Bei der Arbeit mit Inhaftierten gerät bisweilen die Perspektive des Opfers in den Hintergrund, da die Defizite, aber auch die Stärken des Gefangenen im Fokus stehen. Ich halte es für unverzichtbar (für eine Erfolg versprechende Arbeit mit Straftätern), dass sich der Täter in das z. T. unendliche Leid, das er seinen Opfern und deren Angehörigen zugefügt hat, einfühlen lernt (gerade auch deswegen, weil der Täter selbst oft genug in der Kindheit Opfer war, und dies verdrängt hat). Ein Täter muss begreifen, was er in *seiner* Verantwortung verursacht hat, um in einer neuen Situation andere Entscheidungen zu treffen. Leider gelingt diese Transferleistung nicht immer.

Die Psychologie kann einen Beitrag dabei leisten, – wie ein »alter Vollzugshase« es einmal formulierte – dem Inhaftierten ein neues Paar Schuhe anzupassen, die wie alle neuen Schuhe zunächst drücken können. Ob der Inhaftierte nach seiner Entlassung diese Schuhe anziehen oder gegen seine alten (bequemeren?) ersetzen wird, bleibt aber in jedem Einzelfall abzuwarten.

Literatur

www.bdp-rechtspsychologie.de (BDP Sektion Rechtspsychologie)

www.kriminalistik.de (Unabhängige Zeitschrift für die kriminalistische Wissenschaft und Praxis)

www.krimz.de (Kriminologische Zentralstelle e.V.)

www.mschrkrim.de (Monatsschrift für Kriminologie und Strafrechtsreform)

www.psychologieverlag.de (Deutscher Psychologenverlag)

20 Umweltpsychologie

Petra Schweizer-Ries

1 Umweltpsychologie als Berufsfeld

Die Darstellung der Umweltpsychologie als verhältnismäßig junge und sehr breit angelegte Teildisziplin der Psychologie, die an den meisten Universitäten in Deutschland von Lehrstühlen mit anderen Denominationen zumeist randständig gelehrt wird, erfordert besonderes Geschick (siehe Kaminski, 1995). In dieser Randständigkeit verbergen sich jedoch – besonders bezogen auf das Berufsfeld – Potentiale, zu deren Entdeckung und Umsetzung dieses Kapitel einladen will.

2 Persönlicher Werdegang in der Umweltpsychologie

Mein persönlicher Einstieg in die Umweltpsychologie erfolgte vorrangig durch die Wahl meines Forschungsbereichs, der sich bereits in der Diplomarbeit mit der Nutzung begrenzter Ressourcen beschäftigte. Auf der Suche nach einer geeigneten wissenschaftlichen Verortung »entdeckte« ich die Umweltpsychologie für mich. Sie ließ zum einen die inhaltliche Ausrichtung unter Gleichgesinnten zu und eröffnete mir zum anderen ganz neue Möglichkeiten, mit der »Gesamtheit der Realität« zurechtzukommen, da dort die Menschen in und mit ihren Umwelten betrachtet werden und sich dies auch im methodischen Vorgehen niederschlägt. Im Rahmen meiner Dissertation erhielt ich die Möglichkeit, in einen neuen, der Psychologie bisher nicht erschlossenen Aufgabenbereich vorzudringen: die Nutzung und Verbreitung von Solarstromanlagen. Mit meinen Methoden der Feldforschung und dem Anwendungsbereich der Ressourcennutzung konnte ich mich ebenfalls wieder am besten in der Umweltpsychologie verorten. Mittels einer zuerst befristeten Stelle am Fraunhofer Institut für Solare Energiesysteme ISE (Fraunhofer ISE) baute ich eine interdisziplinäre Arbeitsgruppe auf, die sich heute noch immer mit dem Thema ländliche Elektrifizierung durch Solarstromanlagen befasst. Auf internationalen Kongressen zur Solarstromnutzung konnte ich die mit sozialwissenschaftlichen Kolleginnen erarbeiteten Inhalte in Plenarvorträgen einbringen und so meinen umweltpsychologischen Ansatz darstellen, der bei felderfahrenen Technikern und Ingenieuren auf großen Zuspruch stieß. Die meisten der dabei involvierten, fachfremden Personen kamen zum ersten Mal in Kontakt mit der Umweltpsychologie. Da wir die Beteiligten von der Relevanz sozialwissenschaftlicher Arbeit überzeugten und die Finanzierung umweltpsychologischer Inhalte in Projekten organisierten, bildete dies die Grundlage zum Ausbau der umweltpsychologischen Arbeit, die schließlich zur Beschäftigung mehrerer finanzierter DiplompsychologInnen führte.

Meine Arbeit erfolgte stets in interdisziplinären Teams, in denen ich vor allem im interkulturellen Bereich (d. h. in anderen europäischen Ländern und in sog. Entwicklungsländern) andere Personen aus Psychologie und Sozialwissenschaft einband. Nach zehnjähriger Arbeit im Solarstrombereich hatten wir ein Netzwerk aus sozialwissenschaftlich weltweit Tätigen eingerichtet, die sich aus sozialer Perspektive speziell mit dem Bereich der regenerativen Stromversorgung in netzfernen Regionen beschäftigten. Sie zeichneten sich dadurch aus, dass sie ebenfalls in interdisziplinären Teams mit Ingenieuren arbeiteten und dies z. T. heute noch tun. Die Systemtheorie bot dabei die ideale Grundlage und war von zentraler forschungspraktischer Relevanz (Willke, 1996; Schlippe &

Schweitzer, 2002). Die gewünschte Dominanz der Technik und befürchtete Überhand der Sozialwissenschaft stellte ein permanentes Thema dar, das uns neben unserer eigentlichen Arbeit mit den Endnutzenden der Solartechnologie ständig beschäftigte. Als zentrales Konfliktfeld bestätigte sich das mechanistische Weltbild im Gegensatz zur beteiligenden Einbeziehung der Forschungssubjekte bzw. Forschungspartner. Kombiniert mit der Befürchtung von technischer Seite, selbst manipuliert zu werden, stellte dies ein zusätzliches Aufgabenfeld der Konfliktbewältigung und der Beziehungsarbeit dar (Schweizer-Ries, 2003a). Besondere Unterstützung erhielten wir durch die technischen Kollegen, die sich auf unseren Ansatz einlassen konnten und von dessen erfolgversprechender Durchführung überzeugt waren und noch immer sind. Dies konnte nur durch die erfolgreiche Bearbeitung der anstehenden Themen entstehen, gepflegt und ausgebaut werden. Mittlerweile ist die psychologische Arbeit im Energiebereich anerkannt, und auf internationalen Konferenzen sowie Expertentreffen finden sich immer mehr sozialwissenschaftliche und umweltpsychologische Beiträge zum Thema »Mensch und Energietechnik«.

Durch den Ruf auf eine Juniorprofessur an die Universität Magdeburg kehrte ich an die Universität zurück, an der ich die Umweltpsychologie und meine umweltpsychologische Forschung mit mehr Selbstbestimmtheit und größerer Forschungsbezogenheit ausbauen kann, als dies innerhalb eines technisch ausgerichteten Instituts möglich war. Diese oft bestehende Abhängigkeit und erforderliche Unterordnung der eigenen Themen sollte bei der Berufsplanung berücksichtigt werden.

Nachdem die umweltpsychologische Forschungsgruppe an der Universität Magdeburg durch Drittmitteleinwerbung mehrköpfig ausgebaut werden konnte, geht es um die weitere Etablierung der umweltpsychologischen Lehre. Hier bestehen derzeit durch die Einführung der neuen Bachelor- und Masterstudiengänge besondere Chancen und Herausforderungen. Der Aufbau eines europäischen, umweltpsychologischen Masters wird das umfangreiche Studienangebot für Umweltpsychologiestudierende abrunden (s. u.). Unsere Orientierung an anwendungsnahen Bereichen fördert das Interesse von Praktikern und Praktikerinnen an der Umweltpsychologie bzw. macht diese erst bekannt. Die Zusammenarbeit, die durch Praktika, Studienarbeiten und Mitarbeit psychologischen Personals zur Schaffung neuer Stellen führen kann, soll somit zur weiteren Etablierung und Darstellung der Umweltpsychologie in unserer Gesellschaft beitragen.

3 Was ist Umweltpsychologie und wie hat sie sich entwickelt?

Die Umweltpsychologie als Grundlagenfach beschäftigt sich mit dem eingebundenen Menschen in die natürliche, kulturelle (hierzu gehören alle technischen und architektonischen Umwelten) und die soziale Umwelt und berücksichtigt damit den sog. ökopsychologischen Ansatz (z. B. Graumann, 1976, 1978, 2002; Kaufmann-Hayoz, 2006). Dieser verpflichtet uns zu einem ökologischen, oft auch als systemisch bezeichneten Vorgehen, das eine besondere methodische und forschungstechnische Umsetzungskenntnis erfordert, die bisher nicht an allen psychologischen Ausbildungsstandorten gelehrt wird. Diese Kenntnis sollte sowohl an der Universität als auch bei der Berufsausübung – im Idealfall im Rahmen einer beruflichen Supervision – erlernt und weiter ausgebaut werden. Ökologisch bzw. systemisch zu denken, stellt

wiederum eine besondere Fähigkeit dar, die für viele Anwendungsbereiche der Psychologie von besonderem Wert ist.

Die angewandte Umweltpsychologie verfolgt im Wesentlichen zwei Richtungen: die architekturpsychologische, in der die Gestaltung und der Einfluss menschgemachter Umwelten untersucht und beeinflusst wird, und die umweltschutzpsychologische, die sich mit dem Menschen als Verursachendem und Betroffenem von Umweltschäden bzw. Umweltveränderungen beschäftigt. Beide Anwendungsbereiche erfordern die Zusammenarbeit mit anderen Disziplinen, die zur gelungenen Umsetzung und Integration ebenfalls erlernt werden will.

Geschichtlich betrachtet, wird die erste frühe Phase der Umweltpsychologie häufig zurückgeführt auf Hellpach, der in seinem Werk über die »Geopsyche« (Hellpach, 1911) den Einfluss der natürlichen Umwelt auf Menschen beschrieb und 1924 das Buch »Psychologie der Umwelt« (Hellpach, 1924) publizierte. Letzteres umfasst neben der Beschreibung des Einflusses der natürlichen Umwelt auch die der kulturellen, menschgemachten und der sozial-interpersonalen Umwelten. Er unterscheidet zwischen »Eindruck« (die direkte sensorische Erfahrung der Umwelt, heute würden wir sagen der kognitiven und sozialen Umweltkonstruktion) und »Einfluss« (die physikalische Stimulation, die physiologische Veränderungen hervorruft, die auch unbewusst sein können) (Kruse, 2006). Er wird häufig als Begründer der deutschen Umweltpsychologie genannt (z. B. Kruse & Graumann, 1987; Hellbrück & Fischer, 1999), obwohl noch frühere umweltpsychologische Arbeiten bei Wlassak (1892) festgestellt werden konnten, der sich mit der »Psychologie der Landschaften« beschäftigte. Dort finden sich Hinweise auf das Empfinden der Landschaft wieder, welche mit Raum- und Kraftbegriffen beschrieben wurden, die mit der Annahme von fördernden und hindernden Bedingungen gekoppelt wurden und später von Lewin wieder aufgegriffen wurden (Lewin, 1981).

Die zweite Phase des Hervorstechens der Umweltpsychologie, dort besonders unter dem Label Architekturpsychologie, erfolgte in der Nachkriegszeit. Im Zuge des Wiederaufbaus wurde deutlich, dass es nicht nur um den Aufbau der Häuser, sondern auch um den Aufbau einer neuen Gesellschaft ging. Diese Zeit kann als Blütezeit sozialwissenschaftlicher Untersuchungen und Interventionen in der Planung und Umsetzung von Baumaßnahmen bezeichnet werden. Die Umweltpsychologie erarbeitete substantielles und prozedurales Wissen (Bell et al., 2001) zur Gestaltung von Umwelten. Erst in der Zeit der knapper werdenden Mittel und bei der Erhöhung des Konkurrenzdrucks traten sozialwissenschaftliche und umweltpsychologische Arbeiten wieder in den Hintergrund. Heute gewinnen Begriffe wie »post occupancy evaluations«, »social design« und »participative design« wieder zunehmend an Bedeutung, jedoch sind nicht immer psychologisch geschulte Personen daran beteiligt (z. B. Linneweber, 1993; Schuemer, 1995; Bordass & Leaman, 2005; Preiser, 2005). Es wird Zeit, dass sich die Umweltpsychologie hier wieder einmischt und den Bereich nicht allein den Architektinnen und Planern überlässt.

Die dritte noch immer aktuelle und wichtige Bedeutungsetappe der Umweltpsychologie entwickelte sich in den 1970er-Jahren mit dem sog. ersten »Ölschock« und der Bewusstwerdung der Endlichkeit unserer bisher genutzten (Energie-)Ressourcen. Dort beschäftigte sich die Psychologie z. B. mit Umweltbewusstsein und der Frage, warum sich dieses nicht auf das Verhalten auswirkt (Schahn, Holzer & Amelang, 1988).

Diese Phase flaute in den 1990er-Jahren des letzten Jahrhunderts etwas ab (hier kamen Bezeichnungen auf wie »Umwelt ist uncool«), gewinnt aber zunehmend wieder an Bedeutung. Besonders durch die UN-Dekade zur Bildung für nachhaltige Entwicklung ist ein Anreiz geschaffen, über den Erhalt der natürlichen Ressourcen hinaus auf die soziale und wirtschaftliche Seite unserer Entwicklung zu schauen und die inter- und intragenerative Gerechtigkeit aufzugreifen (Kruse, 2006). Da Umweltschutzthemen wie Luftverschmutzung, Verwüstung und Überflutung von politischem Interesse sind, können sie nicht vollkommen wertfrei betrachtet werden. Deshalb spielt in der Umweltpsychologie die Wertorientierung der Wissenschaft eine besondere Rolle (Fuhrer, 1983). Stern (z. B. 1978; 1992) schreibt den Menschen drei Rollen der Beeinträchtigung zu: Sie verursachen, sind betroffen und haben die Möglichkeit der Beseitigung von Umweltschäden. Die Umweltpsychologie beschäftigt sich mit der Frage, wie das Verhalten in diesen Rollen zustande kommt und wie umweltschützendes, nachhaltiges Verhalten unterstützt werden kann bzw. was dessen Ausübung einschränkt bis ganz verhindert.

Vor allem letztere Ausrichtung der Umweltpsychologie, oft auch als Umweltschutzpsychologie bezeichnet (Kaminski, 1997; Schahn & Giesinger, 1993), trägt dazu bei, dass sie im Rahmen der Umweltwissenschaften zunehmend an Bedeutung gewinnt und nicht – wie viele glaubten – sich in den anderen Subdisziplinen der Psychologie, die inzwischen ebenfalls immer stärker die Eingebundenheit des Individuums in seine Umwelten betrachten, auflöst und ihre eigenständige Existenzberechtigung verliert.

4 Aufgaben einer Umweltpsychologin bzw. eines Umweltpsychologen

Viele Umweltpsychologinnen und Umweltpsychologen arbeiten in forschungsnahen Bereichen (Schlittmeier & Schweer, 2002; Matthies & Ernst, 2005). Schlittmeier und Schweer (2002) konnten in einer um die Jahrtausendwende erfolgten Studie zum Berufsbild von in der Umweltpsychologie in Deutschland tätigen Diplompsychologinnen und Diplompsychologen 57 Personen befragen. Davon waren 91 % in der Forschung tätig, 48 % in der Lehre und 46 % in der Beratung.[1] Sie beschäftigten sich mit den folgenden Bereichen (Schlittmeier et al., 2002, S. 125):

- Umweltschutz, Umweltbewusstsein, Umwelterziehung,
- Verkehr und Mobilität,
- Wahrnehmung, Bewertung und Verwendung baulicher Umwelt,
- Einflüsse der sozialräumlichen Umwelt,
- Umweltrisiken und -gefahren,
- Gesundheit,
- energetische und materielle Einflüsse,
- Wahrnehmung, Bewertung und Verwendung von Landschaft,
- Wahrnehmung, Bewertung und Verwendung von Technik.

Die Befragten setzten die folgenden Methoden ein: quantitative Befragungen (96 %), qualitative Befragungen, z. B. Leitfadeninterviews, lautes Denken oder Gruppendiskussion (78 %), Verhaltensbeobachtungen (55 %), qualitativ verstehende Methoden,

z. B. Inhaltsanalyse oder biographische Forschung (38 %), Skalierungsmethoden, wie die Methode des absoluten Urteilens, Repertory Grid oder Semantisches Differential (35 %), klassische Methoden der Umweltpsychologie, wie »behaviour setting« oder kognitive Kartierung (29 %), Analyse physischer Spuren, z. B. Gebrauchsspuren oder Abfall (18 %), Simulation (13 %), Leistungsmessung, z. B. Fehlerrate oder Reaktionszeit (9 %), und physiologische Messungen bzw. medizinische Untersuchungen, wie Blutdruck, EEG oder Schadstoffbelastungen (7 %).

Es besteht die Möglichkeit, über angewandte Forschung und die Umsetzung des Erlernten in Bereiche vorzudringen, die der Umweltpsychologie bisher verschlossen blieben. Die dafür speziell in der Umweltpsychologie erlernte Fähigkeit besteht darin, in komplexen Zusammenhängen denken und handeln zu lernen. Hinzu kommt eine Spezialisierung in einem umweltschutzpsychologischen bzw. architekturpsychologischen Anwendungsbereich. Diagnostizieren, Intervenieren und Evaluieren sind allgemeine Kompetenzen, die im Psychologiestudium vermittelt werden. Als Umweltpsychologinnen und Umweltpsychologen sehen wir uns demnach einen umweltschutzpsychologischen oder architekturpsychologischen Bereich genau an, entwickeln Vorstellungen von seinen Veränderungspotentialen und versuchen, durch geeignete Maßnahmen erwünschte Verhaltensänderungen anzustoßen. Im Nachgang sehen wir, wie sich diese Maßnahmen ausgewirkt haben bzw. wie sich der Gegenstandsbereich weiter entwickelt hat. Beispielhaft sollen hier zwei Gegenstandsbereiche genannt und beschrieben werden.

---

1 Mehrfachnennungen waren möglich.

4.1 Beispiel 1: Beratung bei der Stadtplanung und Raumgestaltung

Umweltgestaltung und Umweltplanung sind wichtige Bereiche der Umweltpsychologie (Schweizer-Ries, in Druck), in denen substantielles und prozedurales Wissen zum Einsatz kommt. Die Magdeburger Forschungsgruppe ist an drei Prozessen beteiligt, in denen es um die Einbringung dieses Wissens und die Erzeugung neuer Wissensbereiche geht: dem Schrumpfungsprozess der Stadt Magdeburg, der Umgestaltung des Universitätseingangsbereich, der zum Portal zwischen der Stadt Magdeburg und universitärem Arbeiten und Leben werden soll, und dem Aufbau einer »Eco City« in Nordspanien, deren Planung und Umsetzung vor Ende 2010 realisiert wird.

Grundlage zum Einbringen psychologischen Wissens in den Planungsprozess bietet der Social-design-Ansatz, der 1983 von Sommer bereits publiziert wurde und von unserem Team aktuell weiterentwickelt wird (Linneweber, 1993; Schweizer-Ries, 2004; Schweizer-Ries, in Druck). In allen drei Aufgabenbereichen geht es darum, mittels Datenerhebung vor Ort zu klären, welcher regionale Veränderungsbedarf vorhanden ist (Bedarfsanalyse), wie sich die Bevölkerung am besten am Planungsprozess beteiligen kann (Partizipation) und welche Maßnahmen konkret zur Umsetzung vorgeschlagen werden (Prozessbegleitung). Im Magdeburger Stadtteil Neu-Olvenstedt arbeiteten wir mit dem Kulturbürgermeister, dem Stadtplanungsamt und dem Stadtteilmanager zusammen. Die ersten Arbeiten erfolgten 2004 im Rahmen eines international angelegten Sommerseminars unter Beteiligung von Professor Dough Perkins, der an der Vanderbuilt University (Vanderbuilt ist die Partnerstadt Magdeburgs) und am dazu gehörenden Peacock College lehrt. Seine Arbeiten bauen auf einem gemeindepsychologischen Ansatz auf (Hester, 1985; Levine, Perkins & Perkins, 2005). Mit einem neu entwickelten und auf die Bedürfnisse vor Ort zugeschnittenen Kurzfragebogen mit zwölf teils offenen und teils geschlossenen Fragen konnten an einem Wochenende 60 Personen für ca. zehn bis 20 Minuten von sechs Interviewerinnen befragt werden (Eschenfelder, 2004). Die Fragen konzentrierten sich auf die allgemeine Zufriedenheit im Quartier, generelle Veränderungswünsche, konkrete Vorstellungen zur Umgestaltung von entstehenden Freiflächen und Wünsche zur Beteiligung am Planungsprozess. Es wurden 35 weibliche und 25 männliche StadtteilbewohnerInnen befragt, von denen 30 % alleine lebten, 23 % zu weit und 30 % in Dreipersonenhaushalten; die Übrigen lebten mit drei und mehr Personen zusammen. In 55 % der Haushalte lebten keine Kinder, in 30 % ein Kind und in den restlichen Haushalten zwei und mehr Kinder. Die Wohndauer der Befragten lag zwischen einem halben Jahr bis hin zu 26 Jahren; im Durchschnitt elf Jahre. Im Abgleich mit den bevölkerungsstatistischen Daten des Stadtteilmanagers konnte eine Repräsentativität der Stichprobe festgestellt werden. Die Interviewerinnen stießen auf ein nicht erwartetes sehr großes Interesse und eine enorm große Bereitschaft der Neu-OlvenstedterInnen, ihre Meinung zur Umgestaltung des Stadtteils zu äußern. Die Auswertung der Daten ergab, dass die Mehrheit der Befragten gerne in ihrem Stadtteil leben und nicht planen, umzuziehen. Als häufigste Wünsche für Änderungen in Neu-Olvenstedt wurden Freizeitmöglichkeiten, die Verbesserung des Sozialklimas, Grünflächen sowie Einkaufsmöglichkeiten genannt. Zur Gestaltung der Brachflächen äußerten die Befragten zahlreiche Vorstellungen: Treffpunkte, Blumenwiesen, Hundewiesen, Flächen für Bürgerinitiativen,

Parkanlagen, Graffitiwände, Spielplätze, Kunstobjekte. Angesichts des Befundes, dass die meisten gerne in ihrem Stadtteil wohnen und nicht wegziehen wollen, erscheint es noch wichtiger, ihre Stimme bei der Stadtteilplanung einzubeziehen. Die Ergebnisse wurden zum einen in einer öffentlichen Bürgerversammlung präsentiert, zum anderen beim Stadtplanungsamt und bei dem Kulturbürgermeister diskutiert und letztendlich in eine »Freiraumplanerische Werkstatt« eingebracht. Dabei beschäftigten sich Planer und Architektinnen mit der Umgestaltung Neu-Olvenstedts und nahmen das psychologisch erarbeitete Wissen gerne auf. In der Folge ergaben sich mehrere Anfragen an unserer Forschungsgruppe, psychologisches Wissen mit in den Planungsprozess einzubringen, sowie gemeinsame Projektanträge zur Stadtteilplanung.

Den zweiten Planungsprozess begleiteten ebenfalls umweltpsychologische Seminargruppen, die im Sommersemester 2004 eine Bedarfsanalyse durchführten, und im daran anknüpfenden Wintersemester moderierte Sitzungen. Ausgearbeitet wurden konkrete Umgestaltungsvorschläge bezugnehmend auf die verschiedenen betroffenen Gruppen (Studierende, AnwohnerInnen und Mitarbeiterinnen der Universität). Insgesamt konnten 66 Personen, davon 43 % Studierende, 30,3 % MitarbeiterInnen der Universität, 21,2 % studentische AnwohnerInnen und 4,5 % andere AnwohnerInnen interviewt werden. Die Befragung bezog sich angelehnt an Flade (1993) auf Bedürfnisse wie Beziehung (Kontakt/Begegnung), Rückzug (Ruhe/Entspannung/Erholung), Information (Orientierung), Sicherheit, Weiterentwicklung (Selbstverwirklichung/Selbsterfahrung/aktives Einbringen/ Exploration) und Ästhetik (Formschönheit). Ausgewählte Ergebnisse zeigen, dass 53 % der Befragten der Eingangsbereich, so wie er bisher war, nicht gefiel, 32 % fänden es wichtig, sich an diesem Platz mit anderen treffen zu können; zur Frage nach der potentiellen Beteiligung bei Veränderungsmaßnahmen lag eine positive Reaktion bei den Studierenden (mit unter 10 % am niedrigsten), die MitarbeiterInnen der Universität lagen mit 25 % in der Mitte und die studentischen AnwohnerInnen äußerten hier die größte Bereitschaft (38 %). Bisher wurde der Platz häufig als Durchgangsbereich genutzt, dementsprechend wurden Erholungsmöglichkeiten als eher schlecht eingestuft. Vor allem die Studierenden äußerten, dass sie an diesem Platz gerne andere Menschen treffen würden. Sie waren insgesamt unzufriedener mit der bisherigen Ausgestaltung des Platzes als alle anderen Befragungsgruppen.

Bei einer Auswahlliste von möglichen Umgestaltungswünschen ergab sich die folgende Rangreihe der acht meistgenannten Alternativen: Sitzgelegenheiten, Beleuchtung, Informationsportal, Bepflanzung, Fassaden bemalen, Cafeteria, Wände mit Kletterpflanzen zuwachsen lassen, neue bzw. breitere Fußwege anlegen.

Die Reihung der sechs vorgegebenen Bedürfnisse wies den Informationsmöglichkeiten, dem sozialen Austausch und der Erholung die ersten drei Vorrangplätze zu. Die Ergebnisse der Befragung konnten sowohl beim Planungsamt der Universität eingebracht werden als auch bei der parallel verlaufenden Ausarbeitung von Designentwürfen einer ebenfalls studentischen Seminargruppe der Industriedesigner. In einem Prämierungsverfahren wurden drei Entwürfe ausgewählt, die als Grundlage zur Umgestaltungsplanung dienten und gemeinsam mit Teilauszügen aus anderen Designentwürfen in den moderierten Workshops mit drei Nutzungsgruppen (MitarbeiterInnen, Studierende und studentische AnwohnerInnen) diskutiert wurden. Bei den moderierten Gesprächen war die Planungsabteilung der Universität zugegen. Parallel zu diesen Aktionen erfolgte eine photographische Aufzeichnung der Nutzungsgewohnheiten an diesem Ort. Die

Bauumsetzung wurde gemeinsam in drei Abschnitten geplant, von denen der erste momentan umgesetzt wird.

Bei der dritten umweltpsychologischen Planungsbeteiligung handelt es sich um den Neubau eines ökologisch ausgerichteten Stadtteils in Tudela/Spanien, der im Rahmen eines Europäischen Projektes erfolgt.[2] Die Bedarfsanalyse konnte hier nicht mit den späteren Nutzenden durchgeführt werden, da es diese Gruppe in der Planungsphase noch nicht gab, und wurde deshalb in einem vergleichbaren Stadtteil in Tudela aufgenommen. Die Erhebung mit einem selbst entwickelten und mit der Stadtverwaltung in Tudela abgestimmten, teilstandardisierten Fragebogen fand in Zusammenarbeit mit dem Kurs für Umweltpsychologie der Universität Barcelona im Frühjahr 2006 statt. Insgesamt konnten 118 Personen (58 % Männer und 42 % Frauen) befragt werden, deren Durchschnittsalter bei 43 Jahren lag (mit einem Median des Histogramms bei 36 Jahren), 46 % waren Akademiker, 50 % lebten ohne Kinder.[3] Bei der Befragung gaben 85 % an, dass es wichtig für sie ist, Energie zu sparen. Davon wiederum war es für 51 % wichtig, Geld zu sparen, und 46 % gaben an, dass für sie damit ein Beitrag zum Umweltschutz verbunden sei. Auf der Verhaltensseite sah es erwartungsgemäß weniger »umweltfreundlich« aus: 52 % stellten nach eigenen Angaben den Standby beim Fernseher nicht aus, 86 % benutzten keine Energiespargeräte und 73 % benutzen nicht den öffentlichen Transport. Bezüglich der Nutzung von erneuerbaren Energiequellen bestand eine relative Unwis-

senheit, obwohl Navarra als eine der energienachhaltigsten Regionen Europas bekannt ist, in der fast genauso viel Strom aus erneuerbaren Energien erzeugt wird, wie in der Region verbraucht wird: Nur 39 % wussten, dass die Stadtverwaltung von Tudela die Nutzung erneuerbarer Energien unterstützt, und nur 27 % nahmen an, dass Energiesparen unterstützt wird. 80 % gingen davon aus, dass Tudela kein »Öko-Image« hat. Immerhin wussten 47 % etwas mit dem Begriff nachhaltige Energiegemeinschaft anzufangen, und 89 % wollten, dass Tudela eine solche werde. 71 % hatten noch nie etwas von dem geplanten Bau eines ökologischen Stadtteils, in dem erneuerbare Energien zum Einsatz kommen, gehört, und 75 % begrüßten diese Idee und meinten, dass dies die Attraktivität von Tudela steigern wird. Bisher am Stadtteilplanungsprozess beteiligt waren 25 %, und 61 % gaben an, dass sie gerne beteiligt wären. Hervorzuheben sind noch die Zahlen, dass 90 % wussten, was erneuerbare Energien sind, und genauso viele davon ausgehen, dass sie keine solche nutzen. Es ist also davon auszugehen, dass Navarra zwar von technischer Seite mit erneuerbaren Energien ausgestattet ist, das Bewusstsein der Bevölkerung als wichtiger Bestandteil einer nachhaltigen Energiegemeinschaft demgegenüber jedoch stark zurückfällt.

Die Ergebnisse konnten in einem gemeinsamen Treffen bei der Stadtverwaltung, die ebenfalls Partnerin im EU-Projekt ist, dargestellt werden. In diesem Treffen gelang es, die Stadtverwaltung davon zu überzeugen, dass die umweltpsychologische Begleitung des Planungsprozesses von Bedeutung

---

2 Contract N°: 513558

3 Im Vergleich zu den bevölkerungsstatistischen Werten der Stadt Tudela war die Stichprobe wohlhabender, gebildeter und hatte weniger Kinder als der Durchschnitt der Einwohnerinnen und Einwohner von Tudela. Nach Aussagen der Stadtverwaltung handelt es sich bei der speziellen Klientel jedoch genau um diejenigen Personen, von denen man ausgeht, dass sie auch im neuen Stadtteil zu finden sein werden, wenn auch die Stadtverwaltung gerne alle Bevölkerungsgruppen im neuen Stadtteil vertreten wissen würde.

ist, und somit war der Grundstein gelegt für die Beteiligung der Umweltpsychologie am Planungsprozess, der sich momentan in der Architektenausschreibung und Auswahl der geeigneten Planungsfirma für den zu planenden ökologischen Stadtteil befindet. Der nächste Schritt von umweltpsychologischer Seite besteht in der Kontaktaufnahme zu den ausgewählten Planenden und, soweit möglich, die Einbeziehung der späteren Nutzenden.

4.2 Beispiel 2: Aufbau einer netzfernen Stromversorgung mit Solarenergie

Einen neu geschaffenen Anwendungsbereich der Umweltpsychologie stellt die sozialwissenschaftliche Begleitung des Aufbaus und der dauerhaften Nutzung von netzfernen Stromversorgungssystemen mit erneuerbaren Energien dar (Schweizer-Ries, 1998). Netzferne Stromversorgung ist in Regionen erforderlich, die nicht an das öffentliche Stromnetz angeschlossen sind und dies auch in naher Zukunft nicht sein werden, wie z. B. Alpenhütten, abgelegene Häuser in und außerhalb Europas sowie ganze Landstriche und Dörfer in sog. Entwicklungsländern.

Im Zentrum dieser Arbeit steht die interdisziplinäre Zusammenarbeit mit Ingenieuren und Ingenieurinnen und die Übertragung, Anwendung und wo möglich Neuentwicklung psychologischen Wissens. Die solare Energieversorgung erfolgt zum einen durch eine sich noch in der Entwicklung befindende Technologie und zum anderen einen noch nicht standardisierten Einführungsprozess, so dass beide Bereiche deutliche

Entwicklungspotentiale beinhalten. Viele Anlagen zeigen nicht selten schon nach wenigen Jahren deutliche Einbußen in ihrer Funktionstüchtigkeit, die mit technischen, organisatorischen und menschlichen Aspekten in Verbindung gebracht werden können (Schweizer, 1997). Den beteiligten Menschen kommt eine entscheidende Rolle bei der Wartung, dem angepassten Energieverbrauch und dem Gesamtmanagement der Anlage zu. Mangelnde Führsorge oder gar absichtliche Veränderungen des technischen Systems können zu empfindlichen Störungen im Betrieb bis hin zur Zerstörung der gesamten Anlage führen.

Unsere Arbeit in diesem neuen Bereich begann mit der Analyse der Beiträge auf einschlägigen Solarenergiekonferenzen.[4] Die Ergebnisse zeigten das folgende Bild (Blume, 1996): Nur 1,4 bis 6 % der Artikel befassten sich mit dem Einführungs- und Nutzungsprozess, während die meisten Beiträge technischer Art waren. Diese wenigen nichttechnischen Beiträge beinhalteten die folgenden Themen (Mehrfachzuordnungen waren möglich):

* Exploration (Voruntersuchung, z. B. Bedarfsanalyse, Kundencharakterisierung, Analyse der Erfolgskriterien) 15 %,
* Intervention (z. B. Beschreibung der Vorgehensweisen, Handlungsabfolge) 8 %,
* Evaluation (z. B. Analyse und Darstellung der Ergebnisse, Empfehlungen) 65 %,
* Ausbildung (z. B. Seminare, technische Schulungen, Darstellung von Informationszentren) 28 %.

Nur 14 % dieser Artikel waren explizit von Sozialwissenschaftlerinnen bzw. Sozialwissenschaftlern verfasst worden, bei 57 % war dies nicht der Fall, 29 % waren

---

4 Die analysierten Konferenzbände umfassten die folgenden Konferenzen: Internationale Deutschsprachige Photovoltaische Solarenergiekonferenz – Staffelstein von 1988 bis 1996, European Conference on Solar Energy von 1988 bis 1995, ISES Konferenz von 1995 und das internationale Sonnenforum von 1992.

nicht eindeutig zuordenbar. Von den nicht-sozialwissenschaftlich vorgeschulten Autoren und Autorinnen beschäftigten sich 28 % mit der Ausbildung, 18 % mit einem der anderen genannten Themen. 54 % forderten die Einbeziehung sozialwissenschaftlicher Methoden. Die von einer Fachperson geschriebenen Konferenzbeiträge bezogen sich zu 73 % auf die Bearbeitung mindestens eines der genannten Themen exklusive dem Thema Ausbildung.

Diese Ergebnisse zeigen, dass der Bedarf in Ansätzen bereits erkannt war, aber nur wenige sozialwissenschaftlich Tätige bis dahin einbezogen waren. Zentrales Anliegen war die Frage: Wie kommt es zu einem dauerhaften, möglichst störungsfreien Betrieb von Solarstromanlagen, welcher Beitrag von menschlicher Seite ist dazu erforderlich und wie können Menschen befähigt und bewegt werden, einen reibungslosen und möglichst kosteneffizienten Betrieb zu unterstützen?

Als theoretische und praktische Herangehensweise wurde der soziotechnische Ansatz aus der Organisationspsychologie (Eijnatten, Hoevenaars & Rutte, 1992; Emery, 1993; Pasmore, 2002) und die MTO-Analyse ausgewählt, die beide sehr eng mit dem social design Ansatz von Sommer (1983) verknüpft werden können. Die Ausarbeitung eines Phasenmodells (Schweizer-Ries, 2004) half, den Prozess zu strukturieren und sowohl Gemeinsamkeiten als auch Unterschiede in der Vorgehensweise zur Einführung und Nutzung von netzfernen Solarstromanlagen auszuarbeiten. Die Arbeiten zur ländlichen Elektrifizierung fanden in verschiedensten Projektzusammenhängen statt: z. B. beim Aufbau von zwölf Einzelhausversorgungen in einem argentinischen Dorf, bei der Analyse von Erfolgsbeispielen in den deutschen Alpen und den spanischen Pyrenäen, beim Vergleich der Einführung von Solarstromanlagen im Projekt im Gegensatz zum freien Markt in Nepal und bei der Beratung zur Verbesserung des Gebrauchs von Dorfstromanlagen in Indonesien. Letztere wurden mit den theoretischen Ansätzen zur gemeinsamen Nutzung einer begrenzten Ressource betrachtet (Ernst & Spada, 1993; Ostrom, Gardner & Walker, 1994; Ernst, 1997; Mosler & Gutscher, 1999; Mosler & Tobias, 2000).

Die durchgeführten Arbeiten konnten zeigen, dass menschliche Verhaltensweisen einen enormen Einfluss auf die Funktionstüchtigkeit der technischen Anlagen hatten, dass Fehlverhalten im Wesentlichen durch Wissens- und Motivationsmangel erfolgte, und dass eine rechtzeitige und dauerhafte Einbeziehung der späteren Nutzenden von zentraler Bedeutung war. Die Zehnjahresevaluation der Dorfversorgung in Argentinien liefert erste Ergebnisse zum längerfristigen Nutzen der Berücksichtigung sozialer Aspekte und der Realisierung des soziotechnischen Ansatzes in der Einführung von netzfernen Inselstromsystemen mit erneuerbaren Energien.

Die Arbeit in diesem Bereich erforderte nicht nur psychologisches Wissen, sondern auch die Einarbeitung in den technischen Wissensbereich als Grundlage für den interdisziplinären Austausch und die Zusammenarbeit vor Ort. Hier ist kommunikative Kompetenz erforderlich und die Einbringung der eigenen Arbeit in ein Team. Auch der Partizipationsansatz, in dem nicht nur spätere Nutzende am Forschungsprozess teilnehmen, sondern auch die Forschenden in Praxiszusammenhängen arbeiten, erfordert Schlüsselkompetenzen, wie professionell gelenkte Aufmerksamkeit, vertrauenschaffende Maßnahmen zur Akzeptanz des Forschungsansatzes im inter- und transdisziplinären Kontext, Vermittlungsfähigkeit sowie Verständlichkeit und Angemessenheit des Einzubringenden, Wahrhaftigkeit und Ehrlichkeit sowie Offenheit der forschenden Personen (angelehnt an Stringer, 1999).

Findet die Einführung in sog. Entwicklungsländern statt, dann wird zusätzlich eine interkulturelle Kompetenz benötigt, die auf den normalen Regeln menschlicher Kommunikation aufbaut (Thomas, 2003; Watzlawick, Beavin & Jackson, 2003).

4.3 Umweltpsychologische Berufsfelder und Einkommenssituation

Umweltpsychologinnen und Umweltpsychologen können in vielen unterschiedlichen Bereichen tätig werden und dabei differenziert finanziell ausgestattet sein:[5] »Das Dienstverhältnis ist bei 62 % der Befragten befristet (durchschnittlich auf zwei Jahre und fünf Monate). Ein Viertel (26 %) der Befragten hat ein unbefristetes Beschäftigungsverhältnis. [...] Gut die Hälfte der Antwortenden (54 %) hat eine volle Stelle (zwischen 35 und 42 Stunden vertraglich festgelegte wöchentliche Arbeitszeit), ein Drittel (36 %) hat eine halbe Stelle (18 bis 26 Stunden je Woche) und etwa 10 % arbeiten weniger als 18 Stunden pro Woche im umweltpsychologischen Bereich (n = 50). 37 % geben an, mit ihrer umweltpsychologischen Tätigkeit monatlich zwischen 2 556 bis 5 579 Euro zu verdienen. Jeder Fünfte (21 %) erhält mehr als 3 579 Euro pro Monat. Vergleichbar viele erhalten 1 534 bis 2 556 Euro pro Monat (23 %) beziehungsweise weniger als 1 534 Euro (19 %)« (Schlittmeier et al., 2002, S. 127). Das Berufsfeld ist genau wie das Fach breit gestreut und bietet zahlreiche Ausbaumöglichkeiten. Bisher arbeiten Umweltpsychologinnen und Umweltpsychologen vorrangig an Universitäten und Forschungseinrichtungen sowie als Selbstständige meist im Rahmen von Beratungstätigkeiten (Schlittmeier et al., 2002). Aber auch Verei-

ne und Stiftungen sowie Bund, Land, Kommunen oder Industrie und Wirtschaft benötigen umweltpsychologische Expertise überall da, wo es Umweltämter und Umweltabteilungen gibt, bzw. wo die technische Umgestaltung der Gesellschaft eine soziale und/oder sozialwissenschaftliche Begleitung erfordert. Zur Erfüllung dieser Aufgabe sind Kommunikationswege hilfreich, gezielte Kontakte und Informationsvermittlung, da für viele im Umwelt- und Architekturbereich Tätige die Umweltpsychologie noch unbekannt ist. Nur über Kontakte und gegenseitiges Kennenlernen sind diese Bereiche für die Umweltpsychologie erschließbar. Dies erfordert den vollen Einsatz der Berufsverbände und Ausbildungsstätten und aller in der Umweltpsychologie tätigen Psychologen und Psychologinnen.

5 Chancen und Risiken der Arbeit im umweltpsychologischen Bereich

Die Chancen und Risiken beziehen sich auf die interdisziplinäre Zusammenarbeit und den Nachweis der positiven Auswirkung der Beteiligung von Psychologinnen und/ oder Psychologen. Chancen und Risiken werden hier als zwei Seiten einer Medaille und damit zusammengehörend betrachtet. Häufig arbeiten in der Umweltpsychologie Tätige mit Personen, die eine Ingenieurausbildung erhalten oder ein Architekturstudium absolviert haben, zusammen (60 %) sowie mit sozialwissenschaftlich Ausgebildeten und in der Verkehrs-, Stadt- und

---

5 Da die Befragung noch vor der Umstellung auf Euro erfolgte, wurde das Einkommen in DM erhoben; die Umrechnungstabelle befindet sich bei Schlittmeier & Schweer (2002, S. 136).

Raumplanung Tätigen (47 %) (Schlittmeier et al., 2002, S. 129). Dafür ist es wichtig, die Arbeitsgebiete und die speziellen Kommunikationsformen in den jeweiligen Fachbereichen zu kennen, ebenso wie die Fachbegriffe. Wie aus anderen Bereichen ebenfalls bekannt ist, erfordert dies spezielle kommunikative Fähigkeiten und die Kompetenz, das eigene Fachgebiet angemessen zu vertreten. Vor allem im ingenieurwissenschaftlichen Rahmen, aber auch in der Architektur steht nicht selten zur Debatte, ob es einer speziell ausgebildeten Person für die »sozialen Belange« bedarf oder diese nicht von der anderen Fachperson mit vertreten werden könne (Schweizer-Ries, 2003a). So kann z. B. eine Solarstromanlage tatsächlich nicht ohne technische Hilfe, wohl aber ohne psychologische Kenntnisse aufgebaut werden. Erst für ihre nachhaltige Nutzung und die Vermeidung von Konflikten erhält die psychologische Kompetenz bereits im Vorfeld Bedeutung. Hier bedarf es weiterer Nachweise, ob die Beteiligung psychologisch geschulter Personen an der Planung solcher Anlagen Auswirkungen auf die damit verbundene Nutzung und das Konfliktpotential hat. Diese Schulung wird dann im Idealfall in die Ausbildung der Fachpersonen einbezogen (im Architekturstudium bereits üblich, siehe auch Rambow (2003)), was jedoch eine Reduzierung des Bedarfs an Umweltpsychologinnen und Umweltpsychologen zur Folge hat.

Ein weiteres Risiko der Interdisziplinarität besteht im Verlust der Fachidentität. Wenn wir zu früh beginnen, interdisziplinär zu handeln und zu denken, beeinflusst dies die Art und Weise, wie wir unser eigenes Fach umsetzen und Wissen darin schaffen. Wenn dies auch für den Anwendungsbereich von zentraler Wichtigkeit ist, so behindert es die wissenschaftliche Weiterentwicklung und fachliche Ausbildung in der eigenen Disziplin. Dies bestätigt die Tatsache, dass umweltpsychologische Arbeiten selten in Fachjournale der Psychologie Eingang finden. Für die Ausbildung bedeutet dies, dass wir entweder möglichst lange die eigene Fachdisziplin lehren oder diese schon frühzeitig durch die Einrichtung sog. Hybridstudiengänge aufgeben und zu einer neuen, mehr berufsbezogenen Ausbildung kommen. Letzteres würde verhindern, dass genuin psychologisches Wissen für diese Anwendungsbereiche erzeugt würde, wovon aus wissenschaftlicher Sicht abzuraten ist.

6 Ausbildung zur Umweltpsychologin bzw. zum Umweltpsychologen

Umweltpsychologie wurde im Jahr 2004 an den folgenden Universitäten als forschungsorientierte Vertiefung im Rahmen des Diplompsychologie-Studiengangs gelehrt (Matthies et al., 2005):

- Humboldt-Universität Berlin: Lehrstuhl für Kognitive Psychologie; Prof. Dr. Elke van der Meer,
- Technische Universität Berlin: Institut für Soziologie, Sozialpsychologie, Umwelt- und Technikpsychologie; Prof. Dr. Hans J. Harloff,
- Otto-von-Guericke Universität Magdeburg: Forschungs- und Lehreinheit Umweltpsychologie, Prof. Dr. Petra Schweizer-Ries (Juniorprofessorin), in Zusammenarbeit mit Prof. Dr. Urs Fuhrer und Prof. Dr. Volker Linneweber.[6]

---

6 Prof. Dr. V. Linneweber lehrt inzwischen nicht mehr an der Universität Magdeburg, ist aber ein Assoziiertes Mitglied der Forschungs- und Lehreinheit Umweltpsychologie.

Unregelmäßig finden umweltpsychologische Kurse an den folgenden Universitäten statt:

- Albert-Ludwigs-Universität Freiburg: Abteilung Allgemeine Psychologie, Prof. Dr. Hans Spada,
- Martin-Luther Universität Halle-Wittenberg: Angewandte Sozialpsychologie, Dr. Gundula Hübner,
- Universität Heidelberg: Dr. Joachim Schahn,
- Universität Marburg: Wirtschaftsgeographie, PD Dr. Andreas Homburg,
- Universität Zürich: Prof. Dr. phil. Heinz Gutscher.

Als Anwendungsfach wurde die Umweltpsychologie sowohl im Diplom- als auch im Bachelorstudiengang für Psychologiestudierende 2004 an der Universität Bochum am Lehrstuhl für Kognitions- und Umweltpsychologie von Prof. Dr. Rainer Guski gelehrt.

Die folgenden Universitäten bieten umweltpsychologische Kurse für andere Studienrichtungen: die Universitäten Bochum, Göttingen, Heidelberg, Magdeburg, Marburg, Kassel, Koblenz und Lüneburg, Technische Universität Eindhoven, Fernuniversität Hagen und ETH Zürich.

Auffällig ist, dass sich der momentan einzig verbleibende Lehrstuhl für Umweltpsychologie von Prof. Dr. Jürgen Hellbrück in Eichstätt und das Psychologische Institut an der Universität Tübingen mit seinem bekannten Vertreter der Umweltpsychologie, Prof. em. Dr. Gerhard Kaminski, nicht beteiligten an der Befragung von Matthies und Ernst (2005), ebenso wenig wie Universitäten, die zumindest dem Internet zu Folge Umweltpsychologie lehren: Universität Köln, Oldenburg, Hamburg.[7]

Eine kürzlich durchgeführte Internetstudie, an der 332 Studierende der Psychologie in Deutschland teilnahmen, stellte fest, dass nur ein Drittel der Befragten die Umweltpsychologie kannte und nur 17 % an ihrer Universität Umweltpsychologie studieren konnten (Jaeger, Reese & Ziesenitz, 2006). Die oben bereits erwähnte Befragung ergab bezüglich der Ausbildung das folgende Bild: 96 % der Befragten schätzten die »Vorbereitung auf die berufliche Praxis durch das Studium als zu gering« ein (Schlittmeier et al., 2002, S. 120), nur 4 % bezeichneten diese als »genau richtig«. Dies zeigt, dass hier noch deutlicher Bedarf an Verbesserung besteht bezüglich des Bekanntheitsgrads, der Ausbildung und des Zugangs zur Umweltpsychologie.

An der Universität Magdeburg wird momentan ein psychologischer Masterstudiengang aufgebaut (Schweizer-Ries, 2003b; Schweizer-Ries, Linneweber & Fuhrer, 2003), dessen Ergänzung eine Vertiefung in Umwelt- und Organisationspsychologie sein wird. Zudem entsteht ein europäischer Master für Umweltpsychologie, der Studierenden den Austausch mit und das Studium bei europäischen Umweltpsychologinnen und Umweltpsychologen ermöglichen wird. In diesen Studiengängen kann noch stärker als bereits bisher in der forschungsorientierten Vertiefung Kultur- und Umweltpsychologie im Rahmen von Projekten angewandte sozialwissenschaftliche Umweltforschung erlernt und Kontakt zu Praxispartnern und -partnerinnen aufgenommen werden (siehe auch http://www.uni-magdeburg.de/upsy). Daraus ergeben sich nicht selten Anknüpfungspunkte für weitere psychologische Maßnahmen und Interventionen. Eine Auswahl davon ist im Abschnitt 4 dargestellt.

---

7 http://www.umweltpsychologie.de/php/institutionen.php?sub=unis [November 2006]

7 Netzwerke und Kontakte in der Umweltpsychologie

Die meisten Netzwerke und Kontaktpunkte der Umweltpsychologie sind an wissenschaftliche Arbeiten und Dienste angelehnt. Am praxisnächsten ist die IPU (Initiative Psychologie im Umweltschutz), wenn wir einmal von der BDP (Bund deutscher Psychologinnen und Psychologen)-Gruppe absehen (http://www.bdp-gus.de/up/), die inzwischen mit der Gesundheits- und der Schriftpsychologie zusammengelegt wurde. Die IPU, eine ehemals studentische Initiative, verbindet die meisten tätigen Umweltpsychologen und Umweltpsychologinnen im Bereich Umweltschutz, sie gibt neue Anregungen und greift immer wieder aktuelle umweltschutzrelevante Themen auf (http://ipu.umweltpsychologie.de). Beispiele der letzten Kongressthemen sind psychologische Aspekte von Ressourcenkonflikten, Bildung für nachhaltige Entwicklung, Umweltpsychologie in Schwellen- und Entwicklungsländern, Mobilität, lokale Agenda 21. Die IPU gibt ein eigenes Journal heraus, das sich mit aktuellen Umweltthemen beschäftigt, in dem die meisten Beiträge jedoch nicht nach dem Peer-review-Verfahren ausgewählt und überarbeitet werden. Professionelle Vereinigungen bilden in Deutschland die Fachgruppe Umweltpsychologie der Deutschen Gesellschaft für Psychologie (DGPs, http://www.dgps.de/fachgruppen/umwelt/) und die Zeitschrift Umweltpsychologie (http://www.umps.de/). Die Zeitschrift wurde 1997 gegründet und ist inzwischen ein anerkanntes Fachjournal mit regelmäßigem Erscheinen, begutachteten Beiträgen und internationalem Publikum. Beim Schwerpunktthema Nachhaltigkeit wurden erstmalig auch englische Beiträge aufgenommen (Matthies, Krömker & Schweizer-Ries, 2006). Die Fachgruppe Umweltpsychologie, deren Namensgebung auf dem Salzburger Kongress für Psychologie 1974 erfolgte, umfasst eine überschaubare und aktive Mitgliedergruppe, deren zweijährige Kongresse inzwischen in englischer Sprache abgehalten werden (deutsche Vorträge sind ebenfalls möglich).

Die Internationalisierung macht sich auch dadurch bemerkbar, dass momentan ein europäisches Netzwerk von Lehrenden entsteht, das sich über die Inhalte der Lehre austauscht und plant, demnächst gemeinsame e-learning-Einheiten zu gestalten. Hauptkoordinatorin ist Liisa Horelli aus Norwegen.

8 Ausblick

Insgesamt kann von einer zunehmenden Bedeutung umweltpsychologischer Themen (vor allem im Bereich des Umweltschutzes und der Nachhaltigkeitsdebatte) und damit dem Bedarf an umweltpsychologisch geschulten Personen ausgegangen werden. Fraglich ist nur, ob dieser Bedarf von Umweltpsychologen und Umweltpsychologinnen entdeckt und gedeckt wird, oder ob sich andere Berufsgruppen aus Bereichen wie Umweltsoziologie, Geographie, Anthropologie bzw. Ethnologie oder Wirtschaftswissenschaft diese Nische sichern. Dies hängt stark von zwei Aspekten ab: 1. Die Umweltpsychologie muss bekannter werden: dies nicht nur unter potentiellen Arbeitgebern und Auftraggeberinnen, sondern vor allem unter interessierten Studierenden, die nicht wissen, dass es dieses Fach gibt, in dem sie ihre Interessen in Berufspraxis umsetzen können. 2. Das Studium sollte zukünftige Umweltpsychologinnen und Umweltpsychologen noch gezielter ausbilden und durch die Verbindung mit angewandten Bereichen den Einstieg in die Praxis erleichtern. Dies ist eine Aufgabe, die Lehrende, Studierende und Umwelt-DiplompsychologInnen gemeinsam angehen müssen.

Literatur

Bell, P. A. et al. (2001). *Environmental Psychology.* Orlando: Harcourt College Publishers.

Blume, M. (1996). *Art und Umfang sozialwissenschaftlicher Fragestellungen bei der Energieversorgung durch regenerative Energiequellen. Unveröffentlichte Psychologieberichte 1.* Freiburg: Fraunhofer-Institut für Solare Energiesysteme.

Bordass, B. & Leaman, A. (2005). Occupancy – post-occupancy evaluation. W. F. E. Preiser & J. C. Vischer (Hrsg.). *Assessing Building Performance.* Amsterdam: Elsevier. 72–79.

Eijnatten, F. M. van, Hoevenaars, A. M. & Rutte, C. G. (1992). *Holistic and Participative (Re)Design: Contemporary STSD modelling in The Netherlands.* Eindhoven: University of Technology: Graduate School of Industrial Engineering and Management Science.

Emery, F. (1993). Characteristics of Socio-Technical Systems. In E. L. Trist & H. Murray (Hrsg.). *The Social Engagement of Social Science. A Tavistock Anthology.* Pennsylvania: University of Pennsylvania Press. II: The Sociotechnical Perspective. 157–186.

Ernst, A. M. (1997). *Ökologisch-soziale Dilemmata.* Weinheim: Psychologie Verlags-Union.

Ernst, A. M. & Spada, H. (1993). Bis zum bitteren Ende? J. Schahn & T. Giesinger (Hrsg.). *Psychologie für den Umweltschutz.* Weinheim: Beltz. 17–27.

Eschenfelder, J. (2004). *Abschlussbericht des Umwelt- und Gemeindepsychologischen-Sommerworkshops »Stadtteilmonitoring«: Need-Assessment der Neu-OlvenstedterInnen insbesondere bzgl. der Freiflächen im Stadtteil.* Magdeburg: Otto-von-Guericke Universität. 14.

Flade, A. (1993). Wohnen und Wohnbedürfnisse im Blickpunkt. In H. J. Harloff (Hrsg.). *Psychologie des Wohnungs- und Siedlungsbaus: Psychologie im Dienste von Architektur und Stadtplanung.* Göttingen, Stuttgart: Verlag für Angewandte Psychologie. 45–55.

Fuhrer, U. (1983). Die Bedeutung des Attributs »ökologisch« in der Psychologie. *Schweizerische Zeitschrift für Psychologie und ihre Anwendungen, 4,* 255–279.

Graumann, C. F. (1976). Die ökologische Fragestellung – 50 Jahre nach Hellpach's »Psychologie der Umwelt«. In G. Kaminski (Hrsg.). *Umweltpsychologie. Perspektiven – Probleme – Praxis.* Stuttgart: Klett. 21–25.

Graumann, C. F., (Hrsg). (1978). *Ökologische Perspektiven in der Psychologie.* Bern: Huber.

Graumann, C. F. (2002). The phenomenological approach to people-environment-studies. In R. B. Bechtel & A. Churchman (Hrsg.). *Handbook of Environmental Psychology.* New York: Wiley.

Hellbrück, J. & Fischer, M. (1999). *Umweltpsychologie. Ein Lehrbuch.* Göttingen, Bern, Toronto, Seattle: Hogrefe, Verlag für Psychologie.

Hellpach, W. (1911). *Die geopsychische Erscheinungen Wetter, Klima und Landschaft in ihrem Einfluß auf das Seelenleben (8. Auflage mit dem Titel »Geopsyche«. Stuttgart: Enke, 1977).* Leipzig: Engelmann.

Hellpach, W. (1924). Psychologie der Umwelt. In E. Abderhalden (Hrsg.). *Handbuch der biologischen Arbeitsmethoden.* Berlin/Wien. 109–112.

Hester, R. T. J. (1985). Landstyles and Lifescapes: 12 Steps to Community Development. *Landscape Architecture,* 78–84.

Jaeger, M., Reese, G. & Ziesenitz, A. (2006). *Umweltpsychologie Quo Vadis? Eine deutschlandweite Befragung der IPU zum Stand der Umweltpsychologie.* 27. Kongress der IPU – 13.-18.07.

Kaminski, G. (1995). Ausbildung in Ökologischer bzw. Umweltpsychologie: Bericht einer Umfrage. *Psychologische Rundschau, 46(2),* 119–124.

Kaminski, G. (1997). Psychologie und Umweltschutz. *Umweltpsychologie, 1(2),* 8–24.

Kaufmann-Hayoz, R. (2006). Human action in context: A model framework for interdisciplinary studies in view of sustainable development. *Umweltpsychologie, 10(1),* 154–177.

Kruse, L. (2006). Globalisation and sustainable development as issues of environmental psychology. *Umweltpsychologie, 10(1),* 136–152.

Kruse, L. & Graumann, C. F. (1987). Environmental psychology in Germany. In D. Stokols & I. Altman (Hrsg.). *Handbook of Environmental Psychology.* New York, NY, Wiley. Vol. 2. 1195–1225.

Levine, M., Perkins, D. V. & Perkins, D. D. (2005). *Principles of Community Psychology: Perspectives and Applications.* New York: Oxford University Press.

Lewin, K. (1981). *Kurt-Lewin-Werkausgabe.* C. F. Graumann (Hrsg.). Bisher erschienen die Bände I und II (Wissenschaftstheorie); IV (Feldtheorie) und VI (Psychologie der Entwicklung und Erziehung). Bern und Stuttgart: Huber und Klett-Cotta.

Linneweber, V. (1993). Wer sind die Experten? ›User need analysis‹, ›post-occupancy evaluation‹ und Städtebau aus sozial- und umweltpsychologischer Perspektive. In H. J. Harloff (Hrsg.). *Psychologie des Wohnungs- und Siedlungsbaus: Psychologie im Dienste von Architektur und Stadtplanung.* Göttingen, Stuttgart: Verlag für Angewandte Psychologie. 75–85.

Matthies, E. & Ernst, A. M. (2005). Befragung »Umweltpsychologie in der Lehre« (Juni 04–Februar 05). *IZU, 11*(1), 7–12.

Matthies, E., Krömker, D. & Schweizer-Ries, P. (2006). From Environmental Psychology to Sustainable Psychology? Introduction into the Main Topic. *Umweltpsychologie,* 114–117.

Mosler, H.-J. & Gutscher, H. (1999). Wege zur Deblockierung kollektiven Umwelthandelns. V. Linneweber & E. Kals (Hrsg). *Umweltgerechtes Handeln: Barrieren und Brücken.* Heidelberg: Springer. 141–164.

Mosler, H. J. & Tobias, R. (2000). Die Organisation kollektiver Aktionen durch Beeinflussung der individuellen Teilnahmeentscheidung. Eine Simulationsstudie. *Kölner Zeitschrift für Soziologie und Sozialpsychologie, 52* (2), 264–290.

Ostrom, E., Gardner, R. & Walker, J. (1994). *Rules, Games, and Common-Pool Resources.* Ann Arbor: The University of Michigan Press.

Pasmore, W. (2002). Action Research in the Workplace: the Socio-technical Perspective. In P. Reason & H. Brandbury (Hrsg.). *Handbook of Action Research.* London, Thousand Oaks, New Delhi: Sage Publications. 38–47.

Preiser, W. F. E. (2005). Evaluating universal design performance. In W. F. E. Preiser & J. C. Vischer (Hrsg.). *Assessing Building Performance.* Amsterdam: Elsevier. 170–179.

Rambow, R. (2003). Zur Rolle der Psychologie für Architektur und Stadtplanung – didaktische und konzeptionelle Überlegungen. *Umweltpsychologie, 7* (1), 54–68.

Schahn, J. & Giesinger, T. (Hrsg.) (1993). *Psychologie für den Umweltschutz.* Weinheim: Beltz/Psychologie Verlags Union.

Schahn, J., Holzer, E. & Amelang, M. (1988). Psychologische Beiträge zur Ermittlung und Beeinflussung des Umweltbewußtseins bei Erwachsenen. In F. v. Cube & V. Storch (Hrsg.), *Umweltpädagogik* (S. 176–195). Heidelberg:

Edition Schindele (Heidelberger Verlagsanstalt).

Schlippe, A. von & Schweitzer, J. (2002). *Lehrbuch der systemischen Therapie und Beratung.* Göttingen: Vandenhoeck & Ruprecht.

Schlittmeier, S. J. & Schweer, I. R. (2002). UmweltpsychologInnen in Deutschland – Ergebnisse einer Befragung zu Ausbildung, beruflicher Praxis und Zukunftsperspektiven. *Umweltpsychologie, 6* (2), 120–136.

Schuemer, R. (1995). *Nutzungsorientierte Bewertung gebauter Umwelten. Post occupancy evaluation – POE. Teil I: Einführung in die POE und POE-Grundlagen.* Hagen: FernUniversität, Fachbereich Erziehungs-, Sozial- und Geisteswissenschaften.

Schweizer, P. (1997). Psychologische Faktoren bei der Nutzung regenerativer Energien: Eine Studie zum Einsatz von Solartechnik im Zentralen Himalaya. In A. Buchner & J. Funke (Hrsg.). *Aktuelle Psychologische Forschung, Band 19.* Lengerich, Pabst Science Publisher.

Schweizer-Ries, P. (1998). Umweltpsychologische Forschung für die Nutzung von Solarenergie. *Umweltpsychologie, 2* (1), 90–103.

Schweizer-Ries, P. (2003a). Inter- und transdisziplinäre Zusammenarbeit: Erfahrungsbericht einer Umweltpsychologin aus zehn Jahren Solarstromforschung. *Umweltpsychologie, 7* (2), 148–162.

Schweizer-Ries, P. (2003b). Neuer umweltpsychologischer Schwerpunkt in Magdeburg. *IPUBLIC: Psychologie im Umweltschutz, 6* (2), 43–46.

Schweizer-Ries, P. (2004). Nutzung von Solarstromanlagen – ein umweltpsychologisches Thema. *Magdeburger Wissenschaftsjournal, 1* (9), 27–34.

Schweizer-Ries, P. (in Druck). Umweltplanung, Vorgehensweise und Evaluation von Interventionen. In V. Linneweber & E. D. Lantermann (Hrsg.). *Enzyklopädie der Umweltpsychologie – Band II: Angewandte Umweltpsychologie.* 40 Seiten.

Schweizer-Ries, P. & Linneweber, V. (2004). Social Acceptability and Implementation of Renewable Energy. *Journal of Applied Psychology (ISSN 1454-8062) [Special Issue 18th IAPS Conference],* http://iaps.scix.net/cgi-bin/works/Show?iaps_18_2004_1611, 6 (3–4), 157–166.

Schweizer-Ries, P., Linneweber, V. & Fuhrer, U. (2003). Neue forschungsorientierte Vertiefung »Umwelt- und Kulturpsychologie«. *Informationen zur Umweltpsychologie (IZU), 9* (1), 7–10.

Sommer, R. (1983). *Social Design: Creating Buildings with People in Mind*. New Jersey: Prentice-Hall International, Spektrum Books.

Stern, P. C. (1978). The limits to growth and the limits of psychology. *American Psychologist, 33*, 701–703.

Stern, P. C. (1992). Psychological dimensions of global environmental change. *Annual Review of Psychology, 43*, 269–302.

Stringer, E. T. (1999). *Action Research: Second Edition*. London: Sage.

Thomas, A. (2003). *Kulturvergleichende Psychologie*. Göttingen: Hogrefe.

Watzlawick, P., Beavin, J. H. & Jackson, D. D. (2003). *Menschliche Kommunikation: Formen, Störungen, Paradoxien*. Bern, Göttingen, Toronto, Seattle: Hans Huber Verlag.

Willke, H. (1996). *Systemtheorie II: Interventionstheorie. Grundzüge einer Theorie der Intervention in komplexen Systemen*. Stuttgart: UTB.

Wlassak, R. (1892). Zur Psychologie der Landschaft. *Vierteljahrschrift für wissenschaftliche Philosophie, 16*, 333–354.

21 Psychologie bei der Polizei

Manfred Langer

Einleitung

Die Tätigkeit eines Polizeipsychologen lässt sich eigentlich ganz einfach beschreiben: Er bekämpft ständig das Böse, meist in der Person eines Serientäters. Ohne sein Zutun, seine Unterstützung, könnte die Polizei die unzähligen Kapitalverbrechen nicht aufklären. Ganze Rudel von Kriminalbeamten hängen an seinen Lippen, wenn er nach kurzem Tatortbefund und Aktenstudium in geschliffenem Psychologendeutsch das Täterprofil bekannt gibt, und anschließend sofort das Tatmotiv sowie die entscheidenden Hinweise zur Festnahme. Ohne die Arbeit des Polizeipsychologen, manchmal auch »Kriminalpsychologe« oder gar »Profiler« genannt, ist effektive Polizeiarbeit nicht mehr denkbar.

Liest sich doch gut, oder? Wer Zweifel an dieser Berufsbeschreibung hat, braucht eigentlich nur einen Blick in das abendliche TV-Programm werfen. Gerade bei den Privatsendern sind die Damen und Herren mit der stets nachdenklichen, aber immer allwissenden Miene immer öfters zu finden. Nur hat dies leider mit der Realität, der tat-sächlichen Arbeit eines Polizeipsychologen, nicht viel zu tun.

1   Polizeipsychologie in Deutschland: Historische Entwicklung und Ist-Stand

In Deutschland hat die Polizeipsychologie eine etwa 100-jährige Tradition. Bereits in den 1920er-Jahren war Psychologie ein Lehrfach am damaligen Berliner Polizeiinstitut. Auch die Auswahl der angehenden Kommissare wurde unterstützt mit einer »psychologischen Vorprüfung«. Eine Weiterentwicklung dieses mehr wissenschaftlich-pragmatischen Ansatzes wurde durch das Dritte Reich jäh unterbrochen.

Mit der Gründung der Polizeiführungsakademie Hiltrup/Münster im Jahre 1949 setzten wieder erste Bemühungen zu einer Neuinstallation der Polizeipsychologie ein. Zunächst waren diese auf die Vermittlung von psychologischem Grundlagenwissen beschränkt.

Die direkte Einbindung der Psychologie in die polizeiliche Alltagsarbeit fand erst Mitte der 1960er-Jahre statt. Politische und gesellschaftliche Veränderungen trugen dazu bei, dass die Erkenntnisse der Psychologie auch stark in die Aus- und Fortbildung der Polizei Einzug fanden. Der Wandel in der Kultur der politischen Einflussnahme, sprich die beginnenden 1968er-Jahre mit Demonstrationen und ähnlichen Protestformen, trugen dazu bei, dass die Psychologie auch in die polizeiliche Einsatztaktik mit einbezogen wurde.

Im Jahre 1964 wurde in München der erste Polizeipsychologische Dienst gegründet, als eine Folge der sog. »Schwabinger Krawalle« im Frühjahr 1962. Damals kam es wegen eines banalen Anlasses zu tagelangen schweren Krawallen zwischen Jugendlichen, Studenten, Münchner Bürgern und der Polizei. Es gab zahlreiche Festnahmen und Verletzte auf beiden Seiten. In den 1970er- und 1980er-Jahren führte die starke Zunahme des nationalen und internationalen Terrorismus, aber auch der Anstieg der allgemeinen Gewaltkriminalität, auch zu einer Zunahme der Bedeutung der Polizeipsychologie.

Ende der 1970er-Jahre gab es nur zehn hauptberufliche Polizeipsychologen in Deutschland. Mitte der 1980er-Jahre waren es ca. 40, Anfang der 1990er-Jahre etwa 70 Stellen bei rund 250 000 Polizeibeamten. Im Jahre 2005 sind rund 280 Sozialwissenschaftler, davon etwa 150 Psychologen, bei der deutschen Polizei tätig. Die meisten davon sind im Bereich der Aus- und Fortbildung, also an Landespolizeischulen und Fachhochschulen tätig.

Traditionell wurde in der Polizeipsychologie bis vor einigen Jahren eine Trennung zwischen der »Psychologie *für* die Polizei« und der »Psychologie *über* die Polizei« vorgenommen. Neuere Entwicklungen deuten daraufhin, dass diese Unterscheidung langfristig nicht mehr aufrecht gehalten werden kann.

Polizeipsychologie war immer an den Bedürfnissen des Staates, sprich der Polizei orientiert.

Entwicklung und inhaltliche Ausrichtung ist und war immer von gesellschaftspolitischen Erscheinungen, Entwicklungen und Problemen bestimmt. Polizeipsychologie als »Zuarbeiter«, als »Hilfsfunktion« für die Polizei. Was vielleicht über all die Jahre versäumt wurde, ist, die Polizeipsychologie als eine angewandte Wissenschaft zu etablieren, ihre Tätigkeitsfelder zu systematisieren und somit wissenschaftlich zu integrieren. Die Gründung einer verstärkt empirisch arbeitenden und theoretisch gut fundierten »Polizeiwissenschaft« wird wohl über kurz oder lang bevorstehen.

Das Ziel der »heutigen« Polizeipsychologie ist eigentlich ganz einfach zu formulieren: Verhalten von Menschen soll beschrieben, erklärt und somit auch vorhersehbar gemacht werden. Und dazu eignet sich am besten eine verhaltensorientierte Psychologie.

2 Arbeitsfelder der Polizeipsychologie
Am Beispiel des Zentralen Psychologischen Dienstes der Bayerischen Polizei (ZPD) beim Polizeipräsidium München

Der ZPD wurde 1975 für die gesamte Bayerische Landespolizei mit ihren ca. 32 000 Polizeibeamten gegründet. Hervorgegangen ist er aus dem Psychologischen Dienst der Münchner Stadtpolizei, der 1964 vom damaligen Polizeipräsidenten Dr. Manfred Schreiber geschaffen wurde. Der ZPD bestand damals aus einem Diplompsychologen und drei Polizeibeamten. Im Oktober 2005, zum 30-jährigen Jubiläum, besteht das »Psychoteam« aus 21 Personen: acht

Diplompsychologen (vom Status her sind dies »Verwaltungsbeamte« und sie werden nach A13/14 bzw. nach A15 bezahlt), acht Beamte des gehobenen und zwei des mittleren Polizeivollzugsdienstes sowie einem freigestellten Suchtberater und zwei Angestellten. Von Anfang an wurde versucht, eine Kombination zwischen »Theoretikern« und »Praktikern« zu installieren. Polizisten, die »von der Basis kommen«, sei es von der Schutzpolizei oder von der Kriminalpolizei, arbeiten zusammen mit den »Wissenschaftlern«, gestalten gemeinsam Projekte, Untersuchungen, Workshops, Aus- und Fortbildungsmaßnahmen und viele andere schöne Dinge mehr. Diese Konzeption hat sich all die Jahre bestens bewährt. Sie hat verhindert, dass Psychologen »abgehoben« haben, und stattdessen dazu geführt, dass sie »auf dem Teppich« des polizeilichen Alltags geblieben sind. Zum anderen konnten die Polizisten ihr ja nicht unerhebliches Fachwissen einbringen, d. h. so mancher hochpsychologische Ansatz wurde auf die Realität zusammengestrichen. Auch Polizisten können sich psychologisches Wissen und Denken aneignen und es sogar umsetzen, was viele Psychologen manchmal gar nicht gerne sehen.

Mit ständiger Zunahme der Aufgaben wurden im ZPD sechs »Säulen« geschaffen, die grob die Arbeitsgebiete abdecken sollen:

- Aus- und Fortbildung,
- Einsatzgeschehen (polizeilicher Einzeldienst, Großeinsätze usw.),
- Verhandlungs- und Bedrohungslagen,
- klinische Psychologie und Krisenintervention,
- Organisations- und Personalentwicklung,
- Forschungsprojekte, Untersuchungen.

Auf jeder Säule sitzt als »Säulenheiliger« ein Diplompsychologe. Grundsätzlich gilt beim ZPD, dass jeder Psychologe in jedem Einsatzgebiet nach Bedarf einsetzbar sein muss. Die Säule stellt dann die »Spielwiese«, das Spezialgebiet des Psychologen dar. Dies hat logischerweise Auswirkungen auf die geforderten Studienschwerpunkte, mögliche Zusatzausbildungen, die geforderte Berufserfahrung und somit auf das gewünschte Anforderungsprofil für einen bayerischen Polizeipsychologen. Das Gleiche gilt so ähnlich für die Polizeivollzugsbeamten, die sich je nach ihren Interessen in die jeweiligen Bereiche einbringen, die aber auch für andere Dinge, wie Einsätze, aktuelle Projekte usw., eingesetzt werden.

2.1 Aufgabengebiet »Aus- und Fortbildung«

Ein Weg, psychologische Erkenntnisse in die Polizei und ihre Arbeit einfließen zu lassen, führt über die Aus- und Fortbildung. Der Schwerpunkt liegt hier in der Entwicklung und Fortschreibung von Trainingskonzepten und Seminaren sowie im Training von »Multiplikatoren«, welche die psychologischen Inhalte weitergeben. 1990 legte der ZPD mit dem Konstrukt »Soziale Kompetenz« einen kleinen Meilenstein für die Weiterentwicklung der bayerischen Polizei. Umgesetzt wurde die Idee der sozialen Kompetenz im *Konflikt-* und *Kommunikationstraining* bei der Ausbildung in der bayerischen Bereitschaftspolizei (KK-Training). Ebenso fand die soziale Kompetenz starken Eingang in die Fortbildung, wie z. B. im *PAKET* (Polizeiliches Antistress-, *Kommunikations-* und *Einsatzbewältigungs-Training*), oder in das Führungskräftetraining und für viele Beamte in Sonderausbildungen. So wurden für das 14-tägige Verhaltenstraining *PAKET* über 50 Polizeibeamte zu Verhaltenstrainern ausgebildet, deren Supervision und Fortbildung auch vom ZPD gewährleistet werden muss.
Die psychologische Aus- und Fortbildung orientiert sich immer an den Bedürfnissen

der polizeilichen Praxis und sie muss sich deshalb ständig weiterentwickeln. Ansätze und Schlagworte wie »Erwachsenenbildung«, »Computer-Based-Training (CBT)« und »ganzheitliches«, »integriertes« oder »konstruktives« Lernen werden immer wichtiger. Auch Fragen der Evaluation von Aus- und Fortbildungsmaßnahmen bekommen immer mehr Gewicht, so z. B. die Frage: Wie stark ist ein Transfer von Trainingsmaßnahmen in die polizeiliche Praxis tatsächlich gegeben?

2.2 Aufgabengebiet »Einsatzgeschehen«

Psychologische Arbeit in der Polizei ist seit der Gründung des psychologischen Dienstes untrennbar mit dem polizeilichen Einsatzgeschehen verbunden. Seit den 1960er-Jahren weiß man, dass Recht und Taktik nicht ausreichen, um Konflikte professionell zu bewältigen, egal ob in der Auseinandersetzung mit Demonstranten oder im täglichen Umgang mit dem Bürger. Psychologisches Knowhow liefert die wesentliche Ergänzung, die keinesfalls als »weiche Welle« missverstanden werden darf. Vielmehr geht es darum, basierend auf wissenschaftlichen Erkenntnissen, menschliches Verhalten in Einsatzlagen richtig einzuschätzen und zu steuern.

Anfang der 1980er-Jahre entwickelte der ZPD das Konzept der »einsatztaktischen Öffentlichkeitsarbeit«, welches seine erste Bewährungsprobe bei der Friedensdemonstration 1983 in Neu-Ulm bestehen musste. Der ZPD entwickelte eine umfassende PR-Kampagne mit Zeitungsbeilagen, offenen Briefen, Podiumsdiskussionen, Informationsständen, Flugblättern usw. zur Befriedung des Protestgeschehens um die Wiederaufbereitungsanlage Wackersdorf.

Spätestens seit der Fußballeuropameisterschaft 1988 ist die einsatzbegleitende Öffentlichkeitsarbeit aus dem Polizeirepertoire nicht mehr wegzudenken. Der ZPD sammelt und analysiert deshalb einsatzbezogene Daten. Er begleitet konfliktträchtige Einsätze, er berät Polizeiführer oder betätigt sich an der Entwicklung von Konzepten und Maßnahmen zur einsatzbegleitenden Öffentlichkeitsarbeit.

2.3 Aufgabengebiet »Verhandlungs- und Bedrohungslagen«

Nach den tragischen Münchner Geiselnahmefällen, 1971 in der Prinzregentenstraße (erste Geiselnahme in einer Bank nach dem Krieg mit zwei Toten) und 1972 während der Olympischen Spiele, begann die bayerische Polizei nicht nur, Spezialeinheiten aufzustellen, sondern auch sog. »Verhandlungsgruppen« zur Bekämpfung der Schwerstkriminalität (Entführungen, Geiselnahmen, Erpressungen und Bedrohungslagen) zu gründen.

Für die Aus- und Fortbildung der Verhandlungsgruppen ist der ZPD verantwortlich. Bei einem Einsatz berät dann der ZPD sowohl die Verhandlungsgruppe als auch den Polizeiführer.

Von 1995 bis heute mussten die Verhandlungsgruppen in Bayern über 900 Einsätze bewältigen. Im Einzelnen waren dies 20 Geiselnahmen, 250 Erpressungen, etwa 250 Suizidandrohungen sowie ca. 400 sonstige Delikte (z. B. Verbarrikadierungen, Drohschreiben usw.) und eine Entführung. Fast alle größeren Einsatzlagen werden vom ZPD mitbetreut, d. h. auch erfasst und für zukünftige Einsätze sorgfältig aufbereitet.

2.4 Aufgabengebiet »Klinische Psychologie und Krisenintervention«

Polizeiarbeit geschieht regelmäßig in einem Umfeld, das von Not- und Problemfällen, Konflikten der unterschiedlichsten Art und kleinen wie großen Katastrophen durchzogen ist. Polizistinnen und Polizisten geraten dabei nicht selten in eine Situation, in der nicht nur der Bürger, sondern auch sie selbst, wenn sie etwas stark belastet, der Betreuung oder Beratung bedürfen. In den meisten Fällen können zwar Vorgesetzte und Kollegen mit Rat und Tat unterstützen und helfen, es gibt jedoch Einzelfälle, deren Art oder Erlebnisintensität den Betroffenen als Betreuer bzw. Berater überfordern. Andererseits können Polizisten selbst Opfer werden oder Einsätze als extrem belastend empfinden. Auch Schwierigkeiten am Arbeitsplatz oder familiäre Probleme können so gravierend sein, dass auch der »Hilfsbereite«, egal ob Vorgesetzter oder Kollege, schnell an seine Grenzen stößt. Für solche und einige andere besondere Fälle bietet der ZPD psychologische Hilfestellung dort, wo sie erbeten wird. Dort, wo uns auch Grenzen gesetzt sind, helfen wir bei der Vermittlung von Fachleuten, z. B. Therapeuten.
Problemlagen, in denen der ZPD Beratungs- und Betreuungsarbeit leistet:

- extrem belastende Einsätze (Schusswaffengebrauch, schwere Verkehrsunfälle usw.),
- suizidale Krisen von Polizeiangehörigen,
- psychische Erkrankungen (z. B. Depressionen),
- innerdienstliche Problemen (z. B. Konflikte auf der Dienststelle, Mobbing, sexuelle Belästigung),
- persönliche, psychisch belastende Krisen (z. B. Trennung, Scheidung, private Probleme),

- Burn-out-Phänomene,
- Abhängigkeit und Missbrauch von Alkohol und anderen Suchtpotentialen (z. B. Medikamente, Spielsucht),
- Fachberatung für Vorgesetzte, Trainer, Multiplikatoren zu allen »klinisch-psychologischen« Fragestellungen,
- UN-Auslandseinsätze,
- große Schadensereignisse (z. B. Flugzeugabstürze, Eisenbahnunglücke u. Ä.),
- Opferbetreuung (z. B. bei Geiselnahmen und Amoklagen).

Unter Beratung verstehen wir also die kurzfristige Hilfestellung bei der Bewältigung akuter Krisen. Dies beinhaltet, dass die Hilfestellung zwar einerseits über eine reine Krisenintervention hinausgeht, dass sie andererseits aber eine längerfristige therapeutische Behandlung ausschließt. Die Regel ist eine kurzfristige Intervention, die den Ratsuchenden individuelle und fürsorgliche Hilfe anbietet, die gleichzeitig dafür sorgt, dass die polizeilichen Ziele erreicht werden können. Sie dient insbesondere der Stabilisierung der belasteten Person und der Information über die Folgen und über Behandlungsmöglichkeiten.
Der Interventionsansatz des ZPD ist als verhaltensorientiert, lösungsorientiert und systemisch zu bezeichnen. Verhaltensorientiert meint die Betonung der Symptomatik; es wird weniger nach weit zurückliegenden Ursachen geforscht. Lösungsorientiert meint die Betonung dessen, was in Gegenwart und Zukunft aktiv »angepackt« werden kann und verneint eine zu starke Beschäftigung mit dem, was vergangen ist. Und systemisch meint die Betonung des sozialen Systems, in dessen Rahmen der Ratsuchende unter seinen Problemen leidet, in welchem er diese aber auch erkennen, annehmen und bewältigen kann.

2.5 Aufgabengebiet »Organisations- und Personalentwicklung«

Organisationsentwicklung (OE) umfasst ein Bündel von wissenschaftlich gestützten Methoden, um notwendige Veränderungs- und Anpassungsprozesse in Organisationen einzuleiten, zu steuern und zu begleiten.

Zu den Methoden, welche der ZPD im Rahmen der Organisationsentwicklung einsetzt, zählen z. B.:

- Diagnoseworkshops (wo liegen welche »Störungen« in der Organisation und wie können sie behoben werden, i. S. von »Ursachenforschung und Veränderung«),
- Aus- und Weiterbildungsaktivitäten (Fachlehrgänge, Verhaltenstrainings),
- Personalentwicklungsmaßnahmen, wie z. B.
  - multi-modales Einstellungsinterview,
  - Test zur Messung der sozialen Kompetenz zum Aufstieg in den gehobenen Polizeivollzugsdienst,
  - Assessmentcenter für den Aufstieg in den höheren Polizeivollzugsdienst,
- Problemlöseworkshops,
- Teamentwicklungsmaßnahmen,
- mündliche und schriftliche Befragungen,
- Auswertung betrieblicher Vorgänge etc.

Der zentrale psychologische Dienst steht auch für die Planung, Durchführung und Evaluation von Organisationsentwicklungsmaßnahmen zur Verfügung.

2.6 Aufgabengebiet »Projekte, Untersuchungen«

Der Zentrale Psychologische Dienst versucht, eine stärkere Vernetzung von Wissenschaft und Praxis herbeizuführen. Das heißt im Klartext, dass versucht wird, verschiedene Fragestellungen für die polizeiliche Praxis aus Sicht der Polizeipsychologie zu beantworten. Untersuchungen und mehr oder weniger größere Projekte, teilweise auch in Zusammenarbeit mit externen Institutionen, sollen helfen, eine Vielzahl der in der Polizeipraxis zu bewältigenden Problemstellungen »zu knacken«. So gab es in der Vergangenheit folgende Untersuchungsspielwiesen:

- subjektives Sicherheitsgefühl bei den Münchner Bürgern,
- Frauen bei der Schutzpolizei,
- Psychologie der polizeilichen Verfolgungsfahrt,
- Trauma und Krisen bei Polizeibeamten,
- Alkohol am Arbeitsplatz »Polizei«,
- Einstellungen und Probleme zur flexiblen Arbeitszeit,
- Psychologie der polizeilichen Fußstreifen in der Großstadt,
- Einführung neuer Polizeimunition und neuer Schutzwesten,
- Evaluation eines Testes zur Messung der sozialen Kompetenz,
- systematische, erlebnisbezogene psychologische Einsatznachbereitung,
- neue Modelle der Supervision für Ausbilder,
- Stress und Stressbewältigung bei Spezialeinheiten,
- neue Konzepte für die Bewerberauswahl und die Anstellungsprüfung.

Diese Aufstellung zeigt, dass eine bis vor Jahren bestehende Differenzierung zwischen interner und externer Polizeipsychologie weder den aktuellen Anforderungen der Institution Polizei noch den momentanen gesellschaftlichen Gegebenheiten gerecht werden würde.

2.7 Der Polizeipsychologe und der Kampf gegen das Böse (Kriminalitätsbekämpfung)

Unter Kriminalitätsbekämpfung versteht man in unserem Falle die Aufklärung und die Prävention von Kriminalität. Auch hier kann der Psychologe wichtige Anstöße und Beiträge zur Weiterentwicklung bzw. zur Optimierung von polizeilichen Instrumenten und Methoden einbringen. Stichworte, wie

- psychologische Aspekte der Vernehmungstaktik und -technik,
- Vernehmung von Kindern/Erwachsenen nach Sexualstraftaten,
- Betreuung von Opfern/Angehörigen nach Gewaltdelikten,
- Glaubwürdigkeit bei Opfern und Zeugen,
- psychologische Hinweise für Präventionskonzepte und deren Umsetzung,

stehen für die »indirekte« Einbindung der Psychologie in die Kriminalitätsbekämpfung.

Für die »direkte« Beteiligung seien hier nur die Begriffe *OFA* und *VICLAS* genannt.

Unter *OFA* versteht man die »Operative *Fallanalyse*« und unter *VICLAS* das internationale Datenbanksystem »*Violent Crime Linkage Analysis System*«. Beides sind Hilfsmittel zur Ermittlung von Tätern bzw. Serientätern im Bereich der Tötungs- und der sexuellen Gewaltkriminalität. Entstanden sind diese kriminalpsychologischen Ermittlungsmethoden in den USA und England. Die psychologische Forschungsstelle des Bundeskriminalamtes hat diese Hilfsmittel auf deutsche Verhältnisse angepasst. Zur Zeit werden beide Ansätze in Zusammenarbeit mit erfahrenen Kriminalbeamten und internen Polizeipsychologen in die deutsche Polizei eingeführt. Erste Erfahrungen und Erfolge lassen den Schluss zu, dass

auch dieses Arbeitsfeld für Psychologen in Zukunft immer mehr an Bedeutung gewinnen wird.

2.8 Anforderungen an einen Polizeipsychologen

Aus den beschriebenen Arbeitsfeldern und Tätigkeiten lässt sich doch so etwas wie ein »Anforderungsprofil« für einen Polizeipsychologen grob skizzieren:

- Soziale Kompetenz zeigen bzw. vorleben. In der Vergangenheit sind Psychologen bereits an der eigenen »sozialen Impotenz« gescheitert und haben es somit nicht geschafft, in der Polizei »Fuß zu fassen«. Psychologie wird immer mit demjenigen identifiziert, der sie vertritt. Hat dieser z. B. eine Sprache, die zwar wunderbar »psychologisch« ist, für den Laien aber völlig unverständlich, so darf man sich nicht wundern, wenn man auf Ablehnung stößt. Psychologie muss verständlich sein. Psychologische Sachverhalte müssen sprachlich so dargestellt werden, so dass sie jedermann verstehen kann. Es nützt keinem Polizisten etwas, wenn er handfesten Ärger mit einem Bürger hat und der Psychologe dies mit einem schwerverständlichen, tiefenpsychologischen Vokabular kommentiert. Wo steht es eigentlich geschrieben, dass Psychologen so schreiben und reden sollen, dass sie im Grunde genommen kein Mensch auf Anhieb versteht? Wer als Berufsanfänger immer noch leicht freudig erregt ist, wenn jemand sagt, »oh, ein Psychologe, da muss ich aber aufpassen was ich sag' und tue ...«, bestätigt eigentlich genau das Vorurteil, dass viele nur Psychologie studieren, um besser mit den eigenen Schwierigkeiten umgehen zu können oder die »amtliche« Bezeichnung der eigenen Hauptneurose zu finden.

Nach wie vor leben wir noch in einer Zeit des »Psychobooms«. Deshalb werden Psychologen umso kritischer von »Praktikern«, gerade in der Polizei, angeschaut. Wichtig ist es also, sich mit seiner Klientel, seinem Gegenüber, intensiv auseinander zu setzen. Die Polizei ist eine relativ (Gott sei Dank!) konservative Firma. Wie »denkt« diese als Organisation, wie denkt und fühlt der einzelne Beamte, z. B. in einer stressigen Einsatzsituation? Der Psychologe, der mit allwissender Miene innerhalb kürzester Zeit, ohne die Fakten zu kennen, menschliches (Fehl-)Verhalten erklärt, der über jedes und alles schwer verdauliche »Psychosauce« gießt, gleichzeitig aber nicht in der Lage ist, einen Workshop akzeptabel zu leiten, erfüllt eher die gängigen Klischees und Vorurteile gegenüber den »Psychos«, als dass er diese abbaut. Gerade in streng hierarchisch gegliederten Organisationen, wie z. B. der Polizei, setzt man Lebenserfahrung mit Psychologie gleich; nur wer in seinem Beruf lang genug arbeitet, wird alt und weise und somit erfolgreich (»der Polizeiberuf ist ein Erfahrungsberuf«). Mit diesen oder ähnlichen Einstellungen muss der Psychologe zu leben und umzugehen lernen.

Deswegen ist die Einsatzberatung oder »Einsatzpsychologie« die eigentliche »Königsdisziplin« der Polizeipsychologie. Der Ad-hoc-Einsatz, der für die Polizei tägliches Brot ist, stellt auch an den Psychologen, wenn er mit eingebunden ist, die größte Anforderung. Auf solche Situationen kann er sich im Vorfeld, im Studium, nicht viel vorbereiten. Man muss erst genau wissen, wie Polizei funktioniert, welche Techniken und Erfahrungen z. B. existieren, um sich dann als Berater einzubringen. Einem Polizeieinsatzleiter zu raten, anstatt zu verhandeln zu stürmen, anstatt zu reden den Täter zu überwältigen, bedarf schon einiger Erfahrung, und die kommt wohl erst mit einigen Berufsjahren.

- Soziale Techniken lernen, heißt nichts anderes, als sich bereits im Studium mit Dingen wie Rhetorik, Moderationstechnik, Supervisionsmethodiken, Erwachsenenbildung usw. auseinanderzusetzen und sich diese anzueignen. A propos Studium: Durch die Vielzahl der polizeipsychologischen Arbeitsfelder ist auch ein breit gefächertes Studium notwendig. Das soll heißen, dass z. B. eine einseitige rein klinische Ausrichtung wenig sinnvoll ist. Es ist von Vorteil, die Psychologie von »links nach rechts« zu kennen, also von der angewandten, über die empirische bis hin zur Organisationspsychologie sollte etwas mehr als nur Grundlagenwissen vorhanden sein. Um dieses Wissen an den Mann/Frau oder an den Polizisten zu bringen, braucht man die bereits erwähnten Techniken. Wer nicht in der Lage ist, vor einer größeren Gruppe zu reden und zu agieren, sollte besser »im stillen Forschungskämmerlein« bleiben. Der Psychologe bei der Polizei muss heute überaus kommunikativ sein und das vorleben, was er anderen beibringen will.

- Stress und Stressbewältigung ist nicht nur ein wichtiges Thema, das Polizeibeamten näher gebracht wird, sondern es ist auch etwas, das an das »Eingemachte« von Polizeipsychologen gehen kann. Die eigenen Grenzen der persönlichen Belastungen kennen zu lernen und der Mut zur eigenen Supervision und Beratung, sind zwei wichtige Voraussetzungen für den »Berufserfolg«. Der häufige Umgang mit »belasteten« Menschen in Extremsituationen geht unter Umständen ziemlich schnell »unter die Haut«. Ein Beispiel: Einen Vortrag über Suizid und dessen Hintergründe aus psychologischer Sicht zu halten, ist eine durchaus lockere Übung. In der Krisenintervention einen Selbstmörder nachts auf einem

Hochhausdach vom Sprung in die Tiefe abzuhalten, ist eine ganz andere Geschichte. Dazu gibt es kaum Literatur und noch weniger standardisierte Ausbildungen, und der Psychologe gerät sehr bald an seine Belastungsgrenze, zumal wenn der Selbstmörder dann noch vor seinen Augen in den Tod springt. Über posttraumatische Belastungen zu dozieren, ist das eine, eine Polizeibeamtin nach einem Schusswaffengebrauch fachgerecht zu betreuen und zu beraten, ist unter Umständen etwas ganz anderes.

2.9 Anmerkungen über ein Ärgernis: Der (Polizei-) Psychologe als »Labersack«

Auf den nach wie vor existierenden »Psychoboom« wurde bereits hingewiesen. Psychologen und gerade die Gattung der Polizeipsychologen sind zur Zeit öffentlich sehr gefragt. Egal ob Sex, Sucht, Selbstmord oder Lifestyle-Fragen, der Psychologe ist und wird gefragt. Dank der sorgfältigen journalistischen Arbeit der privaten »Trash«-Fernsehgesellschaften hat er genügend Gelegenheiten, sich ins Bild zu setzen und psychologische Erkenntnisse zu verkaufen. Besonders beliebt ist hier der »Büroauftritt«. Meistens tritt der Psychologe mit ernstem, leicht wissenschaftlichen Blick von einem Bücherregal aus in die Kamera und gibt dann mit wichtiger Miene und Stimme sein Wissen preis. Für alles und jedes gibt es Erklärungsansätze. Meist in langen, von schwergewichtigen psychologischen Schlagwörtern triefenden Sätzen wird alles erklärt und aufgeklärt, oft ohne die Belastung von aktuellem Faktenwissen. Speziell nach dem Terroranschlag in New York und dem Tsunami in Südostasien rückten Psychologen ins öffentliche Interesse. Gerade Katastrophenszenarien machen

Psychologen »wichtig«. Damals verging kaum ein Tag, an dem nicht ein Psychologe im Fernsehen auftrat und Fragen nach der Persönlichkeit und den Motiven der Täter beantwortete oder irgendwelche Prognosen und Vermutungen dazu abgab, wie es denn den Politikern, Angehörigen oder Helfern jetzt geht oder in Zukunft gehen wird.

Auch jeder neue Kriminalfall bringt Psychologen »aufs Tablett«. Wie ist das Täterprofil? Was weiß der Psychologe dank seiner Berufserfahrung alles zu berichten? Wie lässt sich alles psychologisch erklären? Mit dieser »Schnellschusspsychologie« verstärken manche der auftretenden Profilneurotiker eigentlich nur die gängigen Vorurteile über die Psychologie und machen sich somit zum Bauernfänger und Betrüger. Sie sind Handlanger unseriöser Medienmacher und diffamieren unter Umständen einen ganzen Berufsstand.

Schlussbemerkung

Nach gut 25 Jahren bei der Polizei kann ich sagen, dass die Polizeipsychologie ein sehr spannendes Arbeitsfeld für Psychologen ist. Eine unschätzbarer Vorteil dieses Berufes ist die Vielfalt der Psychologie, die sich auch in den Arbeitsfeldern widerspiegelt. Dies macht die tägliche Arbeit immer wieder äußerst interessant. Immer wieder tauchen neue Probleme und Fragestellungen auf, die bearbeitet werden müssen. Die Akzeptanz von Psychologen innerhalb der Polizei hat in der Vergangenheit ständig zugenommen und wird auch noch weiter zunehmen, d. h. die »Psychos« werden immer wichtiger. Das bedeutet, dass die Polizei auch einen wachsenden Bedarf an Psychologen haben wird. Die Berufsaussichten sind durchaus nicht schlecht. Gute Berufsaussichten, d. h. gute Aussichten, eine Stelle zu bekommen, hatten in der Vergangenheit auch Berufsanfänger, wenn sie sich bereits im Studium mit »artverwandten« Dingen beschäftigt hatten. Dies kann die forensische Psychologie, die Kriminalistik oder auch ein klein wenig Rechtspsychologie sein. Auch sehr wichtig ist es, das bereits erwähnte »Handwerkszeug« in Form von »sozialen Techniken« schon während des Studiums zu erwerben. Ohne diese Grundfähigkeiten »geht« in diesem Beruf eigentlich gar nichts mehr.

Ein »Nachteil« dieses Berufes ist die oft unregelmäßige Arbeitszeit. Die tägliche Arbeit ist also schlecht planbar. Da das Verbrechen und das »Böse« meistens außerhalb der üblichen Arbeitszeit agiert, ist gerade die Bereitschaft zu ungewöhnlichen Arbeitszeiten sehr wichtig. Und ist man ins Seminargeschäft mit eingebunden, bedeutet dies unter Umständen auch längere Abwesenheiten vom Wohnort bzw. von der Familie. Auch der Wille, nicht als Einzelkämpfer die Kriminalität zu bekämpfen, sondern in einem Team mit »normalen« Menschen (also Nichtpsychologen!) zusammenzuarbeiten, ist eine wichtige Grundanforderung an zukünftige Polizeipsychologen. Dazu sollte ein gehöriges Maß an kritischer Selbstreflexion vorhanden sein und die Fähigkeit des »Dazulernens« und des »Sichweiterentwickelns«.

Offene Stellen werden fast ausschließlich von den zuständigen Innenministerien der Länder, als obersten Dienstbehörden in überregionalen Zeitungen (»Die Zeit«) ausgeschrieben.

Einen Berufsverband bzw. eine eigene Sektion im Berufsverband Deutscher Psychologen und Psychologinnen gibt es bis dato noch nicht, außer der angrenzenden Sektion »Rechtspsychologie«.

Literatur

Bücher

Buchmann, K. E. (1995). Sozialwissenschaft in der Polizei – eine »Traumehe«? *Die Polizei, 5,* 140–144.

Greuel, L. (2001), Polizeipsychologie in Deutschland: Neue Herausforderungen an Wissenschaft und Praxis. *Polizei & Wissenschaft, 2,* 3–12.

Hermanutz, M., Ludwig, C., Schmalzl, H. P. (2001). *Moderne Polizeipsychologie in Schlüsselbegriffen.* Stuttgart: Boorberg Verlag.

Krauthan, G. (2004). *Psychologisches Grundwissen für Polizeibeamte* (4. Auflage). Weinheim, Basel: Beltz Verlag.

Schmalzl, H. P. (1999), Polizeipsychologie – Innenansicht einer »amphibischen« Disziplin. *Praxis der Rechtspsychologie, 9* (1), 5–14.

Schmalzl, H. P. & Stein, F. (2003). Polizeipsychologische Aufgabenfelder im Wandel der Zeit in der Bundesrepublik Deutschland. In F. Stein (Hrsg.), *Grundlagen der Polizeipsychologie.* Göttingen: Hogrefe, 11–21.

Zeitschriften

»Der Kriminalist« – Fachzeitschrift des Bund Deutscher Kriminalbeamter (BDK), www.bdk.de

»Deutsche Polizei« – Zeitschrift der Gewerkschaft der Polizei (GdP), www.gdp.de

»Die Kriminalpolizei« – Vierteljahreszeitschrift der Gewerkschaft der Polizei (GdP), www.kriminalpolizei.de

»Die Polizei« – Fachzeitschrift für die öffentliche Sicherheit mit Beiträgen aus der Polizeiführungsakademie, www.heymanns-verlag.de

»DPolBl« – Deutsches Polizeiblatt – Fachzeitschrift für die Aus- und Fortbildung in Bund und Ländern, www.boorberg.de

»Polizei & Wissenschaft« – Unabhängige interdisziplinäre Zeitschrift für Wissenschaft und Polizei, www.polizei-und-wissenschaft.de

»Polizeispiegel« – Deutsche Polizeigewerkschaft im Deutschen Beamtenbund (DpolG), www.dpolg.de

22 Sportpsychologie

Michael Kellmann und Thorsten Weidig

Einleitung

Spätestens seit bekannt wurde, dass dem Betreuerstab der Fußballnationalmannschaft vor und während der Weltmeisterschaft 2006 in Deutschland ein Sportpsychologe angehörte, erwachte das mediale Interesse an dessen Person und Tätigkeit. Wozu brauchen Ballack und Mitspieler einen Seelenklempner? Fordern Leistungsdruck und körperliche Belastung den psychischen Ausverkauf? Werden unsere Fußballer mental gedopt? Diese und ähnliche Fragen tauchten in den einschlägigen Tageszeitungen und Magazinen auf. Als Sportpsychologen freut uns in erster Linie dieses Interesse, da die Sportpsychologie in Deutschland – anders als in englischsprachigen Ländern, wie zum Beispiel den USA – noch immer ein Nischendasein in der öffentlichen Wahrnehmung fristet. Zugleich verweisen die Fragen auf das nebulöse Wissen um die Tätigkeit und die Handlungsfelder von Sportpsychologen und Sportpsychologinnen.[1]

Dieser Beitrag möchte das Profil einer sportpsychologischen Tätigkeit schärfen, Chancen und Risiken dieses Berufsfelds verdeutlichen und exemplarisch Ausbildungswege zum Sportpsychologen aufzeigen. Da die Sportpsychologie ein sehr facettenreiches und uneinheitliches Arbeitsfeld darstellt, möchten wir vorweg ausdrücklich betonen, dass unsere Beschreibung keinen Anspruch auf Vollständigkeit erhebt, sondern in überwiegendem Maße biographische Züge trägt. Wir verbinden damit die Hoffnung, Ihnen, dem Leser, einen anschaulichen und nachvollziehbaren Einblick in ein mögliches Tätigkeitsfeld – den Leistungssport – eines theoretisch wie auch praktisch arbeitenden Sportpsychologen zu geben.

---

1 Zur besseren Lesbarkeit des Textes werden im Folgenden die Bezeichnungen Sportpsychologe und Sportler beide Geschlechter einschließend gebraucht.

1 Arbeitsfelder und Themen

Zentrale Praxisfelder des Sports, in denen Sportpsychologen theoretisch – also forschend – und anwendungsbezogen arbeiten, sind der Leistungssport und der gesundheitsorientierte Sport in Prävention, Therapie und Rehabilitation. Die auf Gesundheit abzielende Sportpsychologie beschäftigt sich beispielsweise mit Maßnahmen zur Vermeidung und Behandlung von Übergewicht, Rückenschmerzen oder Herz-Kreislauf-Erkrankungen. Ebenso stellt die systematische Nutzung von Bewegung und Sport einen Therapiebaustein in der Behandlung klinischer Störungen, wie Depression oder Suchterkrankungen, dar.

Die sportpsychologische Arbeit im Leistungssport hat *die optimale Leistung zum definierten Zeitpunkt* zum Ziel. Die körperlichen und mentalen Anforderungen an Sportler und Trainer im Spitzenbereich sind mannigfaltig. Sportartübergreifend ist festzustellen, dass die körperliche Leistungsfähigkeit eher selten über Sieg oder Niederlage entscheidet, da ein hohes Maß an Professionalität in Trainings- und Wettkampfgestaltung festzustellen ist. So gibt es ausgeklügelte Trainingspläne zum Kraft-, Ausdauer-, Koordinations-, Taktik- oder Techniktraining. Ganz anders zeichnet sich das Bild der mentalen Fitness. Hier sind selten systematische Trainingseinheiten zu beobachten. Daraus resultieren bekannte Phänomene wie Niederlagen nach hohen Führungen (z. B. im Tennis bei zwischenzeitlich 6:3 und 4:1 und am Ende 6:3, 5:7, 1:6) oder ein Scheitern trotz Favoritenrolle (es sei an das klägliche Ausscheiden der hoch gehandelten brasilianischen Fußballnationalmannschaft bei der Weltmeisterschaft 2006 erinnert). Selten lässt sich aus sportpsychologischer Sicht eine klar umrissene Ursache für diese unerwarteten Verläufe bestimmen, viel häufiger ist das komplexe Zusammenwirken mehrerer Faktoren anzunehmen.

Am Beispiel des Tennis soll dies skizziert werden. Beim Tennis handelt es sich um eine Sportart, die nicht nur umfassende physische Belastungen, sondern auch in besonderer Weise psychische Belastungen fordert. Die tennisspezifische Spielstruktur mit einer einfachen Zählweise, die eine stetige Auseinandersetzung mit kritischen Spielständen erfordert (z. B. Tie-Break oder Einstand und Vorteil), führt zwangsläufig zu der Auseinandersetzung mit mentalen und psychischen Prozessen, wie Wahrnehmung, Aufmerksamkeit und Konzentration, Antizipation, (Spiel-)Intelligenz, Selbstkontrolle und Selbstvertrauen, Leistungsmotivation sowie Stress und Angst. Vor, während und nach Wettkämpfen hört man von Spielern Äußerungen wie: »Heute läuft es aber überhaupt nicht – vor allem meine Vorhand kommt gar nicht« oder »Bei dieser Führung habe ich schon oft verloren« oder »Bei solch einem Wind kann man nicht gewinnen«.

Solche Aussagen weisen darauf hin, dass Leistungen im Tennis nicht nur durch körperliche, technische und taktische Voraussetzungen bestimmt werden, sondern dass auch psychische Prozesse von wesentlicher Bedeutung sind. Prägnant treten als Bedingungen und Situationen eines Tennisspiels, die kritischen Ereignissen gleichkommen und spielentscheidenden Charakter annehmen können, in Erscheinung: das Spiel gegen den ausgemachten Angstgegner, das Versagen in der Favoritenrolle, der Verlust des Selbstvertrauens nach Punkt- oder Spielverlusten, die lähmende Nervosität vor dem Spiel, enge und entscheidende Spielstände und Spielsituationen, als störend erlebte äußere Einflüsse (z. B. Zuschauer), vermeintliche Fehlentscheidungen des Schiedsrichters und Versagensängste bei zu hohen Erwartungen.

Der sportinteressierte Leser wird zu Recht anmerken, dass diese Beispiele psychischer

Belastung nicht dem Tennissport vorbehalten sind, sondern in allen Sportarten auftreten. Angst, Stress, mangelndes Selbstvertrauen, Verlust der Selbstkontrolle und Konzentrationsschwierigkeiten sind keine sportartspezifischen Phänomene. Die meisten Sportler entwickeln, unabhängig vom individuellen Leistungsniveau, persönliche Techniken der Selbstbeeinflussung mit dem Ziel, sich zu entspannen, aber auch sich anzuregen, sich zu motivieren und zu konzentrieren, Selbstvertrauen zu gewinnen und Selbstbeherrschung zu behalten. Diese »naiven Psychoregulationstechniken« können durchaus positiv wirken. Allerdings können sie auch problematisch werden, wenn das Festhalten an solchen zum Teil ritualisierten Handlungen zu unangemessenen, unrealistischen, ja zwanghaften Interpretationen von Erfolg und Misserfolg führt und somit keine flexible Anpassung an die ständig wechselnden Wettkampfbedingungen mehr ermöglicht. Deshalb ist es sinnvoll, solche »naiven Psychoregulationstechniken« durch ein psychologisches Training zu ersetzen oder zu ergänzen, in dem auf systematische, kontrollierte und objektiv überprüfbare Weise diejenigen persönlichen Voraussetzungen verbessert werden, die für den Erfolg im Wettkampf wichtig sind. In Mannschaftssportarten steigert sich die Komplexität psychologischer Einflussfaktoren zusätzlich durch die notwendigen Prozesse von Teambildung und Teamentwicklung.

Eine besondere Herausforderung sportpsychologischer Arbeit besteht in der unbedingten Berücksichtigung der Sportartspezifität. Erfolgreich entwickelte und praktizierte Strategien zur Aufmerksamkeits- und Wahrnehmungssteuerung im Tennis können nicht ohne weiteres auf einen Stabhochspringer oder einen Skifahrer übertragen werden. Die Rahmenbedingungen für eine motivierende Halbzeitansprache eines Fußballtrainers in der Kabine sind nicht vergleichbar mit denen eines Boxtrainers in der Ringpause. Einen guten Sportpsychologen zeichnet deshalb nicht nur psychologischer Sachverstand, sondern genauso sportspezifische Fachkenntnis und Kreativität in der Gestaltung und Umsetzung psychologischer Methoden aus.

Wie eine sportpsychologische Betreuung gestaltet werden kann, soll ein authentischer Betreuungsfall veranschaulichen. Markus,[2] ein 18-jähriger Schüler, war auf dem Sprung in den semiprofessionellen Fußballbereich (Regionalliga), als er vor zwei Jahren innerhalb eines Jahres zwei Kreuzbandrisse erlitt. Seitdem konnte er aufgrund dieser schwerwiegenden Verletzungen kaum Fußball spielen. Er kam zu uns mit dem Wunsch »wieder Anschluss zu finden und im Verein Fußball zu spielen, um mittel- und langfristig vom Fußballspielen leben zu können«. Der Anlass, Kontakt zu uns aufzunehmen, war seine Befürchtung, sich erneut zu verletzen und so zum Sportinvaliden zu werden. Zu Beginn unserer Zusammenarbeit wurde durch einen Sportmediziner bescheinigt, dass das vormals verletzte Knie belastbar ist und dem leistungsorientierten Fußballspielen aus medizinischer Sicht nichts im Wege steht. Nach den ersten beiden Treffen mit Markus wurde ein zweigleisiges Betreuungskonzept vereinbart: Zum einen begannen wir mit einem praktischen Aufbautraining, welches zum Ziel hatte, Markus systematisch hinsichtlich seiner Angst vor unkontrollierbaren Situationen zu desensibilisieren. Zu diesem Zwecke wurde ein Fußballtrainer hinzugezogen, der ein regelmäßiges Einzeltraining mit Markus absolvierte. Hierbei wurden sukzessive Spielsituationen realisiert, die sich in zunehmendem Maße der Kontrollierbarkeit von Markus entzo-

---

2 Zum Schutz des Persönlichkeitsrechts wurde der Name des Klienten durch ein Pseudonym ersetzt.

gen (z. B. sich steigernder Körpereinsatz eines Gegenspielers). Zum anderen fanden regelmäßig Gespräche mit Markus statt. In diesen Gesprächen wurde die Angst, sich irreversibel zu verletzen, thematisiert, und es wurden Übungen zum kontrollierten Kontrollverlust initiiert. So sollte Markus beispielsweise lernen, zu fallen bzw. sich abzurollen, wenn er aufgrund der Einwirkung eines Gegenspielers hinfällt. Ein zweiter Gesprächsschwerpunkt war das Finden und Setzen von angemessenen Zielen. Nach den schweren Verletzungen wäre es unrealistisch gewesen, anzunehmen, dass Markus sein ursprüngliches Leistungsvermögen binnen weniger Wochen oder Monate zurückerlangen kann. Als realistisches und herausforderndes Ziel wurde der Wiedereinstieg in ein Mannschaftstraining innerhalb von vier Monaten vereinbart. Hintergrund dieser Interventionsmaßnahme war das Wissen um die motivationale Wirkung von Zielen. Ein herausforderndes (dabei realistisches), konkretes und selbstgestecktes Ziel ist die beste Voraussetzung für das Ausführen und das Erreichen einer Handlungsabsicht (»Fußballspielen«). Im Gegenzug ist nichts demotivierender als ein viel zu hoch gestecktes Ziel. Nach zehnwöchiger Zusammenarbeit konnte eine sehr positive Bilanz gezogen werden, da Markus den Wiedereinstieg in den Vereinsfußball geschafft hatte und bereits am Mannschaftstraining teilnahm. Außerdem hatte sich seine Angst vor einer irreversiblen Verletzung deutlich reduziert, und er hatte sich angemessene Ziele für seine fußballerische Zukunft gesetzt (z. B. »In der kommenden Saison möchte ich in der ersten Mannschaft spielen«). In Anbetracht der erzielten Fortschritte und der sich daraus ableitenden positiven Prognose wurde die Zusammenarbeit als sehr erfolgreich und zielführend eingestuft und an dieser Stelle beendet. Weitere sportpsychologische Fragestellungen und Aufgaben betreffen die Bereiche: Schwierigkeiten in der Trainer-Sportler-Beziehung (z. B. Benachteiligung, unterschiedliches Trainingsverständnis), Konflikte in Mannschaften oder zwischen Trainingspartnern, Karriereplanung und Karrieregestaltung sowie Umgang mit Medien (z. B. Interviews geben). Die sportpsychologische Zusammenarbeit kann sich sowohl auf das Beraten und Betreuen von Sportlern beziehen als auch auf das Ausbilden und Beraten von Trainern.

So selbstverständlich und einleuchtend die Notwendigkeit sportpsychologischer Arbeit nun scheinen mag, so problematisch erweist sich bisweilen deren Akzeptanz. Sind die Effekte medizinischer oder physiotherapeutischer Maßnahmen meist unmittelbar zu beobachten, so führen psychologische Interventionen selten zu kurzfristigen und unmittelbar sichtbaren positiven Leistungseffekten. Unser Kollege Dr. Langenkamp, der seit über 30 Jahren praktisch sportpsychologisch arbeitet und somit zu den Pionieren der deutschen Sportpsychologie gehört, resümiert (3.10.2006, persönliche Mitteilung): »Die eher mittelbaren Wirkungsweisen sportpsychologischer Arbeit und ihre Effekte, die zumeist mittel- bis langfristig eintreten, lassen sich naturgemäß in diesem häufig zu sehr auf schnelle Erfolge oder schnelle Abhilfe setzenden Praxisfeld schwerer verkaufen. Zugleich gibt es in den bewilligenden Gremien, die über den Einsatz von Sportpsychologen (mit) entscheiden, auch heute noch erhebliche und schwierig zu bekämpfende Vorurteile gegenüber der Psychologie, deren eigentliches Einsatzfeld nur allzu bereitwillig im Dunstkreis psychischer oder psychiatrischer Störungen vermutet wird. An der Basis, das heißt bei den Trainern und vielen Sportlerinnen und Sportlern, hat sich hingegen in den letzten 15 bis 20 Jahren ein deutlicher Wandel im Umgang mit der Psychologie vollzogen. Hier weiß man heute um das Potential und den langfristigen Nutzen sportpsychologischer Interventionen.«

2 Wege zur Sportpsychologie

Die Wege zur Sportpsychologie sind vielfältig und fast jeder Weg der im Feld arbeitenden Personen hat starke individuelle Ausprägungen und Schwerpunkte. Unsere persönlichen Entwicklungswege sollen Ihnen beispielhaft einen Einblick geben und gleichzeitig signalisieren, dass es weitere Alternativwege geben kann.

Michael Kellmann

Im dritten Semester meines Psychologiestudiums im Jahr 1988 an der Universität Würzburg habe ich zufällig von dem Berufsfeld Sportpsychologie erfahren. Ich erinnere mich an die konkreten Hintergründe nicht mehr, jedoch fand ich es so spannend, dass ich mit Recherchen begann. Zunächst traf ich bei meinen Nachforschungen auf Hans-Dieter Hermann, der zu dieser Zeit in Würzburg sein Psychologiestudium beendete und sich auf seine zukünftige Tätigkeit als Mitarbeiter im Arbeitsbereich Sportpsychologie bei Professor Eberspächer an der Universität Heidelberg vorbereitete. Er versorgte mich mit Literatur und weiteren Informationen. Parallel dazu ergab sich für mich die Möglichkeit, im Rahmen des Austauschprogramms der Universität Würzburg an der Appalachian State University in North Carolina (USA) zu studieren. Da die Sportpsychologie in den USA verbreiteter ist als in Deutschland, habe ich dort erste Erfahrungen in Lehrveranstaltungen gemacht und die Option wahrgenommen, Daten für meine Diplomarbeit zu sammeln. Das spätere Thema *Die Abbildung des Beanspruchungszustandes durch den Erholungs-Belastungs-Fragebogen: Untersuchungen zur Leistungsprädiktion im Sport* bei PD Dr. Kallus (damals an der Universität Würzburg) war eher ein Nebenprodukt meiner zukünftigen Hilfskrafttätigkeit bei ihm, nämlich die englische Übersetzung des Erholungs-Belastungs-Fragebogen zu prüfen.

Nach meiner Rückkehr aus den USA im Jahr 1990 war ich mir über mein Berufsziel im Klaren: Sportpsychologe wollte ich werden. Hier gab es allerdings einige Schwierigkeiten, denn eine Ausbildung gab es dazu in Deutschland nicht und mein Ziel, in den USA dieses Studium zu beginnen, scheiterte an den finanziellen Möglichkeiten. Zudem untersagte mir der damalige Institutsvorstand ein Doppelstudium Psychologie und Sportwissenschaft, da Psychologie als Numerus-clausus-Fach so »arbeitsintensiv« sei, dass es ihm nicht sinnvoll erschien, dies zu befürworten.

Aus diesem Grund strebte ich einen Studienplatzwechsel innerhalb meines Psychologiestudiums in Deutschland an, um optimale Ausbildungsbedingungen zu finden. Nach Recherche vieler Prüfungsordnungen verschiedener Universitäten stellte ich zu meinem Bedauern fest, dass ich an der Universität Würzburg zu dem damaligen Zeitpunkt noch mit am Besten aufgehoben war. Zum einen konnte ich nach der damaligen Prüfungsordnung das Nebenfach Sportpsychologie in der Diplomprüfung ablegen, und zum anderen hatte ich im Rahmen des Schwerpunktes klinische Psychologie den Bereich der physiologischen Psychologie zu absolvieren, was mir wichtige Grundlageninformationen für meine spätere Tätigkeit zu liefern schien. Also blieb ich zum Studium in Würzburg und trat ein Praktikum bei Hans-Dieter Hermann und Professor Eberspächer an der Universität Heidelberg an, was mich in meinem Wunsch bestärkte, als Sportpsychologe tätig zu sein. Parallel trat ich in die Arbeitsgemeinschaft für Sportpsychologie (asp) ein und war ab dem Jahr 1990 regelmäßiger Teilnehmer der Jahrestagung. Ein zweites sportpsychologisches Praktikum in den USA, die erfolgreiche Bearbeitung meiner Diplomarbeit und die guten Kontakte zu den Kollegen an der Universität Heidelberg stellten mich nach dem Abschluss meines Studiums vor die Frage, wie es weitergeht, wenn das Interesse da ist, aber eine Berufsperspektive noch nicht.

Promovieren ist hier eine immer wieder gern gesehene Möglichkeit, Türen offen zu halten. Die Bewilligung von zwei Drittmittelprojekten (*Stressbewältigung bei Landestrainern* und *Optimierung von Trainerverhalten in Wettkampfpausen*) seitens des Landessportverbandes Baden-Württemberg, die Bewilligung eines Promotionsstipendiums der Universität Würzburg und meine Aufgaben in der methodischen Betreuung der Zulassungsarbeiten bei Professor Eberspächer am Institut für Sport und Sportwissenschaft der Universität Heidelberg sorgten dafür, dass ich mich finanziell über Wasser hielt und im Jahr 1997 meine Dissertation mit dem Thema *Die Wettkampfpause als integraler Bestandteil der Leistungsoptimierung im Sport: Eine empirische psychologische Analyse* erfolgreich abschloss.

Nach der Promotion beginnt der Scheideweg, denn eine Auseinandersetzung über das berufliche Ziel und Umfeld steht an. Nachdem während der Promotion mein Interesse an einer universitären Karriere geweckt worden war, ergab sich nach der Promotion die Frage, ob ich eine Stelle an der Universität bekäme oder nicht. Hier ist der entscheidende Begriff »Timing«; das bedeutet in diesem Zusammenhang, Erfolg ist nicht planbar, sondern die Bedingungen dafür, dass man erfolgreich ist, müssen optimiert werden. Dazu muss eine Stelle frei sein und es müssen Publikations- und Lehrerfahrungen vorliegen, in der »Szene« muss man durch Teilnahme an Kongressen und dortige Präsentationen bekannt sein – zusätzlich spielt Glück eine wichtige Rolle. Daher hatte ich den Eindruck, auf vielen Hochzeiten tanzen zu müssen, um überhaupt eine Option darauf zu haben, im wissenschaftlichen Kontext eine Stelle zu bekommen, sowie auch auf nichtsportpsychologischen Baustellen dabei sein zu müssen, um beim »Nichtfunktionieren« der Uni-Stelle eine Alternative zu haben – dies war eine sehr anstrengende Zeit. Zu diesen Aktivitäten gehörte auch das Publizieren.

PD Dr. Beckmann, der einige Jahre am Max-Planck-Institut in München tätig war, kontaktierte mich auf der Teap (Tagung experimentell arbeitender Psychologen) 1994 in München und lud mich ein, einen Beitrag aus meinem Vortragsthema für die wissenschaftliche Fachzeitschrift *Psychologie und Sport* zu verfassen. Der Beitrag wurde leider von den Gutachtern abgelehnt – meine erste Erfahrung mit dem Peer-review-Prozess –, aber seitdem wusste ich, dass Herr Beckmann in München arbeitete. Als Initiativbewerbung kontaktierte ich ihn im Jahr 1997 – ohne zu wissen, dass er einen Ruf an die Universität Potsdam erhalten hatte –, und daraus ergab sich sein Angebot, als Lehrbeauftragter an der Universität Potsdam im Sommersemester tätig zu werden. Timing – nutze die Chance; und daraus ergab sich nach der Berufung von Herrn Beckmann im Oktober 1997 die Möglichkeit, als wissenschaftlicher Mitarbeiter im Arbeitsbereich Sportpsychologie am Institut für Sportwissenschaft der Universität Potsdam zu beginnen und im Jahr 2000 die Stelle als Hochschulassistent anzutreten. Nach meiner Habilitation an der Humanwissenschaftlichen Fakultät der Universität Potsdam zum Thema *Erholungsforschung: Die Folgen von Untererholung im Sport* und der Verleihung der Lehrbefugnis für Sportwissenschaft und Sportpsychologie trat ich im April 2002 eine Fünfjahresvertretung der C3-Professur für Sportpsychologie an der Fakultät für Sportwissenschaft der Ruhr-Universität Bochum an. Auch hier war das Timing entscheidend, denn ohne Habilitation wäre die Vertretung nicht möglich gewesen.

Während ich an der Universität Potsdam über die Verpflichtungen meines Chefs

(Herrn Beckmann) in der akademischen Selbstverwaltung noch gelächelt hatte, traf es mich nun in Bochum mit voller Wucht. Ich hatte insofern eine Ausnahmesituation zu bewältigen, als dass eine Fünfjahresvertretung sehr selten an Universitäten ist und eine zeitlich sinnvolle Perspektive darstellt. Einen universitären Arbeitsbereich zu leiten und wieder aufzubauen, denn der Arbeitsbereich lag ziemlich brach, war eine Herausforderung, die nur mit Hilfe des Kollegen Dr. Langenkamp zu bewältigen war. Neben der universitären Lehre und Forschung nahm der Ausbau der sportpsychologischen Betreuungsaktivitäten immer weiter zu, so dass im Jahr 2006 vier Nationalmannschaften durch den Arbeitsbereich (und einer eng mit diesem kooperierenden Psychologin) betreut wurden. Durch eingeworbene Drittmittelprojekte arbeiten in dem Arbeitsbereich Sportpsychologie vier zusätzliche Mitarbeiter und ein Stipendiat des Allgemeinen Promotionskollegs der Ruhr-Universität Bochum. Mit der Übernahme einer universitären Professur ändern sich die Aufgaben: Im Vordergrund stehen nun neben der Lehre die Publikationstätigkeit, die akademische Selbstverwaltung sowie die Konzeptentwicklung und Geldeinwerbung für Drittmittelprojekte, so dass die dort beschäftigten Mitarbeiter die entwickelten Forschungskonzepte umsetzen. Daraus ergibt sich eine Verantwortung in der Führung, der Perspektivenentwicklung und der finanziellen Absicherung der Mitarbeiter.

Während meiner wissenschaftlichen Tätigkeit habe ich intensiv das dafür Charakteristische getan, also an zahlreichen Zeitschriftenartikeln mitgewirkt, ein Buch herausgegeben, Fragebogenmanuale verfasst und viele deutsche sowie englische Buchkapitel geschrieben. Darüber hinaus war und bin ich als Gutachter in international bekannten Zeitschriften tätig. Derzeit bin ich Mitglied im Herausgebergremium und wissenschaftlichen Beirat mehrerer Zeitschriften und arbeite im Vorstand der Arbeitsgemeinschaft für Sportpsychologie mit. Meine Aufgabe im Vorstand der Arbeitsgemeinschaft für Sportpsychologie und mein Betätigungsfeld ist der Leistungssport. So bin ich in verschiedenen Entscheidungsgremien rund um das Thema Sportpsychologie im Leistungssport tätig und ich leite die Sportpsychologenfortbildung »Sportpsychologie im Leistungssport«.

Im Frühjahr 2007 stellt sich die Situation so dar, dass der Lehrstuhlinhaber, den ich für fünf Jahre vertreten durfte, im April 2007 seinen Dienst wieder antrat. Falls ich bis zu diesem Zeitpunkt keine Professur bekomme, wechsle ich wieder auf meine »alte« bis Dezember 2007 laufende Stelle als wissenschaftlicher Assistent an die Universität Potsdam (inzwischen hat mein vorheriger Chef, Herr Beckmann, einen Ruf an die Technische Universität München angenommen), so dass ich entweder einen neuen Chef bekomme oder, da ich mich auch auf diese Stelle bewerben werde, dieser selbst werde.[3]

Für den Leser mag diese Beschreibung ziemlich verwirrend sein – für mich ist es das zum Teil auch. Die innere Logik ist nur zu verstehen, wenn man das deutsche universitäre System kennt, das mit Vorgängen in der freien Wirtschaft in der Regel wenig zu tun hat. Vor allem die lange Dauer von Entscheidungen (z. B. in Berufungsverfahren) ist für Außenstehende nur schwer nachzuvollziehen und nach meinem heutigen Wissensstand ein Nachteil, über den sich Personen, die eine universitäre Karriere anstreben, bewusst sein sollten.

---

3 Seit April 2007 bin ich in der School of Human Movement Studies und der School of Psychology an der University of Queensland in Australien tätig.

Thorsten Weidig

Wann ich über das Wort »Sportpsychologie« das erste Mal gestolpert bin, weiß ich nicht mehr. Es muss zu irgendeinem Zeitpunkt während meines Hauptstudiums gewesen sein. Jedenfalls war ich mir dieses Tätigkeitsbereichs zu Beginn meines Psychologiestudiums in Tübingen 1997 nicht bewusst. Mit dem Vorsatz »Menschliches Verhalten verstehen zu wollen« verfolgte ich mein Grundstudium. Meine Lieblingsfächer waren Sozialpsychologie, Persönlichkeitspsychologie und Motivationspsychologie. Als ich 1999 das Grundstudium mit dem Vordiplom abschloss, wurde ich vom psychologischen Institut darüber informiert, dass die Prüfungsordnung des Hauptstudiums die Wahl verschiedener Anwendungsfächer vorsieht. Ich informierte mich über deren Inhalte und entschied mich, vertiefend klinische Psychologie und Arbeits- und Organisationspsychologie zu studieren. Zwar wusste ich auch zu diesem Zeitpunkt noch nichts von Sportpsychologie, aber die Prüfungsordnung hielt mich an, ein Nebenfach zu wählen, das nicht am psychologischen Institut gelehrt wird. Während die meisten meiner Kommilitonen Psychopathologie oder Neurophysiologie belegten, fiel meine Wahl auf Sportwissenschaft. Ich verfolgte damit keineswegs ein konkretes Ziel, sondern mein bloßes Interesse an Sport war ausschlaggebend. Mein Ansprechpartner am Sportwissenschaftlichen Institut war Professor Gabler, der den Lehrstuhl für Sportpsychologie zu jener Zeit innehatte. Ich erfuhr, dass ich für die abschließende Diplomprüfung Kenntnisse in allen Disziplinen der Sportwissenschaft erlangen musste, so auch in Sportpsychologie. Zu meiner Freude entdeckte ich, dass die Theorien meiner Lieblingsfächer aus dem Grundstudium in der sportpsychologischen Forschung starke Beachtung finden und zur Erklärung und Vorhersage von sportbezogenem Verhalten

dienen. Nachdem mein Interesse an der Sportpsychologie geweckt war, absolvierte ich 2001 ein mehrwöchiges Praktikum am Lehrstuhl für Sportpsychologie der Universität Potsdam. Am Ende meines Studiums bemühte ich mich um die Möglichkeit, meiner Diplomarbeit eine sportpsychologische Ausrichtung zu geben. Dies war zunächst nicht einfach, da mein »exotisches« Vorhaben einen interessierten Hochschullehrer benötigte, der bereit war, die Betreuung zu übernehmen. In Professor Diehl, seines Zeichens Sozialpsychologe, fand ich ihn. Das Thema meiner Diplomarbeit lautet: *Der Einfluss von Selbstwert, Optimismus und Leistungsmotiv auf Leistungsziele in leichtathletischen Disziplinen.*

Kurz vor dem Abschluss meines Studiums im Jahr 2004 hatte ich 2003 zum einen eine Fortbildung zum *Systemischen Berater* begonnen und zum anderen unterrichtete ich für ein Schuljahr an einem Gymnasium Psychologie.

Mit dem Erhalt meines Diploms stand für mich fest: »Ich möchte als Sportpsychologe arbeiten!« Schnell merkte ich, dass dieses Vorhaben schwer zu verwirklichen sein würde, da ich bei meiner Suche nach Beschäftigungsmöglichkeiten erkennen musste, dass Deutschland einer sportpsychologischen Wüste gleichkommt. Da mir die wissenschaftliche Arbeit, die ich während meines Studiums kennen gelernt hatte, Spaß machte, liebäugelte ich mit dem Gedanken, an einem sportpsychologischen Lehrstuhl zu arbeiten bzw. zu promovieren. Aber auch dies ist leichter gesagt als getan. Ich nahm zu verschiedenen sportpsychologischen Lehrstuhlinhabern, so auch zu PD Dr. Kellmann (Lehrstuhlvertretung an der Ruhr-Universität Bochum von 2002 bis 2007), Kontakt auf und bekam trotz hervorragender Noten nur Absagen. Ich zog daraus eine Lehre, die, so denke ich, weithin Gültigkeit besitzt: Mitarbeiter (sei es wissenschaftliche Hilfskraft, Projektmitarbeiter oder wissenschaftlicher Mitarbeiter) wird man vor allem dann, wenn man bereits während des Studiums am betreffenden Lehrstuhl als studentische Hilfskraft gearbeitet hat.

Eine überraschende Wendung erlebte ich im Herbst 2004, als ich die von Herrn Kellmann an der Ruhr-Universität Bochum veranstaltete Fortbildung *Sportpsychologie im Leistungssport* besuchte. Herr Kellmann bot mir eine Projektstelle an, sofern es uns gelänge, ausgeschriebene Forschungsgelder einzuwerben. Ins kalte Wasser springend schrieb ich zusammen mit Herrn Kellmann einen Forschungsantrag. Nachdem sich der Entscheidungsprozess über die Vergabe der Forschungsgelder hinzog, wurde meine Flexibilität auf die Probe gestellt, als ich unmittelbar vor Jahresende erfuhr, dass wir den Zuschlag bekommen hatten und ich ab Februar 2005 in Bochum anfangen konnte zu arbeiten. Glücklich über diese Neuigkeit zog ich von Tübingen nach Bochum. Seitdem arbeite ich in Bochum und betreue das Forschungsprojekt *Trainerkompetenz in Wettkampfpausen*, das noch bis Ende 2007 läuft. Neben der erfolgreichen Projektgestaltung ist die Anfertigung meiner Dissertation das vorrangige Ziel. Außerdem biete ich für Studierende Lehrveranstaltungen zu Teamentwicklung, Konfliktmanagement, Trainercoaching, Führung und gesundheitsbezogenen Themen an.

Besonders erwähnen möchte ich die Tatsache, dass ich neben meiner forschenden und lehrenden Tätigkeit praktisch sportpsychologisch arbeite. Unser Arbeitsbereich hat eine Kooperation mit dem Olympiastützpunkt Westfalen, das heißt wir beraten und betreuen Spitzensportler. Darüber hinaus bin ich in der Trainerausbildung tätig. Die ansteigende Nachfrage nach sportpsychologischer Betreuung hat zur Folge, dass sich immer mehr Vereine, Verbände und Sportler bei uns melden und eine Zusammenarbeit wünschen. Meine aktuelle Arbeitssituation erlaubt es mir so-

mit, einerseits meine theoretischen und praktischen sportpsychologischen Kompetenzen zu optimieren, und andererseits habe ich die Möglichkeit, Konzepte zu entwickeln und in die Praxis umzusetzen, um sie auf ihren Sinn und ihre Angemessenheit zu prüfen.

Meine berufliche Perspektive kann ich momentan noch nicht eindeutig absehen. Nach Abschluss meiner Promotion möchte ich auf jeden Fall meinen sportpsychologischen Werdegang fortsetzen. Ob dieser weiterhin in der reizvollen Kombination von universitärem und praktischem Arbeiten oder ausschließlich in der praktischen Arbeit besteht, ist offen. Trotz großer Fortschritte in der öffentlichen Akzeptanz und der Nachfrage nach Sportpsychologen ist es immer noch sehr schwierig, ausschließlich von der praktischen Tätigkeit leben zu können.

3 Aus- und Fortbildung

Aktuell (Herbst 2007) gibt es in Deutschland weder eine einheitliche Ausbildung bzw. Fortbildung zum Sportpsychologen, noch ist der Titel *Sportpsychologe* (im Gegensatz zum Psychotherapeuten) geschützt. Dies hat nicht zuletzt zur Folge, dass sich in der praktischen Betreuung von Trainern und Athleten mitunter Personen tummeln, die sich auch gern Mentaltrainer, Mentalcoach, Motivationstrainer oder sich einer anderen kreativen Wortschöpfung bedienend nennen und deren Grad an professioneller und fundierter Ausbildung zumindest anzuzweifeln ist. Inwieweit ein eigenständiges, mit einem entsprechenden akademischen Grad abschließendes Studium der Sportpsychologie zum momentanen Zeitpunkt tatsächlich wünschenswert erscheint (und damit ist keineswegs die fachliche Notwendigkeit gemeint, sondern sind es vielmehr die beruflichen Chancen, eine entsprechende Anstellung zu finden), kann an dieser Stelle nicht abschließend entschieden werden. Es gibt jedoch eine Reihe von Qualifizierungsmöglichkeiten, die wir als sinnvoll erachten.

3.1 Ausbildung

1. *Studium der Psychologie*: Im Diplom-, Bachelor- und Masterstudium Psychologie gibt es zwar keine Spezialisierung für Sportpsychologie, jedoch besteht an vielen Universitäten neben dem Besuch von einzelnen thematisch verwandten Lehrveranstaltungen (z. B. zur Motivationspsychologie) die Möglichkeit, Sportpsychologie respektive Sportwissenschaft als geprüftes Nebenfach zu wählen. Da Lehrstühle und Professuren für Sportpsychologie in Deutschland der Sportwissenschaft zugeordnet sind, können hierzu die an der Hochschule ansässigen Sportinstitute bzw. Sportfakultäten nähere Auskünfte geben.
2. *Studium der Sportwissenschaft*: Im Rahmen der sportwissenschaftlichen Studiengänge gibt es durchgängig Lehrangebote und Prüfungen in Sportpsychologie, die je nach Hochschule in Art und Umfang variieren. Empfehlenswert ist auch ein studienbegleitendes Praktikum (in der Regel sechs Monate) bei einem praktisch arbeitenden Sportpsychologen oder an der Hochschule bei einem Lehrstuhl für Sportpsychologie.

Im Psychologie- und im Sportstudium besteht darüber hinaus grundsätzlich die Möglichkeit, Abschlussarbeiten (Diplom-, Bachelor- und Masterarbeiten) mit sportpsychologischem Schwerpunkt zu schreiben. Weiterführende Qualifizierungen sind nach Beendigung eines der beiden Studienfächer ebenfalls möglich, wie beispielsweise eine Promotion.

3.2 Fortbildung

1. Curriculum *Sportpsychologie im Leistungssport*: Die Arbeitsgemeinschaft für Sportpsychologie (asp) und der Berufsverband Deutscher Psychologinnen und Psychologen (bdp) bieten gemeinsam diese mehrtägige Fortbildung an. Schwerpunkt dieser Fortbildung ist die Qualifizierung für eine praktisch-sportpsychologische Tätigkeit im Leistungssport. Voraussetzung für dieses Curriculum ist ein abgeschlossenes Studium in Psychologie oder Sportwissenschaft. Die Fortbildung schließt mit der Zertifizierung »Sportpsychologie asp/bdp« ab.
2. Curriculum *Sportpsychologie in Prävention und Rehabilitation*: Diese Fortbildung wird ebenfalls von asp und bdp veranstaltet. Vermittelt werden sportpsychologische Fach-, Entscheidungs- und Handlungskompetenzen für den Bereich der Prävention und Rehabilitation. Im Vordergrund stehen sport- und bewegungsorientierte Konzepte und Techniken zur Diagnostik und Beeinflussung psychischer und psychosomatischer Störungen sowie zur Motivierung zu eigenständigem Sport- und Bewegungsverhalten. Voraussetzung für dieses Curriculum ist ein abgeschlossenes Studium in Psychologie oder Sportwissenschaft. Die Fortbildung schließt ebenfalls mit der Zertifizierung »Sportpsychologie asp/bdp« ab.
3. Die Europäische Gesellschaft für Sportpsychologie (Fédération Européenne de Psychologie des Sports et des Activités Corporelles, FEPSAC) bietet eine internationale Fortbildung zum »European Masters Degree in Exercise and Sport Psychology« an. Dieses zweisemestrige Vollzeitstudium findet sowohl in Deutschland als auch im Ausland statt. Die Unterrichtssprache ist Englisch und die Fortbildung umfasst unter anderem das Erstellen einer empirischen Arbeit.

4 Bestandsaufnahme und Ausblick

Die Nachfrage nach fundierter sportpsychologischer Beratung und Betreuung ist in den letzten Jahren sprunghaft angestiegen. Trotzdem stellt die Sportpsychologie noch kein hauptberufliches Arbeitsfeld außerhalb der Hochschule dar. Es fehlt an entsprechenden Planstellen bei Olympiastützpunkten (derzeit nur eine Stelle in Berlin), Sportverbänden und Sportvereinen. Vereinzelt beschäftigen Vereine aus dem Profibereich (z. B. Fußball) projektbezogen – also kurz- oder mittelfristig – Sportpsychologen. Praktische sportpsychologische Tätigkeiten finden überwiegend als Nebentätigkeit von an der Hochschule arbeitenden und forschenden Psychologen oder Sportwissenschaftlern statt. Vermehrt arbeiten psychotherapeutisch ausgebildete Psychologen mit Sportlern und Trainern zusammen. Gezielte Betreuungsmaßnahmen werden derzeit größtenteils über öffentliche Gelder (z. B. Deutscher Olympischer Sportbund, Bundesinstitut für Sportwissenschaft) finanziert. Geprägt ist dieses Engagement weiterhin von starker Motivation um der Sache selbst willen, da Nutzen und finanzieller Ertrag noch in keinem ausgewogenen Verhältnis zueinander stehen.

Welche Perspektive bietet das Berufsfeld Sportpsychologie? Wir sind der Überzeugung, dass der Nutzen sportpsychologischer Arbeit noch nicht hinlänglich wahrgenommen wird, jedoch die steigende Nachfrage – abzulesen auch an der wachsenden Anzahl an uns gerichteter Anfragen von Vereinen und Verbänden – verdeutlicht, dass die Potentiale und Chancen langsam erkannt und anerkannt werden. Es wäre sicherlich unrealistisch, anzunehmen, dass die zukünftige Nachfrage nach Sportpsychologen vergleichbar wäre mit der nach klinischen oder nach wirtschaftlich ausgerichteten Psychologen, doch sehen wir für die bedarfsorientierte Etablierung der Sportpsychologie als Haupttätigkeit optimistisch in die Zukunft.

Was sollte ein Sportpsychologe mitbringen? Eine fundierte Ausbildung ist die wichtigste Voraussetzung für einen guten Sportpsychologen. Leider existiert (noch) keine einheitliche Ausbildung, so dass vom Psychologiestudenten ein hohes Maß an Eigeninitiative gefordert wird. Dies bezieht sich auf die Auswahl themenverwandter Lehrveranstaltungen (vor allem aus der allgemeinen Psychologie und der Sozialpsychologie), das Absolvieren eines studienbegleitendes Praktikums, das Belegen von Sportpsychologie bzw. Sportwissenschaft als Beifach und gegebenenfalls das Verfassen einer Studienabschlussarbeit über ein sportpsychologisches Thema. Ebenso wichtig wie die Ausbildung ist die Motivation zur sportpsychologischen Tätigkeit. Die Tatsache, dass der Beruf des Sportpsychologen »im Kommen« ist, sich aber noch etablieren muss, fordert vom interessierten Studenten Flexibilität, Frustrationstoleranz, Kreativität, Hartnäckigkeit und Geduld.

Abschließend noch einen Tipp: Versuchen Sie, Kontakt zu einem Sportpsychologen zu bekommen, der Sie individuell beraten kann. Am einfachsten ist der Weg in die Sprechstunde des Sportpsychologieprofessors an Ihrer Universität. Außerdem können Sie dem Expertenportal der Arbeitsgemeinschaft für Sportpsychologie oder des Bundesinstituts für Sportwissenschaft Adressen von Sportpsychologen in Ihrer Nähe entnehmen. Möglicherweise sind Sie mit Sportpsychologie bzw. Sportpsychologen in Ihrer sportlichen Freizeitaktivität in Berührung gekommen, so dass hier ein Anknüpfungspunkt für einen Informationsgewinn besteht.

Informationen

Sportpsychologische Gesellschaft in Deutschland

- Arbeitsgemeinschaft für Sportpsychologie (asp)
  www.asp-sportpsychologie.org

Die *asp* ist die Vertretung der Sportpsychologinnen und Sportpsychologen in der Bundesrepublik Deutschland im universitären wie auch im außeruniversitären Bereich. Ziele sind die Förderung und Weiterentwicklung der Sportpsychologie in Forschung, Lehre und Praxis. Die *asp* fördert den Informationsaustausch über sportpsychologische Erkenntnisse und Verfahren.

Auf der Internetseite der *asp* gibt es vielfältige Informationen zur Entstehungsgeschichte, aktuellen Informationen, Tagungen und Fortbildungen, zu Forschung, zum wissenschaftlichen Nachwuchs, eine Expertendatenbank mit einem Link zum sportpsychologischen Portal des Bundesinstituts für Sportwissenschaft (BISp) und weiteren Kontakten.

Internationale sportpsychologische Gesellschaften

- Fédération Européenne de Psychologie des Sports et des Activités Corporelles (FEPSAC)
  www.fepsac.com
- Association for Applied Sport Psychology (AASP)
  www.appliedsportpsych.com

- American Psychological Association (*Division 47 – Exercise and Sport Psychology*)
  www.apa.org/about/division/div47.html
- Canadian Society for Psychomotor Learning and Sport Psychology (SCAPPS)
  www.scapps.org
- International Society of Sport Psychology (ISSP)
  www.issponline.org

Internetportal Sportpsychologie

www.bisp-sportpsychologie.de

In enger Kooperation hat das *Bundesinstitut für Sportwissenschaft (BISp)* mit der asp das Informations- und Kontaktportal zur Sportpsychologie im Leistungssport entwickelt. Neben umfassenden Informationen rund um die Sportpsychologie im Leistungssport umfasst die Expertendatenbank Adressen und Profile ausgewiesener Experten, wodurch Trainern, Journalisten und anderen sportpsychologisch Interessierten eine schnelle und unkomplizierte Kontaktaufnahme ermöglicht wird.

Wissenschaftliche Zeitschriften

Zeitschrift für Sportpsychologie, International Journal of Sport Psychology, International Journal of Sport and Exercise Psychology, Journal of Sport & Exercise Psychology, Journal of Applied Sport Psychology, The Sport Psychologist und Psychology of Sport and Exercise.

23 Militärpsychologie

Dieter Hansen und Wiltraud Pilz

1 Was ist Militärpsychologie?

Militärpsychologie ist ein in Deutschland relativ neuer Begriff, der aus den angelsächsischen Ländern (Military Psychology) übernommen wurde. Traditionell wird in Deutschland eher von Wehrpsychologie gesprochen. Die bei der Bundeswehr arbeitenden Psychologen heißen »Wehrpsychologen«. Ganz allgemein wird Militärpsychologie/Wehrpsychologie als Anwendung der wissenschaftlichen Erkenntnisse und Methoden der angewandten und klinischen Psychologie im Bereich der Bundeswehr (Streitkräfte und Wehrverwaltung) verstanden.

Die Wehrpsychologie hat eine bald 100 Jahre alte Geschichte: Ihre Methoden wurden bereits im Ersten Weltkrieg angewandt. Wer weiß denn, dass deutsche Psychologen damals die ersten Gruppenintelligenztests

in der Psychologiegeschichte durchführten? Schon damals ging es darum, die richtigen Rekruten an den richtigen militärischen Arbeitsplatz zu setzen. Die USA folgten dann mit dem »Army-Alpha«-Test im Jahr 1915. Das Instrumentarium der Wehrpsychologie war sehr vielfältig: Man verfügte schon damals über eine ausgeklügelte Apparatetechnik zur Feststellung der Eignung von Kraftfahrern, Funkern, Piloten usf. (Deutsche Heerespsychophysik). Das Offizierauswahlverfahren der deutschen Reichswehr ab Mitte der 1920er-Jahre gilt als Vorläufer der heutigen Assessmentcenter. Die Psychologen der damaligen Zeit waren hoch kreative Köpfe: Tüftler und Bastler mit guten Kenntnissen in der Physik und Mathematik. Die deutsche Wehrmachtspsychologie beschäftigte ca. 150 Psychologen in sog. Prüfstellen von Heer, Luftwaffe und Marine. Sie wurde 1942 durch »Führerbefehl und Verfügung des Oberkommandos der Wehrmacht« mit Ausnahme der Marinepsychologie aufgelöst.

Als dann die Bundeswehr im Jahr 1955 neu aufgebaut wurde, war auch ein psychologischer Dienst erforderlich. Er wurde ab 1956 schrittweise aufgestellt und hat sein 50-jähriges Jubiläum bereits hinter sich. Nach dem Zweiten Weltkrieg hat sich die Wehrpsychologie in den Armeen der westlichen Welt vergleichsweise ähnlich entwickelt. Die Nutzung von Psychologie in den ehemaligen Ostblockarmeen gleicht sich seit Beendigung des kalten Krieges kontinuierlich an. Aufgaben, Organisation und Personalstruktur der deutschen Wehrpsychologie haben ihre Entsprechungen in den wehrpsychologischen Strukturen anderer moderner Armeen.

2 Warum sind wir Militärpsychologen geworden?

Wiltraud Pilz: »Nie im Leben hätte ich am Anfang meines Studiums daran gedacht, später einmal in dieser Sparte der Psychologie zu arbeiten. »Militär« war in den 1960er-Jahren einfach nicht »en vogue« und außerdem klang Militär wie »spektakulär«. Klinische Psychologin oder Psychologin im Strafvollzug zu werden, das war mein Ziel.

Unter den Kommilitonen, mit denen mitunter leidenschaftliche Diskussionen über die Berufsmöglichkeiten geführt wurden, gab es auch eine Reihe von Studenten, die Zeitsoldaten bei der Bundeswehr gewesen waren. Ihre Schilderung über attraktive Verwendungen als Psychologe bei der Bundeswehr machte mich neugierig. Und die Neugierde führte zur Bewerbung und zur Einstellung«.

Dieter Hansen: »Ich war einer dieser Mitstudenten, der als Zeitsoldat nach Beendigung seiner Dienstzeit wusste, dass er als Psychologe wieder in die ›Firma‹ zurück will, weil er dort eine Fülle von interessanten Verwendungsmöglichkeiten für diesen Beruf sah.«

3 Welche Voraussetzungen sind mitzubringen, wenn man Psychologe bei der Bundeswehr werden will?

Ein abgeschlossenes Studium der Psychologie an einer Hochschule/Universität oder der Masterabschluss im Hauptfach Psychologie ist Voraussetzung. Einige Tätigkeiten erfordern auch Zusatzqualifikationen, z. B. im Bereich der klinischen Psychologie die Approbation als Psychologischer Psychotherapeut. Erwartet werden neben den psychologischen Kompetenzen körperliche Fitness, eine stabile Stress- und Frustrationstoleranz, Flexibilität und Kreativität. Die Bereitschaft, im ganzen Bundesgebiet eingesetzt zu werden, ist ebenfalls eine Bedingung für die Einstellung; gute englische Sprachkenntnisse sind auch von Vorteil. Die Teilnahme an Auslandseinsätzen der Bundeswehr (im Soldatenstatus) stellt eine besondere Herausforderung dar, und auch dafür ist die Bereitschaft Grundbedingung. Vor der Einstellung wird die persönliche und fachliche Eignung in einem zentralen Auswahlverfahren im Bundesministerium der Verteidigung geprüft. Warum gerade die fachliche Eignung, diese ist doch durch das Gesamturteil der Diplomhauptprüfung bewiesen? Langjährige Erfahrungen in unserer Personalauswahl zeigen, dass eben nicht jeder mit guten Studienergebnissen sein Wissen auch praxisnah umsetzen kann oder über fundierte Kenntnisse in der diagnostischen Methodik verfügt.

Das Berufsfeld Militärpsychologie kann man übrigens vor einer Berufsentscheidung kennen lernen: durch ein anrechnungsfähiges Praktikum von mindestens sechs Wochen, durch eine Diplomarbeit, eine Dissertation oder nach beendetem Studium dadurch, dass man seinen Wehrdienst an einer militärischen Dienststelle mit psychologischem Dienst absolviert.

Eine ganze Reihe von Kolleginnen und Kollegen hat auf diese Weise in die Bundeswehr »reingeschnuppert« und festgestellt: »Das ist mein künftiges Arbeitsgebiet«.

4 Wo kann man als Psychologe in der Bundeswehr eingesetzt werden?

Der psychologische Dienst der Bundeswehr ist der zweitgrößte Arbeitgeber für Diplompsychologen im öffentlichen Dienst Deutschlands. Er verfügt in seinem Bereich über 430 Dienstposten: neben den 180 Psychologen gibt es auch 250 psychologisch-technische Assistenten.

Die Dienstposten gehören im zivilen Bereich zur Wehrverwaltung und in der militärischen Organisation zu Heer, Luftwaffe, Marine, Streitkräftebasis und zum Sanitätsdienst mit unterschiedlichem Aufgabenspektrum. Sie sind flächendeckend im gesamten Bundesgebiet vertreten, nach dem Motto: Kundennähe zum wehrpflichtigen Bürger, zum potentiellen Bewerber und zur Truppe.

5 Was kommt nach der Einstellung?

Wenn man als Wehrpsychologe eingestellt worden ist (fast alle Mitarbeiter des psychologischen Dienstes sind zivil), hat man erst einmal eine Probezeit von sechs Monaten. Das ist für beide Seiten wichtig: War's wirklich die richtige Entscheidung – für den jungen Psychologen und für den »Dienstherrn«? Zuerst ist man Angestellter und wird nach den Bestimmungen des Tarifvertrags des öffentlichen Dienstes (TVöD) nach der Entgeltgruppe 13 bezahlt. Will man Beamter werden (eigentlich wollen das alle), dann sind dafür ein unbefristetes Arbeitsverhältnis sowie eine hauptberufliche Tätigkeit als Wehrpsychologe von insgesamt zweieinhalb Jahren notwendig.

Die Beamtenlaufbahn startet man als Regierungsrat zur Anstellung (Besoldungsgruppe A 13 Bundesbesoldungsgesetz). Die Probezeit beträgt grundsätzlich drei Jahre. Nach erfolgreichem Abschluss der Probezeit und frühestens bei Vollendung des 27. Lebensjahres kann man zum Beamten auf Lebenszeit ernannt werden.

Eingestellt in den psychologischen Dienst, gehört man zu den »Nachwuchskräften des höheren Dienstes in der Bundeswehrverwaltung«. Da kaum jemand Verwaltungserfahrungen mitbringt, gibt es genügend Fortbildungen. Darüber hinaus sorgt das »Personalentwicklungskonzept« für Wehrpsychologen dafür, dass vielfältige tätigkeitsbezogene Fortbildungsmaßnahmen angeboten werden, die im aktuellen Aufgabenbereich weiterbilden oder auf zukünftige Tätigkeiten vorbereiten.

6 Aufstiegschancen

Nicht jeder kann eine führende Position im psychologischen Dienst erreichen; die Zahl der »Förderungsdienstposten« ist relativ gering. Bei den derzeit 180 Dienstposten gibt es einen Ministerialrat (B 3) im Ministerium, zwei Leitende Regierungsdirektoren (A 16), 34 Regierungsdirektoren (A 15) und 143 Oberregierungsräte/Regierungsräte (A14/A13). Entscheidend für den Aufstieg sind neben besonderer Leistungsfähigkeit und Leistungsbereitschaft Eigeninitiative und Mobilität. Im »Zeitalter des eigenen Hauses und der berufstätigen Partnerin« ist dies nicht immer leicht umzusetzen.

7 Die Bundeswehr – ein attraktiver Arbeitgeber

An Urlaub stehen jedem Arbeitnehmer und Beamten – je nach Alter – 26 bis 30 Arbeitstage zu. Dienstreisen werden abgegolten und Umzüge an einen anderen Ort ebenfalls, wenn die Versetzung aus dienstlichen Gründen notwendig ist. Bei getrennter Haushaltsführung kann auch zum Ausgleich der Mehraufwendungen ein Trennungsgeld gezahlt werden. Beamte sind von der gesetzlichen Sozialversicherungspflicht in der Renten-, Kranken- und Arbeitslosenversicherung befreit. Sie haben Anspruch auf Versorgung, Unfallfürsorge und Beihilfen in Krankheits-, Pflege- und Todesfällen.

8 Herausforderungen, Chancen

Wiltraud Pilz: »Meine Berufsziele während des Studiums habe ich schnell verworfen, als ich mitbekam, welche vielseitigen Arbeitsgebiete der psychologische Dienst der Bundeswehr bietet. Zuerst war es für mich die Herausforderung, als Frau in eine Männerdomäne einzudringen. Denn noch 1967 war man nicht sicher, ob man überhaupt Psychologinnen in einer Personalauswahl-Prüfgruppe einsetzen könne. Heute liegt der Anteil der Psychologinnen bei mehr als 40 %, die in allen Aufgabengebieten vertreten und weiter »auf dem Vormarsch« sind. Die Männerdomäne war früher viel ausgeprägter, die Zusammenarbeit mit dem Militär hat sich deutlich gewandelt. Jüngere Soldaten haben berufstätige Ehefrauen und haben gelernt, Soldatinnen und zivile Mitarbeiterinnen zu akzeptieren und gut mit diesen zusammen zu arbeiten.

Mich begeistert nach wie vor die Vielfalt der Aufgabengebiete für die Psychologen bei der Bundeswehr. Hier gibt es auch die Freiheit, kreativ zu sein, Ideen in der täglichen Arbeit zu entwickeln und darüber hinaus, Spaß an Veröffentlichungen zu haben, und die Chance, an nationalen und internationalen psychologischen Gremien mitzuarbeiten. Aber: Man muss bereit sein zu zusätzlichen Aufgaben und man muss flexibel und mobil sein! Ich war das und habe die beruflichen Chancen, die der psychologische Dienst bietet, bestens nutzen können.«

Dieter Hansen: »Als ehemaliger Zeitsoldat habe ich meine Entscheidung, nach dem Studium wieder zur Bundeswehr zu gehen, eigentlich nie bereut. Der ›Dienstherr‹ bot mir zahlreiche Aus- und Fortbildungsmöglichkeiten und berufliche Chancen, die ich konsequent genutzt habe. Entscheidend ist die Bereitschaft, sich unterschiedlichen beruflichen Anforderungen zu stellen und die dafür erforderlichen Kenntnisse und Fertigkeiten zu erwerben. Wer dazu bereit ist und, neben den schon erwähnten Fähigkeiten, über überdurchschnittliche Fachkenntnisse und Kreativität verfügt, kann auch im Berufsfeld der Militärpsychologie in eine leitende Position kommen. Ich selbst nehme seit sechs Jahren als Referatsleiter im Bundesministerium der Verteidigung die Spitzenposition im psychologischen Dienst der Bundeswehr wahr.«

9 Welche Eigenschaften sind notwendig, um erfolgreich zu sein?

Wer als Studienabgänger einen Beruf ergreifen will, sollte sich von der folgenden Definition nicht schrecken lassen: »Beruf beinhaltet die auf Erwerb gerichteten, charakteristische Kenntnisse und Fertigkeiten sowie Erfahrungen erfordernden und in einer typischen Kombination zusammenfließenden Arbeitsverrichtungen, durch die der Einzelne an der Leistung einer Volkswirtschaft mitschafft« (Lexikon der Psychologie, Spektrum Akademischer Verlag Heidelberg).

Diese Definition ist sehr abstrakt. Der Beruf des Wehrpsychologen ist praxisnah und an den Menschen orientiert. Wie in allen Berufen gilt auch im psychologischen Dienst: Derjenige »wird etwas«, der neben der selbstverständlichen Fachkompetenz und Leistungsbereitschaft auch Neugierde auf Neues verspürt, Ideen einbringt, der sich nicht statisch auf Erreichtem ausruhen will, sondern aktiv bleibt und in seiner Persönlichkeit stabil ist. Dass der Berufsanfänger seine Entwicklungszeiten braucht, ist selbstverständlich.

10 Welche Kernaufgaben gibt es in der Wehrpsychologie?

Zu den Kernaufgaben für Psychologen in der Bundeswehr gehören:

- Diagnostik, in allen Eignungsfeststellungsverfahren,
- Prävention, z. B. in der Einsatzvorbereitung durch Stressbewältigungstraining,
- Krisenintervention, nach traumatisierenden Ereignissen oder im Zusammenhang mit Katastropheneinsätzen der Bundeswehr,
- Psychotherapie, Diagnose und Therapie von Soldatinnen und Soldaten mit psychischen und/oder psychosomatischen Erkrankungen,
- Führungs- und Organisationsberatung, z. B. durch Befragungen zur Attraktivität der Bundeswehr,
- Einzelfallberatung, Betreuung,
- Unterricht, Ausbildung und Training, als Dozent und Trainer, z. B. in Kommunikation und Gesprächsführung oder interkultureller Kompetenz,
- Supervision, Intravision und Coaching,
- wehrpsychologische Forschung und Entwicklung; so entwickelte, erprobte und evaluierte z. B. die Ruhr-Universität Bochum in unserem Auftrag ein wehrpsychologisches Qualitätsmanagementsystem,
- Methodenentwicklung und Evaluation, selbst auferlegte Standards für die Entwicklung und Überprüfung von Testverfahren,
- Belastungs- und Beanspruchungsanalysen, Arbeitsplatzanalysen; durch den erweiterten Auftrag der Bundeswehr entstehen neue Arbeitsplätze, z. B. der des Kampfmittelbeseitigers,
- Qualitätskontrolle von Wehrmaterial,

- Qualitätssicherung der psychologischen Methoden und Dienstleistungen, z. B. durch Bewährungskontrollen.

11 Wo fallen die Kernaufgaben an?

Die Kernaufgaben fallen in unterschiedlichem Umfang in folgenden Aufgabenfeldern der Militärpsychologie an.

11.1 Personalpsychologie

Primäre Aufgaben sind die Sicherstellung des psychologischen Anteils bei der Personalgewinnung (Auswahl und Platzierung) und der Personalentwicklung für die Bundeswehr sowie die Eignungsfeststellung von Spezialpersonal (z. B. fliegendes Personal, Flugsicherungskontrollpersonal, Kampfschwimmer, Taucher, Kommandosoldaten) und die psychologischen Beiträge bei der Personalauswahl im Zusammenhang mit konkreten Einsätzen. So muss z. B. jeder, der Pilot werden will, in klassischen Testverfahren oder einem Assessmentcenter, auch an simulationsgestützten Verfahren, wie z. B. dem »Instrument Coordination Analyzer«, seine Fähigkeiten unter Beweis stellen. Mindeststandards für die Einführung, Nutzung und anwendungsbegleitende Kontrolle personalpsychologischer Instrumente und Verfahren im Psychologischen Dienst der Bundeswehr sind in einem Qualitätssicherungskonzept festgelegt.

11.2 Truppenpsychologie

Truppenpsychologie wird verstanden als Anwendung spezieller psychologischer Erkenntnisse, Fähigkeiten und Fertigkeiten im Zusammenhang mit Einsätzen der Bundeswehr, vornehmlich bei der Einsatzvor- und -nachbereitung und Einsatzbegleitung sowie bei psychologischen Kriseninterventions- und Familienbetreuungsmaßnahmen. Ziel ist es, die psychische Stabilität der Soldatinnen und Soldaten zu verbessern und aufrechtzuerhalten und dadurch die Einsatz- und Durchhaltefähigkeit der Truppe zu unterstützen. Wesentliche Voraussetzungen dafür sind eine profunde psychologische Beratung der Vorgesetzten und die psychologische Betreuung der Soldatinnen und Soldaten. Sie leitet sich aus der Fürsorgepflicht des Dienstherrn ab und ergänzt die sanitätsdienstliche Versorgung vor allem im präventiven Bereich.

Zur Truppenpsychologie gehören auch die psychologischen Anteile bei der allgemeinen und einsatzspezifischen Ausbildung von Soldatinnen und Soldaten aller Laufbahngruppen sowie alle truppenpsychologischen Beiträge während eines Einsatzes. Das sind im Wesentlichen truppenpsychologische Führungs- und Organisationsberatung ebenso wie die Psychoedukation und die Einzelfallberatung von Soldatinnen und Soldaten.

Truppenpsychologen unterstützen die militärischen Vorgesetzten im Einsatz bei der Wahrnehmung der psychologischen Betreuung ihrer Soldatinnen und Soldaten. Truppenpsychologie wird von dafür besonders ausgebildeten Psychologen in militärischen Verbänden (Divisionen, Flottillen, Brigaden), Kommandostäben (Einsatzführungskommando, Heeresführungskommando, Kommando Operative Führung Einsatzkräfte, Flotte, Streitkräfteamt), Ausbildungseinrichtungen (VN-Ausbildungszentrum, Gefechtsübungszentrum Heer, Zentrum Innere Führung, Schule für Nachrichtenwesen) und sonstigen militärischen Dienststellen (Zentrum Operative Information, Kampfmittelbeseitigungszentrum) in Hauptfunktion wahrgenommen. Aber auch alle sonstigen Wehrpsychologen müssen aufgrund des hohen Bedarfs in der Truppe neben ihren Kernaufgaben – z. B. in der Personalauswahl – truppenpsychologische Dienstleistungen mit übernehmen. Dazu sind die Bereitschaft und Tauglichkeit zum Auslandseinsatz und eine truppenpsychologische Ausbildung in entsprechenden Lehrgängen erforderlich. Die mehrmonatige Einsatzbegleitung stellt für die Zivilisten eine besondere Herausforderung dar. In der sog. allgemeinen soldatischen Ausbildung wird vor allem der »Ungediente« fit gemacht.

11.3 Organisationspsychologie

Aufgabenschwerpunkte der Organisationspsychologie sind die Entwicklung und Anwendung psychologischer Beiträge bei der Organisationsanalyse und -entwicklung in der Bundeswehr, u. a. mit Hilfe von standardisierten Befragungen, in denen z. B. nach Dienstzufriedenheit, Motivation u. ä. gefragt wird. Ziel der Befragungen ist neben der Informationsgewinnung und der Unterstützung von Führungspersonal auch die Ermittlung von Kennzahlen für das Controlling in der Bundeswehr. Befragungen in den Einsatzkontingenten (z. B. Befragung einsatzerfahrener Soldaten) liefern Hinweise auf Belastungen der Soldatinnen und Soldatinnen und sind ein wichtiges Steuerungsinstrument. Organisationspsychologie bietet auf Anforderung der verschiedenen Organisationsbereiche auch Konfliktbearbeitung, Coaching und Mediation.

11.4 Klinische Psychologie

Die Klinische Psychologie befasst sich schwerpunktmäßig mit klinisch-psychologischer Diagnostik sowie mit präventiven und psychotherapeutischen Maßnahmen bei Soldatinnen und Soldaten mit Lern- und Leistungsstörungen, Verhaltensauffälligkeiten und psychischen Erkrankungen. Als klinische Psychologen werden nur solche Diplompsychologen eingesetzt, die die Approbation zum Psychologischen Psychotherapeuten besitzen oder sich bereits in der vorgeschriebenen Ausbildung befinden. In Einzelfällen kann die Ausbildung auch durch die Bundeswehr finanziell unterstützt werden. Die Aufgaben der Klinischen Psychologie umfassen alle psychologisch-diagnostischen Beratungs- und Behandlungsmaßnahmen im Rahmen ambulanter und stationärer medizinischer Untersuchungen und kurativer Maßnahmen bei Wehrpflichtigen, Zeit- und Berufssoldaten mit akuten und/oder chronifizierten Leistungs- und Persönlichkeitsstörungen mit Krankheitswert. Mit den Auslandseinsätzen sind die PTBS, die Posttraumatischen Belastungsstörungen, in den Fokus der Öffentlichkeit gelangt. In allen Bundeswehrkrankenhäusern wird die psychotraumatologisch orientierte Psychotherapie verstärkt.

11.5 Psychologische Ergonomie

Im Bereich der Ergonomie werden psychologische Arbeitsanteile bei der Planung, Entwicklung, Beschaffung, Einführung und Nutzung von Wehrmaterial und Datenverarbeitungsvorhaben im Verbund mit technischen und medizinischen Beiträgen eingebracht (z. B. Optimierung von Bedienelementen und Steuereinrichtungen, Gestaltung und Anordnung von Displays und Instrumentenpanels, Belastungs- und Arbeitsablaufanalysen etc.).

11.6 Wehrpsychologische Qualitätssicherung

Die Anwendung von Psychologie in der Bundeswehr findet als Verbund von Grundlagenarbeit, Methodenanwendung und Erkenntnisvermittlung statt. Die fachliche Tätigkeit orientiert sich an wissenschaftlichen und fachlichen Standards, bedient sich überprüfter und anerkannter Methoden und bedarf der fortlaufenden Gütekontrolle im jeweiligen Anwendungsbereich. Insbesondere der ständige Wandel in den Anforderungen an die Soldatinnen und Soldaten macht ein begleitendes Qualitätsmanagement unverzichtbar. Wehrpsychologisches Qualitätsmanagement wird sowohl auf der Durchführungsebene als auch bereichsübergreifend durchgeführt. Das Qualitätsmanagement soll sicherstellen, dass psychologische Dienstleistungen in allen Organisationsbereichen mit vergleichbaren, der jeweiligen Aufgabe angemessenen und dem aktuellen Wissenschaftsstandard entsprechenden Methoden erbracht werden können.

11.7 Mitarbeit im »Psychosozialen Netzwerk«

Wehrpsychologen arbeiten zusätzlich auch in regionalen Netzwerken fachübergreifend mit Truppenärzten, Militärseelsorgern und Sozialarbeitern an den Heimatstandorten zusammen. Zielsetzung dabei ist die Maximierung der Wirksamkeit in der Beratung von militärischen Führern und einzelnen oder mehreren Soldatinnen und Soldaten bei Belastungen oder psychosozialen Fragen.

11.8 Flugpsychologie

Kernaufträge der Flugpsychologie sind die Psychologischen Eignungsfeststellungen für das fliegende Personal und das Personal für den Flugsicherungskontroll- und Einsatzführungsdienst der Bundeswehr, die Einsatzvor- und -nachbereitung des fliegenden Personals, die Teilnahme an Flugunfalluntersuchungen und die Ausbildung des fliegenden Personals. Eine weitere Schwerpunktaufgabe ist die klinische Flugpsychologie, die Psychodiagnostik, Verhaltenstraining und psychotherapeutische Maßnahmen umfasst. Zu den weiteren Aufgaben zählen die psychologische Krisenintervention im Zusammenhang mit Flugunfällen und sonstigen belastenden Ereignissen für Bundeswehrangehörige und ihre Familien sowie die psychologischen Beiträge im Rahmen der Aus- und Fortbildung militärischer Personengruppen (Einheitsführer, Kommandeure, Fliegerärzte, Fliegerarztgehilfen, Flugsicherheitspersonal). Im Bereich der flugpsychologischen Ergonomie liegt der Schwerpunkt auf der Beratung bei der Planung, Entwicklung, Beschaffung, Einführung und Nutzung von Wehrmaterial.

11.9 Schifffahrtspsychologie

Die Aufgaben umfassen die Eignungsfeststellungen für Taucher, U-Bootfahrer und Kampfschwimmer im Rahmen der Verwendungsfähigkeitsuntersuchungen, die Prüfung auf Bordverwendungsfähigkeit sowie die Unterstützung der Marine (Flottenkommando, Einsatzflottillen) bei der Einsatzvorbereitung, Einsatzbegleitung und Einsatznachbereitung. Zu den weiteren Aufgaben zählen die Ausbildungsunterstützung bei der Führeraus-, -fort- und -weiterbildung sowie die psychologische Krisenintervention bei Marinepersonal nach Psychotraumen. Im Rahmen der klinischen Schifffahrtspsychologie kommen

Psychodiagnostik, Psychotherapie und Verhaltenstraining hinzu. Bei der schifffahrtspsychologischen Ergonomie liegt der Schwerpunkt auf der Beratung bei der Planung, Entwicklung, Beschaffung, Einführung und Nutzung von Wehrmaterial.

11.10 IT-Technik und Computer-Assistiertes Testen (CAT)

In diesem Bereich geht es vor allem um die fachlichen Grundlagenarbeiten zur Weiterentwicklung und Qualitätskontrolle der in der Bundeswehr eingesetzten computergestützten Testverfahren und eignungsdiagnostischen Untersuchungen, die Schaffung einer IT-Plattform für den bereichsübergreifenden Austausch psychologischer Daten sowie um die Regelung der Zusammenarbeit mit anderen DV-Systemen (SASPF/ SAP) über Schnittstellen.

Gruppentestungen im Rahmen der Personalauswahl, -platzierung und -entwicklung werden grundsätzlich computergestützt durchgeführt. Dieses Verfahren ist ökonomisch, personalsparend sowie objektiv in Durchführung und Auswertung. Es trägt auch durch den zunehmenden Einsatz psychologischer Expertensysteme entscheidend zur personellen Bedarfsdeckung der Streitkräfte bei. Insbesondere ist es erst mit Hilfe der Computertechnik möglich geworden, neuartige Tests einzusetzen, die die spezifischen Vorteile des Mediums nutzen, sowie sequentielle und adaptive Teststrategien anzuwenden. Auf Änderungen des Anforderungsprofils ziviler und militärischer Tätigkeiten kann schnell durch Implementierung neuer Testverfahren reagiert werden. Die IT-Plattform stellt zudem die Übermittlung von Testergebnissen zwischen den Untersuchungseinrichtungen sicher. Die IT-Unterstützung der Psychologen in der Bundeswehr ist angesichts von mehr

als 200 000 eignungsdiagnostischen und klinisch-psychologischen Untersuchungen im Jahr ein unverzichtbarer Bestandteil der Aufgabenwahrnehmung.

Das Interesse anderer Institutionen an den eignungsdiagnostischen Verfahren und dem bundeswehreigenen Betriebssystem CAT4 ist sehr groß. So unterhält der psychologische Dienst der Bundeswehr seit Jahren eine enge Kooperation mit dem psychologischen Dienst der Bundesagentur für Arbeit. Sowohl CAT4 als auch verschiedene Eignungstests werden in beiden Einrichtungen genutzt. Ähnliche Kooperationen bestehen mit dem psychologischen Dienst der Schweizerischen Armee und der Abteilung Luft- und Raumfahrtpsychologie der Deutschen Gesellschaft für Luft- und Raumfahrt (DLR), der Fachhochschule Bonn-Rhein-Sieg und der Medizinischen Fakultät der Universität Leipzig. Ziel der Kooperation ist die gemeinsame Nutzung des Betriebssystems CAT4 und der Austausch von Testverfahren, Forschungsergebnissen und Knowhow.

Wiltraud Pilz: »Mein Berufsalltag ist eigentlich nicht vergleichbar mit dem typischen Alltag der Psychologinnen und Psychologen im psychologischen Dienst der Bundeswehr, weil ich als Referentin für Personalpsychologie eher ›Schreibtischtäterin‹ bin. Nach einem langen Arbeitstag habe ich schon mal gedacht: Wäre ich doch Wurstverkäuferin geworden. Dann könnte ich den Laden abends verschließen und alles hinter mir lassen! Denn das ist das Entscheidende an meinem Job, dass vieles nicht beendet werden kann, weil sich oft etwas Dringenderes dazwischen schiebt. Das muss man aushalten können! Aber das ist auch gerade spannend an meiner Arbeit, die im Grundsatz heißt: Steuern, Koordinieren, Konzipieren. Sich schnell umstellen zu müssen vom konzeptionellen Erarbeiten auf praktische Fragen, sich kompetent durchsetzen können in fachlichen Kontroversen, dabei aber auch zu möglichen Kompromissen bereit zu sein. Das sind die aufregenden ›Mosaikstücke‹ in meinem Arbeitsalltag, in dem ich – wie eigentlich vom Psychologen erwartet – nicht direkt am Menschen ›dran‹ bin. Im Gegenteil, ich sitze am Schreibtisch, in – manchmal nicht sehr ergiebigen – Besprechungen, telefoniere mit Kollegen über fachliche Inhalte, bin dabei aber auch oft Beraterin und empfinde mich dann wieder richtig als Psychologin. In fachaufsichtlichen Besuchen und gemeinsamen Arbeitstagungen bin ich dann wieder nah an der Basis. Die Vielseitigkeit, die Herausforderung auf unterschiedlichen fachlichen Gebieten, die Möglichkeit der Weiterbildung … ich bin doch froh, keine Wurstverkäuferin geworden zu sein!«

11.11 Herausgabe von Schriftenreihen

Bereits seit 1966 gab es die Schriftenreihe »Wehrpsychologische Untersuchungen«. Damals wurde eher auf zentrale Themen der Personalpsychologie, der Sozialpsychologie, der Flugpsychologie, der Ergonomie u. a. m. eingegangen. Im Laufe der Zeit erweiterte sich dann diese Schriftenreihe zum Organ aller Fachbereiche des psychologischen Dienstes der Bundeswehr, zur Darstellung von Ergebnisberichten aus Forschungsverträgen und externen Gutachten. Seit 1988 heißt die Fachzeitschrift »Untersuchungen des Psychologischen Dienstes der Bundeswehr«; die Bände dieser Reihe sind sehr begehrt und – je nach Inhalt – schnell vergriffen.
Intern im psychologischen Dienst der Bundeswehr werden »Arbeitsberichte« in fortlaufender Reihe aufgelegt. Sie enthalten Einzelarbeiten, die für den Gesamtbereich von Bedeutung sind. Sie bieten vor allem für die jungen Psychologen ein Forum für eigene Untersuchungen.

11.12 Wo kann man mehr erfahren?

Der Psychologische Dienst der Bundeswehr stellt sich in einer Broschüre dar. Diese enthält neben konkreten Informationen zu den wehrpsychologischen Einsatzorten und den Bezeichnungen der Dienststellen auch die Ansprechstellen, die mehr Informationen bieten.

Kontaktadresse:
Bundesministerium der Verteidigung
Referat PSZ III 6
Postfach 1328
53003 Bonn
Tel.: 01888-24-7405
E-Mail: bmvgpsziii6@bmvg.bund.de

Ausblick

Es ist nicht jedermanns Sache, als Psychologe in eine »Einsatzarmee« zu gehen, die in zahlreichen Krisenregionen der Welt ihren nicht ungefährlichen Dienst versieht. Zumal die Bundeswehr erwartet, dass die Soldaten auch durch psychologische Trainingsmaßnahmen auf ihren Einsatz vorbereitet werden. Die Sicherstellung der psychologischen Betreuung in den Einsatzgebieten macht es unumgänglich, dass auch Psychologen »vor Ort« sind. Jeder Neueinsteiger in den psychologischen Dienst der Bundeswehr muss sich deshalb im Klaren sein, ob er sich diesen besonderen Anforderungen der Militärpsychologie stellen will.
Unabhängig davon befinden sich auch die sonstigen Aufgabenfelder der Militärpsychologie in einer rasanten Weiterentwicklung, um Schritt zu halten mit dem Transformationsprozess der Bundeswehr. Im personalpsychologischem Bereich, der hier exemplarisch genannt werden soll, gehören dazu die Weiterentwicklung adaptiver Test-

verfahren, die Entwicklung und Erprobung neuartiger persönlichkeitsdiagnostischer Verfahren unter Verwendung von Human Behaviour Representation Tools (HBR), die Konstruktion von Studieneignungstests, die Weiterentwicklung von simulationsgestützten Lernproben und die Optimierung von Expertensystemen. All diese Entwicklungen finden in enger Zusammenarbeit mit den Universitäten und anderen Forschungseinrichtungen statt.

Die Vielfalt der Aufgaben und Verwendungsmöglichkeiten in der Militärpsychologie macht die Bundeswehr als Arbeitgeber ohne Zweifel bei Psychologen interessant, die offen für wechselnde Aufgaben und nicht standortgebunden sind.

Literatur

Flik, G. (1988). *Zur Geschichte der Wehrmachtspsychologie 1934–1943 – Aufbau der Bundeswehrpsychologie 1951–1966.* Untersuchungen des PsychDstBw, Band 1, BMVg-P II 4.

Frey, D. & Graf Hoyos, C. (Hrsg.) (2005). *Psychologie in Gesellschaft, Kultur und Umwelt.* Weinheim: PVU-Verlag.

Hornke, L. F. & Winterfeld, U. (Hrsg.) (2004). *Eignungsbeurteilungen auf dem Prüfstand: DIN 33430 zur Qualitätssicherung.* Heidelberg: Spektrum Akademischer Verlag.

Pawlik, K. (Hrsg.) (2006). *Handbuch Psychologie.* Berlin: Springer.

Puzicha, K., Hansen, H.-D. & Weber, W. (Hrsg.) (2001). *Psychologie für Einsatz und Notfall – internationale truppenpsychologische Erfahrungen mit Auslandseinsätzen, Unglücksfällen, Katastrophen.* Bonn: Bernard und Graefe Verlag.

Schuler, H. (Hrsg.) (2001). *Lehrbuch der Personalpsychologie.* Göttingen: Hogrefe.

Verzeichnis der Autorinnen und Autoren

Manfred Amelang

Kontaktadresse:
Prof. em. Dr. Manfred Amelang
Psychologisches Institut
Hauptstraße 47–51
D-69117 Heidelberg

Studierte zwischen 1959 und 1964 Psychologie an der Philipps-Universität Marburg und promovierte dort 1966 zum Dr. rer. nat. Ab 1973 war er Professor für Methodenlehre an der Universität Hamburg und wurde im Jahr 1976 auf eine Professur für Psychologie an die Universität Heidelberg berufen.
Arbeitsschwerpunkte: Differentielle Psychologie und Psychologische Diagnostik sowie Abweichendes Verhalten.

Gerhard Brill

Kontaktadresse:
Dipl.-Psych. Gerhard Brill
Jugendstrafanstalt Schifferstadt
Rudolf-Diesel-Str.15
D-67105 Schifferstadt

Jahrgang 1957, studierte Psychologie an der Universität Mannheim und hatte anschließend eine Honorarstelle in der JVA Mannheim/Außenstelle Heidelberg bis 1990. Bis 1990 arbeitete er auch im DFG-Projekt „Depression und Soziale Unterstützung" von H. O. F. Veiel am Zentralinstitut für Seelische Gesundheit in Mannheim (halbtags). Seit 1990 ist er in der JSA Schifferstadt tätig und dort seit Januar 2005 stellvertretender Anstaltsleiter.

Werner Dahms

Kontaktadresse:
Dipl.-Psych. Werner Dahms
Psychologische Beratungsstelle für Eltern, Kinder und Jugendliche
Konrad-Adenauer-Ring 8
D-69214 Eppelheim

Psychologischer Psychotherapeut, geb. 1947. Er studierte an den Universitäten Mannheim und Heidelberg Psychologie; war tätig in einem Kinderheim, einem Berufsbildungswerk für lernbehinderte Jugendliche sowie in einer psychosozialen Beratungsstelle für Suchterkrankungen. Seit über 25 Jahren ist er Leiter einer psychologischen Beratungsstelle für Eltern, Kinder und Jugendliche und Geschäftsführer des gemeinnützigen Trägervereins der Jugendhilfe.
Er verfügt über Ausbildungen in Gesprächspsychotherapie, Verhaltenstherapie, Systemischer Familientherapie und Klinischer Hypnose.

Mechthild Echterhoff

Kontaktadresse:
Dipl.-Psych. Mechthild Echterhoff
AOK Westfalen-Lippe
Regionaldirektion Gütersloh, Bielefeld
Barkeystraße 19
D-33330 Gütersloh

Die Autorin ist Dipl.-Psychologin, Arbeits- und Organisationspsychologin (BDP) und Projektkoordinatorin für Betriebliche Gesundheitsförderung bei der AOK Westfalen-Lippe.
Arbeitsschwerpunkte: Konflikte und Mobbing, Führung und Gesundheit, subjektive Beurteilung von Arbeitsbedingungen, Gesundheit und Kommunikation, Stressbewältigung.

Christine Enders

Kontaktadresse:
Dipl.-Psych. Christine Enders
Ebrardstr. 54
D-91054 Erlangen

Jahrgang 1944, arbeitete nach einem Studium an der PH Nürnberg zuerst als Lehrerin in einem Obdachlosenasyl und einer Dorfschule, dann in einer Sonderschule für Lernbehinderte und anschließend in einer Ganztags-Hauptschule. Danach studierte sie neben der Berufstätigkeit Psychologie und absolvierte eine Ausbildung zur Gesprächspsychotherapeutin. Die Autorin ist Supervisorin (BDP), verfügt über eine Approbation als Psychologische Psychotherapeutin. Von 1987 bis 2005 war sie Beratungsrektorin für Grund- und Hauptschulen in Erlangen, Mitglied des Krisenteams Bayerischer Schulpsychologen und übernahm die Leitung des Supervisions-Fachteams des BDP. Von 1994 bis 2002 war sie auch stellvertretende Vorsitzende der Sektion Schulpsychologie im BDP. Seit 2005 ist die Autorin im Ruhestand.

Sigrun-Heide Filipp

Kontaktadresse:
Prof. Dr. Sigrun-Heide Filipp
Universitaet Trier
Psychologisches Institut
D-54286 Trier

Sie wurde in Nürnberg geboren, studierte Psychologie an der Universität Erlangen-Nürnberg und schloss ihr Studium 1968 mit dem Diplom ab. Anschließend nahm sie ein Promotionsstudium an der University of Colorado at Boulder (DAAD) auf und promovierte 1975 an der Universität Trier. Die Autorin war Professorin der Entwicklungspsychologie an der Universität Oldenburg (1979–1981) und ist seit 1981 Professorin der Psychologie an der Universität Trier (Schwerpunkte: Angewandte Entwicklungspsychologie und Gerontopsychologie). Sie ist zudem Mitglied des Wissenschaftlichen Beirates für Familienfragen beim Bundesministerium für Familien, Senioren, Frauen und Jugend.

Elke Freudenberg

Kontaktadresse:
Dipl.-Psych. Elke Freudenberg
Marienhausklinikum St. Elisabeth
Palliativstation
Friedrich-Ebert-Str. 59
D-56564 Neuwied

Dipl.-Psychologin, geb. 1959 in Siegen, absolvierte ihr Studium in Trier, welches sie 1984 mit dem Diplom abschloss. Danach war sie sechs Jahre lang wissenschaftliche Mitarbeiterin in zwei Forschungsprojekten unter der Leitung von Frau Prof. Dr. Sigrun-Heide Filipp an der Universität Trier („Krankheitsbewältigung" und „Subjektive Krankheitstheorien").

Während dieser Zeit war sie bereits praktisch in der psychosozialen Beratung für Krebspatienten, Zusammenarbeit mit Selbsthilfegruppen tätig. Von 1990 bis 2000 war die Autorin Mitarbeiterin der evangelischen Seelsorge am Bundeswehrzentralkrankenhaus in Koblenz und seit 2000 Mitarbeiterin im Marienhaus Klinikum St. Elisabeth, Neuwied.

Schwerpunkte ihrer Tätigkeit waren die Begleitung und Beratung von Tumorpatienten der inneren Medizin (Palliativstation) und Mitarbeit im Brustzentrum Mittelrhein. Sie absolvierte zudem eine Weiterbildung zur Psychoonkologin bei der dapo. Seit 20 Jahren verfügt sie über Erfahrungen in der Seminararbeit für die Zielgruppen Ärzte, Krankenpflegekräfte, Angehörige von Schwerkranken und Studenten. Die Autorin ist Referentin in der Ausbildung der ehrenamtlichen Helfer mehrerer Hospizvereine. Sie hielt zahlreiche Vorträge und publizierte Arbeiten zu den Themen „Gesprächsführung mit schwerkranken Patienten", „Helferpersönlichkeit", „Krankheitsbewältigung", „Stressbewältigung und Burn-Out-Prophylaxe". Sie arbeitete mehrere Jahre im Vorstand der Interdisziplinären Gesellschaft für Palliativmedizin Rheinland-Pfalz, war darüber hinaus Mitglied in der Deutschen Gesellschaft für Palliativmedizin, der Deutschen Gesellschaft für Schmerztherapie, der Deutschen Gesellschaft für Verhaltenstherapie und im BDP.

Gerd Gigerenzer

Kontaktadresse:
Prof. Dr. Gerd Gigerenzer
Max Planck Institute for Human Development
Lentzeallee 94
D-14195 Berlin

Er studierte Psychologie und promovierte im Jahr 1977. Danach habilitierte er und wurde Privatdozent an der Universität München im Jahre 1982. Es folgten Professuren an den Universitäten Konstanz (1984), Salzburg (1990) und Chicago (1992). Seit 1995 ist er Direktor und wissenschaftliches Mitglied am Max-Planck-Institut für psychologische Forschung und seit 1997 Direktor und wissenschaftliches Mitglied am Max-Planck-Institut für Bildungsforschung. Seine Forschungsschwerpunkte sind Begrenzte Rationalität, Evolutionspsychologie, Entscheidungstheorie, Heuristiken und Soziale Intelligenz.

Doreen Glaser

Kontaktadresse:
Dipl.-Psych. Doreen Glaser
Dekra e. V. Dresden
A. a. Begutachtungsstelle für Fahreignung
Walther-Bothe-Str. 75
D-16515 Oranienburg

Dipl.-Psychologin, geb. 1980, studierte an der Universität Potsdam. Seit 2003 ist sie Mitarbeiterin im Fachbereich Verkehrspsychologie der DE-KRA Automobil GmbH, seit 2006 psychologische Sachverständige für die Kraftfahreignung in den akkreditierten Begutachtungsstellen für Fahreignung des DEKRA e. V. Dresden.
Schwerpunkte: Verkehrspsychologie, Begutachtung der Fahreignung, Mitarbeit an Forschungsarbeiten und Veröffentlichungen zur Thematik älterer Kraftfahrzeugführer sowie Methoden- und Testentwicklung.

Dieter Hansen

Kontaktadresse:
Dr. Dieter Hansen
Bundesministerium der Verteidigung
– PSZ III 6 –
Postfach 1328
D-53003 Bonn

Dipl. Psychologe, geb. 1944, studierte Psychologie an der Universität Würzburg. Er promovierte an der Universität Wien und absolvierte eine Ausbildung zum Psychologischen Psychotherapeuten. Nach dem Studium trat er 1971 in den Psychologischen Dienst der Bundeswehr ein. Nach verschiedenen Verwendungen, u. a. als Leiter der Abteilung Flugpsychologie beim Flugmedizinischen Institut der Luftwaffe, ist er seit 2001 Referatsleiter im Bundesministerium der Verteidigung und Leiter des Psychologischen Dienstes der Bundeswehr.

Martin Hautzinger

Kontaktadresse:
Prof. Dr. Martin Hautzinger
Eberhard Karls Universität Tübingen
Psychologisches Institut
Abteilung Klinische und Entwicklungspsychologie
Christophstr. 2
D-72072 Tübingen

Er ist Ordentlicher Universitätsprofessor für Psychologie, Leiter der Abteilung Klinische und Entwicklungspsychologie sowie Leiter der psychotherapeutischen Hochschulambulanz am Psychologischen Institut der Universität Tübingen. Der Autor ist zudem Mitglied im Gutachterkreis des Instituts für medizinische, pharmazeutische und psychotherapeutische Prüfungsfragen, Mitglied im Fachkollegium Psychologie bei der Deutschen Forschungsgemeinschaft, Mitglied in der Geschäftsführung der priv. Tübinger Akademie für Verhaltenstherapie sowie Ausbilder und Supervisor an verschiedenen Psychotherapie-Ausbildungsstätten.
Arbeitsschwerpunkte: Interventionsforschung (Psychotherapie, Prävention), affektive Störungen bei verschiedenen Alters- und Zielgruppen, Angststörungen, Alkoholabhängigkeit, psychophysiologische Störungen bei verschiedenen Alters- und Zielgruppen, körperliche und psychische Störungen im Kindes- und Jugendalter u. a.

Michael Kellmann

Kontaktadresse:
PD Dr. Michael Kellmann
School of Human Movement Studies
The University of Queensland
Brisbane QLD 4072
Australia

Er ist Senior Lecturer in Sport & Exercise Psychology an der School of Human Movement Studies und der School of Psychology an der University of Queensland (Australien). Zuvor vertrat er fünf Jahre die Professur für Sportpsychologie an der Fakultät für Sportwissenschaft der Ruhr-Universität Bochum. Die Habilitation mit *venia legendi* für Sportwissenschaft und Sportpsychologie erfolgte 2002 an der Universität Potsdam, die Promotion in Psychologie 1997 an der Universität Würzburg.
Michael Kellmann ist Herausgeber der Zeitschrift für Sportpsychologie, Mitglied im Wissenschaftlichen Beirat der Deutschen Zeitschrift für Sportmedizin sowie des Editorial Boards von The Sport Psychologist. Zudem ist er Autor von über 60 nationalen und internationalen Publikationen. Michael Kellmann war vier Jahre 2. Vorsitzender der Arbeitsgemeinschaft für Sportpsychologie und dort für den Bereich Leistungssport sowie für die asp/bdp-Fortbildung „Sportpsychologie im Leistungssport" verantwortlich. Er arbeitet seit vielen Jahren im Hochleistungssport.

Günter Köhnken

Kontaktadresse:
Prof. Dr. Günter Köhnken
Institut für Psychologie
Universität Kiel
Olshausenstr. 75
D-24118 Kiel

Er wurde 1948 geboren und absolvierte nach dem Besuch des Wirtschaftsgymnasiums (1968 bis 1971) eine Berufsausbildung für den gehobenen Verwaltungsdienst in Bremen. Anschließend studierte er Psychologie mit den Nebenfächern Anthropologie, Physiologie und Soziologie an der Universität Kiel. Ab 1978 war er wissenschaftlicher Mitarbeiter bei Professor Wegener. Promotion zum Dr. rer. nat.1982 in Kiel; Habilitation 1988. 1990/91 vertrat er den Lehrstuhl am Fachbereich Psychologie der Universität Marburg. Von 1991 bis 1994 war er am Department of Psychology der University of Portsmouth, England, tätig. Seit April 1994 hat er die Professur für Psychologische Diagnostik, Persönlichkeitspsychologie und Rechtspsychologie an der Universität Kiel inne. Die wichtigsten Forschungsbereiche sind Zuverlässigkeit und Glaubhaftigkeit von Zeugenaussagen, konfirmatorisches Hypothesentesten, Reifebeurteilung jugendlicher Straftäter und Interview.

Manfred Langer

Kontaktadresse:
Dipl.-Psych. Manfred Langer
Zentraler Psychologischer Dienst der Bayerischen Polizei beim Polizeipräsidium München
Trautenwolfstraße 4
D-80802 München

Der Dipl.-Psychologe und Regierungsdirektor wurde 1948 geboren, ist verheiratet und hat zwei Söhne. Er ist Leiter des Zentralen Psychologischen Dienstes der Bayerischen Polizei beim Polizeipräsidium München. Mit fünfzehn Jahren nach Verlassen des Gymnasiums (wg. erwiesener Faulheit), machte er eine Lehre zum „Werbekaufmann". Anschließend absolvierte er über den 2. Bildungsweg die Berufaufbauschule und die Fachoberschule. Danach studierte er Werbekommunikation an der Hochschule für Bildende Kunst in Berlin (Abschluss „Dipl. Werbewirt/ FH") sowie Psychologie an der TU Berlin und an der LMU München. Seit seinem Studienabschluss 1981 ist er beim ZPD tätig, seit 2001 dort Dienststellenleiter.

Frank Lasogga

Kontaktadresse:
Prof. Dr. Frank Lasogga
Universität Dortmund
Fakultät 14, Institut für Psychologie
Emil-Figge-Str. 50
D-44221 Dortmund

Der Professor der Universität Dortmund wurde 1951 geboren. Seine Hauptarbeitsgebiete sind Notfallpsychologie und Klinische Psychologie. In seiner Freizeit reist er gerne.

Hans J. Markowitsch

Kontaktadresse:
Prof. Dr. Hans J. Markowitsch
Physiologische Psychologie
Universität Bielefeld
Postfach 10 01 31
D-33501 Bielefeld

Hans J. Markowitsch ist Professor für Physiologische Psychologie an der Universität Bielefeld. Er studierte Psychologie und Biologie an der Universität Konstanz, hatte Professuren für Biopsychologie an den Universitäten von Konstanz, Bochum und Bielefeld inne und erhielt Rufe auf Professuren für Psychologie und Neurowissenschaften an australische und kanadische Universitäten. Er leitet die Gedächtnisambulanz der Universität Bielefeld und ist Direktor am Zentrum für interdisziplinäre Forschung der Universität Bielefeld. Seine Forschungsgebiete liegen in den Bereichen von Gedächtnis und Gedächtnisstörungen, Bewusstsein und Emotion. Er ist Autor bzw. Herausgeber von einem Dutzend Büchern und mehr als 450 Buch- und Zeitschriftenartikeln.

Iris Pahmeier

Kontaktadresse:
Dipl.-Psych. Prof. Dr. Iris Pahmeier
Hochschule Vechta
Institut für Soziale Dienste, Psychologie und Sportwissenschaft
Driverstr. 22
D-49377 Vechta

Dipl.-Psychologin und Professorin für Sportwissenschaft am Institut für Soziale Dienste, Psychologie und Sportwissenschaft an der Hochschule Vechta.
Arbeitsschwerpunkte: Motivationale und volitionale Grundlagen von Sport und Training, Dropout und Bindung im Sport und Fitnesstraining, Sport/Fitness und (psychische) Gesundheit, Entwicklung und Evaluation von Gesundheits- und Fitness-Sportprogrammen, Selbst- und Körperkonzept im Sport, Sozialkompetenz von Trainern und Lehrern.

Wiltraud Pilz

Kontaktadresse:
Dipl.-Psych. Wiltraud Pilz
Bundesministerium der Verteidigung
– PSZ III 6 –
Postfach 13 28
D-53003 Bonn

Die Dipl.-Psychologin wurde 1944 geboren und studierte Psychologie an der Universität Würzburg. 1970 trat sie in den Psychologischen Dienst der Bundeswehr ein. Nach siebenjähriger Elternpause war sie in verschiedenen Verwendungen tätig, seit 1997 ist sie Referentin im Bundesministerium der Verteidigung.

Wilfriede Pirovsky

Kontaktadresse:
Wilfriede Pirovsky
PMP PirovskyMarktPsychologie
Stresemannstr. 10
D-68165 Mannheim

Sie studierte Psychologie, Pädagogik und Marketing in Eichstätt, Heidelberg und Mannheim. Nach dem Studium war sie Studienleiterin und später Mitglied der Geschäftsführung eines Heidelberger Marktforschungsinstituts. Seit Februar 1997 ist sie selbst Inhaberin eines Mannheimer Marktforschungsinstituts. Ihre Branchenschwerpunkte sind OTC/Pharma, Körperpflege, Nahrungs- und Genussmittel, Energieversorgung. Ihr methodischer Schwerpunkt liegt auf der Verbindung qualitativer und quantitativer Marktforschung.

Gerd Reimann

Kontaktadresse:
Dr. Gerd Reimann
Gideon GmbH
Konsumhof 1-5
D-14482 Potsdam

Prägende persönliche Stationen waren mehrere Jahre an der Jugendsportschule in Berlin. Er war mehrfacher Deutscher Meister in der Leichtathletik. Danach studierte er Psychologie an der Humboldt-Universität zu Berlin, promovierte auf dem Gebiet der Diagnostik und war anschließend wissenschaftlicher Mitarbeiter an derselben Universität.
Seit 1991 ist er geschäftsführender Gesellschafter der Gideon GmbH.
Leistungsschwerpunkte: Personalmanagement, -entwicklung und -auswahl nach DIN 33430, Raubüberfallprävention, Opfernachbetreuung und Gefährdungsanalysen, leistungszentrierte Organisationsentwicklung, Fusionsberatung, Nachfolgeregelungen, Qualitäts- und Beschwerdemanagement, Genehmigungsverfahren.
Exklusivseminare: Marc-Anton-Seminar für Vertriebsexperten auf Zypern und Anatomie der Macht für Führungskräfte im TOP-Management in Italien.
Spezialausbildungen: Lizenz für berufsbezogene Eignungsbeurteilungen nach DIN 33430, zertifizierter Notfallpsychologe (BDP-DPA), Gutachter nach § 6 Waffengesetz.
Mitgliedschaften: Mitglied im DIN-Normenausschuss und Mitautor der DIN 33430, Mitglied im Testkuratorium der Deutschen Psychologenverbände, Vorstandsmitglied im Berufsverband Deutscher Psychologen, Landesgruppe Brandenburg.

Wolfgang Schubert

Kontaktadresse:
Prof. Dr. Wolfgang Schubert
DEKRA Automobil GmbH
Fachbereich Verkehrspsychologie
Ferdinand-Schultze-Str. 65
D-13055 Berlin

Er wurde 1950 geboren und studierte Psychologie an der Humboldt-Universität zu Berlin. Er war Fachpsychologe der Medizin 1984 und promovierte 1987. Der Autor ist seit 1990 Klinischer Psychologe/Psychotherapeut im BDP und seit 1995 Supervisor im BDP. Seine Approbation zum Psychologischen Psychotherapeuten erlangte er 1999, ebenso das Zertifikat Qualitätsmanagementbeauftragter und Fachauditor. Seit 1999 ist er zudem Fachpsychologe im Bereich Verkehrspsychologie des BDP sowie amtlich anerkannter Verkehrspsychologischer Berater seit 2001. Wolfgang Schubert ist Leiter des Fachbereichs Verkehrspsychologie der DEKRA Automobil GmbH, Leiter des Fachbereichs der akkreditierten Begutachtungsstellen für Fahreignung des DEKRA e. V. Dresden, war 1. Vorsitzender des Vorstands und Leiter der Fortbildungskommission der Sektion Verkehrspsychologie des Berufsverbandes Deutscher Psychologinnen und Psychologen e. V. (BDP) von 1996 bis 1999 und ist seit 1999 1. Vorsitzender der Deutschen Gesellschaft für Verkehrspsychologie e. V. (DGVP).
Schwerpunkte: Verkehrspsychologie, Begutachtung der Fahreignung, Ältere Kraftfahrzeugführer, Qualitätssicherung und –management und Supervision.

Bernd Schweisthal

Kontaktadresse:
Dipl.-Psych. Bernd Schweisthal
SRH Fachkrankenhaus Neckargemünd
Im Spitzerfeld 25
D-69151 Neckargemünd

Geboren 1950 in Köln, aufgewachsen in Baden-Baden, machte er dort 1968 Abitur. Von 1968 bis 1973 studierte er Theologie in Freiburg und München mit Diplom-Abschluss. Anschließend war er in einer Pfarrgemeinde in Mannheim (1973 bis 1975) und danach als Religionslehrer in Mannheim und Neckargemünd (bis Ende 1977) tätig. Parallel zu dieser Tätigkeit absolvierte er sein Psychologiestudium in Heidelberg (1973 bis 1978), Abschluss mit Diplom. Im November 1978 nahm er seine Arbeit als Psychologe im Rehabilitationszentrum Neckargemünd auf, wo er schwerbehinderte Jugendliche betreute und sie während ihrer Ausbildungszeit psychologisch begleitete. Im April 1981 wechselte er ins SRH Fachkrankenhaus Neckargemünd; seither liegen seine Schwerpunkte in der Neuropsychologie sowie in der Diagnostik und Therapie von hirngeschädigten Kindern und Jugendlichen. Seit 1995 ist er im Rahmen der postgraduierten Ausbildung zum Klinischen Neuropsychologen (GNP) in der Fortbildung tätig. Der Autor ist verheiratet und hat drei inzwischen erwachsene Kinder.

Petra Schweizer-Ries

Kontaktadresse:
Jun.-Prof. Dr. Petra Schweizer-Ries
Otto-von-Guericke-Universität
Department of Psychology – Environmental Unit
Universitätsplatz 2
D-39106 Magdeburg

Geboren am 21.03.1966 in Freiburg im Breisgau, ist verheiratet mit Prof. Dr. J. B. Ries und hat zwei Kinder. Sie absolvierte ihr Studium der Psychologie an der Albert-Ludwigs-Universität Freiburg (1986–1992) und war Mitarbeiterin am Fraunhofer Institut für Solare Energiesysteme ISE in Freiburg (1992–2002), wo sie eine interdisziplinäre Forschungsgruppe zum Thema „Ländliche Elektrifizierung" aufbaute. Ihre Promotion schrieb sie zum Thema „Psychologische Faktoren bei der Nutzung regenerativer Energien: Eine Studie zum Einsatz von Solartechnik im Zentralen Himalaya" 1996 an der Ruprecht-Karls-Universität Heidelberg. 2002 war sie Mitarbeiterin am Institut für Solare Energietechnik ISET in Kassel und seither ist sie Evaluatorin der Europäischen Commission für sozialwissenschaftliche Aspekte der Solarstromnutzung und Integration von Solarstromanlagen. Zudem ist sie Koordinatorin zahlreicher nationaler und internationaler Projekte. 2002 wurde sie zur Juniorprofessorin für Umweltpsychologie an die Otto-von-Guericke Universität Magdeburg berufen, wo sie die Forschungs- und Lehreinheit Umweltpsychologie aufbaut.
Arbeitsschwerpunkte: Umweltpsychologie, Energienutzung, Diffusion von Erneuerbaren Energie Technologien sowie Partizipationsprozesse.

Georg Sieber

Kontaktadresse:
Dipl.-Psych. Georg Sieber
Intelligenz System Transfer GmbH München
Renatastraße 69
D-80639 München

Das Studium der Psychologie begann für mich in der Oberstufe des Gymnasiums mit dem zweibändigen „Lehrbuch der experimentellen Psychologie" von Joseph Froebes (1920) und mit Texten von Aristoteles. Als buchstäbliches Kontrastprogramm dazu erschien mir die später in München abgelegte Diplom-Prüfung. Da war ich darauf gespannt, ob es im Beruf eher auf Froebes oder doch mehr auf Lerschs „Aufbau der Person" ankommen werde. Es war Froebes.
Nach über 40 Arbeitsjahren (Jahrgang 1935) bin ich überzeugt, dass es für mich keinen besseren Beruf hätte geben können. Gleichwohl erlebe ich meinen Beruf zwiespältig. Einerseits ärgere ich mich manchmal, dass die Berufsbezeichnung *Psychologe* im Vergleich zu den 60er Jahren noch diffuser, unschärfer und unansehnlicher geworden ist. Andererseits hat gleichwohl die Vielseitigkeit und Bedeutung der dem Psychologen anvertrauten Aufgaben von Jahr zu Jahr zugenommen. Den damit verbundenen Unterhaltungswert der Arbeit schätze ich heute höher ein als „Freizeit", „Kultur" und was sonst immer meiner Altersklasse nahegelegt wird. Dabei mag die Selbständigkeit eine Rolle spielen, die viele vorteilhafte Facetten des Psychologenberufs zur Geltung kommen lässt. Für den selbständigen Psychologen gibt es jedenfalls keine Langeweile.

Karin Sternberg

Kontaktadresse:
Dr. Karin Sternberg
National Preparedness Leadership Initiative
Harvard University
8 Story St., Suite 310
Cambridge, MA 02138
USA

Sie wurde 1976 geboren und studierte von 1995 bis 1998 BWL (Fachrichtung Bank) an der Berufsakademie Karlsruhe. Das Gefühl, mehr Kenntnisse (und dies besonders über den Menschen und menschliches Verhalten) zu benötigen, um etwas bewegen zu können, führten nach Abschluss des BA-Studiums zum Studium der Psychologie in Heidelberg (1998–2003). In dieser Zeit absolvierte sie Praktika in vielen verschiedenen Bereichen, wie z. B. einem Kinderkrankenhaus, einer Unternehmensberatung und in der Delphintherapie. Die offene Atmosphäre der Universität mit ihren zahlreichen Lernmöglichkeiten jeden Tag und der Spaß am wissenschaftlichen Arbeiten bei der Diplomarbeit führten dann zu einem Promotionsstudium an den Universitäten Yale und Heidelberg mit Abschluss in Heidelberg (2003–2005). Nach der Promotion war sie im Rahmen eines Stipendiums der Alexander-von-Humboldt-Stiftung für ein Jahr als Postdoktorandin in Sozialpsychologie an der University of Connecticut in Storrs tätig. Gegenwärtig ist sie Research Associate an der School of Public Health und John F. Kennedy School of Government der Harvard University in Cambridge, Massachusetts. Ihre Interessen liegen in den Bereichen Intergruppenkonflikte, negative Emotionen (insbesondere Hass), Führung in Krisenfällen sowie Terrorismus- und Genozidforschung.

Dagmar Unz

Kontaktadresse:
Dr. Dagmar Unz
Universität des Saarlandes
Medien- und Organisationspsychologie
Universitätscampus Gebäude A1 3
Postfach 15 11 50
D-66041 Saarbrücken

Dagmar Unz ist zur Zeit wissenschaftliche Assistentin in der Arbeitseinheit Medien- und Organisationspsychologie an der Universität des Saarlandes und aktuelle Sprecherin der Fachgruppe Medienpsychologie der Deutschen Gesellschaft für Psychologie (DGPs). Davor war sie als wissenschaftliche Mitarbeiterin am Deutschen Institut für Fernstudienforschung an der Universität Tübingen und am Medienpsychologischen Forschungsinstitut Saarland tätig. Ihre Forschungsschwerpunkte sind Emotionale Medienwirkungen, Medieninhalts- und Formalanalysen, Nutzung von Multimedia und Hypertext.

Oliver Vogel

Kontaktadresse:
AOK Westfalen-Lippe
Gesundheitsservice/Kommunikation
Nortkirchenstr. 103-105
D-44263 Dortmund

M. A., Referent für Betriebliche Gesundheitsförderung und Primärprävention bei der AOK Westfalen-Lippe.
Arbeitsschwerpunkte: Betriebliche Gesundheitsförderung, Stressbewältigung und Entspannung sowie Suchtmittelkonsum.

Hans-Werner Wahl

Kontaktadresse:
Prof. Dr. Hans-Werner Wahl
Universität Heidelberg
Psychologisches Institut
Abteilung für Psychologische Alternsforschung
Bergheimer Str. 20
D-69115 Heidelberg

Studium der Psychologie an den Universitäten Trier und Heidelberg. 1989 Promotion an der Freien Universität Berlin, 1995 Habilitation an der Universität Heidelberg. Von 1997 bis 2005 Professor und Leiter der Abteilung für Soziale und Ökologische Gerontologie am Deutschen Zentrum für Alternsforschung an der Universität Heidelberg. Seit 2006 Professor für Psychologische Alternsforschung am Psychologischen Institut der Universität Heidelberg.
Forschungsschwerpunkte: Untersuchung von psychischen Anpassungsprozessen am Beispiel von sensorischen Beeinträchtigungen im Alter; konzeptuelle und empirische Beiträge zu Fragen der Person-Umwelt-Beziehung im Alter (Wohnen, außerhäusliche Mobilität, Technologie); Alltagskompetenz im Alter und Fragen der Interventionsgerontologie; Fragen zur Zukunft des Alterns; Geschichte der Alternsforschung. Zahlreiche internationale Publikationen zu diesen und weiteren Themen. Mitherausgeber der Reihe „Grundriss Gerontologie" des Kohlhammer Verlags und des seit 2004 etablierten „European Journal of Ageing". Mitglied im Editorial Board der Zeitschrift „The Gerontologist" und Fellow der „Gerontological Society of America". 1996 Max-Bürger-Preisträger der Deutschen Gesellschaft für Gerontologie und Geriatrie.

Thorsten Weidig

Kontaktadresse:
Dipl.-Psych. Thorsten Weidig
Fakultät für Sportwissenschaft
Ruhr-Universität Bochum
AB Sportpsychologie,
Stiepeler Str. 129
D-44801 Bochum

Thorsten Weidig arbeitet zur Zeit am Lehrstuhl für Sportpsychologie der Fakultät für Sportwissenschaft an der Ruhr-Universität Bochum. Er promoviert über Trainerkompetenz und betreut Leistungssportler und Trainer zahlreicher Sportarten, unter anderem am Olympiastützpunkt Westfalen. Darüber hinaus ist er als Dozent in der Fortbildung zum Sportpsychologen tätig, die von der Arbeitsgemeinschaft für Sportpsychologie und dem Berufsverband Deutscher Psychologinnen und Psychologen veranstaltet wird. Thorsten Weidig hat 2004 an der Eberhard-Karls-Universität Tübingen das Psychologiestudium abgeschlossen.

Heinrich Wottawa

Kontaktadresse:
Prof. Dr. Heinrich Wottawa
Fakultät für Psychologie
AE Methodenlehre, Diagnostik und Evaluation
D-44780 Bochum

Der Autor wurde 1948 geboren, studierte Psychologie in Verbindung mit Mathematik in Wien und promovierte dort 1971. Anschließend habilitierte er an der Universität Heidelberg im Jahr 1974 und war dort ab dem Jahr 1975 als Professor tätig. Seit 1977 hat er den Lehrstuhl für Psychologische Methodenlehre, Diagnostik und Evaluation an der Ruhr-Universität Bochum inne (derzeit zu 50 % beurlaubt). Seit 2002 liegt sein Schwerpunkt speziell in der Ausbildung von Wirtschaftspsychologen (BSc und MSc). Er hat ca. 120 Publikationen geschrieben. Seit 1999 ist er Leiter des Bereiches Wirtschaftspsychologie der Akademie der Ruhr-Universität gGmbH und Geschäftsführender Gesellschafter der ELIGO psychologische Personalsoftware GmbH. Seit 1983 übt er eine umfangreiche Tätigkeit in der Beratung von Unternehmen und Verwaltungen zu Fragen der Datenanalyse, Eignungsdiagnostik, Personal- und Organisationsentwicklung aus. Seit 1990 hat Heinrich Wottawa auch intensive Erfahrungen in der Konzeption und Durchführung von Trainings, insbesondere zu Führung, Beratung, Verkauf, effiziente Kommunikation, und in der Aus- und Weiterbildung von Recruitern und Personalentwicklern gewonnen.

Stichwortverzeichnis